北京古籍叢書

趙其昌 主編

明實録北京史料

第四册

目　録

隆慶六年（1572）

1　**五月辛亥**　　命禮部左侍郎王希烈往天壽山相度大行皇帝山陵。

（神宗萬曆實録卷 1　第 3 頁　1.2.0004）

2　**六月庚申**　　傳諭山陵事宜，遣大學士張居正同司禮監太監曹憲于卽位禮成後復往視。居正上言：送終之事至大，相地之理甚微，事大則處之不厭其詳，理微則求之必貴于廣，乞照嘉靖七年事例，差禮、工二部堂上及科道官各一員，帶領欽天監諳曉地理官員、陰陽人等，舉〔校記：廣本舉上有仍訪二字，是也〕廷臣中有素精地理者一員，同往相度。疏下禮、工二部，于是户部尚書張守直、禮部右侍郎朱〔校記：廣本朱作諸，是也〕大綬、工部左侍郎趙錦、禮科都給事中陸樹德、江西道御史楊家相、工部主事易可久同居正等詣天壽山潭峪嶺復營視山陵。

（神宗萬曆實録卷 2　第 3 頁　2.2.0012）

3　**六月癸亥**　　以神機營參將林岐管大石窩工程。

（神宗萬曆實録卷 2　第 4 頁　2.3.0012）

4　**六月甲子**　　上卽位，遣成國公朱希忠、英國公張溶、駙馬都尉許從誠、定西侯蔣佑告于南北郊、太廟、社稷壇……改明年爲“萬曆”元年，大赦。

（神宗萬曆實録卷 2　第 4 頁　2.3.0012）

5　**六月丁卯**　　朝鮮國王李昖遣陪臣奉献方物、馬匹謝恩，給賞綵段衣服等物如例。

（神宗萬曆實録卷 2　第 15 頁　2.11.0030）

6　**六月丁卯**　工部以陵工浩繁請添設司官三員，從之。

（神宗萬曆實録卷 2　第 15 頁　2.12.0031）

7　**六月戊辰**　輔臣高拱特請工部尚書朱衡解督理河工、總〔校記：廣本、抱本總下有督字〕理山陵事務。從之。

（神宗萬曆實録卷 2　第 16 頁　2.12.0032）

8　**六月戊辰**　調神機三營練勇參將金璋分守通州，以鞏華城遊擊將軍李時充神機三營練勇參將。

（神宗萬曆實録卷 2　第 16 頁　2.12.0032）

9　**六月己巳**　大學士張居正等還自天壽山。詔建大行皇帝陵寢于大峪山，賜居正等銀幣有差。

（神宗萬曆實録卷 2　第 17 頁　2.13.0034）

10　**六月甲戌**　以初建山陵遣〔校記：廣本、抱本遣下有國字〕公張溶，侯蔣佑、郭大誠，駙馬許從誠，伯陳王謨、曹文炳、毛登，都督李偉祭告于長陵、獻陵、景陵、裕陵、茂陵、泰陵、康陵、永陵；伯楊炳、張元善，侍郎翁汝達祭告于天壽山后土司工之神。

（神宗萬曆實録卷 2　第 24 頁　2.19.0046）

11　**六月甲戌**　命工部右侍郎翁汝達提督陵工。

（神宗萬曆實録卷 2　第 25 頁　2.20.0047）

12　**六月丙子**　命錦衣衛左都督朱希孝往來督視陵工，僉事楊俊卿專管監督。

（神宗萬曆實録卷 2　第 29 頁　2.23.0053）

13　**六月丁丑**　朝鮮國王李昖遣陪臣禮曹參判樸民獻等正、從三十八人謝恩。

（神宗萬曆實録卷 2　第 29 頁　2.23.0053）

14　**六月戊寅**　保定撫臣宋纁奏分布秋防兵馬言：本鎮東北起沿河口，西南至數道巖，延袤一千三百餘里，計隘口二百九十餘處，中間極衝，曾經胡虜侵犯，隘口須重兵提備。軍兵聽總督調遣分布外，見在二萬一千五百八十三員名，會同總兵官酌量分派。紫荆關咽喉重地，總兵李勇、真定遊擊吴守直住鎮城，有事李勇領本營馬兵移駐紫荆關，守直移營塔崖驛，東西隨宜策應浮圖峪；又紫荆關要衝，守備李寔領漢軍駐峪口，副總兵張玘領所部駐紫荆關，有事趨赴自石等口，仍策應浮圖峪。静安馬龍溝指揮王大寶領茂山衛班軍守之，仍聽玘調遣策應。馬水口大龍門内險處始平，且迫近保安、宣府，稱衝要，副總兵宋蘭統所部駐本口；都司吴芝統忠順軍守龍門，兼防沿河等口；千户王汝松領遣剩〔校記：廣本遣作選，剩誤順〕漢軍專守門下蔡材安口；倒馬關參將統所部駐本關，兼應援插箭嶺下埸峪等處；真定守備于慶統真神二衛班軍守趺崖，兼防插箭嶺所屬西峰峪等處；定州指揮夏宗禹領選剩忠順軍防倒馬關所屬插箭嶺等處；龍固關副總兵胡宗舜統所部防二關，兼應援吴玉等口，但探有警，卽趨娘子關等處，隨賊嚮往堵截。其軍門標下馬步奇兵二千一百五十名，量帶三百名駐劄易州，往來提督。餘令帶管坐營官胡懋功統領，于真定鎮城團練聽調策應。各將官雖分有信地，仍聽臨時互調，以保萬全。如警報重大，更調易州、井陘、大名三兵備道兵備〔校記：廣本無兵備二字〕。副使高文薦駐紫荆關，崔鏞駐倒馬關，徐炳駐井陘〔按：館本無陘字，廣本、抱本有陘字〕縣，各照所轄地方調度兵馬錢糧事務，毋得致誤軍機。疏下該部。

（神宗萬曆實録卷 2　第 30 頁　2.23.0054）

15　六月己卯　差兵科左給事中吴文佳、江西道御史楊家相催督陵工，家相仍糾察奸弊。

（神宗萬曆實録卷 2　第 31 頁　2.25.0057）

16　六月辛巳　勑諭禮部：皇考穆宗孝莊皇帝山陵薦號曰“昭陵”。

（神宗萬曆實録卷 2　第 33 頁　2.26.0060）

17　六月辛巳　復除工部屯田司主事隗邦衡及户部主事石漢、

錢楷俱改工部屯田司。聽分委管理陵工。

（神宗萬曆實録卷 2 第 34 頁 2.27.0061）

18 **七月甲申**朔　初享太廟，上駕及門，雷雨大作，須雨止。

（神宗萬曆實録卷 3 第 1 頁 3.1.0065）

19 **七月乙酉**　命工部尚書朱衡閲視陵工，左〔校記：廣本、抱本左上有工部二字〕侍郎趙錦督催木石諸料。

（神宗萬曆實録卷 3 第 4 頁 3.3.0069）

20 **七月丙戌**　工部題〔校記：廣本、抱本題作進〕陵工事宜。一、計處錢糧。一、議撥軍夫。一、查復職掌。一、預備木料。一、改發石料。一、議處運木。一、責成委官〔校記：廣本脱官以上二十字〕。一、酌用磚料。一、召募將作。一、議處物料。

（神宗萬曆實録卷 3 第 5 頁 3.4.0072）

21 **七月丁亥**　以大行皇帝尊謚禮成，詔告天下。詔曰：……尊謚曰："啟天隆道淵懿寬仁顯文光武純德弘孝莊皇帝"，廟號"穆宗"……布告中外，咸使聞知。

（神宗萬曆實録卷 3 第 5 頁 3.4.0072）

22 **七月丁亥**　初通漕運于密雲，尋始復〔按：館本始復作加復，廣本作復加，抱本作始復〕密雲漕粮五萬石。先是，總督侍郎劉應節等言：塞備以儲餉爲急，軍需以漕輓爲便，密雲一城，環控白、潮二水，若天開以便漕者。向二水分流，至牛攔山始合，故駁船〔按：館本駁作剥，廣本、抱本作駁，下同〕自通州而上者亦至牛攔山止，若至龍慶倉，從陸輸輓〔校記：廣本作輓輸〕，軍民艱苦之狀，水次露積之虞，難以悉狀。今白水徙流西城下，去潮水不二百武，前于城東北業築三合土隄，障水防城，近有疏渠于上，植〔校記：廣本植作填〕壩于下，邀潮入白，合爲一派，水漕深便，駁船可達密雲無疑。漕渠既通，漕額宜復，盖密雲經費視諸鎮獨多，其粮料視諸鎮獨貴。先年漕額運昌平共十八萬石餘，今止十四萬餘，密雲僅得十萬有奇，雖益以屯粮，民運能濟幾何？所賴只有招商一法，然邊鄙民貧，每至僉商，若驅就陷穽，豈足終恃？今查通倉粟米每至腐積，各軍領者每爲蹙額，若移通倉五萬石漕于密雲，扣密雲折色三萬五千兩存留太倉，給京軍月粮，則無腐粟，京軍有實惠，密雲免商苦，此外尚欠二萬石，則聽本鎮節縮匡處。及言設立曬場、成造駁船等事。部覆，俱從之。

（神宗萬曆實録卷 3　第 6 頁　3.5.0074）

23　七月丁亥　　調……宣府新開口堡守備指揮僉事閻萬石爲署都指揮僉事，充鞏華城遊擊。

（神宗萬曆實録卷 3　第 7 頁　3.5.0074）

24　七月庚寅　　户、刑等部……順天府府尹孫一正各自陳乞罷，詔報……自强致仕，永禄調南京，餘俱留。

（神宗萬曆實録卷 3　第 9 頁　3・7・0077）

25　七月丙申　　都察院請復巡視居庸、山海二關御史，詔報罷。

（神宗萬曆實録卷 3　第 15 頁　3.12.0088）

26　七月庚子　　勅諭太子少保工部尚書朱衡等：兹者，營造皇考穆宗莊皇帝山陵，事體重大，特命爾衡，不妨部事總督工程，往來閲視；右侍郎熊汝達等專在工所提督工程；總督京營戎政彰武伯楊炳、協理戎政兵部左侍郎王遴輪流前去，提督軍夫工匠人役；掌錦衣衛事太保兼太子太傅左都督朱希孝，不妨衛事往來督視；管錦衣衛事署都指揮同知楊俊卿，專在工所監督工程。爾等凡事與提督太監周宣等公同計議，各宜殫忠竭慮，悉心經理，固不可因陋就簡以天下而儉其親，亦不宜浪費糜財，飾虚文而鮮實用。務俾工作完美，刻日報完，用垂萬世永久之圖，副朕慎重大事之意，爾等其慎之、慎之。欽哉，故諭。

是日并勅諭内官監太監周宣等提督工程。

（神宗萬曆實録卷 3　第 20 頁　3.16.0096）

27　七月庚子　總督薊遼保定軍務兵部右侍郎劉應節奏秋防分布兵馬言：薊昌地方，自鎮邊城至山海関，延長二千一十七里，分爲一十四路，臣應節駐密雲，巡撫楊兆駐遵化，各往來督理諸路軍務，遇警各隨營調度。昌平鎮三路，邊長四百六十里，總兵楊四畏鎮守，兵偹僉事張廷弼整飭地方。薊州鎮十一路，邊長一千五百五十七里，俱屬總兵戚繼先（按：先當爲光之誤）鎮守地方。内石塘嶺、古北口、曹家寨、牆子嶺四路邊長六百五十四里，屬副總兵張臣協守，兵偹副使王一鶚整飭地方。馬蘭谷、松棚谷、太平寨三路邊長四百五十七里，馬蘭一路屬張臣協守，松棚、太平二路屬副總兵史剛協守。燕河營、臺頭營、石頭〔按：館本頭作門，廣本、抱本作門〕寨、山海関四路邊長四百四十六里，俱屬史剛協守，兵偹副使孫應元整飭地方。總兵、副總兵各統領官軍時加訓練，所鎮地方有警，即首先迎敵，他鎮有警，亦調聽策應，其兵偹官俱各駐適中地方監督料理。又遼東地方與薊鎮相爲唇齒，遇有警急，一體相機遣兵策應。

（神宗萬曆實録卷 3　第 21 頁　3.17.0097）

28　七月辛丑　陞紫荆関參將張琓〔按：館本琓作現，廣本作玑，抱本作琓〕爲署都督僉事，充神機營右副將，以南京後軍都督府僉書劉豹充五軍營右副將。

（神宗萬曆實録卷 3　第 23 頁　3.18.0100）

29　七月甲辰　差翰林院編修韓世能、吏科左給事中陳三謨頒登極詔于朝鮮國，隨各賜織金羅衣各一襲，寶鈔錠一百〔按：館本鈔下無錠字，廣本百下有錠字〕。

（神宗萬曆實録卷 3　第 26 頁　3.21.0105）

30　七月甲辰　五軍營副將焦澤等自陳不職，兵部覆：焦澤等照舊供職，艾梓革任閑住，許昭訓降調別用。

又五軍都督府僉書并府軍前衛掌衛及專管圍子手紅盔侯伯勳衛等官自陳不職，部覆：陳良弼等照舊供職，朱岡〔校記：抱本岡作綱，誤〕革任閑住。

（神宗萬曆實録卷 3　第 25 頁　3.21.0106）

31　**七月甲辰**　差兵科給事中匡鐸監視陵工。

（神宗萬曆實録卷 3　第 26 頁　3.21.0106）

32　**七月丙午**　工部尚書朱衡奏：先帝陵寢係肅皇帝爲睿祖造建〔校記：廣本造建作建造〕，玄宮之地内紫光煥發，和氣鬱蒸，門堂乾潔，宛若煖室，玄宮安妥則大襄有期。上悦，命禮部議發引事宜。

（神宗萬曆實録卷 3　第 27 頁　3.22.0107）

33　**七月戊申**　勅給事中匡鐸、御史楊家相巡視催價陵工。

（神宗萬曆實録卷 3　第 27 頁　3.22.0108）

34　**八月乙卯**　陞……黄花鎮守備李世臣爲昌平府等處遊擊。

（神宗萬曆實録卷 4　第 2 頁　4.1.0138）

35　**八月庚申**　陞興州右屯衛副千户劉雄論守備黄花鎮。

（神宗萬曆實録卷 4　第 4 頁　4.3.0142）

36　**八月乙丑**　賜朝鮮國進貢陪臣朝參騎坐馬匹。

（神宗萬曆實録卷 4　第 10 頁　4.8.0151）

37　**八月己巳**　遣户部右侍郎郭朝祭恭靖公姚廣孝（按：館本朝下有賓字。祭恭靖公姚廣孝作祭太倉之神），順天府官祭宋丞相文天祥，太常寺少卿祭太倉之神〔按：館本寺下有官字。祭太倉之神作祭恭靖公姚廣孝〕。

（神宗萬曆實録卷 4　第 15 頁　4.12.0159）

38　**八月癸酉**　賞朝鮮國陪臣三十三人衣段、絹布、靴韈有差。

（神宗萬曆實録卷 4　第 22 頁　4.18.0172）

39　**八月癸酉**　工部覆工科給事中劉渾成奏〔按：館本奏作清，抱本作奏，誤〕理廠庫四事。一、分别各廠軍器，何緩何急，先後成造。一、量度庫藏損少，或葺或建，廣儲軍器。一、節慎庫解批令明注單封，以防欺蔽〔按：館本蔽作隱，抱本作蔽〕。一、戊字庫軍器令加工修理。報可〔校記：廣本報上有上字〕。

（神宗萬曆實録卷 4　第 23 頁　4.18.0172）

40　八月乙亥　遷孝懿莊皇后梓宫祔葬昭陵，命侯顧寰、副將焦澤爲提督官。

（神宗萬曆實録卷 4　第 24 頁　4.19.0174）

41　八月丁丑　朝鮮國王差陪臣金添慶等三十三名慶賀萬壽聖節。以大行皇帝喪禮，令回，遼東都司筵宴，給賞物如例。（按：此條館本錯簡）

（神宗萬曆實録卷 4　第 25 頁　4.21.0177）

42　八月庚辰　勅密雲右營副總兵董一无（按：无爲元之誤，參見本編 132 条）閒住。督臣劾其大壞官箴也。

（神宗萬曆實録卷 4　第 27 頁　4.22.0180）

43　八月壬午　遣翰林院編修韓世能、吏科左給事中陳三謨頒登極詔于朝鮮國，仍勅諭國王李昕（按：館本昕作昖，是也）及其妃賜幣帛文綺有差。

（神宗萬曆實録卷 4　第 28 頁　4.23.0181）

44　八月癸未　以神樞營右副將傅津充總兵官鎮守保定等處地方。

（神宗萬曆實録卷 4　第 29 頁　4.23.0182）

45　九月甲申朔　工部題：兩京内官舊使人等，自隆慶五年九月至六年八月除事故五十一員名，實在一万二千七百二十九員名，共該折色靴銀七萬二千一百二十七兩四錢，屯田司庫貯不敷，准于營繕司郎那一萬兩，都水司那三千兩，屯田本司動支四萬三千〔按：館本萬下無三千二字，廣本、抱本有三千〕百二十七兩四錢，登簿送巡視廠庫科道掛號帖，節慎庫凑數解給。

（神宗萬曆實録卷 5　第 2 頁　5.1.0186）

46　九月甲申朔　陞黄花參將程九思爲神樞營右副將。

（神宗萬曆實録卷 5　第 2 頁　5.1.0186）

47　九月乙酉　以萬全都司僉事〔校記：館本事作書，抱本作事，誤〕孟傑充密雲標下左遊擊。

（神宗萬曆實録卷 5　第 3 頁　5.2.0187）

48　九月丙戌　陞張家灣備禦李逢時補密雲標下右營遊擊。

（神宗萬曆實録卷 5　第 4 頁　5.3.0189）

49　九月己亥（按：館本己亥作丁亥，是也）　以……宣府八衛遊擊靳付補分守黄花鎮參將。

（神宗萬曆實録卷 5　第 5 頁　5.4.0191）

50　九月己巳　夜雹。

（神宗萬曆實録卷 5　第 5 頁　5.4.0192）

51　九月己巳　府軍衛指揮僉事賈涇備禦張家灣地方。

（神宗萬曆實録卷 5　第 6 頁　5.4.0192）

52　九月甲午　穆宗莊皇帝梓宫歸葬于昭陵。

（神宗萬曆實録卷 5　第 7 頁　5.6.0195）

53　九月壬戌　以薊州守備王汲充薊鎮大水峪遊擊〔校記：廣本、抱本脱此節〕（按：梁本脱此節，據館本補）。

(6. 7. 0219)

54　十月甲子　朝鮮國王李昖差陪臣齎表陳慰，并獻進香物，命鴻臚寺詣引〔校記：廣本詣引作引詣〕昭陵行禮，賞賜練段、衣服等物。上嘉昖送還被虜人口，屢效忠順，令其陪臣齎銀一百兩，錦四段，紵絲十二表裏，仍賜勅奬勵。

（神宗萬曆實録卷 6　第 10 頁　6.8.0221）

55　十月丁卯　户部奏定做工軍夫糧數。神木、黑窰二廠每軍月糧四斗，其冬衣、布花不分二廠，苑、海，每軍各布二疋，一本色，一折鈔，棉花各一斤八兩。有逃故者即行開除。仍嚴行薊、永、密、昌〔按：館本薊、永、密、昌作薊、密、昌、永〕四鎮，但有衛所册籍開載神木、黑窰并上海子等軍名色，盡數開除，以絶後弊。

（神宗萬曆實録卷 6　第 12 頁　6.10.0225）

56　十月庚午　　慈寧宫後西連房火。内閣府郡〔按：館本郡作部，是也〕及日講等諸臣等上疏恭慰，俱報聞。

（神宗萬曆實録卷 6　第 13 頁　6.11.0227）

57　十月辛未　　陞分守馬水口参將陳蘭爲神樞營右副將。

（神宗萬曆實録卷 6　第 15 頁　6.12.0229）

58　十月甲戌　　以昌平總兵標下遊擊滿朝相充分守馬水口參將。

（神宗萬曆實録卷 6　第 17 頁　6.14.0233）

59　十月戊寅　　陞遼東靉陽城守備王有臣充昌平標兵營遊擊。

（神宗萬曆實録卷 6　第 20 頁　6.17.0239）

60　十月己卯　　户部奏請開濬榆河自鞏華城達于通州渡口，運糧四万石給長陵等八衞官軍月粮，從之。先是，衞軍選八（按：館本八作入，廣本、抱本作八）營路與邊軍共資防守者仍于京倉支粮，甚爲繁苦，且多弊竇，總督楊兆倡議以請也。

（神宗萬曆實録卷 6　第 21 頁　6.17.0240）

61　十月辛巳　　順天巡撫楊兆奏：日者奉詔修補所屬城池，查自隆慶年大虜入犯後，各府州縣城垣築修〔校記：廣本築修作修築〕過四十餘座，其鄉村莊堡亦修葺過四十餘座，俱堅固堪持，共用過官銀三萬二千餘兩，今止有支剩官銀一千七百餘兩，應修之堡尚多，若一概通修，不惟工程浩繁，帑銀有限，抑恐堡多力分，難以拒守。分守不若併守爲堅，分修不若併修爲要。況内地重在州縣，村堡爲緩；邊境重在鎮城，関寨次之。如腹衷（按：館本衷作裏，是也）則瀦縣爲急，近邊則三屯營爲急，至如馬城、併城、羅文谷、四海以（按：館本以作口）諸城堡則當併力修之者，但在邊城堡藉主客兵力，兼灰石稍便，不過量發官銀爲犒賞米鹽之資，在腹裏者必據其原估，盡發應用官銀，方免別項科派之弊。因請銀二萬兩，期以三歲告成，足堪保障。兵部奉旨議給銀一萬兩。

（神宗萬曆實録卷6　第25頁　6.20.0246）

62　**十一月癸未朔**　命河道郎中王體復清查近畿葦地。工部言：順天、河間二府所屬霸州及武清、大（按：館本大作文，是也）安、大城、静海四縣，原額葦地四千五百七十七頃，歲徵銀九千一百五十四兩解貯節盛（按：館本盛作慎，是也。）庫。查節年所解，十無一二，天地自然之利既不能蠲以與民，又不用之在官，徒以資鄉豪之兼併，充吏胥之囊槖。畿甸之中，有此弊政，殊非法紀。除拖〔按：館本拖作迤，廣本、抱本作拖，是也〕欠者奉詔蠲免，乞趁此更新之會，大加查理，以除積弊。

（神宗萬曆實録卷7　第2頁　7.1.0250）

63　**十一月癸未朔**　賞朝鮮國齎捧陳慰表文并進番陪臣綵段、靴韤等物。

（神宗萬曆實録卷7　第3頁　7.2.0251）

64　**十一月己丑**　朝鮮國王李昖遣陪臣貢方物、馬匹表賀，賜宴賞如例。

（神宗萬曆實録卷7　第4頁　7.3.0254）

65　**十一月己丑**　朝鮮國王李昖遣陪臣參判姜士〔校記：廣本士作于〕弼等貢方物、馬匹，表賀皇上登極。併遣陪臣賫王貢方物（按：館本無遣陪臣賫王貢方物八字，廣本、抱本有，抱本王作土），賀長至令節，賜宴賞如例。

（神宗萬曆實録卷7　第5頁　7.4.0255）

66　**十一月壬辰**　薊遼總督劉應節題稱，〔校記：抱本紅筆批云：同前楊兆疏〕修完城堡一百二十餘座，用過官銀三萬二千二百餘兩，尚餘一千七百八十餘兩，應修之處尚多，請發帑二萬。部覆給馬價銀三千兩，户部發七千兩，共銀一萬兩，其餘聽本鎮便宜取給，限三年修完。

（神宗萬曆實録卷7　第5頁　7.4.0255）

67　**十一月辛丑**　蠲免昌平州寄養馬匹以奉祀諸陵，比鳳陽泗州例也。

（神宗萬曆實録卷 7　第 10 頁　7.8.0263）

68　十一月丙午　照（按:館本照作昭,是也）陵神宫監給果廠房屋二百九十八間。

（神宗萬曆實録卷 7　第 13 頁　7.10.0268）

69　十二月癸丑朔　命順天府祈雪。

（神宗萬曆實録卷 8　第 1 頁　8.1.0277）

70　十二月辛未　薊遼總督劉應節巡撫楊兆疏議：密雲、遵化、三屯各軸（按:館本軸作輜，是也）重營，每營改造大車八十輛，三營凡二百四十輛；每車用騾（按：館本騾作蠃，下同）八頭，三營凡十千七百二十頭（按：館本十千七百作一千九百）；一車用銀十二〔按:館本二作三〕兩，一騾十兩，三營車蠃凡用二萬二千二百一十二兩，買騾及養騾草料于各營減取原用馬匹抵補；每營用軍士三千,三營九千。附以火器，管以將領，服載既稱便利，錢糧又不增加，户部省轉輸之難，地方免野掠之患。部覆行之。

（神宗萬曆實録卷 8　第 10 頁　8.9.0293）

71　十二月甲戌　以原任副總兵管參將事薛邦奇充神機營練勇參將，以神機二營佐擊林楝充五軍王營（按：館本王作八，廣本作三）參將。

（神宗萬曆實録卷 8　第 15 頁　8.13.0301）

72　十二月乙亥　上御皇極殿，順天府官進春，百官稱賀。

（神宗萬曆實録卷 8　第 16 頁　8.13.0302）

73　十二月乙亥　以營（按：臺本營作管）領黄花鎮班軍署都〔校記：館本無都字，廣本、抱本有都字〕指揮僉事嚴勳充神機〔按:館本機作樞，廣本、抱本作機〕三營佐擊統領官軍操練行事。

（神宗萬曆實録卷 8　第 16 頁　8.14.0303）

74　十二月丁丑　朝鮮國王李昖遣陪臣參判宋贇等表進方物、

馬匹〔按：館本無表進方物馬匹〕，賀穆宗皇帝册謚、二聖皇太后徽號，如例賜宴賚，不作樂、簪花。

（神宗萬曆實録卷 8　第 17 頁　8.15.0305）

75　十二月丁丑　以……密雲城守備管逵幹充神機三營佐擊。

（神宗萬曆實録卷 8　第 18 頁　8.15.0305）

76　十二月戊寅　總督倉場侍郎郭朝賓奏：隆慶五年十二月至今年十一月終，太倉銀庫實在金四百六十五兩，銀四百三十八萬五千八百七十五兩有奇，銅錢一千六百四十萬六千四百有奇。

（神宗萬曆實録卷 8　第 19 頁　8.16.0308）

77　十二月己卯　陞真定衛左所千户張玠守備密雲。

（神宗萬曆實録卷 8　第 20 頁　8.17.0309）

78　十二月庚辰　陞五軍營練勇恭將鄒沂以副總兵管理朔州城參將事務，署都指揮僉事趙伯勳爲署都督僉事充神機營副將。

（神宗萬曆實録卷 8　第 21 頁　8.18.0311）

79　十二月辛巳　朝鮮國差陪臣表進方物、馬匹，賀穆宗莊皇帝尊謚暨兩宫徽號，如例給賞。

（神宗萬曆實録卷 8　第 21 頁　8.18.0311）

80　十二月辛巳　解馬價銀九千六百兩于密雲，以事（按：館本事作市，是也）車贏。

（神宗萬曆實録卷 8　第 23 頁　8.20.0315）

萬曆元年（1573）

81　正月乙未　宴朝鮮陪臣及泰寧衛夷人頭目。

（神宗萬曆實録卷9　第6頁　9.5.0325）

82　正月辛丑　朝鮮國王李昖遣〔按:館本遣作差，廣本、抱本作遣〕陪臣賫進方物馬匹……賀上登極、穆宗莊皇帝尊謚并賀兩宮徽號。詔賜采幣、表裏、絹布、衣服、靴韈等物有差。

（神宗萬曆實録卷9　第8頁　9.7.0329）

83　正月壬寅　申嚴皇城宮殿門禁。

（神宗萬曆實録卷9　第8頁　9.8.0332）

84　正月癸卯　翰輔臣張居正言：適司〔按：館本司上有見字，廣本、抱本無見字〕禮監太監馮保奏稱，聖駕出宮視朝，有一男子身挾二刃，直上宮門[illegible]礙，當即拏獲。臣等竊詳，宮庭之内侍衛嚴謹，若非平昔曾行之人，則道路生疏，豈能一徑便到？觀其挾刃直上，則造蓄逆謀，殆非一日，中間〔按：館本間作門，誤〕必有指〔按:館本指作主，廣本、抱本作指〕使勾引之人，乞勅緝事問刑衙門訪究下落，永絶禍本。仍乞皇上出入警蹕，信宜嚴備。……上俱從之。

（神宗萬曆實録卷9　第10頁　9.8.0332）

85　正月癸卯　勅諭兵部京城内外廵警事宜。着兵部、都察院并緝事衙門督率廵捕、廵視等官嚴行申飭，四方無籍之人潛住京師的，即便驅逐盡絶，地方隣佑有容隱不舉的，事發都拿來重治。

（神宗萬曆實録卷9　第10頁　9.8.0332）

86　正月丙午　陞順天府府丞劉堯誨爲都察院右僉都御史，巡撫福建地方。

（神宗萬曆實録卷 9　第 12 頁　9.10.0335）

87　正月丁未　以……神樞營佐擊侯之胄充神樞四營練勇參將，統領官軍操練。陞……浮圖峪守偹鄭勳爲神機八營遊擊，統領官軍操練。

（神宗萬曆實録卷 9　第 13 頁　9.11.0337）

88　正月戊申　陞兵科都給事中李己爲順天府府丞。

（神宗萬曆實録卷 9　第 14 頁　9.11.0338）

89　正月戊申　任安南夷舍莫茂洽襲安南都統使。

（神宗萬曆實録卷 9　第 14 頁　9.11.0338）

90　正月己酉　以……神機三營練勇參將李時爲横嶺路參將。

（神宗萬曆實録卷 9　第 15 頁　9.12.0339）

91　二月癸丑　兵部覆：户科給事中李楝等條陳門禁八事。一曰易市地，二曰禁穿道，三曰制牌面，四曰重换班，五曰清包占，六曰懸賞罰，七曰查内屬，八曰重事權。惟市〔校記：廣本市下有地字，是也〕照舊，餘皆依擬。

（神宗萬曆實録卷 10　第 2 頁　10.1.0342）

92　二月乙卯　朝鮮國王差陪臣表進方物、馬匹謝恩。

（神宗萬曆實録卷 10　第 3 頁　10.2.0343）

93　二月乙卯　巡視陵工户科給事中匡鐸等參屯田司主事石漢收支磚料致〔校記：廣本無致字〕冒破官銀三百四十餘兩，有無通同情弊，乞行勘議。章下工部。

（神宗萬曆實録卷 10　第 3 頁　10.2.0343）

94　二月丙午　移武清衛後千户所于河西務新平（按：館本平作城，疑是），千户王世臣不妨原務就近鈐束該城軍民商賈人等，掌管城門禁鎖，緝拿盗賊，保障地方。

（神宗萬曆實録卷 10　第 3 頁　10.2.0344）

95 **二月己未** 以懷來城守備章堂充神機十營佐擊將軍。

（神宗萬曆實録卷 10 第 4 頁 10.3.0345）

96 **二月壬戌** 昭陵享堂上梁，賜輔臣張居正、吕調陽各銀五十兩，綵段四表裏，新鈔三千貫，

（神宗萬曆實録卷 10 第 4 頁 10.3.0346）

97 **二月甲子** 鑄給皇城巡視科道關防，從給事中李戴等請也。

（神宗萬曆實録卷 10 第 5 頁 10.4.0348）

98 **二月乙亥** 宴朝鮮國陪臣。

（神宗萬曆實録卷 10 第 12 頁 10.9.0358）

99 **二月丙子** 以朝鮮國王李昖送回被倭搶去人口，賞銀一百兩，錦四段，采絲十二表裏，仍賜。

（神宗萬曆實録卷 10 第 12 頁 10.10.0359）

100 **二月甲申** 兩廣提督侍郎殷正茂奏:暹羅國王華抬朱〔按:館本抬朱作招宋。廣本、抱本宋作朱，抱本招作抬〕差夷使進貢方物，稱原印信勘合國東牛國攻破城池燒毁，乞行補給。下禮部議。（按：本條館本列于三月甲申是也，梁本誤）

（神宗萬曆實録卷 10 第 15 頁 11.2.0365）

101 **二月甲申** 宴朝鮮國差來謝恩陪臣。（按：本條館本列于三月甲申，是也。梁本誤）

（神宗萬曆實録卷 10 第 15 頁 11.2.0365）

102 **二月甲午** 閲視邊城〔按：館本無邊城二字，廣本、抱本有邊城〕侍郎汪道昆奏：薊、昌二鎮捍衛陵京，其地視各邊更重。然兵制甚疎，兵力甚弱，一旦有急則視各邊更爲不支。自庚戌秋徵客戍、起民兵、合主客三〔按：館本無主字，三作二〕十萬有奇，軍餉稱足。虜既得利，時伺近邊，歲徵發以爲常，應變倉卒取辦，目前經制未周，章程未定，近該鎮諸臣相與協謀，築垣、善器械、簡車徒，爲戰守之備甚具，故戊辰以後虜未敢犯。薊、

昌曾未息肩，減兵縮餉之議紛紛輙起。查一鎮邊境計二千有餘里，比之宣、大則兵爲獨少，歲餉幾二百萬以下，較之各鎮則餉爲獨多，總之兵食相需〔按:館本需作須，廣本、抱本作需〕，必兵有定額，然後糧有定數，故兵馬錢糧當作一家計算。今東虜日事窺伺，其志不忘，西虜方就羈縻，其衆叵測，邊長地重，安能去兵？師行糧從，又安能去食？因地之緩急以計兵，因兵之多寡以計食，因經制之未備者以計萬全，三者相須非有定額不可。因括兵餉總綱，一切戰守事宜，主客兵馬、糧餉料草，稽覈籌畫俻極精密，下户兵二部看議。（按：此條館本在三月甲午，是也，梁本誤）

（神宗萬曆實録卷 10 第 18 頁 11.5.0371）

103 二月甲午 差工科給事中劉渾成廵視陵工。（按：此條館本在三月甲午，是也，梁本誤）

（神宗萬曆實録卷 10 第 19 頁 11.5.0372）

104 二月戊戌 令昌平兵俻僉事張廷弼疏濬鞏華城外〔按：館本外下有舊字，廣本、抱本無舊字〕河。廷弼原勘河道可省陸運費歲八千石，及運船至而淤塞不前，乞運司官楊可大以爲言，户部奏行廷弼速濬之。（按：此條館本在三月戊戌，是也，梁本誤）

（神宗萬曆實録卷 10 第 21 頁 11.7.0375）

105 二月戊戌 改分守薊鎮墻子嶺參將孫朝梁充提調宣府南山地方參將。（按：此條館本在三月戊戌，是也，梁本誤）

（神宗萬曆實録卷 10 第 21 頁 11.7.0375）

106 二月辛丑 聽民徙鞏華城居住，即以輸官地價建修城隍廟并户部分司，以通河設倉，有生理也。（按：此條館本在三月辛丑，是也，梁本誤）

（神宗萬曆實録卷 10 第 22 頁 11.8.0377）

107 二月癸卯 以原任古北參將羅瑞補墻子嶺參將。

（神宗萬曆實録卷 10 第 23 頁 11.8.0378）

108 三月壬午 增築薊、昌二鎮墩臺二百座。先是，閱臣〔校記：廣本閱臣作閱視侍郎〕汪道昆言：薊、昌延袤二千里之遥，京師距塞外二百里而近，必設險以守，然後簾〔按：館本簾作廉，誤〕遠堂高。先令〔按：館本令作今，誤〕督撫諸臣沿邊築空心臺一千二百餘座，宿兵貯器，戍守有常。凡諸要害部署已周，獨灤河以東、居庸以西，若松棚諸路中稍有間缺，請申命（按：館本命下有在事諸三字）臣及今相地，宜合兵力，增臺二百許，值不過四萬兩。（按：館本兩下有目前分三字）撥班軍先事力作，期以來春舉畢事。臺工既竣，主客軍士專習武事，班軍精壯者一體就練，次者不隸戍行，使之專任力役，境内大小工役，必自闢軍門檄下主將調發，諸司毋得仍前專行，政出多門，有妨邊務。至是兵部奏請行之。

（神宗萬曆實録卷 11　第 3 頁　12.4.0389）

109 三月壬戌 詔：京城内外，盗賊生發，各該巡捕兵備官，雖不係本管地方，有能協力捕獲者紀録擢用，賊情重者，仍行給賞，該管地方官加等治罪。（按：館本此條在四月，是也，梁本誤）

（神宗萬曆實録卷 11　第 7 頁　12.7.0396）

110 三月戊辰 旱，禮部請行順天府官祈雨及各衙門官一體修省。從之。（按：館本此條在四月，是也，梁本誤）

（神宗萬曆實録卷 11　第 9 頁　12.9.0400）

111 三月己巳 工部奏請修理試院，部六分，順天府四分。（按：館本此條在四月，是也，梁本誤）

（神宗萬曆實録卷 11　第 9 頁　12.9.0400）

112 三月辛未 順天巡撫楊兆〔校記：廣本兆下有奎字，誤〕奏建昭陵衛于昌平州，衛官八十七員，軍士一千六百三十三名，應建〔校記：廣本應建作應造〕衛廳、門樓、公廨、營房共一千九百三十九間，合用木植、磚瓦、石灰、釘箔、顏料、在作工食共銀該二萬三百三十餘兩。管工委〔校記：廣本無委字〕官二十員，米菜銀一百八十兩，裝運木植求價銀六百四十餘兩，三項共該銀二萬一千一百六十餘兩，除搜括順、永二府州縣應解贓罰等銀一萬一千九百六十二兩，尚少銀九千一百九十八兩，乞照例行工部給發。其夫役卽用本衛各軍，每名日給米一升五合，照例行昌平管糧衙門關支。工部覆如兆議，以陵工繁興，止幫以順天葦課銀五千五百餘兩，其餘仍行〔按:館本行作作，誤〕撫按湊處。（按：館本此條在四月，是也，梁本誤）

（神宗萬曆實録卷 11　第 10 至 11 頁　12.12.0405）

113　三月己卯　又奏請西城坊等五場召買草束一百二十萬，備防秋緩急。（按：館本此條在四月，是也，梁本誤）

（神宗萬曆實録卷 11　第 13 頁　12.14.0410）

114　三月己卯　以通州草場主事帶管張家灣宣課司商稅。（按：館本此條在四月，是也，梁本誤）

（神宗萬曆實録卷 11　第 14 頁　12.14.0410）

115　三月甲寅　京〔按:館本京上有日字，廣本、抱本無日字〕師大風，是夜四川敘州府地震。（按：館本此條在四月，是也，梁本誤）

（神宗萬曆實録卷 11　第 14 頁　12.20.0386）

116　四月辛亥　再鑄欽天監曆日印信一顆。

（神宗萬曆實録卷 12　第 2 頁　12.1.0384）

117　四月壬子　武清伯李偉奏討修理房工價，上特詔工部查例。工部言:皇親房屋不載《會典》，累朝賜給皆係特恩，並無修理事例，所稱萬言、方鋭事體，俱各不同，萬言辭居而既給，方鋭屋狹而增買，皆非修理。今偉先次所給棟宇煥然，安居歲久，後次所給更爽闓閎，間數甚多，方、陳二家，難援爲例。上以偉房屋舊弊，量給銀四千兩，不爲例。

（神宗萬曆實録卷 12　第 2 頁　12.1.0384）

118　五月壬午　京師雨雹。

（神宗萬曆實録卷13　第2頁　13.1.0414）

119　五月庚寅　陞協守山西副總兵署都指揮僉事劉鳳翔爲署都督僉事充神樞營右副將。

（神宗萬曆實録卷13　第6頁　13.5.0421）

120　五月辛卯　令居庸關商税除備州衛供應外，俱解管糧衙門奏給主兵糧草，不得别項取用支銷。

（神宗萬曆實録卷13　第6頁　13.5.0421）

121　五月戊戌　户部尚書王國光會同兵部議覆薊、昌經制言：閲臣汪道昆奏：薊、昌二鎮額兵一十六萬五千六百四十二員名，合用馬鸁六萬一千一百四十六匹頭，額餉一百六十五萬八千九百三十八兩有奇，將所陳一切事宜議詳欵列，請旨頒行。一、議減遵化民壯。減民壯三千名，徵〔校記：廣本、抱本徵下有解字〕銀一萬八千兩，解頣二（按：館本頣二作順天，是也）巡撫衙門轉發薊州道收貯，以供軍需。一、議減山東民兵。減馬步兵三千名，徵解銀五萬六千兩，供薊鎮軍儲。俟軍額已足，訓練已成，通撤南京〔校記：廣本京作兵，疑是也〕工食，以養主兵，此銀停止。一、減遼兵。八衛三千名，内五百名原係寧前者，仍留本處防守。一、定額兵。薊鎮實在主客官軍一十六萬五千六百四十二員名，即以此爲定額後清解，到者倣宣府例照數減免，班軍扣解，原衛所月糧加以本鎮口糧當主兵之餉。一、議車營。以山海附石門爲十路，每路立一車營，昌平三路兵馬數少，共立一車營，每營駐騎、步兵各一枝，密雲、遵化、三屯設二〔按：館本二作三，廣本、抱本作二〕輜重營，每營亦駐騎、步兵各一枝。一、定額馬。薊、昌舊額馬三萬九千一百匹，除見在及聽買補外，仍應加馬一千六百一十四匹，令太僕寺兑給。一、議加鸁。加洩車鸁一千五百五十五頭，每頭用銀十兩，動支太僕寺馬價。一、議額班。山東、河南兵班軍一萬五千餘名，領以二都司管理，石門宜照令甲每官〔按：館本領上有止字〕領三千餘，再添設領班都司，以專責成。其軍乃擇稍強者爲秋班，次者爲春班。一、議諸將廩給。薊鎮總兵官及椽史仍舊驛支，昌平總兵官及椽史頂支關税，其餘副總兵以下一體及支兵餉，主客將官，自總兵官至〔按：館本無至字，廣本、抱本有至字〕各領班都司、各路守備俱支粳米，提調支粟米。一、議將官正馱馬料草。應准全支各路將既分營練兵，亦應准支馱馬二匹。一、議革昌鎮將官支關税并家丁名額。昌鎮既在内地，征調亦少，不必優于薊鎮。家丁大半虛數，實爲積弊，據見在名數爲額，不許復加。一、議戍守定額。該鎮兩防，春三月〔按:館本三下無月字〕，秋四月，薊、昌〔按:館本薊昌作昌鎮〕仍舊，薊鎮春防亦四月，守臺及塘如之。入衛官軍延綏、寧夏行糧俱十月，宣、大、遼東、保定及各班軍俱八月。各傳烽守墩軍士及標兵營各路防守官軍，俟有聲息然後赴防，兩防共四月。各臺典守軍火器械官軍、常川在臺者，歲支行糧。一、議月糧、行糧額。各路月糧上半年半折，以地里遠近分别多寡，下半年折色因本色難易酌量定價，尖夜名數照路之衝緩酌定幫糧，例同密雲。新奇兵營、永平建昌營，營募兵各半支行糧，薊州松棚路、長城嶺等處守臺官軍〔按:館本軍作兵〕歲支行糧。一、議料草額。料一石密昌〔按:館本昌作雲〕折銀四錢，薊、永三錢五分，草一束不分大小乾月俱折銀一分二厘，應本改折者俱一分七厘，各標兵准同客兵支行料草。一、議積貯。薊、密、永三鎮有撥發漕糧及改納本色報中，乞運昌平境内本色獨少，亦令糴買，運軍餘米運入鞏華城倉，除昌平各營行令就支外，其餘横嶺、黄花、居庸三路處造車輛，就鞏華城運至各隣近地方，便以各軍就支。一、議買料草。昌平料價原狹，商價〔按：館本價作賈〕復騰，宜委官赴通灣等處收買運積，以備急用，其不係本年支用，宜照各鎮通判于關税支給，勿支軍餉。一、議閏月逃故扣除。積至三年可當閏月，不得輕議〔按：館本議作易〕請討。一、議主兵調遣。客兵經過及總督、撫、鎮巡邊調探合用錢糧，歲坐銀三萬一千兩，發薊、密二鎮各一萬，永平八千，昌平三千，有餘則扣存分司，不足則請于扣除還官主客餉内湊用。一、議徵發。該鎮民用銀兩除直隸催解總督衙門，其河南、山東共四十二萬兩，及山東改徵民兵工食銀五萬一〔按:館本一作六〕千兩，俱改行徵解太倉轉發。一、議扣除。每歲終督撫等衙門備查各鎮扣除若干，開數報部，比及三年，即以三分之一預備本色，以待不虞，通計六年、九年可免一年京運之發，自後仍復更始，歲以爲常。仍移咨督撫加意樽節，不許將積餘銀兩輕易耗費。一、議通融。主客兵餉或有不足，查係應支，即于各項下銷算，但不得致滋獘端及濫用額外。一、議節省。各鎮錢糧原有正支，即或間有節餘，亦難每相比，宜行管糧郎中乘時平價備餉，以省公需，依期足數給軍，以作士氣，毋徒減扣以爲節省。詔報該鎮兵餉既〔校記：廣本既作已〕有定額，都依擬行，以後不許紛紛再議增減。

（神宗萬曆實録卷 13　第 9 至 12 頁　13.7.0426）

122　五月辛丑　　陞山東左布政使施篤臣爲順天府府尹。

（神宗萬曆實録卷 13　第 13 頁　13.10.0432）

123　五月乙巳　　添設遵化、密雲、三屯各輜重營及建昌奇兵坐營五員官。

（神宗萬曆實録卷 13　第 14 頁　13.12.0435）

124　六月己酉朔　　命尚書陸樹聲宴待朝鮮國進獻陪臣。

（神宗萬曆實録卷 14　第 1 頁　14.1.0437）

125　六月乙卯　　户部奏，撥昭陵香火地并果園、菜園及撥補獻陵果園，共占民田〔按：館本無田字，抱本有田字〕地一百餘頃，估給銀一萬二千四百一〔按:館本百下無一字〕十一兩有奇，除豁税糧等項銀三百一十五兩有奇。詔仍蠲本年税糧〔校記:税糧，廣本作歲報，抱本作歲糧〕之半。

（神宗萬曆實録卷 14　第 3 頁　14.2.0439）

126　六月乙卯　昭陵二殿成，以將奉安穆宗皇帝、孝懿皇后神主〔按:館本主作位，廣本、抱本作主〕，遣官祭告九廟并天壽山之神。

（神宗萬曆實録卷 14　第 3 頁　14.2.0439）

127　六月庚申　巡視工程户科給事中劉渾成疏參昭陵提督太監王爵率領棍徒採打指揮白賁〔校記：廣本採作攢，賁作蕡，下同〕及爵平日貪婪之狀。詔下法司奪賁俸半年。爵竟免究。

（神宗萬曆實録卷 14　第 4 頁　14.3.0441）

128　六月甲子　大學士張居正以建樓堂尊藏宸翰，奏請欽定額名。上賜樓名“捧日”，堂名“純忠”，命工部置匾懸安。以居正素秉潔介〔按：館本介作節，廣本、抱本作介〕，特賜公費銀一千兩。仍降手勅温諭，賜御書對聯。居正表謝，復優詔報聞。

（神宗萬曆實録卷 14　第 5 頁　14.3.0442）

129　六月乙丑　發太僕寺銀九千兩爲陵工募夫之費。

（神宗萬曆實録卷 14　第 5 頁　14.4.0443）

130　六月丙寅　改神機七營參將充山海関參將。革遵化標兵營遊擊王徑，聽候別用，以三屯營遊擊吴惟忠調補。擦崖子守備劉龍、壞柔（按：壞爲懷之誤）守備賈陳葉互相更調。

（神宗萬曆實録卷 14　第 5 頁　14.4.0443）

131　六月己巳　兵部覆京營五事。一、序將領以明職分。謂：三大營將領名實差紊，宜照依副、參、游、佐等職級，戰、車、城、守等事務順序立營，以原設之官管理，原營本部推用亦各照營分充補。一、順車戰以便合〔按：館本合作各〕操。謂：車、戰二營相須爲用，若平時操演分而不合，則臨敵参差緩急何賴？宜將二營均搭齊備，時分時合，着實操演，使馳擊環衛各盡其長。一、議選募以實營伍。謂：京營見軍止八萬六千八百有奇，根〔按：館本根作粮，誤〕本空虛，宜革退老弱殘疾，選家丁〔按：館本丁作屬〕精壯者替役。其招募之軍，審係親族有身家者，俱准替補，其各省解到新軍，逃〔校記：廣本逃上有有字〕者嚴行拏解，不必再貼盤費，貽累窮民。一、儲將才〔按：館本才作材〕以備任使。謂：廢棄將領及京衛各官近多告赴邊方，至使京營乏人，宜除例不敘用外，其有年力、精壯謀勇可觀者，聽其具告，赴部試驗委用。一、處軍器以裨實用。謂：該營軍器不堪應用，宜令將領如式造鎗刀各一件，送工部轉發該廠，照式改造，仍將各軍懸帶腰刀各一件，送工部轉發該廠一體〔按：館本體下有議處二字，抱本脱議處二字，刀下有：各一件，送工部轉發該廠十字，誤〕。如議行。

（神宗萬曆實録卷 14　第 7 至 8 頁　14.5.0446）

132　六月己巳　以牆子嶺參將羅端管理三屯右營標兵，原任密雲副總兵董一元改充牆子嶺參將。

（神宗萬曆實録卷 14　第 8 頁　14.6.0447）

133　六月壬辰　以〔校記：廣本以上有壬申二字，是也。抱本以上有壬辰二字〕昭陵工竣，賞尚書朱衡等銀幣有差。

（神宗萬曆實録卷 14　第 9 頁　14.7.0449）

134　六月壬辰（按：辰爲申之誤）　户部題：收孤貧五百六十一名，發宛、大二縣，月給米三斗，歲給棉布一疋。

（神宗萬曆實録卷 14　第 9 頁　14.7.0450）

135　六月癸酉　賞朝鮮國進貢陪臣〔按：館本臣下有織金羅衣段絹靴韈等物十字，抱本脱〕。

（神宗萬曆實録卷 14　第 9 頁　14.7.0450）

136　六月丁丑　工部請差科道官查刷昭陵一應錢糧，仍請以後凡有大工完日題請查盤，永爲定例。

（神宗萬曆實録卷 14　第 10 頁　14.8.0451）

137　七月己卯朔　發太倉銀八千兩加〔按：館本加作於〕薊鎮，爲〔按：館本爲下有加添二字〕撫夷之用。

（神宗萬曆實録卷 15　第 2 頁　15.1.0453）

138　七月丙戌　　發主客兵餉銀二十二萬六千八百兩有奇于薊、密、永、昌四鎮，合在鎮各項并先發共銀一百四十三萬二千一百三十八兩有奇，通〔校記：廣本無通字〕共額餉銀一百六十五萬八千九百三十八兩四錢九分九厘二毫四忽。又發易州鎮客兵銀二萬五千一百一十七兩有奇。發太僕寺馬價銀七千兩于薊鎮，亦備加添撫賞支用。

（神宗萬曆實録卷15　第4頁　15.3.0457）

139　七月戊子　　命侍郎汪鏜待朝鮮國陪臣上馬筵宴。

（神宗萬曆實録卷15　第4頁　15.3.0458）

140　七月己丑　　以薊〔按：館本薊作蘇誤，廣本作薊〕鎮補軍多寡賞總兵官戚繼光等各銀十兩，副總兵楊鯉等各罰俸有差。

（神宗萬曆實録卷15　第5頁　15.4.0459）

141　七月癸巳　　差山西道御史王湘巡按順天等府。

（神宗萬曆實録卷15　第6頁　15.5.0461）

142　八月癸丑　　罷海運。

（神宗萬曆實録卷16　第3頁　16.2.0478）

143　八月癸丑　　命右春坊右諭德兼翰林院侍讀王錫爵、左春坊左中允兼翰林院編修陳經邦典順天府鄉試。

（神宗萬曆實録卷16　第3頁　16.2.0478）

144　八月丙辰　　陞密雲兵備副使王一鶚爲山東右參政，照舊管理密雲。

（神宗萬曆實録卷16　第6頁　16.5.0479）

145　八月丙辰　　户部奏各衙門會議漕運事〔校記：廣本事下有宜字，是也〕。一、濬河渠以利邊運。一、均領兑以減脚價。一、均補潤以一兑法。一、恤船户以全軍務。一、專責任以恤官軍。一、禁參謁以重粮運。一、造官船以垂永久。一、議撑夫以定常規。一、嚴督運以專責成。一、遵議單以釐宿弊。一、議官攢以杜冒濫。一、議置斛以平出給。一、申舊例以重輕賫。一、查斛額以清隱弊。一、覆漂流以便處補。俱〔校記：廣本俱上有詔字〕從之。

（神宗萬曆實録卷 16 第 6 頁 16.5.0479）

146 八月丁巳 兵部覆閱視侍郎汪道昆奏經略京西諸關以固畿輔事：永〔校記：廣本永下有平字，是也〕、保定等關口，應建敵臺三百五十六座，每座計工費二百二十兩，主客兵春秋二防，每五百名完臺二座，期以四年告成。其渾河南岸，應行昌、易二路，亦各建一臺，有堅固不如式者，責令各官從新賠築。仍嚴禁炭廠奸商，不得侵伐林木，其廣昌、靈丘等縣，仍聽保定巡撫兼攝，賢能者與有司一體薦獎。

（神宗萬曆實録卷 16 第 17 頁 16.5.0480）

147 八月己未 朝鮮國差陪臣表賀萬壽聖節，上命尚書陸樹聲宴待。

（神宗萬曆實録卷 16 第 8 頁 16.7.0483）

148 八月壬戌 差……江西道御史趙燿巡視壩、大等馬牛房倉。

（神宗萬曆實録卷 16 第 10 頁 16.8.0486）

149 八月丁卯 賞朝鮮國進賀陪臣綵段等物如例。

（神宗萬曆實録卷 10 第 11 頁 16.9.0487）

150 八月戊辰 發太倉銀一萬五千兩于保定，四千一百二十兩于遼東，爲前修築敵臺移建堡城支用。

（神宗萬曆實録卷 16 第 11 頁 16.9.0487）

151 九月癸未 以渾河水泛傷永清縣麥禾，蠲税糧之半，屯畝照分數折色。

（神宗萬曆實録卷 17 第 2 頁 17.1.0494）

152 九月丙戌 免徵通州參將營馬匹用銀。該營軍馬月糧既薄，料草又不全支，且有捉捕盜賊之責，閱臣汪道昆等言之。乃比張家灣備禦營例，馬匹倒死止徵樁銀解太僕寺。

（神宗萬曆實録卷 17　第 3 頁　17.2.0495）

153　**九月戊子**　　密雲、遵化、永平設武學，鑄給印信各一顆。

（神宗萬曆實録卷 17　第 4 頁　17.3.0497）

154　**九月庚寅**　　修理午門正樓及左右闕門。

（神宗萬曆實録卷 17　第 5 頁　17.4.0500）

155　**九月庚寅**　　發太僕寺馬價銀七千二百一十二兩于薊鎮，買補入衛倒死馬騾〔按：館本騾作驢，廣本、抱本作騾〕。

（神宗萬曆實録卷 17　第 6 頁　17.5.0501）

156　**九月癸巳**　　命協理京營戎政兵部左侍郎趙孔昭回部管事。

（神宗萬曆實録卷 17　第 7 頁　17.6.0503）

157　**九月丙申**　　命總督宣、大、山西軍務太子太保兵部尚書兼都察院右副都御史王崇古以原職協理京營戎政。

（神宗萬曆實録卷 17　第 8 頁　17.6.0504）

158　**九月丁酉**　　刑部會官審録重囚于承天門外。

（神宗萬曆實録卷 17　第 10 頁　17.8.0507）

159　**九月戊戌**　　調江西僉事馬時奏于山東兵備昌平〔按：館本兵備昌平作備兵昌平，廣本作昌平兵備道〕。

（神宗萬曆實録卷 17　第 10 頁　17.8.0508）

160　**九月戊戌**　　兵部覆薊鎮督撫官劉應節等奏言：各衛所官軍，先則輪班京操，復〔按：館本復作後，抱本作復〕議更番出戍，非特拱護京邊，抑以練習戰陣，安内攘外，相須並用，法至善矣。然必部伍正統，屬明事權，定使將士相習，方可責有成〔校記：廣本有成作成有〕功。向以班軍脆弱，在邊率均搭分布，以致部伍零散。領班官軍又慮在衛所〔按：館本所作外，廣本、抱本衛下有所字，抱本無外字〕有所搔擾，止令于邊鎮取其來其去，與各軍漫不相涉，是以紀律不明，行陣無法，罔俾實用。宜如應節等議，每將統班軍三千名，分布曹家、大小〔按：館本小作水，廣本、抱本作小〕石門、松棚，太平五路各地方，每路二三〔按：館本無三字，廣本、抱本有三〕班，更番對代。各將官衙門軍伴應付等項，行各道隨宜處給，俾與地方官一體行事，每遇上班，撫道衙門稽查催督，令其整隊鼓行，一如出征事理，依限赴邊，聽候分布防守；下班之日，各將親行統領，振旅而歸。地方無事，聽各將官雙月一操，撫道衙門亦乘暇一閱。遇間盜賊竊發，聽本處撫院調度征剿，各該將官悉從本處巡撫節制，兵備兼督所屬守備衛所，又聽各將官管轄。凡選用頭目、更補官軍，俱呈詳督撫隨宜委用。上是之。

（神宗萬曆實録卷 17　第 10 頁　17.8.0508）

161　九月戊戌　改密雲等武學教授爲提調，各增設科正二員，俱選三科武舉充之。從督臣劉應節議也。

（神宗萬曆實録卷 17　第 11 頁　17.9.0509）

162　九月癸卯　工部奏：修理茂陵祾恩殿及門并左右香庫，請行禮部擇日興工。

（神宗萬曆實録卷 17　第 12 頁　17.10.0511）

163　九月甲辰　工部奏：修獻陵祾恩殿及寶城明樓，請行禮部祭告興工。

（神宗萬曆實録卷 17　第 13 頁　17.10.0512）

164　十月戊申朔　原任巡撫山西改協理京營戎政兵部左侍郎兼都察院右僉都御史趙孔昭致仕。

（神宗萬曆實録卷 18　第 1 頁　18.1.0517）

165　十月辛亥　改納密鎮本色米草爲料豆。先是，各倉匱乏，民運盡改本色，後漕糧既增，積貯有餘，本色草束徵收不便輸運，又准閲臣汪道昆曾欲改納黑豆，至是户部從督撫議，通州及三河、寶坻、密雲、平谷四縣民運，除額派内府光禄寺外，盡改徵黑豆，照所定龍慶、石匣、熊兒各鎮虜營各倉上納，計銀一萬七千一百二十兩有奇，該納豆四萬二千八百石有奇，每豆一石足銀四錢，豐年收價平，照納本色，如年歲不登，徵銀解密雲分司，候給客兵願支折色者。

（神宗萬曆實録卷18　第2頁　18.1.0518）

166　十月癸丑　鑄給密雲、遵化、永平各武學印信。

（神宗萬曆實録卷18　第3頁　18.2.0519）

167　十月庚申　陞巡撫順天都察院右僉都御史楊兆爲右副都御史，照舊巡撫。兆考三年滿，吏部照例擬陞，上允之，仍着令考滿官例該陞級者止具應陞緣由，俟朝廷裁予，毋得輒自定擬職任。

（神宗萬曆實録卷18　第5頁　18.3.0522）

168　十月甲子　陞原任順天府府丞何起鳴爲太僕寺少卿。

（神宗萬曆實録卷18　第5頁　18.4.0523）

169　十月戊辰　諭工部查具昭陵營建費用錢糧之數。

（神宗萬曆實録卷18　第6頁　18.4.0524）

170　十月己巳　户部奏密雲、昌平二鎮漕運未盡事宜，凡七欵。一、議轉輸。一、議寄囤。一、議糧船。一、議河道。一、議船户。〔按：館本無一議船户四字，廣本、抱本有〕一、議邊軍〔按：館本軍作運，廣本、抱本作軍〕。一、議領運。凡新舊漕糧，密雲一十五萬四千八百一十石八斗，昌平一十八萬九千二百七十二石五斗，專備各鎮主客本色支用。

（神宗萬曆實録卷18　第6頁　18.5.0525）

171　十月辛未　工部奏：昭陵營建，凡用節慎庫銀三十九萬九百三十二兩，其神木等三廠木植、大通橋廠白城磚、大石窩等廠舊石及户、兵二部雇扺班軍工食行糧不與焉。

（神宗萬曆實録卷18　第7頁　18.6.0527）

172　十一月辛巳　命太僕寺發馬一千匹并馬價一萬八千有奇于薊遼軍門。

（神宗萬曆實録卷 19　第 3 頁　19.2.0532）

173　十一月甲申　　順天府府尹施篤臣題議處廂户。言：廂户之設始自永樂初，欽取江南富民三千户填實京師，分派宛、大兩縣寄籍。至弘治間至存二百餘户，以勾攝煩擾奏免僉解，每户歲徵銀五兩，盡給存户爲津貼安家盤費。後因春秋陵祭，鄉會武闈及各衙門取用物件等項，兩縣里甲供應不前，暫令各廂户備辦，遂沿習爲常，各户歲給領前銀輪流供辦。嘉〔校記：廣本嘉上有至字〕靖間，户部見所解前銀數多發貯太倉備邊，銀去差存，逃亡過半，議者乃請每縣各給銀三百兩，供應繁難，不敷措辦，日逐賠補，漸益凋零。今兩縣僅存廂民五户，每歲置辦家火〔校記：廣本火作伙〕，冗費叢雜，難以悉舉。夫廂户非土著之民，供辦非額設之役，所有之資既已收其八九，所供之役又未蠲其一二，貧者流移，奸者投避，見存五户，惟餘殘喘，豈祖宗填實京師之原意？乞將解到安家銀每縣歲添給二百五十兩，仍清查影射，與五户一體當差。户部〔校記：廣本部下有覆字〕議：每縣止添給二百兩。

（神宗萬曆實録卷 19　第 4 頁　19.3.0533）

174　十一月丁酉　　差官建涿州胡良河橋及北關外浮橋一座，聖母捐資也。

（神宗萬曆實録卷 19　第 6 頁　19.5.0538）

175　十一月戊戌　　朝鮮國差陪臣齎表文禮物謝恩，并賀冬至令節，宴待如例。

己亥　賞朝鮮國陪臣彩段衣服等物。

（神宗萬曆實録卷 19　第 6 頁　19.5.0538）

176　十一月辛丑　　給朝鮮國《大統歷》一百本。

（神宗萬曆實録卷 19　第 6 頁　19.5.0538）

177　十一月乙巳　　琉球國中山王世子尚永差陪臣齎表箋朝貢，請襲封王爵，下禮部行福建鎮巡等官查勘具奏。

（神宗萬曆實録卷19　第7頁　19.6.0539）

178　十二月辛亥　賜朝鮮國陪臣上馬宴筵。

（神宗萬曆實録卷20　第3頁　20.2.0545）

179　十二月丙辰　巡視廠庫工科給事中梁式等奏查盤營建昭陵錢糧數〔校記：廣本數下有目字〕。工部四司共用銀五十萬一千五十兩有奇，營繕二十萬四千四百二十二兩有奇，虞衡一萬三千一百四十五兩有奇，都水一十一萬八千八百五十四兩有奇，屯田一十六萬四千六百二十八兩有奇。户、兵二部銀一十一萬一百一十九兩，工部實用銀三十九萬九百三十二兩有奇。

（神宗萬曆實録卷20　第4頁　20.3.0547）

180　十二月甲子　賞琉球國差官表裏、綿布，并給蘇木價直生絹。

（神宗萬曆實録卷20　第5頁　20.4.0549）

181　十二月丙寅　差山東〔按：館本東作西，廣本、抱本西作東〕道御史楊相巡視京營。

（神宗萬曆實録卷20　第5頁　20.4.0550）

182　十二月戊辰　命侍郎汪鏜宴待琉球國進貢陪臣。

（神宗萬曆實録卷20　第6頁　20.5.0551）

183　十二月癸酉　禮科覆奏：琉球〔校記：廣本球下有國字〕世子呈送被虜人民，請照例當賚。上以尚永世敦忠誠，賞銀五十兩，采段四表裏，降勑奬勵。仍賞其使臣銀幣有差。

（神宗萬曆實録卷20　第9頁　20.7.0555）

萬曆二年（1574）

184　正月癸未　改居庸關通判仍管昌平鎮糧餉，鑄給管餉關防。從總督薊遼劉應節之請也。

（神宗萬曆實録卷 21　第 2 頁　21.1.0558）

185　正月己丑　兵部覆巡視京營刑科給事中歐陽柏等條陳營務六事：一、兼習騎射。京軍只習步射，何以當虜騎馳驅？宜于進操之日先演步射十回〔按，館本十回作六迴，廣本、抱本六作十，抱本迴作回，下同〕，復令馬隊軍士演習馬射三回。一、教演火器。中國長技全在火器，虜以遊騎誘我，一放輒盡，坐視〔按：館本視作取，廣本、抱本作視〕敗北，所貴更番迭上，即相持終日，先後相續，庶可濟寔用。一、練習〔按：館本習作集，抱本作習〕家丁。家丁月支雙糧，豈得襍以脆弱，即將各將家丁逐一挑選，令居住戎政府傍，聽副將寔行訓練。又查戎政廳東西有空宅二區，用官銀修理，以爲總協大臣常川居住，則諸將易〔按：館本無易字〕就近稟承，而總協謀議，亦可僉同速發。一、改給戎符。昔世廟欽定戎政之印，後議收兵權，遂將印收入内府〔按：館本府作庫，抱本作府〕，易以總督京營關防。夫各邊鎮守既掛銀印，京營豈可直用關防？合將内府收貯之印頒賜，使令印信與營制一體光復。一、核寔班軍。三都司領操至京，各扶同搪塞，在京則冒支行糧，在衛則虚領月米，合嚴查虚捏之弊，其班軍在京非係重大工作不許濫行派撥。一、分隸〔校記：廣本隸作調〕行伍。四衛二營官軍所以擁衛掖廷〔校記：廣本廷作庭〕，向設坐營官各四員，但查嘉靖八年清查額軍三萬餘名，勇士五千四百餘名，自後役占衆多，消耗幾半，若仍設坐營四員，誠爲十羊九牧，合每營二留二員，如有推諉隱〔按：館本隱作影，廣本、抱本作隱〕射者，聽巡視京營科道參究。詔皆從之。按：此時不覈額軍壯士，而但裁營官，京營所以日就消耗也。

（神宗萬曆實録卷 21　第 5 頁　21.3.0562）

186　正月辛卯　陞薊鎮總兵官戚繼光寔職一級，爲左都督，昌鎮總兵官楊四畏署職一級，爲署都督同知，各賞銀幣，以薊鎮總督劉應節稱其勞績久著也。

（神宗萬曆實録卷 21　第 8 頁　21.6.0567）

187　正月癸巳　　朝鮮國王李昖差陪臣禮曹判書李陽原三十五員名賫捧謝敕諭改正宗系表文、方物、馬匹赴京，宴賞如例。

（神宗萬曆實録卷 21　第 8 頁　21.6.0568）

188　正月丁酉　　陞南京右軍都督府僉書張壽充神樞營右副將，南京後軍都督府僉書楊鯉充五軍營右副將。

（神宗萬曆實録卷 21　第 9 頁　21.7.0569）

189　正月辛丑　　以原任曹家寨遊擊令聽調任良相爲騎兵營遊擊；原任標下遊擊陳天福爲鞏華營遊擊；桃林口提調劉德温爲建昌坐營；密雲中衛千户冀永昌爲鎮虜營提調；三屯營總管塘撥海門衛鎮撫錢夢祥爲三屯營守備。

（神宗萬曆實録卷 21　第 11 頁　21.8.0572）

190　二月甲寅　　户部覆總督倉場侍郎郭朝賓咨稱：京倉粟米不敷一月支放，通倉粟米約可挨陳五年，合將萬曆改免二年、三年粟米盡改京倉，將應上京倉免運粳米照數抵撥，以足通倉歲額，省下脚價，劄坐糧郎中空貼改運粟米進京之費。從之。

（神宗萬曆實録卷 22　第 4 頁　22.3.0579）

191　二月乙亥　　取會試中式舉人孫鑛等三百名。

（神宗萬曆實録卷 22　第 12 頁　22.9.0592）

192　三月庚寅　　上御皇極殿，策禮部貢士孫鑛等二百九十九人于廷，制曰：……策試中式舉人孫鑛等，賜孫繼臯等進士及第、出身有差。

（神宗萬曆實録卷 23　第 5 頁　23.4.0599）

193　三月庚寅　　工部覆：工科給事中朱南雍等題稱：文場狹隘，宜加增廓。本部劄委主事楊松、胡緒、張大器會同巡城御史黄家棟，親詣貢院，簽量應建堂宇號房規制，各增加深廣，重新建造，其應拓〔按:館本拓作柘，廣本、抱本作拓，是也〕基址，除北面原有空地十二丈外，今東西展開十丈〔按：館本丈下有西面展開十丈，廣本、抱本無〕，西面展開八丈，南面展開八丈，應拆民間房屋五百九十五間，一面從公估計價直〔按：館本直作值，廣本、抱本作直〕給散，其合用錢糧，照事例本部六分、順天府四分支給，并咨兵部撥班軍三千名，用工上緊做造。從之。

（神宗萬曆實録卷 23　第 7 頁　23.5.0601）

194　三月辛丑　工部覆總督薊遼都御史劉應節題討火器等項：查得京庫廠局收貯火器，專備防護都城，聽京營官軍關領，例不發邊。獨該鎮密邇京師，自隆慶元年以後破格量發數次，今仍于盔甲廠動支，見貯鐵佛郎機二千机，鳥銃四百副，夾把鎗二千桿，并各隨用子銃、鉛彈、火藥、藥線等項聽差官領回。其兵仗局題欲添造合成造中樣銅佛郎機銃三千副，大將軍十位，二將軍七十九位，三將軍二十位，神炮六百六十九箇，神銃一千五百五十八把，補造中樣銅佛郎機一千二百副，小銅佛郎機五十〔校記：廣本十作千〕副，并各隨用子銃，鉛彈、鉛〔按：館本無彈下鉛字，廣本、抱本彈下有鉛字，誤〕火藥等項，定限三年之内盡數報完。詔可。

（神宗萬曆實録卷 23　第 10 頁　23.8.0607）

195　三月壬寅　大風，晝晦。

（神宗萬曆實録卷 23　第 11 頁　23.9.0609）

196　三月甲辰　巡撫順天右副都御史楊兆題：查勘居庸關商税，每年有閏月抽收三千餘兩，無閏月止二千四〔按：館本四下有五字，廣本、抱本無〕百餘兩，除解延慶衛柴炭等項，共該一千五百三十五兩，餘剩八百餘兩解送昌平管糧衙門，湊給主兵軍餉扣抵年例。下户部議。

（神宗萬曆實録卷 23　第 11 頁　23.9.0610）

197　四月戊子　司禮監太監馮保等傳奉聖諭，聖母發銀三千兩與工部修建涿州娘娘廟。工部執奏：前奉聖諭特發内帑修建胡良河及北關外橋梁，濟人盛心，臣等敢不奉揚。近復建廟宇，夫佛老二氏，聖門斥爲異端，而假禍福以惑世，猶異端中之邪説也。登極詔書内一欵，萬善、廣善二壇説戒僧人以戒法誘惑愚民照舊禁革，中外傳誦，以爲大聖人之作，爲今乃忽自背馳，此端一開，漸不可長。帝王養親以善諭親于道，伏乞皇上勸回成命，以光大孝。工科給事中吴文佳等亦奏：娘娘之廟未知所由起，竊聞畿輔衆庶，奔走崇奉，風俗日非，猶望皇上下禁止之命，乃〔按：館本無乃字，廣本、抱本有〕反道之耶，傳之天下後世，關係聖德非細。俱報聞。

（神宗萬曆實録卷24　第6頁　24.4.0618）

198　五月丙戌　兵部覆：薊遼督撫劉應節等題：估勘軍〔按：館本軍作寧，廣本、抱本作軍，誤〕前應修臺工三百九十六座，又先修工堡一十一座，墻三萬九千六百七丈，議用一十二萬餘兩，必二十年方完。較原議似若少省，計完限九〔按：館本九作尤，是也〕屬甚遲，各官復就中酌量緩急正修臺三百座，故〔校記：廣本故作估〕計費止用三萬兩，計程〔按：館本程作成，抱本作程，是也〕則五年可完，但修工軍三千人，每軍築臺六十座似爲太〔按：館本太作大，廣本、抱本作太，是也〕勞，每臺增估銀一百兩亦似不足，欲成大計豈惜小費，合于原估外每臺加顧夫銀一百二十兩，如保鎮例，准將廣寧庫貯夫丁銀一萬二千兩先行動支，不敷銀一萬八千兩照户七兵三事例，其雇夫銀三萬六千兩，本部動支馬價，分作三年解。

（神宗萬曆實録卷25　第4頁　25.3.0631）

199　五月戊子　工部覆：順天巡撫楊兆、巡按王湘等題：順、永八府歲遭昏墊，保定、真定爲水所自出，多横流蕩没之患，順天、河間爲水所瀦匯，芊（按：館本芊作半）沮洳萑葦之場，或當築塞，或當挑濬，言官〔按：館本無官字，抱本有官字〕建白非一人，本部題勘非一次矣。玆者，撫按議報前來，燦若指掌，但近來畿輔州縣，旱澇瀕仍，賦役煩急，如更興工動衆，恐利未及而害已不支矣。合將前議備注在牘，待數年後公私稍裕爲之，其渰没田糧將各淤出見種地畝起科抵補，報可。

（神宗萬曆實録卷 25　第 5 頁　25.4.0634）

200　**五月癸巳**　　户部題：應發各邊糴買糧草銀兩，……永平、密雲主兵各一萬兩。

（神宗萬曆實録卷 25　第 7 頁　25.5.0636）

201　**六月乙丑**　　户部題：薊、密、永、昌四鎮額餉銀兩，時已季夏，防秋伊邇，除已發外仍當補足額數，以俻緩急。薊州鎮該二萬七百三十四兩零，密雲鎮該一十三萬五千九百五十八兩零，外補上年一絹銀五十二兩零，永平鎮該四萬八千四百三十兩零，昌平鎮該四萬六千八百八十六兩零。

（神宗萬曆實録卷 26　第 10 頁　26.8.0657）

202　**七月戊寅**　　給還崇福寺僧真揭〔按：館本揭作偈，抱本作揭〕地五頃四十三畝，供奉各夫人香火，以後但有夫人亡故，都就彼安葬，不必再行撥給。

（神宗萬曆實録卷 27　第 4 頁　27.3.0666）

203　**七月乙酉**　　給發薊鎮新添撫夷銀八千兩，從總督劉應節請也。

（神宗萬曆實録卷 27　第 7 頁　27.5.0670）

204　**七月庚寅**　　陞總督薊遼右都御史劉應節爲南京工部尚書。

（神宗萬曆實録卷 27　第 8 頁　27.7.0673）

205　**七月癸巳**　　陞巡撫順天右副都御史楊兆爲兵部右侍郎兼僉都御史總督薊遼。

（神宗萬曆實録卷 27　第 9 頁　27.7.0673）

206　**七月乙未**　　初，昭陵神宫監太監陶金等題：六月以來，陰雨連〔按：館本連作二，廣本、抱本作連〕日，本陵祾恩門裏外磚石沉陷。工部奉旨查看，主事王淑陵回稱與陶金奏同，但祾恩殿明樓、寶城緊要處所俱無損傷。部覆：陵寢重地，鼎建未及一年，内外經管員役俱當究治。輔臣張居正等〔按：館本等下有爲字，廣本無〕上言冒破侵欺、苟且完事之弊，引世宗皇帝時湖廣顯陵殿閣滲漏分别降罰爲比〔按：館本比作此，廣本、抱本作比，是也〕，疏下工部：陵寢重地，如何説沉陷處所非係緊要？欺慢誤事，造作不精，提督工程太監周宣及〔按：館本及作左，抱本作及〕監丞郭全革〔校記:廣本革作章〕恩一等，管工主事易可久、員外郎石漢降一級，官匠王宣等提問。工科給事中吴文佳復奏：祾恩門殿等處磚石沉陷甚多，至于寳城磚石翻坍損傷，更爲可慮。陶金既朦朧具奏，王淑陵復扶〔按：館本復扶作附復，抱本作復扶，是也。廣本作後附〕同勘報，宜下所司再行勘明。遣侍郎程〔按:館本程作陳，是也〕一松、給事中胡汝欽行視，回奏沉陷丈尺多寡懸甚，及祾恩殿丹陛方墻等處，沉陷閃動不等。上怒，命都察院會同工部通查參處。吴文佳等追論昭陵始建原任工部尚書朱衡、總理侍郎熊汝達專督，宜退奪恩廕，并治其罪。王淑陵奏辯：往勘時委與陶金奏内相同，豈期看後一月，大雨連綿，不惟前項沉陷者愈大，且陸續愈多，與臣初看遂爾懸絶。俱得旨，下工部、都察院議。

（神宗萬曆實録卷 27　第 10 頁　27.8.0675）

207　七月丁酉　陞山東副使王一鶚爲都察院僉都御史，巡撫順天。

（神宗萬曆實録卷 27　第 11 頁　27.9.0677）

208　八月甲辰　都察院會同〔校記:廣本無同字〕工部〔按:館本部下有查字〕覆昭陵工作内外、前後經管人役分别情罪上請，閣臣亦爲救解。得旨：周宣、郭全降三級，革去管事；熊汝達已致仕，着冠帶閑住，恩廕罷革；易可久、石漢降三級，調外任；王宣等法司從重問擬；朱衡着以尚書致仕，余官罷革；楊俊卿等四員都降一級；郭元相奪俸半年；馬禄等法司提問；屠元沐〔按：館本沐作沭，舊校改作沐，起居注作沐〕等并陶金、王淑陵免究。

（神宗萬曆實録卷 28　第 3 頁　28.2.0681）

209　八月乙巳　禮部尚書萬士和上言：京師四方之極，縉紳中宴會餽問，奢靡無節，殊非羔羊素絲之風，宜有禁戒之。得旨：崇儉去奢，有俾治理，但大臣當以身率下，不得空文戒飭。

（神宗萬曆實録卷 28　第 3 頁　28.2.0682）

210　八月壬子　兵部覆巡視京營李熙等題：班軍之制，操練入衛，非爲工役，地租銀兩專聽買馬支用，亦非募工。頻年以來，工作繁興，動輒撥取，致將工作爲正差，操營爲末務，殊失立法本意。今照慈寧宫原議，夫額尚少八百有奇，昭、康二陵興工在卽，春班官軍已滿，各處工所無人接替。及查太僕寺班軍工價支盡無措，議借地租五千兩，權爲雇募之需。既經科道官具題，合咨工部，以後緊急重大工程，仍于班軍派撥，其小可工作用夫十名以下者，雖有班軍，不得概撥。仍將山東、河南、中都三都司節年所入班軍工價，卽當嚴催以〔按：館本無以字〕解部，抵還原借之數。

（神宗萬曆實録卷 28　第 5 頁　28.3.0684）

211　八月癸丑　輔臣張居正等題：涿州橋工，初蒙聖母捐銀五萬兩，後工部處補約二萬兩，工程已畢。乃七月以來，雨水衝壞磚岸、雁翅及橋下空口出水處，俱成深坑，將來漸衝，大致傷橋矣〔按：館本無矣字，廣本、抱本有〕。爲今之計必須看實修理〔按：館本爲今之計必須作今欲着實。起居注今下有若字，理作整〕，約用募工費〔按：館本無費字〕銀一萬五千餘〔按：館本無餘字〕兩，但昭陵興工錢糧浩大，各處班軍俱有役占，若責〔按：館本責下有之字，廣本及起居注無之字，是也〕工部出銀、兵部出夫，勢難借〔校記：廣本及起居注借作措，是也〕處，伏乞皇上轉奏聖母，再捐施一萬五千金，庶濟人利物之心有始有終。從之。

（神宗萬曆實録卷 28　第 5 頁　28.4.0865）

212 八月壬戌 命工部右侍郎陳一松提督修理昭陵工程，以都水司郎中賀幼殊、主事胡緒分理之。

（神宗萬曆實録卷 28 第 9 頁 28.7.0691）

213 八月癸亥 賞朝鮮國王李昖銀一百兩，彩段四，表裏十二，勑一道。其觀察使尹毅中、節度使張弼武等各賞銀幣，以屢次送還被虜人口，嘉〔校記：廣本嘉作喜〕其忠順也。

（神宗萬曆實録卷 28 第 9 頁 28.7.0692）

214 八月甲子 順天督撫題：所屬州縣應付困疲，請將張家灣、丁字沽、河西務、居庸関商税充驛遞之費。户部覆：丁字沽税向係順天督撫衙門公用，聽自行議處外，其三處税銀向被奸豪乾没，各官並不清查。近今本部查處，僅得數千金，輸入太倉，乃欲以部臣供有司，殊非事體，今行撫按另行計處。如其不能，則以張家灣牙税可七八十金向聽通州支費者屬之。報可。

（神宗萬曆實録卷 28 第 10 頁 28.8.0693）

215 八月乙丑 詔順天撫按散預備倉糧賑霸州、涿州、永清、東安、固安、武清六州縣被水居民。

（神宗萬曆實録卷 28 第 11 頁 28.9.0696）

216 八月丁卯 朝鮮國〔按：館本無國字，廣本、抱本有〕陪臣刑曹參判朴希立諸夷臣〔按：館本參判作僉判，立下無諸夷臣〕等齎捧表文及獻方物來賀聖節，賜宴〔按：館本宴作晏〕，賜段絹如例。

（神宗萬曆實録卷 28 第 12 頁 28.9.0696）

217 九月甲戌 議建三屯營儒學，禮部覆言：三屯武生見寄遵化各學者止三十餘人，既不足一學，則立學後冒籍影射之徒必多，是爲鑽隙者開一竇也。學初立時，諸生見其利，猶受總兵管束。年復一年，漸不能制，若宣府之告訐，難保其文武異途，事有緩急，雍容揖遜之風〔按：館本風作氣〕多，則敵愾發揚之氣少，所謂聲容盛而武備衰也。且費復不貲，地方凋弊，難以加派，罷建便。詔曰：可。

（神宗萬曆實録卷 29　第 2 頁　29.1.0702）

218　九月壬午　　工部上言：神木廠收貯楠杉大木，出身湖、廣、川、貴，每根價銀數千，採運勞苦，若任風雨浸淫，坐視朽爛，甚爲可惜。乞委官搭棚苫蓋，以圖經久。從之。

（神宗萬曆實録卷 29　第 5 頁　29.4.0708）

219　九月甲午　　先是，順天府宛、大二縣民王勇等奏稱：各工應用白城甎，近于臨清燒造一百萬箇，今有武清池（按：館本池作地方）土脈堅膠，不異臨清，去京僅一百三十里，較臨清近二千餘里，一與〔按：館本與作興〕改作，不但糧運民船不苦煩勞，抑且爲國節省，有生財實效。工部覆議：臨清燒造，遵行已久，卽云武清土脈不異，人事未否均齊，安能一一如式？若一旦更改，倘有偏而不舉之處，是復增紛擾也。今行武清縣，責令王勇等每年分造城甎三十萬箇，俟三年之後，果有成效〔校記：廣本、抱本效作功〕，另議建改。其臨清自萬曆三年爲始，每年正造七十萬箇，照舊糧船帶運。從之。

（神宗萬曆實録卷 29　第 10 頁　29.8.0715）

220　十月朔（按:館本月下有壬寅二字，是也）　　夜雷〔按:館本夜下有三更二字，廣本無〕。

（神宗萬曆實録卷 30　第 1 頁　30.1.0721）

221　十月辛丑　　户部題：順天府宛、大二縣孤貧張禄、韓清等四千五百九十四名口支領冬衣，甲字庫發給布四千五百九十四疋。（按：館本此條列入九月）

（神宗萬曆實録卷 30　第 2 頁　29.9.0718）

222　十月乙巳　　陞廣西柳慶右參將王世科提督京營。

（神宗萬曆實録卷 30　第 3 頁　30.1.0722）

223　十月己酉　　陞昌平遊擊將軍李世臣爲喜峰口參將，……興都留守僉書陳文治爲遊擊，署通州參將事。

（神宗萬曆實録卷 30　第 3 至 4 頁　30.2.0724）

224　十月庚戌　安南都統使吴茂洽申請進貢，許之。

（神宗萬曆實録卷 30　第 4 頁　30.2.0724）

225　十月丁巳　總督薊遼侍郎楊兆條陳理糧餉以分職掌一事，部覆：准給劄付薊、密等鎮管糧郎中，如遇調遣兵馬防禦應援，其應用糧料草束或小有增損，不必拘守定例，致使多寡有無唯以相濟，務使一年不出原餉之數，倘支費或多與則〔校記：廣本與則作則與，誤〕例相懸，仍宜預請，以便酌議。從之。

（神宗萬曆實録卷 30　第 6 頁　30.4.0727）

226　十月庚申　兵部覆總督薊遼楊兆議四欵：一、訓練班軍以期實用。一、審休南兵〔按：館本兵作京，廣本、抱本作兵，疑是也〕以便戍。一、修〔按：館本修作條，誤〕築城垣以嚴保障。一、請〔按：館本請下有諭字，是也〕勑旗牌以重事權。從之。

（神宗萬曆實録卷 30　第 8 頁　30.6.0731）

227　十月乙丑　補山海營參將陶世臣爲密雲在（按：館本在作左，是也）營參將。

（神宗萬曆實録卷 30　第 9 頁　30.7.0733）

228　十一月壬辰　發太倉銀四萬零五百〔按：館本四萬零五百作四萬四百，廣本四百作五百，抱本作四萬零五百〕五十餘兩于薊鎮，充官軍行、月二糧，仍于萬曆三年額餉銀内〔按：館本無内字〕扣除。

（神宗萬曆實録卷 31　第 6 頁　31.4.0742）

229　十一月丙申　建涿州胡良河石橋成，賞効勞各官有差。

（神宗萬曆實録卷 31　第 7 頁　31.5.0744）

230　十二月癸丑　朝鮮國王李昖差陪臣吏曹參判安自裕等賀冬至令節，户曹參議趙澄等進貢種馬，宴賞如例。

（神宗萬曆實録卷 32　第 7 頁　32.5.0756）

231　十二月丙辰　順天府府尹施篤（按：疑篤下奪臣字）條陳

編審事：今地畝人丁日漸減少，且額外增役有加無已，細訪其故，或富豪并吞地土，或勢要強占户丁，或飛洒于詭許，或漏網于影射，有司坐視，莫敢誰何。遂致閭閻小民，甘心抛荒田産，避移四方，又何怪于丁糧漸減而賦役愈重耶？一、議優免事例，悉〔按：館本悉作各〕照品級，不得濫免。一、議流寓人户多係富豪，名爲寄莊，影射差役，甚至田畝數倍于土著之民，而差役分毫不與。宜卽令入籍，與土著一體當差。一、納粟監生官吏承舍之家，因其富饒，納充前項，不惟免其本身，或且濫及户丁，一體編派門銀，不許漏脱。一、春秋祭祀銀兩各州縣原編〔校記：廣本編下有派字〕八十兩，惟保定縣四十兩，良鄉縣五十兩，今以良鄉爲率，其餘通行裁革。部覆從之。

（神宗萬曆實録卷 32　第 9 頁　32.7.0760）

232　十二月辛酉　琉球國中山王世子尚永遣王舅馬中叟、長史鄭佑等一十八名齎表文、貢方物慶賀皇上登極并進貢，賜宴及彩段、銀鈔〔按館本無銀鈔〕等物有差。

（神宗萬曆實録卷 32　第 10 頁　32.8.0762）

233　十二月壬戌　平谷縣民劉級妻郝氏……旌其門曰“忠節。”

（神宗萬曆實録卷 32　第 11 頁　32.9.0763）

234　十二月（按：館本爲閏十二月，是也）**辛巳**　順天府府〔按：館本府下無府字〕尹施篤〔按：館本篤作篤，是也〕臣請急準回籍調理。

（神宗萬曆實録卷 32　第 15 頁　33.3.0773）

235　十二月（按：館本爲閏十二月，是也）**乙酉**　陞山東布政司左布政曹科爲順天府府〔按：館本府下無府字〕尹。

（神宗萬曆實録卷 32　第 15 頁　33.3.0774）

236　十二月（按：館本爲閏十二月，是也）**戊子**　陞山東都司僉書王鎮爲神樞四營遊擊。

（神宗萬曆實録卷 32　第 16 頁　33.4.0775）

237　十二月（按：館本爲閏十二月，是也）**乙未**　　總督遼薊楊兆奏〔按：館本兆下無奏字〕言：迄今〔校記：廣本、抱本言下衍迄今二字〕昌鎮係陵京肘腋之地，尚〔按：館本尚作向〕未設有車營，去年議照各標下兵〔按：館本兵作共〕爲兩車營，以扼東西山口之隘。車制必如先總督譚綸初造之式，足以衝絳〔按：館本絳作鋒〕，其中合用火器照各添造。有車必須有兵有馬，曲爲議處，其説有四十（按：館本無十字）：一、先改白羊軍爲車營之先步。一、併昌平軍于鞏華爲一營。一、改設將官以便責成。一、加馬匹。部覆俱依議行。

（神宗萬曆實録卷 32　第 19 頁　33.6.0780）

238　十二月（按：館本爲閏十二月，是也）**丁酉**　　巡視京營工科給事中李熙、福建道御史周詠條陳六事：一選戰將，二蓄將才，三練戰兵，四習車兵，五覈養馬，六廣火器。部覆俱依議行。

（神宗萬曆實録卷 32　第 20 頁　33.7.0781）

萬曆三年（1575）

239　正月丙午　　陞太原府同知季〔校記：廣本季作李〕遐齡爲山西僉事整飭密雲兵備。

（神宗萬曆實録卷 34　第 1 頁　34.1.0783）

240　正月丙午　　巡撫順天都御史王一鶚條〔按：館本條作修，廣本、抱本作條，是也〕上弭盜六策：一、議專保甲責成。謂在京各衙門各衛所隸籍于內寄廛〔按：館本寄廛作廛寄，廣本、抱本作寄廛〕于外者，往往持客藉以抗有司，俱宜通行〔按：館本行作議，廣本、抱本作行〕知會管約。一、議分邏徼亭。惟欲于涿州、良鄉、固安、武清、漷縣添設墩舖〔校記：館本無墩舖二字〕，分隸守備，盜賊發界中坐罪〔按：館本坐罪作作罪〕。一、議重捕盜賞格。應捕人役擒斬賊首二〔校記：館本二作三，廣本作二〕名顆者與冠帶，再有功者加百總；用計密捕六名者當對敵擒斬者之一；居民能擒斬盜賊者，二名與冠帶，密緝者以四當擒斬之一；把總有勝略過人，累立奇功者薦邊方敘用。一、議定守備信地。漕河一帶南起丁字沽，北至王家擺渡、崔黄口，與霸州二守備分河東、西岸而守之，兩岸兩屬，彼此互諉，不若盡屬之崔黄口，而霸州則專以近京要路責之。一、議巡河哨船。宜置八槳船六隻，每船用兵十名〔按：館本名作人〕，分布巡哨，一遇有賊，併力齊掉，與岸上巡緝互爲聲援。一、議明官河職掌。謂管〔按：館本無管字〕河舊設一把總、一主薄，皆高坐河西高地，職守湮廢，宜千（按：馆本千作于，是也）夾河武清、營州二衛近（按：館本近作選，是也）驍勇有材官一員充爲總領，責以護糧，把總、主薄責令沿河修濬巡緝，如有失事，通與守備及巡簡官一體查究。疏下，兵部覆核無異，詔如議行，併令撫按官申飭所屬，有隱匿盜情、規避罪責者，事發一體治罪。

（神宗萬曆實録卷 34　第 2 頁　34.1.0783）

241　正月辛亥　命欽天監擇吉接修昭陵。

（神宗萬曆實録卷 34　第 4 頁　34.3.0787）

242　正月辛亥　密雲地震。

（神宗萬曆實録卷 34　第 4 頁　34.3.0787）

243　正月己未　户部覆奏蘇（按：館本蘇作薊，是也）遼總督侍郎楊兆陳條築寬奠等六堡水書（按：館本水書作未盡，是也）事宜二事：一、謂軍夫（按：館本夫下有修字，是也）作塞外，遠赴良苦，議重加口糧鹽醬。一、言各堡山林叢密，土地膏腴，堡成之日，先儘移住軍士，每軍給地五十畝，聽其開墾耕種，永不起科。將官、堡官養廉菜地量行撥給，不許多占，有剩餘地方許軍丁及附近居人給帖領種，三年之外照屯田納糧事例起科，以備軍七（按：館本七作士，是也）月糧及通造總册送部，以備稽查。

從之。

（神宗萬曆實録卷 34　第 6 頁　34.5.0791）

244　正月辛酉　三〔校記：廣本三上有先是二字〕宫地土子粒原銀三萬六千八百九十四兩零，因改撥拋荒除豁外，雖有抵補，未及原額，尚缺少銀二〔按：館本二作三，抱本作二〕千九百三十七兩零。户部題以宫闈歲用，委不（按：館本不下有可字，是也）缺，議將原地先因初墾今種久成者量行增收，尚如數徵納今又輕減者，仍因照内〔按：館本仍因照内作仍應照舊〕不足之數別查備邊地土湊補，務足原額，求退之日拋荒起利抵補備邊。奉旨是〔校記：廣本奉旨是作得旨是之〕。

（神宗萬曆實録卷 34　第 9 頁　34.7.0795）

245　正月辛酉　欽賞總督蘇（按：館本蘇作薊，是也）遼侍郎楊兆、巡撫都御史楊一鶚、都督戚繼光、總兵官楊四畏、兵備宋守約等，副總兵陳勛，都司劉德温等銀幣各有差，敍增建蘇（按：館本蘇作薊，是也）、昌敵臺功也。

（神宗萬曆實録卷 34　第 9 頁　34.7.0796）

246　正月癸丑（按：癸丑爲癸亥之誤）　順大（按：館本大作天）府尹施篤臣卒，與祭一壇，減半造葬，以篤臣三品未考滿故也。

（神宗萬曆實録卷 34　第 10 頁　34.8.0797）

247　正月癸丑　總督倉場侍郎畢鏘議修西、南、中三倉曬場，許當用磚五百六十三萬餘，移咨工部。工部議以爲通倉曬場從來並無磚砌，而本部見有昭陵、天壇、康陵重城三役，並與料費有限，查各衙門有自行修理之例，即云同心相成，亦須均平費辦。上曰：曬場亦軍國急務，工部還會同計議〔按：館本議作處，廣本、抱本作議〕。

（神宗萬曆實録卷 34　第 10 頁　34.8.0797）

248　正月乙丑　工科給事中〔按：館本無中字，廣本、抱本有〕胡汝欽建議修召（按：館本召作倉，是也）四事：一、定規制。

凡修理厫座必以厫様爲式，委官、匠作名姓刻爲懸掛，十年内壞者，責令賠修。一、革折收。窑户燒造磚瓦如式方許驗收，其缺破不堪〔校記：廣本堪下有者字〕，不得折收，以滋冒費。一、革〔校記：廣本革作禁〕包工。各倉工程引官親蒞督率，務求堅緻，不得包工，以滋苟簡。一、收舊料。查勘通倉廢厫梁柱等項，盡行拆卸揀選，以備新收，不堪者方行召買。奉旨如議。

（神宗萬曆實録卷 34　第 11 頁　34.9.0799）

249　正月戊辰　陞副總兵分守宣府東路右參將白允中爲署都督僉事，充神機營左副將。

（神宗萬曆實録卷 34　第 12 頁　34.9.0800）

250　二月辛巳　兵部覆：總督京營戎政彰武伯楊炳議置造戰車一千四百四十輛，車中合用〔按：館本無用字〕火器，兵仗庫内有者照數給發，無者佑造以備操練。以後府僉事書俞〔校記：廣本俞作余，誤〕大猷領之。奉旨是。

（神宗萬曆實録卷 35　第 10 頁　35.8.0817）

251　二月乙酉　工部覆：議修砌通倉曬場應給磚灰匠價，于節慎庫解到班匠價〔校記：廣本無價字〕銀内那給，得旨如議。

（神宗萬曆實録卷 35　第 11 頁　35.9.0820）

252　二月戊子　吏科給事中郝維喬等查盤順天錢糧，條陳驛政五事：一、議掛號以一事體。謂順天府屬驛遞額設各處協濟，舊俱解府貯庫轉發，各驛有往還守候之苦，宜令經解本府掛號，不必貯庫。一、定章程以釐宿弊。謂向係驟馬夫頭〔按：館本頭作役〕親當滋弊，協濟銀兩，給發無節，宜議定工食，擇殷實應當〔校記：廣本當下有者字〕其本處祐〔按：館本祐作站〕銀解到，協濟銀兩及南馬銀兩按月支給，不得盡數預支，以滋乾没。一、嚴催徵以恤疲困。謂各驛協濟及南馬銀兩拖欠數多，宜立法查催，每季終許各驛官吏將拖欠數目開報，年終照例查參。一、專稽查以便責成。過往官員真正勘合方許應付，各衙門牌票准申報裁革，應付過數目填入，循環按季查移（按：館本移作核，核下有查核二字）不明，驛遞州縣官坐贓擬罪，該道以才力不及論。一、省無益以節財用。坐馬護送盡行禁革。操馬止存二疋，多不過三四疋。兵部覆議從之。

（神宗萬曆實録卷 35　第 13 頁　35.10.0821）

253　二月己丑　中官傳諭：奉聖母慈聖皇太后發宮中銀一萬二百五〔按：館本五作三〕十五兩，付工部修理朝宗橋。

（神宗萬曆實録卷 35　第 13 頁　35.10.0822）

254　二月癸巳　以工部左侍郎陳一楊〔按：館本楊作松，是也〕督理修蓋宗（按:館本宗作京，是也）通倉厫，蓋以提督昭陵兼領云。

（神宗萬曆實録卷 35　第 15 頁　35.11.0825）

255　二月己亥　夜，永平等處各臺旗杆俱有火光。

（神宗萬曆實録卷 35　第 21 頁　35.17.0836）

256　三月辛丑　修濬都城南面河身閘壩。

（神宗萬曆實録卷 36　第 2 頁　36.1.0837）

257　三月丁巳　修理王恭、盔甲二廠庫作等房及科道部所。（按：館本此條列於四月癸酉）

（神宗萬曆實録卷 36　第 8 頁　37.2.0857）

258　三月壬戌　上視朝，議修理太廟、社稷壇。

（神宗萬曆實録卷 36　第 11 頁　36.8.0851）

259　三月壬戌　山東左布政〔校記：廣本政下有使字〕陞順天府尹曹科，乞致仕，俱許之。

（神宗萬曆實録卷 36　第 11 頁　36.8.0851）

260　三月乙丑　陞光禄寺卿曾同亨爲順天府府〔按：館本府下無府字〕尹。

（神宗萬曆實録卷 36　第 11 頁　36.8.0852）

261　三月丙寅　添造慈寧宮接簷披房，遣工部主事曹慎會内監委官催督。

（神宗萬曆實録卷 36 第 12 頁 36.9.0853）

262 四月甲戌 上視朝，是日興工修太廟、社稷壇，遣國公徐文璧、侯顧寰、尚書郭朝賓祭告。

（神宗萬曆實録卷 37 第 2 頁 37.2.0858）

263 四月壬戌 臨清磚廠舊燒造城磚共一百二十萬，至是議分派三十萬于武清燒造，其應給磚價分派南北直隸、河南、山東地方出辦各有差。

（神宗萬曆實録卷 37 第 9 頁 37.8.0870）

264 五月乙巳 修康陵祾恩殿等處事竣，遣侍郎陳一松奉安武宗皇帝、孝静皇后神位併祭告行禮。

（神宗萬曆實録卷 38 第 6 頁 38.4.0888）

265 五月庚戌 以宣府洗馬林堡守備尤繼先爲神機三營遊擊。

（神宗萬曆實録卷 38 第 7 頁 38.6.0891）

266 五月丁巳 時修慈寧宫暖閣仙橋，内官監奏行工部具料揭稱，該用板片數百，木植倍之，諸雜物稱是。上曰：仙橋一所〔按：館本仙橋一所作一仙橋所〕費幾何，而侈用至是耶！命減半與之。又詔：自今各衙門凡有造辦等項，該部勿得曲徇所請，致耗〔校記：廣本耗下有散字〕財用。

（神宗萬曆實録卷 38 第 9 頁 38.7.0894）

267 六月己巳 暹羅國及剌麻番僧各進貢，賜宴待如例。

（神宗萬曆實録卷 39 第 1 頁 39.1.0903）

268 六月己卯 雷擊建極殿鴟尾。

（神宗萬曆實録卷 39 第 4 頁 39.3.0908）

269 六月壬辰 是夜雷擊端門鴟尾。

（神宗萬曆實録卷 39 第 9 頁 39.7.0915）

270 六月甲申 暹羅國奏：向爲東蛮所侵，印信勘合業被燒毁，求乞更給，以便修貢。許之。

（神宗萬曆實録卷 39　第 9 頁　39.7.0916）

271　七月辛丑　禮部覆：朝鮮國王李昖奏將國祖李成桂宗系弑逆等被誣情節乞載《世宗皇帝實録》及新纂《會典》，爲之昭雪。許之。

（神宗萬曆實録卷 40　第 2 頁　40.1.0920）

272　七月辛亥　以神機營左副將白允中充總兵官鎮守山西等處地方。

（神宗萬曆實録卷 40　第 3 頁　40.2.0921）

273　七月癸丑　修理昭陵事竣，遣武清伯李偉奉安穆宗皇帝、孝懿皇后神位，行祭告禮。

（神宗萬曆實録卷 40　第 4 頁　40.3.0928）

274　七月甲寅　總督薊遼、保定等處兵部左侍郎楊兆題爲薊、昌二鎮敵臺、戰車俱已竣事，請給隨臺、隨車軍器火具。上命兵仗局、盔甲廠、戍字庫給發，仍發兵、工二部銀五萬爲本鎮制造之用。

（神宗萬曆實録卷 40　第 4 頁　40.3.0923）

275　七月甲寅　以薊鎮石塘嶺參將陳勳爲神機營左〔校記：廣本左作右〕副將。

（神宗萬曆實録卷 40　第 4 頁　40.3.0923）

276　七月乙卯　總督京營戎政彰武伯楊炳題稱：神機戰兵二營、神樞車兵三營軍士二枝，調發薊鎮防秋，應將本年冬衣布花預散各軍置辦衣裳。户部覆奏許之。

（神宗萬曆實録卷 40　第 4 頁　40.3.0924）

277　七月辛酉　總督薊遼侍郎楊兆泰（按：館本泰作奏），以標下中軍參將徐枝補石塘嶺副總兵，以黄花路參將蔡勛補標下中軍，許之。

（神宗萬曆實録卷 40　第 6 頁　40.5.0927）

278　七月甲子　昭陵工完，叙賞内外効勞官員各有差。

（神宗萬曆實録卷40　第6頁　40.5.0927）

279　八月壬申　司禮監傳奉聖旨，内庫銀兩缺乏，光禄寺銀暫取十萬來用。户科給事中尤〔按：館本尤作光，抱本作尤，誤〕懋、給事中周良寅俱疏言：該寺所貯三十三萬，尚不足支三年之費，若一番索取動至十萬，何以爲繼？乞收回成命。浙江道御史朱光宇亦言之。上曰：你每説的是，該寺〔按：館本該下無寺字，抱本有寺字，疑是也〕銀兩偶以缺乏取用，後不爲例。

（神宗萬曆實録卷41　第2頁　41.1.0930）

280　八月壬申　陞宣府入衞遊擊苑宗儒爲古北口參將，原任參將劉楫管理曹家寨遊擊事；山東都司姚天與以遊擊管理台頭營參將事；五軍營遊擊李三極以遊擊管黄花鎮參將事。

（神宗萬曆實録卷41　第2頁　41.2.0931）

281　八月乙亥　給參將管達幹、劉葵旗牌各三面，督發京營戰車二枝，輪流赴薊〔按：館本薊下有鎮字，抱本無〕防守，從總兵總督京營戎政彰武伯楊柄之請也。

（神宗萬曆實録卷41　第3頁　41.2.0932）

282　八月己卯　薊鎮督撫侍郎楊兆以三屯營等處城垣修築不如法，參遊擊邊泰、劉龍、王繼藩罪有差，奉旨：邊泰革任，行巡按提問，劉龍、王維藩各罰俸二個月，損壞邊工〔校記：廣本工作垣〕照例修補，不與廩給。

（神宗萬曆實録卷41　第6頁　41.5.0937）

283　八月己卯　朝鮮國王李昖差陪臣齎表及方物入賀萬壽聖節，賜宴待如例。

（神宗萬曆實録卷41　第7頁　41.5.0938）

284　八月壬申　安南都統〔按：館本統作通，廣本、抱本作統，是也〕使莫茂洽遣使入貢。

（神宗萬曆實録卷41　第7頁　41.5.0938）

285　**八月乙酉**　以神樞營兵備坐營指揮僉事田成爵爲五軍九營遊擊。

（神宗萬曆實録卷 41　第 7 頁　41.5.0938）

286　**八月丙戌**　琉球入貢。

（神宗萬曆實録卷 41　第 7 頁　41.5.0938）

287　**九月甲辰**　薊州三屯營地震如雷。

（神宗萬曆實録卷 42　第 8 頁　42.6.0954）

288　**九月戊午**　京師地震，禮部請百官素服三日視事。

（神宗萬曆實録卷 42　第 10 頁　42.8.0957）

289　**九月庚申**　以南京後軍都督府僉書史綱充神機營左副將。

（神宗萬曆實録卷 42　第 11 頁　42.9.0959）

290　**九月庚申**　以京營遊擊尤繼先調補大同八衛遊擊。

（神宗萬曆實録卷 42　第 12 頁　42.9.0960）

291　**九月庚申**　安南來貢〔按：館本安南來貢作安南遣使來朝進貢，廣本、抱本作安南來貢〕。

（神宗萬曆實録卷 42　第 11 頁　42.9.0960）

292　**十月丁卯**　京師地震，詔百官修省三日。

（神宗萬曆實録卷 43　第 2 頁　43.1.0964）

293　**十月癸酉**　工部屯田司以修理康陵告竣，本内開有文册〔按：館本無文册二字〕一本，奉旨：這本説工完造册奏繳，如何又不見文册，着回話來。

（神宗萬曆實録卷 43　第 5 頁　43.4.0969）

294　**十一月乙未朔**　修天壇工完，計用錢粮共七萬一千七百餘兩，工部具揭進呈併照例請查盤。

（神宗萬曆實録卷 44　第 1 頁　44.1.0985）

295　**十一月辛丑**　朝鮮國王李昖差陪臣入賀冬至。〔校記：廣本至下有節字〕。

（神宗萬曆實録卷 44　第 5 頁　44.4.0992）

296　十一月庚戌　修理太廟、社稷〔校記：廣本廟下有及字，稷下有壇字〕工完，遣駙馬許從誠、侯顧寰各祭告，侍郎陶承學謝后土司土（按：臺本土作工）之神。

（神宗萬曆實録卷 44　第 8 頁　44.6.0996）

297　十二月乙丑朔　考選京衛所官軍政，存留、選補、調補四千七百十員，其職業不修、官箴有玷，照例帶俸差操。掌左軍府事鎮遠侯顧寰、右軍府事定國公徐文璧、掌中軍府事伏羌伯毛澄、掌前軍府事安鄉伯張鉉、掌後軍府事英國公張溶俱以軍政自陳辭免府任，俱不允。

（神宗萬曆實録卷 45　第 1 頁　45.1.1001）

298　十二月辛未　琉球中山王差人入貢。

（神宗萬曆實録卷 45　第 6 頁　45.5.1009）

299　十二月戊寅　琉球〔校記：廣本球下有國字〕送回倭擄漂至男子鄭良珍、鄭良斑等，賞銀五十兩，寫勅獎勵。

（神宗萬曆實録卷 45　第 9 頁　45.7.1013）

300　十二月癸未　安南〔校記：廣本南下有夷人二字〕進方物。

（神宗萬曆實録卷 45　第 10 頁　45.8.1016）

301　十二月癸未　刑部侍郎王宋沐言：徒罪本輕于戍，今戍者尚得生，而徒者遠离鄉里，發驛罷（按：館本罷作擺）站，官卒淩虐，往往致死。奉旨議妥。刑部覆：議徒在京五年以上發遵化鉄冶，餘發工部各局做工；在外三年以上發本州縣修城營建，一年半以下發夫役迎送軍灶，徒犯發本處煎鹽、瞭哨。從之。

（神宗萬曆實録卷 45　第 10 頁　45.8.1016）

302　十二月戊子　以分守紫荆関參將王撫民改充分守黄花鎮參將，瀋陽遊擊張志遜充左參將，……鎮邊城守備李世隆充神機營四營佐擊，瀋陽備禦王國瑞充前屯遊擊，蔚州守備〔按：館本備作禦，廣本、抱本作備〕秦岐充神樞九營佐擊。

（神宗萬曆實録卷 45　第 12 頁　45.9.1018）

303　十二月己丑　安南都紇〔按：館本紇作統〕使莫茂洽差宣撫同知等官補修四貢。上嘉其恭順，著于常例外加綵段四表裏、錦二段，以示優嘉，

（神宗萬曆實録卷 45　第 12 頁　45.10.1019）

304　十二月辛卯　以山東副使錢藻以原銜整飭密雲兵備。

（神宗萬曆實録卷 45　第 13 頁　45.10.1020）

萬曆四年（1576）

305　正月癸卯　命工部左侍郎何寬提督京通倉廠，不妨部務。

（神宗萬曆實録卷 45　第 3 頁　46.2.1025）

306　正月甲辰　安南都統使莫茂洽差宣撫同知黎如虎等正、從七十三員名入貢，上遣官宴待，賜賚如常。

（神宗萬曆實録卷 46　第 3 頁　46.2.1025）

307　正月己酉　總兵戚繼光言：薊鎮兵軍原分一十二路，勢難合練。向增協守二員，在薊州東者分練松棚、太平縣、燕河、臺頭、石門、山海等處，薊州西者分練喜峰、馬蘭、牆子、曹家、古北、石塘等處，總兵居中調度，頗稱節制。但該鎮邊牆〔按：館本無牆字，抱本有牆字〕長二千餘里，山勢縈迴，遇警馳援不及。但于中路改添協守一員，即以加御副總兵羅瑞充之，割東之松棚、太平，西之喜峰、馬蘭與之專管，駐扎三屯城内。西協原少騎兵，當以所統石匣車營步軍與密雲參將陶世臣馬兵互易，仍請勑書三道、關防三顆賞付各協遵守。下本兵議，從之。

（神宗萬曆實録卷 46　第 9 頁　46.7.1035）

308　正月庚戌　陞薊鎮總兵營中軍崔經爲遊擊。

（神宗萬曆實録卷 46　第 10 頁　46.8.1037）

309　正月乙卯　琉球國中山王尚永世子〔校記：抱本無世子二字〕差正議大夫蔡朝器等賫表文、方物入貢，賞綵段、絹布等物，仍于常例外每五日另給鷄鵝、米麵、酒果，以示優異。朝鮮、暹羅使臣亦如之。

（神宗萬曆實録卷 46　第 12 頁　46.10.1041）

310　正月丙辰　薊州大安口草場火，延燬草束以萬計。奪郎中高世两俸三月。

（神宗萬曆實録卷 46　第 12 頁　46.10.1041）

311　正月丙辰　兵部覆奏巡視京營户科右給事中李邦佐、浙江道御史麻永吉條陳戎政四事：一、營將欲照邊將例三年考滿，優者加俸加秩。查武官無考滿例起于隆慶元年，以邊將防禦無失，間一請行，況京營巡視各邊利害勞逸相去甚遠，但察其年資果深與才堪邊鎮者，或相兼推用，或聽總協大臣奏請加恩，不許徇情濫舉。一、在營操備及教演車兵等官，舊例薦劾未及，徑聽總協大臣題充，千把總官委于甄别之典未備，今後巡視科道復命一體疏薦，未經薦者不得濫用。一、團軍脱逃病故不行勾補，徑行于京營調選，致見在營軍不及祖宗四分之一，前弊委宜痛革，仍著令該營把總等官：逃軍十名以上者年終聽巡視衙門一體查參。一、營操馬匹僅年終一驗，易至耗損，宜上半年于住操之日，下半年于烙印之日各簡驗，瘠損者懲治，老弱者變賣，屢懲不悛者轉充别軍。詔如議行。

（神宗萬曆實録卷 46　第 13 頁　46.10.1041）

312　正月丙辰　陞薊州守備馬承勳爲山東都司僉書。

（神宗萬曆實録卷 46　第 13 頁　46.10.1042）

313　正月丁巳　發太僕寺馬價銀五千六百兩充薊鎮本年撫賞。

（神宗萬曆實録卷 46　第 16 頁　46.12.1046）

314　正月庚申　薊鎮總督楊兆具疏乞休不允〔按：館本乞休不允作爲左都督，抱本作乞休不允，誤〕戚繼光、署都督同知楊四畏請加秩，戚繼光宜特寵。上皆不許。故事，總兵官邊勞特著者，三〔按：館本三作二〕年該督撫官題請加恩，六年進秩，有擒斬封功不拘此例。繼光等以秋防敍陞甫三年耳，故靳之。

（神宗萬曆實録卷46　第19頁　46.16.1053）

315　二月丁卯　命太僕寺于寄養馬内調取八百八十七匹，分給五軍等三大營五百一十七匹，通州營七十匹，勇士營三百匹，各缺馬軍勇領騎。

（神宗萬曆實録卷47　第3頁　47.2.1057）

316　二月戊辰　安南使臣參知虎等朝貢還，上命鴻臚寺通事官伴送，令由廣西憑祥州布〔按：館本布作咘，北大本、抱本作布。館本無市字〕市村鎮南關出。

（神宗萬曆實録卷47　第5頁　47.4.1061）

317　二月戊辰　命修大學，以合用幸學（按：館本合用幸學作幸學合用，是也）琴瑟鐘鼓、麾幡柷敔及靈芝鐘磬架等器，于内官、御用、司設等監關領，白磁盤于内承運庫關領，其大紅線羅銷金雲帳下營膳司造修，給以該司粮銀。

（神宗萬曆實録卷47　第5頁　47.4.1061）

318　二月甲戌　以秋防考核罷寧山營遊擊賈永春〔按：館本春作清，北大本、抱本作春〕及八達嶺守備劉源深。

（神宗萬曆實録卷47　第6頁　47.5.1064）

319　二月丁丑　順天府府尹曾同亨言：宛、大二縣隸在輦轂，税粮馬草徭均常賦外有鋪行銀八千八百兩至（按：館本百下無兩至二字）五十兩，里甲儅銀一千八百兩及銷到户部帮差銀一千兩。今查萬曆三年廂民止用過銀五百兩，里甲止用過銀一千七百兩，鋪行止用過銀五千三百六十六兩，通共算一年尚剩銀二千二百八十餘兩，應念里中（按：館本中作甲）繁苦，儅銀永不徵派，此外每年剩銀即充各衙門額外之用。得旨：所奏事體雖小，亦恤民寔政，各衙門宜體朝廷節用愛民至意，凡諸利病所當興革寔有益于百姓者，悉條奏行。

（神宗萬曆實録卷 47　第 8 頁　47.7.1067）

320　二月庚辰　　夜，薊遼地震。

辛巳　　又震，灤河斷流。

（神宗萬曆實録卷 47　第 9 頁　47.8.1069）

321　二月癸未　　命神機三營遊擊沃允謙以原官統薊寧班軍。

（神宗萬曆實録卷 47　第 21 頁　47.9.1072）

322　二月癸未　　工部請修船塢及金鰲玉蝀等坊。報聞。

（神宗萬曆實録卷 47　第 11 頁　47.10.1073）

323　二月乙酉　　諭户、工二部："萬曆通寶"制錢照嘉靖式鑄二萬錠，内金背一萬四千錠，火漆六千錠，與嘉靖、隆慶等錢兼行，仍以一千萬文進内庫。工部請分八千錠行南京鑄造之。

（神宗萬曆實録卷 47　第 11 頁　47.10.1073）

324　二月丁亥　　陞昌鎮總兵營中軍毛策充神機三營遊擊。

（神宗萬曆實録卷 47　第 12 頁　47.10.1074）

325　二月庚寅　　京師有楊春者，自稱楊參將把總，又稱崔都司委官，又假戚總兵明文，招集無籍棍徒數百餘，假冒騙索，事覺遂逃。兵科都〔按：館本無都字，抱本有都字〕給事中趙世勛以聞，上命兵部緝之，遂獲春及王儒，總兵戚繼光以獲解僞都司崔學亮等，擬亮假官罪斬，春、儒以下（按：館本儒作而，下上無以字，抱本而作儒，下上有以字）遣配有差。

（神宗萬曆實録卷 47　第 14 頁　47.13.1078）

326　二月壬辰　　是日城東河乾〔按：館本作城以東河水乾〕。

癸巳　　城西河亦乾〔按：館本作城亦西河水亦乾〕。

（神宗萬曆實録卷 47　第 19 頁　47.16.1086）

327　三月戊戌　　陞順天府府尹曾同亨爲右副都御史，巡撫貴州兼督理河北、川東等處軍務。

（神宗萬曆實録卷 48　第 4 頁　48.3.1093）

328　三月庚子　薊遼督撫楊兆、張學顔會議三事：一、移定遼右衛軍士及倉官于寬奠堡，與參將同城，庶節制易行，收支近便。一、遷學廟及撥附郭田土爲師生贍養費，庶荒服之區變爲禮義之習。一、准永奠堡北互市，惟米、布、猪、鹽，無馬匹違禁物，即以市税充賞，便于夷者十之三，利于邊者十之七。詔悉如議。

（神宗萬曆實録卷 48　第 4 頁　48.3.1094）

329　三月辛丑　陞太僕寺卿王之垣爲順天府府尹。

（神宗萬曆實録卷 48　第 5 頁　48.4.1095）

330　三月甲辰　兵部覆：薊遼督撫楊兆、王一鶚所議，薊、昌二鎮以匹馬不入方爲萬全，故修築塞垣爲第一要義。況二鎮應修之牆在薊近七百里，在昌僅九十餘里，雖共增墩臺各五百座，而昌平尚可減百，工既不多，且先年修牆一丈工價一十八兩，私派不與焉。今止議五兩乃墩費，視臺又不過三之一，費亦稱省，聽其便宜及時從事。惟該鎮兵已〔按：館本已作以，北大本、抱本作已，是也〕足四萬，而牆則昌鎮以八年計，薊鎮以十三年計，墩臺則又歲各以十座，已不無玩事、廢事之病，奈何更欲借撥班軍乎？此當復行詳計者也。至于錢粮，照户兵三例，各預解該鎮收貯，用畢再請，每年終用過錢粮、收過工程，悉令巡按御史覆奏，有承襲故套不盡用灰石及攙用掛木等嚴治。命如議。

（神宗萬曆實録卷 48　第 7 頁　48.5.1098）

331　三月癸丑　陞順天府府丞李己爲大理寺左少卿。〔按：館本此條失記，北大本、抱本有記〕

（神宗萬曆實録卷 48　第 12 頁）

332　三月乙卯　陞禮科都給事中朱南雍爲順天府府丞。

（神宗萬曆實録卷 48　第 13 頁　48.11.1109）

333　三月己未　改鑄太常寺并先農壇祠祭署印。

（神宗萬曆實録卷48　第16頁　48.13.1113）

334　三月癸亥　以修築薊、昌二鎮邊牆，命户部照户七兵三例于太庫動支四萬二千兩予之。

（神宗萬曆實録卷48　第17頁　48.13.1114）

335　四月乙丑　先是，御用監太監王幹等題奏各色紙張，工部覆言：該司每年額派料銀八萬兩，各處解來〔按：館本來作未，疑是，北大本、抱本作來〕一半，用紙張遵照先年事例，以三分爲率，先行召買二分，共該銀二萬九千四百七十三兩零，比隆慶六年全辦價已相同。本部委官會同科道驗收應用，該庫仍將支放過數目每月終申報本部查考。不允。

（神宗萬曆實録卷49　第2頁　49.1.1115）

336　四月丙寅　以原任神樞營佐擊張允嘉僉書（按：館本書下有山東都司四字）。

（神宗萬曆實録卷49　第2頁　49.1.1116）

337　四月丁卯　酌定供用庫各色香品每年以二萬斤爲率，從科臣光懋議也。

（神宗萬曆實録卷49　第2頁　49.2.1117）

338　四月己巳　土魯番王速壇馬黑麻阿力卜把都兒差夷役使火者馬黑木等貢馬匹方物，如例賞給，仍賜番王表裏。時土魯番、天方國、撒馬兒罕、魯迷、哈密五地面番王頭目速壇馬黑麻阿力卜把都兒等差夷使火者哈辛等貢馬匹方物，亦賞賚如例。

（神宗萬曆實録卷49　第6頁　49.4.1122）

339　四月甲戌　工部後廠作房火，尚書郭朝賓以聞，詔奪主事周思宸俸三月，下巡守吏汶邦憲于法司。

（神宗萬曆實録卷49　第11頁　49.9.1131）

340　四月丙子　命廣東御史郭廷梧巡視京營。〔按：此條館本失載，北大本、抱本載〕

（神宗萬曆實録卷 49　第 12 頁）

341　**五月丙申**　命改通州和合水驛及土橋巡司于張家灣驛，以專供水路廪粮夫役，巡司兼管七十二貢車輛及下水夫，其潞河驛與本州遞運所專備陸路夫馬車輛。從順天撫按議也。

（神宗萬曆實録卷 50　第 4 頁　50.3.1147）

342　**五月甲辰**　以朝宗橋工完，在事各官以次加恩賞賚有差。

（神宗萬曆實録卷 50　第 7 頁　50.6.1153）

343　**五月丁巳**　命……雲南道御史劉良弼巡按順天〔按：館本此條失載，北大本、抱本載〕。

（神宗萬曆實録卷 50　第 10 頁）

344　**六月戊辰**　户部上各鎮歲報錢粮數目。

薊鎮歲額銀五十七萬二千一百一十兩六錢三分，舊管粮三十五萬四千七百三十八石二斗，料九萬九千三百八十三石七斗五升，煤炒九十八石四升，草一百四十萬四千八百八十三束，銀六千七百四十六兩四錢六〔按：館本六作七〕分。新收粮一十三萬三千五百四十九石四升，料八萬四千六百五十七石四斗六升，草一百七十二萬八千八百二十六束，銀四十一萬八千二百六十七兩一錢六分，比上年少粮四萬九千二百五十餘石，料七千九百七十餘石，草三十一萬九千八十餘束，少銀二萬一百二十餘兩。開除粮一十六萬七千五百一十石四斗四升，料八萬二千六百七十六石六斗六升，草一百五十八萬四千五百三十八束，銀四十二萬二千八百八十四兩二分，比上年少用草三十九萬六千六百二十餘束，銀三萬二千六百餘兩，多用粮料一萬四千五百六十餘石。實在粮二十九萬七百七十六石八斗，料一十萬一千三百六十四石五斗六升，煤炒九十八石四升，草一百六十萬九千一百七十一束，銀一百二十九兩六錢一分，比上年多料一千九百八十餘石，草一十四萬四千二百八十餘〔按：館本餘作一〕束，少粮六萬三千九百六十餘石，銀六千六百一十餘兩。

永平鎮歲額銀三十三萬四百一十五兩九錢一分，舊管粮一十五萬七千五百一十七石九斗，料九萬八百七十二石一斗，煤炒五百五十四石二斗四升，草一百二十一萬八千六十八束，銀一萬二千九百八十四兩七錢八分。新收粮八萬三千八百八十六石九斗四升，料三萬七千五百六十九石三斗七升，草八十四萬一千四百四十二束，銀二十五萬三千三百一十二兩四錢。比上年多粮一萬九千三百八十餘石，料一萬三千七百七十餘石，少草二十六萬三千二百餘束，銀二萬四千三十餘兩。開除粮七萬八千五百三十八石二斗六升，料四萬六千二百六十四石一斗七升，草七十萬二千四百八十七束，銀一〔按：館本一作二〕十七萬八千九百七十二兩一〔按：館本一作五〕錢九分。比上年少用粮料七千一百三十餘石，煤炒六十餘石，銀二萬四千七百九十餘兩，多用草一十三萬五千八百餘束。實在粮一十六萬二千八百六十六石五斗八升，粮八萬一〔按：館本一作二〕千一百七十七〔按：館本無十下七字〕石三斗，煤炒五百五十四石二斗四升，草一百三十五萬七千二十三束，銀一千四百六十三兩九錢三分。比上年多粮五千三百四十餘石，草一十三萬八千九百餘束，少粮八千六百九十餘石，銀一萬一千餘兩。

密雲鎮歲額銀五十二萬九千五百六十一兩二錢四分，舊管粮二十萬五千五百五十二石六斗九升，料六萬四千六百四十三石九斗二升，草一百五十七萬一千八百八十六束，銀三萬九千五百五十兩七錢五分。新收粮一十九萬七千八百二十四石四斗，料一十三兩萬（按：兩爲衍文）一千三百七十石二斗，草一百二十萬二千二百九十一束，銀三十九萬三千九百五十五兩七錢七分。比上年多粮五千四百七十餘石，料二萬六千一百六十餘石，少草八萬二〔校記：北大本二作一〕千七百四十餘束，銀三萬三千四百三十餘兩。開除粮二十一萬六千一百一十一石六斗六升，料一萬一千三百〔按：館本一萬一千三百作一十二萬三百〕一十九石五斗五升，草一百三十四萬二千四百六十八束，銀三十七萬二千八百四十一兩五分，比上年少用銀四萬三千六百六十餘兩，草四十萬四千八百六十餘束，多用粮料五萬六千五十餘石。實在粮一十八萬七千二百六十五石四斗三升，料六萬五千六百九十四石三斗九升，草一百四十三萬一千七百七束，銀六萬六百六十五兩四錢七分，比上年多料一千五十餘石，銀二萬一千一百一十兩，少粮一萬八千二百八十餘石，草〔按：館本草上有少字〕一十四萬一百七十餘束。

昌平鎮歲額銀二十二萬六千八百五十兩七錢，舊管粮一十五萬六千九百四十石六斗五升，料二萬三百七十四石六斗八升，草七十一萬七千五百七束，銀二萬一百四十兩四錢六分，（闕）二十三萬九千一百三十八石三斗八升，料（闕）千二百一石七斗八升，草七十四萬九千一（闕）八束，銀一十七萬九千八百四十一兩六錢二分。比上年多料九百四十餘石，少粮二萬七千四百一十餘石，草二十萬九千二百九十餘束，銀二萬九千二百餘兩。開除粮二十一萬三千八百七石八斗六升，料二萬八千一百二十石八斗一升，草七十七萬六千六十九束，銀一十九萬四千七百五兩五錢六分，比上年少用粮一萬七千六百一十餘石，銀一萬三千五百一十兩。多用料一十三石，草一十八萬三千九百八十餘束。

（神宗萬曆實録卷 51 第 5 頁 51.1.1162）

345 六月戊辰 以郊祭及幸學期迫，命亟修三街道路及東安門内東、中等門。

（神宗萬曆實録卷 51 第 15 頁 51.12.1183）

346 六月辛未 以久雨命順天府官致禱。

（神宗萬曆實録卷 51 第 15 頁 51.12.1184）

347 六月癸酉 方澤壇工告竣。

（神宗萬曆實録卷 51 第 16 頁 51.13.1185）

348 六月癸酉 工部請修諸王舘。從之。〔按：館本此條失載，

北大本、抱本有載〕

（神宗萬曆實録卷 51　第 16 頁）

349　六月癸酉　以昌平標兵營遊擊王有臣充參將，分守山海關。

（神宗萬曆實録卷 51　第 17 頁　51.13.1186）

350　六月丁丑　調太平寨參將佟成功于古北口，以昌平車營遊擊盧述管太平寨參將事。石匣營中軍甯潮提調古北口。

（神宗萬曆實録卷 51　第 18 頁　51.14.1188）

351　六月壬午　大學士張居正請重修《大明會典》。從之。

（神宗萬曆實録卷 51　第 18 頁　51.14.1188）

352　六月壬午　鑄給工部盔甲廠、節慎庫、驗試廳各關防。

（神宗萬曆實録卷 51　第 19 頁　51.15.1190）

353　六月壬午　調密雲輜重營遊擊陳伯懌于昌平標營兵（按：館本營兵作兵營），福建都司僉書史臣充昌平永安車營遊擊。

（神宗萬曆實録卷 51　第 20 頁　51.16.1192）

354　六月丙戌　改神機三營遊擊毛策于大岡（按：館本岡作同，是也），密雲奇兵營指揮僉事許茂祀充輜重營遊擊。

（神宗萬曆實録卷 51　第 22 頁　51.18.1195）

355　七月甲午　降薊鎮西協副總兵張臣級。

（神宗萬曆實録卷 52　第 7 頁　52.5.1208）

356　七月丙申　以山東都司僉書任大同充神機三營遊擊。

（神宗萬曆實録卷 52　第 8 頁　52.5.1209）

357　七月丁酉　封琉球國世子尚永爲中山王，以户科左給事中蕭崇業爲册封使，行人謝杰爲副使，齎皮弁、冠服、玉圭往。仍賜崇業等各大紅織金胸背、麒麟、白澤羅員領各一件，緑羅褡複、青羅貼裏各一件，例也。

（神宗萬曆實録卷 52　第 13 頁　52.11.1219）

358　七月癸卯　改運糧把總顧尚義爲鞏華城守備。總督楊兆言：鞏華城爲謁陵駐蹕重地，遊擊既改駐昌平，所官權輕不便防守，請以尚義往，不妨運務，遇駐蹕則遊擊陳天福亦移鞏華城防護。從之。

（神宗萬曆實録卷 52　第 16 頁　52.13.1224）

539　七月甲辰　　以神機營兵備坐營藺熠僉書山東都司。

（神宗萬曆實録卷 52　第 17 頁　52.13.1224）

360　七月乙巳　　詔通州營操軍每防秋時暫照京軍月給行糧六斗一升。

（神宗萬曆實録卷 52　第 17 頁　52.13.1224）

361　七月壬子　　開館重修《大明會典》。

（神宗萬曆實録卷 52　第 20 頁　52.16.1229）

362　八月壬戌　　上幸太學，詣先師孔子廟，行釋奠禮，御彝倫堂，雨甚，免進講。

（神宗萬曆實録卷 53　第 1 頁　53.1.1237）

363　八月丙寅　　命右中允兼編修何雒文、右贊善兼簡討許國充順天府鄉試考試官。

（神宗萬曆實録卷 53　第 3 頁　53.2.1240）

364　八月己巳　　兵部覆督撫薊鎮侍郎楊兆等議：一、定信地。原擬古北口提調駐劄司馬臺，曹家寨提調駐劄黑谷關，將軍營提調駐劄將軍關，乃令〔按：館本令作各〕戀駐原地，宜以古北口等銜改司馬臺等銜，及全鎮二十六提調稱“營”字者悉改爲“關”字，職在守關，別難規避。一、定撫賞。必各路將官親臨彈壓，不許規嫌。一、增提調。喜峰口三衛，貢途諸夷輻輳之地，宜添設提調一員駐李家谷。從之。

（神宗萬曆實録卷 53　第 5 頁　53.4.1243）

365　八月丁丑　　朝鮮國王李昖差陪臣參判崔蓋國等進貢慶賀萬壽表，宴如例。

（神宗萬曆實録卷 53　第 8 頁　53.6.1247）

366　八月庚辰　以……大同入衛遊擊毛策充昌平標營兵遊擊。

（神宗萬曆實録卷 53　第 8 頁　53.6.1248）

367　八月癸未　發太僕寺馬價銀于薊鎮，以七千六百二十兩給〔按：館本給下有入衛寧延官軍，四千六百二十兩給十四字，抱本脱〕宣、大官軍各買馬補倒死數。

（神宗萬曆實録卷 53　第 9 頁　53.7.1249）

368　八月甲申　户科左給事中蕭崇業等，以册封琉球頒去詔勅，彼國每欲請留，亦遠人欽崇之意，不宜靳使。臣奉將王命，遠涉海濤，所賴百靈爲之呵護，宜令翰林院撰祭文、布政司備祭，以隆祈報。所造過海船隻，督以府佐，仍委廉幹指揮二員副使〔按：館本使作之，是也〕，務期堅好，即以指揮監軍與工匠一併隨行，凡一切飲食器械及觀星、占風、〔按：館本風下有聽字，是也〕水、察土、醫卜、技藝之人俱備。悉如議。

（神宗萬曆實録卷 53　第 9 頁　53.7.1249）

369　八月丁亥　以……神機五營遊擊王治充真定車營各遊擊將軍。

（神宗萬曆實録卷 53　第 14 頁　53.11.1257）

370　八月己丑　以朝鮮國王李昖送回被虜遼民七十八名口，又續送回一十六名口，賞其護功官軍朴民獻、姜佀〔校記：北大本佀作侶〕及管押陪臣洪聖民、訓導節制使等官丁胤福、趙徽等各銀幣有差，仍賜勅褒異之。

（神宗萬曆實録卷 57　第 14 頁　53.11.1257）

371　九月辛卯　工科都給事中劉鉉等言：左〔按：館本左作太，北大本、抱本作左〕監張宏請修西湖景橋梁閘座。查西湖景閘座之設，不過制其泛〔按：館本泛作漲〕溢而已，初無關係，亦無修理令甲。當今大工大禮並興，庫帑俱竭，支持不暇，乞命罷修。上命内臣查酌修濬，餘暫罷之。

（神宗萬曆實録卷 54　第 2 頁　54.1.1259）

372 九月癸巳 以宣府獨石城守備葉秉充神機五營佐擊將軍。

（神宗萬曆實録卷 54 第 3 頁 54.2.1262）

373 九月辛丑 朝鮮國陪臣崔益國等還國，宴待如初。

（神宗萬曆實録卷 54 第 5 頁 54.4.1265）

374 十月乙丑 給薊、昌二鎮太僕寺馬千匹，銀一萬八千兩（按：館本兩作匹）。

（神宗萬曆實録卷 55 第 1 頁 55.1.1271）

375 十月戊寅 修裕陵祾恩殿、祾恩門及兩廡。

（神宗萬曆實録卷 55 第 8 頁 55.6.1281）

376 十一月丙戌 命順天府備候氣密室及建鑄錢所。

（神宗萬曆實録卷 56 第 2 頁 56.1.1284）

377 十一月丙戌 初，司禮監太監張誠等請修圜丘、朝日、夕月等壇及太廟祭器合用木植等料并雇工油漆等匠，俱行工部催辦。于是工部乃言：祭器例合監修造，本部原不與聞，物料則照原派，以三分爲率准辦二分，召商買辦亦該監徑自驗收，料價原貯節慎庫中聽其支給。上以爲然。

（神宗萬曆實録卷 56 第 2 頁 56.2.1285）

378 十一月癸卯 工部進鑄完新錢三百萬，金背二百萬，火漆一百萬。

（神宗萬曆實録卷 56 第 7 頁 56.6.1293）

379 十一月丙午 朝鮮國陪臣吏曹參判具思孟時以謝恩表并冬至稱賀至，宴待如例。

（神宗萬曆實録卷 56 第 10 頁 56.8.1297）

380 十一月丁未 頒朝鮮國萬曆五年《大統曆》一百本。

（神宗萬曆實録卷 56 第 11 頁 56.9.1299）

381 十二月辛巳 工部以朝覲蓬廠有本部杉木、户部蘆席可借，事竣繳還；匠役工食查勘順天府無碍官銀，委宛、大佐二搭蓋，不得絲毫累及行户，仍著爲例。從之。

（神宗萬曆實録卷 57　第 10 頁　57.8.1315）

382　十二月癸未　以神機〔按：館本機作樞〕九營佐擊將軍馬應奎充神機七營參將，山西利民堡守備陳正充神機十營，宣府西城守備黄元忠充五軍十營，山西寧武関守備文濟武充神樞四營各遊擊。

（神宗萬曆實録卷 57　第 13 頁　57.11.1321）

383　十二月癸未　調神機七營練勇參將羅四聰於河曲，以五軍五營佐擊將軍董汝梅充巡捕左參將。

（神宗萬曆實録卷 57　第 14 頁　57.11.1322）

萬曆五年（1577）

384　正月戊戌　以天壽山守備葛紹忠充延綏遊擊。……以神樞營遊擊將軍袁漳充神樞營練勇參將。……陞宣府岔道城守備陳永壽充神機佐擊將軍。

（神宗萬曆實録卷 58　第 1 頁　58.1.1329）

385　正月丁未　以分守通州參將陳文治充薊州。……陞宣府守備侯繼祖充神樞營遊擊。……以神機營佐擊將軍李世隆改充延綏遊擊領軍入衛。命薊遼副總兵蔡勳管分守通州參將事。

（神宗萬曆實録卷 58　第 4 頁　58.3.1333）

386　正月壬子　以昌鎮參將賈斌改充分守薊鎮墻子嶺等處參將。以分守石塘路副總兵徐校管總督薊遼軍門下中事。

（神宗萬曆實録卷 58　第 8 頁　58.6.1340）

387　正月壬子　陞大同文〔按：館本文作天，北大本、抱本作文，誤〕城守備劉東爲神機營佐擊將軍。

（神宗萬曆實録卷 58　第 8 頁　58.6.1340）

388　正月癸丑　以文安縣司丘等里水災，命見在寄養馬三百餘匹先行調兑，其站銀暫免派徵一年。

（神宗萬曆實録卷 58　第 9 頁　58.7.1341）

389　正月甲寅　改居庸參將沈思孝充分守石塘嶺參將。

（神宗萬曆實録卷 58　第 9 頁　58.7.1341）

390　正月丙辰　陞山西北樓右參將葛臣爲副總兵，管分守居庸関參將事。

（神宗萬曆實録卷 58　第 10 頁）

391　正月丙辰　兵部覆巡視京營左給事中林景暘等條上事宜：一、廣招募以實行伍。國初額軍四十萬，至嘉靖庚戌止餘十萬，復增募三萬，分設營制，曰戰兵、曰車兵、曰城守，兵各十營，營各三千人，餘歸備兵營以待撥補。今各營不滿九萬，復多老弱，請通行選汰。先將各軍名下載册丁男堪用者儘數替役，不足取之衛所餘丁，又不足募之民間，務足十萬之數。一、立選鋒以倡勇敢。京營家丁，目爲副將私人，一有名缺，競相營補，且倶擁護，各將不隸營操，實爲徒設。請于家丁營軍中選其驍而善射者，名曰選鋒，務足四千八百人，六副將仍各與三百名，十戰兵營各三百名，月給雙糧而革家丁名色。一、更將領以張兵勢。各將至營，有宜戰宜車宜城守備兵者，聽總協大臣查試，咨部覆題改正。一、勤教演以精武藝。短兵諸法，惟都督余大猷獨得其傳，宜取教師勤習，而南方紙甲不能當矢彈，仍用鉄甲爲便。一、酌時宜以修馬政。凡副、參、遊、佐等官所管馬匹，通作十分，倒損一分以上者罰俸，二分以上者降級，三分以上者革任。一、革積弊以肅禁兵。四衛、勇士二營設自宣德八年，凡以處迤北回還及進馬收回人數而御馬監内臣統之，所謂禁旅也。正統間，都督王敬用以督戰禦虜，天順間，都督馬良用以平定曹欽，乃今日就廢弛，此皆坐營等官影射役占所致。請行該監申飭：尋常演習，聽從沙盤内圮之便，雙月赴教（按：館本教上有外字，北大本、抱本無外字）場一操，以存祖訓；歲終照三大營例，會同巡視諸臣閲視，分別請聖旨去留。如四衛缺官，請如先臣丘濬議，世爵駙馬及有功德于國家者〔按：館本無者字〕之子孫，皆使番上宿衛。户部覆：倉場料草，每歲支放，三月出陳易新，歲以爲常。今議二月、十月，係官軍訓練〔按：館本練下有防禦二字〕之時，仍給本色，十二月軍卒歇操，准改折色，豆一石四錢，草二〔按：館本二作三〕十束四錢，以示優厚。皆報可。

（神宗萬曆實録卷 58　第 10 頁　58.8.1343）

392　二月甲子　以神樞營參將劉葵〔校記：北大本葵作蔡〕改充大同東〔按：館本東作中〕路參將。

（神宗萬曆實録卷 59　第 6 頁　59.4.1354）

393　二月庚午　陞五軍營遊擊王廷充神樞營參將。

（神宗萬曆實録卷 59　第 8 頁　59.6.1358）

394　二月丙子　以大内興工遣尚書郭朝賓祭告后土司工之神。

（神宗萬曆實録卷 59　第 9 頁　59.7.1360）

395　二月丙子　免文安縣存留税糧、馬草二分，盡以恤里分之被災者。

（神宗萬曆實録卷 59　第 9 頁　59.7.1360）

396　二月辛巳　陞薊鎮大水峪關提調陳文光本鎮三屯營游擊。

（神宗萬曆實録卷 59　第 11 頁　59.8.1362）

397　二月乙酉　減文安縣肆淀、三營地租之半，以水灾故也。

（神宗萬曆實録卷 59　第 11 頁　59.9.1363）

398　三月戊子朔　先是，京營每年防秋口糧戰兵六斗，車兵半之，城兵一斗，至是户部議革城守口糧，而車、戰二營通以三斗爲率。從之。

（神宗萬曆實録卷 60　第 1 頁　60.1.1365）

399　三月壬寅　廷試天下貢士馮夢禎等三百一人。

（神宗萬曆實録卷60　第5頁　60.4.1371）

400　**四月壬申**　　朝鮮國王李昖遣户曹參判尹斗壽等齎表謝恩，賜宴如例。

（神宗萬曆實録卷61　第4頁　61.3.1385）

401　**四月壬申**　　命總督宣大兵部尚書兼都察院右副都御史方逢時以原官協理京營戎政。

（神宗萬曆實録卷61　第4頁　61.3.1385）

402　**四月辛巳**　　命原任都察院右僉都御史陳道基以原官整飭薊州等處兵備、巡撫順天。

（神宗萬曆實録卷61　第6頁　61.4.1388）

403　**五月戊子朔**　　命御史郭莊巡視京營。

（神宗萬曆實録卷62　第1頁　62.1.1393）

404　**五月癸巳**　　是日，上以久旱率百官修省齋戒三日，令順天府官禱之。

（神宗萬曆實録卷62　第2頁　62.1.1393）

405　**五月乙未**　　雨。

丙申　　大雨。

（神宗萬曆實録卷62　第2頁　62.1.1394）

406　**五月辛丑**　　命停内北中門等處工程，以工部言庫貯匱乏故也。

（神宗萬曆實録卷62　第4頁　62.3.1397）

407　**五月壬寅**　　是日以重修乾清宫成，奉聖母慈駕還御，閣臣用爲詩題，上覽之甚喜，命録取諸士詩進覽。

（神宗萬曆實録卷62　第4頁　62.3.1397）

408　**五月戊申**　　中官傳旨：慈慶、慈寧兩宫着該衙門修理見新，只做迎面。于是輔臣張居正等奏：治國之道，節用爲先。耗財之源，工作爲大。今〔按：館本無今字〕慈慶、慈寧兩宫俱以萬曆二年興工，本年告完，落成之日，臣等躬詣閲視，巍崇彩絢無巽天宫，今未踰三年，壯麗如故，乃欲壞其已成，更加藻飾，是豈規制未備乎？抑亦敝壞所當新乎？此事之可已者也。況該部科屢以工役煩興、用度不給爲言，已奉旨：已後不急工程一切停止，今無端又興此役，是朝廷明旨不足取信于人。而該部科紛紛執奏，徒見朝廷有此過舉，使滋臣下必致煩言也。臣等灼知兩宫聖母欲皇上祈天永命、積福愛民，亦必不以此爲孝，請行停止。得旨：先生忠言已奏上聖母停止矣。

（神宗萬曆實録卷 62　第 5 頁　62.4.1399）

409　六月戊寅　　以五軍營遊擊田永爵充神機營練勇參將。

（神宗萬曆實録卷 63　第 7 頁　63.5.1412）

410　七月甲午　　升神樞管兵備坐營指揮僉事謝森爲五軍營遊擊參將。

（神宗萬曆實録卷 64　第 4 頁　64.3.1420）

411　八月丁卯　　分昌鎮守備劉勳管遵化遊擊將軍事。

升薊鎮提調王徒英爲本鎮大水峪遊擊。

（神宗萬曆實録卷 65　第 5 頁　65.4.1435）

412　八月甲戌　　是日大雨。

（神宗萬曆實録卷 65　第 5 頁　65.4.1436）

413　八月己卯　　朝鮮國王李昖差工曹參判梁應鼎等表獻方物進賀聖節，賜宴賞如例。

（神宗萬曆實録卷 65　第 6 頁　65.5.1437）

414　閏八月甲午　　改神樞營參將王廷臣充分守大同井坪城等處參將。

（神宗萬曆實録卷 66　第 5 頁　64.4.1448）

415　閏八月庚子　　以天（按：館本天下有津字）領軍游擊姚龍充神樞營參將。

陞白羊口守備劉世柱充河間領軍遊擊。

（神宗萬曆實録卷 66　第 7 頁　66.5.1450）

416　閏八月壬寅　升張家灣守備趙繼元充天津領軍遊擊。

（神宗萬曆實録卷66　第7頁　66.6.1451）

417　九月己巳　裕陵殿工修完，請神位并祭告，遣伯杜繼宗行禮。

（神宗萬曆實録卷67　第6頁　67.5.1465）

418　九月癸未　會試天下武舉，考試官何雒文、高啟愚取中武舉張大德等八十名。

（神宗萬曆實録卷67　第10頁　67.8.1472）

419　十月壬辰　命協理京營兵部尚書兼都察院右副都御史方逢時回部管事，命御史李學詩巡視京營。

（神宗萬曆實録卷68　第3頁　68.2.1475）

420　十月丙申　焚中（按：館本焚中作禁中，是也）火，倉下連房灾。

（神宗萬曆實録卷68　第4頁　68.3.1477）

421　十月丙申　陞遼東巡撫張學顔爲兵部左侍郎協理京營戎政。

（神宗萬曆實録卷68　第4頁　68.3.1477）

422　十一月壬戌　順天府府尹王之垣言:《會典》原載該府户口六十六萬九千三十有奇，自庚戌被虜後，隆慶五年總括寔在人丁止十四萬七千三百有奇，蓋因租庸正額之外更多雜派錢粮，以致民不聊生，日就凋耗。國初徙浙江等處富民三千八百餘户以寔京師，今不惟富民消亡已盡，而土著亦漸遠〔按：館本無遠字，抱本有遠，誤〕逃移，此豈居重馭輕意哉！請將各州縣税契銀兩、抵解雜派錢粮、一應帶徵錢粮盡行蠲免。户部覆言：抵解如議，帶徵量免，從之。

（神宗萬曆實録卷69　第4頁　69.3.1493）

423　十一月壬申　密雲守備雷以誠僉事中都留守司事。

（神宗萬曆實録卷69　第6頁　69.5.1497）

424 十二月癸未朔 琉球國中山王世子尚永遣正議大夫梁灼等赴京進貢，宴賚如例。

（神宗萬曆實録卷 70 第 2 頁 70.1.1505）

425 十二月庚子 陞順天府府尹王之垣爲都察院右副都御史巡撫湖廣。命御史于諒巡按順天。

（神宗萬曆實録卷 70 第 6 頁 70.5.1513）

426 十二月癸卯 陞湖廣左布政使金立敬爲順天府尹。

（神宗萬曆實録卷 70 第 7 頁 70.6.1515）

427 十二月乙巳 命給事中李天植、御史趙焕巡視京營。

（神宗萬曆實録卷 70 第 8 頁 70.6.1515）

428 十二月庚戌 户部奏：進順天府屬本年分乾清宫莊地子粒銀一萬一千二百三十兩有奇，又仁壽、清寧、未央三宫官地子粒銀三萬九千四百三十八兩有奇。

（神宗萬曆實録卷 70 第 8 頁 70.6.1516）

萬曆六年（1578）

429 正月甲戌 兵部覆議京營科道條陳事宜：一議分營操。謂：三營分操，原爲舊制，今軍士日衆，至於十萬，營之内簡稽難周，演習不便，欲分部操演，以便責成，誠爲有見。但近歲合操之後，各廳營〔按：館本作營廳，抱本作廳營〕房塌損，修葺動經歲時，及照營規，名雖合操，而分營細練亦自不廢，合行總協等官督率各該將領嚴行訓練。二議選官屬。謂：各營雖有主將總領，而傳宣號令、擺列隊伍，必資中軍把總等官。即將三大營中一一揀選，隨宜器使，其不稱者徑行斥退。三議習騎射。謂：選鋒無馬，必須査給，以俾實用，但査戰兵、車兵、選鋒共五千，共少馬四千餘匹。今太僕寺堪兑馬匹僅一萬八千，年例兑給約有三千，之外而一歲所入未色未足相當矣。四千盡兑則所餘無幾，應行總協大臣，令該營卽查選鋒五千數内量派步、騎兵各二千五百，内除先領馬匹共九百六十三匹外，其無馬騎兵一千五百三十八名造册送部，劄行太僕調兑，餘下步兵二千五百名，俟萬曆七年以後漸給，務足五千之數。四議重新馬。謂：寄養馬匹出自民力，官軍兑給，未幾旋斃，責令買補。舊例，欲准各營倒馬官軍照依年分追樁，若新馬概令買補，恐倒斃不測，貽累貧軍。今將依例量追樁銀，仍令該管官嚴責各軍用心餧養。其應賣老弱馬匹，移文京營及太僕寺，每于驗烙之時，或如議穿左耳，或烙以火印，如遇營馬倒死，設法查驗，倘有抵換，卽便究罪。五議罷出防。謂：先年欲撥戰車營兵二枝，暫議休息，夫畿輔營兵優養安逸，故今習營知戰。況查各鎮邊防分布疏，内各軍派有信地，難以撥回，唯于分戍之兵，憫其行役，優加撫恤，使三軍無怨。從之。

（神宗萬曆實録卷 71　第 8 頁　71.8.1531）

430　二月丁亥　　吏科右給事中王道成疏奏：京通二倉米多陳腐，不可食，分散布花又浚紕惡，不知（按：館本知作如）本、折色間支，使霑實惠。户部覆：京師居民環處，全賴軍士所領之米以給朝夕，常見遇放折色月分，米價輒貴，況太倉折米，又須積而能散。今後月粮年年放支兩月，一在四月，一在十月，蓋四月粮運湧集，所帶餘米頗多，十月運粮方畢，上納餘米可買，至應放官軍各依月分，似宜仍用本色。姑待該庫積貯布疋數多足給數年支放，暫行折解一年，亦無不可。上是部議。

（神宗萬曆實録卷 72　第 3 頁　72.2.1546）

431　三月庚申　　遣禮部侍郎林士章陪朝鮮陪臣黄琳〔按：館本琳作林，抱本作琳，是也〕等宴，以赴京進貢故也。

（神宗萬曆實録卷 73　第 11 頁　73.9.1583）

432　三月乙丑　　户部題：宛、大二縣舖户，無分勢要之家，逐一審編，不許妄告優免。仍酌各行資本定爲三則，照數徵銀，務使各得其平。至投册審户，該府縣五城兵馬詳加查核，毋得隱匿及違慢等情。至于皂書〔按：館本皂書作書皂，抱本作皂書〕工食、造册紙張供應等項，原係舖行答應，不得〔按：館本得作無，抱本作得〕騷擾，合行裁革。從之。

（神宗萬録實録卷 73　第 16 頁　73.13.1592）

433　三月丁卯　　先是，昌平州分爲十六里，至是撫按官奏稱：本州兩經虜患，又陵寢重地，供億浩費，將廣位、康安、率勤三里婦〔按：館本婦作歸〕併附近里分，止爲十三里，一應錢糧俱准蠲豁。

（神宗萬曆實録卷 73　第 17 頁　73.14.1593）

434　三月甲戌　　巡視蘆溝橋浙江道試御史梅淳疏奏：蘆溝橋抽分房料、荆條，二者在官爲無用之物，在民爲切己之利，不如盡行蠲革。至于竹木局及巡視衙門，年久浥剥，而該局所貯物料頗有羸餘，風雨歲侵，多致陳腐，何如變價解部，動支修理，較爲兩便。部覆如議。

（神宗萬曆實録卷 73　第 19 頁　73.16.1597）

435　四月癸未　　賜朝鮮國〔按：館本無國字，抱本有國〕陪臣黄琳等宴，命禮部右侍郎林士章陪之。

（神宗萬曆實録卷 74　第 1 頁　74.1..1603）

436　四月辛丑　　神樞九營佐擊署都指揮僉事泰岐充五軍二營練勇參將。

（神宗萬曆實録卷 74　第 5 頁　74.4.1609）

437　四月己酉　　推原任昌平總兵下標兵營遊擊署都指揮僉事陳伯懌充統領薊鎮德州秋班官軍遊擊。

（神宗萬曆實録卷 74　第 8 頁　74.7.1615）

438　五月丁丑　　陞神樞二營練勇參將署都指揮僉事管英加副總兵職銜，分守金山地方參將事。大同鎮虜堡守備以都指揮體統行事署指揮僉事戴采署都指揮僉事，充神樞九營佐擊。

（神宗萬曆實録卷 75　第 5 頁　75.4.1624）

439　六月甲午　　户部題：萬曆五年各邊錢糧今當類造揭帖進覽，據各巡撫等官奏報實在各數目，查算明白，隨本進呈，以便御覽……薊鎮實在糧二十一萬一百三十二石一斗，料九萬九千七百四十六石二斗七升，煤炒九十八石四升，草一百六十八萬四千九百八十一束，銀三萬一千八百八十八兩九錢二分。查得本年實在比上年多草一十八萬四千五百五十餘束，銀七千四百一十餘兩，少糧五萬八千二百餘石，料一萬三千八百六十餘石。永平鎮實在粮一十九萬一千四百五十四石四斗三升，料六萬四千五百九十五石九斗一升，煤炒六百九十三石二斗四升，草六十五萬五千五百六十七束，銀六百八十七兩二錢三分。查得本年實在比上年多煤炒一百二十餘石，少粮三萬二千九百六十餘石，料三千石，草一〔按：館本一作三，抱本作一〕十六萬二千九百二十餘束，銀九千六百餘兩。密雲鎮實在粮一十五萬四千五百七十三石二斗五升，料八萬七千一〔按：館本一作九，抱本作一〕百六十四石九斗九升，草二百四十二萬四千一百九十九束，銀一千（按：館本千作十，抱本作千）六萬七千五百三十五兩二錢。查得本年實在比上年少粮五萬七千七百共（按：館本共作六，是也）十餘石，料七百四十餘石，多草四十四萬九千八百二十餘束，銀五萬六千三百餘兩。昌平鎮實在粮八〔按：館本八作一，抱本作八〕十九萬九千四百六十八石四斗七升，料二萬二百一十七石五斗七升，草六十四萬七千八百八十六束，銀一萬二千五百七十八兩八錢一分。查得本年實在比上年多料八百七十餘石，草一十一萬一千三百餘束，少粮六千四百五十餘石，銀七百五十餘兩。

（神宗萬曆實録卷 76　第 3 頁　76.2.1632）

440　六月甲辰　　減順義、懷柔二縣馬額三分之一，自萬曆七年爲始，俟人力稍舒再行議派，各州不爲例。

（神宗萬曆實録卷 76　第 11 頁　76.8.1644）

441　六月乙巳　朝鮮國陪臣李玄培以進賀兩宮聖母徽號至，宴如例。

（神宗萬曆實録卷 76　第 11 頁　76.9.1645）

442　六月丙午　給都督王偉房價銀一萬五千兩，莊田五百頃。錦衣衛千户劉應節、楊臣各房價五千兩，莊田一百頃。

（神宗萬曆實録卷 76　第 11 頁　76.9.1645）

443　七月癸亥　發太倉銀一萬三千一百五兩給薊鎮防秋之用，其布花銀三千一百八十五兩零，卽于粮草鹽價銀内支給。

（神宗萬曆實録卷 77　第 6 頁　77.5.1657）

444　七月戊寅　詔以古北口、黄花鎮及各路緊要牆臺儘令三年修完，其餘以次增築，三年遞歇，三年遞修，工完之日聽督撫將効勞人員分别功罪具奏。

命工部委官修理週圍紅鋪，仍申飭官軍嚴行巡警，一應披執、盔甲、器械俱修之。

（神宗萬曆實録卷 77　第 14 頁　77.11.1670）

445　八月辛巳　給薊、密、永、昌四鎮犒軍銀二萬兩，仍命總督梁夢龍悉心措畫，如果不敷，另行奏處。

（神宗萬曆實録卷 78　第 2 頁　78.1.1673）

446　八月辛巳　發太倉銀十二萬一千二百兩于延綏，十萬九千二百兩于薊州，一十二萬九千三十兩于密雲，六萬七千五十八兩于永平，六萬三千七百七〔按:館本七作九，抱本作七〕十二兩于昌平，以巡撫余守約、侍郎汪道昆各奏軍餉也，

（神宗萬曆實録卷 78　第 2 頁　78.2.1675）

447　八月癸巳　陞尚寶司少卿鄭欽爲太僕寺少卿，管京營。

（神宗萬曆實録卷 78　第 6 頁　78.5.1681）

448　八月庚子　詔以薊、昌二鎮卽將南土兵并入衛之兵速簡精鋭，分定部位，自密雲到山海布置營陣畫守，務使制勝有功，

不得畏縮，坐失良機。

（神宗萬曆實録卷 78　第 8 頁　78.6.1683）

449　八月壬寅　陞密雲輜重營遊擊陳天福充參將，分守山西中路利民堡等處地方。

（神宗萬曆實録卷 78　第 8 頁　78.6.1684）

450　八月癸卯　命禮部尚書潘晟侍宴陪朝鮮陪臣李憲國，以赴京進萬壽聖節表文也。

（神宗萬曆實録卷 78　第 8 頁　78.6.1684）

451　九月乙卯　詔以遵化標下左右及輜重三營兵馬改屬中路協守管理，錢粮、册籍等項事宜，仍歸薊州道統屬，各改給勅書。

（神宗萬曆實録卷 79　第 3 頁　79.2.1691）

452　九月癸亥　陞提督謄黄通政司右通政胡嘉謨爲太僕寺卿，尋以順天府府丞朱南雍爲右通政，提督謄黄。

（神宗萬曆實録卷 79　第 5 頁　79.4.1695）

453　九月戊辰　陞廣東道御史郭廷梧爲順天府府丞。

（神宗萬曆實録卷 79　第 7 頁　79.5.1698）

454　九月壬申　上以先農壇修理未久，工費浩大〔按：館本浩大作甚多，抱本作浩大〕，乃二年之間輒稱損壞，命工科給事中王致祥查勘。已而致祥復言：壇殿神厨倉庫新整堅好，别無冒破，惟是丹漆剥落，磚砌隳差，牆壓外摧，吻〔按：館本吻作叨，抱本作吻，是也〕劍中折，估勘繁興，至厪宸慮。其督理内官監太監張沂、原任工部左侍郎何寬及原任本部員外陳以朝俱當行罰。上曰：壇工既無大壞，着量行修葺，各官姑免追究，今後工程有可因者都仍舊不許動稱損壞，希圖改修，以致勞費。

（神宗萬曆實録卷 79　第 8 頁　79.6.1700）

455　十月乙酉　鑄給暹羅國王印一顆。

（神宗萬曆實録卷 80　第 4 頁　80.8.1712）

456　十月甲辰　以順、永、保、河四府切近京師，照例免行刑。

（神宗萬曆實録卷 80　第 9 頁　80.7.1720）

457　十一月丁巳　詔以暹羅開館，事係創始，凡選擇生徒、建修館舍等項，宜酌定成規，以便遵守，

（神宗萬曆實録卷 81　第 4 頁　81.3.1728）

458　十一月丁卯　朝鮮國王李昖遣陪臣供方物入賀，宴賞如例。

（神宗萬曆實録卷 81　第 5 頁　81.4.1729）

459　十一月甲子　撤回薊、昌二鎮秋防兵馬，仍將各標兵酌量地方緩衝分班貼守，以備冬防。

（神宗萬曆實録卷 81　第 5 頁　81.4.1729）

460　十二月戊寅　朝鮮國王李昖遣陪臣户曹恭奏郭越赴京進表賀冬至節，命禮部尚書潘晟宴之。

（神宗萬曆實録卷 82　第 1 頁　82.1.1733）

461　十二月戊寅　陞薊鎮總兵標下左營遊擊李信參將分守薊鎮石門寨等處地方。

（神宗萬曆實録卷 82　第 1 頁　82.1.1733）

462　十二月癸未　陞山東右參政翟綉裳爲按察使整飭密雲兵備。陞黄花鎮守備李如松充總督薊遼保定軍門標下右營遊擊。

（神宗萬曆實録卷 82　第 2 頁　82.1.1734）

463　十二月甲申　詔以京城内外錢法壅滯，重困小民，各地方不着實奉行，顯是違抗。今後再行申飭：有犯私鑄及倡言阻撓的，除私鑄爲首依律論死，餘各問罪不貸。

（神宗萬曆實録卷 82　第 3 頁　82.2.1735）

464　十二月丁亥　陞整飭薊州等處邊備兼巡撫順天等府地方都察院右僉都御史陳道基爲南京大理寺卿。

（神宗萬曆實録卷 82　第 4 頁　82.2.1736）

465　十二月辛卯　陞山西左布政使張夢鯉爲都察院右僉都御史，整飭薊州等處邊備兼巡撫順天等府地方。

（神宗萬曆實録卷 82　第 4 頁　82.3.1737）

466　十二月戊辰　遣浙江道御史朱文科巡視京營。

（神宗萬曆實録卷 82　第 5 頁　82.4.1739）

467　十二月甲辰　進仁壽、清寧、未央三宫官地子粒銀共三萬八千八百七十兩。

（神宗萬曆實録卷 82　第 8 頁　82.6.1744）

萬曆七年（1579）

468　正月己未　陞永平守備陳汝忠署指揮僉事充神機三營遊擊。

（神宗萬曆實録卷 83　第 3 頁　83.3.1749）

469　二月癸未　定薊、永、密、昌等四鎮額餉銀數：薊州五十七萬二千一百一十兩〔按：館本兩下有零，永平鎮三十三萬四百一十五兩零，密雲鎮五十二萬九千五百六十一兩三十字〕零，昌平鎮二十二萬六千八百五十兩零。

（神宗萬曆實録卷 84　第 3 頁　84.2.1762）

470　二月丙申　差雲南道御史黄應坤往山西、河南道御史李栻往順天等府各巡按。

（神宗萬曆實録卷 84　第 8 頁　84.10.1771）

471　三月戊申　陞薊鎮統領振武營遊擊徐從義充參將，分守參通州兼管練兵事。

（神宗萬曆實録卷 85　第 2 頁　85.1.1778）

472　三月甲寅　户部題：京師萬樂（按：館本樂作衆，是也）俱仰給太倉，舊制，運太倉米多〔按：館本多下有留字〕，通倉米少，而支放各半年者，以京師根本重地，雖積貯數多，不爲有餘，通州遠衛京師，雖僅彀支放不爲不足，以省運入京倉之費也。近太倉積米數多，恐致浥爛，則應如督臣議，于支給折色二分月改于通倉，則米之在通倉者放少，在京倉者放多，亦調停新陳良法。若一遇米貴則折色又當停止，而京倉糧米又當多放，在臨時酌行。從之。

（神宗萬曆實録卷 85　第 6 頁　85.5.1785）

473　四月己卯　協理京營戎務兵部右侍郎孟重，屢經科道參劾，特旨留用者三，至是吏科給事中鄭秉厚復疏論劾，部覆謂：戎政重務，既經屢摘，況自乞休致，宜允其去。許之。

（神宗萬曆實録卷 86　第 2 頁　86.1.1798）

474　四月辛巳　改南京兵部尚書楊兆協理京營戎政。

（神宗萬曆實録卷 86　第 3 頁　86.2.1800）

475　五月壬子　以……五軍四營遊擊解一清充京城巡捕左參將。

（神宗萬曆實録卷 87　第 2 頁　87.2.1801）

476　五月辛酉　以南京兵部尚書楊兆久歷邊防，素諳戎務，改任京營。疏辭，不許。

（神宗萬曆實録卷 87　第 4 頁　87.3.1814）

477　六月乙亥朔　陞順天府尹金立敬爲工部右侍郎。

（神宗萬曆實録卷 88　第 1 頁　88.1.1819）

478　六月丁丑　陞廣東右布政使施堯臣爲順天府尹。

（神宗萬曆實録卷 88　第 2 頁　88.1.1819）

479　七月戊申　陞懷柔城守備史金署都指揮僉事銓註大寧都司僉書。

（神宗萬曆實録卷 89　第 2 頁　89.1.1836）

480　七月甲寅　工部題：本部通惠河道等差共十一員，錢糧多寡不同，均爲緊要職事，宜加考覈。其應考各官公廉勤慎者爲稱職，移咨吏部優録；平常無過者，准復職叙用；如有怠玩貪縱不職者，除平時體訪參究外，至差完回部之日，從公署覈照罷軟、不及、不謹等例分别降斥。至于在内註選劄委等官，雖姑議免考，俱要恪守厥職，不負任使。如有不稱者，亦聽臨時酌行參處。從之。

（神宗萬曆實録卷 89　第 4 頁　89.3.1839）

481　七月戊午　上以京師亢旱，命順天府率屬虔禱，是日卽雨，入夜大雨，連三日，遐邇霑足。輔臣張居正等上表稱慶，上手諭慰答之。昏刻地震二次，是夜望月食不見。

（神宗萬曆實録卷 89　第 5 頁　89.3.1840）

482　八月戊寅　以神機三營練勇參將田永爵調補京城巡捕左參將。

（神宗萬曆實録卷 90　第 3 頁　90.2.1851）

483　八月乙酉　户部題：密雲漕糧俱屬額餉，往時自通州水運僅止牛欄山，又自牛欄山陸運抵鎮，歲費脚價繁多，居民騷擾。後因潮、白二河可以通漕，節經督臣修治，二水會合，河流已盛；又因同知衛重鑑建議，自通州徑運至密雲鎮，無倒卸起剥之煩，插和偷盗之獘，主事曹維新議添編〔按：館本編作扁，抱本改扁作編〕淺船二百一十隻，新舊共船四百隻，俱令經紀承管撑駕。所運糧六〔按：館本六作一，抱本作六，誤〕十五萬，自牛欄山至鎮城每石四分，于四分内扣八厘抵作舡價，計年扣價運官，以備十年一次更造之費，計所給經紀脚價一萬二千七百餘兩，而每省之什物行糧等費共銀二千二百餘兩，而十五萬漕糧僅以三月通完，費省而上下便之，經久可行。既經督撫梁夢龍、張夢鯉具題，宜急爲定規〔按：館本急爲定規作着爲成規〕，仍請紀録各官效勞運務者，員外郎曹維新、郎中戴燿、兵備徐節、翟繡裳、同知衛重鑑、把總毛希遂等。俱依擬。

（神宗萬曆實録卷 90　第 5 頁　90.4.1855）

484 八月戊子 朝鮮國王李昖差陪臣正從三十五員赴京表賀萬壽聖節，賜宴給賞如例。

（神宗萬曆實録卷 90 第 5 頁 90.4.1856）

485 九月壬子 以重陽令節，……朝鮮國王李昖差陪臣李塈等正從三十五員赴京慶賀，賜宴如例。

（神宗萬曆實録卷 91 第 3 頁 91.2.1867）

486 九月己未 以原任古北口參將谷成功降充薊遼、保定右營遊擊。

（神宗萬曆實録卷 91 第 4 頁 91.3.1870）

487 九月辛酉 以分守浙江寧紹參將歐維宗改充神樞二營練勇參將。以河南都司僉書李維藩充昌平永安東營遊擊。

（神宗萬曆實録卷 91 第 4 頁 91.3.1870）

488 九月辛酉 陞墻子嶺提調陳蠶署指揮僉事，充薊鎮統領南兵遊擊。

（神宗萬曆實録卷 91 第 5 頁 91.3.1870）

489 九月辛酉 總督倉場尚書汪宗伊上言，每年漕糧輕齎約銀四十五萬九百兩有奇，備陳四欵，部覆施行。一曰盤剥。大率謂：運官沿途盤剥，到京完糧支用，輕齎冒破數多，要行量給，意在裁抑冗費，以補儲計。但查輕齎銀兩，每年三分給與運官，以備沿途乞貼諸費，七分解貯通庫，聽備各幫完糧。先是，漕臣吴桂芳深以爲便，今欲議給一分，恐長途糧運，脱或遇淺，何以爲備？宜酌量損益，分爲二八，定爲二分以資乞貼，八分貯庫交給完糧。至于扣省盤剥費銀多寡，宜隨時測量水勢深淺，斟酌議定，難以例拘。二曰完糧。大率謂：京、通、密雲、天、薊〔按：館本薊作鎮，抱本作薊〕等各倉完糧銀兩，雖憑糧多寡以爲增減，而費用額數則一定不移，京倉用銀一十五萬二千八百二十四兩有奇，通倉用銀三萬七千二百八兩有奇，昌平用銀一萬七千八十兩有奇，密雲用銀九千五百三兩有奇，天津用銀八百九十八兩有奇，薊州用銀一千四百五十八兩有奇，不分改兑名色，惟據糧數多寡給以輕齎支用，使無彼此有餘、不足之患。但輕齎銀兩各處不同，一切算扣當〔按：館本當作常〕取多〔按：館本多下有以字〕益少，取彼以益此，若輕擬分數，不無增減參差，宜將起運糧石查照兑改原額酌量分派，凡編幫領糧，俱以全衛全所，不必如前搭派，致難照管。三曰扣省。大率謂：輕齎自盤剥完糧支剥者例有扣省，如車户、經紀、夫脚等約八項坐糧廳查扣貯庫，年終解納太倉，計京倉、通倉、密雲、天津、薊州共省扣銀一十一萬九千八十八兩有奇。今改每年照例解庫，誠爲有裨邊儲，但不得那移侵費，虧損國計。四曰羨餘。大率謂：盤剥完糧扣省外，又有羨餘，約該銀三萬七千三百七十六兩有奇，内該一分解淮，二分給軍，往時爲運官侵剋，窮卒不沾實惠，今欲議革，將見在旗軍唱名給散，已回南者扣貯，另議寛恤運軍，誠爲有見。但查〔按：館本查作革，抱本作查〕議單一欵，運糧官于糧完日給賞羨餘銀有差，起糧無欠先給一分，完掣通関後給一分，既係舊額，仍當遵行，奈法久獘生，宜再申飭，其把總指揮千百户給賞，餘銀以尊卑爲多寡，其軍旗計里遠近，計船多寡，列爲三等，各别賞給，如先已回南者，即扣貯通庫，候次年查給。敢有巧立名色、科歛需索者治罪。俱報可。

（神宗萬曆實録卷 91　第 5 頁　91.4.1871）

490　九月癸亥　以副總兵職銜分守薊鎮參將白福充協守薊鎮東路副總兵。以大寧都司僉書曹師彬充神樞十營遊擊。

（神宗萬曆實録卷 91　第 7 頁　91.6.1875）

491　九月丙寅　以大寧都司僉書李遂充神樞五營佐擊。

（神宗萬曆實録卷 91　第 8 頁　91.7.1877）

492　十月癸酉朔　命貴州道御史陳世實巡視京營。以密雲遊擊王詔充分守薊鎮地方〔按：館本撫地方二字〕參將。

（神宗萬曆實録卷 93　第 1 頁　92.1.1881）

493　十月丙戌　舊制，于太醫院中碾磨藥木送聖濟殿修合丸散，今提督御藥房太監劉陽欲于内殿碾磨，非制也。禮部覆，照舊規。從之。

（神宗萬曆實録卷 92　第 4 頁　92.3.1886）

494　十月戊子　以河南都司僉書汪〔按：館本汪作江，抱本作汪〕昌國充神樞十營遊擊。

（神宗萬曆實録卷 93　第 5 頁　92.4.1887）

495　十月丙申　以昌平鎮坐營官錢國用充本鎮標下右騎營遊擊。

（神宗萬曆實録卷 92　第 7 頁　92.5.1890）

496　十一月癸亥　以山東都司僉書〔按：館本司下無僉書二字，抱本有僉書，是也〕王秩充神機八營遊擊。

（神宗萬曆實録卷 93　第 4 頁　93.3.1899）

497　十二月戊寅　以神樞九營佐擊戴采充延綏領軍遊擊。

（神宗萬曆實録卷 94　第 2 頁　94.1.1904）

萬曆八年（1580）

498　正月丁未　調石門寨参將李信于黄花鎮，卽以黄花鎮参將王撫民加副總兵銜代之，以督臣言才地各有所宜也。

（神宗萬曆實録卷 95　第 2 頁　95.1.1909）

499　正月戊申　以大同渾源城守備丁珠充神樞營兵備坐營官。

（神宗萬曆實録卷 95　第 2 頁　95.1.1909）

500　正月己酉　巡視京營給事中李廷儀、御史陳世寶條陳戎政七事：一、復班操。請罷班軍上作，令各都司統領官軍隨帶器械同原定營軍一體操練，如有工程聽工部將覔夫銀兩僱募，不足良（按：館本良作量）將各軍糧鹽銀兩凑齊，雖勛戚邊臣不得違禁冒請。一、平馬政。議三大營馬匹于春操將畢令總協科道會驗，巡捕營馬匹令科道于夏月點軍時就便一查，至十月印烙，會部寺科道行事，其各營兑馬部寺公同驗看，不得以病馬給軍。有馬匹倒死，係年遠免追樁者即與除豁。一、去虛文。各營將官凡有各衙門公文，止許差人投遞，把總等官專一在營演習武藝，不許差遣。一、精選練。開操較閲，首火器，次弓箭，次刀鎗，各因武藝難易以定賞罰，因以訓練多寡别將領賢否。而選取教師，就于各營中謹擇，不得濫收無籍，以開倖竇。一、重任用。勇士、四衛二營係親密之兵，所関甚重，宜照三大營例，坐營負缺，該監開缺，送部查推，不得徑自題補。把總等有缺，該監查取廉幹者題補，不得徑自劄委。一、定章程。營中各項事宜，如京班二軍及錢糧等項，國初若干，今存若干，其營制官屬、敕諭章奏，并一應操練成法、大閲事宜及勇士、四衛二營本部進目題覆事宜，通照次第，刊刻成書，以示畫一。一、清錢糧。太僕寺錢糧會收每月二次，定期驗收，不必拘定三萬之數，亦不得以他事稽誤。至支放附餘，宜查實登報，以杜侵漁。營中公費立法稽查，裁其餘剩，以備賞犒。兵部如議具覆，上從之。

（神宗萬曆實録卷 95　第 2 頁　95.1.1910）

501　正月甲寅　　議在京五草場，除已放外例置一百五十萬束，今秋宜照數收〔按：館本收作買〕足，遞自十二年以後，隔年一放一召買，三年一次，出陳易新，不必另立臺名，積之門外。報可。

（神宗萬曆實録卷 95　第 5 頁　95.3.1914）

502　二月丙子　　禮部議：築塞山陵徑路，責成提督、守備等官多植樹以滋蔽障，禁樵採以絶蹊徑，調夜軍以嚴防守，加盤詰以懲奸細，其山後西水峪至川草花頂一帶并桃樹菴、張家口及大小紅山、柳溝等處，仍通行宣鎮，申嚴防守。上從之。

（神宗萬曆實録卷 96　第 2 頁　96.1.1924）

503　二月辛巳　改神批（按：館本批作機）三營遊擊陳汝忠統領薊鎮、德州春班官軍。

（神宗萬曆實録卷96　第5頁　96.4.1929）

504　三月甲辰　陞河南都司僉書冀永昌爲密雲奇兵營遊擊將軍。

（神宗萬曆實録卷97　第3頁　97.2.1943）

505　三月辛亥　上奉兩宮皇太后率后妃發京，次鞏華城。

壬子　駕發鞏華城，午時駐蹕感恩殿。

癸丑　上奉兩宮皇太后率后妃詣長陵、永陵、昭陵行春祭禮。遣公徐文璧、侯李言恭、伯陳王謨、杜繼宗、陳景行、李偉分祭獻陵、景陵、裕陵、茂陵、泰陵、康陵。

甲寅　駕發鞏華城，暫駐蹕功德寺行宮。復賜輔臣張居正等膳酒，奉兩宮聖母、后妃御龍舟回京。

（神宗萬曆實録卷97　第7頁　97.5.1950）

506　三月甲寅　户部奉蠲免田租旨：查隆慶二年例，昌平州及宛、大二縣免十分之五，調取夫匠供應器具免十分之三。從之。

（神宗萬曆實録卷97　第8頁　97.6.1952）

507　三月甲子　上御皇極殿策試天下貢士蕭良有等三百人于廷。

（神宗萬曆實録卷97　第10頁　97.8.1955）

508　三月丙寅　大雨。

（神宗萬曆實録卷97　第11頁　97.9.1957）

509　三月丁卯　賜張懋修等三百人進士及第、出身有差。

（神宗萬曆實録卷97　第11頁　97.9.1957）

510　四月己卯　皇極門前、明二梁損壞，部議修換，欲用班軍以充工役，上以著有免役新令，不許，仍令着寔在營操練。

（神宗萬曆實録卷98　第3頁　98.2.1961）

511 四月戊子 順天巡按官奏稱：順、永二府裁革驛遞冒濫所省額編協濟數多，議將見貯銀餘及户部管糧衙門税銀量發各驛遞，抵充萬曆八年正支，本年照數減免，節年外省未完剩銀係小民拖欠者，一體盡蠲。詔從之。

（神宗萬曆實録卷 98 第 5 頁 98.4.1965）

512 四月辛卯 薊鎮總兵官戚繼光爲鎮盔甲戰車損壞欲行修理，衝鋒器械便利欲行添造，山海路車、前營戰車、器械欲行補造，各請給銀兩。其衝鋒器械乃繼光新製，其法似美〔按：館本美作萎，抱本作美〕，拒馬體輕，便利緩急可爲營衛，且便于收設。每戰令南兵前行，馬兵繼後，製爲輕車，每車一輛，進則四人推運如飛，上下山坂，追奔虜馬，利器齊發，步兵繇車空以出，齊用長鎗狼（按：館本狼作筤下同）筅以利追殺，但北（按：館本風上有方字）風勁，竹易乾折，改製鉄狼筅以代之。此三器舊無，今係添造，督臣梁夢龍代爲之請。工部覆言：本部軍器銀兩例不發邊，且虞衡司料銀止八萬，歲入不給，安得借充額外之費？但薊昌重鎮，量爲酌處，三次發給，以後毋得援以爲例。詔從之。

（神宗萬曆實録卷 98 第 6 頁 98.4.1966）

513 閏四月丁未 以皇極門興工命暫改文華門視事。

（神宗萬曆實録卷 99 第 4 頁 99.3.1975）

514 閏四月丁未 兵部題覆薊鎮督撫梁夢龍等條上買馬事宜。一、議平價召買。謂：該鎮歲補馬五千匹，俱係各營路委官私相貿易，故侵尅多端，馬不堪用。今宜于密雲鎮城適中之處，委廉能識馬文武各一員，公同收買，刻日定估揀選，不得虚費官銀。一、議消耗還官。謂：往年薊、昌兩鎮買馬並無羨餘，今自萬曆六年夏季密雲市上餘銀二千八十餘兩〔按：館本無兩字〕，以後宜將每年所餘各隨城衛登〔按：館本登作發，抱本作登〕貯聽用，嚴禁私收，以杜侵没。一、議徵馬價。該鎮各管每年例該馬五千匹，除兩鎮自行補買三千匹、太僕寺歲兑一千匹，果係缺少，許奏請討補，但不過五百匹，每匹銀十二兩，于太僕寺馬價内支給。其永、順二府州縣徵俵寄養，俱照舊行。上可其議。

（神宗萬曆實録卷 99　第 4 頁　99.3.1975）

515　閏四月庚戌　陞順天府府丞郭廷梧爲通政司右通政。

（神宗萬曆實録卷 99　第 5 頁　99.4.1977）

516　閏四月壬子　陞江西道監察御史趙焕爲順天府府丞。

（神宗萬曆實録卷 99　第 5 頁　99.4.1977）

517　閏四月癸亥　修築永平、通州、薊州、豐潤、玉田、遷安、撫寧、遵化、懷柔等城。

（神宗萬曆實録卷 99　第 7 頁　99.5.1980）

518　五月己巳朔　修理天壽山牌坊、橋路等處工成，遣工部侍郎楊成致祭于后土之神。

（神宗萬曆實録卷 100　第 1 頁　100.1.1983）

519　五月壬午　遵化縣地震，至戊子方止，每日俱數次。

（神宗萬曆實録卷 100　第 4 頁　100.3.1987）

520　五月丙戌　皇極門上梁，遣工部尚書曾省吾祭后土之神。

（神宗萬曆實録卷 100　第 4 頁　100.3.1988）

521　五月庚寅　工部奏請復舊規，以清街道，列爲六欵：一、疏河渠以通水道。京城北有海子，南接玉河橋，東有泡子河，西有河漕，各街俱有長溝，中城有臭水塘，此皆水道脈絡，今多壅塞，且有侵占者，乞逐一清查，給銀開浚。一、復護牆以重保障。都城内有欄馬腰墻以〔按：館本以作已，抱本作以，是也〕護城，外有沿濠墻以護濠，今悉坍圮，且有踏城衢占成〔按：館本城作成，成作城〕圃者，宜以三年爲期，估計修復。一、議墊砌以平道路。朝陽門一帶糧運，經由宣武門大街，車馬蹂踐，目（按：館本目作日，是也）久成坨，宜令本部督五城分墊。一、別朝市以肅邦畿。棋盤街并正陽橋貿易者，不許攙入禁牌之内。一、申舊例以防侵占。凡軍民盖房造屋，必先呈報街道員外郎，查無侵占方許興作。一、專統攝以便責成。請重管理街道事權，得督察五城兵馬之勤惰而責成功。上命着實奉行。

（神宗萬曆實録卷 100　第 5 頁　100.3.1988）

522　六月己酉　　起補潘雲程爲神樞十營佐擊將軍〔按：館本無將軍二字，抱本有〕。

（神宗萬曆實録卷 101　第 3 頁　101.2.1998）

523　六月甲子　　陞薊鎮遵化輜重營遊擊王軫、昌平總兵標下遊擊毛策俱爲參將，軫喜峰口，策石門寨。

（神宗萬曆實録卷 101　第 7 頁　101.5.2004）

524　六月丁卯　　裁京、通二倉經歷六員。

（神宗萬曆實録卷 101　第 7 頁　101.6.2005）

525　六月丁卯　　皇極門工成，遣工部尚書曾省吾祭后土司工之神。

（神宗萬曆實録卷 101　第 7 頁　101.6.2005）

526　七月己巳　　陞神樞十營佐擊將軍潘雲程、神樞八營佐擊將軍王秩、薊鎮遵化城守備鄭廉俱爲遊擊將軍。雲程，昌平總兵標下；秩，統領薊州、天津秋班；廉，遵化輜重營。

（神宗萬曆實録卷 102　第 1 頁　102.1.2007）

527　七月乙亥　　陞山西平型関守備劉光祚爲神機八營佐擊將軍〔按：館本無將軍二字，抱本有〕。

（神宗萬曆實録卷 102　第 3 頁　102.2.2010）

528　七月乙亥　　議修街渠及砌築内外城墻估計一十三萬六千二百有奇，以工部侍郎金立敬提督之，仍令司禮監選内官一員監其役。

（神宗萬曆實録卷 102　第 3 頁　102.2.2010）

529　七月丙子　　皇極門成，上仍御門視朝，百官致詞稱賀。

（神宗萬曆實録卷 102　第 3 頁　102.2.2010）

530　七月丙子　陞中都留守司僉書雷以誠爲神樞十營佐擊將軍。

（神宗萬曆實録卷102　第3頁　102.2.2010）

531　七月辛巳　以太僕寺添註少卿喬國阜營（按：館本營作管，是也）理京營事。

（神宗萬曆實録卷102　第4頁　102.3.2012）

532　七月辛卯　巡視京營給事中姚學閔條上班操五事。一、議選班（按：館本班下有官謂先年議將節付官與巡捕官更番領班十七字）及所（按：館本所作聽）總協并巡視各官會同考察，迺行法未免因循，各官闒茸如故，宜行各該撫按，令各道將所屬武職加意遴選，從公品隲吴（按：館本吴作賢）能卓異者，年終附薦，以示激勸，科索貪殘者不時論革。其往返動經數月，宜明爲資給，使不致于剥軍。一、議給軍糧。謂班軍月糧例支兩月安家，其餘解部，驗其工操給散，以杜侵漁而防逃脱，但各軍路費器械委無所出，宜預支四月以贍之。一、議定班限。舊例班期春以三月内上班，八月中放回，秋以九月内上班，次年二月終放〔按：館本無放字，抱本有放〕回，殊費農業，無裨營操。宜照薊鎮事例，上班以正月、七月中旬爲期，放班以六月、十二月終爲期。如有延挨逃脱者，罰治如法。一、議分營伍。謂三都司上班官軍分屬各軍，雖有舊例，而中都全班近萬，各管軍數止有三千有奇，主客相懸，紀律未肅，宜劑量多寡均發隨操。一、議釐積弊。謂各軍多催倩代替，班政弗嚴，宜責令衛所掌印官公同劄付，揀練壯丁，每立十人各設隊長，數（按：館本數作類，是也）造年貌文册，賫投巡視衙門查較，如有僱替等弊，從重究治。報可。

（神宗萬曆實録卷102　第7頁　102.5.2016）

533　七月己未　蠲免順天府所屬隆慶二年至萬年（按：館本無年字）曆四年積欠歲額，以蘇民困。

（神宗萬曆實録卷 102　第 8 頁　102.6.2018）

534　**七月癸卯**　順天府府尹施堯臣議以南馬協濟等銀抵充固安、大城等州縣明歲應徵站銀之半，以蘇民困。從之。

（神宗萬曆實録卷 103　第 2 頁　103.1.2020）

535　**八月甲寅**　朝鮮國王李昖差陪臣禮曹參判李增等齎表文物方（按：物方爲方物之誤）馬匹，進賀萬壽聖節，宴賞如例。

（神宗萬曆實録卷 103　第 3 頁　103.2.2022）

536　**九月庚午**　改保定總兵標下遊擊王維藩于密雲奇兵營。

（神宗萬曆實録卷 104　第 2 頁　104.1.2028）

537　**九月丙戌**　命太僕寺寄養馬千匹及常盈庫馬價萬五千兩于薊、昌二鎮。

（神宗萬曆實録卷 104　第 5 頁　104.4.2033）

538　**九月丙申**　陞河南都司僉事蔣國忠爲神樞十營佐擊將軍。

（神宗萬曆實録卷 104　第 7 頁　104.6.2037）

539　**十月丁酉朔**　應天巡撫孫光祐請咨送朝鮮國飄流夷人梁成貴等二十餘人，給與沿途應付押還本國。從之。

（神宗萬曆實録卷 105　第 1 頁　105.1.2039）

540　**十月戊午**　詔編審光禄寺上供商人，其行户煩重，着家（按：館本家下有道字，是也）殷實，照舊存留，中有消乏者審實退役，令中商公報項補，不得仍前重報，致滋規避。

（神宗萬曆實録卷 105　第 5 頁　105.4.2045）

541　**十月戊午**　順天府府尹施堯臣條陳差役事宜：一、通融丁地以均民〔按：館本民作銀，抱本作民〕力。一、酌量門銀以均貧富。一、流寓之置産者照例編差，以舒〔按：館本舒作紓，抱本作舒〕土著之困累。一、差役之傭覓者明編寔數，以免小民之派賠。其餘若核優免、裁差後（按：館本後作徭，是也）、清稅銀、定工食、除濫役等項共十事。該部爲之覆詣（按：館本詣作請），命如議行之。

（神宗萬曆實録卷 105　第 5 頁　105.4.2045）

542　十月乙丑　琉球國中山王差王舅馬良弼進貢方物，賞給如例。

（神宗萬曆實録卷 105　第 7 頁　105.5.2047）

543　十一月戊寅　朝鮮國正（按：館本正作王，是也）李昖及朵顔等衛夷人各差陪臣頭目赴京朝賀冬至，宴賚如例。

（神宗萬曆實録卷 106　第 5 頁　106.4.2055）

544　十一月己卯　光禄寺少卿蕭崇業疏辭出使琉球，餽令（按：館本令作金）詔該國使臣携去。

（神宗萬曆實録卷 106　第 5 頁　106.4.2055）

545　十一月戊子　琉球國遣陪臣子鄭周、鄭迪、蔡常三名求入太學讀書習禮，命送南京國子監肄業，如例給與衣料。

（神宗萬曆實録卷 106　第 6 頁　106.4.2056）

546　十一月己丑　户部奏造黄册，將督理覈田數、清户口、嚴里書、發寄莊、别飛詭、慎推收、均里甲諸項刊刻成册〔按：館本册作書，抱本作册〕，頒布天下府州縣，著爲式。

（神宗萬曆實録卷 106　第 6 頁　106.5.2057）

547　十二月己亥　朝鮮陪臣吏曹參判梁喜在館病故，上（按：館本無上字）、〔校記：抱本命上有有字〕命如例與祭一壇，及行兵部應付人夫送還于本國。

（神宗萬曆實録卷 107　第 2 頁　107.1.2059）

548　十二月癸卯　陞神樞四營遊擊衛鎬、五軍五營佐擊藺熠俱爲參將，……鎬五軍七營，熠京城巡捕。

改薊州鎮墻子嶺參將賈斌于山西利民堡。

（神宗萬曆實録卷 107　第 2 頁　107.1.2060）

549　十二月丙午　陞密雲奇兵營坐營遊擊李如栢爲黄花鎮參將。

（神宗萬曆實録卷 107　第 4 頁　107.3.2064）

550 十二月丁未　陞遵化遊擊許卿爲薊鎮墻手（按：館本手作子，是也）嶺參將。

（神宗萬曆實録卷 107　第 3 頁　107.3.2064）

551 十二月戊申　陞山東總督備倭署都指揮僉事陳汝德爲神樞四營遊擊，都司僉事張守禮爲五軍五營佐擊〔校記：抱本擊下有將軍二字〕。

（神宗萬曆實録卷 107　第 5 頁　107.4.2065）

552 十二月己酉　以遼東都司僉書王守道充密雲騎兵營官。

（神宗萬曆實録卷 107　第 6 頁　107.4.2066）

553 十二月庚申　以鎮武堡遊擊將軍曹簠、薊鎮馬蘭峪參將陶世臣、居庸関參將葛臣、鎮番參將汪廷佐、延綏鎮清〔按：館本清作靖，抱本作清〕堡參將劉滋俱爲副總兵。簠遼陽、世臣延綏、臣甘州、廷佐凉州、滋寧夏。以南京前軍都督府都督僉事胡守仁爲神機營右副將。巡視京營禮科給事中姚學閫〔按：館本閫作閔，抱本作闗，疑誤〕等舉劾各營將領以肅戎政，俱如議黜陟之。

（神宗萬曆實録卷 107　第 9 頁　107.7.2071）

萬曆九年（1581）

554 正月丁丑　發太僕寺銀一萬兩于薊鎮充春防犒賞。

（神宗萬曆實録卷 108　第 5 頁　108.4.2081）

555 正月丙戌　兵部覆順天撫按張夢鯉等題稱：順、永二府所屬州縣額編騷（按：館本騷作驛）遞站銀并軍衛協濟及外省南馬價銀共一十四萬九千餘兩，近遵例查議于地畝均徭内通融酌量減徵五萬七千四百有奇，實編銀九萬一千五百兩有奇，乞永爲遵守，以寛民力。其外省協濟馬價在永平者相應照舊解給，在順天者仍解該府收貯，以備各騷（按：館本騷作驛，是也）遞閏月及荒歉不虞之用。上命如議行。

（神宗萬曆實録卷 108　第 7 頁　108.6.2085）

556　正月丁亥　户部覆順天、湖廣、陝西、四川新減存留銀數：順天府實編銀二十九萬六百餘兩，減去銀一十一萬五千九百銀（按：館本銀作餘）兩，……乞刊成書，行所屬，永爲遵守。從之。

（神宗萬曆實録卷 108　第 8 頁　108.6.2085）

557　二月己卯　薊鎮三屯營、喜峰口各地震。

（神宗萬曆實録卷 109　第 8 頁　109.6.2100）

558　二月己未　陞巡撫順天右僉都御史張夢鯉爲右〔校記：抱本右作右，朱筆改作左〕副都御史巡撫甘肅地方。

（神宗萬曆實録卷 109　第 10 頁　109.8.2103）

559　二月庚申　以浙江布政使朱卿爲順天府尹。

（神宗萬曆實録卷 109　第 10 頁　109.8.2103）

560　二月辛酉　順天府尹施堯臣以拾遺降調，奏稱衰病不堪再任，查例乞恩原職致任（按：館本任作仕，是也）。許之。

（神宗萬曆實録卷 109　第 10 頁　109.8.2104）

561　三月甲戌　薊遼督撫梁夢龍等題稱：遵化鉄冶廠每年額辦課鉄二十萬八千斤，計價不過二千七百餘兩，而專設官吏、軍役等費逾萬金，宜盡行裁革，將額徵銀兩解部買鉄支用，其柴薪、車輛等項銀悉免僉派，以蘇民困。部覆：從之。

（神宗萬曆實録卷 110　第 4 頁　110.3.2109）

562　三月乙亥　命協守薊鎮東路副總兵白福充神機營右副將。

（神宗萬曆實録卷 110　第 4 頁　110.3.2109）

563　三月辛巳　命原任薊鎮副總兵史辰充副總兵，協守薊鎮東路，伍軍營遊擊劉應麟充參將，分守延綏孤山等處地方。

（神宗萬曆實録卷 110　第 5 頁　110.4.2111）

564 **三月癸未** 職方郎中費堯年查勘薊、昌二鎮邊工。薊鎮修邊墻五千三百六十三丈，敵臺一百一座，剷削邊〔按：館本邊作偏，抱本作邊，是也〕坡五百八十七丈，建潮河川大橋一座。昌鎮修邊墻四千六百四十一丈，敵臺十座，剷削偏坡五十五處，俱高堅壯麗，錢糧更無破冒。兵部乞録該鎮效勞諸臣，上以薊、昌密邇京陵，與尋常邊工不同，詔加梁夢龍太子少保，戚繼光廕一子錦衣衛百户，楊四畏陞右都督，張夢鯉陞俸一級，該鎮陞賞文武有差。仍勑敍録後閱視不得再敍，如有損壞虛冒仍照前旨查參。其餘緊要隘口，卽十年興工，不必拘定遞歇之期，惟延綏等處入衛邊兵，今后再不許用做工，務加意撫循，養其鋭氣，以備防薊援遼調用。

（神宗萬曆實録卷 110 第 6 頁 110.5.2113）

565 **三月乙酉** 命提督京城内外巡捕王化熙僉書南京前軍都督府事。

（神宗萬曆實録卷 110 第 8 頁 110.6.2116）

566 **三月丙戌** 陞神機營佐擊孫錦光五軍營遊擊。

（神宗萬曆實録卷 110 第 8 頁 110.6.2116）

567 **四月甲午朔** 陞昌平道兵備僉事岳汴爲山東右參議，永平道兵備副使雷以仁爲山東右參政，仍各兼原職，録修邊功也。

（神宗萬曆實録卷 111 第 1 頁 111.1.2119）

568 **四月庚子** 命神機營佐擊林鵬充右參將，分守宣府東路永寧等處地方。

（神宗萬曆實録卷 111 第 2 頁 111.2.2121）

569 **四月丁未** 發太僕寺馬價銀六千兩于薊鎮，充造新兵營房。

（神宗萬曆實録卷 111 第 5 頁 111.3.2124）

570 **四月壬子** 詔送琉球國官生鄭週、蔡常、鄭迪于南京國子監肄業。

（神宗萬曆實録卷 111　第 7 頁　111.6.2129）

571　四月己未　户部題稱：順天八府州縣丈出并首出宫勳、備邊、牧馬、軍屯等地共二千八百三十五頃有奇，每年該徵銀六千九百二十兩，糧二十四石有奇，及勳戚新舊莊田一萬一千五百五十餘頃，除成國公朱應禎〔按：館本禎作楨，廣本、抱本作禎，明史功臣表與館本同〕等應照舊管業，其駙馬戚畹子孫謝文銓等酌議減奪有差。報可。

（神宗萬曆實録卷 111　第 10 頁　111.8.2133）

572　四月己未　調延綏副總兵陶世臣管分守薊鎮古北口參將事，古北路參將杜桐加副總兵職銜調協守延綏等處地方。從總督梁夢龍請，以桐任事勤勇，世臣熟知險隘兼得夷情，故有是命。

（神宗萬曆實録卷 111　第 11 頁　111.8.2134）

573　五月丁卯　户部言：勳戚莊田先因冒濫數多，該屯田御史沈陽節行查出共地二萬二千七百二十五頃六十畝零，每年徵銀四萬一百六十兩有奇，既經追還官，即當照例徵銀解部，而州縣官不行嚴追，容縱欺隱，致原額漸缺。乞將順天、保定、河間三府節年備邊銀兩，嚴查有無侵匿，其未完銀兩嚴限追究，如仍虧原額并原經催各官分别參奏。得旨允行。

（神宗萬曆實録卷 112　第 2 頁　112.2.2139）

574　五月丁丑　工部題稱：永陵寳城黄土自嘉靖十八年以來至今四十二年，不爲不久，乃十分虧其八，謹稽往牒，参以時宜，條爲大欵，乞聖明裁定施行。上曰：皇祖寳城培土〔校記：廣本無培土二字〕如何四十年尚未完就？這工程重大，若用陵軍、班軍，未免又躭延時月，終無完期。依擬通行雇募，刻期報完。應用錢糧着户部、太僕寺查堪動銀兩，酌量協濟事例再開三年，餘銀依擬行。朕前恭謁陵寢，見昭陵寳城亦欠高厚，着一體加培，俱不許苟且了事。

（神宗萬曆實録卷 112　第 5 頁　112.4.2143）

575 五月辛卯 陞順天巡撫標下中軍各（按：館本各作谷）九皋爲分守薊鎮石塘嶺地方參將。

（神宗萬曆實録卷112 第8頁 112.6.2148）

576 六月丙午 以真定遊擊王治充五軍營參將。

（神宗萬曆實録卷113 第5頁 113.3.2156）

577 六月辛亥 安南都統使莫茂洽差宣撫司同知梁逢家等賫捧表文補貢嘉靖三十六、三十九年分止，貢萬曆三十六年（按：館本三十六年作三年六年，是也）分方物。部覆：茂洽並進四貢，忠順可嘉。詔賜宴賞，仍賜勑褒之。

（神宗萬曆實録卷113 第5頁 113.4.2157）

578 六月癸丑 兵部言：京營戰車二枝兵馬每秋出防薊鎮，實欲習勞練戰，近因巡官姚學閔等陳乞罷免，隨行該鎮查議，總督吴充稱邊勢稍緩，應暫停止，候有大警臨時相機請發。從之。

（神宗萬曆實録卷113 第5頁 113.4.2157）

579 七月戊辰 兵部題：薊鎮曹家寨邊出虜地八十餘里，東爲牆子嶺，西爲古北口，係極衝地方，建有関塞六十六處，形如葫蘆。近該總督勘覆郎中費堯年議，自將軍臺横截至大虫各正（按：館本各正作谷止），正當葫蘆柄處，應修臺三十處以爲内險，仍存舊有臺牆照常責令軍兵瞭守修葺以爲外險，且可出奇制虜，委屬萬全之策。奉旨允行。

（神宗萬曆實録卷114 第3頁 114.2.2165）

580 七月己卯 命副總兵官分守薊鎮馬蘭峪參將事張爵充副總兵協守薊鎮中路，

（神宗萬曆實録卷114 第5頁 114.4.2169）

581 七月壬午 以薊鎮左營遊擊王通充參將，分守薊鎮馬蘭峪地方。

（神宗萬曆實録卷114 第6頁 114.4.2170）

582 七月壬午 太僕寺少卿裴應章奏稱：近京地方種馬人户，

近蒙聖恩准盡變賣，歡若更生，獨寄養人户尚多負累，乞將倒失追賠及借充追銀二例稍寬減，以恤民疾。部覆從之。

（神宗萬曆實録卷 114　第 6 頁　114.4.2170）

583　八月丁酉　原任浙江左布政使陞順天府尹朱卿以疾再疏乞休。詔以陞職致仕。

（神宗萬曆實録卷 115　第 2 頁　115.1.2175）

584　八月辛丑　陞浙江布政司使張國彦爲順天府尹。

（神宗萬曆實録卷 115　第 3 頁　115.2.2177）

585　八月辛丑　以統領瀋陽秋班遊擊揚四德充參將分守薊鎮石門寨地方，石匣營統領南兵遊擊胡天定充參將分守薊鎮燕河營地方。

（神宗萬曆實録卷 115　第 3 頁　115.2.2178）

586　八月戊申　陞神機營佐擊葉思忠爲遊擊，統領南兵駐劄石匣地方，鐵嶺衛都指揮同知李如梧爲清河守備。

（神宗萬曆實録卷 115　第 4 頁　115.3.2180）

587　八月癸丑　命薊鎮李家各罔守備戴朝并充遊擊領薊鎮瀋陽秋班官軍，天壽山守備文應詔充神機五營佐擊。

（神宗萬曆實録卷 115　第 6 頁　115.5.2183）

588　八月甲寅　朝鮮國王李昖遣户曹參判權充〔按：館本充作克，抱本作充，誤〕禮等齎表文方物賀萬壽聖節。先是八年十月，遼東都司奏漂流朝鮮夷人梁成貴等，上命各給衣履差官送回，至是併謝前事。詔宴賚如例。

（神宗萬曆實録卷 115　第 6 頁　115.5.2183）

589　九月庚辰　立烈婦齊氏牌坊于死所。氏京師人，翟思榮妻，夫死，偃卧柩側，絶粒以殉。巡視東城御史唐天祥具奏，旌之。

（神宗萬曆實録卷 116　第 6 頁　116.4.2194）

590　十月庚子　土魯番、大（按：館本大作天，是也）方國、撒馬兒罕、魯迷、哈密等伍地面頭目各差人貢馬匹方物，賞賚如例。

（神宗萬曆實録卷 117　第 3 頁　117.2.2201）

591　**十月辛丑**　以神機營右副將田福爲鎮守保定地方總兵官。

（神宗萬曆實録卷 117　第 3 頁　117.2.2202）

592　**十月辛丑**　發太僕寺寄養馬一千疋于薊、昌二鎮，補各營路倒死缺額，仍撥馬價二〔按：館本二作一，抱本作二〕萬五千兩給之。

（神宗萬曆實録卷 117　第 3 頁　117.2.2202）

593　**十月壬寅**　定世廟皇貴妃壙域，以孝潔皇后遺址爲之。時肅后已遷附永陵，有旨改用。

（神宗萬曆實録卷 117　第 4 頁　117.3.2204）

594　**十月甲辰**　以寧遠伯應襲李如松爲神機營副將。

（神宗萬曆實録卷 117　第 5 頁　117.3.2204）

595　**十月戊申**　琉球國中山王尚永差正議大夫梁燦等赴京進貢，宴賞如例。

（神宗萬曆實録卷 117　第 5 頁　117.4.2205）

596　**十月己酉**　以神樞三營參將姚龍爲南直金山參將。

（神宗萬曆實録卷 117　第 5 頁　117.4.2205）

597　**十月癸丑**　以宣府南山參將管逵幹爲神樞三營參將。

（神宗萬曆實録卷 117　第 6 頁　117.5.2207）

598　**十一月癸酉**　以通州參將謝天祐爲山西北樓口參將。

（神宗萬曆實録卷 118　第 4 頁　118.3.2215）

599　**十一月乙亥**　互調太平路副總兵胡懋功、居庸關參將賈應隆，從督臣吴兑、鎮臣戚繼光等奏也。

（神宗萬曆實録卷 118　第 4 頁　118.3.2216）

600　**十一月戊寅**　朝鮮國王李昖差刑曹參判柳希霖等正從三

十四員進冬至令節表文、禮物，宴賚如例，仍給十年《大統曆》一百本。

（神宗萬曆實録卷 118　第 5 頁　118.4.2217）

601　十二月丁酉　命太倉、光禄寺各進銀十萬兩，備宮中喜事賞賜。巡視太倉兵科給事中萬象春等奏言：國家内外帑藏供用自有定規，如金花、子粒貯之内庫，專供御前之用；京邊錢粮貯之太倉，專備軍國之需。前者聖母誕辰恭祝萬壽，皇妹婚禮製辦粧奩，猶謂太倉不可借支，旋從停止，今奈何敢取之充皇女賞賚之用乎？且太倉雖有羸餘，不過僅支本年應用，若不及時節省，備三年九年之蓄，脱有水旱盜賊，何以應之？會光禄寺少卿袁三接、巡視光禄寺給事中高尚忠亦交章争之，未從。

（神宗萬曆實録卷 119　第 2 頁　119.1.2224）

602　十二月庚午　減徵薊鎮均徭銀三千一十三兩，昌鎮五百三十一兩。

（神宗萬曆實録卷 119　第 3 頁　119.2.2226）

603　十二月癸卯　以原任神機七營參將馬應奎爲河間領軍遊擊。

（神宗萬曆實録卷 119　第 4 頁　119.3.2227）

604　十二月乙巳　巡倉御史顧爾行奏：内府諸庫上納最艱，小民視如天上，故歇家惶感（按：館本感作惑）之説易行，而賠累至不可實（按：館本實作算）。臣等裁定規制則弁（按：館本無制字、弁字），刊榜曉諭，每白米百石除鋪墊三兩，其餘鎖費諸欵各庫俱有的額，向來情弊一時具虚（按：館本虚作釐），納户便之。又白粮舊例住泊丁字沽，復雇剥船至通州石壩回房堆寄，俟漕粮過盡方行進納，起剥賃積之需，居房火燭之患不可勝言，宜令原船直抵河西務住泊，照漕粮事例請官船起剥，載入議單，永爲定規。上從之，仍有指稱抑勒等弊，指實參奏。

（神宗萬曆實録卷 119　第 5 頁　119.3.2228）

605 **十二月丙辰** 以神機三營遊擊吕豹爲五軍八營參將，遼東度雲堡備禦戴良棟爲五軍九營遊擊，神機二營參將侯之冑爲神柜（按：館本柜作樞，是也）營右副將。

（神宗萬曆實録卷 119 第 7 頁 119.5.2232）

萬曆十年（1582）

606 **正月丙寅** 發太僕寺馬價銀一萬備薊鎮春防。

（神宗萬曆實録卷 120 第 2 頁 120.1.2235）

607 **正月己巳** 革神樞營遊擊陳汝德任，以山東撫臣陳功論其前任不職故也。

（神宗萬曆實録卷 120 第 2 頁 120.1.2236）

608 **正月癸酉** 陞大寧都督領班僉書劉光先爲神樞四營遊擊。

（神宗萬曆實録卷 120 第 5 頁 120.4.2242）

609 **正月戊子** 以神機二營練勇參將侯之冑爲神樞營右副將。

（神宗萬曆實録卷 120 第 11 頁 120.9.2251）

610 **正月己丑** 發太僕寺馬價銀一萬二千六百六十四兩有奇于薊鎮，備明年撫賞，從兵部題總督吴兑循例咨請也。

（神宗萬曆實録卷 120 第 11 頁 120.9.2251）

611 **二月甲午** 夜大雨。

（神宗萬曆實録卷 121 第 3 頁 121.2.2255）

612 **二月丁酉** 薊遼總督吴兑等題：各馬房牧地與民社五（按：館本五作互，是也）相錯襍，今照巡青衙門原題所逐一清查，通州、昌平、武清、東安、順義各原題少而今報多，香河、大興、宛平各原題多而報少，議以多餘之地補欠〔按：館本欠作失，抱本作欠〕額之粮，除抛荒、水占不堪耕種及牧馬、養贍、公廨、營房、道路、河渠褳占外，實在見徵子粒地〔按：館本地下有共字，抱本無共字〕一萬八百一十七頃一十一畝有奇，徵銀二萬三千三十一兩有奇，步爲定額。其東安縣大壩、馬房、水占地聽從民便，量灘魚課銀五十三萬〔校記：廣本萬作兩〕照舊徵納，部覆從之。

（神宗萬曆實録卷 121　第 5 頁　121.4.2259）

613　三月壬戌　改陝西參將張減爲神機二營練勇參將。

（神宗萬曆實録卷 122　第 4 頁　122.3.2275）

614　三月甲子　上御皇極殿，傳制册九嬪。周氏爲"端嬪"，鄭氏爲"淑嬪"，王氏爲"安嬪"，邵氏爲"敬嬪"，李氏爲"德嬪"，梁氏爲"和嬪"，李氏爲"榮嬪"，張氏爲"慎〔按：館本慎作順，抱本作慎〕嬪"，魏氏爲"順〔按：館本順作慎，抱本作順〕嬪"。

（神宗萬曆實録卷 122　第 4 頁　122.3.2276）

615　三月甲子　發户部太倉兵部馬價銀五萬五千二百三十一兩有奇于薊、昌二鎮，備修築、犒恤之用。

（神宗萬曆實録卷 122　第 4 頁　123.3.2276）

616　三月乙丑　兵部題：三大營缺額馬一千五百三十匹，通州營缺六十七匹，旗手衞缺五匹，乞下太僕寺寄養馬内調取。報可。

（神宗萬曆實録卷 122　第 5 頁　122.4.2277）

617　三月乙丑　陞神機佐擊郭之翰爲薊鎮寧山遊擊，薊鎮〔校記：廣本無薊鎮二字〕遊擊李秉德爲陝西參將。

（神宗萬曆實録卷 122　第 5 頁　122.4.2277）

618　三月丁卯　户部覆薊遼撫按吴兑、敖鯤題：永、順二府丈量永清縣多出備邊地五頃四十二畝及新給壽陽公主地一千頃，共加徵銀六百〔按：館本百下有一字，抱本無〕兩有奇。霸州、文安坐落京營牧馬抛荒地五百五十二頃四十六畝零，原徵銀五百五十二兩有奇，皆五〔按：館本五作九，抱本作五〕河下稍，節年水戰，人手逃亡，貽累里屯，應與除豁還官，仍作牧馬草場。其原徵銀即以今丈出粮銀通融補足，尚餘銀四百六十餘兩，可資邊餉。武清縣坐落備邊地内，有慶陽伯夏臣等原還官地九十七頃七十五畝零，先年清查不明，誤以畝爲頃，以致錢粮無從徵解，應盡豁除及將參政雷以仁等紀録。從之。

（神宗萬曆實録卷 122 第 6 頁 122.4.2278）

619 三月戊辰 以大寧都司僉書史金爲神機十營佐擊。

（神宗萬曆實録卷 122 第 6 頁 122.5.2279）

620 三月辛未 諭内閣〔按：館本閣上無内字，閣下有臣字〕：連歲雨澤愆期，近復風霾蔽日，京城内外灾疫流行，人民之死者甚衆。朕心日夜憂思，此實不德所致，可傳示禮部，擇日竭誠虔禱于有祀宫廟，内外其痛加修省，以回天意。

（神宗萬曆實録卷 122 第 7 頁 122.6.2281）

621 三月癸酉 保定浮圖峪災。

（神宗萬曆實録卷 122 第 8 頁 122.6.2282）

622 三月癸酉 以薊鎮右營遊擊李賢爲曹家寨遊擊，松棚峪遊擊薛經爲古北口參將。

（神宗萬曆實録卷 122 第 8 頁 122.6.2282）

623 三月癸未 賜永寧長公主莊田二千二〔按：館本二作五，抱本作二〕百餘頃，如壽陽公主例。

（神宗萬曆實録卷 122 第 10 頁 122.8.2286）

624 四月癸卯 順天府府尹張國彦題：數月以來，天道亢旱，皇上不憚側身修行，復命臣等率屬虔禱，今日雨澤霑足，臣等不勝慶喜。竊有進者，畿民困累已極，致干天和，伏願陛下不以三禱三應之爲喜，而以匹夫匹婦之失所爲憂；不以帑藏充實之爲多，而以閭閻之疾苦爲懼。盡停正供外，一切誅求買房、典田税可免，行銀貨物榷之何名，商人鋪户酌議免僉，貴勢豪強速爲禁約，五城兵馬斷不許加納，軍士粮賞斷不許剋。仍勑太醫院廣施藥餌，徧濟群生；出太倉銀賑無告，恤絶扶孤。如此則和氣所召，禎祥自生矣。章下所司。

（神宗萬曆實録卷 123　第 6 頁　123.4.2296）

625　五月戊午朔　　户部題議三事：一、減税契，一、寬舖行，一、恤商人。覆順天府府尹張國彦之請也。上以都城小民累苦，當加意存恤，俱報如議。

（神宗萬曆實録卷 124　第 1 頁　124.1.2305）

626　五月庚辰　　户科〔按：館本科下有右字〕給事中顧問言：順天等八府自萬曆八年雨暘愆期，收成寡薄，至九年、十年恒暘肆虐，禾苗盡稿，菽麥無收，窮困極矣。兼以額辦錢粮追徵緊急，尺布斗粟盡以輸官，大牲小畜悉行供役，村店蕭條，杼軸虚竭，是以民有菜色，元氣重傷。天降災星，蔓衍益烈。生者逃移，死者枕藉，見之傷心，聞之酸鼻。其在真、大一帶尤甚，通、開、鉅鹿縣等處群盗蜂起，方巾綉服、大劍長槍，凡中産之家昬夜刼掠，即以其所刼之財施濟老弱，收録壯鋭，此其禍故不小也。夫事窮迫則變易生，民摇動則亂易成，惟皇上大霈〔按：館本霈作沛，抱本作霈〕湛恩，特加賑恤，如去歲賑濟江南事例，遣官分投撫按查各府州縣倉廩積粟、庫藏剩銀，盡數給發，以救飢窘。至于今歲田租，酌量蠲免，無使惡少一呼，餓夫響應，至于結聚而後剿除，恐上厪宵旰之慮而干天地之和。上覽疏惻然，命賑恤如議。因念各處災傷奏報後期，致小民時不能邀得意，殊非爲民設官之意，該科預〔按：館本預作参〕責以聞。

（神宗萬曆實録卷 124　第 9 頁　124.7.2318）

627　六月己亥　　鑄工部管理街道關防。

（神宗萬曆實録卷 125　第 5 頁　125.4.2331）

628　六月戊申　　頒暹羅國王印信，仍賞其差使握悶辣等幣物有差。

（神宗萬曆實録卷125 第9頁 125.6.2336）

629 六月壬子 以遊擊李時、五車營左副將宣府守備嚴後寬爲神機營佐〔按：館本佐作坐，廣本、抱本作佐，是也〕擊將軍。

（神宗萬曆實録卷125 第10頁 125.8.2339）

630 六月癸丑 先是，安南貢使還，差官范可久伴送至凴祥，土官李德勝需索，不勝難之，可久不可，德勝不聽，率土目陸珠等搶刼，通事夷〔按:館本夷作頁，抱本作夷〕損，夷人入關，遂大亂，可久死之。總督尚書陳瑞以聞。

（神宗萬曆實録卷125 第10頁 125.8.2339）

631 七月癸亥 以山東都司僉書梁大任爲神機九營佐擊。

（神宗萬曆實録卷126 第4頁 126.3.2345）

632 七月乙丑 户部題：順天府撥過世廟莊順安榮貞靖皇貴妃沈氏并榮惠宜妃端氏所請贍坟民地各五頃，該價銀一千九百二十五兩，應行宛、大二縣於存留銀内照數支給，其應免税銀粮馬草等項錢粮照數豁除。上可之。

（神宗萬曆實録卷126 第5頁 126.3.2346）

633 七月戊辰 保定巡撫陰武卿題：保定騎營新買完馬一千五百匹，每年該草銀四〔按：館本四作三，抱本作四〕千一〔校記：廣本一作二〕百二十七兩有奇，應于年終存留餘剩銀内照數動支，并將九年存剩銀内動支二千四十五兩零補九年冬季應支草料之數，如已借支别項銀兩，管銀郎中照數扣還。部覆上如其言〔按：館本作部覆如其言從之。廣本覆作議〕。

（神宗萬曆實録卷126 第6頁 126.4.2348）

634 七月丙子 給水寧公主莊田二千五白九十五頃八十二畝。

（神宗萬曆實録卷126 第9頁 126.7.2354）

635 七月戊寅 户部覆順天府府尹張國彦題，宛、大二縣往年一應雜派錢粮咸資税契鋪行銀兩，一抵均徭，一抵里甲，近蒙寬減二項而雜用零支未免加徵，二縣將何取給？議將萬曆八年以後留〔按：館本留上有存字，抱本無存留二字，誤〕稅糧酌量催徵并庫貯銀兩抵補稅契鋪行寬減之數，其餘一切不時加派取用除本部糯米帮價并代辦通判菓品銀兩照舊外，各項錢粮各衙門通融措處，不得偏累畿民。疏入上報〔按：館本報上無疏入上三字〕可。

（神宗萬曆實録卷 126　第 10 頁　126.8.2355）

636　七月庚辰　以湖廣永州道守備何一龍爲神機四營佐擊。

（神宗萬曆實録卷 126　第 11 頁　126.9.2357）

637　八月辛卯　命左春坊左諭德兼翰林院侍講朱賡同翰林侍講韓世能主順天鄉試。

（神宗萬曆實録卷 127　第 2 頁　127.1.2362）

638　八月丙申　未時，皇元子生。恭妃王氏出也。

（神宗萬曆實録卷 127　第 2 頁　127.2.2363）

639　九月辛酉　皇元子生，詔告天下，詔曰……一、畿内各府州縣節年寄養馬匹有瘦弱不堪者，負累小民餧養，詔書到日，各掌印官卽便勘實呈報，該寺照依時估變價解寺貯庫，其節年倒死，勘無作踐情弊，准免貼補。

（神宗萬曆實録卷 128　第 2 頁　128.2.2373）

640　九月甲子　恭上"仁聖懿安康静"皇太后徽號。

（神宗萬曆實録卷 128　第 9 頁　128.7.2384）

641　九月乙丑　恭上"慈聖宣文明肅"皇太后徽號。

（神宗萬曆實録卷 128　第 10 頁　128.8.2385）

642　九月乙亥　命翰林院編修黄洪憲、工科右給事中王敬民使朝鮮，頒皇子誕生詔勅，仍賜國王并妃錦幣有差。

（神宗萬曆實録卷 128　第 17 頁　128.14.2397）

643　十月丙戌　遣成山伯王應龍祭永陵。以寶城工完，遣工部尚書曾省吾并左右侍郎分〔按：館本無左右侍郎分五字〕祭永陵、昭陵并謝后土司工神。

（神宗萬曆實録卷 129　第 2 頁　129.1.2401）

644　**十月癸巳**　　以冷口關提調彭友德爲密雲騎兵遊擊。

（神宗萬曆實録卷 129　第 2 頁　129.1.2402）

645　**十月丁酉**　　上視朝，時雲南道御史楊寅秋糾吏部尚書王國光六罪：擅支工部銀一萬兩修理火房，罪一；取抄没仇鸞家石獅充玩好，罪二；宴客宣武門樓，罪三……上覽疏大怒，詔王國光欺君蔑法，念係大臣，姑落職冠帶閑住。

（神宗萬曆實録卷 129　第 3 頁　129.2.2403）

646　**十月庚子**　　發太僕寺馬價銀九千六百餘兩于京營買馬。

（神宗萬曆實録卷 129　第 3 頁　129.2.2404）

647　**十月壬寅**　　命薊昌騎營將軍〔按：館本將下無軍字，下同〕兼統車營，改車營將軍爲浙江都司，從督臣吴兑議也。

（神宗萬曆實録卷 129　第 4 頁　129.3.2405）

648　**十月丙午**　　陞黄花路參將李如栢爲薊鎮東路協守副總兵，以黄花鎮守備周之士升補，原任廣東雷廉參將，陳濠爲薊鎮遊擊，遼東都指揮同知李成材爲横嶺口參將。

（神宗萬曆實録卷 129　第 6 頁　129.5.2409）

649　**十一月己未**　　以兵部左侍郎王遴協理京營戎政。

（神宗萬曆實録卷 130　第 4 頁　130.3.2419）

650　**十一月乙丑**　　陞兵部協理戎政左侍郎王遴爲南京工部尚書。

（神宗萬曆實録卷 130　第 5 頁　130.4.2421）

651　**十一月戊辰**　　工部申明街道事宜：一、潔净皇城四門。一、洒掃街道溝渠。一、保護河牆。一、保固城濠。一、專設經費錢粮。一、稍重司官事權。得旨：依擬。

（神宗萬曆實録卷 130　第 7 頁　130.5.2424）

652　**十一月己巳**　　陞……以兵部左侍郎賈應元協理京營戎政。

（神宗萬曆實録卷 130　第 7 頁　130.5.2424）

653　十一月庚午　以遵化遊擊張玠爲分守薊鎮喜峰口參將。

（神宗實録卷 130　第 9 頁　130.5.2424）

654　十二月乙酉朔　朝鮮國陪臣孫軾等以進貢賜宴賞如例。

（神宗萬曆實録卷 131　第 1 頁　131.1.2431）

655　十二月丁亥　陞順天府府丞趙崾〔按：館本崾作焕，是也〕爲大理寺左少卿。

（神宗萬曆實録卷 131　第 3 頁　131.2.2433）

656　十二月己丑　陞光禄寺少卿袁三接爲順天府丞。

（神宗萬曆實録卷 131　第 3 頁　131.2.2434）

657　十二月壬辰　順天府府尹張國彦題：加收火耗當禁，濫收商税當革，驛遞殷寔馬頭當除，流寓銀兩必不當徵，積穀鑄錢應暫停以濟荒，假公營私、博名害衆者宜顯斥，六事及稱所部各州縣官玩忽特甚，應倣古京兆〔校記:廣本兆下有遺字〕意，不時查參，不〔校記：廣本不作否〕則于涿州等處别建一府，領在外州縣，專聽撫按各道糾察。户部覆：惟築火耗革，商税及所部州縣聽該府嚴治如議，餘俱仍舊。上報曰可〔按：館本上報曰可作報可〕。

（神宗萬曆實録卷 131　第 5 頁　131.4.2437）

658　十二月辛丑　薊遼總督吴兑題：查議過順、永二府民壯歲〔按:館本歲下有該字〕徵銀一萬八千兩，又有帮貼家丁銀二千二百五十兩〔按：館本兩作萬，廣本、抱本作兩，是也〕，賠累已極，應停免。該鎮歲支除霸州等州縣照舊辦納〔校記：廣本辦納作納辦〕及薊灣等州縣本色屯豆并貼丁徭銀九千九十七〔校記:廣本七作一〕兩有奇，補外仍少銀一萬一千一百五十二兩有奇，應于永、薊、密、昌四處通融計算，子〔按:館本子作于，是也〕歲剩銀内撥補。其自元年至今年未完銀兩俱係小民拖欠，九年係見徵之數，仍令照舊完納，七年以前未完者查例蠲免。部覆：民壯既罷遠戍以寬其力，自當取其取〔按:館本取作工〕食以供軍需，若將額定銀兩免徵，必累四鎮餉銀。查四鎮節年並無積剩，必累太倉銀庫，年復一年，後持何及？合令照舊仍行〔按：館本無仍行二字，抱本有〕徵輸爲是。上以民壯徵銀原非正賦，其減徵、撥補、蠲免等項俱如督撫議，以甦畿民。

（神宗萬曆實録卷131　第7頁　131.6.2441）

659　**十二月甲辰**　以工科給事中傅來鵬巡視京營。

（神宗萬曆實録卷131　第9頁　131.8.2445）

660　**十二月庚戌**　以山西都司吴國臣爲神機〔按：館本機作樞，抱本作機〕等三營參將。

（神宗萬曆實録卷131　第12頁　131.10.2449）

661　**十二月辛亥**　鑄給崇文門、通州草場各分司關防。

（神宗萬曆實録卷131　第12頁　131.10.2450）

萬曆十一年（1583）

662　**正月辛酉**　京師風霾。

（神宗萬曆實録卷132　第2頁　132.1.2451）

663　**正月甲子**　調薊遼遊擊李維原于五軍四營。

（神宗萬曆實録卷132　第2頁　132.2.2453）

664　**正月丁卯**　改神樞營參將吴國臣爲大同東路參將。

（神宗萬曆實録卷132　第4頁　132.3.2455）

665　**正月庚午**　陞神樞九營佐擊米國相爲神樞三營參將。

（神宗萬曆實録卷132　第5頁　132.4.2458）

666　**正月壬申**　朝鮮國王李昖差陪臣卿〔按：館本卿作鄭，抱本作卿〕琢等進賀皇子誕生表文方物。賜宴給賞如例。

（神宗萬曆實録卷 132　第 5 頁　132.5.2459）

667　正月甲戌　陞……白石口守備馬成龍爲神樞九營佐擊。

（神宗萬曆實録卷 132　第 7 頁　132.6.2461）

668　正月丁丑　上諭内閣：朕于閏二月躬詣天壽山行春祭禮并擇壽宫，卿等擬旨來行。大學士張四維等疏曰：預建山陵乃古聖帝明王達節，後世則諱言之，我太祖、成祖、世祖三聖皆嘗預修，誠千古之創舉也。我皇上欲因春祀預擇壽宫，宏度卓識，真與三祖同符，臣等不勝欽仰。謹遵旨擬諭一道進呈，伏候聖裁，發禮施行。臣等又惟山陵重事，必須詳慎，今天壽山吉壤固多，未知何地固勝，合照世祖先年例事，命文武大臣帶領欽天監及深曉地理〔按：館本理作利，抱本作理〕風水之人，先行相擇二、三處，畫圖貼説，進上恭覽，恭候聖駕親閲欽定，然後營建，以爲萬萬年壽藏。上從之。乃諭禮部查嘉靖十五年例，擇日具儀來聞。

（神宗萬曆實録卷 132　第 8 頁　132.6.2462）

669　正月壬午　復順天、鄖陽二巡撫。先裁革御史王國言：順天邇鄰北虜，鄖陽叛亂之區，兩鎮撫臣〔按：館本撫臣作巡撫，抱本作撫臣〕必不可缺。從之。

（神宗萬曆實録卷 132　第 10 頁　132.8.2465）

670　二月乙酉　發太僕寺常盈庫貯馬價銀一萬五千七百兩有奇給薊鎮，備萬曆十二年撫賞及補運薊、密、永、昌四鎮額餉。

（神宗萬曆實録卷 133　第 2 頁　133.2.2471）

671　二月丁亥　禮部奉命預卜壽宫，請同欽天監諳曉地理員役及本部工部屬官一員先詣相視，報聞。

（神宗萬曆實録卷 133　第 4 頁　133.3.2473）

672　二月戊子　命鎮守薊、永等處總兵官少保兼太子太保左都督戚繼光以原官鎮守廣〔按：館本廣作遼，廣本、抱本作廣，是也〕東地方。因兵科都給事中張鼎思言繼光先在閩浙戰多克捷，今薊鎮未效功能，乞改南以便其才，故有是命。

以神樞五〔校記：廣本五作立〕營佐擊文應詔爲錦衣衛南鎮撫司掌印，以錦衣衛指揮僉事蘇棨〔按：館本棨作檠，廣本、抱本作棨，是也〕、張希思爲南鎮撫司僉書。

（神宗萬曆實録卷 133　第 5 頁　133.3.2474）

673　二月辛卯　以總督漕運兼管河道太子少保兵部尚書兼左副都御史淩雲翼爲兵部協理京營戎政，……陞山東左布政使翟繡裳爲右僉都御史，整飭薊州等處邊備兼巡撫順天。

（神宗萬曆實録卷 133　第 6 頁　133.4.2476）

674　二月辛卯　陞順天府尹張國彦爲右副都御史，撫治鄖陽。

（神宗萬曆實録卷 133　第 6 頁　133.4.2476）

675　二月辛卯　以朝鮮國王李昖押送飄洋人口，賞銀一百兩，錦四段，紵絲十二表里，賜勑獎勵陪臣軍從人等，給賞有差。

（神宗萬曆實録卷 133　第 7 頁　133.5.2478）

676　二月壬辰　命禮部選民間女子年十一以上、十五以下者三百人進宫預教。

（神宗萬曆實録卷 133　第 7 頁　133.5.2478）

677　二月甲午　陞光禄寺卿臧惟一爲順天府府尹。

（神宗萬曆實録卷 133　第 7 頁　133.6.2479）

678　二月戊戌　禮部題：據祠祭司員外郎陳〔校記：廣本陳作趙〕述齡會同工部都水司主事閻邦、欽天監監副張邦垣等及帶在京諳曉地理人連世昌，先詣天壽山四顧相視，擇得永陵東邊一地名潭峪嶺，昭陵北邊一地名祥子嶺，東井南邊一地名勒草窪，俱爲吉壤，乞欽命文武大臣同臣學謨、工部署印侍郎何起鳴，領該司郎中并各該員役詳加選擇。上命公徐文璧、大學士張四維、司禮監太監張宏同去相擇，内外大小官員有諳曉地理見在京的，爾部裏開來，令同去。

（神宗萬曆實録卷 133 第 8 頁 133.6.2480）

679 二月戊戌 改居庸、昌平總兵右都督楊四畏爲鎮守薊州、永平、山海等處總兵官。

（神宗萬曆實録卷 133 第 9 頁 133.7.2482）

680 二月庚子 禮部言：新陞南京刑部尚書陳道基、通政司左參議梁子琦、貴州僉事胡宥，俱究心地理，乞命同往山陵相擇。從之。

（神宗萬曆實録卷 133 第 9 頁 133.7.2482）

681 二月庚子 詔皇城内外設欽依把總二員，東西分管。以給事中田疇言門軍逃役，上直指揮事權輕也。

陞薊鎮大水峪遊擊戚金爲古北口參將。

（神宗萬曆實録卷 133 第 10 頁 133.8.2483）

682 二月辛丑 陞宣府副總兵董一元爲署都督僉事充總兵，鎮守居庸、昌平等處。

（神宗萬曆實録卷 133 第 10 頁 133.8.2484）

683 二月己亥 屯田御史王國清查出豐潤、玉田等縣成國公朱應禎退出葦地及民間告墾未入册地，實丈過通徵銀八千有奇，足一千九百一十一石有奇，永爲定額，俱解備邊。報可。

（神宗萬曆實録卷 133 第 10 頁 133.8.2483）

684 二月己亥 改南京國子監祭酒高啟愚爲國子監祭酒。

（神宗萬曆實録卷 133 第 10 頁 133.8.2484）

685 二月壬寅 詔修武英殿，工料價銀于節慎庫收貯料銀内支給，工完之日監工科道查核，造册奏繳。

（神宗萬曆實録卷 133 第 11 頁 133.9.2486）

686 二月癸卯 詔順義、薊州、遵化、豐潤、玉田五州縣驛遞，照通州等州縣例，各驛馬羸徵銀、召募應差不得编僉人户。

（神宗萬曆實録卷 133 第 11 頁 133.9.2486）

687 二月乙巳 以元輔張四維往擇壽宫吉地還，賞銀五十兩，紵絲斗牛胸背四表裏。

（神宗萬曆實録卷 133　第 12 頁　133.9.2486）

688　**二月丁未**　朝鮮國王李昖表進方物馬匹，進賀仁聖懿安康静皇太后、慈聖宣文明肅皇太后徽號，陪臣吏曹參判鄭彦智等宴賞有差。

（神宗萬曆實録卷 133　第 13 頁　133.10.2488）

689　**二月庚戌**　會試取中式舉人李廷機等三百五十名，近額三百名，以皇嗣覃恩命增五十名。

（神宗萬曆實録卷 133　第 14 頁　133.11.2490）

690　**二月庚戌**　武英殿興工，遣尚書楊巍祭告后土司工之神。

（神宗萬曆實録卷 133　第 14 頁　133.11.2490）

691　**閏二月甲寅朔**　以聖駕詣山陵，命靖遠伯王學禮等分守皇城六門，定遠侯鄭世棟等分守京城九門。

（神宗萬曆實録卷 134　第 1 頁　134.1.2493）

692　**閏二月壬戌**　京師風霾。

（神宗萬曆實録卷 134　第 3 頁　134.2.2496）

693　**閏二月乙丑**　上詣后妃發京……駕至清河。

（神宗萬曆實録卷 134　第 3 頁　134.3.2498）

694　**閏二月丁卯**　上詣長陵、永陵、獻陵、景陵行春祭祀禮。長陵、永陵，俱率后妃謁見。

戊辰　上詣昭陵、裕陵、茂陵、泰陵、康陵行禮，昭陵，率后妃謁見。

命經過昌平、宛、大地方，煩勞百姓，本年分田粮除恩詔蠲免外，仍照八年例，其未經駐蹕應免三分者并恩例共免六分，駐臨之處應免五分者全免。

（神宗萬曆實録卷 134　第 4 頁　134.4.2499）

695　**閏二月己巳**　上親詣祥子嶺、潭峪嶺、勒草窪相擇壽宫，至東山口，登聖蹟〔按：館本蹟作績，廣本、抱本、起居注作蹟，疑是也〕亭，賜三輔臣手盒三副，酒六瓶。

庚午　上率后妃登〔按：館本登作發，抱本作登，誤。起居注與館本同〕感恩殿，詣恭讓章皇后、景皇帝陵行禮畢，駐蹕功德寺行宮。

辛未　駕發功德寺還京。

（神宗萬曆實録卷134　第4頁　134.4.2500）

696　閏二月壬申　諭工部：功德寺駐蹕行宮每用板薦搭蓋，不惟騷擾煩費，益且防衛難肅，着于附近相擇善地，量估經用，營建行宮一區。如用原地，其僧寺〔按：館本僧寺作寺僧，廣本、抱本、起居注作僧寺〕官爲移置别所。

（神宗萬曆實録卷134　第5頁　134.5.2501）

697　閏二月壬申　定國公徐文璧、大學士張四維題：今日聖駕親歷靈山，徧閲淑勝，聖明玄鑒，必有定所。臣等奉命恭同各官徧歷諸地，據欽天監監副臣張邦垣等稱，原奏三地惟祥子嶺最吉，雖已畫圖貼説進呈御覽，然山川形勝，有非圖説所能盡述。臣等謹明白開具揭呈，隨本上進，望賜鑒裁。上報聞，仍諭禮工二部并欽天監官再相吉地二、三處來看。

（神宗萬曆實録卷134　第5頁　134.5.2501）

698　閏二月乙亥　禮部題：相擇壽宫，臣等既已寡昧，乃諳曉地理之人，見多官聚議，輙生觀望。今次宜豫令欽天監監副張邦垣，領陰陽術士先赴前山，稍寬其限，備擇數處，畫圖貼説，回報前來，容臣等同〔按：館本無同字，抱本有同字〕勳輔大臣復詣勘定二三處，憑聖明采擇，報可。

（神宗萬曆實録卷134　第5頁　134.5.2501）

699　閏二月乙亥　工部題：鞏華城行宫之建，原專爲聖駕謁陵往來駐蹕而設，且城池鞏固，易于防衛。則功德寺道路，聖駕可以不繇板殿，即不益設可也。況邇者預建壽宫及修理武英殿等，工費重大，乞將前項工程停止。上曰：候修理武英殿工程有次序之日奏來。

（神宗萬曆實録卷134　第5頁　134.5.2502）

700　閏二月丙子　通政使司左參議梁子琦言：監副張邦垣不諳地理，臣領術士別行選擇。

（神宗萬曆實録卷134　第6頁　134.5.2502）

701　閏二月戊寅　改給鎮守薊州等處總兵官關防。先有“總理練兵”字，今去之。

（神宗萬曆實録卷134　第7頁　134.7.2505）

702　三月丙戌　命兵部撥班軍三千名修理武英殿及宮後苑，給事中傅來鵬言：班軍在營操練，復令營修工役，萬一有警，安望有勇禦敵。復詔免撥。

（神宗萬曆實録卷135　第5頁　135.4.2515）

703　三月丁酉　上御皇極殿，策試舉人李廷機等。

（神宗萬曆實録卷135　第8頁　135.6.2520）

704　三月庚子　賜進士朱國祚等三百四十一人及第、出身有差。〔按：此條館本失，廣本、抱本存，見臺本神宗實録校勘記第649頁〕

（神宗萬曆實録卷135　第10頁）

705　三月乙巳　禮部等部題：該禮部郎中李一中、工部郎中劉復禮同通政司參議梁子琦、欽天監監副張邦垣等并術士連世昌等恭詣山陵周遭相擇壽宮吉地，除參議梁子琦徑自具奏外，據監副張邦垣呈稱：自東山口至九龍地〔按：館本地作池，廣本、抱本作地，誤〕，逐一尋擇，擇得形龍山吉地一處，寶山吉地一處，東井左邊平岡吉地一處。又據術士連世昌等呈稱：西井左邊大峪山地，東井左邊平岡地，又有黄山地一處俱吉。前二處與該監呈内閣寫相同，惟增出黄山地一處。臣等猶恐扶同不的，因見工部都水司主事閻邦諳曉風水，即令本官覆閲，大都與前項所開無異。臣學謨卽會同工部尚書臣巍率領各員役細加踏看，要見何處最吉，可容規制取具畫一〔按：館本無畫一二字〕圖式另呈御覽。上曰：卿等率各〔校記：廣本率各作各率，疑誤〕相擇員役前去，將內六圖并梁子琦八圖一一從容覆視，詳議折衷，擇取上吉地三、四處，畫圖來看。

（神宗萬曆實録卷 135　第 11 頁　135.9.2525）

706　四月壬子朔　賜潞王通州等處抄没莊宅照原租十分減一徵收。

（神宗萬曆實録卷 136　第 2 頁　136.1.2530）

707　四月甲寅　禮部尚書徐學謨、工部尚書楊巍題：臣等遵旨會同前員役恭詣天壽山，將前各開報壽宫地圖逐一覆視，隨擇得形龍山、石門溝山、西井左邊大峪山三地并稱吉壤，堪以營兆，相應畫圖貼説，仰呈睿覽。臣等愚昧，不諳地理，止據形勢可觀，營建稍便，始敢呈覽。伏望聖明另遣重臣，再行覆閲。上仍命公徐文璧、大學士張四維同司禮監太監張宏秋後覆閲以聞。

（神宗萬曆實録卷 136　第 2 頁　136.1.2530）

708　四月甲子　改宣府東路遊擊馬應元以原官管居庸關參將事。

（神宗萬曆實録卷 136　第 4 頁　136.3.2533）

709　四月庚午　命挖九龍池到石底止，若無石底，往下再挖三尺。工部言：九龍池原無石底，恐深挖致傾石岸。本池與昭陵切近，龍脈所關，尤當慎重。上是之。

（神宗萬曆實録卷 136　第 8 頁　136.6.2539）

710　四月壬申　載聖夫人金氏奏討抄没馮佑（按：館本佑作祐）莊地。户部言：前項莊地價四千有奇，恩數大濫。得旨准給與。

（神宗萬曆實録卷 136　第 9 頁　136.7.2541）

711　四月庚辰　薊鎮督撫官侍郎周詠等題：各鎮邊兵入衛，

垂三十餘年，練主減客竟屬虛談。近密雲標下左營就近募兵，許以雙糧，兩月間召到民兵一千六百一十名，又選到城操軍一百九十名，足抵延綏額兵之數；又選過密雲輜重軍一千名，足抵保定額兵之數，連本營原設雜流共三千一百八十一名，編成隊伍堪備戰陣。馬匹草料〔按：館本草料作料草，廣本、抱本作草料〕查有大同停免一技，併令延綏、保定應撤所遺，尚該二千五百四，于密雲縣寄養寺馬就近兑給，其延撤兵仍歸該鎮，永免入衛。保定額軍併輕〔按：館本輕作輜〕重餘軍湊發石匣營補伍，以再募民兵選練，期于土着日充，客兵盡撤。上命于秋防畢日減撤。

（神宗萬曆實録卷 136　第 11 頁　136.9.2545）

712　五月壬辰　陞國子監祭酒高啟愚爲禮部右侍郎兼翰林院侍讀學士。

（神宗萬曆實録卷 137　第 3 頁　137.2.2552）

713　五月癸巳　以原任密雲遊擊劉遠閣爲宣府入衛遊擊。

（神宗萬曆實録卷 137　第 4 頁　137.3.2553）

714　五月甲午　命抄没犯人馮保通州等處房地，通給與潞府管業。

（神宗萬曆實録卷 137　第 5 頁　137.4.2555）

715　五月甲午　兵部覆給事中唐堯欽等題：皇城禁地，武備廢弛，乞要振飭，列爲欵。一、議整器仗。各軍盔甲鎗刃等項，名數雖存，半係鈍朽，應通查驗開送軍器局修理换給，三年照例呈請兑换。一、議修舖舍。皇城内外紅舖，工部逐一踏勘，估計修理，向後照例三年一修，三年内若有損塌將督輔指揮等官題參降罰。一、議操官軍。大漢將軍與紅盔明甲官軍照舊加意操演，圍子手官軍每月除上直日期，外操隸五軍備兵營操練，其守衛官軍分守門舖，更番上直，免其操練。一、議給糧賞，每月將應放直米各衛掌印官開造花名文册，用印鈐盖，先送科道衙門覈實，仍將領米小票用関防鈐記預給各軍，臨期會同户部監督官躬詣該倉驗票給散，以杜權豪占領之弊。得旨，俱依擬。

（神宗萬曆實録卷 137 第 5 頁 137.4.2555）

716 五月戊戌 陞右諭德兼翰林院侍讀羅萬化爲國子監祭酒。

（神宗萬曆實録卷 137 第 6 頁 137.4.2556）

717 五月庚子 京師大雨雹。

（神宗萬曆實録卷 137 第 8 頁 137.5.2558）

718 五月辛丑 禮科左給事中牛惟炳、御史馬允登等言：近見禮部接出揭帖，諸王館選五城續報女子未足欽定三百之數，命禮部再行選報。天府森嚴，女使多寡非臣等所敢知，然兩次選中已將百人，若不取盈，恐煤灼（按：灼爲妁之誤）紛紜，愚民無知，謂皇上漸志移于女謁也。章下所司。

（神宗萬曆實録卷 137 第 8 頁 137.6.2559）

719 五月甲辰 三屯營、喜降（按：館本降作峯，是也）口地震。

（神宗萬曆實録卷 137 第 10 頁 137.8.2586）

720 五月己酉 以提督京城内外巡捕都督僉事趙崇璧爲鎮守宣府總兵官。

（神宗萬曆實録卷 137 第 12 頁 137.10.2567）

721 六月壬子 改鎮守保定總兵官都督僉事白福提督京城内外巡捕。

（神宗萬曆實録卷 138 第 2 頁 138.1.2569）

722 六月乙卯 陞薊鎮中路副總兵張爵爲署都督僉事充總兵官，鎮守保定。

（神宗萬曆實録卷 138 第 2 頁 138.1.2570）

723 六月乙卯 巡視南城御史黄鍾言：錦衣衛與兵馬司各有巡緝之責，原非以兵馬司隸之錦衣衛而使爲千百户，爲旗校者皆得以奔走而奴隸之也。乞亟賜禁革，俾各循職守，毋得相侵，以滋擾害。上曰：錦衣衛嚴督五城兵馬晝夜巡邏等項事宜，原開載勑内，如何説職守相侵？章下所司。

（神宗萬曆實録卷 138　第 3 頁　138.2.2571）

724　六月戊午　陞山西偏頭關右參將張邦奇爲薊鎮中路副總兵。

薊遼督撫臣周詠等條議四事。一、酌營制以便操練。言：兵以專勝，力分則弱，各營專設將官，領軍不滿一千，合無鎮虜奇兵營，遵化、三屯二輜重營，密雲奇兵營通行裁革，將鎮虜奇兵營步軍改分鎮虜提調，馬軍改分墻子嶺參將，各管領遵化、三屯二輜重營，軍士補左右營，各足三千之數。一、裁冗員以甦軍用。言：近來軍官太濫，各營管事人員數萬，宜遵照舊規，千人設一千總，五百人設一把總，五十人設管隊一員，通計各營共裁去管事數千員。一、清雜流以實軍伍。言：將領合用旗鼓、牢〔校記：廣本牢作軍〕伴、醫生、匠役等項不下萬餘，不征操，不修工，宜裁革編伍，一體操練。一、還額兵以固邊關。言：薊昌倚〔按：館本倚作以，廣本、抱本作倚〕墻爲等〔按：館本等作守〕，臨執調遣，不必坐食一城，如尖哨、尖夜等項，宜發還本伍，以省內地行糧。兵部覆：俱依擬。

（神宗萬曆實録卷 138　第 4 頁　138.3.2573）

725　六月庚申　刑部會同兵部各衙門查將捕盗條格五欵、京城内外捕盗例一欵、失事〔按：館本事作囚，廣本作四，抱本作事〕例一欵，參酌時宜，稍加删改。上令入問刑條例刊布遵行。

（神宗萬曆實録卷 138　第 5 頁　138.4.2575）

726　六月丁卯　薊鎮督周詠等題：本年六月夷婦大嬖只部落達子約六百餘騎，在古北口邊外搶去出關牧放馬一百七十一匹，殺尖夜家丁一十一名，擄去軍人一十七名，官軍並無追趕對陣。古北路遊擊戚金等指稱，開關放馬、私役軍人採木，致賊夷窺伏殺擄，與提調陳泰、蕭如蕙均應提問，副總兵陳文治應罰治，兵備副使張崇謙似應免究。兵部覆言：夷婦大嬖只係順義王乞慶恰之妾，先年與草蠻部落誘殺參將苑宗儒，朝廷赦其舊惡，姑准照常通貢，今又搶殺鄰邊軍馬，若不聲其怙終之罪，諸虜益驕，漸不可長，督撫官以後如有屬夷要挾搶殺，即相機擒勦。仍將沿邊關口盡行嚴禁，非丁夜哨探，不許私放一人出入，有差人出邊採木者，坐贓參究。上命戚金、陳泰革了任，與蕭如蕙都着巡按御史提問，陳文治、張崇謙各奪俸。所議制禦事宜，着督撫官相機處置。

（神宗萬曆實録卷 138　第 6 頁　138.4.2576）

727　六月辛未　畿輔獲鹿等州縣災，撫臣宋纁、按臣江〔按：館本江作汪，抱本作江〕言臣等動支倉庫賑恤，方具題，上曰：倉庫銀穀都是百姓每脂膏，遇有災傷，固應賑恤，這近京地方，原無重災，如何不候明旨，擅自支放？撫按官且不究，銀穀既散與小民，姑准開銷，以後惟重大饑荒及地方窵遠的方許便宜賑濟，其餘報災奏請蠲免都遵照近旨行。

（神宗萬曆實録卷 138　第 7 頁　138.5.2578）

728　六月癸酉　以原任密雲奇兵營遊擊魏孔與守備山西水泉營地方。

（神宗萬曆實録卷 138　第 7 頁　138.6.2579）

729　六月丁丑　命五軍等營撥軍士三千名採打樸卓〔按：館本卓作草，是也〕、蘆葦以供燒造，以後照舊例，一年一次行。

（神宗萬曆實録卷 138　第 9 頁　138.7.2581）

730　七月乙酉　命……工部營繕司復設重城員外郎一員，屯田司復設臺基廠主事一員……順天府復設管軍匠通判一員……各衙門原裁革歸并事務，照依原分職掌管理。

（神宗萬曆實録卷 139　第 3 頁　139.2.2585）

731　七月丁亥　兵部覆：薊鎮督撫〔按：館本撫作按，廣本、抱本作撫，是也〕周詠等題：密雲標下右營召完民兵九百名，應用馬九百匹，例于太僕寺寄養馬内兑給。許之。

（神宗萬曆實録卷 139　第 4 頁　139.3.2587）

732　**七月戊子**　　户科都給事中蕭彦等條陳五事：……一曰商税。言河西務至張家灣，百里之内轄者三官，一貨之來，榷者數税，夫舡料舊也，條舡非舊也，出店進店重税皆非舊也。淮安四税，下及脚抽，儀真既非舊制，亦無重獲，均可罷也。

（神宗萬曆實録卷139　第5頁　139.3.2588）

733　**七月庚寅**　　命勇士、四衛二營馬匹照舊于太僕寺印烙。以給事中王鳳竹建議于護國寺印烙，上諭：事關祖制，科道官不許建議紛更。

（神宗萬曆實録卷139　第6頁　139.4.2590）

734　**七月壬辰**　　户部覆：薊鎮督撫官周詠等題，山東民兵銀五萬六千兩，係薊鎮額餉，今已奉旨將三萬二千兩留本省支用，合動支太花銀庫銀補給薊鎮。從之。

（神宗萬曆實録卷139　第6頁　139.5.2591）

735　**七月乙未**　　賊夷小阿卜户〔校記：廣本無户字〕入犯黑谷關，薊鎮督撫周詠、翟繡裳以堵截功聞。廵按御史李植言：臣廵歷邊關，見燒香寨、烽台等處殘破燒燬之狀，督撫言堵截者謾也。周詠、翟繡裳疏辨：燒香寨〔按：館本寨作塞，廣本、抱本作寨〕先年歸併，非賊所蹂躪。廵按李植備陳督撫挾周欺罔，乞别遣官勘究。上命屯田御史江東之會同撫按勘明具奏。

（神宗萬曆實録卷139　第7頁　139.5.2592）

736　**七月辛丑**　　遣輔臣申時行同公徐文璧、太監張宏覆閱天壽山所擇壽宫。

（神宗萬曆實録卷139　第8頁　139.6.2594）

737　**七月癸卯**　　陞神機七營参將袁漳爲神機營右副將。

（神宗萬曆實録卷139　第9頁　139.7.2595）

738　**七月丙午**　　禮科左給事中朱〔按：館本朱作牛〕維炳、陝西道御史赫嬴等題稱：净身男子元年、六年内共收過六千餘名，本年二月内齊進喜等具本陳乞，奉旨驅逐，今復收二千名有餘〔校記：

館本無餘字，抱本有餘，誤〕，背前次驅逐之旨。詔下所司。

（神宗萬曆實録卷 139　第 10 頁　139.8.2598）

739　七月戊申　陞五軍九營遊擊戴良棟爲神機七營練勇參將。

（神宗萬曆實録卷 139　第 11 頁　139.9.2599）

740　八月庚戌朔　永平府電〔校記：廣本電作雹〕雨大作，各臺杆上有火光。

（神宗萬曆實録卷 140　第 1 頁　140.1.2601）

741　八月癸丑　巡視廠庫科道官姚德重等奏：内府錢糧分爲十庫，其係隸不同，而巡視之職掌亦異，如甲字〔按：館本字作子，抱本作字，是也〕等九庫則係户部，而巡視之者庫藏科道也；戊字庫專貯二部軍器，而巡視之者廠庫科道也。今庫藏科道欲將戊字庫循環查盤兼而理之，伏乞申飭各循職掌，不相侵越，庶帑藏有專責，不致躭延誤事。工部覆如議〔按：館本議作奏，廣本、抱本作議〕，從之。

（神宗萬曆實録卷 140　第 3 頁　140.2.2603）

742　八月癸丑　陞神機七營參將袁漳爲署都督僉事，充神機營右副將。

陞昌鎮〔校記：廣本鎮作薊，誤〕標下中軍吴顯爲五軍九營遊擊〔按：館本擊作繫，抱本作擊，是也〕。

（神宗萬曆實録卷 140　第 3 頁　140.2.2604）

743　八月丙辰　遣公徐文璧、朱應禎爲正〔按：館本正下有使字，是也〕、大學士申時行、余有丁爲副使，持捧節册，封淑嬪鄭氏爲“德妃”、宫人常氏爲“順妃”。

（神宗萬曆實録卷 140　第 5 頁　140.4.2607）

744　八月戊午　屯田御史江東之會同遼東撫按勘黑谷關失事，言：虜之犯黑谷也，分守則遊擊李尚賢，協守則副將陳文治，提調則齊鳴鶴、汪道化，高卧不知，聞急不赴，該關殺掠男婦知名氏者三十餘名口。明知本關失守，呈文報功，文治遣鳴鶴督守，堡官方臣將屍移至口外，四散埋藏，甚至燒化。會勘之日，連掘九屍，總兵楊四畏之欺則文治誤之，督撫二臣之欺則先勘官副使張崇謙誤之也。詔文治、李尚賢、齊鳴鶴革任，方臣、汪道化并副使張崇謙下巡按御史提問，總兵楊四畏降一級，照舊管事，總督周詠、巡撫翟繡裳奪俸半年，着策勵供職。

（神宗萬曆實録卷 140　第 7 頁　140.5.2610）

745　八月辛酉　調薊鎮東路副總兵官李如植爲薊鎮西路副總兵。

（神宗萬曆實録卷 140　第 8 頁　140.6.2611）

746　八月癸亥　改霸州兵備河南副使郭四維整飭密雲兵備事務。

（神宗萬曆實録卷 140　第 9 頁　140.7.2613）

747　八月甲子　以詣山陵命靖遠伯王學禮等分守皇城六門，隆平侯張炳、吏部左侍郎張士佩等分守京城九門。詔京城内外地方十分嚴備，提督及五城御史併力緝巡，不得兩相推諉。以薊鎮屢報虜情、捉獲奸細，又有火光之異，上傳諭邊備須當十分謹嚴，薊鎮兵免調，總督官周詠免至鞏華城送迎，專心整理邊務。

（神宗萬曆實録卷 140　第 9 頁　140.7.2614）

748　八月己巳　朝鮮國王李昖差陪臣崔滉等進賀萬壽聖節并謝恩表文、方物。宴賞如例。

（神宗萬曆實録卷 140　第 10 頁　140.8.2616）

749　八月庚午　命定國公徐文璧、大學士申時行、司禮監太監張宏同禮工二部堂上官恭詣天壽山覆擇壽宫吉地。

（神宗萬曆實録卷 140　第 10 頁　140.8.2616）

750　八月癸酉　定國公徐文璧、大學士申時行題：臣等謹于八月二十一日恭詣天壽山，將擇過吉地逐一細加詳視，看得該監所呈形龍山、大谷山二處風水形勢，誠天造地設，允爲萬世聖子神孫鍾美毓秀之區，與臣等所見相同，俱稱上吉，其餘位次參差、砂水傾側，委不堪用。候聖駕詣陵之日，重加睿閲，裁定施行。謹將形龍、大谷二處圖説進呈御覽報聞。

（神宗萬曆實録卷 140　第 11 頁　140.9.2617）

751　八月甲戌　通政司參議梁子琦以覆閲吉地不得列名，奏論禮部尚書徐學謨與輔臣申時行爲兒女親家，附勢植黨。時行、學謨各疏辨言：子琦所擇吉地石門溝山，坐南向北，逼窄難用；黄山一嶺在獻、裕二陵之間，位次非宜，而反不滿于形龍、大谷，執拗紛爭，何時得決？上以子琦挾私瀆奏，奪俸三月。

（神宗萬曆實録卷 140　第 12 頁　140.9.2618）

752　八月丁丑　陞都察院右都御史管兵部左侍郎事張佳胤馬〔按：館本馬作爲，是也〕兵部尚書，協理京營戎政。

（神宗萬曆實録卷 140　第 13 頁　140.10.2620）

753　九月己卯朔　以大學士申時行詣天壽山相擇壽宫還，賜銀五十兩，紵絲斗牛胸背一表裏。

（神宗萬曆實録卷 141　第 1 頁　141.1.2621）

754　九月庚辰　上諭兵部：駕駐感恩〔按：館本恩作思，抱本作恩，起居注與館本同〕殿，從衛官校并紅門以裏擺守官軍等人馬都着分爲兩班，每日輪番就水一次，着該管官整點，肅慎出入，不許喧擾及曠誤執事。

（神宗萬曆實録卷 141　第 1 頁　141.1.2621）

755　九月庚辰　以修理宫后苑等處工完，遣尚書楊兆祭后土司工之神。

（神宗萬曆實録卷 141　第 2 頁　141.1.2621）

756　九月甲申　上率后妃發京，居守大臣及文武百官于德勝門外送駕。駕至清河，賜輔臣申時行等酒膳。駕次鞏華城，從官行禮畢，昌鎮總兵董一元及昌平州官吏師生耆老人等朝見于行宫。賜輔臣申時行等酒膳，定國公徐文璧、彰武伯楊炳共甜食一盒。

諭内閣：今日偶然大風陡作，靈臺奏有火警、邊兵，卿等傳示兵部，還遵照部〔按：館本部作節〕次明旨，馬上差人申飭各邊，十分嚴謹防禦，毋得疏怠。

（神宗萬曆實録卷141　第3頁　141.2.2624）

757　九月乙酉　　駕登〔按：館本登作發，是也〕鞏華城，午駐蹕感思殿。

諭兵部：薊、昌、保定各鎮，調來防護官軍照本年春祭例，與京軍一體給賞，其宣大總督、宣府總兵調來頂關防護官軍，着人賞銀三錢，俱兵部處給。

（神宗萬曆實録卷141　第4頁　141.3.2625）

758　九月丙戌　　上率后妃詣長陵、永陵、昭陵行秋祭禮，其六陵俱遣官代。

（神宗萬曆實録卷141　第4頁　141.3.2625）

759　九月丁亥　　上親詣形龍山、天〔按：館本天作大〕峪山等處相擇壽宫。諭内閣：壽宫吉地用大谷山，卿等傳示禮部并欽天監知道。以扈駕謁陵并擇壽宫賜元輔申時行銀豆葉三十兩，次輔余有丁、許國各銀豆葉二十兩。

（神宗萬曆實録卷141　第4頁　141.3.2625）

760　九月戊子　　上駐蹕感思殿行宫，傳諭歇息一日。大學士申時行等言：前薊鎮傳報夷情，該司疏止聖駕，奉有閲壽宫畢次日卽回之旨，成命具在，難以忽更，願鑾輿早回，乃可萬全無虞。科道官亦以爲言，俱令奉旨行。聖駕幸東山口，遣中官蘇用傳旨問大學士申時行等：春間曾説東山口該築墻，如何〔按：館本何作有，廣本、抱本、起居注作何，是也〕不見修築？時行等疏言：皇上春祭山陵，駕幸東山口，該前任大學士四維及臣等隨從，曾蒙垂問，欲照得勝口築建墻垣。彼時共議，皆言西北諸水俱出此口，一遇春夏水發，衝沙滚石，漂木浮薪，勢甚近激，築墻建橋難成易壞，非數十萬錢糧不可，故止建敵臺二座。此口通黄花鎮，彼處自有邊墻險阻，重兵備禦，可保無虞，似不必興難成之功，以費難處之財，上命罷之。

巡撫直隸御史江東之，因上秋祀山陵，乞將昌平銀力二差恩賜優免，用示殊典，于解部數内酌議存留，以資供應。得旨：該州切近祖宗陵寢，地隘差煩，委宜破格優恤，下所司看議。户部覆：該州二差既免，應將該州何項解部銀兩存留供應，猶難懸斷，宜令順天府撫按官查數明白，酌議停妥，庶便題覆，不致滯礙難行。上是之，命昌平州、宛、大二縣白糧春間免，尚剩四分者盡數蠲免。

（神宗萬曆實録卷 141　第 4 頁　141.3.2625）

761　九月己丑　　駕發感思殿還京，居守大臣及文武百官、軍民耆老人等俱于城外迎駕。

（神宗萬曆實録卷 141　第 5 頁　141.4.2627）

762　九月甲午　　朝鮮國王李昖差陪臣崔滉等賀萬壽聖節，宴賞如例。

（神宗萬曆實録卷 141　第 6 頁　141.5.2629）

763　九月丁酉　　黜薊遼總督周詠爲民，以勘劉臺贓扶同虚揑，爲給事中戴光啟所劾也。

（神宗萬曆實録卷 141　第 8 頁　141.6.2632）

764　九月丁酉　　禮部題：壽宫吉地大峪山動土興工吉期行欽天監選擇。上曰：待朕恭請二宫聖母看閲畢，爾部欽天監便擇日具儀來看。御史朱應穀疏止聖躬不必再閲，二宫聖母不宜再勞。章下所司。

（神宗萬曆實録卷 141　第 8 頁　141.6.2632）

765　九月庚子　　以協理京營戎政兵部尚書張佳胤兼都察院右副都御史總督薊遼。

（神宗萬曆實録卷 141　第 9 頁　141.7.2633）

766　九月庚子　　命右春坊右庶子兼翰林院侍讀王家屏、翰林院侍讀徐顯卿主考會試武舉。

（神宗萬曆實録卷141　第9頁　141.7.2633）

767　十月庚戌　陞南京兵部右侍郎辛應乾爲兵部左侍郎協理京營戎政。

（神宗萬曆實録卷142　第1頁　142.1.2639）

768　十月辛亥　命武舉官生取中一百名。

（神宗萬曆實録卷142　第2頁　142.1.2640）

769　十月庚申　琉球國中山王尚永差官梁約賫貢表文、方物、馬匹，宴賞如例。

（神宗萬曆實録卷142　第5頁　142.4.2645）

770　十月甲子　復設順天府宛平縣、大興縣各縣丞一員，通州本州遞運所、三河關遞運所、薊州南關遞運所、玉田縣籃關遞運所、豐灤〔按：館本灤作潤，是也〕縣東關遞運所各大使一員，保定清苑縣管糧主簿一員。

（神宗萬曆實録卷142　第7頁　142.5.2648）

771　十月丙寅　陞神機營遊擊劉光祚爲五軍七營練勇參將。

以恩詔免壩、大等馬房子粒各糧三分之一，該監修理公用，命户部照數抵補。

（神宗萬曆實録卷142　第7頁　142.6.2649）

772　十月辛未　陞插箭嶺守備盧洪秋爲神機八營佐擊。

（神宗萬曆實録卷142　第9頁　142.7.2652）

773　十月辛未　吏科給事中鄒元標疏言：……禮部尚書徐學謨，山陵回居，物詠沸騰，猶伏醌顔就列，無易退之節。疏下所司，……學謨疏言：元標左袒梁子琦，微言冷語，迫臣之去，乞放歸田里。得旨，准令致仕，仍賜馳驛。

（神宗萬曆實録卷142　第10頁　142.7.2652）

774　十一月庚辰　户部覆順天府府尹臧惟一言編審事。一、銀力二差，分配丁田，每畝科銀二分，涉于過重，不若以丁門爲主，丁門上中則先儘力差，重者編密其丁門，不則并地畝編審，輕差不得拘定每畝二分之例。一、差徭以下田爲三而又有門銀者，富家援例丁得優免，故富者照門審差，上中六則照門銀等則編審，下户既出丁銀，不得伏議門銀。一、力差代役，額外需求，以致正户賠〔按：館本賠作倍，抱本、廣本作賠〕累，必每差明編實用之數，除聽本户親當外，代當者徵銀，解各衙門，當官領給，不許額外需求。一、流寓土著，莫非王民，除寄莊未久、産業無多者，照例每地一畝徵銀三分止編銀差外，其住居年久，置有地土房舍者卽令收籍，與土民一體審差。一、優差濫冒，其獘難言，凡係内使、將軍、校尉等項職役，務要該衙門印信公文查驗，分别品級、見役、歇役，照例優免。一、各衙門裁革官員、門皂人役宜查明免編，以寛民力。一、各州縣地有繁簡，故所用人役自有多寡，將應減應增照數編審，庶冗費可省而差用亦敷。一、差有銀力輕重不同，舊審銀差有應改力差者，或審力差有應改銀差者，隨宜改編，亦通變便民之法。一、添註官員，既非額設，則跟用人役亦宜隨時酌量。一、昌平州地本衝繁，委宜優恤先設。御史江東之題請俟撫按查議題覆。得旨，如議行。

（神宗萬曆實録卷 143　第 2 頁　143.1.2660）

775　十一月甲申　　户科給事中徐三畏劾南京右都御史熊汝達，向督工昭陵，損陷被斥，蒙恩起用，卽乞恤典，所請不遂，宜有赧容自決進退。上命汝達閑住冠帶。

（神宗萬曆實録卷 143　第 4 頁　143.3.2663）

776　十一月辛卯　　貴州道御史周之翰劾右通政梁子琦言：子琦忿覆閲壽宫不得與列，訐奏禮部尚書徐學謨欺罔，今大峪山奉宸斷並不在梁子琦所獻八地之中，則徐學謨之不得爲欺罔明矣。學謨既去，子琦豈宜獨留。上降子琦爲右參議閑住，不許起用。

（神宗萬曆實録卷 143　第 7 頁　143.6.2669）

777　十一月辛卯　　朝鮮國王李昖差陪臣金億齡等進賀冬至令

節，賜宴如例。

（神宗萬曆實録卷 143　第 8 頁　143.6.2669）

778　**十一月癸巳**　順天巡撫右僉都御史翟綉裳以御史楊芳參論乞罷，准令回籍聽用。

（神宗萬曆實録卷 143　第 8 頁　143.6.2670）

779　**十二月己酉朔**　詔取太倉銀十萬兩、光禄寺銀五萬兩爲宫中喜事賞用。

（神宗萬曆實録卷 144　第 1 頁　144.1.2679）

780　**十二月癸丑**　夷婦大嬖只本年六月入犯古北口，閉關停賞後將原搶人馬節次獻還，鑽刀設誓，永稱效順，督撫官張佳胤等乞將原革舊賞開復以安夷心。兵部覆如議，從之。

（神宗萬曆實録卷 144　第 2 頁　144.1.2680）

781　**十二月甲寅**　革墻子嶺參將王繼英等任，下三營屯守備俞紹守于總督衙門提問，調參將王通等于標營腹裏。從總督尚書張佳胤之奏也。

（神宗萬曆實録卷 144　第 3 頁　144.2.2681）

782　**十二月乙未**　陞原任遊擊彭友德爲墻子嶺參將，調黄〔按：館本黄作横，抱本作黄，誤〕嶺路參將李成材爲黄花嶺參將，擦厓子守備高徹爲遵化坐營都司，原任都司朱壽爲三屯營守備，密雲副總兵徐從義調管燕河營參將事，浙江瑞安所副千户江應龍管南京營遊擊事，原任坐營曹篕爲遵化左營遊擊，調浙江徐景星爲密雲右營遊擊。

（神宗萬曆實録卷 144　第 4 頁　144.3.2683）

783　**十二月甲子**　户部尚書王遴等言：太倉銀庫歲入銀三百六十七萬六千一百有奇，歲出銀四百五十二萬四千七百有奇，萬曆十一年分奉詔蠲免并災傷、織造議留共銀一百七十六萬一千有奇，俱該太倉抵補，歲入視歲出共少銀二百三十萬一千有奇，況歲入未必能如數完解，歲出則毫厘〔按：館本厘作末，抱本作厘〕

不容減少。今太倉所積，除老庫外僅三百餘萬〔按：館本萬作兩，抱本作萬，是也〕，不足當一〔按:館本一作二，抱本作一，誤〕年抵補之資矣。國家歲運漕糧四百萬石，今京通二倉實在糧共一千八百一十八萬五千四百石有奇，每年軍匠在官人等實支本色米二百二十萬石，銀少糧多，臣等擬改折一百五十萬石，暫行三年，此計之兩得者也。上曰：漕糧改折了，一時要米怎能得到？大學士申時行等復言：近年京倉積米足資八九年，愈多則愈浥爛，且議折三分之一，固非全折，但欲暫行三年，則爲期太遠，本色大虧，宜暫准一年，以濟目前之急。上從閣擬。

（神宗萬曆實録卷 144 第 5 頁 144.3.2684）

784 十二月戊辰 命修山海關城，其工費于太僕寺馬價内照數動支。從總督張佳胤所奏也。

（神宗萬曆實録卷 144 第 7 頁 144.6.2689）

785 十二月庚午 夜一更，慈寧宫火，聖母移居乾清宫。

（神宗萬曆實録卷 144 第 8 頁 144.6.2690）

786 十二月癸酉 以慈寧宫災，命百官修省三日。

（神宗萬曆實録卷 144 第 9 頁 144.7.2691）

787 十二月丙子 巡視京營科道傅來鵬、曹一鵬條陳營務。一、精簡選以壯軍威。言:兵不貴多，貴精，合將營軍挑選，分別三〔校記:廣本三作五〕等，各足三千爲一營，餘軍收備兵營操練候補，不堪應役者、責令摘牌者後革除名糧，選鋒欽值止許在營軍内挑簡〔按：館本簡作選，廣本、抱本作簡〕。一、議糧餉以恤將士。言：各營將官量加養贍米石則糧乏，每月限至初十日放完，庶將士得及時之養。一、議馬政以蘇軍困。言：三大營馬匹，月給草料銀五錢六分五厘，單月又扣册〔按：館本册作朋，廣本、抱本作册〕銀五分，一日聽費止于一分七厘，合無量行加添至于明數,〔按:館本明數作册銀，疑明數誤〕特免扣除。凡遇印烙估買〔按:館本買作賣，廣本作價，抱本作買〕之時，照依倒馬死馬例量出樁銀，無樁老馬止照内贓稍增益之，庶軍不偏苦。一、復舊制以備〔按：館本備作補〕將材。言：五年考選軍政，止照原題直省腹裏從公選汰，其京營九邊將領仍舊聽閲視等衙門循例舉劾，不得一概併考，徒滋擾弊。一、飭班政以裨實用。言：宜通行各省直撫道衙門，將京操班軍月糧折銀責有司預期追完，應先領者足數給與，應解京者即着官隨領班都司押解到部，先給一半以資養贍〔校記：抱本養贍作贍養〕，班滿之日再給一半，以充路費。兵部覆：復舊制以備將材一事，以后遇考選軍政之年，京營將領免其考察，九邊將領仍與各省直考察，餘四事俱應依擬，從之。

（神宗萬曆實録卷 144　第 11 頁　144.9.2695）

萬曆十二年（1584）

788　正月辛巳　以慈寧宫災〔按：館本慈上無以字〕。

（神宗萬曆實録卷 145　第 1 頁　145.1.2700）

789　正月辛巳　内監傳元宵節乾清等宫設鰲山等燈。禮科給事中王士性言：四方守臣所奏歲祲，營壘火光，災異紛如，而慈寧又有此變，正宜修德消弭，安得復恣燕樂，宜一切裁罷。上納之。

（神宗萬曆實録卷 145　第 2 頁　145.2.2701）

790　正月庚寅　陞……王桂爲神機營遊擊將軍。

（神宗萬曆實録卷 145　第 3 頁　145.4.2705）

791　正月庚寅　建州衛女真夷人都督王忽等進方物，宴賞如例。

（神宗萬曆實録卷 145　第 3 頁　145.4.2705）

792　正月庚子　安南都統使莫茂洽自襲職以來，節年貢儀不缺，茲當三年之期，預以正貢二部來請，兩廣總督郭應聘爲具題。兵部覆：請詔允開關驗過放〔按：館本無過放二字〕進。

（神宗萬曆實録卷 145　第 4 頁　145.4.2706）

793　**正月甲辰**　陞范應期爲國子監祭酒。

（神宗萬曆實録卷 145　第 8 頁　145.7.2712）

794　**正月乙巳**　喜峰路大風、驟雨、迅雷，衝倒墩臺。

（神宗萬曆實録卷 145　第 8 頁　145.7.2712）

795　**正月乙巳**　陞順天府府丞袁三接爲太僕寺卿。

（神宗萬曆實録卷 145　第 8 頁　145.8.2713）

796　**二月己酉**　無逸殿災。

（神宗萬曆實録卷 146　第 1 頁　146.1.2717）

797　**二月庚戌**　工科左給事中姚德重等題查盤廠庫四事。一、歸併廠庫查盤。一、稽查逃亡匠糧。一、閲視通州倉厫。一、嚴禁外解濫惡。部覆，從之。

（神宗萬曆實録卷 146　第 1 頁　146.1.2718）

798　**二月辛亥**　薊鎮墻子路風雪大作，沿邊旗杆上〔按：館本杆作竿，無上字〕火光。

（神宗萬曆實録卷 146　第 2 頁　146.1.2718）

799　**二月乙卯**　户部覆巡視京營科臣傅來鵬、道臣曹一鵬條陳營務二事：一、議糧餉以恤將士。一、議馬政以蘇軍困，是之。

（神宗萬曆實録卷 146　第 2 頁　146.2.2719）

800　**二月丙辰**　上諭内閣：慈寧宫係聖母御居，着工部會同内官監上緊鼎新完報〔按：館本無完報二字，起居注與館本同〕，毋得延緩。

（神宗萬曆實録卷 146　第 2 頁　146.2.2719）

801　**二月辛酉**　工部請鼎新慈寧宫，急缺蘇州磚料。詔該地方速造起解。

（神宗萬曆實録卷 146　第 4 頁　146.3.2721）

802　**二月甲子**　直隸巡按御史汪言臣條陳四事，内一驅逐窩住以〔按：館本以上有以字，廣本、抱本僅一以字，是也〕清礦源。言：阜平縣柳樹溝有礦山，北隣山西鉄舗村，係晉府官莊，以故礦盗窩住，乘間突來掏挖，官軍追逐則退歸本村，盤踞王莊，究詰不易，乞行山西撫按嚴行驅逐。啟王知會，毋得私容此輩到莊潛住。兵部覆如議行之〔按：館本無之字，廣本、抱本有之字〕。

（神宗萬曆實録卷 146 第 5 頁 146.4.2724）

803 二月丙寅 工部以鼎建慈寧宮派處物科差委官撥僱軍夫等項以〔按:館本無以字〕請，上報曰〔按:館本上報曰作報〕可。且令嚴催速辦，候有次第擇日興工。

（神宗萬曆實録卷 146 第 6 頁 146.5.2726）

804 二月丁卯 京師地震有聲。

（神宗萬曆實録卷 146 第 7 頁 146.5.2726）

805 二月戊辰 遣工部尚書楊兆祭鼎建慈寧宮司工之神。工部侍郎何起鳴祭修理金水河周幫后土司工之神。

（神宗萬曆實録卷 146 第 7 頁 146.6.2727）

806 三月己卯 陞尚寶司少卿韓必顯爲順天府府丞。

（神宗萬曆實録卷 147 第 1 頁 147.1.2736）

807 三月丁酉 以〔按：館本無以字，廣本、抱本有以〕修理景陵臺基遣工部侍郎何起鳴祭告后土司工之神。

（神宗萬曆實録卷 147 第 6 頁 147.5.2743）

808 三月庚子 陞五軍營右副將都督僉事楊鯉爲南京左軍都督僉事書。

（神宗萬曆實録卷 147 第 8 頁 147.6.2746）

809 三月庚子 工科都給事中王敬民極言磁器燒造之苦與玲瓏奇巧之難。得旨：棋盤、屏風減半燒造。工部題：恭建慈寧宮殿及預建壽宮合用楠杉大木題行採辦，緣大庫詘乏，酌議開納事例。是之。

（神宗萬曆實録卷 147　第 8 頁　147.6.2746）

810　**四月庚戌**　京師黄霧，風霾，大雨雹。

（神宗萬曆實録卷 148　第 2 頁　148.2.2753）

811　**五月庚辰**　刑部主事韓濟估計故相張居正在京房産等物解進銀一萬六百兩有奇，繳進御筆扁額四面，勅諭二面。

（神宗萬曆實録卷 149　第 3 頁　149.3.2771）

812　**五月甲午**　京畿地震有聲。

（神宗萬曆實録卷 149　第 6 頁　149.5.2776）

813　**六月壬申**　工部請修飭感思、龍蹕二殿。

（神宗萬曆實録卷 150　第 9 頁　150.7.2794）

814　**七月己卯**　陞……順天府尹臧惟一爲右副都御史巡撫河南。

（神宗萬曆實録卷 151　第 2 頁　151.1.2796）

815　**七月乙酉**　陞浙江布政徐元泰爲順天府府尹。

（神宗萬曆實録卷 151　第 4 頁　151.3.2799）

816　**七月戊戌**　毛憐等衛女真夷人都督指揮傅羊古等來朝貢。

（神宗萬曆實録卷 151　第 8 頁　151.6.2805）

817　**七月庚子**　亦轄等族番人木竹〔按：館本木竹作竹木，廣本、抱本作木竹〕等，溜邊番人立足等貢方物。

（神宗萬曆實録卷 151　第 8 頁　151.6.2806）

818　**七月壬寅**　國子監祭酒張位疏陳國學事宜六事。一曰修黌舍以飭學宫。二曰擾（按：疑擾爲優之誤）叙遷以重儒官。三曰簡生徒以需任用。四曰儲經籍以備教典。五曰復科舉以廣試途。六曰議考選以通銓法。詔下所司。

（神宗萬曆實録卷 151　第 9 頁　151.7.2808）

819　**八月丙午**　烏思藏護教王番徒喃哈堅参等五起進貢。

（神宗萬曆實録卷 152　第 2 頁　152.1.2814）

820　**八月庚戌**　遣定國公徐文璧、大學士申時行爲正使，恭順侯吴繼爵、彰武伯楊炳、大學士許國爲副使，各持捧節册進封德妃鄭氏爲“貴妃”、安嬪王氏爲“榮妃”。

（神宗萬曆實録卷 152　第 2 頁　152.1.2814）

821　八月辛亥　　工部題修理訖〔按：館本訖作乾，是也〕光殿、金海亭軒等處。

（神宗萬曆實録卷 152　第 3 頁　152.2.2816）

822　八月丙辰　　是日諭户、兵二部，秋祭山陵賞賜各項人等，取太倉銀五萬兩，太僕寺馬價銀十萬兩應用。兵部復持不可，不聽。

（神宗萬曆實録卷 152　第 5 頁　152.4.2819）

823　八月丁巳　　朝鮮國王李昖請賜《會典》成書，爲其先康獻王李旦洗寃。禮部以梓未竣工讀〔按：館本讀作請〕先降勅昭示，以慰遠人。從之。

（神宗萬曆實録卷 152　第 6 頁　152.4.2820）

824　八月戊午　　賜朝鮮入賀陪臣禮曹參判宋賀等宴。

（神宗萬曆實録卷 152　第 6 頁　152.5.2821）

825　八月庚午　　賜朝鮮國陪臣黄廷式等二起宴，以奏入賀事完回國也。

（神宗萬曆實録卷 152　第 8 頁　152.6.2823）

826　八月庚午　　順天府房山縣民史錦奏請開礦，命撫按查勘以聞。

（神宗萬曆實録卷 152　第 8 頁　152.6.2823）

827　八月癸酉　　諭兵部：駕詣天壽山行秋祭，各衙門執事披甲等項官、長隨、内使小火者、太監陳政等四千一百四十三員名，每一員〔按：館本每一員作每員名，廣本、抱本作每一員〕馬一匹。

（神宗萬曆實録卷 152　第 8 頁　152.6.2824）

828　九月甲戌朔　　泰寧等衛夷人頭目虎喇赤等來賀萬壽，宴賞如例。

（神宗萬曆實録卷 153　第 2 頁　153.1.2825）

829　九月乙亥　兵部覆：張佳胤報，屬夷長昂下達賊一千一百餘，自麻地峪馳奔張家口琵琶堡，斬牆搶掠。我兵拒之，斬獲夷級五顆，夷器八百五十三件，陣亡及傷重者八名，輕傷百餘，护〔按：館本护作擄，是也〕去男婦四十三名口。夫薊鎮修築臺牆，原以匹馬不入爲功，賊夷拆〔按：館本拆作折，廣本作拆，是也。抱本作斬〕牆進邊，守臺官軍若罔聞，防守何在？徐從義、張紹芳宜革職，克（按：館本克作充是也）爲事官管事，限立功贖罪；楊四維、楊紹勛等俱戴罪，候秋防畢奏請議處。從之。

（神宗萬曆實録卷 153　第 4 頁　153.3.2829）

830　九月丙子　諭兵部：駕駐感思殿，從衛官尉并紅門以裏擺設官軍人馬，各分兩班，每日輪番就水一次，各該管官整點，肅慎出入，不許喧嚷及曠誤執事。

諭都察院：朕詣山陵行秋祭禮，一應事務俱從省約，内外隨行官員人等，不許沿途生事，擾害百姓，違者錦衣衛訪命科道官參奏。

諭户、兵二部各措處犒賞宿宫軍銀三萬兩。

（神宗萬曆實録卷 153　第 4 頁　153.3.2830）

831　九月庚辰　薊遼總督張佳胤題：薊、昌兩鎮馬匹，近奉欽依每年給發寺馬并帑〔校記：廣本帑作幣〕銀買補，今查萬曆十二年秋季起至次年夏季止該兑給寺馬一千匹并馬價一萬五千兩。密雲左右營原有延綏、大同馬軍二千餘名，今召募民兵已將延、大兵馬減撤，其倒死馬每年約三百疋，每疋給價一十二兩，應增銀三千六百兩，移彼于此，增請不多。兵部覆：于寄養馬内調取一千匹，分給于常盈庫見馬價銀内動支一萬五千兩，及今議撤大同客兵馬價一千八百兩，減撤延綏客兵馬價一千八百兩，俱發該鎮買馬，永爲定例。是之。

（神宗萬曆實録卷 153　第 6 頁　153.4.2832）

832　九月乙酉　　初鑄管餉薊州同知關防。

（神宗萬曆實録卷 153　第 7 頁　153.5.2834）

833　九月丙戌　　上奉兩宮聖母率后妃詣天壽山行秋祭禮。至清河行宫，賜三輔臣酒膳。

駕駐鞏華城。定國公徐文璧等謝賜帳房酒飯。尚書楊巍、王遴、陳經邦、張學顔，侍郎辛應乾誤入班行禮，隨上疏認罪，原之。

諭户部：朕恭詣山陵，經過州縣地方，百姓勞苦，本年分錢粮量與蠲免，

（神宗萬曆實録卷 153　第 7 頁　153.6.2835）

834　九月戊子　　上奉兩宮聖母率后妃恭詣長陵、永陵、昭陵致祭。獻陵等六陵〔按：館本陵下有分字，廣本、抱本無分字，起居注與館本同〕遣公朱應禎等各行禮。

上祭陵畢幸九龍池，次幸神仙洞、東山洞口，奉聖母及后妃親閲壽宫。

（神宗萬曆實録卷 153　第 8 頁　153.6.2836）

835　九月己丑　　上奉兩宮聖母登望〔校記：廣本無望字，起居注與館本同〕大峪山，遂定壽宫。大學士申時行等奏：恭遇皇上親奉兩宮聖母閲視大峪山壽宫，覆覩天朗氣清，風和日暖，慈顔悦豫，允諧九有之歡心，睿覽周詳，遂定萬年之吉壤。人謀畢協，神貺并臻。臣等叨有事于達觀，事〔按：館本事作幸，廣本、抱本作事，起居注與館本同〕受成于獨斷，恭逢大慶，喜倍恒情。賜朝從官照歸酒饌，命隨駕官先詣鞏華城接駕。

（神宗萬曆實録卷 153　第 8 頁　153.6.2836）

836　九月庚寅　　命賞薊、遼、昌迎駕官軍及宣、大等關防禦官軍各恤哈〔按：館本哈作給，是也〕有差。

福建道御史譚耀言：駕回自山陵至涼水河，忽有驚馬冲入扈

從前隊，群馬一時狂奔，內兵跌傷人衆，相應查究。上曰：馬逸偶然耳，勿問。

辛卯 駕還宫。

（神宗萬曆實録卷153 第8頁 153.7.2837）

837 九月甲午 諭禮工二部：朕奉兩宫聖母閲定大峪山吉地，兹仰承慈命，遵皇祖故事，預作壽宫，一應營建事宜，禮工二部會同擇日來行。

（神宗萬曆實録卷153 第9頁 153.7.2838）

838 九月丙申 京師濃霧。

（神宗萬曆實録卷153 第9頁 153.7.2838）

839 九月戊戌 陞馬應全〔按：館本全作奎，廣本、抱本作全〕爲神機七營練勇參將，以胡承勛爲五軍四營遊擊。

（神宗萬曆實録卷153 第10頁 153.8.2839）

840 九月己亥 禮部進壽宫興工儀注。

（神宗萬曆實録卷153 第10頁 153.8.2839）

841 九月辛丑 禮部題：臣等查得嘉靖十五年世宗皇帝預擇壽宫，既得吉兆，隨命官建營，以故規制尋善，福祚無疆。今我皇上睿謀遠識，親卜大峪山吉地，恭奉兩宫聖母同閲，定爲萬萬年壽城，隨勑臣等會議預建事宜，仰見大聖人之作爲真，同符皇祖，超越百代，臣等祗承綸命，敢不殫心經畫，仰贊鉅典。堇遵照嘉靖十五年事例，參以今所應行，逐一議擬開列上請。一、欽天監選擇預建壽宫開山伐木用十月十六日卯時吉，勳〔按：館本勳作動，是也〕土興工用十一月初六日辰時吉。一、伐木日祭告本山之神合欽差大臣一員行禮。一、興工日祭告九陵各一壇，天壽山之神一壇，后土之神、司工之神共一壇，合欽差大臣十一員行禮。一、諭翰林院撰各祝文。一、太常寺備辦各祭品香燭制昂〔按：館本昂作帛，是也〕。一、請勑知命建造事勳臣一員、內閣輔臣一員總擬規制，禮部堂上官一員總督工程，工部掌上官一員提督大石窩〔按：館本窩作窩，是也〕及催儹物料，工部堂上官一員總督官軍，兵部堂上官一員巡視工程，錦衣衛堂上官一員監收物料，點閘官軍科道各一員。一、勅命内官監總督工程官二三員。一、壽工規制禮工二部會同内官監區畫圖上請欽定。一、兵部查照先年事例以撥做工官軍并委司官二員管理。一、工部議奏委官處辦木植、磚石、物料、錢料、工匠、大後〔按：館本大後作夫役，是也〕等項。一、欽天監擇官隨督工官審穴定向，仍差撥陰陽生四名候時。一、太醫院差撥醫士四名隨帶藥餌調查軍匠。詔從之。

伐木祭告遣公徐文璧，興工告九陵遣公徐文璧、朱應禎，侯吴繼爵、郭大成、蔣建元，伯王學禮、劉應元、衛國本、王偉；天壽山，駙馬侯拱辰；后土等神尚書楊兆各行禮。

（神宗萬曆實録卷 153　第 11 頁　153.8.2840）

842　十月甲辰　以毛希〔按：館本希下有遂字，廣本、抱本無遂字〕爲五軍十營遊擊將軍。

（神宗萬曆實録卷 154　第 1 頁　154.1.2845）

843　十月己酉　工部以壽宫營建宜請勅定國公徐文璧、大學士申時行知建造，兵部尚書張學顔、工部尚書楊兆總督工程，侍郎何起鳴提督，王友矣催儹，陰武卿專管，禮部尚書陳經邦總擬規制。又太監張宏總督，劉濟提督，張清、王昇、馬良管理。

欽定壽宫式樣、丈尺。

（神宗萬曆實録卷 154　第 3 頁　154.2.2847）

844　十月壬子　陞昌平遊擊朱〔按：館本朱作米，廣本、抱本作朱〕萬春爲馬水口參將。

勅馬蘭峪副總兵張臣爲鎮守薊鎮總兵官，副總兵陶世臣調馬蘭〔廣本蘭下有峪字，是也〕。

（神宗萬曆實録卷 154　第 4 頁　154.3.2849）

845　十月癸丑　以副總兵署都督僉事徐收〔按：館本收作枝，

廣本、抱本作收〕爲神機營左副將遊擊，侯繼祖爲分守贛〔按：館本贛作橫，是也〕嶺口參將遊擊，王胤栢以原官調曹家塞，〔按：館本塞作寨，廣本、抱本作塞，誤。會典作寨〕調東路遊擊王賦業補中路，復設遊擊。降原任參將楊栗補東路。

（神宗萬曆實録卷 154　第 4 頁　154.3.2849）

846　十月甲寅　　以户科給事中田大年監收壽宮物料。

丁巳　　以預建壽宮于大峪山擇吉伐木，大學士申時行奉勅恭詣看閱。

（神宗萬曆實録卷 154　第 4 頁　154.3.2850）

847　十月丁巳　　以昌鎮都司田汝經爲薊鎮大水峪遊擊。……陞灰嶺口守備周如旦爲德州秋班遊擊。

（神宗萬曆實録卷 154　第 5 頁　154.4.2851）

848　十月庚申　　大學士申時行回自天〔按：館本天作大，是也〕峪山。

工部覆：司禮監太監張宏傳磚料内粗糙者申飭，燒造官務親查驗，敲之有聲、斵之無孔，方准發運。詔申飭之。

（神宗萬曆實録卷 154　第 5 頁　154.4.2851）

849　十月癸亥　　户部尚書王遴等言：承運庫内監孔成所請慈寧宮陳設，行户工二部取金四千兩。夫金至數千豈能猝辦，覆望皇上或查知内庫餘金，或動支買辦銀兩令該監自買，〔按：館本買下有或令該監自買六字，誤〕或令該監同御用監再加節減行臣等量買。得旨：覽卿等奏，朕已知之，既急難取盈，准陸續收買進用。既而户科都給事中蕭彦等亦以爲言，不允。

工部尚書楊兆奏：壽〔校記：廣本、抱本壽下有宮字〕工方興，乞加樽節，慈寧舖設宜行酌減。報如户部。

（神宗萬曆實録卷 154　第 7 頁　154.5.2854）

850　十一月壬辰　　朝鮮國王李昖差陪臣吏曹參判尹伊涇等來賀冬至。

（神宗萬曆實録卷 155　第 7 頁　155.6.2869）

851　十一月辛丑　　壽宫鑄督催物料監察工程各關防。

（神宗萬曆實録卷 155　第 10 頁　155.8.2873）

852　十二月癸卯朔　　無逸殿灾。

（神宗萬曆實録卷 156　第 1 頁　156.1.2875）

853　十二月庚戌　　禮部題：朝鮮國王李昖送還漂洋華人一名，上嘉其誠，命該部登記，候至數名以上，照例類請給賞。

（神宗萬曆實録卷 156　第 4 頁　156.3.2879）

854　十二月壬子　　兵部尚書張學顔題：無逸殿災，宜嚴巡禁内。皇城各門昔止内使二三，今增四五十，昔猶住直房，今皆私建房，各門皆然，西城尤甚。内操兵雖止三千，而僕從無算，地在内苑，守禦者不敢問，事干近臣，巡視者艱于察。宜一申飭，應巡問者巡問，應參究者參究。上謂尚書言是，皇城巡禁事例依擬遵〔按:館本遵作通〕行申飭。遂着〔按:館本遂着作還着〕司禮監嚴行各門，不許放遊食無籍之人混入。

（神宗萬曆實録卷 156　第 4 頁　156.3.2879）

855　十二月丁巳　　工部侍郎何起鳴條陳營建大工十二事：一、議辦物料。甎須有聲無孔，石須色鮮休堅。一、議運貯。物料貯于昭陵神馬房，西井丙虎空房。一、議運物料。遇大雨時，行水路，運至湯山及朝宗橋。一、議放工價。半月一給，挨號散銀。一、議恤夫匠。一、議處車户。一、議預備器具。一、議設防守。一、議處役應。一、議處住房。一、議委責成。允之。

（神宗萬曆實録卷 156　第 6 頁　156.5.2883）

856　十二月甲子　　兵部尚書張學顔言：壽宫〔按：館本宫作工，廣本、抱本作宫，是也〕鼎建、班軍赴工應行應革事宜，合行申請京營協理如勑奉行。報可。

（神宗萬曆實録卷 156　第 10 頁　156.8.2889）

857　十二月己巳　　工部言搭蓋蓆殿艱難。上曰：搭蓋蓆席虛費錢糧，候慈寧宮及壽宮建造有次第日議造行宮，以省煩費。

（神宗萬曆實録卷 156　第 10 頁　156.8.2890）

萬曆十三年（1585）

858　正月壬午　薊遼總督張佳胤疏言：兵備副使顧養謙陳防禦二事：一、修大舉險要。言：薊之患不在零竊而在大舉，大舉之足憂不在平陸而在水口。當水涸時，處處築牆爲守，水漲輒壞，勞而無功，今議大興橋工，與臺牆相兼，立限修完。一、寬零竊文法。言：虜以數十百人自口外潛入，掠近邊人畜，將領多以此獲罪，夫問刑條例原有情輕律重，奏請定奪之文，宜斟酌律例明著爲會〔按：館本會作令，是也〕，使將〔按：館本將下有士字，是也〕得一意辦賊。疏下兵部，取修邊之策而難于更律令也。上曰：該鎮密邇陵京，防禦宜慎，以後遇有零竊，督撫官從實奏報。巡關御史勘核失事輕重，分別奏請，若真有斬獲，酌量准贖，朝廷亦不苛責。

（神宗萬曆實録卷 157　第 2 頁　157.1.2892）

859　正月丙戌　牆子嶺橋工、黑峪關城工告成，叙都司陳子成等陞賞有差。

（神宗萬曆實録卷 157　第 3 頁　157.2.2894）

860　正月丁酉　謫順天府通判周弘禴于遠方。

（神宗萬曆實録卷 157　第 6 頁　157.4.2898）

861　二月壬子　營慈寧宮，遣尚書楊兆祭告后土司工之神。

（神宗萬曆實録卷 158　第 6 頁　158.4.2910）

862　二月戊午　銀作局太監孫暹奏：慈寧宮鍍造用黄金三千二百兩。户部尚書王遴請視嘉靖十七年慈慶宮例減爲一千五百兩。給事蕭彦亦以爲言。不聽。

（神宗萬曆實録卷 158 第 7 頁 158.6.2913）

863 二月戊午 總督薊遼尚書張佳胤等奏：薊昌兩鎮共修邊牆六千四十丈，敵臺、墩臺一百四十七座，帶修遵化城工七百餘丈，所省工價犒卹不赀，皆文武將吏之功，宜分别敍録。其都司郭畹等罰治提問。從之。

（神宗萬曆實録卷 158 第 7 頁 158.6.2913）

864 二月庚申 詔蠲順天府屬田租，以順天府臣言前歲駕出謁陵也。供張除道者十之五，調發所及十之三，昌平一州全免。

（神宗萬曆實録卷 158 第 8 頁 158.6.2914）

865 二月甲子 朝鮮國陪臣吏曹判書李友直等三十六人入謝，宴賞如例。

（神宗萬曆實録卷 158 第 8 頁 158.7.2915）

866 二月丁卯 京師旱。去秋八月至于今春二月不雨，河井竭。諭内閣傳禮部祈雨。

（神宗萬曆實録卷 158 第 9 頁 158.7.2915）

867 二月戊辰 改神樞左營都督僉事侯之胄爲南京左軍都督府僉書。

（神宗萬曆實録卷 158 第 9 頁 158.7.2915）

868 三月壬申朔 有事于壽宫，工部議代石需材及調發班軍番代皆萬人。府尹徐元泰亦言：運石僦車，畿民重苦。御史鄧鍊因旱上疏曰：世宗皇帝卽位十有七年而爲此役，又遲迴者數年，蓋慎之也。皇上春秋方盛，且用民之力必以其時。《詩》曰：我稼既同，上入執宫功。盍姑已諸。不報。

（神宗萬曆實録卷 159 第 1 頁 159.1.2916）

869 三月丁丑 日亭午，大風從西北來，有声，黄埃蔽天。占曰：“邊兵起”。

（神宗萬曆實録卷 159 第 2 頁 159.1.2917）

870 三月戊寅 以慈寧工視工賜三輔臣銀幣及斗牛、麒麟、孔雀服。

（神宗萬曆實録卷 159　第 3 頁　159.2.2920）

871　三月戊寅　朝鮮國陪臣李友直〔校記：廣本直作植〕事畢，命尚書沈鯉宴而遣之。

（神宗萬曆實録卷 159　第 3 頁　159.2.2920）

872　三月戊寅　薊遼總督張佳胤等奏：薊、昌兩鎮修邊工價四萬二千一百兩有奇，犒卹銀三萬一千五百兩有奇，户七兵三，例也。又以犒工銀賞格宜厚，有功各役請陞賞級。從之。

（神宗萬曆實録卷 159　第 3 頁　159.2.2920）

873　三月己卯　以順天巡撫副都御史張國彦爲户部右侍郎。

（神宗萬曆實録卷 159　第 4 頁　159.3.2933）

874　三月己卯　土魯番使者馬黑麻、羽速來朝求入貢，命彰武伯楊〔按：館本伯下無楊字，抱本伯下增楊字〕炳宴于禮部。

（神宗萬曆實録卷 159　第 4 頁　159.3.2922）

875　三月庚寅　苿哑等番族千不少等王馬黑麻、虎答扁迭遣使羽速等貢馬并方物，給賞如例。

（神宗萬曆實録卷 159　第 6 頁　159.4.2924）

876　三月壬辰　尚寶司徐貞明先爲給事中，議請于近京瀕海沿邊之地疏溝洫、建屯營，當（按：館本當作嘗，是也）歷真、保、薊、永，某泉可引，某水可渠，言之鑿鑿可〔按：館本可作有〕據。會御史傅應禎建言廷杖，貞明爲邏者所跡，被謫，行次潞河，著《潞水客潭》一書，兵部尚書譚綸見之曰：綸久歷塞上，知其必可行也。時順天撫臣張國彦、道臣顧養謙方有事于興水田，行之薊、永、玉田、豐潤而效，于是貞明召還爲尚寶丞矣。工科都給事中王敬民疏薦貞明，上特加貞明尚寶司少卿，賜專勅，令撫按官勘議。貞明謂：凡民難與慮始，條例數欵以釋民疑。上命撫按官曉諭所在軍民，而巡關御史蘇酇疏言曰：治水與墾田相濟，未有水不治而田可墾者也。畿郡之水爲患，莫如蘆溝、滹沱二河，蘆河發源于商乾，滹河發源于泰戲，源遠流長，又合淶、易、濡、雹、沙、滋諸水，散入各淀，而泉渠溪港悉從而注之，是以高橋、白洋等淀大者廣一二百里，小者四五十里，滙爲巨浸。每當夏秋霖潦之時，膏腴變爲舄滷，菽麥化爲萑蒲矣。夫水患之當除，大概有三：曰濬河以決水之壅也，曰疏渠以殺淀之勢也，曰撤曲防以均民之利也。唐刺史盧暉於河間開長豐渠，引水東流以溉田；宋〔校記：廣本宋下有時字〕臨津令黃懋屯田雄莫等州，置斗門引淀水灌溉，民賴其利；嘉靖初，巡撫許宗魯濬三岔口引渚淀水入海，而景州知州劉深開千頃窪導決河入渠，民免水患，此皆昔人遺法而近世行之有效者也，工部請以酇議，并令貞明遍歷郊關，與撫按引道，講求疏濬瀦畜之法焉。

（神宗萬曆實録卷 159　第 6 頁　159.4.2924）

877　三月壬辰　詔減袍服織造，從浙江撫臣王世揚之請也。舊例每年一萬匹，後增至一萬二千匹，至是一年二運，一運止四千疋矣。

詔減尚衣監料銀。尚衣主造冠服、龍鳳鞠衣，其料價自嘉靖以至萬曆四年皆六百六十兩，十年增至二千一百兩有奇。工部以爲言。有旨，視十年之數減其半焉。

（神宗萬曆實録卷 159　第 7 頁　159.5.2926）

878　三月庚子　以福建巡撫趙可懷爲副都御史巡撫順天。

（神宗萬曆實録卷 159　第 8 頁　159.6.2927）

879　四月壬戌　日晡大風，揚沙蔽日。

（神宗萬曆實録卷 160　第 6 頁　160.4.2936）

880　五月乙酉　宛平縣玉河鄉大雨雹，傷人畜以千計。

（神宗萬曆實録卷 161　第 5 頁　161.3.2948）

881　六月辛丑　慈寧宫成。工部奏：經始于甲申歲二月，建暨實今二月，是工完纔渝時耳。先年營是宫也，費至四十八萬，今止十五萬。上嘉悦，有旨：各官効勞，從厚給恩典，于是元輔時行蔭一子中書舍人，次輔國、家屏各蔭一子國子生，尚書兆加太子太保，蔭一子國子生，侍郎起鳴陞本部尚書，工科陳大科陞通政司右參議，御史許子良陞大理寺右寺丞，繕部郎中鄭有年陞太僕寺少卿，仍管司事，掌錦衣衛事左都督劉守和加太子少保，各賚銀幣有差。太監張誠加恩五等，張鯨三等，張禎二等，加蔭弟姪一人錦衣衛，誠千户，鯨及禎百户，其餘各官陞賚有差。

（神宗萬曆實録卷 162　第 1 頁　162.1.2957）

882　六月壬寅　安南都統使司都統使莫茂洽差宣撫使阮允欽等四十人進九年、十二年分貢銀器、象牙、方物，加賞錦一段，綵段四有副〔校記：抱本改有副作表裏〕，并賞給貢官如例。

（神宗萬曆實録卷 162　第 2 頁　162.2.2959）

883　六月壬寅　順天府府尹徐元泰以該府所屬雜派銀力二差四萬兩有奇，題請均擬各省直代辦，事下户部，題覆：量于草束銀内減派三千兩以蘇畿民。報可。

（神宗萬曆實録卷 162　第 3 頁　162.2.2959）

884　六月戊午　以元輔申時行恭視壽宫治石，賜喜花二枝，大紅雲紵系〔按：館本系作絲，是也，下同〕二疋，銀五十兩，紵系四表裏。

（神宗萬曆實録卷 162　第 6 頁　162.5.2965）

885　七月庚午朔　詔發太倉銀五十三萬兩有奇，充薊、永、密、留昌丹改〔按：館本留昌丹改作昌、易、井陘，是也〕諸鎮年例。

（神宗萬曆實録卷 163　第 1 頁　163.1.2971）

886　七月乙亥　城平谷縣。

（神宗萬曆實録卷 163　第 2 頁　163.1.2972）

887　七月乙亥　勑順天府府尹徐元泰爲都察院右副都御史巡撫四川。以太常寺少卿沈思孝爲順天府府尹。

（神宗萬曆實録卷 163　第 2 頁　163.2.2973）

888 七月壬午 詔修乾運、龍德二殿，尋報罷。時壽宫及乾光殿、僉梅亭〔按：館本僉梅亭作金海亭，抱本海作梅〕、西安門衆役并興，户科給事中田大年、工科王敬民疏争之也。

（神宗萬曆實録卷 163 第 4 頁 163.3.2976）

889 七月戊子 震郊壇之廣利門獸吻，震傷榜題“利”字及齋宫之北門獸吻。

（神宗萬曆實録卷 163 第 6 頁 163.4.2978）

890 七月戊子 以京城巡捕都督僉事同福僉書後軍都督府事。

（神宗萬曆實録卷 163 第 6 頁 163.5.2979）

891 七月戊子 敕右軍都督府僉書都督僉事李如松以原官提督京城内外巡捕。

（神宗萬曆實録卷 163 第 7 頁 163.5.2979）

892 七月戊子 勑原任兵部侍郎王一鶚以原宫兼右僉都御史整飭薊遼邊備，巡撫順天。先是，順天缺巡撫，吏部推閩撫趙可懷，已得旨矣，兵科給事中王問卿以不堪邊任，疏論之，乃改推一鶚。

（神宗萬曆實録卷 163 第 7 頁 163.5.2980）

893 八月己亥朔 營壽宫于大峪山，命大學士申時行往。是日太僕寺少卿李植、光禄寺少卿江東之、尚實司少卿羊可立疏言：大峪山非吉壤，時行與故尚書徐學謨暱，故贊其成，憾尚書陳經邦異議，故致其去，以傾閣臣。時行疏辨。上曰：閣臣職在佐理，豈責以堪輿伎耶！爲奪三臣俸半年，乃傳諭内閣：大峪佳美毓秀，出朕親定，又奉兩宫聖母閲視，原無與卿事，李植等亦在扈行，初無一言，今吉典方興，輒敢狂肆誣搆，朕志已定，不必另擇，卿其安心輔理。時行疏謝。

（神宗萬曆實録卷 164 第 1 頁 164.1.2983）

894 八月甲辰 命右諭德張一桂、洗馬陳于陛充順天鄉試考試官。

（神宗萬曆實録卷 164　第 2 頁　164.1.2984）

895　八月甲辰　詔以太僕寺馬七百九十四匹分給三大營戰士。

（神宗萬卷實録卷 164　第 2 頁　164.1.2984）

896　八月己酉　京師地震。

（神宗萬曆實録卷 164　第 3 頁　164.2.2986）

897　八月乙卯　朝鮮國差陪臣安容等三十有四人賀，各賞給衣服、布疋、韡韈。

（神宗萬曆實録卷 164　第 6 頁　164.4.2990）

898　八月乙卯　朶顔等衛夷人索羅等七十有七人入賀，各賜馬價并賞給金段、韡韈折絹銀有差。

（神宗萬曆實録卷 164　第 6 頁　164.4.2990）

899　八月乙丑　上閲監正張邦垣所進大峪山圖，西北角微有石塊，欲稍移往前，命公徐文璧、大學士申時行、太監張誠再詣大峪山閲視。

丁卯　大學士申時行至自大峪山復命。是日上諭：朕以後九月六日再閲壽宫，傳禮臣具儀。

（神宗萬曆實録卷 164　第 8 頁　164.6.2993）

900　八月丁卯　户部言：錢之輕重不常，輕則斂之，重則散之，故無壅闕匱乏之患……又壽宫吉典方興，工匠軍夫無慮二三萬人，此時坐視低昂，不爲亟處，錢必日重一日。

（神宗萬曆實録卷 164　第 8 頁　164.6.2994）

901　九月丁丑　以尚寶司少卿徐貞明〔按：館本司下無少字，明作名，廣本、抱本有少字，名作明，是也〕兼監察御史領墾田使，鑄督理墾田水利關防。户部言：國家任事之臣難，至於本非其職而慨然有見於國計民生之所在，即勇敢奮發以爲己任尤難也。今尚寶司少卿徐貞明奉旨查勘墾田水利，乃周歷京東地方，相土原濕之宜，測水分合之勢，欲使諸地皆墾而可耕，諸水有利而無患，所條陳詳悉諄切，謹參酌上請。其一曰專責成：夫農桑衣食之原也，各該有司以墾治牧養爲重，留心振舉，設法調濠〔按：館本濠作停，是也〕，地之荒蕪者闢之，水之衝漫者隄之，如是以最聞，不則聽斷雖優亦列下考。本官職任尚寶，無民事之寄，謂宜畀之事權，加以憲職，有司之勤能偷惰，聽其分別而獎飭之，庶乎權足以鼓舞而功可期也。一曰寬課督：南北異向，燥濕殊宜，北之宜于黍猶南之宜于禾〔按：館本禾作稌，抱本作禾〕也。今墾田議論紛紛，其說有三：地方大山峻谷，雷雨驟發，滾石推沙，莫可爲功，一也；原野之地，向來黍稷麥豆民並賴之，概欲改墾，人情未便，二也；雨後所在焦枯，與南方之池沼瀦水者不同，三也。今據議地勢低下偏宜稻者，以漸勸率之，宜黍宜粟者仍其故，荒蕪焦枯之地以漸導之而不遽責其成，則與後二說無所復疑，惟驟雨衝決尚未之及，令本官相度水有當疏或有當遏，期於利便，不必膠執，庶乎事易成而民亦相安于不驚也。一曰善訓率：北人之不習種穡也，必得南農以倡導之，今宜募南民之諳曉穡事者，工費衣食爲之處辦，以一教十，以十教百，以百教千，數年之後，庶乎種稻之利可與黍稷埒也。一曰廣招徠：夫懷土者未必樂遷也，宜多方鼓動，以柔遠而能邇。據議欲令負來，而來者能墾土百畝以上即爲世業，子弟得寄籍入學，間有才能率衆先勞趣事綽有明効者，倣古孝弟力田之例，量授鄉遂都鄙之長，庶乎有所激勸而歸附者踵重也。一曰時賑貸：開荒之地，新集之民，旱潦不時，饑饉無備，據議萬曆十四年爲始，每年應積穀在三分之一留倉備賑，出陳易新。其春作之時，有司照行阡陌，有墾荒無力、疏水無資者貸之，秋成還官，如遇旱澇，免其償補〔按：館本澇下有無收二字，償下無補字〕，庶貧民有所恃而墾荒疏渠得以兼資也。一曰闢久荒：南農應募，居食牛種總倚辦于官，宜於太倉銀庫內動支二萬兩付順天撫臣，聽少卿徐貞明便宜支給。初墾之年許其自收，二年之後方議一半還官，庶應募之民有所覬而益堅也。一曰蘇久役：各州縣民壯因田起役，即古寓兵于農之意也，然每歲操練不過三箇月，今用以治田未免歲終勤苦，據議宜照舊例止役三月，在秋場既畢夏末未種之時，使〔按：館本使作便，廣本、抱本作使〕之疏河劃草，預爲耕作之地，其墾治田土宜募專工，庶兵可息肩而農有定業也。得旨：墾田導水乃利民首務，依議行，銀兩于德州倉發給。貞明着兼憲職，承委官照撫按例，一體舉劾，有推委阻撓者參處重治。

（神宗萬曆實録卷 165　第 3 頁　165.2.3000）

902　九月辛巳　諭兵部取銀十萬兩。司禮監太監張誠傳奉：朕閲視壽宫賞賚不足，爾部可於太僕寺馬價内進十萬兩。户科右給事中楊芳言：馬價係京邊買馬之用，與别項可以挪借者不同。自萬曆九年欽賞遼東獲功官軍取用以來，至今陸續支費通計八十萬，此舊例之所〔按：館本所下有本字，抱本無本字〕無，涓涓之流安足以盈漏卮之洩。不聽。

（神宗萬曆實録卷 165　第 5 頁　165.4.3003）

903　九月丁亥　諭都察院：朕兹閲視大峪山壽宫，一應事務俱從省約，内外從官有沿途擾民者，科道官以名聞。

諭户、兵二部：朕閲視壽宫，賞扈衛圍宿將軍并官軍及山後守巡、在工各官軍共銀五萬兩，御馬監勇士、内官監拽舡、東廠錦衣衛、圍宿官旗銀共一萬兩，户、兵二部各出三萬兩支給。

（神宗萬曆實録卷 165　第 6 頁　165.5.3005）

904　九月壬辰　勅武清伯李文全、太子少保兵部尚書兼都察院右都御史掌院事趙錦：朕兹恭謁祖宗陵寢，閲視壽宫，特命爾等居守，統率守門守城等項文武官員，嚴督京營并巡捕官軍、五城兵馬夫甲人等，譏察盗賊，防備火燭，用保無虞。各官如有怠玩不率應參奏者，爾等指名參奏，應拿問者徑自掌送法司問理，其有要緊事務，即便差人奏聞。欽哉，故勅。

（神宗萬曆實録卷 165　第 7 頁　165.6.3007）

905　九月壬辰　朶顔衛夷人火你亦〔按：館本亦作赤，是也〕等二百二十二人，以慶賀至，正賞，加賞金段衣服、韡韈有差。

（神宗萬曆實録卷 165　第 7 頁　165.6.3007）

906　九月甲子　諭内閣：大峪山吉壤，朕定已期年，工興而用，今李植等屢奏此地多石，奏不可用。朕今復閲在邇，卿等傳禮臣率領臺臣及植等所知精堪輿人前往揀擇數處，以俟朕至親閲。

（神宗萬曆實録卷　165　第 8 頁　165.6.3007）

907　閏九月癸卯　上率后妃發京師，定國公徐文璧、彰武伯楊炳、大學士申時行、許國、王錫爵、王家屏九卿及諸司有職事者扈從百官班送。是日駕次鞏華城，從官隨仗入侍，昌鎮總兵官董一元、昌平州吏民朝于行宮。以蠲免所過州縣田粮諭户部，以優賞京兵、邊兵諭兵部。

甲辰　駕發鞏華城，日中駐感思殿，以元輔時行前次再閲壽宮賜白金五十兩，綵段二表裏。

（神宗萬曆實録卷 166　第 2 頁　166.1.3010）

908　閏九月乙巳　上率后妃親謁長陵、永陵、昭陵畢，上親閲壽宮于大峪山。是日九卿吏部尚書楊巍、户部尚書畢鏘、禮部尚書沈鯉、刑部尚書舒化、工部尚書楊兆、何起陽〔按：館本陽作鳴，是也〕、倪光薦、兵部侍郎石星、辛應乾、都御史趙焕、大理寺少卿王用汲、太常寺卿何源、禮科都給事中王三餘、御史周希旦、武臣定國公徐文璧、恭順侯吳繼爵者皆有疏，請勿改卜。

丙午　上閲黄山一領至于〔校記：廣本無于字〕寳山，乃〔按：館本乃作及，廣本乃下有後字〕復遂升大峪山覆閲，至于東升〔按：館本升作井，是也〕平岡池〔按：館本池作地，是也〕，閲竟于幄次召四輔臣諭曰〔按：館本曰作云〕：朕徧閲諸山，惟寳山與大峪山相等，但寶山在二祖陵之間，朕不敢僭分，還用大峪山，傳與所司，興事無輟。時行等褒讚聖德，上亦勞之。有旨賜隨侍勳臣、輔臣、九卿等〔按：館本等作茶〕。公文璧等入謝，因致詞稱賀而退。駕還感思殿，輔臣時行等迎于道傍。上御東室，召四臣入，又賜羅衣一襲，元輔時行、次輔國加賜玉帶一具，並諭公文璧、侯繼爵賜視元輔。于是時行等頓首趨出，及門，上惠命中使止之，仍召入東室，上以部院諸疏授時行等曰：兹事朕自主張，而紛紛如此，竟是何意〔按：館本意作竟，誤〕？時行對云：諸臣之意不過仰贊聖裁，亦無他也。上意未釋，復以李植及御史柯梃二疏授時行曰：挺初疏説向簡山，今疏都不及此，可令對狀。植等原擇三地，寶山地差勝，可調外任。又諭明日還京。四臣頓首出。植之疏曰：玄宫後鑿石横濶數十丈如屏風，其下便如石地，今欲用之，則寶座安砌石上？挺之疏曰：夫大峪之山，萬馬奔騰，四勢完美，殆天秘真龍以待陛下。植既斥外，挺亦被詰，尋與監正〔按：館本正作生，誤〕張邦垣同奪俸，邦垣四月，挺三月。先是，上謂左右曰：今外廷諸臣爲壽宫事争言風水，夫在德不在險，昔秦皇營驪山，何嘗不求選風水，未幾見發，選求何益？我祖宗山陵卜于天壽山，聖子神孫，千秋萬歲，皆當歸葬，江山安得許多吉壤？朕志定矣。

丁未　駕發感思殿，駐蹕功德寺行宫。

戊申　駕發功德寺行宫，還于京師。

（神宗萬曆實録卷 166　第 2 頁　166.1.3010）

909　閏九月丁未　朶顔衛頭目咬兒幹求陞都指揮僉事管東部夷，許之，仍賜之勑。

（神宗萬曆實録卷 166　第 4 頁　166.3.3013）

910　閏九月戊午　勑巡撫順天兵部左侍郎右僉都御史王一鶚以原官總督薊鎮保定軍務兼理粮餉。……勑湖廣按察使蹇達爲右僉都御史整飭薊州等處邊備、巡撫順天。

（神宗萬曆實録卷166 第5頁 166.4.3015）

911 **十月戊辰** 巡按直隸御史蘇酇〔按：館本酇作瓚，抱本作酇，是也〕條上邊事。在薊鎮者有九。一、重薊東以備營邊。言：假全鎮之力修築灤東工役，自黄土嶺〔按：館本嶺作領，誤〕至燕子窩，拓城修堡，以壯内勢。一、移軍府以使策應。言：三道三協守各守信地，然相去或不及百里，或所轄在百六七十里之外，宜移三屯協守于漢莊營，移燕河參將于劉家營，其建昌原營秋間撫臣移駐，則衝邊皆有重兵而徵調不至間隔。一、處募兵以期實用。言：募兵旋補旋逃，宜稽其名籍，程其技能，填註兵單，驗發各營訓練。一、厚存恤以安解發。言：解到新兵〔按：館本兵作軍〕幾六萬，而額不加，多者安插無法而逃者多也。開墾荒田宜查給以爲世業，分地錯居，耦耕並作而營伍可漸充矣。一、築險要以防大舉。言：潘家口、龍井關、桃林口、羅之峪諸處，河水直通内境，宜築橋防禦，虜謀自杜。一、復廢堡以資守望。言：沿邊一帶，先年設有寨堡安插軍餘，後因歸併，軍民失業，今宜查明開復，無糧邊地許其儘〔按：館本儘作盡〕力開墾。一、練軍實以壯声援。言：遼爲薊之肩臂，寧遠爲遼之咽喉，山海、寧遠俱宜宿重兵，如虜犯遼西，薊出前兵援之，從一片石直趨鉄場堡等處；虜犯薊東，遼出前兵援之，從背陰障直趨掛牌山等處，彼此猗角，虜必奪氣。一、廣招降以携逆黨。言：虜中來歸者，宥其罪愆，蠲其差役，又多爲間諜，使彼此疑猜，未免顧懼。一、寬關禁以開邊利。言：關外草木蓊鬱，禁不敢取，宜每月許開六日，先採三日納充公費，后採三日與各軍資贍。〔校記：廣本、抱本贍作贍，是也〕。

在保鎮者有三。一、覈各隘以固關輔。言：紫荆最號雄關，然所恃以爲固者在各隘耳。宜于川谷寬空者盡爲栽植，于徑路蹪開者盡爲梁塞。又昌鎮之横嶺爲最衝，修邊建臺，尤〔按：館本尤作猶〕爲首務。一、酌駐守以節軍力。言：保定前此達官舍餘，獷悍難馴，不能不藉總兵彈壓，今歲久帖然，宜令該鎮常住易州。紫荆直下至州南一帶傍水荒田，就撥各軍開墾。一、復鄉夫以預防守。言：山西〔按：館本山後無西字，廣本、抱本有西〕廣昌、靈丘等縣，原派鄉夫與易州各縣鄉夫分守隘口，后奉文裁革，宜令山西廣昌等縣仍聽易州道兼管，分派鄉夫查認原分信地，協力防守。

在各鎮者有二：一、精簡練以選軍鋒。言：三鎮之兵不爲不多，然而未獲實用也〔按：館本也作者，廣本、抱本作也〕，宜嚴行鎮道等官精閱爲上中下三等，每月協守合練，每季總兵合練，歲終撫按通練，重犒而峻罰，營路將官即以兵之強弱爲殿最。一、議增烙以恤戰騎。言：昌平各路所少馬數不多，止草料應題入歲餉支給薊鎮。各路馬一萬五千有奇，每年支料六月，支草三月，委爲不敷，宜酌量通融處給。保定五營兩路共馬四千一百八十有奇，其倒死之馬在本鎮防守者議給寺馬折色，在薊鎮八〔按：館本八作入，抱本作八〕衞者議給部發馬價，庶軍不虛贈，而〔按：館本馬上無而字，抱本有而〕馬有實用。上令各鎮撫議之。

（神宗萬曆實録卷167　第1頁　167.1.3021）

912　十月戊辰　陞署都指揮僉事等官陳汝忠五軍二營，周堪、李希周五軍三營，王有翼五軍八營，任自張神機八〔按：館本八作七〕營，盧洪秋神樞八營，各充參將指揮使等官。傅光祖神樞五營，許從謙神樞八營，田濟民神樞十營，吕鍵神機五營，梁宫五軍五營，各充佐擊將軍。

（神宗萬曆實録卷167　第5頁　167.3.3026）

913　十月癸酉　復舊州地方守備。舊州近京師，原設守備一員，主求盜，萬曆八年革。至是以督臣張佳胤之議復之。

（神宗萬曆實録卷167　第6頁　167.4.3028）

914　十月甲申　加房山縣知縣馬水享同知永平府銜，以礦盜起特重縣令事權。從順天撫臣張國彥之請也。

（神宗萬曆實録卷 167 第 10 頁 167.8.3035）

915 十月甲申 改國子監祭酒徐顯卿爲少詹事，充日講官。

（神宗萬曆實録卷 167 第 10 頁 167.8.3035）

916 十一月戊戌 朝鮮國王李昖差陪臣刑曹參判柳永立等三十五人入賀長至，宴賚如例。

（神宗萬曆實録卷 168 第 2 頁 168.1.3038）

917 十一月癸卯 陞右諭德兼侍讀韓世能爲國子監祭酒。

（神宗萬曆實録卷 168 第 4 頁 168.3.3042）

918 十一月癸卯 朶顔等衛夷人羊羔兒等一百一十人入貢長至節，宴賞如例。

（神宗萬曆實録卷 168 第 5 頁 168.3.3042）

919 十一月戊午 詔：五城食貧民籍其名二千九百四十四人，支米一千三百八十六石，薪價銀三百一十五兩，起仲冬訖于孟春。從御史辛志登請也。

（神宗萬曆實録卷 168 第 6 頁 168.5.3045）

920 十一月戊午 傳陞太醫院醫士萬汝棟爲南城兵馬指揮使。

（神宗萬曆實録卷 168 第 7 頁 168.5.3046）

921 十二月丁卯朔 詔裁減惜薪司冗官，減大炭一十五萬斤〔按：館本一十五萬斤作以斤計者一十五萬，抱本作一十五萬斤〕。時山廠設于易州，而數百里外〔按：館本外下有林字〕麓都盡。長裝大炭歲五十五萬，嘉靖間以建醮復加二〔按：館本二作三，抱本作二，誤〕十萬，又各廠中貴五百六十八員皆有分例，邊商苦之。工科給事中王敬民以爲言，工部題覆，于是改加三十萬爲十五萬，候積剩足用，併與停止，而司禮太監陳政等亦奏，該司自掌廠貼〔按：館本無掌下廠貼二字，抱本有〕廠僉書等官存留外，其餘不許預收放，止令帶銜供事。

（神宗萬曆實録卷 169 第 1 頁 169.1.3049）

922　**十二月庚午**　　朶顔等衛都督長昂等遣頭目進馬七十一匹入賀長至令節，賜給馬價絹疋并加賞表裏、韡韈。

（神宗萬曆實録卷 169　第 4 頁　169.3.3053）

923　**十二月辛巳**　　復薊鎮遵化輜重營及其將領等官。先是薊邊〔按：館本邊作鎮，抱本作邊〕原設輜重三營，後裁革。督臣王一鶚言：本營餘兵一千一百二十三名，見坐食左營，鹽〔按：館本鹽作益，是也〕以豐潤、玉田二縣治田南兵一千四百名〔按：館本無名字，抱本有名字〕，自足成一營，仍設遊擊一員，中軍千户七員領之。

（神宗萬曆實録卷 169　第 5 頁　169.4.3055）

924　**十二月甲申**　　命……都督僉事侯繼高、張邦奇以原官各充總兵官，繼高鎮浙江，邦奇鎮居庸、昌平。

（神宗萬曆實録卷 169　第 6 頁　169.5.3058）

925　**十二月丁亥**　　朶顔等衛夷人脱伯老撤等二百一十有四人貢馬賀萬壽聖節，宴賞如例。

（神宗萬曆實録卷 169　第 7 頁　169.6.3059）

926　**十二月丁亥**　　初，薊鎮車騎二營各設遊擊，自爲一軍，後議車營改爲都司，受騎營節制，事多掣肘，營制遂壞。督臣王一鶚等請以密雲之振武營、遵化之右營、三屯之車前營車後營、昌平之左車營右車〔按：館本無右下車字，抱本增車字〕營照舊復爲遊擊，即以見任各都司管遊擊事，候其秩滿爲真。上是之，仍勑以後軍政並遵舊制，不得輕議更置。

（神宗萬曆實録卷 169　第 7 頁　169.6.3059）

927　**十二月壬辰**　　上嘉順義王恭順，特賜白金、彩段、蟒繡，及其部落銀幣有差。

（神宗萬曆實録卷 169　第 8 頁　169.7.3061）

萬曆十四年（1586）

928 **正月辛丑** 以……分守薊鎮牆子嶺參將彭友德分守古北口等處地方參將。

（神宗萬曆實録卷170 第2頁 170.1.3064）

929 **正月辛丑** 升宣府靖胡堡守備邸然爲昌平總兵標下兵營遊擊。

（神宗萬曆實録卷170 第2頁 170.1.3064）

930 **正月甲辰** 世廟雍妃陳氏薨逝，命照温静懿妃趙〔校記：起居注趙作陳〕氏禮行。

（神宗萬曆實録卷170 第2頁 170.2.3065）

931 **正月丙午** 巡視京營刑科左給事中楊芳等條陳京營六事：一、選將領。副參等官有缺，務選邊陲〔按:館本陲作郵，誤〕經戰之將，或腹裏傑出之才疏名内轉責之訓練三軍，俟有成勞，優加遷敍。一、揀庶職。欲將會試武舉分班留用，俟次推補，務期三年用盡。一、精訓練。一、慎選補。一、擇選鋒。謂選鋒之名或以將官家人而寄名冒充，或以市井無籍而鑽求占役，耗三〔按：館本三作二，北大本、抱本作三，是也〕軍之粮，乏匹夫之勇，獘孰甚焉。以後選鋒有缺，務擇忠實平民膂力過人者從公替補。一、修馬政。當嚴諭將官，督令官軍，加意餧養，每年春秋操畢，接管衙門分閲次第，倒死數多者照例參究。再總營中買馬，初行甚便，近則馬少價高，各官稱苦，似當亟行停止，俟數年后間一舉行。養馬之外如車戰等營尚有駱駝六十餘隻，歲費草料八百餘金，談者謂分發駝房或附近宣、薊等處，就彼收放，省費爲多，又當併議者也。兵部覆：議揀庶職一欵，恐人多缺少，難慰待用之心，此往彼來，益滋費勞之怨。合無將在京衛者咨送京營，在邊腹者仍咨督撫，酌量委任。餘五事俱應依擬。從之。

（神宗萬曆實録卷 170　第 3 頁　170.2.3065）

932　正月丙午　兵部覆：巡視京營科道舉參將等官王治等五十二員、參指揮同知等官陳直等二十二員，革任。

（神宗萬曆實録卷 170　第 3 頁　170.2.3066）

933　正月丁未　部覆：議于萬曆十五年爲始，太僕寺將額發薊鎮馬一千疋，于派本色分數中行令該州縣等處照例徵銀三十兩，仍解該寺交納，總得銀三萬兩。每年止以二萬四千兩運送薊鎮收買土馬，卽可得馬二千匹給軍騎操。

（神宗萬曆實録卷 170　第 4 頁　170.3.3067）

934　正月戊申　命神樞十營佐擊署都督指揮僉事王柱〔校記：北大本柱作桂〕爲分守通州地方兼管練兵事務參將。

發薊鎮義兵銀一萬兩充春防犒賞，依總督王一鶚請也。

（神宗萬曆實録卷 170　第 5 頁　170.3.3068）

935　正月己酉　工部覆：直隸巡按蘇酇題少卿徐貞明奉命經略水利〔按：館本利作患，抱本作利，是也〕，窮源溯委，徧歷周諮，處措財用，一一列欵，于畿甸水利大有裨益。一、疏濬深州、霸州等處河道，共該夫役銀一萬九千三百一十三兩一錢，除霸州道屬見有勘動官銀三千七百八十兩餘，于真定府存留贓罰銀內動支二千兩，保定府五千兩，河間府八千五百三十三兩一錢，湊足前數，委官及時興舉，務要挑濬如法，河流通利。一、疏濬安州、雄縣、保定等處河身及挑築束鹿、深州河隄所用人夫隨便役民，其工食之費要于各府州縣積穀內酌量動支。仍勸諭富民，有能慕義倡衆捐資助役者，酌量旌異，以示勸率。一、修河間、任丘橋樑及墊築道路，共該銀二〔按：館本二作三〕千六百八十八兩有奇，宜暫借該府官銀抵用。一、挑復河間、獻縣灣（按：館本灣作滹，是也）沱舊行子牙河之道，因路遠工多難以驟舉，宜行撫按轉行道府，估工議費，另行題請。俱從之。

（神宗萬曆實録卷170　第5頁　170.4.3069）

936　正月己未　以……神樞營右副將署都督僉事任大同爲南京後軍都督府僉書管事，神樞營左副將署都督僉事王元爲南京右軍都督府僉書管事。

（神宗萬曆實録卷170　第11頁　170.9.3079）

937　正月壬戌　禮部題會試事宜，請廣制額。上命特取三百五十人，著爲例。又議試録程文宜照鄉試例，删潤原卷不宜盡掩初意，至于經房額設一十七員書《易經》，舊例各有四房，《易經》卷多，合增一房。從之。

（神宗萬曆實録卷170　第14頁　170.11.3084）

938　正月壬戌　陞神機二營參將張咸爲神樞營左副將京城廵捕，差參將王治爲神樞營右副將。

（神宗萬曆實録卷170　第14頁　170.11.3084）

939　二月己卯　陞五軍四營遊擊胡承勳為神機二營練勇參將，都留守司掌印署正留守李應詔爲京巡捕左參將，神機九營佐擊韓光爲神機三營參將。

（神宗萬曆實録卷171　第10頁　171.8.3105）

940　二月庚辰　原任順天府府尹李敏于十三年二月在家病故。照例予祭，減半造葬。

（神宗萬曆實録卷171　第10頁　171.8.3106）

941　二月乙酉　會試舉人因點名攙越混擾踏死餘姚舉人陳希伊、海寧舉人吴國賓。事聞，上命罰治御史、兵馬等官各有差。命順天府厚給死者，兵部給脚力應付回還。

（神宗萬曆實録卷171　第13頁　171.10.3110）

942　二月乙酉　陞京城西北巡捕把總許鳴時爲神機九營佐〔按：館本佐作坐，北大本、抱本作佐〕擊，德州守備文廉爲五軍四營游擊，五軍七營練勇參將劉光祚爲神樞營左副將。

（神宗萬曆實録卷171　第13頁　171.10.3110）

943　二月戊子　陞順天府府丞韓必顯爲通政司左通政。

庚寅　陞陜西道御史張文熙爲順天府府丞。

（神宗萬曆實録卷 171　第 14 頁　171.11.3112）

944　二月甲午　大風霾。

（神宗萬曆實録卷 171　第 15 頁　171.12.3114）

945　二月甲午　禮部取中式舉人袁宗道等三百五十名。

（神宗萬曆實録卷 171　第 16 頁　171.12.3114）

946　三月辛丑　工科左給事中唐堯欽參論順天府府尹沈思孝因提調保勘冒籍事奉旨降俸級三等曰：降俸級且三等則與僅降俸者異矣，去京兆級遠矣。一言鈇鉞，誰敢輕犯？思孝少存畏懼，宜即席藁待罪，乃服錦腰金，偃然故吾，非皇上所以令天下也，宜極斥去。上令調外任，因輔臣論救，改調南京。

（神宗萬曆實録卷 172　第 8 頁　172.6.3128）

947　三月丙午　工部題：各省直應解本部錢糧歲額有限，而浙直之加派織造，湖廣川貴之採辦大木，河南之營建府第，又加預議留用，計一歲所入不過七十餘萬，而各監局之年例，不時之傳造及一應工作之支給皆取必于此，即有心計，將無所施。乞勅監局諸臣務宜加意節省，例額之外不得再行加增，輒行傳造可也。至採木之役重爲三省之累，乞將川貴應採辦二分内，湖廣未採木數内再行量免一二。又言：南方採辦竹木等項，即價值所派無幾，而道途跋涉、往來絡繹，有價止一金、費至數十金者，其于地方爲害匪細，乞行停取。再照壽宫工程三山石料採取發運爲尤難，順德等府俱去京僻遠，往返勞累，乞先行放回，以便生理。上覽奏，嘉納，但以工作所需及供用難缺者，俟足用之日議處，遠府車輛准酌量放回。

（神宗萬曆實録卷 172　第 15 頁　172.12.3139）

948　三月庚戌　上策天下貢士。

壬子　上御文華殿，輔臣申時行等以所擬貢士上卷進讀，上親覽批定，以第三卷爲第二，拔第十卷爲第三。賜讀卷官宴。

（神宗萬曆實録卷 172　第 18 頁　172.14.3144）

949　三月壬子　陞大理寺少卿王用汲爲順天府府尹。

（神宗萬曆實録卷 172　第 20 頁　172.16.3147）

950　三月癸丑　賜進士唐文獻等三百五十一人及第、出身有差，百官致詞稱賀。

（神宗萬曆實録卷 172　第 20 頁　172.16.3147）

951　三月癸丑　以元輔申時行往大峪山恭視壽宫安石，賜幣及御前銀五十兩，紵絲三〔按：館本三作二，北大本、抱本作三〕表裏。

（神宗萬曆實録卷 172　第 20 頁　172.16.3148）

952　四月壬申　户部覆：巡視京營田疇等奏，京營馬軍月糧草料自萬曆十四年爲始，其中草料除二月已放本色外，其十月與次年二月、十月俱支本色，歲以爲常，毋許更易，果值本色收貯不足，仍聽臨時議請改折支放。從之。

（神宗萬曆實録卷 173　第 7 頁　173.6.3171）

953　四月癸酉　寅時地震有聲。

（神宗萬曆實録卷 173　第 8 頁　173.6.3171）

954　四月庚辰　調補原任順天府府尹沈思孝爲南京太僕寺卿，仍照原降俸級三等管事。

（神宗萬曆實録卷 173　第 11 頁　173.9.3178）

955　四月庚辰　裕陵明樓震傷磚瓦，守備奏聞。上命卽看估修理。

（神宗萬曆實録卷 173　第 12 頁　173.10.3179）

656　五月乙未朔　大學士申時行題：壽宫工所例應看視，宜令次輔已下輪流一員與時行閲工，餘二員在閣辦理。上是之。

（神宗萬曆實録卷 174　第 1 頁　174.1.3191）

957　五月辛酉　先是，文淵閣印被盜，上以久無下落，命改鑄，完賜内閣收用。輔臣申時行等具疏陳謝。

（神宗萬曆實録卷 174　第 12 頁　174.9.3208）

958　六月癸未　兵部覆：兵科給事中王問卿題〔按：館本題下有稱字〕，薊鎮工程東協石門路等無備，宜及時修築。報可。

（神宗萬曆實録卷 175　第 10 頁　175.8.3226）

959　六月甲申　廵視中城〔按：館本中下無城字，北大本、抱本中下有城字〕兵馬司湖廣道御史徐大化題：爲南北法臣意見不一，乞勅詳議以一法守。刑部尚書舒化言：五城詞訟不當准受，與夫人命不當簡詳、事體不當歸結，非是。《會典》載：廵視京城御史，凡事有奸弊，聽其依法受理送問，豈曰無受辭問理之責？五城之事旋問旋決〔按：館本決作結，北大本、抱本作決〕，甚則批辭亦止數日，刑部多〔按：館本多作久，北大本、抱本作多〕則累月，少則一月，即笞杖納續亦兼旬而未休，羣兩造而盾〔按：館本盾作質〕之，語及送問，率法〔按：館本法作泫，是也〕然流涕不顧也。設事事而究竟而送問，勢必囹圄成市、桎梏若林，欲以便民反以害民，臣等實所未喻。有旨：京城詞訟聽五城御史受理速決，以便小民，應成招擬罪者送刑部問斷。令部科詳議。

（神宗萬曆實録卷 175　第 11 頁　175.8.3226）

960　六月乙酉　户部題：陵工大興，春班軍七月終旬始得放班，夫春班滿于六月而役〔按：館本役上有工字，役下有放字〕于七月，此月之行糧應爲處給，合于春班正月内扣過米數算計處補，少有不足，照數動支，湊作七月行糧之算，是于原額既無虧損，于各軍又有裨益。從之。

（神宗萬曆實録卷 175　第 11 頁　175.9.3227）

961　六月丁亥　上以壽宫工程浩大，未有次第，聞嘉靖年間朝殿等工撫按官各進有助工贓罰銀兩，是否可行，令工部議。

（神宗萬曆實録卷 175　第 11 頁　175.9.3228）

962 七月甲午朔 先是，六月二十二日夜，風雨大作，通州石、王〔按：館本王作土，抱本作王〕二壩撞沉糧船一十一隻。巡漕御史報聞。户科議：風雨驟至，雖係天時之適，然亦人事之朱〔按，館本朱作未，是也〕周，運臣宜參究。上謂：抵壩糧船每有損失，宜從長計處預備。

（神宗萬曆實録卷 176 第 1 頁 176.1.3235）

963 七月戊戌 以壽宫安砌寶座，賜輔臣花幣。

（神宗萬曆實録卷 176 第 2 頁 176.2.3236）

964 七月癸卯 西安門修理工完，祭謝后土司工之神，遣侍郎魯〔按：抱本魯作曾，是也〕同亨行禮。

（神宗萬曆實録卷 176 第 4 頁 176.3.3239）

965 七月丁巳 以薊鎮大水峪游擊田汝經爲分守延綏孤山等處地方參將。以分守居庸關參將楊元爲薊鎮石塘嶺等處地方參將。〔按：抱本脱以以下二十二字〕

（神宗萬曆實録卷 176 第 18 頁 176.15.3264）

966 七月己未 升南京浦子口守備〔按：館本備作禦，北大本、抱本作備，疑是也〕楊嘉言爲薊鎮大水峪游擊。

（神宗萬曆實録卷 176 第 19 頁 176.16.3266）

967 七月己未 先是，刑部尚書舒化等奏言五城之事，大畧謂：一切詞呈不當准受，與夫人命不當簡詳、事體不當婦〔按：館本婦作歸，是也〕結。御史徐大化謂非是，至是南京刑部尚書姜寶陳言謂五城御史宜聽受呈詞，奉旨下議，化覆言：本部條議詳確，似難別議。大化遂極言五城有依法受理之條，刑部有滯留失業之弊。又稱舊賊之設卽律令警跡遺意也。上命：京城詞訟小事，聽五城御史受理速次〔按：館本次作決，是也〕，以便小民，成招擬罪者送刑部問斷。且令部院同該科議擬，詳悉開欵。于是舒化遂反覆言五城宜受理不宜問罪，又不得濫罰及簡詳刺字也。且謂舊賊充藩〔按：館本藩作番，下同〕尤爲不妥，如朱秉良等一起，始以賊充藩，既以藩爲賊，始失察而誤用，既以誤用而又爲應用，殆不可也。乃將本部及巡城事宜開欵上請。有旨：既會議明白，着各永遠遵守，不許侵越職掌，妄議紛更。

（神宗萬曆實録卷 176　第 19 頁　176.16.3266）

968　七月庚申　都城重城城牆、鋪譽〔按：館本譽作舍，是也〕等項興工，祭告后土司工之神，遣侍郎曾同亨行禮。

（神宗萬曆實録卷 176　第 20 頁　176.17.3267）

969　八月甲子　以涿州守備指揮同知李應春爲統領薊鎮寧山春班官軍遊擊。

（神宗萬曆實録卷 177　第 1 頁　177.1.3269）

970　八月己巳　户部覆：屯田御史劉霖題稱：查撥過永清等三十七州縣地土〔按:館本土作方，抱本作土，是也〕共二千五百九十五頃八十二畝，各徵銀不等，共徵銀七千七百八十七兩四錢六分，相應撥給瑞安長公主及稱長〔按：館本長下有垣字，是也〕縣地一百六十餘頃，俱每畝徵銀五分一厘，除湊〔按：館本湊作輳，抱本作湊〕足該府銀數外，尚多銀二百六十一兩五錢六分零，仍應押〔按：館本押作扣〕出備邊。以上地銀自萬曆十四年爲始，查照〔按:館本照作炤，下同〕原徵銀數每年依期解部轉給，照依題覆。上是之。

（神宗萬曆實録卷 177　第 4 頁　177.3.3273）

971　八月癸酉　户部覆：户科都給事中田疇題添設號〔按：館本號下有房字〕以便起剥。石壩宜增建一十五間，通共六十五間，土壩地窄，除舊號房三十六間，今議量買民房〔按：館本房作居，抱本作房〕蓋造號房十四五間。普濟等四閘各建大號房六間，約可容米五千餘石，如漕糧一時起運不及，暫行堆頓，以避風雨之患，是亦先事之防。從之。

（神宗萬曆實録卷 177　第 6 頁　177.5.3277）

972　八月丙戌　以浙江都司掌印署都指揮僉事熊世錦爲京城

巡捕右參將。

（神宗萬曆實録卷 177　第 12 頁　177.10.3287）

973　九月甲午　　户科等衙門右給事中等官曲迁〔按：館本迁作遷〕喬等題：奉旨查核〔按：館本核作覈，北大本、抱本作核〕順天府儒學生員汪起濳、朱萬春各訐奏、冒籍事情。起濳一弟子員，乃敢以莫大之罪陰陷師長，萬春心若奉公，言實出位，千户盧仁等妄訐及〔按：館本及作反〕覆需索刁難，并其餘教授李杜才等當分别處治。上依擬遣革、提問、罰治有差。

（神宗萬曆實録卷 178　第 5 頁　178.5.3301）

974　九月丙申　　修理天壇興工，祭告后土司工之神，遣尚書楊兆行禮。

（神宗萬曆實録卷 178　第 9 頁　178.8.3307）

975　九月丙申　　朝鮮國陪臣工曹參判尹自新等進賀，事畢回還，宴賞如例。

（神宗萬曆實録卷 178　第 9 頁　178.8.3307）

976　九月己亥　　准順天府府丞張文熙給假省親。

（神宗萬曆實録卷 178　第 11 頁　178.9.3310）

977　九月己亥　　以墻子路失事，革去小阿卜户栢桑等撫賞，諭合悔罪，如再不悛卽調兵擒勦；該路將領李信等各住俸，戴罪立功。總兵張臣等各罰俸二月。

（神宗萬曆實録卷 178　第 11 頁　178.9.3310）

978　九月戊申　　以……神機七營練勇參將署都指揮僉事任自強爲分守薊鎮燕河營等處地方參將，以五軍九營遊擊署都指揮僉事郭銘爲分守薊鎮太平寨〔按：館本寨作路，北大本、抱本作寨〕參將。

（神宗萬曆實録卷 178　第 14 頁　178.12.3316）

979　九月壬子　　上命會試武舉取一百，命爲例，不許奏請增添。

（神宗萬曆實録卷 178　第 20 頁　178.17.3325）

980　九月壬子　　以京城西南巡捕把總署指揮僉事李如蘭爲五軍九營游擊。

癸丑　　以神樞四營游擊署都指揮僉事劉滋爲神機七營練勇參將。

（神宗萬曆實録卷 178　第 20 頁　178.17.3325）

981　九月乙卯　　以神樞九營佐擊署都指揮僉事王應祥爲神樞四營游擊。

（神宗萬曆實録卷 178　第 20 頁　178.17.3326）

982　九月戊午　　以薊鎮榆木嶺關提調署指揮僉事郭應坤爲神樞九營佐擊。

（神宗萬曆實録卷 178　第 22 頁　178.18.3328）

983　九月己未　　太常寺卿裴應章等題稱：先年永陵悼、隱、恭妃等妃三十三位，原在陵殿，歲止四祭，所有豬羊價徑自移關順天府減派外，原領太倉額價七百七十兩内應減去二百八兩八錢。又稱，每歲興工謝土等項額外牲隻難以預定，乞要每年終結計用過豬口少價數目經呈本部增給，户部依覆。上是之。

（神宗萬曆實録卷 178　第 23 頁　178.19.3329）

984　十月丙寅　　壽宮迎樑，祭告神木廠司工之神，安石、豎柱、上樑，祭告后土司工之神，遣尚書楊兆、何起鳴各行禮。

（神宗萬曆實録卷 179　第 2 頁　179.1.3332）

985　十月癸酉　　壽宮正殿迎樑，上命在工有事官員及五府六部都察院堂上官、通政司大理寺等衙門各掌印官、六科十三道各掌科掌道一員去。

丁丑　　以壽宮正殿安石、豎柱賜三輔臣每銀柄絨花二支，大紅雲紵絲二疋，并九卿堂上官在工官員有差。又賜元輔申時行銀五十兩，紵絲二表裏，次輔許國、王錫爵每銀三十兩，紵絲二表裏。

（神宗萬曆實録卷 179　第 4 頁　179.4.3337）

986　十月戊寅　以壽宫正殿迎樑賜三輔臣每銀柄絨花二枝，大紅雲紵絲二疋，并九卿堂上官、科道官有差。

（神宗萬曆實録卷 179　第 5 頁　179.4.3338）

987　十月癸未　以壽宫正殿上樑〔按：館本樑作殿，北大本、抱本作樑，是也〕賜元輔申時行銀五十兩、紵絲二表裏，次輔許國、王錫爵每銀三十兩，紵絲二表裏。

（神宗萬曆實録卷 179　第 7 頁　179.6.3341）

988　十月己丑　户部覆：巡撫御史韓國禎題，議畿輔灾傷地方，宜照被灾傷輕重，遵依灾免則例俱于本年存留糧内照依分數遞行蠲免。開墾水田借過豐潤、玉田、遵化三縣庫銀一萬五千兩，又薊鎮積貯銀一萬五千兩，准與開豁，免其補還。上俱依擬。

（神宗萬曆實録卷 179　第 9 頁　179.8.3345）

989　十一月丙申　升江西道監察御史劉光國爲順天府府丞。

（神宗萬曆實録卷 180　第 3 頁　180.2.3350）

990　十一月辛丑　户部覆順天府條陳九事：一、議以丁地分編銀力二差。一、議三等九則之法。人〔按：館本人作又〕有門銀，原爲富家援例得以優免者而設，但其援例之後寧無家道消乏有？〔按:館本有作者〕果係上中六則,准加門銀與丁銀同編力差，下三則者免編。一、議力差僱役者宜照數徵銀，於官給代役之人，庶私下免津貼之弊，而正户無賠敗之苦。一、議流寓人户置有田産，其住居年久家道殷實者，與土民一體編差。一、議京官、外官、内使照品級優免，不得徇情濫免。一、議大興縣有巡関鋪兵，今應改入力差，房山縣有刑部庫子、通政司鋪兵、會同舘舘夫，今應改入銀差。一、議宛、大二縣既各復管匠縣丞一員，照額加編，不許濫額，以滋民累。一、議裁革官員，其公費盡行免編。一、議東安縣災傷，將協濟武清縣哨船兵夫十一名盡數改派舊州，守備快手十四名量派一半于附近州縣，尚俟查議，餘俱依擬。

（神宗萬曆實録卷 180 第 7 頁 180.6.3357）

991 十一月辛丑 朝鮮國差陪臣禮曹參判成壽益等賀冬至節，命宴賞如例。

（神宗萬曆實録卷 180 第 8 頁 180.6.3358）

992 十一月丙午 命五軍十營佐擊毛希遂爲神機八營執事參將。

（神宗萬曆實録卷 180 第 9 頁 180.7.3360）

993 十一月己酉 升永平城守備陳仲爲署都指揮僉事充五軍十營佐擊統領官軍操練。

（神宗萬曆實録卷 180 第 10 頁 180.8.3362）

994 十二月庚辰 先有左道婁佛顯等擅入禁城，擒送法司問，擬佛顯監候處決，吴討等口外爲民。上依擬。

（神宗萬曆實録卷 181 第 7 頁 181.6.3381）

995 十二月丙戌 升……神樞四營佐擊署都指揮僉事熊文濟爲萬全都司軍政掌印。

（神宗萬曆實録卷 181 第 10 頁 181.8.3386）

萬曆十五年（1587）

996 正月庚寅朔 上御皇極殿受百官朝賀，寅時，得風從東北艮方來，四方晴明。

（神宗萬曆實録卷 182 第 1 頁 182.1.3389）

997 正月丁酉 上親享太廟。是日午時西南有雷聲。

（神宗萬曆實録卷 182 第 2 頁 182.1.3390）

998 正月己亥 申明門禁：武官三品以上、文官四品以上入朝，得以四人員隨，五品以上三人，六品以上二人，衛官管事者一人。從人非懸帶印信木牌不許擅入。

（神宗萬曆實録卷182　第3頁　182.2.3391）

999　正月庚子　上視朝，午門外緝獲詭服三人。以守門官吏平昔疏縱，不能稽查奸細處之。仍諭京城内外及各省直地方，但有學左道煽惑人心，巡捕嚴行訪拏究治。地方敢有隱匿，一體治罪。都察院左都御史辛自修因貢〔按：館本貢作言，是也〕白蓮教、無爲教、羅教蔓引株連，流傳愈廣，踪跡詭秘，北直隸、山東、河南頗衆，值此凶年，實爲隱憂。請命下五城御史及咨各省直隸撫按官督令軍衛有司嚴行訪拏，仍將律載左道條欵及明旨内事理刊布大字榜文曉諭，敢有仍前不悛，依律正罪，容隱不舉者連坐。上報可。

（神宗萬曆實録卷182　第3頁　182.2.3392）

1000　正月辛丑　擢用副參遊擊楊紹勳等二十四員。薊鎮中路南兵營遊擊韓沛、墻子路遊擊李信、界嶺口關提調王偉忠、昌鎮營河兼鞏華城守備王國賢俱革任，韓沛、李信令巡關御史提問，從御史韓國楨之請也。

（神宗萬曆實録卷182　第4頁　182.3.3393）

1001　正月甲辰　大學士申時行等進重修《大明會典》。

（神宗萬曆實録卷182　第5頁　182.3.3394）

1002　正月甲辰　左都御史辛自修上言：京官考察關係重大，惟憑臺諫銓曹訪單爲據，毁譽出愛憎，是非半訛傳，中傷念多，爲國念少，以致彼此牴牾，公私夾襍。今諸臣務矢心無私，鑒別必求根據，留意必及孤立，然後黨同伐異之風可銷。得旨：考察事宜務虚心秉公，恪爲遵守，以稱甄别大典。

（神宗萬曆實録卷182　第5頁　182.4.3395）

1003　二月乙丑　大學士申時行等題：昨夜初更，臣等望見皇城東北角有火光，不勝驚愕。今朝進朝始知司設監失火，燒毁連房，隨卽救息。近日火星留天庭中，其應或在于此。但皇城暮夜火光照耀近徹，宮庭人語喧傳或廑聖慮，願皇上克謹天戒，以承天休。報聞。

（神宗萬曆實録卷183　第3頁　183.2.3410）

1004　二月庚午　陞……浙江道御史宋任〔按:館本任作仕，抱本作任〕爲順天府丞。

（神宗萬曆實録卷183　第8頁　183.6.3417）

1005　二月庚辰　以巡撫宣府〔按：館本府下有地方二字，抱本刪〕兵部右侍郎蕭大亨協理京營戎政。

（神宗萬曆實録卷183　第12頁　183.9.3424）

1006　二月乙酉　順天府尹王用汲爲南京右副都御史巡撫廣西地方。

（神宗萬曆實録卷183　第12頁　183.10.3425）

1007　二月丙戌　陞太僕寺卿周繼爲順天府尹。

（神宗萬曆實録卷183　第13頁　183.10.3426）

1008　二月癸卯　未時，西北風有聲，揚塵蔽空，四方黄濁，至申乃息。

（神宗萬曆實録卷184　第6頁　184.4.3436）

1009　三月己酉　調原任順天府府丞許光國爲浙江兵備副使。

（神宗萬曆實録卷184　第8頁　184.6.3440）

1010　三月壬子　詔工部官：京通二倉廠〔按：館本廠作厫，抱本作廠〕座工料用銀數多，不無虚冒糜費，以後務照編定字號及將經手員役嚴行查考，如有不久損壞及各項情弊，該管侍郎同科道官指名參奏重治。

（神宗萬曆實録卷184　第11頁　184.9.3445）

1011　四月壬戌　午時候得西北風大有聲，揚塵漲天，四方昏濁，至申時漸息。

（神宗萬曆實録卷185　第2頁　185.1.3455）

1012　**四月丙寅**　巡視京營兵科左給事中苗朝陽題：京營官軍馬匹，業已奉旨嚴查歸伍，乃各衙門於巡軍馬匹夤緣騎占，夜看私宅，循爲故事，大約五、六名，亦有多至數十名。且皆関鎖門内，卽本軍亦以看宅自恃，不隨衆伍，動則某官宅内假借影射，以致斜徑曲巷一、二里餘，無一人巡捕，卽有盗賊生發，何能一時招聚追捕，亦城中之患也。得旨：巡軍但有占用者，都著一體清査。

（神宗萬曆實録卷185　第3頁　185.2.3458）

1013　**四月己巳**　陞陝西副使許孚遠爲順天府府丞。

（神宗萬曆實録卷185　第4頁　185.3.3459）

1014　**四月壬申**〔按：館本申作子，抱本作申，是也〕　琉球國中山王尚永，差都通事齎表文進貢方物，賜綵段、鈔錠及宴待如例。

（神宗萬曆實録卷185　第5頁　185.4.3461）

1015　**四月癸酉**　諭禮部，朕見今春雪雨降少，入夏以來風霾屢作，霈澤未沾，三農失望，爾禮部行順天府於各宮廟潔誠祈禱。

（神宗萬曆實録卷185　第5頁　185.4.3462）

1016　**四月丁丑**　國子監祭酒李長春等奏：《易經奏疏》〔按：館本奏作註，是也〕刊畢進呈。上命留覽。

（神宗萬曆實録卷185　第8頁　185.6.3466）

1017　**四月戊寅**　兵科都給事中顧九思題：通州京師咽喉，舊城傾北〔按：館本北作圮〕，修葺費約三、四萬兩。又査得每年漕運餘剩輕齎及草廠籽粒各不下幾萬兩，自通州輸太倉爲濟邊之用，該州内擁京畿，外薄夷虜，城之尤要者，請於十四年分量留幾萬於該州，而三倉米多浥爛，買料召工可佐銀之所不足。上是之。

（神宗萬曆實録卷185　第8頁　185.7.3467）

1018　**五月癸巳**　大學士申時行等題：兹者天時亢陽，雨澤鮮少，診氣所感，疫病〔按：館本病作癘〕盛行。祖宗來設有惠民藥局，皇祖、世宗屢旨舉行，乞勑禮部劄行太醫院多發藥〔按：館本藥下有材字〕，精選醫官，分劄於京城内外給藥病人，以廣好生之德。

（神宗萬曆實録卷 186　第 2 頁　186.1.3474）

1019　五月丙申　諭禮部：朕聞近日京城内外災疫盛行，小民無錢可備醫藥，爾部便行太醫院，精選醫官人等，多發藥料，分設診視施給，以稱朕救民疾苦之意。仍照嘉靖年間例，每家量給與銀錢一次。

（神宗萬曆實録卷 186　第 3 頁　186.2.3475）

1020　五月丁酉　以京城疫氣盛行，命選太醫院精醫，分撥五城地方診視給藥，仍每家給與銀六分，錢一文，俱於房號内太倉動支。仍令五城御史給散，不許兵番人等作弊及無病平人混胃〔按：館本胃作冒，是也〕重支。

（神宗萬曆實録卷 186　第 5 頁　186.4.3479）

1021　五月戊午　陞保定車營遊擊袁日章爲統領薊鎮南兵遊擊。

（神宗萬曆實録卷 186　第 11 頁　186.9.3489）

1022　六月己未朔　光禄寺少卿謝杰題：尚膳監傳帖二次到臣東門，令行户每日進涼粉二百塊，酪二十餅分進，旋傳涼粉、乳酪一分不用，真非飲食之盛心也。今行户紛紛告錢糧進而不用，無價可關，然猶朝而擡進，夕而回銷，臣知食之不可，賣之不能，徒有賠累而已。始苦于取，今又苦于取而不用，計二項積至一月費銀七十二兩有奇，貧民身家幾何，堪此破費？恐不出一月，彼之逃亡必所不免矣。乞憫貧行，亟將前項取討錢糧盡行停止。報聞。

（神宗萬曆實録卷 187　第 2 頁　137.2.3491）

1023　六月庚申　户科左〔按：館本左作右，抱本作左，誤〕給事中胡汝寧題：京師民貧財〔按：館本財作料，抱本作財〕盡有二大害：曰知縣差役傾破民家；曰貴戚鋪行侵奪民利。上曰：內府庫局鋪墊等項屢經酌議裁減，監收部官及貴戚家有專利害民者，固〔按:館本固作自，抱本作固〕當依律究治，爾等何不指名〔按:館本名下有來字〕奏，却只含糊建口〔按：館本口作白〕。

（神宗萬曆實録卷 187　第 3 頁　187.2.3494）

1024　六月辛酉　　夜雲、陰、雷電，雨雹如栗子大，從西北乾方來。

（神宗萬曆實録卷 187　第 3 頁　187.2.3494）

1025　六月丙寅　　以薊鎮南兵營副總兵朱相先充五軍八營參將。

（神宗萬曆實録卷 187　第 5 頁　187.4.3497）

1026　六月丁卯　　朝鮮國陪臣裴三益等三十五員赴京謝恩，賜宴賞給如例。

（神宗萬曆實録卷 187　第 7 頁　187.5.3500）

1027　六月辛未　　户部題：臣惟國家設立錢法，參酌古制與銀貨并行，民甚便之，故嘉靖金背每五文折銀一分，萬曆金背每八文折銀一分，遵行已非一日。兩月以來，將嘉靖金背悉置不用，而惟萬曆金背專用之，盖繇富商大賈設謀網利，欲貴賣其所積以圖目前之饒，則偏重行之；欲賤收其所棄以規日後之利，則惑衆阻之。錢法不行率是之故也，宜嚴行爲禁止。上曰：茲制錢依擬通行，曉諭務要相兼行使，知有阻撓壅遏的，着廠衛衙門并五城御史嚴行緝拏，枷號重治。

（神宗萬曆實録卷 187　第 9 頁　187.7.3504）

1028　六月壬申　　命修理卿雲宮。宮在先年爲聖祖發祥之源，在今日爲聖靈安寢之所，擎柱抱柱蟻蛀，朽壞不堪，以工部之請，故有是命。

（神宗萬曆實録卷 187　第 9 頁　187.7.3504）

1029　六月戊寅　禮部題：奉聖諭施藥救京師災疫，卽於五城開局，按病依方散藥。復差委祠祭司署員外郎高桂等五員分城監督，設法給散。隨於五月三十日據中城等兵馬司造册呈報，五城地方給散銀錢，共散過患病男婦李愛等一萬六百九十九名口，共用銀六百四十一兩九錢四分，錢十萬六千九百九十文。五城會齊俱於五月二十一日給散，一切病民委霑實惠。太醫院委官御醫張一龍等造册呈報，自五月十五日開局以來，抱病就醫、問病給藥日計千百，旬月之外疫氣已解。五城共醫過男婦孟景雲等十萬九千五百九十名口，共用過藥料一萬四千六百六十八斤八兩。相應住止，何〔按：館本何作仰〕惟皇上仁無不覆，施有所先，遂使疲癃之民悉蒙再造之賜。卽今疫漸消減，人遂安寧，化愁歎爲謳歌，易札瘥爲仁壽，不惟病憊瞻依，實是蒸黎感悦。至于給散銀錢雖止一次，而領藥無算，計其所費實數倍之，不但平民得生，且於平民之家更益普濟，此天地生成之仁也。報聞。

（神宗萬曆實録卷187　第11頁　187.10.3509）

1030　六月庚辰　准給密雲鎮年例銀一十八萬五千五百六十八兩六錢六分四釐八絲八忽，薊州鎮銀二十二萬五千五百八十四兩六分一釐八毫六絲四忽，俱于太倉庫貯折糧銀内支給。

（神宗萬曆實録卷187　第12頁　187.10.3510）

1031　六月己卯　先是，朝鮮國王李昖以前陪臣南館失火及方物失盜，遣官赴京陳情謝罪。上嘉其忠慎，命寫勅奬諭，仍賞大紅紵絲蟒衣一襲，綵段四表裹。

（神宗萬曆實録卷187　第13頁　187.10.3510）

1032　六月癸未　陞國子監祭酒李長春爲南京工部右侍郎。

（神宗萬曆實録卷187　第13頁　187.10.3510）

1033　六月甲申　大學士申時行等遵旨將辛未、丁丑二科進士題名記文撰完，恭録進呈御覽，發工部刻石。

（神宗萬曆實録卷187　第13頁　187.11.3511）

1034　六月乙酉　調分守薊鎮喜峰口參將抗大才爲神樞二營練勇參將。

（神宗萬曆實録卷 187　第 14 頁　187.11.3512）

1035　六月丙戌　陞左諭德兼翰林院侍講充玉〔按：館本玉作王，舊校改王作玉〕牒纂修官田一儁爲國子監祭酒。

（神宗萬曆實録卷 187　第 14 頁　187.11.3512）

1036　六月丁亥　是時京師災荒叠見，六月間風雨陡作，冰雹撞擊，大雨如注，官民墻屋所在傾頽，人口被溺被壓，顛連因〔按：館本因作困，是也〕苦不〔按：館本不上有至字，抱本無〕忽〔按：館本忽作忍，是也〕，見聞。上命順天府細查被害貧民，每户量給銀五錢，米五斗。壓死男婦每名口給銀一兩，米一石。壓傷男婦每名口給銀七錢，米七斗，務令各霑實惠。

（神宗萬曆實録卷 187　第 14 頁　187.12.3513）

1037　七月戊子朔　以遊擊管山海關參將事谷承功爲薊鎮喜峰口參將。

（神宗萬曆實録卷 188　第 1 頁　188.1.3515）

1038　七月辛卯　暫管協理京營戎政左副都御史魏時亮陳安攘要務十四議。京邊摘議二：一曰置火器，二曰重選練。京營摘議一：曰京邊互練。各邊議六：一曰博羅將才，二曰實伍優邊，三曰察險控要，四曰廣屯召粟，五曰招撫歸降，六曰及時修守。貢市摘議一：曰嚴覈通官。甘肅摘議一：曰攘虜綏番。昌鎮摘議一：曰禁擾貽安。根本要議二：一曰節財庀兵，二曰隆德運治。上納其言。戎政、邊務下所司覆行。

（神宗萬曆實録卷 188　第 2 頁　188.1.3516）

1039　七月丙申　改南京兵部尚書傅希摯爲兵部尚書，協理京營戎政，疏辭不允。

（神宗萬曆實録卷 188　第 4 頁　188.3.3520）

1040　七月壬寅　工部尚書石星題：笞盖大木并完舊工。上以大木採運艱難，在廠堆放者依擬笘盖。該管員役用心看守，以後木材〔按：館本材作值，抱本作植，是也。〕務酌量工料大小隨宜取用，其大木美材非係大工不許擅取輕費。

（神宗萬曆實録卷 188　第 8 頁　188.6.3526）

1041　八月乙丑　巡視京營科道苗朝陽等條議：設教場以練官兵，重捕官以責實效，議賞功以示激勸，覈馬匹以實營伍。章下兵部，覆行。

（神宗萬曆實録卷 189　第 8 頁　189.6.3546）

1042　八月庚辰　以薊鎮東路副總兵楊紹勳爲保定總兵官。調宣府總兵官董一元爲薊州、永平、山海等處總兵官。

（神宗萬曆實録卷 189　第 12 頁　189.10.3553）

1043　八月辛巳　兵部題：本部左侍郎楊俊民咨議：大峪山做工軍夫數多，要將在營副將六員分爲三班，大峪山一員，大石窩一員，各以歇操之日輪流查點催督，半月一换。山東班軍行令連工三月，中都、河南班軍一月一换。各軍應給糧銀，本部專營司官隨工給散。報可。

（神宗萬曆實録卷 189　第 13 頁　189.10.3554）

1044　九月辛卯　朝鮮差陪臣朴崇厚〔按:台本厚作原〕等三十三員進萬壽聖節表文禮物，賜宴賞如例。

（神宗萬曆實録卷 190　第 2 頁　190.1.3560）

1045　九月甲午　壽宫明樓石碑角柱安竪，遣官行禮。

（神宗萬曆實録卷 190　第 4 頁　190.3.3563）

1046　九月辛丑　兵部覆：薊遼總督張國彦題，通州城周圍共長一千七百六十八丈二尺，除量行剜修不議工料外，實應折修補修者，共用銀四萬一千五百四十二兩五錢九分四釐。查將户部商税舡價銀一萬五千兩、兵部馬價銀七千七百四十兩爲修城之費，尚少一萬八千八百餘兩，聽撫按多方計處。合用通津營軍四千名免上邊差操，合用米二萬一千六百石，于通倉支給，限十六年三月興工。報可。

（神宗萬曆實録卷 190　第 5 頁　190.4.3565）

1047　九月甲辰　工部題：見貯戊字〔按：館本字作子，抱本作字，是也〕庫堪用盔甲各二十三萬頂副，盔甲、王恭二廠堪用盔甲三萬七千頂副，積貯尚多，連年各省灾荒，錢糧難徵，議將預造盔甲暫行停止。上命減半成造。

（神宗萬曆實録卷 190　第 6 頁　190.5.3567）

1048　九月乙卯　户部覆：順天府府尹周繼等題稱，宛、大二縣舖行税契銀兩奉旨減免，所入不足以充正額，議將今次變染絹布、包裹等費銀三千一百零八兩，查照十四年事例仍暫于本部處給，仍將宛、大二縣舖行税契銀兩清查議處，務使一歲所入足以供一歲之用。上是之。

（神宗萬曆實録卷 190　第 9 頁　190.7.3572）

1049　十月丁巳　工部題：今歲霪雨異常，都、重二城坍塌數多，請次第修理。上命各巡城御史就近監工。

（神宗萬曆實録卷 191　第 2 頁　191.1.3576）

1050　十月壬戌　詔順天、廣平、大名三府被災州縣，錢糧免徵，停補有差。

（神宗萬曆實録卷 191　第 4 頁　191.3.3580）

1051　十月庚午　工部題壽宫開納事例，從之。

（神宗萬曆實録卷 191　第 11 頁　191.8.3590）

1052　十月丁丑　諭内閣，朕奉聖母面諭：胡良、巨馬二橋今被大水衝壞，行人甚苦。我本宫發銀，皇帝可差廉幹之人同本宫管事龔代、牌子馬臣以董其事。還命工部照先年選官一員兼管，其錢糧俱不必費用該部，今諭卿等可傳與該部查照先年事例行。

（神宗萬曆實録卷 191　第 16 頁　191.13.3600）

1053　十月壬午　文書官劉成口傳聖旨：往天壽山一帶道路，近因雨水衝壞，着工部委官修墊，其運料車輛及人馬往來俱由兩邊行，不許作踐。

（神宗萬曆實録卷 191　第 18 頁　191.14.3602）

1054　**十月壬午**　琉球國中山王尚永差正議大夫鄭禮等貢方物謝恩。賜宴賞如例。

（神宗萬曆實録卷 191　第 18 頁　191.15.3603）

1055　**十月癸未**　以災傷詔密雲、昌平、霸州、薊、水〔按：館館本水作永，是也〕五道所屬州縣民屯錢糧蠲折抵補有差。

（神宗萬曆實録卷 191　第 19 頁　191.15.3603）

1056　**十一月丙戌朔**　以災傷詔順天府三河縣應解工部木柴料价、協濟軍器等銀共七百三十三兩七錢八分緩徵一年。

（神宗萬曆實録卷 192　第 2 頁　192.1.3608）

1057　**十一月己丑**　胡良、巨馬二橋興工，遣官祭后土司工之神。

（神宗萬曆實録卷 192　第 4 頁　192.2.3610）

1058　**十一月乙未**　是日，文書房口傳諭：刑部先年嚴尚書在部亦曾遣人聽記，如今爲何不容？若從公問理無有私弊，何畏人聽記？時以太常寺参大興縣知縣王偕擅責舞樂生，事下法司，上密遣校尉二人偵之，因令聽記招詞以奏。二校尉初見尚書李世達，婉謂之人犯未齊，尚未審問，且事必先經該司而後呈堂，明日當來聽記。次日，巡風主事孫承榮以故事無法司問理獄情而校尉入視者，如奉密旨則當潛聽竊訪，豈得公行入視，且真僞未可知，因却拒之。二校還奏，且言王偕青衣乘馬隨從多人揚揚入法司狀。上怒，令文書官傳諭閣中，欲以其事掣回鎮撫司鞫問并傳旨云云。已而世達等謝罪。

（神宗萬曆實録卷 192　第 5 頁　192.4.3613）

1059　**十一月甲辰**　以順天府尹周繼爲太常寺卿。

（神宗萬曆實録卷 192　第 7 頁　192.5.3616）

1060　**十一月丙午**　吏部擬南京太僕寺卿王湘爲順天府尹。上以湘新升京職，如何又推？奪該司官俸三月。另推應天府尹石應岳改任。

（神宗萬曆實録卷 192　第 7 頁　192.6.3617）

1061　十一月庚戌　朝鮮國王李昖差陪臣李淳仍等三十五員朝貢冬至，賜宴賞如例。

（神宗萬曆實録卷 192　第 8 頁　192.6.3617）

1062　十一月甲寅　差通事官伴送南京國子監讀書琉球國官生鄭周等三名回國任用。

（神宗萬曆實録卷 192　第 10 頁　192.8.3621）

1063　十二月丙辰　陞兵科都給事中顧九思爲太僕寺少卿，專管京營。

（神宗萬曆實録卷 193　第 2 頁　193.1.3623）

1064　十二月庚申　先是，上念京師饑民甚衆，遣文書官問閣臣：今五城見在煮粥賑饑否？如猶未也則擬旨行之。閣臣對：前已題奉欽依于各寺觀煮粥，第未知所發穀米之數及煮粥處所，當令户部開報。是日開報各寺觀所領米石及日賑饑民之數，上復令文書官傳旨：五城賑濟貧民難以限定人數，今後不拘多寡，但有就食者便與。户部奏：銀米不敷于銀庫太倉補發，再于各煮粥處所賃鄰近空房兩月，安插就食之人，將各草場放剩陳草每名給十五斤鋪墊。報可。

（神宗萬曆實録卷 193　第 3 頁　193.2.3625）

1065　十二月甲子　南京工部署部事户部右侍郎方弘静言：准工部題奉欽依于南京工部庫貯銀兩動支協濟壽宫，查得本部錢粮，除節年各項正支外，止有勘動銀九萬二千三百二十一兩八錢一分零及漆牛皮張料價銀一十八萬八千七百二十三〔按：館本三作二，抱本作三〕兩六錢五分零，共銀二十八萬一千四十四兩四錢六分，盡數解濟。工部覆：再將葦課銀内動支一萬八千九百五十兩有餘，凑足欽定三十萬之數解部濟工。從之。

（神宗萬曆實録卷 193　第 4 頁　193.3.3628）

1066　十二月丙寅　巡視京營兵科給事中苗朝陽等言：京營條陳數〔按：館本數作欵〕目煩多，十五年來不啻百餘，關係緊要，不越數端。第前者偶一得而議更，后〔按：館本后作後〕者憚剿説而稍變，朝更多改，多事增擾。臣以爲果有利可興、弊可革者，許不時條奏，至于年終無拘條陳舊例以滋紛擾，庶議論可省，而營務可裨矣。上是其言，仍諭：近來條議紛紛，變徑數易，有乘（按：乘爲乖之誤）政體，不獨京營爲然，今後各衙門務釐省虚談，共修實政。部院亦毋得狥情題覆，致有紛更。

（神宗萬曆實録卷 193　第 5 頁　193.3.3628）

1067　十二月丁卯　以皇第四子命名賜輔臣申時行、許國、王錫爵及中書徐繼申等銀幣有差。

延慶長公主婚禮成。

（神宗萬曆實録卷 193　第 5 頁　193.4.3629）

1068　十二月癸未　户部覆：户科給事中彭國光題：京師米貴，議軍匠月銀于十一年正二月各項支五斗，待秋熟將本月應放折色銀扣除，各衞本官需索常例并行議革，及行各被災州縣稽查蠲折有無如法如數，俾小民得沾實惠。上以近來災傷，地方朝廷屢有蠲恤，各該有司是否着實施行，撫按官逐一稽查，將現徵蠲折數目報部查考，有縱容吏書作弊，多餘派徵者，指名參奏重治。餘依議行。

（神宗萬曆實録卷 193　第 9 頁　193.7.3636）

萬曆十六年（1588）

1069　正月癸丑　聖母仁聖懿安康静皇太后聖誕，以草〔按：館本無草上以字，抱本有以字〕場災諭免賀。

（神宗萬曆實録卷 194　第 12 頁　194.9.3656）

1070　**二月乙卯**　賜朝鮮使臣宴，命尚書沈鯉待。

（神宗萬曆實録卷 195　第 1 頁　195.1.3659）

1071　**二月丙寅**　朝鮮使臣俞泓請給皇朝新纂《會典》以終前命，時泓以齎至，值《會典》初成，而先此朝鮮有昭雪國疑一事，許爲改正，載在《會典》，故君臣懇求以慰其父祖之靈也。詔許之。

（神宗萬曆實録卷 195　第 7 頁　195.6.3669）

1072　**二月丁卯**　賜朝鮮使臣俞泓宴，命尚書沈鯉待。

（神宗萬曆實録卷 195　第 8 頁　195.6.3669）

1073　**二月乙亥**　工部員外馮時泰請疏通溝渠，上令會同廠衛及巡城御史嚴查修濬。如有勢豪越占，參奏拿究。

（神宗萬曆實録卷 195　第 10 頁　195.7.3672）

1074　**三月辛卯**　工部題，皇木〔按:館本木作本，抱本作木〕車户苦累順天州縣。上命免編，徵銀雇役，仍禁廠司借用。

（神宗萬曆實録卷 196　第 7 頁　196.5.3692）

1075　**三月辛亥**　國子監祭酒田一儁奏：爲奉旨校刻《十三經註疏》，《尚書》先完，恭進御前。命留覽。

（神宗萬曆實録卷 196　第 14 頁　196.11.3704）

1076　**六月癸丑**　陞遵化守備朱士元昌平遊擊。

（神宗萬曆實録卷 199　第 1 頁　199.1.3735）

1077　**六月庚申**　京師地震。

（神宗萬曆實録卷 199　第 3 頁　199.2.3737）

1078　**六月乙丑**　禮部奏：欽天監稱六月庚申夜京師地震，起東北往西南，連震二次。向者山東、陝西相繼奏聞，京師根本重地，復有此異，矧當二麥成熟，陰雨連旬，饑荒疾疫，所在患苦，停徵免餉，平糶捐賑之疏日在補牘。内外臣工尤宜倍加修省，以應天變。上報聞。

（神宗萬曆實録卷　199　第 4 頁　199.3.3739）

1079　**六月丁卯**　陞順天府府丞宋仕大理寺右少卿。

（神宗萬曆實録卷 199　第 4 頁　199.3.3740）

1080　**六月己巳**　陞光禄寺少卿郭東順天府府丞。

（神宗萬曆實録卷 199　第 5 頁　199.3.3740）

1081　**六月丙子**　陞陝西参議原一魁山西副使、昌平兵備。

（神宗萬曆實録卷 199　第 5 頁　199.4.3741）

1082　**七月己巳**　陞順天巡撫蹇達爲〔按：館本無爲字，抱本有爲字〕大理寺卿。

（神宗萬曆實録卷 201　第 5 頁　201.4.3769）

1083　**七月壬申**　陞太僕寺卿王致祥爲都察院右僉都御史巡撫順天。

（神宗萬曆實録卷 201　第 6 頁　201.4.3770）

1084　**七月庚辰**　禮部上聖駕親閲壽宫率后妃同行儀注。

（神宗萬曆實録卷 201　第 8 頁　201.6.3774）

1085　**八月丙戌**　禮部題重刻《大明會典》成，進呈頒布如奏。

（神宗萬曆實録卷 202　第 3 頁　202.2.3781）

1086　**八月己丑**　禮部題：朝鮮國王李昖遣陪臣右参政柳埏等六十員赴京謝恩，命賜宴如例，遣左侍郎于慎行待。先是江西南贛巡撫秦耀解南安府所獲朝鮮國夷人二名，一金介同，係前羅左道水軍節度使，能射；一金彦世，係漕軍，能駕舡，因與倭船夜戰被捉，向南番放賣，二人流入南安，盤詰具題情真，應付來使帶回，仍給衣物以示恩賞。詔如儀。

（神宗萬曆實録卷 202　第 4 頁　202.3.3783）

1087　**八月己亥**　禮部題：朝鮮國陪臣韓準等進賀表到，柳埏等謝恩畢。命賜宴如例，遣侍郎徐顯卿待。

（神宗萬曆實録卷 202　第 5 頁　202.4.3785）

1088　**九月壬子**　禮部題：朝鮮進賀使臣韓準等賜宴，命侍郎徐顯卿待。

（神宗萬曆實録卷 203　第 1 頁　203.1.3793）

1089　九月己未　以元輔申時行扈送聖駕閲視壽宫工程，上特賜金喜字大紅紬一端，仍命製衣以駕閲之日穿用。

勅武清伯李文全、都察院左都御史吴時來：朕兹恭詣天壽山閲視壽宫，特命卿等居守，統率守門守城等項文武官員，嚴督京營并巡捕官軍五城兵馬夫甲人等，譏察奸盜，防備火燭，用保無虞。各官如有怠玩不率應參奏者，聽爾等指名參奏，應拏問者徑自拏送法司問理，其有緊要事物，卽便差人奏聞。欽哉，故勅。

（神宗萬曆實録卷 203　第 3 頁　203.2.3795）

1090　九月庚申　上率后妃發京師，出德勝門，次清河行宫，少息，次鞏華城駐蹕。從官及昌平總兵官張邦奇、州屬官吏師生耆民等朝見。

辛酉　駕發鞏華城，停午駐感思殿。從官守臣朝見，輔臣及扈從公侯有膳尊之賜。

壬戌　上率后妃恭謁長陵、永陵、昭陵畢，親閲壽宫，從官于殿前朝見。命輔臣及在工大臣隨行歷閲寶城、玄堂畢，上御帷次進茶，定國公徐文璧等致辭稱賀，上勞苦之，仍賜酒饌。是日上登降周覽，天顔温懌，回視諸臣，召前隨行者再還感思殿駐蹕。

大學士申時行等奏：仰惟皇上親動鑾輿，臨觀壽域，規模宏壯，經營悉出于聖裁，氣風美完，旋乾總由于玄造，且神祇默佑，霽色天開，民庶子來，歡聲雷動；克配永陵之預建，式增烈祖之休光，此誠本支百世之丕基，福祚萬年之慶典也。上報聞。

癸亥　駕發感思殿至鞏華城行宫，免從官守臣朝見，駐蹕于功德寺，賜輔臣等酒饌。

（神宗萬曆實録卷 203　第 3 頁　203.2.3796）

1091　九月甲子　駕幸石景山欲觀渾河，趁召輔臣時行等三人，及定國公徐文璧、臨淮侯李言恭飛騎而至，上已御河岸帷次，叩頭畢起來橋，橋爲二道，諸臣從上異道而行，上命同道後隨，臨流縱觀，目時行前曰：朕每聞黄河衝決爲患不常，故欲一觀，渾河今水勢洶洶如此，則黄河可知。時行對：渾河來自西北，古稱桑乾河是也。從此出蘆溝橋，至直沽入海，水漲時亦多洶湧。至如黄河，發源崑崙，自積石、龍門會淮入海，衝決之勢不啻數倍渾河，每一潰決遠至數十里。徐州至淮安屬當運道，所關最重。上曰：行河官應恰乃職。時行對：近奉詔委任責成，並知警惕。上曰：經理需要得人。時行對：上留意河道，拔用舊人，一時在任皆稱諳練，不敢輕率誤事。上首肯，言須得人者再。時行對如諭，立良久乃下。命從官先詣功德寺候駕，仍賜酒饌。

（神宗萬曆實録卷 203　第 4 頁　203.3.3797）

1092　九月乙丑　駕發功德寺還京，居守大臣文武百官迎駕如儀。

（神宗萬曆實録卷 203　第 5 頁　203.3.3798）

1093　九月丙寅　禮部題：圜丘、齋宫、大饗殿、皇穹宇各工完，祭禮謝后土，遣尚書石星行禮。

（神宗萬曆實録卷 203　第 5 頁　203.4.3799）

1094　九月己巳　調昌平〔按:館本平作鎮〕總兵官張邦奇鎮守山海。

（神宗萬曆實録卷 203　第 6 頁　203.5.3801）

1095　九月壬申　陞薊鎮副總兵麻承恩爲都督僉事，充總兵官鎮守昌平。

（神宗萬曆實録卷 203　第 7 頁　203.5.3802）

1096　九月甲戌　上諭〔按：館本諭上無上字，抱本有上字〕：朕親閲壽宫，工程已有次第，朕心嘉悦。諸臣協力效勞，宜加特典。賜元輔時行歲加〔按：館本加上無歲字，抱本有歲字〕禄米五十石，賞銀幣，廕一子尚寶司司丞；次輔錫爵賞銀幣，廕一子入監讀書；定國公徐文璧歲加禄米三十石，給與應得誥命；侯李言恭以下各陞一級；石星加太子少保，曾同亨陞尚書，提督大工如舊，各廕一子入監讀書；李輔、王一鶚、沈鯉、楊俊民、于慎行、徐顯卿、蕭大亨俱加級賞賚有差；穆來輔、洪聲遠〔按：館本無遠字，抱本、起居注有遠字，是也〕侯〔校記：起居注侯作候，是也〕陞五品京堂，常居敬、何起鳴、王友賢、趙焕、朱賡、王弘誨、魏時亮、王敬民、田大年、李載陽并分別加賚。内原任尚書何起鳴遇缺推用，廕一子入監讀書。

（神宗萬曆實録卷 203　第 7 頁　203.5.3802）

1097　十月戊子　　陞滴水崖守備張維城爲昌平遊擊。

（神宗萬曆實録卷 204　第 4 頁　204.2.3812）

1098　十月辛卯　　陞薊鎮參將〔按：館本參將作遊擊，抱本作參將，誤〕宋三省爲京營參將。

（神宗萬曆實録卷 204　第 5 頁　204.4.3815）

1099　十一月庚戌朔　　朝鮮國王李昖遣陪臣李準等奉表文方物賀冬至節。

（神宗萬曆實録卷 205　第 2 頁　205.1.3821）

1100　十一月甲寅　　禮部請如例給賜朝鮮國《曆日》一百本，上報可。

（神宗萬曆實録卷 205　第 3 頁　205.2.3824）

1101　十一月己未　　禮部題：朝鮮陪臣李準等，四川烏思藏國師番徒阿南堅參等，各致方物貢賀。如例賜宴。上命臨淮侯李言恭、尚書朱賡待。

（神宗萬曆實録卷 205　第 3 頁　205.2.3824）

1102　十一月己未　　陞密雲遊擊姜顯忠爲山海関參將。

（神宗萬曆實録卷 205　第 4 頁　205.2.3824）

1103　十一月丁卯　　朝鮮使臣李準事畢，賜宴如例。命尚書朱賡待。

（神宗萬曆實録卷 205　第 7 頁　205.5.3830）

1104　十一月戊辰　命選收净身男子二千人。禮部尚書朱賡奏：中涓之役，祖宗朝限制甚嚴，近萬曆十四年有男子曾壽萬等叩閽求用，嚴行驅逐，今曹進忠未經取選，與曾萬壽同，宜行禁絶，竟以内庭缺人留二千人。禮科給事苗朝陽、江西道御史荆州俊相繼疏論。不聽。

（神宗萬曆實録卷 205　第 7 頁　205.5.3830）

1105　十二月戊申　分守喜峰口参將李世臣革任回衛，以督撫論其侵尅撫賞錢粮故也。

（神宗萬曆實録卷 206　第 3 頁）

1106　十二月辛卯　命順天府官竭誠禱雪。

（神宗萬曆實録卷 206　第 9 頁　205.7.3852）

1107　十二月甲午　陞神樞七營参將郭三翰爲神機營副將。以馬蘭参將俞應乾調補神樞營。

（神宗萬曆實録卷 206　第 9 頁　206.7.3852）

1108　十二月丙午　禮部題：順嬪張氏薨，逝禮遵世廟裕嬪王氏例行禮，下于后一等。

命禮部侍郎田一儁、魏時亮視順嬪葬地。

（神宗萬曆實録卷 206　第 14 頁　206.12.3862）

萬曆十七年（1589）

1109　正月甲寅　工部言：畿民舖商之役，困累至極。查本部各役，萬曆十三年原僉四十餘名，曾未三年，有削髮爲僧棄家遠遁者。衹因先年裁減舊價矯枉過直，相應更正。如壽宫監工廠庫、巡視各科道衙門公用量增價值，仍行買辦，若係本部及四司者悉自買；如修倉木植係各役買辦，今議准收全木，餘材貯作公用，不退與商；如供用庫油椿大槐原屬宛大二縣買辦，近歸本部，大木難致，舊價不敷，今議量增其價，分派夥辦。其該監收木，不問長圍，尤無憑據，合酌議定數，而苧蔴等料加耗并議量減。其他欵數尚多，惟將會估重加訂正，則物價自平，衆情自安矣。乃若積苦極患，無如惜薪司柴炭諸費。據稱，内廠收柴不甚虧累，獨外廠日難一日。查得嘉靖間題准，每木柴百斤明加十五斤，炭五簍半，每簍二十斤，作一百斤，此于人情物理最爲得中。其鋪墊以供該廠公費，雖非正法，查萬曆十三年該監題准，總計一歲之額該銀二萬四千餘兩，奉有欽依乃各役若稱增益數多不可不處。其内官、内使額炭折色，查《會典》開載每名每月該柴一百五十斤，折價銀一錢五分，嘉靖間題准每年折色六個月該銀一萬二千七百四十八兩五錢，至今稱便。如將内官、内使應給木炭每年照例准折六個月，在各監領價，買辦不缺于用，而該廠加耗鋪墊之費可以少省，乞勅下司禮監，著以爲例。其舊商消乏者，除退殷實者留用，仍令從公開報，在京殷實人户中量選八名，兼搭應役，本部舊會估簿悉心講求，重加更正，不得仍舊減削以重賠苦。事完之日，另行題請。得旨：宫中合用柴炭數多，照舊辦送。炭不必折，各廠務平准稱收，不許多索，公費銀兩亦不許勒添，苦累各商。餘如前請。工部覆。

（神宗萬曆實録卷 207　第 2 頁　207.1.3864）

1110　正月戊午　　司設監造完奉先殿、九廟各室黄花綾帳幔、鋪陳等件，遣駙馬許從誠奉安行禮。

（神宗萬曆實録卷 207　第 4 頁　207.3.3867）

1111　正月戊午　　兵部覆：巡視京營科道楊文焕等疏議補軍、買馬二事。令三大營將官每月終類報缺兵名數，經行各衞所選補送部覆驗，食糧差操果超距異等即補，選鋒舊軍老弱殘疾者徑革，不必退回備兵，其備兵闕伍亦照前選補。京營買馬原議價銀一十六兩，但委官牙儈多端侵漁，自萬曆十七年爲始，每馬一匹量增四兩，每歲戎政衙門將應補馬數報部，除免給寄養馬匹外，請發官銀一萬二千兩，買馬六百匹，每月定期三次公同看驗，當卽給價印發騎操官軍，馬商俱免守侯，馬價俱貯官庫，無落把總之手。至責成將領尤爲有見，諸邊補軍買馬，皆將領以身任之，何京營不然？今查復舊規并聽巡視科道據實舉參，遇調遣，則缺軍取之備兵，缺馬取之寄養。報可。

（神宗萬曆實録卷 207　第 5 頁　207.3.3868）

1112　正月戊午　陞永平城守備陳燮爲昌鎮左車營遊擊。

（神宗萬曆實録卷 207　第 5 頁　207.4.3869）

1113　正月戊午　康陵、永陵多盜，至是守陵者以聞。革守備内監閒住，罪把總等官。

（神宗萬曆實録卷 207　第 5 頁　207.4.3869）

1114　正月己未　逐淨身男子。先是選用曹進忠等二千〔按：館本千作十，抱本作千，是也〕名進内府，其餘尚潛住京師。禮部以爲請，故有是命。

（神宗萬曆實録卷 207　第 5 頁　207.4.3869）

1115　正月庚午　禮部主客司郎中高桂言：萬曆十六年順天鄉試，蒙旨以右庶子黄洪憲等往，其中式舉人第四名鄭國望藁止五篇；第十一名李鴻股中有一囡字，詢之吴人，土音以生女爲囡，《孟義》《書經》結尾文義難通；第二十三名屠大壯大率不通。他若二十一名茅一桂、二十二名潘之惺、二十八名任家相、三十二名李𢍰、七十名張敏塘，卽字句之疵不必過求，然亦嘖有煩言。且硃卷遺匿，辯驗無自，不知本房作何評隲？主考曾否商訂？主事于孔兼業已批送該科，科臣竟無言以摘發之，職業云何？方今會試之期，多士雲集，若不大加懲創，何以新觀聽。伏乞勅下九卿，會同科官將順天府取中試卷逐一簡閲，要見原卷見在多少，有無情弊，據實上請，以候處分。其有跡涉可疑及文理紕繆者，通行議處，明著爲例，以嚴將來之防。自故相之子先後并進，一時大臣之子遂無有見信于天下者。今輔臣王錫爵之子，素號多才，豈其不能致身青雲之上，而人之疑信相半，亦乞并將榜首王衡與茅一桂等一同覆試，庶大臣之心迹益明矣。得旨：草藁不全，事在外簾，硃卷混失，事在場后，字句譌疵或一時造次，有無弊端該部科一并查明來説，不必覆試。自后科場照舊規嚴加防范，毋滋紛紛議論，有傷國體。

（神宗萬曆實録卷 207　第 8 頁　207.6.3874）

1116　**正月辛未**　大學士申時行、王錫爵以高桂論科場事詞連錫爵子衡、時行婿李鴻，各上疏自明，且求放歸。上俱慰留之。

甲戌　大學士王錫爵再疏乞休，以父子期許甚厚而不見信于高桂爲恥。上温旨慰留。

乙亥　禮科都給事中苗朝陽因高桂摘其無言，乃稱科場曖昧影响難憑，且風簷忙迫，一時筆畫之誤爲書生常事，惟遺失硃卷不能無疑，因引萬曆十年覆試應天舉人狄獻明等事例，請將李鴻等覆試。旨下禮部。

丙子　右庶子黄洪憲辯高桂疏言：桂既稱賄賂，便當直指行者、受者，過付見証何人、何所，乃捕風捉影，絶人廷辯之端。古者立賢無方，何論朱門白屋，場中糊名易書，使高桂主考能預别某爲寒酸當取、某爲勢要當置乎？臣于八月二十九日揭曉，二十八日拆卷，則監試、提調及百執事人役咸在，填榜既畢，即將硃卷公同交付順天府官用印鈐蓋畢，隨同諸臣出闈。後來混失，考試官安得而知？監試提調諸臣交章查參，收卷疏失官員已經奉旨，可覆按也。況墨卷係舉人親筆，墨卷既存，雖滅硃卷將誰欺乎？請將臣放歸田里以謝人言。其本内有名舉人乞勅該部院及科道官嚴行覆試，仍令郎中高桂眼同監閲。得旨，覆試已有旨，黄洪憲照舊供職。總督薊遼右都御史張國彦以其孫張敏塘爲高桂指摘，上疏奏辯，疑桂與其子我續同官有郤，故波□□□□〔按：

□□□□館本作及之，因自求罷，請〕覆試敏塘。有旨如前，而留〔按：館本留下有國彦二字〕。

（神宗萬曆實録卷 207　第 10 頁　207.6.3874）

1117　正月丙子　　密雲草場火，燬草四十六萬一千九百八十一束，罰管粮主事孫瑀俸兩月。

（神宗萬曆實録卷 207　第 14 頁　207.11.3884）

1118　正月丁丑　　提督工程尚書曾同亨等以壽宮工程已有次第，事務漸簡，請裁減内外各項員役二百四十七員，各廩馬、鹽粮等項住給，以後每廠作遇事完次第撤回，以節冗費之給，止留錦衣衛催工官六員。

（神宗萬曆實録卷 207　第 14 頁　207.11.3884）

1119　二月戊寅朔　　禮部會同都察院及科道等官覆試舉人王衡等。是日尚書朱賡以疾未出，右侍郎田一儁擢自祭酒，以八人皆國子生，引嫌不與，左侍郎于慎行、都御史吴時來、副都御史詹仰庇、都給事中陳與郊等，御史姜璧等同試。試畢閲卷，慎行次序分二等，王衡等七人平通，屠大壯一人亦通，疏入。得旨：文理俱通，都准會試。次日，慎行同禮科上疏，言諸生覆試無甚相懸，中式未必有弊，字句雖有疵訛，然瑕瑜不掩。鄭國望稿止全文五篇，其第四篇、第七篇止一二行，彌封員役殊爲怠玩，似與本生無干。欲將彌封官罰治。得旨免罰，而以高桂輕率論奏，奪兩月俸。

（神宗萬曆實録卷 208　第 2 頁　208.1.3885）

1120　二月己卯　　以原任副總兵史宸充遊擊，管順天巡撫標下中軍事。

（神宗萬曆實録卷 208　第 3 頁　208.2.3887）

1121　二月甲申　　大學士王錫爵言：臣男覆試卷見經多官會擬第一，皇上准留會試，臣之心迹明矣。顧念祖宗二百年來，輔臣子見疑而覆試自臣始，北京解元見疑而覆試自章禮與臣男始，使臣男班于章禮權門狗盜之列〔按：館本列作例，抱本作列〕，此爲誰辱？而又可使再辱乎？臣男本官生，望退回廕籍，量授一官，臣身在事外亦可昂首談科場之事。文章自古無憑，雖前輩名家尚未識真是真非，乃今新進初學，以字句小訛，被以関節之名，幽不有鬼神、明不有公論乎？夫考官惟患其不親較閲，而今搜及落卷便爲舌端，名掛勢家，遂當觳觫，則何不益廢科場驅天下士子使投筆從軍、入錢補吏乎？國家欲懲張居正之覆轍，則真贓實犯不惜重處，欲復弘、正以前之文體，則僻字險語量行戒飭，豈可誣天下清白之士，盡行羅織？臣誠不見自古有此淳美風俗也。上不允其退避，令吏、禮二部看議科場事宜以聞。後吏部尚書楊巍等言：近年申飭甚嚴，總之正文體防奸弊而已。文體責在簾内，關防責在簾外，若因字訛目爲関節或据風聞信爲是實，則文場取士之典反爲陷穽。且覆試已明，求過不已，士子蒙無稽之謗，考官抱不白之寃，大傷國體，莫甚於此也。旨以爲是。右庶子黄洪憲言：郎中高桂劈空造誣，惡言醜詆，幸聖明洞察，弗以罪臣。舉人經多官覆試，俱准會試，臣復何憾？顧公論有真不勘明何繇得實？臣與右庶子盛訥陛辭入闈，分卷則有掌卷官，閲卷則有同考官。王衡、張敏〔按：館本敏作毓，抱本作敏，下同〕塘係《春秋》，是行人鄒德泳取；李鴻、屠大壯係《書經》，是原任行人司正沈璟取；茅一桂係《易經》，是進士蘇舜臣取；任家相係《易經》，是沈璟簡出進士康夢相取；潘之惺係《詩經》，是進士章憲文取；鄭國望係《易經》，是沈璟簡出教諭王心取。臣與訥分經總裁，臣閲《書經》、《詩經》，訥閲《易經》、《春秋》、《禮記》，交互批評，何所容私？今覆試畢矣，士之才不才見矣，請將桂誣臣無所指實之言，一一根究，桂所自見桂自言之，桂所不見而聞之他人者亦必明言其人，如臣有毫髮之私，豈直當褫臣官，願就鼎鑊，以爲徇私之戒。如一無响影，是臣之心迹因桂益明，再乞放歸田。得旨：事已查明，遵前旨供職。

刑部雲南司主事饒伸上疏曰：科目者，國家鼓舞天下之大柄，君不得私諸臣，父不得與諸子。自張居正二子連占科名而輔臣遂成故事，然未有大通關節如黄洪憲者，以爲一第不足重，則居然舉首矣！勢高者無子則録其婿，利厚者非子則及其孫矣。覆試之日，尚多不能文者，左都御史吴時來不分可否，輙曰通得，朦朧擬請。大學士王錫爵辯疏，字字劍戟，錫爵爲相三年，忠臣賢士悉被斥遠，佞夫憸人躐躋顯要，其勢將爲居正之續。吴時來附權滅法不稱臺長，王錫爵庇黨恃勢殊乏相度，均乞速賜罷斥。疏上，次日王錫爵求罷，又次日申時行求罷，許國方典試入場，諸司章奏送時行私第票擬，時行仍封還。上驚問曰：閣中竟無一人耶？甚非國體。乃慰留時行、錫爵，怒伸出位妄言，朋姦逞臆，送鎮撫司究問，薄暮三疏并下，皆出宸斷。次日，時行進閣疏謝。

（神宗萬曆實録卷 208　第 4 頁　208.3.3889）

1122　二月丙戌　　上欲奉兩宫聖母閲視壽宫，工科都給事中張養蒙等言：皇上于去年九月内親閲，今僅四月耳，費用不貲，已病于給發之不繼矣。若兩宫并駕，萬乘再臨，蘆殿道途、椒腋近侍、羽林甲士、從官屯軍、賞賫費用無端可減，頃糾劾〔按：館本無劾字〕計吏，皇上免朝，爲動火静攝也。春風多厲，奈何山路馳驅，不思静攝乎？永陵、康陵頃兩被盜，雖行宫駐蹕，虎豹當關，而戒在垂堂，可無慮乎？伏乞鑾輿暫俟大工告竣，通請閲臨，報聞。

（神宗萬曆實録卷 208　第 7 頁　208.5.3894）

1123　二月丁亥　　都察院左都御史吴時來、左副都御史詹〔按：館本詹作唐，舊校改作詹〕仰庇各上疏辯饒伸所言覆試事。時來言：伸以諸生多不能文，臣覆試而蔽護之，文完納卷，臣一過目送于慎行，傳送科道諸臣閲看。臣曰：事由高桂，今須桂亦同閲，正欲桂尋其弊端以申法紀。夜深各臣定有次第，慎行悉照安叠，謂臣曚朧，擬請同事十八人與臣同罪也，誰敢爲之哉？因乞罷歸以全生平。仰庇言：弊之有無全憑覆試，即有曳白或不能完卷及其中有紕繆，雖無弊亦當黜革，今各卷文理俱通，即當無議。至若錫爵、時來爲正爲邪，公論有在，臣不敢強辯，重冒附權庇黨之刺也。上慰留時來，諭仰庇職司風紀當分别邪正共挽頽風。禮部左侍郎于慎行因饒伸以黨蔽之罪攻吴時來言：閲卷之事部臣攸司會題之疏，憲臣居後，臣心何敢自安！乞察始末，則事在時來與否自明。疏入。報已有旨。

戊子　大學士申時行等、左都御史吴時來各上疏求寬饒伸，不允。

己丑　大學士王錫爵言愧苦難勝，乞恩休致，不允。又言：吴時來疏内稱皇上發怒，似專爲臣，夫伸攻臣雖力，乃專以相度不弘、爲人飾非坐臣之罪，若科場事畢竟不能摭一事實，則其本心自明，臣且恥與争辯矣，皇上又何必爲臣發怒乎？不報。

庚寅　兵科左給事中胡汝寧劾奏高桂、饒伸。言：高桂因字迹可疑而有言未爲不是，乃造爲私揭暗投各官。以致饒伸誤信，妄生多端。旨下部院查桂揭以聞。嗣則禮科左給事中陸懋龍、刑科給事中楊文焕、河南道御史林祖述、广東道御史管九皋、雲南道御史毛在等連章擊桂及伸。祖述謂伸爲出位，文焕謂桂爲誣害，在則論桂而及儀制司主事于孔兼。疏入，旋奉有出位沽名、淆亂國是、堂上官嚴行禁諭之旨。最後提學御史楊四知上疏曰：國家建立臺諫，職主糾彈六卿，率屬各有攸司，職業克修卽爲忠，非必建白而後忠也。世宗威如雷霆，主事海瑞起而犯之；嚴嵩之毒甚于虎狼，主事楊繼盛列其罪狀，二臣皆無所爲而爲，故天下信之，後世仰之。先帝于繼盛追表忠魂，皇上于海瑞眷注超擢，皆嘗諫以歡忠也。往張居正竊弄太阿，臺省諸臣如劉臺、傅應禎、余懋學、李涞、朱鴻謨、孟爾詠之屬皆能言之，威刼竄逐，言官氣沮，然後趙世卿、王用汲、艾穆之儔言之。皇上鑒其忠悃，有一歲中累遷至九卿者，此嘗諫之典宜然，而諸臣未嘗念及此也。乃群臣知上意所嚮，人人欲以言顯，其間謀國輸悃者固有，而文姦飾詐者十常六七。智巧之士有知其將考察而上疏者，有知其將補外而上疏者，甚則報復私仇、混淆邪正，一蒙譴斥，談笑出門，自以公卿可跂足而待，及被召用，睥睨一世，自視海内之人莫已，若今日擇某官、明日謀某缺，豈當時建言之心爲今日求官地耶？今諸臣不能禁之使無言，可采則采，不可則已，狂妄者置之勿听。其已經斥逐特加録用，應考察仍考察，應外補仍外補，無令藉爲大用之階也。上俞其言。

辛卯　右庶子黄洪憲辯饒伸疏言：据伸誣臣者三事：一謂輔臣王錫爵之子衡不宜居首。夫王衡自幼負奇，天下莫不聞。惟時《春秋》房弢行人鄒德泳取之，主弢右庶子盛訥先評之，同弢官提調監試諸臣共閲，靡不同聲稱宜第一者，臣因與衆定之，將避其勢而遂擯其文耶？其一謂勢高者録婿，蓋謂李鴻也。李鴻乃《書經》房行人沈璟所取，臣焉能預知爲輔臣之婿而戒同弢官不取乎？其一爲利厚者録孫，蓋謂張國彦之孫張敏塘也。亦是鄒德泳所取，盛訥所評定，伸其問之二臣有私乎、無私乎，而獨苛責于臣也。又謂臣拆卷對號之日反覆搜尋，夫拆卷對號乃在填榜題名之日，此時只有中式硃墨卷在列，何處搜尋？伸徒欲文致以入人罪，遂不自知其誣耳。因乞歸。上不允，報已有旨。

（神宗萬曆實録卷 208　第 7 頁　208.5.3894）

1124　二月丙申　鎮撫司訊饒伸疏上，得旨：伸革職爲民，高桂降二級調邊方用。後吏部覆科臣胡汝寧等疏參桂指摘科場，本屬多事，至具私揭是誠何心，降級若足示懲，仍行各衙門官，責不在己，事不甚重，勿輕言具揭，章奏有不得旨徑自抄報者，究。得旨：章奏未奉旨不許輒便抄寫。

丁酉　禮部儀制司主事于孔兼言：臣奉本部禮委磨勘順天中式硃墨卷内，李鴻卷首篇有不典之字，屠大壯卷三場多難解之辭，即時呈稟本堂復批，送禮科聽其覆閲。不意郎中高桂言之，桂之指摘不盡出臣，而李鴻、屠大壯實臣所簡明，今桂以言被摘，臣以默見容，臣復何顔忝列部署哉？至御史毛在參論高桂未及于臣，謂不發覺而托之科臣，科臣不言而托之部僚則過聽矣。避禍而貽人以禍，其誰聽之？扶同隱默臣不敢也，全軀自保臣不敢也，因自劾求罷。禮部言，孔兼以首事由己貽禍同官，且因御史波及乞罷，情有可原。旨：免究。

（神宗萬曆實録卷 208　第 12 頁　208.9.3902）

1125　二月乙巳　　陞順天府府丞郭東爲南京太僕寺卿。

（神宗萬曆實録卷 208　第 15 頁　208.12.3907）

1126　二月丙午　　《大明會典》成，遣官賫送南京禮部轉發各衙門。

（神宗萬曆實録卷 208　第 15 頁　208.12.3908）

1127　二月丙午　　禮部取中會試舉人陶望齡等一百五十名。

（神宗萬曆實録卷 208　第 15 頁　208.12.3908）

1128　三月癸丑　　陞陜西道御史孫旬爲順天府府丞。

（神宗萬曆實録卷 209　第 2 頁　209.1.3910）

1129　三月壬戌　　策試禮部貢士三百四十七名。

（神宗萬曆實録卷 209　第 8 頁　209.6.3919）

1130　三月乙丑　　賜貢士焦竑、吴道南、陶望齡進士及第其餘出身有差。

（神宗萬曆實録卷 209　第 10 頁　209.8.3924）

1131　三月丙寅　　潞王之國。

（神宗萬曆實録卷 209　第 10 頁　209.8.3924）

1132　三月癸酉　　巡青給事中楊文煥等言：畿民報商，原非祖制，嘉靖年間，山東參政常道奏准徵銀解部、召商上納，乃一時救弊之權，而不知其害至此也。查得各商惟酒醋局、供用庫二項稱難，御馬倉、天師菴、中府三項稱便。夫酒醋二項錢粮不過一萬六千有奇，而御馬倉三項則二十餘萬也。多者稱便，而少者反難，蓋緣數多則不敢委之于人，御馬倉諸商人皆殷實有材能者也。若局、庫二項，則殷實有材能者皆以計免，非中人之家則庸瑣之流，其勢必至于任人，任人不當，一二年間家業已蕩然矣。求去害之策，莫若以多兼少，以易兼難，至象房牛房内者稱難，外者稱便，亦當一體均派内外錢粮各半。又列爲便商四事。一曰平價值，一曰省脚價，一曰更〔按：館本更作便，抱本作更，是也〕堆草，一曰杜重役。户部酌議以其便者兼其難者，將御馬倉商人帶供用庫錢粮，中府、天師菴商人帶酒醋局錢粮各五分。其平價值則將庫、局豆麥各比照御馬倉加解，每石加二斗，錢粮當年支放，亦比照御馬倉，每石止加一升五合。其更堆草，既將内象房草歸并外象房并于西城園内堆梱，以便看守。其杜重役，查係本部商人給與印票，不許重報。獨省脚價一欵，恐禁地不便用小車寢之。得旨如擬。

（神宗萬曆實録卷 209　第 12 頁　209.9.3925）

1133　三月丙子　命順天府官祈禱雨澤。

（神宗萬曆實録卷 209　第 13 頁　209.10.3928）

1134　四月戊子　大雨雹。

（神宗萬曆實録卷 210　第 6 頁　210.5.3937）

1135　五月己酉　以都督僉事任大同提督京城巡捕。

（神宗萬曆實録卷 211　第 2 頁　211.1.3948）

1136　六月乙酉　陞順天府府尹石應岳爲南京都察院右副都御史提督操江，兼管巡江。

（神宗萬曆實録卷 212　第 5 頁　212.1.3970）

1137　六月丁亥　刑科給事中劉爲揖條上四劄：……四、曰法令督責宜信。京邑四方之極，法令之行必自近始，乃今一切禁諭多格而不行，異言異服之人，僭奢淫佚之輩，肩摩踵接，五城憲約輕同弁髦，何可令四方萬里聞且見也。當申飭憲度，勿徒視爲故事。

（神宗萬曆實録卷 212　第 7 頁　212.4.3972）

1138　六月戊子　薊遼總督張國彦等言：天旱米貴，薊鎮本色不敷，議將本年漕粮改撥三萬石徑抵薊倉上納，每石照例扣銀七錢作萬曆十八年該鎮年例之數。部覆從之。

（神宗萬曆實録卷 212　第 8 頁　212.6.3975）

1139　六月癸巳　巡視蘆溝橋御史吴克儉言：馬鞍山新城橋每車税錢五文、馱税三文、擔者二文、背者一文，甚至徒手過者亦不免，土民謂此橋日得萬餘錢。至紅橋視前又甚，計二橋所獲歲不下六七千金。前五月間有商人告木一筏抽大木四根，不惟侵民之利，而且撓國之税，所當處分也。得旨：橋樑本爲便民，抽税照舊行，但不許下人生事。

（神宗萬曆實録卷 212　第 10 頁　212.8.3979）

1140　六月己亥　陞貴州布政司布政使朱孟震爲順天府府尹。

（神宗萬曆實録卷 212　第 12 頁　212.10.3983）

1141　七月辛亥　壽工就緒，命管工尚寶司卿葛昕回司管事。

（神宗萬曆實録卷 213　第 2 頁　213.2.3991）

1142　七月癸丑　巡視京營給事中洪有復言：勇士營官馬臨印烙時少二百二十五匹，緣該營督自内監營官藉口，恣爲欺冒，乞行處治。章付兵部。

（神宗萬曆實録卷 213　第 3 頁　213.2.3992）

1143　七月己未　協理京營兵部左侍郎楊俊民言：總協二臣部下標兵數各五百，欲于三備兵營内選增二千名，共合一營訓練。從之。

（神宗萬曆實録卷 213　第 4 頁　213.3.3993）

1144　七月壬戌　三屯營地震，越二日復震。

（神宗萬曆實録卷 213　第 5 頁　213.3.3994）

1145　七月戊辰　以薊鎮三屯車前營遊擊張守愚等各就近陞

調，從督撫張國彦議也。

（神宗萬曆實録卷 213　第 10 頁　213.8.4004）

1146　八月丙子朔　户部言：舊例金花銀一百萬兩，坐派蘇松、江浙、福建、湖廣等處，每季分進二十五萬兩，此祖宗定例。至萬曆六年奉旨每季加銀五萬兩作買辦應用，計每年增進銀二十萬兩，原無坐派今已一十二載，計銀二百餘萬，乞念邊餉爲急，錫予爲緩，秋季買辦銀五萬兩暫准停止。不允。

（神宗萬曆録卷 214　第 1 頁　214.1.4007）

1147　八月辛巳　陞……山西都司僉書、署都指揮僉事王國柱爲昌平標兵營遊擊。

（神宗萬曆實録卷 214　第 4 頁　214.3.4011）

1148　八月己丑　巨馬河石橋落成，命大學士申時行紀事勒石。

（神宗萬曆實録卷 214　第 7 頁　214.6.4017）

1149　八月癸巳　宴朝鮮國入賀陪臣吏曹参判尹根壽，命禮部尚書于慎行待，歸仍有餞。

（神宗萬曆實録卷 214　第 8 頁　214.6.4018）

1150　九月乙巳朔　頒〔按：館本頒作須，誤〕給朝鮮國王李昖《會典》全書，從所請也。

（神宗萬曆實録卷 215　第 1 頁　215.1.4025）

1151　九月壬戌　詔給太僕寺馬價銀四萬二千六百兩于薊鎮，從都督張國彦請也。

（神宗萬曆實録卷 215　第 6 頁　215.4.4032）

1152　十月己亥　巡視京營給事中洪有復言：班軍裹粮千里以赴京操，邇因工役之興畚插胼胝，尤稱疲累。乃臣等所聞，在中都則謂掣補之非舊，在登、萊、沂則謂月粮之未普。夫輓輸入衛皆役也，今操未息肩而又掣之應運，是責之兼役矣。同一月粮而或三分或四分，同一班操而近者粮多，遠者粮少，委屬不均，況登、萊之粮本四錢徵派，支給扣除于義奚取？安東諸城既以例予，亦何靳登、萊、沂數衛乎？章下兵部。

（神宗萬曆實録卷216　第8頁　216.6.4048）

1153　十一月辛亥　宴朝鮮國人賀陪臣户曹参判奇岑等，仍餞如例。奇岑等奏：本年六月十二日有異船一只，向本國全羅道南桃浦抛泊，官軍以砲擊之，舟中人攢手乞命，持印信公文俱寫“大明萬曆”字樣。將男婦四十六名獲至，譯得一名要宇、一名厚女注口，俱係大琉球國人，與鄰居淳于波口等同坐一船，于本年五月十八日將大小米等物載向本國，于祈禱所完納，遭風飄泊。查照嘉靖年間有琉球國七人漂到，連人奏解，今人口數多，先將要宇、厚女注口二名帶向京師，其餘俱送遼東都司轉解。禮部查果有嘉靖年事例，請勅奬朝鮮，令要宇等暫住會同館。咨行遼東將四十四人解京，仍賞胖襖鞦鞋，給與關文，差通事送至福建，遇便追歸。從之。

（神宗萬曆實録卷217　第2頁　217.1.4054）

1154　十一月乙丑　順天府府丞孫旬條上審編事宜：一曰配地丁以均差徭；二曰革頭役以免偏累；三曰清〔按：館本清作復〕優免以杜影射；四曰革冗浮以寬民力；五曰愼加增以節民財；六曰裁大户以省賠累；七曰查流寓以寬土著；八曰覈增減以清徵派；九曰均編派以恤陵户；十曰飭有司以專責成。部覆報允。

（神宗萬曆實録卷217　第8頁　217.6.4064）

1155　十一月辛巳　江西道御史荆州俊劾管工部營繕司事太僕寺少卿徐泰時受賄匿商，阻撓木税。工部覆：壽宮缺少鷹平等木，差官杭〔按：館本杭作抗，抱本作杭〕關採買，各商于正木之外，每有餘木，正木兼給水脚，餘木只給價值，故本部向來正備兼收。至私商各木若遇急用，亦間收買，但應抽税，不得倖免也。近通州一帶奸商匿税數多，御史加意振刷，泰時輙爲批發，雖無庇商之私，難免循情之罪。旨令泰時回籍聽勘。

（神宗萬曆實録卷 218　第 3 頁　218.2.4072）

1156　十二月壬午　吏部推順天府府丞孫旬爲大理寺左少卿。旨陞任養心爲左，以旬右之。

（神宗萬曆實録卷 218　第 4 頁　218.3.4073）

1157　十二月甲申　陞尚寶司少卿李禎爲順天府府丞。

（神宗萬曆實録卷 218　第 7 頁　218.5.4078）

1158　十二月乙酉　協理京營戎政兵部尚書鄭雒辯林材疏，因求罷斥。旨責材摭拾瀆擾，留雒供職，然遠嫁事雒亦不能諱也。

（神宗萬曆實録卷 218　第 7 頁　218.5.4078）

1159　十二月壬辰　命順天府官折〔校記：舊校改折作祈〕雪。

（神宗萬曆實録卷 218　第 11 頁　218.9.4085）

1160　十二月丙申　巡青右給事中吳之佳等報，驗過壩、大二十四馬房等處壯馬六百三十四疋，駒七十五疋、駝四隻，牛羊驢〔按：館本驢下有羸字，抱本無〕各有數。

（神宗萬曆實録卷 218　第 13 頁　218.11.4089）

1161　十二月己亥　提學御史楊四知請京師各坊建立社學以訓童蒙。允之。

（神宗萬曆實録卷 218　第 15 頁　218.12.4092）

萬曆十八年（1590）

1162　正月戊申　原任總督倉場户部左侍郎毛綱卒，命祭葬如例。綱，順天薊州人，嘉靖癸丑進士，累遷右僉都御史巡撫遼東，未任，以奔喪不候代被論，降浙江參議。陞右副都御史撫治鄖陽，兵部左〔按：館本無左字，抱本有左〕右侍郎，歷今官，尋以京察致仕。綱賦性伉直，其再起以陞遷太驟，不滿人望，而撫鄖多惠政，居家孝友，有足多者。

（神宗萬曆實録卷 219 第 6 頁 219.5.4105）

1163 正月癸丑 巡視京營科道官洪有復等奏言：壽宮做工班軍人多工少，若必待三撥工完，不惟日月稽遲，抑且月糧不繼，宜及時放歸以恤軍力。部議，以工程浩大，量留五百名應用并乞申飭，以後非係重大事情請旨差委者不得概用。詔如議行。

（神宗萬曆實録卷 219 第 9 頁 219.7.4109）

1164 二月丙子 以協理京營戎政兵部尚書鄭雒總督倉場。

（神宗萬曆實録卷 220 第 3 頁 220.2.4117）

1165 三月丁未 都察院左副都御史陳于陛言：清明屆節〔按：館本清上有臣于二字，節上無屆字〕陪祀康陵，三更時赴候門外，忽聞有人催臣行禮，臣與光禄寺丞詹沂行至丹墀，是時糾儀班中屢曰：遣官如何不來？臣察其語音大似酒狂，卽與詹沂却立北廡簷下。少頃遣官至矣，傳贊跪拜，糾儀兩班亦相對跪拜，跪起踉蹌，殊不雅觀。臣因查訪，乃户科給事中楊鳳誤入北序糾儀班中，御史楊鎬等俱站南班，序班張班等南北對立，亦隨班跪拜，于禮均屬有違，乞加罰治。次日，楊鳳亦具疏自理。上以其遮説強辯，命與張班俱調外任，楊鎬等罰俸。于是給事中胡汝寧、葉初春、侯先春、楊文焕、章學尚、吴之佳紛紛出疏，大率科臣在監理之列已非一日，于陛因行禮來遲，畏人糾彈，故爲先發以箝人口，疏語非實。于陛亦上疏請罷，令照舊供職。

（神宗萬曆實録卷 221 第 2 頁 221.1.4128）

1166 三月辛酉 以五軍三營參將王椿充神樞左副將。

（神宗萬曆實録卷 221 第 4 頁 221.3.4132）

1167 四月己亥 朝鮮國王李昖差陪臣鄭琢等奏謝頒給《會典》，貢方物馬匹，宴賞如例。

（神宗萬曆實録卷 222 第 9 頁 222.7.4146）

1168 五月庚戌 以乞祈禱雨澤祭告南郊，遣公徐文璧、北郊侯吴繼爵、社稷侯李言恭、山川伯毛登、風雲雷雨伯王應龍等各行禮。

（神宗萬曆實録卷 223　第 3 頁　223.2.4150）

1169　六月甲戌　以雨澤大霈，告謝南郊、北郊、社稷、山川等神。賜輔臣祭品。

（神宗萬曆實録卷 224　第 2 頁　224.1.4157）

1170　六月庚辰　以壽宫成陞監督工程官穆來輔爲通政司右通政，洪聲遠爲大理寺右少卿。

（神宗萬曆實録卷 224　第 3 頁　224.2.4159）

1171　六月甲申　先是，上以歲荒民困，國用缺乏，命二京九卿科道集議奏聞。工科都給事中邵庶等言：……臣等又聞增修城樓，旦暮興工，夫以既竭之物力，營不急之工程，徒以飾觀美恣漁獵亦不可已乎？乞勅停止。……疏入。上以京師城垣關係重大，若坍壞日久將來費用愈多，仍遵前旨勘估緊要，興工修理。

（神宗萬曆實録卷 224　第 3 頁　224.2.4160）

1172　六月乙酉　工科左給事中李廷謨奏言：順天、河間、保定三府有寄養備用馬駒，宜令部寺歲計量有二萬餘匹，不必多派，以累小民。并議寄養馬匹除老瘦者徑行變價，調兑馬匹已足二萬餘匹者，暫收折色，每大馬一匹解銀二十兩，次者量減。部覆以每年派馬恒視見在寄養之多寡以爲盈縮，雖有二萬之額，並未及二萬之數，起俵大馬舊例本色每匹徵銀三十兩，折色徵銀二十四兩，如遇灾荒乃有減徵之請，宜令該寺將見在寄養馬匹除老弱不堪調兑者卽行變革，每年派馬先計見在寄養之數，如足二萬卽多派折色，以恤民困，其折色馬匹每匹仍以二十四兩徵解。詔如部議。

（神宗萬曆實録卷 224　第 8 頁　224.6.4168）

1173　六月庚寅　陞分守薊鎮石塘嶺參將楊元爲神樞營右副將。

（神宗萬曆實録卷 224　第 9 頁　224.7. 4170）

1174　七月丁未　以神樞三營參將陳仲分守薊鎮牆子嶺等處地。

（神宗萬曆實録卷225　第4頁　225.2.4180）

1175　七月己酉　順天府丞李貞〔按：館本貞作禎，廣本作楨，抱本作貞，誤〕陳言邊事，又甚言欵貢非策，上曰：欵貢安邊已二十年，虜情變遷豈得追究始事，勅詳議行。

（神宗萬曆實録卷225　第4頁　225.3.4181）

1176　八月庚午朔　以神機營參將許從謙充神機營右副將。

（神宗萬曆實録卷226　第1頁　226.1.4197）

1177　八月乙亥　以修理京師城垣命侍郎朱天球、陳于陛分管，都給事中邵庶監視。

（神宗萬曆實録卷226　第3頁　226.2.4199）

1178　八月庚辰　安南都統使莫茂洽差宣撫副使賴敏等進貢，宴賞如例。

（神宗萬曆實録卷226　第4頁　226.3.4202）

1179　八月庚辰　命總督薊鎮兵部尚書兼左副都御史張國彦協理京營戎政，以兵部左侍郎蹇達代。

（神宗萬曆實録卷226　第4頁　226.3.4202）

1180　八月甲午　朝鮮國陪臣刑曹參判李山甫進貢，宴賞如例。

（神宗萬曆實録卷　226　第6頁　226.5.4205）

1181　八月己亥　吏部查革吏役疏上，文書口傳聖問言：吏役各省直人少，順天府獨多，何故？大學士申時行等回奏言：國初以來，許各省直人于朝陽關納允吏役，通州乃順天府所屬，所以順天〔校記：廣本、抱本天下有府字〕人獨多，其實各省直之人多有假借順天籍貫者，非盡皆順天人也。

（神宗萬曆實録卷226　第8頁　226.6.4207）

1182　九月甲寅　陞順天府尹朱孟震爲通政使。

（神宗萬曆實録卷 227　第 7 頁　227.5.4218）

1183　九月乙卯　陞陝西左布政使王體復爲順天府尹。

（神宗萬曆實録卷 227　第 8 頁　227.6.4219）

1184　十月甲申　兵部覆：保定撫按奏言：湯家莊等處銀礦山深路遐，礦洞難尋，卽一二亦鉛多銀少，而各山實與天壽山脈相連，挖取恐傷靈氣，且計差官諸費得不償失，又慮礦盜生發，撲滅未易，開礦一事臣等實未見其便。乞仍舊封閉，更令官兵嚴加防守。得旨：礦洞既稱開挖有礙，害多利少，着照舊封閉，地方官用心防禦，勿致疏虞。

（神宗萬曆實録卷 228　第 5 頁　228.4. 4229）

1185　十一月壬子　巡視京營科道官郝應登等奏上京營覈實八事：一曰簡軍之實。言每歲春操之前當公同清汰，汰一老弱則增一壯健。至營軍之弊，每見官軍食粮一册，營操又一册，以營操册對食粮册，錯綜混雜，以故無從清查，宜如隆慶五年議，以三四衛或一二衛併爲一營，庶一展册而行伍在是，名粮亦在，是種種影冒之奸可理。二曰練軍之實。各營分操，日呈殿最，日行賞罰，春秋各操半計諸殿最而陞降之，則人知慕畏。而火器在軍中爲最重，尤不可忽。三曰恤軍之實。營軍月粮有幾而誅求無藝，宜將一切科歛差用逐一查出參酌，俱行裁革。四曰覈選鋒之實。營中選鋒共計五千人，戰兵每營僅三百，車兵每營僅二百，非居重強幹之理，宜增成一萬，使緩急可賴。五曰省器械之實。六曰稽馬匹之實。七曰甄别將領之實。京營將領各有分職，其才品總在營伍之中，此后甄别不必别加會議，惟春操畢將各營以三四日爲期，逐一查閲，視軍馬之強弱以爲將領之殿最。八曰清理禁兵之實。三大營外有四衛營、勇士營，軍數踰一萬，馬數踰三千，歲時訓練如三大營，而隸其籍于御馬監，每歲費大司農可二十餘萬，而名有開操，而實無團練，一遇點閘，多方僱覓。乞勅兵部併御馬監同臣等將二營兵馬從新查理，盡革詐冒，逐日操演。疏下所司。

（神宗萬曆實録卷 229　第 4 頁　229.4.4251）

1186　十一月丙寅　陞順天府丞李禎爲右僉都御史巡撫湖廣。

（神宗萬曆實録卷 229　第 9 頁　229.7.4258）

1187　十二月庚午　陞應天府丞郭維〔按：館本維作惟賢〕爲順天府丞。

（神宗萬曆實録卷 230　第 2 頁　230.1.4260）

1188　十二月壬申　朝鮮國王李昖差陪臣工曹參判鄭士偉等三十四員名進賀，又差陪臣禮曹參議金偉等二十八員進貢各赴京。宴賞如例。

（神宗萬曆實録卷 230　第 3 頁　230.2.4261）

1189　十二月乙〔按：館本乙作己，是也〕卯　國子監校刻《詩經注疏》成，祭酒劉元震進呈。

（神宗萬曆實録卷 230　第 5 頁　230.3.4264）

1190　十二月甲午　陞國子監祭酒劉元震爲南禮部右侍郎。

丁酉　陞左春坊左庶子盛訥爲國子監祭酒。

（神宗萬曆實録卷 230　第 9 頁　230.7.4271）

萬曆十九年（1591）

1191　正月乙巳　薊州馬蘭路（按：疑路爲峪之誤）地震。

（神宗萬曆實録卷 231　第 2 頁　231.2.4275）

1192　正月癸丑　兵部題：推……原任分守薊鎮燕合營參將王通堪起用五軍營遊擊，原任遊擊管薊鎮牆子嶺參將事李信堪任神機十營佐擊。各依擬用。

（神宗萬曆實録卷 231　第 4 頁　231.4.4279）

1193　正月丁巳　裁革順天府遵化縣平谷〔校記：廣本谷作穀〕

倉副使一員。

（神宗萬曆實録卷 231　第 5 頁　231.4.4280）

1194　**正月丁巳**　兵部題稱：將材難得，求之貴廣，用之貴宜。其京營戎政衙門凡聽用將官、衛官非係本部据實荐本、奉有明旨、查有明白實職開送者不許收用，庶杜干進之媒，以廣向用之路。報可。

（神宗萬曆實録卷 231　第 6 頁　231.5.4281）

1195　**二月庚午**　禮部覆：國子監祭酒劉元震條陳國學空虚，人才稀少，乞常貢額外六年，間行選貢之法，盡數送南北二監肄業，以充太學，仍于監中置立彰善、紀過二簿以昭勸懲，并申明經學以端士習。詔如議行。

（神宗萬曆實録卷 232　第 3 頁　232.2.4291）

1196　**二月戊寅**　以參將蔣助爲京城巡捕右參將。

（神宗萬曆實録卷 232　第 5 頁　232.4.4295）

1197　**二月庚辰**　以神機五營佐擊王維藩爲神機八營參將。

（神宗萬曆實録卷 232　第 6 頁　232.4.4296）

1198　**三月壬戌**　調昌平遊擊章接爲宣府東路遊擊。

（神宗萬曆實録卷 233　第 12 頁　233.9.4328）

1199　**閏三月丁卯**　以山西守備劉一藩爲昌平遊擊。

（神宗萬曆實録卷 234　第 2 頁　234.1.4332）

1200　**閏三月己巳**　昌平州地震。

（神宗萬曆實録卷 234　第 3 頁　234.2．4333）

1201　**閏三月己巳**　太倉銀庫歲入三百七十四萬五百兩有奇，歲出京官俸、商價等銀六十三萬兩，各邊年例等銀二百四十三萬五千餘兩，所出已浮于所入，而銀庫各項濟邊止收有七十餘萬，户部請酌議列欵以便閲視。諸臣一議……武學止于兩京，不及各省，迺薊鎮獨有遵化、密雲、永平等三學，宜查裁革……上曰……詳議停妥，具奏定奪。

（神宗萬曆實録卷 234　第 4 頁　234.2.4333）

1202　**閏三月庚午**　盔甲、王恭二廠，舊例每三年總計正造盔甲、銃砲等器共一萬七千餘件，而營軍數多侵領戊字庫原貯外解器械修理充數。部議各省直所解軍器减半折造，務期精利如式。至于二廠成造修造未盡事宜一併酌議：一、裁處兩廠年例修造。一、酌議修理京營戰具。一、預處門班官軍盔甲。一、裁革科造名色。一、議弔鈇甲以棉布易口袋。一、核實修造工價。一、議兩廠舊器年久損壞及難用者改爲廢銅廢鐵給發，以備打造。俱如議行。

（神宗萬曆實録卷 234　第 5 頁　234.3.4336）

1203　**閏三月丁亥**　汝安王妃奏討三家店橋税，已經得旨。工部尚書曾同亨以三家店往來貨物不過煤炭柴草之類，原無抽分明例，先經豪家索取已行嚴禁，私税方革，官税復興，事體人情無一可者，乞亟行停止，以安畿民杜冒，請着照前旨行。

（神宗萬曆實録卷 234　第 13 頁　234.10.4350）

1204　**閏三月辛卯**　兵部題：武學之設，以教世胄而儲將材。一、議嚴進退。一、簡定考驗。一、分别陞降。一、議定補缺〔按：館本缺作饌，廣本、抱本作缺，疑是也〕。一、嚴查撥差。一、議派大小。一、查（按：館本查作賞）明箭賞。一、議復餱〔按：館本餱作饌〕粮。一、擬送考語。俱着如議行。

（神宗萬曆實録卷 234　第 14 頁　234.11.4352）

1205　**四月丁巳**　以遵化遊擊柴登科侵扣軍餉〔校記：廣本餉作糧〕革職提問。其武官近來〔按：館本來作年，廣本、抱本作來〕專爲結納饋遺，刦刻剥軍士，侵冒錢粮，以充私費，已屬積弊，仍着嚴禁，撫按官不時參奏重治。

（神宗萬曆實録卷 235　第 8 頁　235.6.4368）

1206　**四月辛酉**　遵化縣提舉莊、太平莊二處天鼓鳴如炮響，空中有火光，各隕石一塊，重各數斤。

（神宗萬曆實録卷 235　第 10 頁　235.7.437）

1207　**五月辛卯**　是日馬水口雷火燒臺。

（神宗萬曆實録卷 236　第 9 頁　236.7.4386）

1208　**七月戊辰**　以神機（按：館本機作樞）七營參將聶大荆〔按：館本荆作經，廣本、抱本作荆〕調分守薊鎮馬蘭谷地方參將。

（神宗萬曆實録卷 238　第 4 頁　238.3.4405）

1209　**七月己巳**　先是，遼東生儒許附順天鄉試，量加額五名，皆爲内地所占，御史胡克儉請于卷面註邊字，閲時稍加寬收。部覆：以宣府、遼東均試順天，今獨優處遼士似難輕議，惟合將下第硃墨卷轉發各處，照文理厚加獎賞。從之。

（神宗萬曆實録卷 238　第 4 頁　238.3.4405）

1210　**七月乙酉**　各監局匠先是隆慶元年定額一萬三千三百六十七員名，此爲新典，科臣楊其休以詐冒多端蠹耗爲甚，請于數典額新之外若有缺勿補。上謂：匠役額數已有明旨，只照舊行，不必議減。

（神宗萬曆實録卷 238　第 12 頁　238.9.4418）

1211　**八月己亥**　河南道御史傅光宅題:京師天下根本，古北口前轍可虞，宜於京營十萬軍中挑選勇敢者一萬五千人，擇將領五員統攝之，又擇文臣一員監督之。

（神宗萬曆實録卷 239　第 6 頁　239.4.4432）

1212　**八月癸卯**　禮部題：朝鮮供報倭奴聲息與琉球所報相同，宜獎賞激勸。從之。

（神宗萬曆實録卷 239　第 6 頁　239.5.4433）

1213　**八月癸卯**　以原任標平（按:館本標作昌，是也）總兵昌下（按：館本昌作標，是也）遊擊王國佐起五軍九營遊擊。

以真定車營遊擊方時春任薊鎮牆子路參將。

（神宗萬曆實録卷 239　第 6 頁　239.5.4433）

1214 八月庚申 以户科給事中羅棟巡視京營。

（神宗萬曆實録卷239 第15頁 239.12.4448）

1215 九月癸亥朔 以神機五營佐擊褚東山分守薊鎮燕河參將。

（神宗萬曆實録卷240 第3頁 240.2.4454）

1216 九月癸亥朔 以順天府巡撫標下中軍彭有德協守薊鎮東路副總兵。

（神宗萬曆實録卷240 第3頁 240.2.4454）

1217 九月戊寅 戎政尚書張國彦上疏奏〔按：館本無奏字，廣本、抱本有奏〕：治内〔按：館本治内作内治〕莫先京營，京營莫先訓練。每秋操以冬至始，住則沍寒之苦不堪，宜寅而進，午而散，戴盔甲以習其技，捷射藝以觀其能。凡軍人替役，奉驗多至數〔按：館本數下有閲字〕月，則茹苦愈甚，自今過堂及赴驗領粮不過十日，此所以恤軍者也。將領自邊方給贍米五石，而腹裏不與，則一視同仁之典宜舉，邊將之懦劣者入營，備員冀望躐等，則扛鼎穿楊之能宜别，而杜請託、禁訛言，則紀綱肅而戎政舉矣。部覆允行。

以原任薊鎮臺頭參將王國冀任昌平左車營遊擊。

（神宗萬曆實録卷240 第12頁 240.10.4469）

1218 九月乙酉 以鎮守居庸、昌平等處總兵官麻承恩任鎮守宣府總兵官。……以原任昌鎮右車營遊擊陳燮任遵化輜重營遊擊。

（神宗萬曆實録卷240 第15頁 240.12.4474）

1219 九月丙戌 以馬水口參將董承祺爲黄花鎮參將。

（神宗萬曆實録卷240 第16頁 240.13.4475）

1220 九月丁亥 革京營參將朱士元等回衛。

以遵化左車營遊擊葉從周爲神機七營練兵官。

（神宗萬曆實録卷240 第16頁 240.13.4475）

1221　九月乙（按：館本乙作己，是也）丑　以京城内外巡捕任大同爲神機（按：館本機作樞）營副將。

以山西按察使成遜爲順天巡撫。

（神宗萬曆實録卷 240　第 17 頁　240.14.4477）

1222　十月癸巳朔　時在京軍官聽信流言，謂各官俸粮議行裁減，群聚入長安門内欲候輔臣控訴，適欲（按：館本欲作遇，是也）工部尚書曾同亨，遂行鬨嚷。兵部尚書石星至，方傳諭解散。因自陳失職，乞賜罷斥。其把門指揮官不行攔阻，致令闖入，併乞罰治。上令石星安心任事，五府堂上官及京營總督與該科俱着回話，守門官着法司提問。

（神宗萬曆實録卷 241　第 1 頁　241.1.4479）

1223　十月丁酉　以京城巡視〔按：館本視作捕，廣本、抱本作視〕左參將宋三省任提督京城内外巡捕官都督僉事。

（神宗萬曆實録卷 241　第 4 頁　241.3.4483）

1224　十月丁酉　兵部覆：薊遼總督蹇達揭稱，夷人勢已結集〔按：館本人作情，集作聚〕，計必窺犯薊東，凡主將、客將各宜調遣應援。宣、大聞警卽赴懷來保護陵寢，保定聞警徑赴通州防護京通，若東虜犯薊，其遼西寧前兵馬一面入援，一面搗巢牽制，毋得自分彼此。得旨：薊鎮爲陵京近地，邊防軍令委宜倍加謹嚴，這分布將領調度節制事宜着該鎮督撫急行申飭，仍行宣、大、保定督撫等官聞警星夜赴援，毋得逗留觀望，致誤軍機。其京營總協大臣亦須悉心籌畫，以圖防守。

（神宗萬曆實録卷 241　第 4 頁　241.3.4484）

1225　十月辛丑　以原任凉州副總兵陳霞任京城巡捕左參將。

（神宗萬曆實録卷 241　第 7 頁　241.5.4488）

1226　十月乙巳　議減保平谷縣寄養馬匹。上以畿民疲累量減議以示寬恤，從撫按請也。

（神宗萬曆實録卷 241　第 9 頁　241.7.4492）

1227 十月庚（按:館本庚作戊）**申** 上令京營各軍弓矢每三年一次折價給軍自備，其明盔甲還依見今題准事例，每年揀選應修者五百副來送回，本部着盔甲、王恭二廠修理精好送營。從兵、工二部覆張國彦之請也。

（神宗萬曆實録卷241 第11頁 241.8.4494）

1228 十月乙卯 閲視薊昌等處右通政穆來輔同督撫巡關諸臣奏稱：各屬荒地以十分爲率，盡數開墾者紀録，一半以上獎賞，無開墾者罰治。又各衞屯粮將前年拖欠併本年錢粮完至八九分以上者，遵例議免，仍令三月内報完。部覆從之。

（神宗萬曆實録卷241 第13頁 241.10.4498）

1229 十月庚申 以太僕寺卿范謙量爲太常寺卿，管國子監祭酒事。

（神宗萬曆實録卷241 第13頁 241.12.4502）

1230 十一月甲子 河南道御史傅光宅以京師根本重地，條陳選兵、選將、置監督、明訓練四事。兵科王德完等以光宅所議鑿鑿可行，監督之事請卽以光宅督之。上曰：京營將士只着總協官從公練選，如意振刷，如有狥私隳務等弊，聽巡視科道等糾參，不必更制設官，徒滋紛擾。

（神宗萬曆實録卷242 第3頁 242．2.4506）

1231 十一月乙丑 以神樞坐營周易爲神機三營遊擊。

（神宗萬曆實録卷242 第4頁 242.3.4507）

1232 十一月丙寅 朝鮮國王李昖具報：本年五月内有倭人僧俗相雜，稱関白平秀吉併吞六十餘州，琉球南蠻（下缺）〔按:館本蠻下有皆服，明年三月間要來侵犯，必許和方解。有旨：着兵部申飭沿海提防，該國偵報，其見忠順，加賞以示激勸四十一字〕。

（神宗萬曆實録卷242 第4頁 242.3.4508）

1233 十一月癸酉 兵部題:据朝鮮咨報倭賊入犯似真，沿海防汛將兵務要遠哨堵截外洋，毋得各省互相推諉，巡撫未赴任者着作急催促。從之。

（神宗萬曆實録卷 242　第 6 頁　242.5. 4512）

1234　十一月壬午　以鎮守居庸、昌平總兵楊紹勳任鎮守遼東掛印總兵。

（神宗萬曆實録卷 242　第 12 頁　242.10.4521）

1235　十一月己丑　以延綏定邊副總兵王保任鎮守居庸、昌平等處總兵。

（神宗萬曆實録卷 242　第 13 頁　242.11.4523）

1236　十一月辛卯　琉球國〔按：館本無國字，廣本、抱本有國〕中山王世子尚寧差官鄭禮等，照例賞賜。着尚書李長春宴待，仍移咨該國世子速請襲封，鎮壓彼國，毋以地方多事爲辭。

（神宗萬曆實録卷 242　第 14 頁　242.11.4524）

1237　十二月甲午　制定戚臣莊田：皇后家派傳五世留一百頃、皇貴妃并貴妃家派傳五世留七十頃以爲香火地。后家不論旁枝别派，永遠給付遵守。妃家無正派，傳至三世，不論多少盡數還官。其駙馬傳至三世，准留十頃以爲公主香火地，永遠給付遵守，餘着還官。王棟、陳承恩、李鶴、鄭國泰姑准照舊，以後養贍、香火、莊田遞減都照今規則，永遠爲例。

（神宗萬曆實録卷 243　第 2 頁　243.1.4526）

1238　十二月丙申　以協理京營戎政兵部尚書兼都察院右副都御史張國彦爲刑部尚書。

（神宗萬曆實録卷 243　第 3 頁　243.2.4527）

1239　十二月戊申　以京城巡捕任參將陳霞任分守居庸関參將。

（神宗萬曆實録卷 243　第 8 頁　243.6.4536）

1240　十二月戊申　以居庸関參將李蕢〔按:館本蕢作著〕實任協理寧夏總兵。

（神宗萬曆實録卷 243　第 8 頁　243.7.4537）

1241 **十二月辛亥** 以五軍二營參將王永壽爲京城巡捕左參將。

（神宗萬曆實録卷 243 第 10 頁 243.8.4539）

萬曆二十年（1592）

1242 **正月癸酉** 禮科都給事中胡汝寧疏參順天舉人張大典學字（按：館本字上有義字）〔校記：疑學義應作舉義〕不滿三百，首策腹心訛〔校記：廣本訛作誤〕作愎心，白若鷺首義結内纓驂語涉関節。應天舉人李應傑卷中別字太多，錢魁春燒毀二三場硃卷，甚（按：館本甚上有事字）怪，乞加覆試以杜衆口。于是順天考試官曾朝節、應天考官陸可教等各具疏辨。禮部以爲覆試重典，必有夤緣實跡方可舉行，今查被參舉人張大典等文理并堪中式，其間戚（按：館本戚作用）句隱僻，寫字差訛亦第，剽竊不精，似無暗通關節之弊。上曰，各試卷既文理平通，勘無私弊，准免覆試。

（神宗萬曆實録卷 244 第 2 頁 244.1.4548）

1243 **二月丙午** 賜原任寧夏巡撫右副都御史贈户部右侍郎李璋葬祭。璋，順天府大興縣人，弘治進士，初授刑部主事，以執法忤權璫劉瑾，謫興國州判官，瑾誅還職。歷陝西僉事、洮岷兵備副使，俱有殺戮功。繇山西布政陞右副都御史巡撫寧夏，嗣勘白蓮教賊李午，事干武定侯郭勛，忤旨下獄，廷杖，謫雷州，卒于雷。隆慶元年春奉遺詔贈前官。巡按御史龐尚鵬稱其英風勁氣百折不回，劉士忠亦言其忠鯁剛方不避權貴。至是璋孫必美奏乞卹典，禮部覆請，上謂璋剛正受錮，忠節可嘉。故事，三品未滿考例祭一壇，半葬，璋給全葬，則特恩云。

（神宗萬曆實録卷 245 第 4 頁 245.3.4568）

1244 **二月己酉** 宴朝鮮進貢陪臣韓應寅等四十二人，給賞如例。

（神宗萬曆實録卷 245　第 5 頁　245.4.4569）

1245　二月庚戌　兵部題：倭奴誑嚇諸國，謀犯天朝，朝鮮已具偵報而誣以鄉導之名，此本國君臣所痛〔校記：廣本痛作共〕憤不與賊俱生者也〔按：館本無也字〕，乞察國王效忠無愧厥祖，令之戮力勦除，亦彼雪恥之一機矣。上曰：倭奴變詐虚喝，春汛宜加嚴慎。仍諭朝鮮密偵聲息，并督沿邊將吏各守要害，以防不虞。

（神宗萬曆實録卷 245　第 6 頁　245.5. 4571）

1246　二月辛亥　以……遵化遊擊李春芳爲通州參將。

（神宗萬曆實録卷 245　第 8 頁　245.5.4572）

1247　二月戊午　會試取中式舉人吴默等三百名。

（神宗萬曆實録卷 245　第 8 頁　245.6.4574）

1248　三月丁卯　朝鮮陪臣韓應寅等赴奏倭情，貢畢賜宴遣還。

戊辰　禮部題：朝鮮王李昖克修職貢，歸我漂海華民，備陳倭情狡詐，恥言鄉導，願效防禦，宜示旌嘉。上命賜勅奬之，併賚銀幣。

（神宗萬曆實録卷 246　第 3 頁　246.2.4579）

1249　三月癸亥　策試天下貢士。

戊寅　賜翁正春等三百名進士及第、出身有差。

（神宗萬曆實録卷 246　第 5 頁　246.4.4584）

1250　三月乙酉　原任順天府府尹孫正（按：館本正上有一字，疑是）卒，一正陝西渭南人，起家户部，歷知府藩臬，以府尹回籍。予祭葬如例。

（神宗萬曆實録卷 246　第 9 頁　246.7.4589）

1251　三月丁亥　朝鮮陪臣尹義新等謝恩回國，賜宴如例。

（神宗萬曆實録卷 246　第 10 頁　246.8.4591）

1252　四月丁酉　改……順天府府尹王體復爲右副都御史巡撫

貴州。

（神宗萬曆實録卷 247　第 3 頁　247.2.4596）

1253　**四月丙午**　起原任太常寺卿趙世卿爲順天府府尹。

（神宗萬曆實録卷 247　第 8 頁　247.7.4605）

1254　**四月辛亥**　起原任順天府府〔按:館本府下無府字〕丞張文熙補太僕寺少卿管京營事。

（神宗萬曆實録卷 247　第 10 頁　247.8.4608）

1255　**五月己巳**　朝鮮國王咨稱，倭船數百直犯釜山，焚燒房至（按：疑至为屋），勢甚猖獗，兵部以聞。詔山東、遼東沿海直鎮省督撫道鎮守官嚴加整練防禦，無致疏虞。

（神宗萬曆實録卷 248　第 3 頁　248.2.4616）

1256　**五月丙戌**　陞光禄寺少卿魏允貞爲順天府府丞。〔按：館本此段在卷二百四十九〕

（神宗萬曆實録卷 248　第 8 頁　249.5.4637）

1257　**五月壬寅**　兵部言：朝鮮陪臣聞倭夷荼毒聲息，哭泣乞歸，命卽遣還。先已發兵救援，仍慰諭國王毋諉強弱不敵，務力戰勦賊以副朝廷懷遠之意。〔按：館本此段在卷二百四十九〕

（神宗萬曆實録卷 248　第 8 頁　249.4.4636）

1258　**五月丁亥**　山東撫按揭稱倭寇朝鮮，東省環海，保甲軍餘中簡選壯丁分撥防守，乞留民屯屯粮銀四萬兩并事例班價給餉，户部覆奏。許之。（按：館本此條列于六月丙午）

（神宗萬曆實録卷 248　第 10 頁　249.6.4639）

1259　**六月庚寅**　命遼東鎮撫發精兵二支應援朝鮮，仍發二萬解赴彼國犒賞，賜國王大紅紵絲二表裏慰勞之。仍發年例銀二十萬給遼鎮備用，從兵部奏也。

（神宗萬曆實録卷 249　第 2 頁　249.1.4630）

1260　**六月庚寅**　是日奏進朝鮮國王謝恩方物、馬匹，報聞。

（神宗萬曆實録卷 249　第 3 頁　249.2.4631）

1261　六月己亥　陞順天府府丞郭惟賢為右僉都御史巡撫湖廣提督軍務。

改工部左侍郎周世選爲兵部左侍郎，協理京營戎政。

（神宗萬曆實録卷 249　第 5 頁　249.3.4635）

1262　六月丙午　山東撫臣揭稱：倭寇朝鮮，東省環海，于保甲軍餘中簡選壯丁分撥防守，乞留民屯屯粮銀四萬并事例班價給賞。户部覆奏。從（按：館本從作許）之。（按：此條與五月丁亥條重出）

（神宗萬曆實録卷 249　第 7 頁　249.6.4639）

1263　六月戊甲（按：館本甲作申，是也）　兵部題：蘇（按：館本蘇作薊，是也）遼督撫蹇達等揭稱：朝鮮國王斬獲倭級一百十一顆，特差陪臣解驗，當顛沛流離之際，執禮益恭，忠敬可嘉。得旨：國王遣官齎驗倭級足徵忠順，諭王戮力殲賊，差去官兵并力協勦，無分彼此。陪臣六員各賞銀二十兩，每級賞銀五兩，昭朝廷優厚之意。

兵部覆：宣大總督蕭大亨揭稱，二鎮兵馬予令總兵麻承恩、李東暘等挑選一萬六千以備倭警，急咨户部議發帑銀數十萬，題差大臣一員就近督理粮餉，庶免臨時匱乏。得旨允行。

己酉　兵部言：昨發精兵二枝沿江爲朝鮮應援，此在彼國未請之先，迄今巡撫郝杰咨稱朝鮮請兵甚急，先差遊擊止于鴨緑江，未敢前進，夫存亡呼吸尚可牽制如此乎。乞勅相機探勦。奉旨：援兵久遣，豈容遲誤，今後各邊鎮緊急事務毋拘奏請，致誤軍機。

（神宗萬曆實録卷 249　第 8 頁　249.7.4641）

1264　六月壬子　陞……河南右布政使李頤爲都察院右僉都御史，巡撫順天，飭整蘇（按：館本蘇作薊，是也）州邊備。

（神宗萬曆實録卷 249　第 9 頁　249.8.4643）

1265　六月乙卯　兵部請遣素有威信服虜大臣一員經略寧夏，

仍發帑銀二十萬聽便宜禦虜平賊。再遣知兵文武大臣各一員統領蘇鎮（按：館本蘇作薊，鎮作遼）南北兵馬，直抵朝鮮，存屬國以固門庭。上命府部科道官會議具奏。

（神宗萬曆實録卷 249　第 10 頁　249.8.4644）

1266　七月己未　兵部言：遼東撫臣郝杰揭稱，倭賊過大同江，朝鮮君臣卽遁，恐國王兵敗入遼，拒之不仁，納之難處，宜令險要以待天兵，仍號召全〔按：館本全作通，抱本作全〕國勤王之師以圖恢復。詔：倭陷朝鮮，國王逃避可憫，援兵既遣，仍諭彼國大臣集兵固守，控險隘以圖恢復，豈得坐視喪亡，其餘酌議具奏。

庚申　兵科都給事中許弘綱題：頃兵部惴心遼事，議遣經略大臣齎帑撫虜，又遣文武二大臣帥師往朝鮮勦倭。臣維治亂猶〔按：館本猶作如〕治絲也，急則頭緒難尋，寬則條理自見。今西師日老，詰責方嚴，經略與總督事權相同，意見或異，竊虞已遣者爲道旁之舍，又令繼遣者爲九牧之羊乎？如謂撫虜必設專官〔按：館本無官字，廣本、抱本有官，是也〕，則虜與經略何親利吾賞耳，苟厚利啗虜，何督撫不解市恩而馳九列輦帑金公然媚〔按：館本媚作以婿，誤〕虜分間（按：館本間作閫）乎？該部謂：中國郁（按：館本郁作禦）虜倭當于門庭，夫邊鄙中國門庭也，四夷則籬輔也，聞守在四夷，不聞爲四夷守。朝鮮雖忠順，然被兵則慰諭，請兵則赴援，獻俘則頒賞，盡所以待屬國矣。望風逃竄，棄國授人，渠自土崩，我欲一葦障之乎？夫倭未弱於虜也，在虜則欲撫之大軍之前，在倭則欲殲之累勝之後，絛重倭也，卽虞内地不支，絛輕倭也，則欲立功異域，又臣等所大惑矣。命兵部會議具奏。

壬戌　直隸巡按御史劉士〔按：館本士作尚〕忠言：……天下事定於鎮静，擾於張皇，今倭限天塹飛度爲難，入秋海颶大作，且久戰高麗物力亦罷，豈遽航海與我爭衡。未見倭形先受其敵。請調到二萬三千人中〔按：館本人下無中字〕選五千與南京，六百習水戰，餘仍歸保河操練，每日可省行粮三百六十兩，即以造船備巡哨，有警水兵搏擊，不數日保河兵可悉調至，休養久氣力鋭，視暴露澤濕〔按：館本濕作隰，廣本、抱本作濕〕者相去萬矣。部覆如議。奉旨：各兵撤調著該鎮督撫官會議，仍責兵道將領安處軍民，無令失所，餘如奏行。

（神宗萬曆實録卷 250　第 2 頁　250.1.4648）

1267　**七月己巳**　陞順天府尹趙世卿爲大理寺卿。

（神宗萬曆實録卷 250　第 6 頁　250.5.4655）

1268　**七月庚午**　以九門城樓工竣，加尚書曾同亨太子少保，進勛階；侍郎周世選、盧維禎〔按：館本禎作楨，廣本、抱本作禎〕、朱天球、陳于陛給與誥命，世選加二品服俸，仍各賚銀幣。

（神宗萬曆實録卷 250　第 7 頁　250.5.4656）

1269　**七月辛未**　陞光禄寺卿謝杰爲順天府府〔按：館本府下無府字，廣本、抱本有府〕尹。

（神宗萬曆實録卷 250　第 7 頁　250.5.4656）

1270　**七月壬申**　遼東巡撫郝杰題：犯（按：館本犯上有倭字）朝鮮，郡城半陷，國王窮迫來歸，乞勅該部暫擇城堡安置。兵部言：朝鮮倘陷，蝥必中遼，（按：館本固上有則字）固我藩籬，我（按：館本籬下有壯字，我作彼，是也）聲勢，不可已者，沿江一帶宜盛陳兵馬防守，以振威聲。國王來投，江上擇居完固城堡，司道躬爲存慰，一應供膳從厚，隨行人馬輸以芻粮，用示撫恤，無容狡倭混入探聽。前所探聽發兵不足，再加一枝爲犄角之勢，可也。奉旨：朝鮮請益提（按：館本提作援，是也）兵，須確議具奏。王來，擇善地居之。

（神宗萬曆實録卷 250　第 9 頁　250.7.4660）

1271　**七月丙子**　大學士張位奏：王公設險〔按：館本險作陷，廣本、抱本作險，是也〕以守其國，國家定鼎燕京，三面臨邊，與前代都中原不同。成祖三犂虜庭，兵力強盛，厥後大寧撤防，東勝失守，關隘彌近拱衛宜嚴，今京東距前陣不二百里，京西去宣鎮不四百里，東南去天津口不二百里，西南去紫金關不三百里。嘉靖庚戌，虜入，徑至城下，輦轂萬姓木爨所需，城門一閉，内困外阻。況今虜警倭防，桑土綢繆尤急，臣以爲近京周圍十里，宜卜水土要害，特建輔座城四，以衛京師。每城置兵萬人，内設營房，外設教場，照常操練，聲（按：館本聲下有勢字，是也）犄角，猝有外患，城門可開。遵照五軍舊制，以三大營官兵爲中軍，其四城應撥官兵各萬，或取京衛、京營各屯餘丁，選精壯以充數，擇五府官知兵者統之，聽戎政大臣節制，將領一視大營。城内各貯芻糧〔按：館本糧作粟，廣本、抱本作糧〕，再設憲司文臣二員監操督响（按：館本响作餉），兼儲邊材。量撥近地，給軍耕種，四隅聯絡墩堡，以資守望，周圍（按：館本圍作遭）開溝植樹，以扼戎馬，此國家强本之圖也。漢設南北二軍，相制爲安，金陵天險，太祖高皇帝復營浦子口屯兵積餉，具有深意。謹繪城圖進覽。上報曰：京師根本之地，添築四城爲拱衛之〔按：館本拱作鞏，之作至〕計，該部勘〔按：館本勘作看，廣本、抱本作勘〕議以聞。

戊寅　諭内閣，昨覽次輔位所進創建輔城、定兵制圖説，足見爲國安民之本，乃億萬年鞏固長策，朕甚嘉之。但事體重大，國儲匱乏，卿等還同該部會議停妥，待倭叛寧謐舉行。輔臣趙志皐等隨具疏稱：神謨遠慮真出萬全，其工役緩急次第容與該部從長議奏。

（神宗萬曆實録卷 250　第 9 頁　250.7.4660）

1272　七月癸未　上念朝鮮被陷，國王請兵甚急，既經會議宜速救援，無貽他日邊疆患。

（神宗萬曆實録卷 250　第 12 頁　250.10.4665）

3721　七月乙酉　以薊鎮副總兵解一清充鎮守居庸、昌平總兵官。

（神宗萬曆實録卷 250　第 13 頁　250.10.4666）

1274　八月壬辰　勑（按：館本勑上有賜行人薛藩品服，奉八字）宣諭朝鮮。

兵科給事中許弘綱題：據報，副總兵祖承訓〔校記：廣本承作成，次行同，誤〕征倭兵馬攻入平壤城，遊擊史儒、張國忠、馬世龍等俱傷，官兵多相失。承訓何人，不遵相機近（按：館本近作進，疑是）止之諭而貪功取敗至此，反令全遼喪氣，倭勢鴟張，宜急正失機之罪。仍令督撫申飭諸將，勿以小敗自阻，亦不必以深入爲功。兵部覆：議如科臣言。命革承訓任，行巡撫、御史提問。

（神宗萬曆實録卷 251　第 4 頁　251.3.4674）

1275　八月丁酉　工部覆：薊遼撫按言，通州大運三倉積貯數百萬石，六軍之命係焉。其它倭船可以徑達，胡馬亦常再至，是以新舊二城并建，凡以樹藩屏護儲胥也。舊城前圮已經修完，新城時久單薄，當盡拆修，費將五萬。邇來庫藏解部濟邊殆盡，户工二部給發空虚，乞借太僕寺馬價二萬濟用。詔可。

（神宗萬曆實録卷 251　第 8 頁　251.6.4680）

1276　八月壬寅　賜朝鮮陪臣柳夢鼎等宴，命侍郎范謙待。

（神宗萬曆實録卷 251　第 9 頁　251.7.4681）

1277　八月辛亥　覆（按：館本覆上有兵部二字，是也）兵科都給事中許弘綱等言：東事廢于因循，西事失于調劑，寧夏灌城拒虜，將心不齊，士氣未振，督臣調度，靈州武臣當督戰城下，乃諉其事於監軍御史，且諸將咸受節制，李如松何獨不然？夫如松勑書原令仍聽節制，特陞遣稍與各將不同耳。近聞如松全不関白，督臣科臣所以有言也。倭據朝鮮意圖入犯，雖祖承訓偏師少挫，豈宜弛萬全之謀。陸戰兵馬酌議已定，惟海戰必用兵船，楊克恭獻策，召募江南沙船沙兵，聚爲精鋭，退爲故業，路餘三千,一月能至。科臣謂鑿鑿可行,臣等面詢亦似有據,宜量受署指揮僉事充海營中軍官前往招添。設備倭都督遊擊各一員,選領仍遣科道官專司錢糧勸賞。所議召募各費請動支太僕寺馬價及南京兵部草埸租銀可也。奉旨:督撫統制三軍，總兵以下俱當聽命，著葉夢熊嚴申號令，居中調度，朱正色率諸將相機攻討，李如松雖有專勅，通受總督節制，梅國禎〔按:館本禎作楨，廣本、抱本作禎，是也〕但紀功罪，毋侵兵權，違者夢熊徑自參奏。其召慕沙船沙兵，差風力御史一員去，添設都督遊擊與楊克恭職銜，給發銀兩諸事俱如奏。

（神宗萬曆實録卷 251　第 10 頁　251.8.4683）

1278　九月壬戌　　禮科給事中馬邦良等題：東安等門官軍四百餘名，中璫占役不啻什九，且將各軍直米多方扣勒。如内侍郭欽、姜朝等已經難查，宜加懲創。又玄武門每月逢四門設内市，刀劍弓矢不禁，萬衆出入無忌，九五深邃之地，卽承平猶宜慎防，況倭虜交訌乎？上謂：内市門設已久，多事之際只宜嚴稽，不須罷革。郭欽等著司禮監查究有差。

（神宗萬曆實録卷 252　第 2 頁　252.2.4689）

1279　九月甲子　　論平壤覆軍各罪官。命遼東巡撫臣郝杰照舊供職，總兵楊紹勳等姑免究，祖承訓充爲事官立功贖罪，仍優卹陣亡官軍史儒等。

（神宗萬曆實録卷 252　第 4 頁　252.3.4691）

1280　九月乙亥　　山東巡按御史李時孳題：朝鮮國王咨報本國兵將燒燬倭船一百一十隻，斬級三百二十顆，奪獲器械資糧無算，并將首級、盔甲、刀銃等解驗。命兵部議奏。

巡撫保定劉東星題：倭據朝鮮，海口提備當嚴，諸凡造器、募船、調兵、遣官無遺策矣！惟是天津彈丸疲累嗟怨，倭未至而民先病，兵未強而費不貲，且譚兵人持異説，將安從乎？竊計倭雖強，不及中國什一，患我器多而不精、兵多而不適用耳。今與總兵倪尚忠將十營汰老弱，選精鋭萬五千餘人，時操練、嚴紀律，倭不足擒也。新兵三千或令尚忠兼統，或令遊擊一員領之，少一官則省一官之費。聞天津三衛開局制器，行舖率多避匿，況議修築、議安置紛紛并起，奈何不深長思哉！上令該部知之。

丙子　兵部題：經略宋應昌已奉新命，宜會薊遼督撫親畫信地管轄分布，一應挑選防守車砲，水陸坑塹船隻，逐一確議奏聞。乃給順、保、遼東、山東督撫防倭各勅書，遇警飛馳應援，各地方以一倭不入爲功，有失以信地爲罪。沿海文武官或不相宜，即請更易，倭平方議陞遷。報可。

（神宗萬曆實録卷 252　第 7 頁　252.5.4696）

1281　九月癸未　宴暹羅國進貢陪臣，命侍郎范謙待。

（神宗萬曆實録卷 252　第 10 頁　252.8.4701）

1282　九月癸未　以薊鎮守備薛虎臣充密雲鎮武營遊擊。

（神宗萬曆實録卷 252　第 10 頁　252.8.4701）

1283　十月辛卯　兵部尚書石星題：寧賊雖已就擒，倭寇復爾告急，經略未至遼東，邊報倭逼鴨緑，道旁之謀恐終誤事，臣願即日就道往決戰守，必使一倭不入，然後奏凱以還。如其不效，自甘軍法。共事武臣必得寧遠伯李成梁及選京營壯丁千餘隨行。上謂：星感憤時危，自請征討，具見忠貞。本兵居中調度，不宜輕行，還著經略宋應昌往任其事。

（神宗萬曆實録卷 253　第 3 頁　253.2.4705）

1284　十月辛卯　工部覆：大學士張位奏建四輔城及御城御史樊玉衡、給事中劉弘寶等城外建營練兵疏，待倭寇平日次第舉行。

（神宗萬曆實録卷 253　第 3 頁　253.2.4705）

1285　十月壬辰　朝鮮陪臣鄭崑壽等以國王越在草莽，實主辱臣死之秋，乞免賜宴，禮部請照例折給，俾得速〔按：館本速作遄〕歸。上〔按：館本無上字〕從之。

（神宗萬曆實録卷 253　第 3 頁　253.2.4706）

1286 **十月壬辰** 兵部言：近報倭賊欲犯義州，拒敵勢不容緩，宜行經略及督撫責令吴惟忠統領南兵火器手各三千，限五日内往遼，併發到兵馬及本鎮兵丁一萬尅日赴義州，同朝鮮兵將協力堵勦。薊、保兩鎮各選精兵五千，宣、大各選兵八千，馬步相半，擇將統領，文至五日卽往遼東聽經略調遣。户部速辦糧料，併移文四川巡撫速催劉綎兵馬，星夜前來。各督撫須挑選精壯，無徒虚文塞責，及諭國王固守義州以俟天兵恢復，勿蹈甘棄社稷之罪。上命如議行。

（神宗萬曆實録卷 253　第 3 頁　253.2.4706）

1287 **十月丁酉** 兵部題：倭奴聲勢甚大，遼東兵馬不敷，宜行浙江撫臣選募義烏東陽勁兵數千聽遣。山西撫臣挑選精兵二千策應。保定撫鎮選練達舍上達萬餘備援。得旨：如議行。

（神宗萬曆實録卷 253　第 5 頁　253.3.4708）

1288 **十月己亥** 暹羅國夷使二十七員赴京進貢，給賞冠帶如例。

（神宗萬曆實録卷 253　第 6 頁　253.4.4710）

1289 **十月己亥** 陞神機七營練勇參將陳璘爲神樞右副將。

庚子 以居庸參將陳霞充協守薊鎮東路副總兵遊擊，管薊鎮參將事；褚東山充分守墻子嶺參將。

（神宗萬曆實録卷 253　第 6 頁　253.4.4710）

1290 **十月甲辰** 以薊鎮遊擊管一方充燕河路參將，京城巡捕參將蔣功爲分守居庸關參將。

（神宗萬曆實録卷 253　第 7 頁　253.5.4711）

1291 **十月丁未** 以……五軍七營參將宗彭年爲京城巡捕參將。

（神宗萬曆實録卷 253　第 7 頁　253.5.4712）

1292 **十月己酉** 陞薊鎮白馬關守備楊濂爲本鎮標下遊擊。

（神宗萬曆實録卷 253　第 7 頁　253.5.4713）

1293　十月己酉　兵部覆：遼鎮督撫郝杰等題稱，朝鮮國王咨報官軍斬獲倭級一千二百五十有奇，燒燬倭船一百二十隻，奪獲達馬九十七四、器械稱是。夫倭寇猝至，朝鮮舉國奔逃，兹倖各道陪臣鼓勇截殺，斬級千餘，以洩義憤、挫賊鋒，乞發内庫銀三千兩賞有功及死事員役。上謂：朝鮮禦倭員役忠勇可嘉，准給賞賚。仍諭國王嚴督各道，集兵恢復，無負中國救援之意。

（神宗萬曆實録卷 253　第 7 頁　253.6.4713）

1294　十一月壬戌　工部題：鑄造制錢九萬錠，舊規以六分爲率，一分進内府司鑰庫，五分進太倉，計每年該鑄造内庫錢一萬五千錠。昨奉明旨，再送内庫五千錠。工科給事中劉弘寶執奏：内供賞賚非加於昔，羽檄旁午，軍興取給太倉者萬倍於昔，奈何欲減太倉之額以增内供？且内庫進錢舖墊銀歲費一千一百有奇，爐商困苦不堪，乞諭鑄進如例。上從之。

（神宗萬曆實録卷 254　第 4 頁　254.3.4721）

1295　十一月乙亥　以提督京城巡捕署都督僉書宋三省充協守保鎮天津海防副總兵官。

（神宗萬曆實録卷 254　第 7 頁　254.5.4726）

1296　十一月戊寅　陞協理京營戎政兵部左侍郎周世選爲都察院右都御史，兼户部右侍郎總督倉場。

（神宗萬曆實録卷 254　第 7 頁　254.6.4727）

1297　十一月壬子（按：館本子作午，是也）　陞兵科左侍郎徐元泰爲都察院右都御史協理京營戎政。

（神宗萬曆實録卷 254　第 8 頁　254.7.4729）

1298　十二月戊戌　陞……順天府府丞魏允貞爲通政使右通政。

（神宗萬曆實録卷 255　第 6 頁　255.5.4741）

1299　十二月己亥　經略侍郎宋應昌、遊擊沈維敬稱：倭賊頭目有願將平壤、王京一帶還天朝不與朝鮮等語。至于義州存貯糧料豆草及遼陽倉積，可供五萬兵馬數月之用。兵部覆：題大兵徵調，日慮芻餉不敷，轉運難繼，今士飽馬騰，便當相機征勦，多方接濟，以圖萬全。所稱退還平壤、王京一帶或觀窺伺，不得恃此忘備也。奉旨：奏覽其知兵餉已備，著經略相機勦除，以絶後患。

（神宗萬曆實録卷 255　第 6 頁　255.5.4741）

1300　十二月庚午　　應天府府丞譚希思爲順天府府丞。

（神宗萬曆實録卷 255　第 7 頁　255.5.4742）

1301　十二月辛亥　　陞分守紫荆關參將韓光爲神樞營右副將。

（神宗萬曆實録卷 255　第 10 頁　255.8.4748）

萬曆二十一年（1593）

1302　正月辛酉　　總督兩廣都御史蕭彦奏：暹羅居極西，去日本萬餘里，近有貢使請于兵部，願效勤王。兵部覆：今（按：館本今作令）發兵直搗日本，又念海道曠遠，夷心叵測，要行停請兵部議關白，以賊厮篡奪，淫虐奸狡，憑陵諸國，今復占據朝鮮，潛圖内犯，致厪王師。乃暹羅貢使憤然（按：館本然作兹）不道，既效勤王之忠，亦寓（按：館本寓作篤）恤鄰之義，臣等特爲請遣，一以風勵遠邦，一以牽制倭衆，盖兵家固有多方以誤之者，初非以堂堂中國恃兹島夷之力爲也。明旨既嘉其忠義，又重其事機，必待督臣酌議，取彼回文，方可頒□（按：館本□作勅），（按：館本隱上有深識遠見四字）隱然俱在。今賢臣坐鎮炎荒，海邦機宜悉如指掌，合令查照□（按：館本□作題議事理）將本部差去號召官員悉聽酌量行止，如已達彼國，即使（按：館本使作便）責□（按：館本□作差忠勇通）官傳檄，宣諭暹羅國王遵照旨（按：館本旨上有明字）整飭舟師，回文奏報，另聽□（按：館本□作勅書）至日遵行。從之。

（神宗萬曆實録卷 256　第 2 頁　256.1.4752）

1303　正月壬戌　協（按:館本協上有命字）守薊鎮副總兵署都督僉事陳璘充薊遼統領保定、山東等處。

防海禦倭副總兵分守山西左參將趙勛爲五軍二〔按：館本二作三〕營參將。

薊鎮車後營遊擊朱紹慶爲五軍八營參將。

（神宗萬曆實録卷 256　第 2 頁　256.2.4753）

1304　正月甲戌　以總督薊、遼、保定兵部右侍郎郝杰協理京營戎政。

（神宗萬曆實録卷 256　第 4 頁　256.3.4755）

1305　二月丙戌朔　兵部題：倭奴占據朝鮮，致該國君臣宗祀失守，播越江干。仰賴我皇上慨然命將興師，大兵甫至平壤，遂一鼓而下，前後節據揭報，大約擒斬倭奴一千六百有餘，焚溺死者以萬計，中國之威已大振矣。但平壤已得，防守宜嚴，該國君臣豈仍如前播越？請如經臣宋應昌議，諭令該王還居平壤。上曰：平壤既復，便行與朝鮮國王仍舊居守，還令乘勝鼓勇，會兵進剿，務期蕩平。

（神宗萬曆實録卷 257　第 1 頁　257.1.4775）

1306　二月甲寅　勅諭東征將士：頃者，倭奴倡厥攻陷朝鮮，朕遠惟來人蹊（按:館本蹊作傒）後之思，邇切内地震鄰之慮，肆彰天討，授鉞往征。賴爾等將士齊心用力，不避艱險，先收平壤，再捷開城，朕深加爾之功，所望剋期蕩平，大加陞賞。兹聞天氣漸熱，水潦不收，賊衆尚多，城守方同（按:館本同作固）;重念爾等懸軍深入，急難全勝，饑寒暴露，疾病死傷，勢所不免，朕因是痛心流涕，卧不安寢。而朕已令所司卽發帑銀一十五萬兩賫赴軍前，從宜犒賞優恤。仍令一面行山東等處地方，召商糴粟，辦舟以濟；而又一面令行游（按：館本游作浙，是也）江等處徵兵選將，星夜分道而前協勦，務使爾等財力有餘，庶使得以安心戰守，早夷大憝，永靖疆邊。爾等人衆，尚亦宜體朕意，遠懷勉圖報酬稱，垂功名于竹帛，留福廕于子孫。欽哉。故諭。

上諭户、工二部曰：且今倭賊大衆據朝鮮，于遼接壤，以門庭切近之憂，故命將出師，勢非得已；適見經略宋應昌奏稱兵力單弱，糧草不敷，恐有疏虞，前功盡棄。爾部職司兵食，義當併併（按：館本力上僅一併字）力一心，共濟國事，所有合用糧草，户部一面發糧（按:館本糧作銀），或從山東海道召商高價糴買，或令就近輸運接濟彼處，務使東征四五萬人可够半年之用。再勅兵部一面督催新調精兵，前往接濟征勦，其見在久戰傷殘人馬不慣地利者，行令勘酌退回，務令餉可資兵，兵不糜餉，早平大寇，庶寬朕東顧之懷。其或彼此互相推諉，以致緩急誤事，庶責有所歸。故諭。

（神宗萬曆實録卷 257　第 8 頁　257.6.4786）

1307　三月甲戌　以分守鎮邊城參將王應祥爲神機營左副將。

（神宗萬曆實録卷 258　第 5 頁　258.4.4796）

1308　三月丁丑　以五軍營大號頭署指揮同知姚濱爲神機九營佐擊。

（神宗萬曆實録卷 258　第 6 頁　258.5.4797）

1309　三月壬午　調五軍三（按:館本三作二，抱本作三）營練勇參將黄孝敢分守鎮邊城。

（神宗萬曆實録卷 258　第 7 頁　258.5.4798）

1310　四月乙酉朔　調馬水口參將許大成于五軍二營。

（神宗萬曆實録卷 259　第 1 頁　259.1.4803）

1311　四月戊子　調神機二營練勇參將韓正曉分守馬水口，統領薊鎮天津秋防，遊擊謝維（按:館本維作惟，廣本、抱本作維）能于五軍九營。

（神宗萬曆實録卷 259　第 2 頁　259.1.4803）

1312　四月辛卯　調參將管昌鎮右騎營遊擊趙夢麟于薊鎮松藩路。

降分守太平寨參將錢㷉爲統領、爲薊鎮秋防遊擊。

調分守宣府西路參將王尚（按：館本尚下有忠字，廣本、抱本無忠字，誤）于神機二營。

（神宗萬曆實録卷 259　第 2 頁　259.1.4804）

1313　四月己酉　陞江西布政使沈應文爲順天府府尹。

（神宗萬曆實録卷 259　第 7 頁　259.6.4813）

1314　五月丁巳　朝鮮國使臣韓准等以國難未平，宴辭。禮部覆：近雖報王京收復，而廟社丘虚，君臣草莽，要非宴樂之時，相應俯從辭免。從之。

（神宗萬曆實録卷 260　第 3 頁　260.2.4819）

1315　五月壬戌　以昌平標兵營遊擊劉一藩爲神機二營練勇參將。

（神宗萬曆實録卷 260　第 4 頁　260.3.4821）

1316　五月己巳　户部覆題：御史薛繼承疏，順天府灾，議以本府屬預備倉穀十萬餘石賑之。報可。

（神宗萬曆實録卷 260　第 5 頁　260.3.4822）

1317　五月壬申　以提督京城内外巡捕右都督杜桐爲鎮守保定等處地方總兵。

丙子　以五軍右副將署都督僉事馬應元提督京城内外巡捕。

（神宗萬曆實録卷 260　第 6 頁　260.4.4824）

1318　五月庚辰　賜大學士趙志皐、張位銀幣，以東嶽廟工完撰文也。

（神宗萬曆實録卷 260　第 10 頁　260.8.4831）

1319　五月辛巳　薊遼總督顧養謙揭：順、永二府所屬地方實坻、武清、東安、漷縣、香河苛（按：館本苛作等，是也）五縣頻罹重災，民貧徹髓，草根樹皮已盡，雖經賑貸，而嗷嗷衆口所濟幾何？議將梁城所剩米五千餘石就近給散，又請通州漕糧二萬石。户部覆：許將梁城所剩米并各預備倉、義倉貯穀聽委官嚴核貧民等級分投給散，至于京通所貯漕糧，向無擅動之例。上從部議。

（神宗萬曆實録卷 260　第 11 頁　260.8.4832）

1320　六月甲申朔　兵科給事中侯慶遠題：倭奴中途築壘□□（按：館本□□作固險）爲久駐計，我師迫躡已渡王京三百餘里，若（按：館本若作獨苦）無糗糒。臣竊爲謂：初我師出境，無敢謂萬〔按：館本萬作百，廣本、抱本作萬〕全必克者，既〔按：館本既作暨，廣本、抱本作既〕平壤一捷，開城再捷，頗以倭爲易，於是有碧蹄之敗，因敗而懲持重自保，于是乎許和之議倭奉約而南；又見謂師老氣竭，情歸可乘，于是乎有尾擊之説。竊我與倭何仇也，誠不忍屬國之剪覆，特爲動〔按：館本動作勤，廣本、抱本作動〕數道之師，挈兩都而手授之，朝鮮存亡興滅，義聲芾（按：館本芾作赫）于海表，我之爲朝鮮者亦足矣。而後爲（按：館本後作復，爲下有之字）苦戰以橫挑已講之倭恐非良策也。朝鮮義〔按：館本義作誼，廣本、抱本作義〕不與倭共戴天，則五合六聚而撓之，以貿首爲快，不惜其他勢也；倭欲歸匆（按：館本匆作弗）得計，大創進（按：館本進作追）兵未可，平行無虞，則蒙死不返顧亦勢也。今我助朝鮮以鬭，假朝鮮推大國以爲鋒，而我又用朝鮮之衆，以爲嘗兩軍相（按：館本相作争）便，倭得張疑以待我，而併鋭以走朝鮮，朝鮮不知，我師亦難獨立矣。憑恕（按：館本恕作怒）求戰致毒必深，何可不利（按：館本利作慮）害也。王者之師不趨小利，不徼小勝。我以德植朝鮮，以信屈倭奴，全軍〔按：館本軍作歸，廣本、抱本作軍，是也〕而歸，所獲甚多；若旋結□（按：館本□作言）而旋倍之，是謂不祥，即馘數千百級不足以稱武。而厮與有一不備□

□（按：館本□□作適足）以損重而貽羞，烏容不審權也。伏念倭既不能殄之而除本，莫若□（按：館本□作縱）之以成信，朝鮮不可轉助〔按：館本轉助作輕動，廣本、抱本作轉助〕，亦不可中棄，則莫若少留鋭師以爲聲援。宜亟勑兵部，諭東征文武諸臣毋阻敵，毋信降，毋妄希奇捷，毋不慮隱患。朝廷以完師爲功，不以深入多殺爲名〔按：館本名作右，廣本、抱本作名〕，要以早休士馬速紓〔按：館本紓作紆，廣本、抱本作紓〕東顧而已。上是之，勑兵部：不必議覆，馳示東征官人，其從長酌處，但以旋師退賊爲功，毋得□□□（按：館本□□□作惶惑自）擾，以誤大計。

（神宗萬曆實録卷 261　第 2 頁　261.1.4835）

1321　六月壬辰　　兵部覆：廵視京營科道張輔之等奏，申飭上班官軍，務選補精壯，查係正身，方准督發上班。到京之日，聽廵視科道本部司官按册點查，如有年貌互異者、弱不堪者，該省直軍衛有司並領班都司劄付各官俱聽從重參處。其二營軍勇移文内監衙門，行令各營，不許照前侵占，仍查責廵視科道查照食糧現名，時加點閘，但有侵占名役，悉行查出，盡歸營操。違玩各官，一體參究。從之。

（神宗萬曆實録卷 261　第 4 頁　261.3.4840）

1322　六月己亥　　征倭兵歸，以犒賞不至，鼓譟。總督顧養謙題參遊擊吴天賞等。

（神宗萬曆實録卷 261　第 7 頁　261.5.4844）

1323　六月丙午　　以朝鮮克復，量留浙江炮子手五千分屯要害，而御史段尚繡力陳言不可。上曰：朝廷以大義存撫恤小邦，念其新遭殘破，准暫留兵，待倭衆退盡之後，自應使之自守，該部轉諭國王，令其速還王京，練兵積餉，保境安民，毋得專恃内援，因循畏怯，以貽後憂。

（神宗萬曆實録卷 261　第 8 頁　261.6.4845）

1324　七月甲寅　　陞薊鎮大安口守備徐棟爲遵化輜重營遊擊。

（神宗萬曆實録卷 262　第 2 頁　262.1.4848）

1325　七月辛酉　浙江巡撫彭應參題：頃朝鮮用兵，西師壓境，經略宋應昌令沈惟敬往來如織。及碧蹄一戰，我師長驅之氣已沮，倭奴請貢之詞愈傲，而經略請代之説愈堅。時台省諸臣争之甚力，隨奉不得輕許通貢之旨。臣竊思倭奴通貢斷不宜許，皇上可一言而決耳！今旨謂不得輕許，是示明以權宜可許之意也。及得當事者書稱，倭奴碧蹄館一戰之後畏威服罪，乞哀通貢，不出五月可了。夫是役也，大將僅以身免，倭奴何畏之有而固乞哀求貢，豈真有心悔罪耶？不過經略以師出異域，久無成功，陰許通（按：館本通下有貢字），速得倭奴回巢，歸朝叙功耳。臣竊計之，倭奴通貢，勢必自寧波入，而紹興、杭、嘉等處皆必經之地，臣恐地方驚擾、設備勞費，萬一乘便肆螫，則邊重地財賦奥區其受荼毒當不知何如烈也。此其害之地方者。又思天下財賦歲入不過四百萬，此虜欵貢浸淫至今，歲費三百六十萬，罄天下之財僅足以當虜貢，所幸東南無事耳。倘倭貢之套再成，則自淮、揚、蘇松再浙、閩、廣，在上皆可開市，皆當禦備，而喜功黷貨之夫又復簸弄其間，則東南市費當亦不減西北，此其害之在國家者。臣願陛下斷然不得許貢，不必調停，而可開諸臣以籍口之隙。願輔臣、本兵各輸忠赤，毋過聽匪人自便之計，仍勑兵部嚴諭經略諸臣，秉今六師既集沿海有備之時極力長驅，務令倭奴片帆不返。下所司議。

（神宗萬曆實録卷 262　第 5 頁　262.4.4853）

1326　八月乙未　萬壽聖節，朝鮮國王李昖差陪臣吏曹參判共麟侍等齎奉表文方物入賀。賜宴賞如例。

（神宗萬曆實録卷 263　第 10 頁　263.8.4884）

1327　八月乙未　兵部言：自我師救朝鮮。據經略塘報，數有斬獲，碧蹄之役，委爲血戰。倭之退歸未降，盖有其故，今謂無蹄（按：館本無蹄字）威可畏，恐傷戰士之心。但倭情反覆，自古記之，即稱投降，寧甘盡儒（按：館本儒作信，是也）。按臣陳惟楚（按：館本楚作芝）見謂，畿輔近地，難合降夷雜居，誠爲遠慮。祖宗朝每得島夷，悉置川陝遠方，間關險阻，意自深長，況今人數既多，尤當分散，以殺其勢。李如松先後收降解到經略軍前者計一百六十餘名，除解薊八十四名内該督臣留薊鎮六十四名分置各路，其解京二十名，本部于譯審次日即分發兩鎮去訖。仍行令如松，後有降倭務斟酌，不得濫收，致生他虞。

（神宗萬曆實録卷 263　第 11 頁　263.8.4884）

1328　九月壬戌　山東巡撫周維翰言：臣奉命馳過鴨緑江，前詣平壤，諮諏軍情夷情，頗得梗概。軍有久難再羈之情，倭有去而來（按:馆本來作未）決之情。失（按:館本失作夫，是也）軍之所以久難再羈者何也？病勢已迫而不可淹留也。倭之所以去而未決者何也？貢端〔按;館本端作瑞。廣本、抱本作端，是也〕已開而不可收拾也。蓋軍士自撫貢之説漸起，而戰鬬之心漸弛，及濕署（按:館本署作暑，是也）交侵〔按：館本侵作浸〕，瘟役大作，亡歿多人，軍中泣聲震野，一經物故，屍輒燒焚，諸軍悲且怨矣。即今途中臣所目擊，枕籍道傍者氣息奄奄，傴僂而行者癯然鬼面，尚可爲行伍備乎？臣謂軍情久難再羈者此也。若倭離釜山，入屯西生浦，去朝鮮國境止離四十里之〔按:館本無離字，無之下遥字〕遥耳。王京之退以講貢退也，二王子之回以講貢回也，徐一貫等受彼八百里（按：館本無里字）兩之賄，以講貢賄也，故平行長屯西生浦，挾覬貢納，令其將小西飛入王京促之。臣因詰東征諸臣言曰：明旨森嚴因昭然在也，乃小西飛之請何爲耶！諸臣曰：議封不議貢，請如封順義王故事。臣折之曰：此虜之欵服徒以順義王之封乎？抑以宣大之馬市也？倘絕其馬市，止馭以封銜，虜肯欵服否？經畧先以請封疏稿示臣，而旋自寢之，臣乃服經略之不膠于成心也。小西飛之狡謀不遂，則西生浦之倭酋必忿，臣謂倭去而未決者此也。但序屆深秋，時逼寒沍，倭雖狡猾〔按：館本狡猾作猾狡〕，性不耐寒，縱有小犯，勢難大逞，劉綎萬人自足捍禦，其應撤兵馬，宜令西歸，使其休息，迨及春煖，早爲探哨，再圖應援。下所司議。

經略宋應昌上言：先是，沈惟敬七月内奉本兵尚書石星令，至倭營内探聽，十月内回自倭中，見本兵具題發臣標下聽用。惟敬至山海關，見臣備言倭酋行長欲乞通貢，約六十日不攻朝鮮以待回音，今已及期，願請金行間〔校記：廣本間作問〕使行長收兵。臣默思軍前諸務未集，乘此足緩倭西行。復有本兵親筆手書，囑臣給發惟敬前去，臣即兼程至遼陽，星夜并督進取之事。而提督李如松於十二月初旬亦至，遂獎率三軍擇吉戒行，適惟敬復自倭中歸，執稱行長願（按：館本願下有退字）出平壤，以大同江爲界，臣始〔按：館本始作姑，廣本、抱本作始，誤〕然之，拘惟敬提督標下，不許復入倭營，令隨提督濟（按：館本濟作齊）至平壤，如松默聽臣言，正惟敬差家丁往見〔按：館本見作前，廣本、抱本作見，是也〕行長，約一二日内退出平壤，時行長尚在躊躇〔校記：廣本躇作蹰〕，家丁未及回話，而我兵已至，薄城下，出其不意，是以平壤遂捷，開城復收。向使當時遽絶惟敬之行，顯黜行長之約，倘彼逞其方張之之焔（按：館本張下一之字，焔作焰），由平壤以及義州止五百餘里，席捲長驅，臣恐我兵不能飛渡鴨緑矣，又何得有此捷也。此始事講貢計破平壤之説也。繼而倭奴并集王京，據報實有二十餘萬，我兵不滿四萬，轉戰之後士馬疲勞，強弱衆寡既不相當，雨霪泥濘，稻畦水深，天時地理又不在我，是以暫爲休息；惟廣布軍聲，多行間諜，發免死帖數萬，招出王京脅從之人，以散叛黨；修築開城城垣，以示久住；令死士持〔按：館本持上有夜字，廣本、抱本無夜字〕明火飛箭燒龍山倉糧以空積儲，又時時添兵進餉于開城，間以示不久必攻王京之意，于是王京倭奴既畏我已試之威，又不識我多方之誤，復致書與惟敬，仍欲乞貢退歸。臣復思就其請貢行成之機，可施鈞〔校記：

廣本鈞作調，是也〕虎離山之術，是以佯許行長之成，責令惟敬專主其事以釋其疑，發諭帖開曉利害以示其誠。遣二使給旗牌監督其歸以示其信，分布將領不許偷殺零倭以示其仁，責以速還王子陪臣，途間不許生事以結其義，亟爲題請頒發明旨曉諭以固其心。由是倭奴〔按：館本無奴字，抱本有奴字〕方信臣爲真，于四月十九日遁出王京，不二旬而盡至釜山，王京迤南千有餘里故土盡復。向使臣拒行長之求，惟持攻取之勝，倘倭酋知無歸計，并力攻鬬，臣恐東征無罷兵之日矣！此再事講貢計出王京之說也。後倭屯駐釜山，臣屢〔校記：廣本無屢字〕檄大兵扼守大丘善山南原雲峯一帶，預咨國王，令其速調全羅等通（按：館本通作道，是也）水兵、灶船前赴釜山海口，乃力不從心，事難如願。在朝鮮兵船爲倭奴隔絕，不得〔按：館本得作能〕前來，在我將士又稱之（按：館本之作乏，是也）食病餒，遂爾撤回，第行牌責惟敬久在倭營不歸之罪。仍令其曉諭倭將行長清正等，緣何尚結釜山不歸。乃惟敬于六月二十日自釜山起行（按：館本行作身），帶領倭將小西飛、禪守藤（按：館本禪作彈，無藤字）并倭衆三十名前來乞貢，于時復報倭奴攻犯晉州，欲逼全羅。臣疑其陽順陰違，隨令如松發兵協守全夢（按：館本夢作羅）、捄（按：館本捄作救）援晉州外，另行牌復如松，如惟敬與倭將來乞貢，卽使曉諭爾今不放還王子陪臣，不調歸釜山倭衆、不令二使前來，此貢斷難准許，就將倭將羈留，勿得輕放。至七月十二日，如松具稟稱惟敬帶倭將前來入見，責以背約犯晉州之罪，倭將惟俯（按：館本無俯字，廣本惟作俯）伏扣頭。當差從持書往諭倭衆前赴釜山去訖，會先遣二使謝用梓、徐一貫自日本回至釜山，云已面見關白，關白極其恭謹禮待，願順天朝，二使及隨從人俱贈賚有差。于是行長等卽送出王子、陪臣并家眷與二使供張祖餞。于七月二十日自釜山前回大衆倭奴俱乘船浮海離釜山遠去，惟行長量帶倭衆亦遠在海中西浦暫住，以待小西飛回音。屬國盡復，王子、陪臣二使盡歸，此目前講貢計退釜山之説也。夫倭奴前後雖有乞貢之稱，臣實假貢取事原無真許之意，且今軍前馬價解發有限，支用有數，管理有人，登記有籍，事完造册，逐項奏繳，又無分毫取以媚倭。度量軍情似應如此，故將計〔按：館本計作機〕就機，託以空言求濟甚事耳。蓋我國兵馬原來止三萬有奇，而大半多脆弱不堪，中間又有陣亡病故者，至若續調陳璘兵馬則留薊鎮矣，〔按：館本無矣下十九字〕沈茂兵馬則回浙江矣，李承勛兵馬則守山東矣！而臣所徵調之數又皆有名無實，今臣不得已，止于從征大兵之中選留防守者一萬六千人耳，餘俱遵旨撤回本鎮。況朝鮮新復之後，瘡痍殘破，尤難料理。臣之心謂宜乘彼乞貢之際，將倭將小西飛羈置不放，緩其數月之期，使我留守之兵分布已定，朝鮮之兵操練已熟，該國修設險隘、置造器械俱已完備，斯可戰可守方無後虞，此又善後講貢消弭禍萌之説也。臣前後講貢之繇實是借貢以退倭，未曾輕許而誤國，今倭將小西飛等見在軍前，或械繫獻俘，或獻戮示武，或應否許其通貢，并臣所陳稽時月以便修守，爲今日急務不容斯須遲誤者，俱作速議覆，請旨頒發，以便遵行。

（神宗萬曆實録卷 264　第 9 頁　264.7.4908）

1329　九月甲子　　兵部題：朝鮮善後事宜，上如擬，大兵令經略酌撤。

（神宗萬曆實録卷 264　第 14 頁　264.11.4916）

1330　九月丙寅　　朝鮮國王李昖以三都既復、疆域再造，上表謝恩進方物。

（神宗萬曆實録卷 264　第 14 頁　264.11.4916）

1331　九月戊辰　　經略奏：留兵一萬六千防守朝鮮，月該餉五萬餘兩，皆户、兵二部出給，而朝鮮量助衣鞋、食米等費。部議：向者該國請留銃手五千，糧餉自措，今何增至三倍而餉又我出也？虚内實外，殊非長策。據議川兵五千原在請留之數，合無卽以劉綎加署都督僉事督率訓練，錢糧該國自辦。若該國君臣怠緩如前，或掣肘，令劉綎從實具奏，川兵徑自撤回，不復再爲料理。從之。

（神宗萬曆實録卷 264　第 14 頁　264.11.4916）

1332　九月戊辰　　朝鮮國使臣鄭澈等進貢方物，因國難未平不敢當宴，懇辭求免，照例折給。

（神宗萬曆實録卷 264　第 16 頁　264.13.4920）

1333　九月丙子　　皇帝勑諭朝鮮國王李昖：昨者，王以大兵驅倭出境還歸舊國，上表進方物來謝，朕心深用嘉悦。兹復國重事，不可照常報聞，特遣使降諭，仍賜大紅蟒衣二襲、綵段四表裏，以示朕惓惓爲王遥慰之意。顧朕又惟該國雖介居山海中，傳祚最久，昔在先朝未沾王化，尚能拓地守險，雄視諸夷。今爲我朝春秋貢獻之邦，以世世憑席寵靈，蓄養財力，宜益強富。乃近者，倭奴一入而王城不守，原野暴骨，廟社爲墟，追思喪敗之因，豈盡適然之致。或言王偷玩細娱，信惑羣小，不恤民命，不修軍實，啟侮誨盜，已非一朝，而臣下未有言者。前車之覆，後車豈不戒哉。惠徼福于爾祖父（按：館本父下有及字）我師戰勝之威，俾王之君臣父子相保，豈不甚幸！第不知王新從播越之餘，歸見黍離之故宫、燒殘之丘壠與素服郊迎之士衆，噬臍疾首何以爲心？改絃易轍何以爲計？朕之視王雖稱外藩，然朝聘禮文之外，原無煩王一兵之役。今日之事，止于大義發憤哀存式微，固非王之所當責德于朕也。大兵且撤，王今自還國而治，尺寸之土，朕無與焉。其可更以越國救援爲常事，恃之而未設備，則處堂厝火，行復自及，猝有他變，朕未能爲王謀已。是用預申告戒，以古人卧薪嘗膽之義相勉，其尚及今息厝外侮、再展國容之時，撫瘡痍、招流散、遠斥堠、繕城隍、厲甲兵、實倉廩，毋湛于酒色，毋荒于遊盤，毋偏信獨任以閼下情，毋竣刑苦役以叢民怨，庶幾殷憂憤耻之後，先業可興，大讎可雪，此則繼自今存亡治亂之機，在王不在朕，王其戒之，慎之。故諭。

（神宗萬曆實録卷264 第22頁 264.17.4928）

1334 十月己酉 陞劉綎爲備倭副總兵署都督僉事暫留朝鮮。

（神宗萬曆實録卷265 第2頁 265.1.4934）

1335 十一月己巳 兵部題：經略侍郎宋應昌報，于七月二十三日責令沈惟敬等馳往宣諭，計一月方至海上，又一月方通日本，又必月餘而後知表文至與不至，則年終事也。續接提督李如松揭：倭奴大衆浮海上，有行長親隨千餘守候，小西飛回信若然，則倭衆已退，我仍留兵與守，祁寒異域，勞費俱困。伏奉明旨，暴露騷擾，彼此不便，誠哉明見。萬里以久成（按：館本成作戍，是也）非宜，議撤不爲無據，卽將吴惟忠、駱尚志等留守，南北官兵盡數撤回，劉綎係專勅禦倭兵將，方奉部命似當仍留彼中，暫協防練，但屬孤軍亦聽擇地駐劄，相機進止。其沈惟敬等既責令在後〔校記：廣本後作彼〕講折封貢，俱聽督撫調度節制。至于許封一事，小西飛等亦聽督撫責委原守兵量移，就近館穀防護，俟其表文至日，察果恭順無他，計處停妥俱奏。上以朝廷大義興師，今既戰勝敵服，又何所求？撤兵事依擬。大兵既撤，除劉綎一枝暫留，宋應昌、李如松候有倭歸確報回朝，一切防禦事各督撫用心料理，毋怠。

（神宗萬曆實録卷266 第9頁 266.7.4953）

1336 十一月庚午 三皇殿工完，撰文，賜元輔錫爵、次輔志臯銀幣有差。

（神宗萬曆實録卷266 第10頁 266.8.4956）

1337 十二月癸酉 經略宋應昌引疾乞歸。上以應昌東征勞苦，令在朝鮮調理，不准辭。

（神宗萬曆實録卷268 第10頁 268.8.4994）

萬曆二十二年（1594）

1338 正月庚寅 陞順天府府丞譚希思（按：館本思作忠，廣本、抱本作思，是也）為右僉都御史，巡撫四川。

（神宗萬曆實録卷 269 第 2 頁 269.1.4997）

1339 正月壬寅 先是，工科給事中黎道炤言：獻陵修自隆慶六年，部臣賀瑞盛三至其地，見廟貌如故，即微有漏損，量爲補葺足矣。計大修費且六萬金，乞勅該部會同科道估計費不過千金，請以所省賑山東、河南、淮徐饑民。部覆俞之。

（神宗萬曆實録卷 269 第 6 頁 269.4.5004）

1340 二月辛酉 工部覆：給事中桂有根等估修獻陵約費一萬九千二百六十七兩零，請立簿備書修理報完月日、管工官匠姓名，如不久損壞，查照治罪。是之。

（神宗萬曆實録卷 270 第 4 頁 270.3.5013）

1341 二月戊寅 朝鮮國王差陪臣金晬等二十員齎進方物，上表謝恩。宴賞陪送如例。

（神宗萬曆實録卷 270 第 9 頁 270.7.5022）

1342 四月辛酉 陞薊鎮遊擊韋邦臣爲鎮邊城參將。

陞河南都司僉書賈應隆爲薊鎮遊擊。

（神宗萬曆實録卷 272 第 4 頁 272.3.5048）

1343 四月甲戌 以修理紫禁城垣遣尚書衷貞吉祭告后土司工之神。

（神宗萬曆實録卷 272 第 8 頁 272.6.5053）

1344 五月戊寅朔 柴溝堡、懷安堡同時地震。

（神宗萬曆實録卷 273 第 1 頁 273.1.5057）

1345 五月辛丑 陞神機營指揮僉事秦瀚爲神機營遊擊。

（神宗萬曆實録卷 273　第 8 頁　273.6.5067）

1346　六月乙酉　大雷雨，火，災西華門樓。

石門路黄鶏冠崖號臺旗竿出火，雨落火上有聲。

（神宗萬曆實録卷 274　第 2 頁　274.1.5071）

1347　六月丙辰　通州舊設西、南、中三倉，分貯漕粟，各監督一員，南得其四，中得其六，西倉十有二，合中南收發事務不足當一西倉，于是管理員外楊應中請以南倉歸併中倉兼理。部覆，報可。

（神宗萬曆實録卷 274　第 4 頁　274.2.5074）

1348　六月甲子　兵部覆巡視京營科道楊東明等條陳五事：練火器，公選驗，增賞犒，選教師，明舉刺。上令着實舉行。

（神宗萬曆實録卷 274　第 7 頁　274.5.5080）

1349　六月辛未　户部覆：巡視京營科道楊東明等條議選鋒糧餉言，標兵二營居重馭輕之地，議加選釋（按：疑釋爲鋒之誤）千名誠不容已，但欲取給太倉，則太倉匱乏，請照兵部原題，于故絕班軍行糧兑抵爲便。且東明及何焯曾云，備兵一營虛糜月餉，若將缺額停補，歲可省千名之糧，卽堪那抵新餉，更似便益，容備、行二臣聽其徑自酌處。報可。

（神宗萬曆實録卷 274　第 9 頁　274.7.5084）

1350　七月己卯　以昌平遊擊張奇功調遼東巡撫中軍。

陞山東都司僉書方時暉爲昌平遊擊。

（神宗萬曆實録卷 275　第 2 頁　275.1.5088）

1351　七月壬辰　是夜雷擊祈穀壇東天門左吻。

（神宗萬曆實録卷 275　第 8 頁　275.6.5097）

1352　八月己酉　順天府府尹沈應文以傷（按：館本傷作場）事伊邇言：京師舖户既徵免行之銀，一切供具自應官買辦，不當復從派累。部覆：已後鄉會場及宫府各項供賣着兩縣委官照價承辦，具大小舖行人户除納銀外不許侵擾。從之。

（神宗萬曆實録卷 276　第 3 頁　276.2.5108）

1353　八月辛亥　命左春坊左庶子兼侍讀蕭良有、司經局洗馬兼修撰劉應秋典順天鄉試。

（神宗萬曆實録卷 276　第 4 頁　276.3.5110）

1354　八月丁巳　朝鮮國王差陪臣黄佐漢等進賀萬壽，宴賞如例。

（神宗萬曆實録卷 276　第 6 頁　276.5.5113）

1355　八月甲戌　順天府鄉試事竣，府丞徐申恭進試録，

（神宗萬曆實録卷 276　第 8 頁　276.7.5117）

1356　九月己丑　陞順天府府尹徐申為左通政。

（神宗萬曆實録卷 277　第 7 頁　277.5.5128）

1357　九月丁酉　陞浙江道御史劉士忠爲順天府丞。

（神宗萬曆實録卷 277　第 9 頁　277.7.5132）

1358　十月己酉　渤海所一明星落南門樓上，陵（按：館本陵作陡）火燒燬殆盡。

（神宗萬曆實録卷 278　第 2 頁　278.1.5136）

1359　十月甲寅　命遼東副總兵張世爵充總兵官鎮守昌平。

（神宗萬曆實録卷 278　第 4 頁　278.3.5139）

1360　十月辛酉　以神機四營佐擊劉有德充五軍九營遊擊。

（神宗萬曆實録卷 278　第 6 頁　278.5.5143）

1361　十一月庚辰　獻陵祾恩殿、寶城、明樓修理工完，遣司禮監官奉誠孝昭皇后神位，侍郎沈思孝祭謝后土司工之神。

（神宗萬曆實録卷 279　第 5 頁　279.4.5157）

1362　十一月壬辰　朝鮮國陪臣閔汝慶等慶賀冬至畢還國，賞賚如例。

（神宗萬曆實録卷 279　第 10 頁　279.7.5164）

1363　十一月甲午　國子監刊刻《十三經註疏》，裝縙成帙，進呈留覽。

（神宗萬曆實録卷 279　第 11 頁　279.8.5166）

1364　十一月己亥　宴琉球國進貢使臣鄭禮等如例。

給朝鮮國萬曆二十三年《大統曆日》一百本。

（神宗萬曆實録卷 279　第 12 頁　279.9.5167）

1365　十一月癸卯　朝鮮國王李昖無嫡子，請以庶第二子琿爲世子，禮部謂尚有長子，倫序難淆，李琿見總軍務，止可賜勅以便節制。報可。

（神宗萬曆實録卷 279　第 12 頁　279.9.5168）

1366　十二月甲辰朔　以薊鎮副總兵李熙充總兵官鎮守昌平。

（神宗萬曆實録卷 280　第 1 頁　280.1.5169）

1367　十二月癸丑　户部覆：巡關御史張允升疏，各鎮倉場逋欠糧料，凡人亡産絕十年之外者，通行除豁，以免官商賠累，均派密雲歲操銀兩。全（按:館本全作令）通州、寶坻、三河、平谷、密雲五州縣于存留經費銀兩，歲共辦銀四百五十兩，不得偏累一縣。其通州營軍毋再出辦均徭銀，致其陪困。詔如例行。

（神宗萬曆實録卷 280　第 2 頁　280.2.5171）

1368　十二月丙辰　前崇明擒獲夷船，再加譯審，令琉球國陪臣認識，實倭人。兵部覆：請就令琉球陪臣帶回本國，以彰不殺屬夷之仁，仍賞捕船員役以示激勸。上曰：今後沿海地方獲有夷人船還要詳譯真僞，毋得希圖功賞，枉害遠人。

（神宗萬曆實録卷 280　第 4 頁　280.4.5175）

萬曆二十三年（1595）

1369　正月庚辰　禮部范謙請給豐臣平秀告（按：館本告作吉，是也）皮弁、冠服、紵絲等項及誥命、詔勅、印章。先是，小西飛稱日本已無國王，以秀吉上請，本部擬封爲順化王，奉旨:平秀吉准封〔校記：廣本封下有爲字〕日本國王。故事，外夷襲封例賜皮弁、冠服及誥勅等項，惟始封例有印章。日本自永樂初錫封，賜有龜鈕金印，時小西飛供稱舊印已無，似宜另行鑄給，故兼有是請。詔從之。

（神宗萬曆實録卷 281 第 2 頁 281.1．5188）

1370 正月乙酉 兵部〔校記:廣本部下有尚書二字，是也〕石星題：關白是表乞封，上特准封爲日本國王，查隆慶年間初封順義王舊例，其頭目効順者授以龍虎將軍等職，朶顔三衛頭目見各授都督等官，今平秀吉既受皇上錫封，則行長諸人卽爲天朝臣子，恭候旨下將豐臣行長、豐臣秀家、豐臣長盛、豐臣王〔按：館本王作三，廣本、抱本作王〕成、豐臣吉繼、豐成家康、豐成輝元、豐成秀保各授都督僉事，小西飛間關萬里納欵，仍應加賞賚，以旌其勞。其日本禪師僧玄蘇給衣帽等項，本部俱于京營犒賞銀内酌給。奉旨：如議行。

（神宗萬曆實録卷 281 第 4 頁 281.3.5191）

1371 正月丁亥 兵部尚書石星等題：册封日本事出創始，正副使李宗城〔校記:廣本城作成，誤〕等呈稱，關防、旗牌、符節驗與、隨從員役、廩糧官兵等項皆不可少，合候旨移咨禮部，請給正副使符節、關防，工部關給旗牌，本部請給符驗。詔從之。

（神宗萬曆實録卷 281 第 5 頁 281.4.5193）

1372 正月庚寅 聖諭：小西飛等奉表入京許久，該部從厚禮待以體懷來遠人之意。

（神宗萬曆實録卷 281 第 6 頁 281.4.5194）

1373 正月庚寅 户部題：昌平蕞爾之地，陵寢在焉，役重差煩，視他州縣最苦。先經御史江東之奏請，該州額解户、禮、工三部本折錢糧分派各省直代輸，而昌平兵道參議白棟復言領解銀兩，棍徒侵費，相應差役于應解衙門勾取，爲此酌覆候旨。從之。

（神宗萬曆實録卷 281　第 6 頁　281.5.5195）

1374　正月癸卯　　遣使册封日本。

（神宗萬曆實録卷 281　第 11 實　281.9.5203）

1375　二月丙午　　皇帝勅諭：神機三營添註遊擊將軍署都指揮僉事沈惟敬，今特命爾量帶隨行官兵齎勅前往釜山，宣諭倭將豐臣行長等，彼國初欲求封天朝，因朝鮮不爲代請，以致二國構兵，及天使往諭，卽能率衆退避，竟全屬國。今平秀吉表乞内附，朝鮮亦爲請封，朝廷察其恭順無他，特采廷議，已遣正副使二員齎詔〔校記：廣本詔作誥〕往封平秀吉爲日本國王，令其暫駐遼左，待報方行。爾可諭行長等速將册使舟楫等項整飭完備，仍會（按：館本會作令）釜山倭衆盡數歸國，撤燬栅房，不得以倭户爲辭，遣（按：館本遣作遺）種滋遣。一面傳諭朝鮮國王，待釜倭一退，卽從實奏請册使啓行，無得生事啓釁，以誤重典。爾仍同到日本，宣諭一應册封禮儀悉照朝鮮事例，預先申明約要〔校記：抱本改約要作要約〕，及諭平秀吉及全國人等，錫封之後皆我臣屬，務要永遵臣節，不得别求貢市；慎修隣睦，不得再犯朝鮮；六十六島〔按：館本島作搗，廣本、抱本作島，是也〕之衆悉歸農業，不得竊掠邊海。凡約束三事，調戢兩國，俱屬爾專責，應行事務聽爾便宜處置，朝鮮、日本諸色人等不得阻撓。要在上尊國體，下從〔按：館本從作定，抱本作從〕夷情，事畢還日，將爾前後功次一併叙録。如或貪黷僨事，輕率損威，法不輕貸，爾宜慎之。故諭。

（神宗萬曆實録卷 282　第 3 頁　282.2.5208）

1376　二月丁未　　是月會試天下舉人，詔禮部尚書兼文淵閣大學士張位、吏部左侍郎兼翰林院侍讀學士掌詹事府事劉元震爲試官。

（神宗萬曆實録卷 282　第 4 頁　282.3.5210）

1377　二月乙卯　　先是，總督孫鑛曾撰榜文差官葉靖國同部差沈加〔按：館本加作嘉〕旺等宣諭日本，責以倭衆盡數退還本島，不得因〔校記：廣本因作求，疑誤〕封求貢，又不得侵擾朝鮮三事。時行長初與僧玄素商議，有難色，既傳報關白聽命三事，而不許貢市一等終不之及。鑛又以日本山城君見在有文禄曆日可證〔按：館本證作誣，廣本、抱本作證，是也〕，而小西飛稱其已亡，皆種種可疑，卽云退兵焉知不詐伏近島以紿我，乃疏請仍調海防營兵與天津新兵兼增水兵，預提備以俟便宜援勦，仍改封平秀吉爲順化王。兵部尚書石星覆稱〔按：館本無稱字〕：册封日本一事，業因議紛停寢，後因朝鮮國王代懇，荷皇上特旨予封，責臣星擔任，今行長三事既已〔按：館本已作以〕回報聽命，封事已成、印册已備、冠服已制、使臣李宗城已遣、遊擊沈惟敬已行，而督撫孫鑛、李化龍請更號停使，阻維敬無往，并議調兵防勦，將無過信葉靖國，而小西飛面審之言皆不足聽耶。乞遵成命如前，果倭情反覆，聽督撫便宜援剿。詔從之。

（神宗萬曆實録卷282　第7頁　282.6.5215）

1378　二月己未　禮部覆太常寺卿鍾化民所請故太傅于謙在京祠祀：謙丹心捧日，赤手擎天，當君出虜入之秋，堅排遷主戰之議，再造功高，獨担心苦，一腔熱血寧滅柴市之哀，萬里孤魂忍墮牛山之淚。雖常血食于所生，猶未萃靈于死地，既經鄉人捐俸置舘，舉少保之舊寓爲太傅之新祠，相應比照宋文天〔按：館本無天字，廣本、抱本有文下天字，是也〕祥事例，准令春秋祭祀。先期十日，太常寺具題遣本寺堂上官行禮兼乞錫額名，以垂久遠，以慰忠魂。詔祠名“忠節”。

（神宗萬曆實録卷282　第10頁　282.8.5219）

1379　二月辛未　兵部覆巡視京營科道楊東明等條議京營五事：一、清汰老弱務在公選營軍。一、考選雙粮必絕營託應募。一、犒賞軍士比藝量爲加優。一、稽查錢粮該實毋使侵冒。一、調和將士協心毋使忌功。詔從之。

（神宗萬曆實録卷 282　第 13 頁　282.11.5225）

1380　三月庚辰　兵部尚書石星題：封日本册使成〔按：館本成作戒，抱本作成〕行後，總兵董一元、坐營官陳云鴻屢報釜倭聞命即退，業已具題，而按臣宋興祖虞因封求貢，且疑講析〔校記：廣本析作求〕封事者或有隱情。但查原題許封不許貢，先後奉旨甚明。安所容隱情。容臣催封使李宗城遄往朝鮮，着沈惟敬前至釜山宣諭其封外，如無他求，即據實奏聞。果有別情，亦着馳奏，聽督撫調兵援剿。從之〔校記：廣本從上有上字〕。

（神宗萬曆實録卷 283　第 4 頁　283.3.5231）

1381　三月壬午　禮部題：三月十五日殿試中式舉人湯賓尹等三百名及前科未經殿試舉人任時芳等共三百四名，一體送試。報聞。

（神宗萬曆實録卷 283　第 5 頁　283.4.5233）

1382　三月壬午　兵部尚書石星題：緬賊構兵，三宣幾淪夷壤，幸鎮撫運籌，將士戮力，復我故土，遏彼狂鋒，効勞文武功罪宜別，既經御史勘明具題相應分別賞賚。上詔：陳用賓、沐昌祚、盧承爵、張光胤、沐燦、劉天衢、胡時麟等各賞賚有差。

（神宗萬曆實録卷 283　第 5 頁　283.4.5233）

1383　三月丙戌　兵部尚書石星題：薊鎮地當陵寢，密邇宸居，虜隔一牆，干係甚重，故薊鎮以守爲戰，匹馬不入爲功。項昂酋革賞擁衆千餘，突犯十門路木馬谷地方，幸不失事。今復令小郎兒等潛入喜峰口，射殺哨夜，該路官兵馳生擒七夷。而小郎兒乃昂酋心腹，一旦就縛，足寒虜心，宜加叙録以激勸士氣。上詔：虜酋入犯，各官擒堵有功，總兵王保、副總張守愚、陳霞，兵備詹思謹、項德禎及遊擊管一方等各陞級有差。

（神宗萬曆實録卷 283　第 8 頁　283.6.5238）

1384　三月戊子　禮部題：會試下第舉人七百餘名乞恩就教，然恐舉人署職之多，有妨貢途，合將三年内恩副榜酌定三百名與貢士各擬分數相次（按：館本次下有待字）選，庶科貢並收起賢，考者進取有階而資祿養者亦不至久淹學（按：館本學作黌序）。從之。

（神宗萬曆實録卷 283　第 9 頁　283.7.5239）

1385　三月乙未　廷試天下貢士三百四名。賜朱之蕃、孫慎行、湯賓尹等及第、出身有差。

（神宗萬曆實録卷 283　第 12 頁　283.10.5245）

1386　三月庚子　禮部題：會試下第舉人瞿〔按：館本瞿作翟〕文卿等願就教職，照例廷試鑒別次第，咨送吏部除授。上詔題准三百名外加一倍選用。

（神宗萬曆實録卷 283　第 13 頁　283.11.5247）

1387　三月壬寅　兵部石星題：册使日本李宗城等經（按：館本經作徑，徑下有抵字）朝鮮，而小西飛未奉明旨，未敢渡江。今據朝鮮咨稱，委官俞大武之傳報，陪臣李時發之啓狀，則倭臣行長之恭奉約束急望天使，真有喜其來而慮其晚者。督臣孫鑛念切封疆不欲固遣而大信難爽，合無勅下小西飛等同二使作速渡江暫駐朝鮮，俟釜倭一退卽據實馳奏，以便册使遄往。詔夷使准渡江，還待朝鮮國王奏報至日同册使前去。

（神宗萬曆實録卷 283　第 14 頁　283.11.5248）

1388　四月癸卯朔　户部覆：御史崔邦亮疏：一、稽倉庫以嚴出納。京通二倉米粟凡係出納，無論巨納（按：疑納爲細之誤）悉報巡倉御史，令與倉場衙門互相稽察。一、處工食以蘇積困。大通橋各役工食量將掃積米抵發，然亦須裁冒濫，不得偏累車户。一、公給散以祛宿弊。運粮旗軍歲有應給，各運官具呈隣河巡道驛給，不得侵扣。一、嚴掛欠以絕侵漁。往旗軍水次折乾，沿途盜賣，因而逃躲，貽累運官，今行本衛官嚴追變産補償，不許朦朧更運。一、禁賭博以免偷盜。合編十船爲一甲，有發覺不首告及帮官隱匿者，管運衙門並爲參處。

（神宗萬曆實録卷 284　第 1 頁　284.1.5249）

1389　四月戊午　大學士趙志皋等題：萬曆壬辰、乙未進士題名記文尚未撰述。奉旨：命張位、陳于陛各撰。

（神宗萬曆實録卷 284　第 6 頁　284.5.5257）

1390　四月己未　順天府府尹沈應文陞南京大理寺卿。

（神宗萬曆實録卷 284　第 7 頁　284.5.5258）

1391　四月庚申　大學士趙志皋等題：廷試就教舉人三百取中試卷封進，以俟聖裁，詔如例。

（神宗萬曆實録卷 284　第 7 頁　284.6.5259）

1392　四月癸亥　册封日本正使都督僉事李宗城等題稱：于四月初七日已渡鴨緑江，抵義州，旋差武舉孔問詔等同遊擊沈惟敬前往釜山，宣諭倭衆訖臣等徑詣朝鮮暫駐，俟差官回報，據實奏聞。

（神宗萬曆實録卷 284　第 8 頁　284.6.5260）

1393　四月乙丑　國子監祭酒蕭良有再疏乞放。詔准回籍，以係日講官賜馳驛去。

（神宗萬曆實録卷 284　第 10 頁　284.8.5264）

1394　五月癸酉朔　神機營坐營陳雲鴻報稱：總督孫鑛差官駱一龍直抵行長營中，行長率夷僧玄蘇宗一員、倭將平調信等出迎恭謹，且倭船大半歸巢，載還倭兵一萬五千名，其所量留以候天使者不過行長幕下殘士耳。兵部石星據其言以請：乞勅楊方亨前駐居昌，李宗城與小西飛等前駐南原，以示東封大信。報可。

（神宗萬曆實録卷 285　第 2 頁　285.1.5273）

1395　五月丙子　陞光禄寺卿錢藻為順天府府尹。

（神宗萬曆實録卷 285　第 3 頁　285.2.5275）

1396　五月丁丑　南京翰林院侍讀學士楊起元入爲國子監祭酒。

（神宗萬曆實録卷 285　第 3 頁　285.2.5275）

1397 五月丙申 琉球國使者于灞等爲世子尚寧請封。琉球故世奉正朔，自關白擾害，欲臣之，世子不爲屈，故于灞等來乞封。閩撫臣許孚遠代請，禮科薛三才以故事琉球請封必候世子表請，若衹憑夷使而遽與之似爲太褻。禮臣范謙請遣官班封，于福建省城候世子具表前來，然後許封，聽使臣面領之。

（神宗萬曆實録卷 285　第 12 頁　285.9.5290）

1398 五月庚子 禮部題：二十五日丁酉巳時，京師地震，自西北乾方徐往東南，連震二次，各衙門大小官員痛加修省，各青衣角帶朝參辦事三日〔校記：廣本日下有後字〕，尤望皇上勤批（按：館本批下有答接二字）閣部，納直言録廢棄，恤四方水旱之災，嚴九邊戎兵之誥，以圖消弭之實。上詔：天心示警，朕裹（按：館本裹作衷）加惕，着各衙門痛加修省。

（神宗萬曆實録卷 285　第 14 頁　285.11.5294）

1399 六月戊申 陞遊擊管薊鎮〔按：館本薊下無鎮字，抱本衍遼字〕臺頭營參將王承業于本鎮太平寨。

（神宗萬曆實録卷 286　第 2 頁　286.2.5299）

1400 六月乙丑 有男子劉行潔詣闕自刎，上以有司不與民伸寃理枉所致，傳示都察院，令行該巡按御史責公正官員詳細審問，不許偏護。

（神宗萬曆實録卷 286　第 9 頁　286.7.5310）

1401 六月乙丑 以神樞四營遊擊李如梧爲（按：館本樞上有神字）樞二營練勇參將。

（神宗萬曆實録卷 286　第 9 頁　286.7.5310）

1402 七月癸酉 以薊鎮司馬臺關提調陳其學充神樞五營佐擊。

（神宗萬曆實録卷 287　第 1 頁　287.1.5315）

1403 七月壬辰 工科給事中楊應文言：王畿四方之極，其民倍宜存恤，而錦衣衛緝事旗校及五城兵馬司番役倚勢作姦，恣其凌虐，合（按：館本合作令）吞舟者漏網，守株者覆盆，且五城兵馬司及大興、宛平二縣設店房縶人，備極慘刻，甚非所以勞來而安集之也。又中都等處入摻班軍爲領班都司科斂朘削，當一體拊恤。疏下兵部，務以革去店房事係法司，餘如言以覆，報可。

（神宗萬曆實録卷 287　第 6 頁　287.4.5323）

1404　七月乙未　以遊擊詹鞠養爲分守薊鎮臺頭路參將。

（神宗萬曆實録卷 287　第 7 頁　287.5.5324）

1405　七月庚子　朝鮮國王李昖以日本謝恩人船取道對馬島經繇本國，恐復起釁端〔校記：廣本無端字〕，願依督臣顧養謙所議貢道仍出寧波，而兵部尚書石星酷信沈惟敬之言，以爲關白恪遵三事約束，計日焚柵，卷衆悉歸，不宜示以猜嫌〔按：館本嫌作疑〕之端。詔從之。

（神宗萬曆實録卷 287　第 11 頁　287.9.5331）

1406　八月壬寅　陞國子監司業葉向高爲右春坊右中允兼編修充正史館纂修官。

大學士張位、陳于陛撰萬曆壬辰、乙未二科進士題名記進覽，且請命工部鐫刻。從之。

（神宗萬曆實録卷 288　第 2 頁　288.1.5334）

1407　八月癸卯　以五軍二營練勇參將許大成爲京城巡捕右參將。

（神宗萬曆實録卷 288　第 2 頁　288.1.5334）

1408　八月壬戌　朝鮮國陪臣閔仍伯等朝賀萬壽聖節，給宴賞如例。

優紀（按：館本紀作給，是也）琉球夷人哈那等。時有琉球船入浙温州海洋，浙撫劉元霖審知爲琉球人，據實以聞。命遣還之。

（神宗萬曆實録卷 288　第 5 頁　288.4.5340）

1409　九月庚午朔　朝鮮國王李昖以長庶子臨海君李珒久陷賊

中，雖獲生還，驚憂成疾，不堪繼嗣；次子光海君李琿收集雜散，功績茂著，已奉勅諭駐劄全慶地方，經理防禦，請立爲嗣。禮臣范謙執奏：繼統大義，長幼定分，不宜僭差，奉旨移文止之。至是復以舉國臣民啟狀上陳，且引永樂年間本國恭定王例以請，事下所司。禮科薛三才參駁其非制，且不宜以播遷之餘輕率立少，失宗社大計。于是禮臣復奏：李昖以次子請封，業奉明旨報罷，今復執有功之説，謂出自通國之公，卽所奏盡實，臣等何繇知之。卽以世亂先有功，亦宜俟其邦家綏靖而徐議，今日似未可遽許。詔可。

（神宗萬曆實録卷 289　第 1 頁　289.1.5347）

1410　九月辛未　誠意伯劉世延妄言災祥，疏言：大峪山壽宫龍火非真，通政司不肯爲達，屢強之。通政使田蕙奏其狂妄，前後南北臺省交章論劾。皆不報。

（神宗萬曆實録卷 289　第 2 頁　289.1.5348）

1411　九月乙未　册封日本正使李宗城報：倭衆二班已盡焚栅渡海，其三班已去過半，惟候册使受封，禮畢卽盡數起行。兵部尚書石星意封事旦夕可成，遂條上册封事宜。一、禁冗役。一、禁訛言。一、禁妄報。一、禁啟釁。詔悉報可。

（神宗萬曆實録卷 289　第 11 頁　289.8.5362）

1412　十一月甲戌　朝鮮國差陪臣鄭淑夏等十六員進賀冬至方物表文。

（神宗萬曆實録卷 291　第 4 頁　291.3.5388）

1413　十一月丙子　順天府尹錢藻疏：所屬州縣凡二十有七，一切徭役三年一編。兹當編審之期，三年内事有告乏紛紜而當酌者，影射滋巧而當詳者，陪貲〔按：廣本陪作賠，館本貲作費〕負累而當恤者，冗費錯雜而當省者，閭民患而當增者，弊切邊計而當議者，因條爲六欵以請：議驛遞，議了（按：館本了作丁）力，議大力，議工食，議城堤，議辛莊頭。户部覆奏報可。

（神宗萬曆實録卷 291　第 5 頁　291.4.5389）

1414　十一月丁亥　以正軍二營練參將李兒先分守薊鎮古北口。

（神宗萬曆實録卷 291　第 8 頁　291.6.5394）

1415　十二月辛丑　陞薊鎮白馬關守備張施爲遵化右車營遊擊。

（神宗萬曆實録卷 292　第 3 頁　292.2.5402）

1416　十二月庚戌　以參將管順天巡撫中軍郭夢楨爲神樞二營練勇參將。

（神宗萬曆實録卷 292　第 6 頁　292.5.5407）

1417　十二月庚申　以時方沍寒，命順天府通判何鯉督修養濟院房舍以處孤貧。

（神宗萬曆實録卷 292　第 10 頁　292.8.5413）

萬曆二十四年（1596）

1418　正月戊辰朔　司禮監太監陳矩于會極門傳奉聖諭：原任提督東廠官較辦事張誠弟姪張勳等都着革職爲民，解發原籍，不許延緩。兵部謂：張勳等既許該衛查係張誠弟姪，應奉聖諭開具職名，據實上請，候命將張勳、張世泰、張問政、張世佺、張世秩〔按：館本秩作秋〕、張紹寧、張錫、張世岐一體革職爲民。其張誠弟姪該衛開送未盡者，臣等嚴行查報。得旨：張勳等革職爲民，都拏送鎮撫司監候，事完解發。

刑科都給事中侯廷佩題：太監張誠背主欺君，聯姻外戚，擅作威福，諸惡〔校記：廣本無諸惡二字〕固已，仰荷聖明洞察〔按：館本察作鑒〕，嚴旨詰責。乃於張誠則准其私宅調理，不卽置斥，勳等止於爲民，不卽正法，豈以張誠有帷蓋之義未忍遽棄，而并其弟所爲諸横尚可少貸耶？夫誠以刑餘之族，舉家受衣錦〔按：館本衣錦作錦衣衛〕之榮，以侍從之流乃敢聯椒房之戚，豈不上巇懿親。而縱弟張勳家人霍文炳，以賣菜之傭都富貴之地，奪（按：館本奪上有強字）都中子女，恣肆淫（按：館本淫作讌）樂，任意驕横；買邵皇親等莊田不下數百餘所，而市店遍於都市。所積之貲都人號爲百樂川。至于假功署四品要篆，彼何人斯？乘章綰鑰攝局理刑，則朝廷用夫（按：館本夫作賢）之謂何，安可置而弗問耶！張錫、張士登勢若飛虎，被害者飲泣吞聲，莫敢誰何，則朝廷爲民除害之謂何？而僅使之爲民還鄉井非所以洩民憤而昭大法也。聞近日軍政考察如李東暘等動以千金結納，受諸王餽遺，如襄慶等王，動以萬數，是皆假皇上之威以要其利而收其功，此尚謂之有君耶？得旨：張誠譎狡巨奸，假主威福，脅騙親王，横（按：館本横作權）中外，爾等如何先無一言之忠，今已發露方行參劾，其于觸邪指佞之責何在？姑且不究治。張誠既所爲過惡多端，本當重治，姑念效役年久，着降奉御發南京孝陵司香。其所霸占勢置及本犯應有莊田財物，盡行抄没入官，不許徇私容縱。張勳、霍文炳等都着鎮撫司監候，事完請旨定奪。

（神宗萬曆實録卷 293 第 1 頁 293.1.5423）

1419 正月己卯 以神樞營右副將署都督僉事任自強爲鎮守居庸、昌平等處總兵官。

（神宗萬曆實録卷 293 第 6 頁 293.5.5431）

1420 正月丁酉 陞蘇（按：館本蘇作薊，是也）鎮總兵營中軍劉養廉爲遵化左營遊擊。

（神宗萬曆實録卷 293 第 19 頁 293.15.5452）

1421 二月庚子 差御史葉永盛巡視壩大馬房。

陞國子監祭酒楊起元爲南京禮部右侍郎。

（神宗萬曆實録卷 294 第 3 頁 294.2.5455）

1422 二月乙卯 工部題：修理延祺宫措辦物料。從之。

（神宗萬曆實録卷 294　第 11 頁　294.9.5469）

1423　二月庚申　陞光禄寺卿田疇為順天府府尹。

（神宗萬曆實録卷 294　第 11 頁　294.9.5470）

1424　二月辛酉　兵科徐成楚題：日本慮朝鮮報復，惟敬固要陪臣與之修好。夫朝鮮自殘破之後，驚魂未定，豈足以仇關白者，何必修好。關白奸雄，狡譎凌駕三〔按：館本三作六，是也〕十六島，其視朝鮮蓋僅僅橐中裝耳，何憂于報復？況惟敬往，陪臣〔按：館本臣下有乃字〕亦往，惟敬講禮，陪臣講睦，是敵國我也，非體也。抑或陰以朝鮮欵以陪臣質而陽就一封尤褻體之甚者也，如之何勿虞。乞將督撫兩疏機宜虛心酌議。章下兵部。

（神宗萬曆實録卷 294　第 13 頁　294.10.5472）

1425　三月辛未　禮部覆：故順天府府尹錢簿（按：館本簿作藻，是也）卹典給祭葬如例。

（神宗萬曆實録卷 295　第 2 頁　295.1.5478）

1426　三月乙亥　戌〔按：館本戌上有是日二字，抱本删〕刻，火發坤寧宮，延及乾清宮，一時俱燬。上時居養心殿，密邇二宮，立光中籲禱甚切，幸不至蔓延。

大學士趙志皐等急趨救護，以長安門閉，鎖鑰未傳，從門隙具題慰安。

（神宗萬曆實録卷 295　第 4 頁　295.3.5482）

1427　三月辛巳　户部題：北〔按：館本北作在〕京文武官員本年四月五日本色俸粮每米二石折絹一疋，行各衙門查明照例每絹一疋折銀七錢，咨南京户部將文武官員四月折絹、八月折布于内承運庫并甲字〔按：館本字作子，誤〕庫遵照舊例各給本色。從之。

（神宗萬曆實録卷 295　第 8 頁　295.6.5487）

1428　三月戊子　兵部題：關白營寨三分已焚其二，似無他説。但朝鮮恨倭已深，既欲我之亟罷封以洩前仇，又欲我之再興師以助報復。倭有舉動輒便驚惶，務甚其詞。況主封者行長，破封者清正，今行長不在釜山或清正故露其形，以疑朝鮮而揺中國，亦未可知。乞查蓋樓布種索圖書水是否真留，并陳訓練兵馬事宜。得旨：依擬行，還着馬上差人前去探聽回報。

（神宗萬曆實録卷295　第10頁　295.8.5492）

1429　三月己丑　革原中順天鄉試屠大壯爲民。

（神宗萬曆實録卷295　第11頁　295.9.5493）

1430　四月丁酉朔　朝鮮國王李昖奏乞封世子。章下禮部。

兵部題：預報倭退，日本迎接册使，報聞。

（神宗萬曆實録卷296　第2頁　296.1.5500）

1431　四月丁酉朔　工部題：鼎建乾清、坤寧宮門座圍廊等項，該用木石等料上緊，造辦擇吉興舉，所有條議各欵事宜，皆大工之至切者。一、議徵逋負，一、議協濟。一、議開事例。一、議鑄錢。一、查庫料等項。一、議分公。一、議楠杉大木産在川貴湖廣等處，差官採辦。一、議木石。一、議車户。一、議燒磚。一、議蘇州磚。一、議買杉木。一、議發見錢。一、議稽查夫匠。一、議明職掌。一、議力舖户。一、議會估。一、議兵馬并小委官賢否。一、議木楂。一、議停別工。奉旨：鼎建乾清、坤寧二宮，工程重大，經費浩繁，你部卽計處周悉，内協濟開納等項事關別部的，便酌議停當，如議次行。

（神宗萬曆實録卷296　第3頁　296.2.5501）

1432　四月辛丑　朝鮮國差陪臣韓應寅等二十五員進貢方物馬匹，賜各衣服、靴韈并折段銀兩。

（神宗萬曆實録卷296　第4頁　296.3.5503）

1433　五月丁卯朔　禮部題：朝鮮國王李昖奏：臣守藩無狀，幾墜先臣之緒。今日之所冀〔按：館本作所翼，校作所冀〕以盖愆者，惟有擇嗣一事，而庶子之中長曰臨海君珒，次曰光海君琿，蓋二子同母而母亡，臣固無他意於取舍也。得旨：如議。傳與朝鮮王。

（神宗萬曆實録卷 297　第 2 頁　297.1.5532）

1434　五月戊辰　勅陳良弼總督京營戎政。

（神宗萬曆實録卷 297　第 4 頁　297.3.5536）

1435　五月己巳　大學士趙志皐、陳于陛、沈一貫題：差科臣往封日本，於計未便。舊例册封遣使必用正、副二員，蓋慮正使倘有事故，則副使可以代攝，是副使者本所以爲正使不虞之備也。今李宗城既已〔按:館本已作以，抱本作已〕出營，而楊方亨〔按：亨下脱尚在彼處，以副代正于理爲宜，況今倭情傳聞紛紜，實難預料，若尚屬恭順，則一楊方亨三十四字〕與沈惟敬亦足完事，若真有變動，則前此正使輕出，已失觀望，萬一今次差出之人更有遲延趦趄之狀，則於國體所傷益多。故臣等以爲即令二人在彼充使爲便。

（神宗萬曆實録卷 297　第 4 頁　297.3.5536）

1436　五月癸未　户部題：石、土二壩改造官船一百隻，以備漕粮起剥〔校記：廣本剥作駁〕之用。從之。

（神宗萬曆實録卷 297　第 21 頁　297.17.5564）

1437　五月癸未　兵部題，册封日本副使楊方亨稟稱：朝鮮先奉旨差官偵探倭情，護軍楊慎見往釜營，慎係彼國戊子科文狀元，非通事類也。二十八日，又有朝鮮國王差問慰使持字之職。若倭情果變，朝鮮逃走不暇，國王何暇問慰于我？差官又何敢出入釜山？國王與職字一并呈送本部。又據遊擊沈惟敬稱，十四日至相馬島，十七日抵南皮，計程六百里，惟是隨路館舍俱係新設，一應供給甚備。十八日釜山營倭將平調信報至，内稱李正使見駐慶州，去往未決，且清正之撤已有関白成令。今惟敬此行惟恐清正乘隙報知李正使出營，致使関白心存恍惚，必當一會以安其心，庶彼此信義，明白事體，無有不妥。十八日至南皮，人家頗多，新造板房三處，又比相馬島支應加厚，各官皆被〔按：館本被作備，抱本作被〕倭卒喝道。據報具題較之前報尤確，大抵在釜山者帖然無譁，在海外者遵約惟謹，恭慎不言可知。上報聞。

（神宗萬曆實録卷297 第21頁 297.17.5564）

1438 五月庚寅 朝鮮國王李昖奏：據陪臣黄慎狀啟，臣蒙差跟隨遊擊沈惟敬四月二十五日前往熊川倭將平行長營裡宣諭各屯倭酋，至五月初五日行長率其從倭若干下海而去，于六月二十六日，日本回來説稱：関白已定撤兵之議，差官迎候册使勾當。自此各屯倭兵聲言裝束下海，臣分遣通事及哨探員役遍行各營查看。

（神宗萬曆實録卷297 第25頁 297.21.5571）

1439 六月丁酉 禮部題：朝鮮國王李昖差來陪臣户曹參判具歲等辭宴，應移文光禄寺照例折給。報可。

（神宗萬曆實録卷298 第2頁 298.1.5577）

1440 六月庚子 禮部題：考過歲貢吴獻策等分送南北二監讀書。

（神宗萬曆實録卷298 第2頁 298.1.5578）

1441 六月庚子 陞都司僉事〔按：館本事作書，廣本、抱本、作事，疑誤〕管密雲車營遊擊王宗道爲延綏入衛遊擊。

（神宗萬曆實録卷298 第2頁 298.1.5578）

1442 六月壬寅 陞崔黄口守備馮幾恩〔按：館本恩作思，抱本作恩，廣本幾作九〕爲密雲振武營遊擊。

（神宗萬曆實録卷298 第3頁 298.2.5580）

1443 六月癸卯 賞朝鮮差來陪臣内庫段匹。

（神宗萬曆實録卷298 第3頁 298.2.5580）

1444 六月己酉 先是，安南黎維潭擅兵攻殺貢夷，刼奪印信，已而束身待命，退地待身。一割之一時也，乃彼方以欵遲我，我復以欵自遲，徒幸彼之不過爲黎利爲莫登庸而不察，我之所以處利登庸者抑何容易也。大都督撫利在釋負，故不憚以延緩爲羈縻，黎酋志在養威，故不難以支吾爲恭順。萬一廟堂誤聽，臣恐損威辱國，玩寇釀亂未必不自今日始。兵部覆議；移文廣西總督撫按，將提議事理誥黍維潭，緣何輒行宵遁？若實係鄭松主使，作何處治，務期操縱在我，處置得宜，勒限完報，以憑覆請定奪。得旨，依議行。

（神宗萬曆實録卷298　第4頁　298.3.5581）

1445　六月壬戌　准將南海子周圍枯樹採伐送琉璃窰燒造。

（神宗萬曆實録卷298　第7頁　298.6.5588）

1446　六月癸亥　兵部題：該協理京營戎政右都御史沈思孝條陳五軍（按：館本軍作事，是也）……一曰久任將領，二曰教練標兵，三曰舉用豪傑，四曰增補馬匹，五曰繕修戰具。得（按：館本得下有旨字，是也）如議行。

（神宗萬曆實録卷298　第8頁　298.7.5589）

1447　七月丙寅　賜朝鮮陪使沈友勝等銀幣如例，并給劄伴送。

（神宗萬曆實録卷299　第1頁　299.1.5593）

1448　七月己巳　上（按：館本無上字）命欽天監擇日鼎建乾清宮，以七月二十日辰時治木。

（神宗萬曆實録卷299　第6頁　299.4.5600）

1449　七月壬申　工部左侍郎徐作題條陳大工十欵：一、議水運。一、議木植。一、議匹夫。一、議灰户。一、議預支。一、議支放。一、議結鈔〔按：館本結鈔作給錢，廣本作給鈔，抱本作結鈔〕。一、議巡緝。一、議書役。一、議久任。上以其有裨大工，如議行。

（神宗萬曆實録卷299　第6頁　299.4.5600）

1450　七月癸酉　册封日本正使楊芳（按：館本芳作方）亨奏：于六月十五日渡海册封關白。

（神宗萬曆實録卷299　第6頁　299.5.5601）

1451 **七月癸酉** 户部尚書楊俊民題：薊、永、真、保、易州等處開礦，恐傷龍脉，乞行封閉，并求治陸松、王應龍言利之罪。上以其離隔祖陵遠，且曰：皇祖時已開過，着遵前旨，使差官開採，陸續解進，該地方官不得僭（按：館本僭作借）言阻撓〔按：館本撓作抗，廣本、抱本作撓〕。

（神宗萬曆實録卷 299 第 6 頁 299.5.5601）

1452 **七月甲戌** 抄過犯人張誠等莊園墳地，賞結皇親鄭國泰及原衙門者，如數領發，其民地無從查結，俱入乾清宫子粒地内徵取。其〔按：館本其作在，廣本、抱本作其〕餘田地東廠暫管，債佃徵租，于年終類進。

（神宗萬曆實録卷 299 第 7 頁 299.5.5602）

1453 **七月戊寅** 仁聖懿安康靖〔按：館本靖作定，抱本作靖，原校者按應作静〕皇太后崩，遺誥内外文武羣臣。

（神宗萬曆實録卷 299 第 7 頁 299.6.5603）

1454 **七月戊寅** 上〔按：館本無上字〕命没地方俱入乾清宫，照舊徵租類進，其村落荒僻處所房屋行令該地方官作速變賣，若香山村〔按：館本村作鄉，廣本作村〕，冉家材宫村各地盡行入官，不許私占，其梁山河莊房屋、田土、皇莊着壽宫，皇莊着天壽山守備暫管。

（神宗萬曆實録卷 299 第 8 頁 299.6.5604）

1455 **七月辛巳** 内使陳富于實寧〔按：館本實寧作寶寧〕門外捉獲不知姓名男子一人，手持内閣出入關防牌一面。上命錦衣衞拏送鎮撫司究問。

（神宗萬曆實録卷 299 第 9 頁 299.7.5606）

1456 **七月甲申** 陞左庶子李廷機國子監祭酒。

（神宗萬曆實録卷 299 第 9 頁 299.7.5606）

1457 **七月己丑** 順天巡撫臣李頤疏：陵京所關甚重，採礦爲利甚微，祈嚴天戒保固地靈，以永萬年治安。不聽。

（神宗萬曆實録卷299　第11頁　299.9.5610）

1458　**七月庚寅**　給郎中戴紹科薊、永、真、保等處開礦關防。

（神宗萬曆實録卷299　第12頁　299.9.5610）

1459　**七月辛卯**　發銀二十萬六千有奇，補薊鎮後半歲主客兵餉。

（神宗萬曆實録卷299　第12頁　299.10.5611）

1460　**七月壬辰**　禮部題昭陵開工修整事宜，命擇日興工。

（神宗萬曆實録卷299　第13頁　299.10.5612）

1461　**八月丙申朔**　大學士趙志皋等題考天下貢士上中卷進呈。

（神宗萬曆實録卷300　第1頁　300.1.5613）

1462　**八月丙申朔**　巡視京營户科給事中程紹等題參原任京營副將任自強、神樞營副將佟養正、五軍營副將施朝卿、任（按：館本任作保，是也）定遊擊胡澤、山海關參將楊元，俱行法司究勘，以爲行賄營運之戒。章下兵部。

（神宗萬曆實録卷300　第2頁　300.1.5613）

1463　**八月丁酉**　擇八月十五日昭陵興工，命禮部左侍郎劉楚先、工部左侍郎徐作相度具奏。

（神宗萬曆實録卷300　第3頁　300.2.5615）

1464　**八月壬寅**　命造真、保、薊、永開礦户部、錦衣衛、内官監各官關防。

（神宗萬曆實録卷300　第4頁　300.3.5617）

1465　**八月壬寅**　西華門城樓工竣，命侍郎徐作祭告后土司工之神。

（神宗萬曆實録卷300　第4頁　300.3.5617）

1466　**八月甲辰**　頒孝安皇后尊謚詔於天下。

（神宗萬曆實録卷300　第7頁　300.6.5623）

1467 八月乙巳 兵部題：委指揮官王吉齎捧符節誥勅官服等件已到梁山。朝鮮陪臣黄慎等護送渡海，倭將平調信等出營遠迎，龍節率衆叩頭參拜，足見尊奉天朝之體。報聞。

（神宗萬曆實録卷 300 第 8 頁 300.6.5624）

1468 八月乙巳 命〔校記：廣本命上有上字〕工部侍郎吕鳴珂提督大行仁聖皇太后祔葬昭陵。

（神宗萬曆實録卷 300 第 8 頁 300.6.5624）

1469 八月乙巳 保定巡撫李盛春奏停開礦，内言：畿輔重關，礦連陵脈。上命開礦事着差去官斟酌採取，如果關係陵脈處所不許輕動。

（神宗萬曆實録卷 300 第 9 頁 300.7.5626）

1470 八月己酉 敕黄明臣充總兵官，鎮守昌平、居庸等處地方。

（神宗萬曆實録卷 300 第 10 頁 300.8.5627）

1471 八月癸丑 兵部題：沈惟敬於六月二十五日到日本，見關白恭敬感激天朝，差倭將沿途迎接正使，并進《日本地圖》。續報：正使同平行長於二十一日渡海訖專待關白，會至釜山，倭營盡燬。上覽奏，報聞。

（神宗萬曆實録卷 300 第 11 頁 300.8.5628）

1472 八月丁巳 通州城工竣，賞薊遼總督孫鑛、順天巡撫李頤、直隸巡撫高舉、密雲兵備按察使王見賓、通州知州陳登通、津營参將王文元等賞銀有差。

（神宗萬曆實録卷 300 第 12 頁 300.9.5630）

1473 八月戊午 工部題：梓宫發引，委員外葉薦墊道。

（神宗萬曆實録卷 300 第 12 頁 300.9.5630）

1474 八月甲子 勅侍郎李禎管理乾清、坤寧二宫大工班軍。

（神宗萬曆實録卷 300 第 14 頁 300.11.5633）

1475 八月甲子 户部題：仁聖皇太后殯宫合用珠翠、金銀、寶石急缺，乞量賜裁減，召買供進。諭：係大行喪儀之費，實非得已，着作速進。

（神宗萬曆實録卷 300　第 14 頁　300.11.5634）

1476　閏八月乙丑　　兵部題：朝鮮管撥官孟良相揭報，倭將沙古、贋門、五島等與國王所差陪臣朴弘長相見，執法甚恭，賓主交讓，庶幾封事可成，盖仰賴皇上一封，息兩國之争而聯兩國之好。報聞。

（神宗萬曆實録卷 301　第 2 頁　301.1.5636）

1477　閏八月戊辰　　准協理京營都御史沈思孝馳驛回籍，病痊起用。

（神宗萬曆實録卷 301　第 6 頁　301.5.5643）

1478　閏八月己巳　　西華門樓工成。

（神宗萬曆實録卷 301　第 7 頁　301.5.5644）

1479　閏八月癸酉　　朝鮮國王李昖奏：乞將原調兵馬于鴨緑迤西近邊地方暫行住劄，以爲聲援。并乞勑部裕餉以爲兵行之計。盖自李宗成逃歸之後，倭封之情形屢變。一倭未撤而册使之渡海，日以爲言。或云沈惟敬被縛，要挾多端。故總督李化龍一面整理軍興，集衆聚粮，欲于全羅覰變，朝鮮冀（按：館本冀作翼）封之俛成，而患兵聲一動封事必移，故有是請，章下兵部。

（神宗萬曆實録卷 301　第 8 頁　301.6.5646）

1480　閏八月癸酉　　户部題覆總督孫鑛議：朝鮮設防以粮餉爲先，欲將東昌五倉米豆共一千萬餘發用。又，本部原發防倭銀一十二萬兩，以其半抵年例，餘皆留爲朝鮮遇警應援之助。得旨：如議行。

（神宗萬曆實録卷 301　第 8 頁　301.6.5646）

1481　閏八月癸酉　　查明張家灣官店八座，差内官照例徵收。

（神宗萬曆實録卷 301　第 9 頁　301.7.5647）

1482　閏八月癸酉　　勑户部：礦場關係陵脉處所，詳細踏勘，不許輕動。

（神宗萬曆實録卷 301　第 9 頁　301.7.5647）

1483　閏八月甲戌　先是，行人司憲奉使朝鮮，頗濫受贓物，有左驗。至是，上命刑部追比折納銀兩解進。

（神宗萬曆實録卷 301　第 9 頁　301.7.5647）

1484　閏八月乙酉　朝鮮國王李昖奏：册使已渡海，報稱即撤四營之衆，今關白留下釜山若干人衆益爲叵測，或因此別有要挾，惹起他釁，爲日後禍患亦未可知。又要索小邦陪臣甚急，今册使屢次移咨勸諭，是必審時度勢有不得已而然者，已差原委查勘撤回，倭營陪臣黄順〔按：館本順作惟，廣本作慎，抱本作順，廣本是也〕急速渡海追隨册使，聽候伊情變動，乞勅該部恭酌預爲拯濟之地。章下兵部。夫督臣之請設備，曾幾何時，朝鮮以爲無事而今復爲此奏，何事之機不定也。

（神宗萬曆實録卷 301　第 12 頁　301.9.5652）

1485　閏八月壬辰　擇九月十七日辰時皇太后梓引，二十二日卯時入金井掩土，本日午時神主入大明門，二十八日午時奉安几筵。

（神宗萬曆實録卷 301　第 13 頁　301.11.5653）

1486　閏八月壬辰　兵部題：山東原借留班軍一千名仍到京補班着役，毋得延緩，致誤大工。并准徐撫按題催班軍一體起解。從之。

（神宗萬曆實録卷 301　第 13 頁　301.11.5653）

1487　九月乙未　聖母孝安皇后梓宫發引到山陵，内官監太監盧寵俊掩土，尚膳監太監黄恩復題兵部給飛騎馳報。

（神宗萬曆實録卷 302　第 1 頁　302.1.5657）

1488　九月乙未　兵部題：陞山西參將周一乾爲署都督僉事神機營右副將。

（神宗萬曆實録卷 302　第 1 頁　302.1.5657）

1489 **九月己亥** 命〔校記：廣本命上有上字〕兵部曉諭：防護聖母孝安皇后梓宮執役官、旗夫、匠人等都守法度，不許沿〔按：館本沿作延〕途傷人田麥及放馬匹作踐，亦不許擾亂居民偷盗財物及争競喧鬧，或奸頑逃躲，不來赴役，耽誤事務，仍着緝事衙門訪拏，並許受害之人首告，拏來從重治罪，其該管人員鈐束不嚴，一体治罪。

（神宗萬曆實録卷 302 第 3 頁 302.2.5660）

1490 **九月己亥** 命錦衣衞并五城兵馬填墊平治京城街道，至德勝門外土城，以待孝安皇后梓宮經過。

（神宗萬曆實録卷 302 第 4 頁 302.3.5661）

1491 **九月庚子** 勅駙馬侯拱宸充奠獻使護送孝安皇后梓宮。大學士張位題主，尚書范謙監禮。

（神宗萬曆實録卷 302 第 4 頁 302.3.5661）

1492 **九月癸卯** 巡視蘆溝橋御史蔣汝瑚奏：東、西河商税查閲地圖分别疆累（按：館本累作界），謂陝商從小直沽河入者，應報東河；而山西商自五臺山運木，繇新落河至趙堡口謂之西河，與小直沽相去遼遠，而前旨并入東河，則西河之税虚，而御史可以不設。説與管河郎中，格不報。

（神宗萬曆實録卷 302 第 4 頁 302.3.5662）

1493 **九月甲辰** 兵部題：孝安皇后梓宮發引，提督大臣四員總督京營戎政：泰寧侯陳良弼、中府掌印兼管大漢將軍靖遠伯王學禮、左府僉書寧陽侯陳應詔、右府僉書彰武伯楊世楷。如擬。

（神宗萬曆實録卷 302 第 5 頁 302.3.5662）

1494 **九月癸丑** 昌平兵備陳一簡奏承（按：館本承作奉）明旨抒愚衷等事。上曰：朕已閲地圖，這礦洞離祖陵寫遠，與龍脉無妨，着遵旨卽便開採，其防護等項照屢旨行，不許又來瀆擾。

（神宗萬曆實録卷 302 第 7 頁 302.6.5667）

1495 **九月乙卯** 兵部題：日本山城州等處地震，山傾海嘯，壓溺焚死倭衆萬餘人。雖爲彼中變異，而詔使員役未損一人，倭衆益加敬畏，且關白歸咎清正阻封，耽延日月以致異變，衙宇傾頹，人命多死，爲天朝談笑。已拏清正誅戮，待衙宇修備，方請册使入城。報聞。

（神宗萬曆實録卷 302　第 8 頁　302.6.5667）

1496　九月乙卯　　復通、灣（按:通、灣即通州、張家灣之簡稱）官店襍粮，命司禮監查差張燁同趙承勛前去體勘。

（神宗萬曆實録卷 302　第 8 頁　302.6.5668）

1497　九月己未　　勅王虎等會同該道分委廉能官同採房山礦。差太監田進開昌黎礦。

（神宗萬曆實録卷 302　第 9 頁　302.7.5669）

1498　十月壬申　　工科給事中楊應文奏：乞查陵工預支工價銀，核實以清蠹弊，章下工部。

（神宗萬曆實録卷 303　第 6 頁　303.4.5680）

1499　十月己（按:館本己作乙,是也）**酉**　　御馬監左監丞張燁查勘得通、灣店租額規每年四千兩，分爲四季，按季解進。章下户部。

（神宗萬曆實録卷 303　第 13 頁　303.11.5693）

1500　十月辛卯　　大學士趙志皐等題：文書官賓發下朝鮮國王一本，爲本内不填官名，口傳聖意，欲臣等擬旨詰問。查得此係舊例，不填名者，尊中國敬朝廷也，不必詰問。

（神宗萬曆實録卷 303　第 14 頁　303.11.5694）

1501　十月辛卯　　給太監張燁徵收通、灣租税關防。

（神宗萬曆實録卷 303　第 14 頁　303.11.5694）

1502　十月辛卯　　勅尤繼先鎮守薊州永平等處地方兼備倭總兵官。

（神宗萬曆實録卷 303　第 14 頁　303.11.5694）

1503　十月壬辰　　朝鮮國王奏：乞倭酋謝恩人數省約鈐束。章下兵部。

（神宗萬曆實録卷 303　第 14 頁　303.11.5694）

1504　十月壬辰　象房倉災。

（神宗萬曆實録卷 303　第 14 頁　303.11.5694）

1505　十一月己亥　改慈慶宫子粒入乾清宫。

（神宗萬曆實録卷 304　第 3 頁　304.2.5697）

1506　十一月庚子　陞分守薊鎮喜峰路參將署都督僉事張守愚爲協守薊鎮東路副總兵。

（神宗萬曆實録卷 304　第 3 頁　304.2.5698）

1507　十一月丙辰　兵部題：董一元報關白已于九月初一日受封，初九日册使回，已到南戈崖。報聞。

（神宗萬曆實録卷 304　第 4 頁　304.3.5699）

1508　十一月戊申　陞管薊鎮石塘嶺參將署都指揮僉事戴延春爲遼薊保定軍門標下右營遊擊。

（神宗萬曆實録卷 304　第 4 頁　304.3.5699）

1509　十一月辛亥　陞神機八營佐擊署都指揮僉事余德榮爲神樞二營練勇參將。

陞佐擊管京營摻兵左營事張宣爲昌鎮標下右騎營遊擊。

陞遊擊管萬全都司掌印事陳邦哲爲宣府東路永寧等處右參將。

陞遵化右軍〔按:館本軍作車，廣本、抱本作軍，誤〕營遊擊署都指揮僉事張旆為分守薊鎮石塘關嶺等處參將。

（神宗萬曆實録卷 304　第 5 頁　304.3.5700）

1510　十一月甲寅　命宣武門東河橋小門南北各拆十丈，便運木石。

（神宗萬曆實録卷 304　第 5 頁　304.4.5701）

1511　十二月丙寅　薊遼總督孫鑛奏：朝鮮國王各（按：館本各作咨）稱關白因朝鮮不遣王子致謝，復欲興兵。清正等今冬過海，大兵明年調進，乞要先調浙兵駐劄要害以爲聲援，章下兵部。

（神宗萬曆實録卷 305　第 2 頁　305.1.5706）

1512　十二月乙亥　提千户趙承勳、孫龍來京，與吴質等面質侵欺奸弊，以管理道（按：館本道作通，是也）、灣店税太監張燁參奏故也。

（神宗萬曆實録卷 305　第 6 頁　305.4.5712）

1513　十二月丁丑　兵部題：朝鮮管撥官孟良相揭關白責備朝鮮禮節，亦非盡虚。楊方亨等住對馬島鉄山地方，的係守風，别無他故，臣等已宣諭皇上予封大恩，務令講信終好，不得背約啓釁，俟得册使的報，另行題請。報聞。

（神宗萬曆實録卷 305　第 6 頁　305.5.5713）

1514　十二月丁丑　差御史趙士登往順天巡按。

（神宗萬曆實録卷 305　第 7 頁　305.5.5714）

1515　十二月己卯　順天府府尹田疇題清查孤貧，上報朝廷。養濟貧民，須令各沾寔惠。下其章户部議覆。

（神宗萬曆實録卷 305　第 8 頁　305.6.5716）

1516　十二月辛卯　册封日本正使楊方亨題關白于九月初二日受封。報聞。

（神宗萬曆實録卷 305　第 10 頁　305.8.5719）

萬曆二十五年（1597）

1517　正月丙申　册封日本正使都督僉事楊方亨回至釜山，以事竣奏聞。

（神宗萬曆實録卷 306　第 1 頁　306.1.5721）

1518　正月丁酉　以河間領軍遊擊署都指揮僉事楊官爲昌鎮右

軍（按：館本軍作車，疑是）營遊擊，宣府赤城堡守備署指揮僉事劉三省爲署都指揮僉事充神機營遊擊。

（神宗萬曆實録卷 306 第 2 頁 306.1.5722）

1519 正月己酉 朝鮮國差陪臣鄭朝遠等十三員陳奏倭情，賜衣服靴襪并折緞銀兩。

（神宗萬曆實録卷 306 第 4 頁 306.3.5725）

1520 正月丙辰 朝鮮國李昖以倭情緊急請救。兵部言：此奏乃去年十一月以前事，是時册使未回，日本以朝鮮遣使官卑禮薄，不納，其使歸報可仍欲家（按：館本可作有，家作索，是也）要王子等語。今楊方亨奏報封事已竣，止是責備朝鮮禮文，已經覆議，令沈惟敬調戢矣。其請兵一節，宜勑朝鮮自爲提備〔校記：宜勑朝鮮自爲提備，廣本作宜勑朝鮮國王修備修睦〕，不得專恃天朝救援。得旨：行朝鮮國王修備修睦，以保疆土，毋得偷安起釁。

（神宗萬曆實録卷 306 第 6 頁 306.4.5728）

1521 正月庚申 以鼎建乾清、坤寧二宫興工，祭告后土司工之神，遣都御史徐作行禮。

（神宗萬曆實録卷 306 第 6 頁 306.5.5729）

1522 二月丙寅 集廷臣會議倭情。時朝鮮陪臣刑曹鄭期遠痛哭求援。遼東副總兵馬棟報：倭將清正領兵騎舡二百餘隻于正月十四日到朝鮮岸，至原住劄張營。駐劄給事中徐成楚言：海舡一隻，小亦不下百人，今稱二百餘隻，兵當不減一萬餘衆。防禦事宜，亟當早圖。乃下廷臣會議。

（神宗萬曆實録卷 307 第 2 頁 307.1.5732）

1523 二月丁丑 署兵科給事中徐成楚奏：倭將豐茂守等領舡六十餘隻復入竹島，與原留倭衆合勢駐劄西生浦等處，又卸坐舡五百餘隻，且別起倭舡絡繹遍海。清正深入晉州等〔按：館本等下有八字，抱本無八字〕州郡，四散打圍，又零賊踏看〔按：館本看作勘，抱本作看〕晉州迤西道路。則朝鮮存亡，此時已不可知矣。奸臣黨蔽，謬謂兩國相争衹爲禮文缺典，世豈有興師十數萬、浮海數千里、争一煩文縟節者哉？旨下兵部，會議事宜作速舉行。

（神宗萬曆實録卷 307　第 9 頁　307.7.5743）

1524　二月戊寅　　京師風霾。

（神宗萬曆實録卷 307　第 9 頁　307.7.5744）

1525　二月甲申　　以大選期迫，改二十九日行。先是，萬曆二十二年鄉試，以廷試選貢生俱屬北監，不及撥南增額二十名。至是，禮部因南京祭酒馮夢禎加額之疏，覆請量加五名，酌分北監十五名，南監十名專待選貢士，著爲例。從之。

（神宗萬曆實録卷 307　第 10 頁　307.8.5746）

1526　三月戊戌　　兵科署科事給事中徐成楚言：倭勢漸逼，倭船日增，請簡樞臣蚤圖戰守，嚴勅督臣便宜決策，樞貳李禎亦毋得以代庖自諉。得旨：防倭事宜該部與總督作速料理，毋得仍前推諉。

（神宗萬曆實録卷 308　第 3 頁　308.2.5752）

1527　三月己亥　　兵部奏報：倭將清正欲移駐慶州，請勅督臣亟令吴惟忠、楊元各將兵前往朝鮮，扼險張威，相機戰守。仍催總兵麻貴兼程前進，以決長策。上是其言，令各科官作速前去。前議增設經理朝鮮巡撫許久不見推用，邊情重大，如何若此怠玩，其速行。

（神宗萬曆實録卷 308　第 5 頁　308.3.5754）

1528　三月甲辰　　兵部左侍郎李禎奏經理朝鮮事宜。言：平壤、王京、釜山三處乃朝鮮要地，必城池高深，可恃無恐，各宜修建大城，其善有五：聲援與策應兩當，堅壁與清野兩得，兵食兩便，戰守兩宜，立屯與開鎮兩益。得旨：建城郭險，聯絡屯聚，誠爲保屬長策。便行總督會同經理及兵道便宜行事。仍行朝鮮國王，速爲計處。並申諭該國臣民，俾知朝廷憫彼陷溺，代爲經營，務各争先勸工，尅期竣事，以振積裹（按：館本裹作衰，是也）之勢。

（神宗萬曆實録卷 308　第 8 頁　308.6.5760）

1529　**三月甲辰**　兵部左侍郎李禎條議倭情十五事：一、定兵計。一、速救援。一、偵情形。一、明地理。一、審戰守。一、用經理撫道。一、重總督事權。一、專防禦。謂督臣既奏旨經略不得坐鎮薊門，救援軍事宜既設有專臣，宜聽督臣與新撫經理。一、預粮餉。一、嚴紀律。一、絕勾引。欲將原册出使隨從員役姓名照數招回，使之立功自贖〔按：館本贖作展，抱本作贖〕，毋驅以資敵。一、懸賞格。一、備戰具。一、禁遊客。一、廣蒐羅。得旨舉行。

（神宗萬曆實録卷 308　第 8 頁　308.6.5760）

1530　**三月甲辰**　朝鮮國王李昖上疏求援，言：倭賊不撤餘衆，要遣陪臣，既非天朝原約，及陪臣隨册使前去，又以官卑不納，盖欲借此爲辭開釁動兵耳。

（神宗萬曆實録卷 308　第 8 頁　308.7.5761）

1531　**三月乙巳**　改户部左侍郎李春光爲兵部左侍郎，協理京營戎政〔校記：廣本脱政以上二十一字〕。

（神宗萬曆實録卷 308　第 9 頁　308.7.5762）

1532　**三月戊申**　朝鮮國差陪臣權垬〔按:館本垬作悏〕等十三員陳奏倭情，併請硝黄觔角。准支太僕寺銀二千兩，自買運回折。宴賞如例。

（神宗萬曆實録卷 308　第 10 頁　308.8.5763）

1533　**三月己酉**　册封日本正使楊方亨回京上疏，直言封事顛末，正欺罔以絕禍源。

（神宗萬曆實録卷 308　第 10 頁　308.8.5764）

1534　**三月乙卯**　敬妃季氏薨逝，傳旨封爲皇貴妃，禮儀照世廟皇貴妃沈氏例行，營葬吉地。禮部請遣官于天壽山悼靈左右相擇。上命禮部尚書范謙、欽天監正張應侯往。

（神宗萬曆實録卷 308 第 15 頁 308.12.5771）

1535 三月己未 兵部左侍郎邢玠奏防禦朝鮮機宜。上以用兵進止聽督經便宜，催發兵餉，責户、兵二部同心共濟，勑各督撫鎮道仍令朝鮮整頓修辦，以待大兵。時督臣孫鑛所徵南地官兵止一萬九千餘名。部議以其數比先臣經略宋應昌往援兵馬未及三分之一，應聽督經臣酌議〔按：館本督經臣酌議作督經酌議。廣本督經作經略。抱本有臣〕。得旨允行。

（神宗萬曆實録卷 308 第 17 頁 308.13.5774）

1536 五月丙申 以京營參將陳寅、千總謝用梓爲薊遼軍門標下，訓領南兵將官。從邢玠請也。

（神宗萬曆實録卷 310 第 3 頁 310.2.5794）

1537 五月甲寅 總督邢玠疏陳倭情，言：今日傳報者見倭不動輒曰安静，不知其動以嚇朝鮮，不動以愚中國，正狡倭變幻之術。世豈有賊兵雲集，稍一按兵即謂之安静乎？……部覆俱如議。

（神宗萬曆實録卷 310 第 7 頁 310.6.5801）

1538 六月丙寅 陞國子監祭酒李廷機爲詹事府少詹事兼翰林院侍讀學士充正史副總裁。

（神宗萬曆實録卷 310 第 2 頁 311.1.5806）

1539 六月癸酉 革薊鎮副總兵李芳春、保定遊擊王之卿、守備戚潤、朱壽、龍桂，提調焦時雍任，潤、桂仍下巡關御史，問以貪懦，被劾故也。

（神宗萬曆實録卷 310 第 3 頁 311.2.5807）

1540 六月丁丑 内閣會同翰林院考試各處願就教職歲貢，取中上卷五卷、中卷三百二十八卷〔校記：廣本脱卷以上三十一字〕。

（神宗萬曆實録卷 310 第 4 頁 311.3.5810）

1541 六月戊寅 三殿災。上諭内閣傳示禮部議行脩省事宜，以回天意。

先是，萬曆丙申三月丙子兩宫災，時誠意勳伯劉世學知象緯，語所知曰火氣尚未已也。至是，火起歸極門，延至皇極等殿，文昭、武成兩閣周圍廊房一時俱燼。自永樂辛丑夏四月庚子三殿災，正統己巳夏六月南京宫殿災，弘治戊午冬十月兩宫災，正德甲戌正月乾清宫災，嘉靖辛丑夏四月辛酉九廟災、辛酉萬壽宫災，皆以巳酉午戌丙丁戊年月，宫殿俱災則國朝以來所未有云。

（神宗萬曆實録卷 310　第 5 頁　311.3.5810）

1542 六月癸未 陞右春坊右庶子兼翰林院侍讀劉應秋爲國子監祭酒。

（神宗萬曆實録卷 310　第 9 頁　311.7.5817）

1543 六月丁亥 諭禮部：以三殿災，戒諭文武羣臣及詔告天下，其擇日具儀以聞。

（神宗萬曆實録卷 310　第 10 頁　311.8.5819）

1544 七月庚寅朔 黄花鎮雷火燬臺垣及神器火具。

（神宗萬曆實録卷 312　第 1 頁　312.1.5821）

1545 七月辛丑 以寫篆恭順榮莊端静皇貴妃壙誌，賜二輔臣各銀十兩、鈔二千貫，及中書官孫説等六員有差。

（神宗萬曆實録卷 312　第 11 頁　312.9.5837）

1546 七月辛亥 時順天府鄉試屆期，例用府丞提調，而劉士忠自陳，疏久不下。于是，閣臣再疏，簡發不報，已命太僕寺少卿孫瑋提調科場。

（神宗萬曆實録卷 312　第 16 頁　312.13.5846）

1547 七月丁巳 先是，順天科場提調用太僕少卿孫瑋，吏科都給事中劉爲楫言代庖不便，請以府尹田疇兼攝。上以其阻撓專擅，詰責回話。爲楫認罪，乃奪俸半年。

（神宗萬曆實録卷 312　第 19 頁　312.15.5850）

1548　八月辛酉　命發窖房銀十五萬三千六百八十餘兩解運薊、永、密三鎮，爲新募南兵六千名行、月二粮并馬匹料草之用，以户部言庫貯不敷也。

（神宗萬曆實録卷 313　第 2 頁　313.1.5854）

1549　八月壬戌　京師風雹。

（神宗萬曆實録卷 313　第 2 頁　313.1.5854）

1550　八月癸亥　陞副總兵營分守倒馬關參將事署都指揮僉事王永壽爲署都督僉事，充五軍營副將。

（神宗萬曆實録卷 313　第 2 頁　313.1.5854）

1551　八月庚午　陞翰林院編脩楊道賓爲國子監司業。

（神宗萬曆實録卷 313　第 4 頁　313.3.5857）

1552　八月辛未　陞神機營佐擊署都指揮僉事白樑爲五軍營參將。

（神宗萬曆實録卷 313　第 4 頁　313.3.5858）

1553　八月乙亥　朝鮮國差陪臣沈喜壽等三十三員進賀萬壽聖節，並奏經理事宜，給賞伴送如例。

（神宗萬曆實録卷 313　第 5 頁　313.3.5858）

1554　八月丁丑　倭破朝鮮闟山〔按：館本闟山作閑山，廣本、抱本作闟山，誤，下同〕、南原等處。先是，楊元以遼兵三千扼南原，至是闟山失守，倭遂薄南原。十六日夜，猝乘城，元驚起帳中，跣足逃走，一軍盡没。遊擊陳愚衷在全州，距百餘里，懦不發兵，聞南原已破，亦棄城北遁。于是，督臣請抽調南京、浙、直、閩、湖、廣水兵防倭内犯。部覆：命速行。

（神宗萬曆實録卷 313　第 5 頁　313.3.5858）

1555　八月甲申　京師地震。禮部以脩省寔事疏請，得旨：上天仁愛不已，朕心愈切省惕，奏内事關朕躬者已知，其大小臣工各要秉公除私盡職，以圖消弭……宣府、薊鎮等處俱震，次日復震。

（神宗萬曆實録卷 313　第 6 頁　313.4.5860）

1556　八月甲申　加李如梅署都督僉事，充禦按（按：館本按作倭）副總兵，赴朝鮮策應。從邢玠請也。

（神宗萬曆實録卷 313　第 6 頁　313.5.5861）

1557　八月丁亥　經理朝鮮都御史楊鎬條上朝鮮納米十事：一、徵收新限。該國税粮例于正月起徵，今將米熟早晚酌爲期限大約，不得過税。一、加納寔職。凡奉常寺〔按：館本常下寺字作事，誤〕、軍器寺、禮賓〔按：館本賓作贊〕寺、參奉上事〔按：館本參奉上事作參奉寺〕直長主簿、判官、僉正、寺正等官俱開納候補。一、外官陞級。一、乞恩追贈。一、免罪納贖。一、卿吏免役。一、奴丁免役。該國驛遞承應之人，累世合族不許别業，甚者驅閭閻爲厮役，良可痛恨，今聽其贖米還爲良宗。一、貢納折米。一、老軍免役。一、尚義輸官。部覆如議。上嘉納之，許以後都便宜行隨具奏定奪。

（神宗萬曆實録卷 313　第 7 頁　313.5.5862）

1558　九月丁酉　起陳璘爲副總兵，統領廣東營兵五千赴朝鮮捄援〔按：館本捄援作援救，廣本、抱本作救援〕。

（神宗萬曆實録卷 314　第 5 頁　314.3.5870）

1559　九月庚子　霜降，是日雪。

（神宗萬曆實録卷 314　第 5 頁　314.4.5871）

1560　九月辛丑　禮科給事中劉餘澤言：京師連日地震，變屬異常，乞停開採。不報。

（神宗萬曆實録卷 314　第 6 頁　314.5.5873）

1561　九月庚戌　時倭已入朝鮮公〔校記：廣本公作攻〕州，犯稷山等處。經理楊鎬馳赴王京，鼓率將士斬級一〔按：館本級下一作二，抱本作一〕十九顆，賊勢少沮。事聞，上命相機堵截，無以小勝輕敵。

（神宗萬曆實録卷 314　第 8 頁　314.6.5875）

1562　九月丙辰　鼎建乾清、坤寧二宮迎梁，賜文武大臣及執事官花幣有差。衍聖公孔尚資〔按：館本資作賢，抱本作資，誤〕乞同京官恭迎。許之。

（神宗萬曆實録卷 314　第 8 頁　314.7.5877）

1563　九月丁巳　加陞昌平兵備僉事陳一簡爲山西右參議兼僉事，照舊管理。從督撫保留也。

（神宗萬曆實録卷 314　第 8 頁　314.7.5877）

1564　十月庚申　宴琉球進貢使金仕歷十三員，侍郎劉楚先待。

（神宗萬曆實録卷 315　第 2 頁　315.1.5881）

1565　十月辛酉　經畧邢玠奏報倭情言：朝鮮形勢，王京爲八道之中，東隘爲鳥〔校記：廣本鳥作鳥〕嶺中州，西隘爲南原金〔校記:廣本金作全，疑是也〕州，中間道路相通。自南原失事，東西皆倭，我兵因退守王京。王京之險在漢江，臣慮倭長驅江干，斷絕粮道，……疏聞。

（神宗萬曆實録卷 315　第 3 頁　315.2.5883）

1566　十月甲戌　先是，安南國本屬陳氏，爲黎季犛所簒，後莫登庸者復乘黎式微攘而奪之，安置黎子孫于漆馬江，莫氏遂爲都統制〔校記：廣本制作使，是也〕。至是，莫運中衰。黎惟潭執故主之名義，因國人之推戴，驅逐莫裔，奄有舊土。惟潭皂帽縞衣，繫組葡杖恭進，範身代死，舉國臣耆奉辭服罪，乞嗣服南荒，奉正朔，脩職貢。總督兩廣都御史陳大科以聞。部覆：國家制馭安南自有成法，當黎利詭立〔校記：廣本立下有之字〕後，……。得旨：黎惟潭准授安南都統使，仍寫勑諭并與鑄印，俾轄治一方，永遵王化。

（神宗萬曆實録卷 315　第 5 頁　315.4.5887）

1567　十一月戊子朔　巡視京營吏科〔按：館本科下有等衙門

三字，廣本、抱本無〕給事中劉道亨糾劾貪肆營官言：勇士、四衛二營軍勇八千有奇，馬數百匹，用以護衛輦轂，厥係甚重。因循日久，軍則納班不操，馬多倒死不報，行伍空虛，皆由坐營等官刻削影占于至于此。而武驤左衛，坐營添爵，貪肆特甚，乞賜斥革。不報。

（神宗萬曆實録卷316　第2頁　316.1.5893）

1568　十一月壬辰　　朝鮮國陪臣李晬先等一十九名賫方物表文進慰火灾，賜宴賞如例。

（神宗萬曆實録卷316　第2頁　316.1.5894）

1569　十一月丁酉　　經略邢玠奏報倭賊焚舍棄寨，退守釜山。部議：倭奴進退詭秘，或因冬寒暫示蟄伏，大兵相繼進剿，斯天時人事之宜者，惟是原調川兵馬上馳催，浙兵計將抵關，各省直水兵已起行在途，續調浙、福水兵亦將督發，廣東水陸兵已發行。二月淮揚募〔按：館本募下有獻字〕兵，恐彼處錢粮不敷，儘見兵量給濟用，俟到軍前補給。得旨：倭犯朝鮮，着調四川兵馬，又屢旨催取，如何不到？還着馬上立限，及時進剿，如違通行重究。其浙江等處亦着催促毋誤。

（神宗萬曆實録卷316　第3頁　316.2.5896）

1570　十一月丁酉　　賜安南國差來耆目馮克寬等冠帶，給賞如例。

（神宗萬曆實録卷316　第4頁　316.3.5897）

1571　十一月壬寅　　經略尚書邢玠以倭夷遯據釜山，擬調兵馬十萬于今冬進剿。計來歲用粮八十萬石，以十萬石取辦朝鮮，七十萬石酌派山東、遼東、天津三處。部覆得旨：令督發接濟。

（神宗萬曆實録卷316　第4頁　316.3.5897）

1572　十一月庚戌　　巡視中城御史佴祺言：楊新芳原奏楊兆買置〔按：館本買置作置買，抱本作買置〕在京房屋二十餘所，奉旨封訖。但新芳稱房容民賃住，貨〔按：館本貨上有房内二字，貨下有委字〕寔與楊無于（按:館本于作干，是也）資本皆〔按:館本皆下有係各二字〕商自備，并無揭借情由。伏望皇上俯念衆商無辜，止將原房没〔校記:廣本没作入〕官，其房内貨物准令照舊貿易。不報。

（神宗萬曆實録卷 316　第 6 頁　316.4.5900）

1573　十二月戊辰　順天府府丞劉士忠八疏乞休，許之。

（神宗萬曆實録卷 317　第 3 頁　317.2.5905）

1574　十二月壬申　予原任南京禮部尚書劉斯潔祭葬如例。斯潔昌平人，嘉靖丁未進士，授禮部主事，歷陞南京禮部尚書，萬曆壬午，予告回籍，卒。生平廉正不阿，士論譽之。

（神宗萬曆實録卷 317　第 3 頁　317.2.5906）

1575　十二月乙酉　京師地震。

（神宗萬曆實録卷 317　第 6 頁　317.4.5910）

1576　十二月丙戌　先是，十一月乙卯，經畧邢玠抵王京，議進勦。而所調宣、大、延、浙之兵并至，乃分三協，左李如梅，右李芳春、解生，中高策，並以副總兵分將，令大帥麻貴同經理楊鎬督左右協。自忠州馬嶺向東安，趨慶州，專攻清正。恐行長自釜山來援，令中協兵馬近宜城，東援兩協，西扼援倭。又于三協中摘馬兵千五百與朝鮮合營，由天安、全州、南原而下，大張旗鼓，詐攻順天等處，以牽行長。是月丙子，大會于慶州，探倭屯蔚山，城依山險，中一江通釜山，塞其陸路則由彦陽通釜山。麻帥欲專攻蔚山，恐釜倭由彦陽來援，令中協高策等扼梁山，左協董正誼等赴南原張疑，又遣右協盧繼忠以兵二千屯江口，防水路援。己卯，進攻蔚山，遊擊擺賽以輕騎誘倭入，伏獲級四百，餘倭盡奔島山，于前連築三寨。翌日，遊擊茅國器統浙兵先登，連破之，獲級六百六十一。倭堅壁不出，島山石城新築堅甚，我師仰攻，多損傷。諸將曰：倭艱水道，餉難繼，第圍守之，清正可不戰縛也。乃分兵圍十日夜，倭至嚙紙充飢。先用砲者，砲發輙命中，瞰我師稍怠，佯納降，緩攻，而行長來援。行長亦慮我襲釜營，止選鋭倭三千，虚張幟蔽江上。明年正月三日，經理聞報，卽倉皇夜遁。倭襲二協，棄輜重無算。于是，贊畫主事丁應泰疏刻鎬與如梅黨欺貪懦狀可萬言。上遂罷鎬。是役也，陳寅乘勝登蔚城，援抱鼓之，可滅此朝食，忽鳴金而退。鎬不欲寅功在李如梅上也，故功垂成而復敗。鎬罷後二十年，奴酋難作，復起鎬爲經畧，仍用李如柏爲大帥，而有三路喪師之事，盖鎬與李氏兄弟比，以遼事首尾數十年，卒以破壞故致恨，亡遼者以鎬爲罪魁云。〔校記：抱本此節上有眉批云：此皆玠、鎬飾辭，實大敗於蔚山，死者二萬人〕

（神宗萬曆實録卷 317　第 6 頁　317.5.5911）

萬曆二十六年（1598）

1577　正月乙亥　經畧禦〔按：館本禦作備，廣本、抱本作禦〕倭兵部尚書邢玠題稱：倭奴竊據朝鮮之南海西，聯絡八九百里，隨營所在，艤舟以待。臣等發兵進勦，力圖剪滅，但倭性極〔按：館本極作既，廣本、抱本作極〕狡，用兵最工，倘見吾大勢逼陵〔按：館本陵作臨，廣本、抱本作陵〕力不能支，而以舟師抄入内地，以攻吾所必救，則未雨之防不可不備。今總兵周于德既至旅順，合將前後調集水兵卽令統領，使倭賊果入内地，則相機防勦。如仍據朝鮮，則聽臣調用爲水路夾攻之舉，量撥水兵一枝留守旅順，山東總兵李成勛亦宜統率舟師出汛于長山島，以守登萊之門户，備旅順之應援而並壯朝鮮之聲勢。保定總兵暫領所部移駐天津，以圖内地，且爲旅順、登萊聲援。分布防守庶保萬全。章下兵部。

（神宗萬曆實録卷 318　第 4 頁　318.2.5915）

1578　正月甲辰　大學士趙志皋等言：東征之兵與倭苦戰，克其一城三寨。而清正尚在島山城中堅壁死守，仰攻甚難，援倭四集。臣等日夜憂之，今以本兵樞筦之任付之侍郎李禎〔按：館本禎作植，廣本、抱本作禎，是也〕，本官拘守文義，不諳軍旅，安望其担當大事？其在朝鮮，止倚邢玠、楊鎬二人耳，萬一猝有不虞，誰其代之？隆慶年間，因北邊多事，特添設兵部侍郎二三員以備督撫之選。望皇上俞補各部院堂官，以重朝廷收羅，堪充督撫兵備，親臨戰陣之人分布薊遼，以備緩急，國事幸甚。

（神宗萬曆實録卷 318　第 9 頁　318.7.5926）

1579　正月癸丑　賜朝鮮謝恩陪臣尹維几等各綿衣綿襪，并折段銀兩。

（神宗萬曆實録卷 318　第 11 頁　318.9.5929）

1580　二月庚申　經畧邢玠題：蔚山之役取城破寨，擒斬焚溺大小賊將一百餘人，獲級一千二百有奇，與死于水火圍困者不可勝計。且窘濤酋于島山旬有餘日，至使餐兩（按：館本兩作雨，是也）飲溺，彼窮蹙已極矣，天心稍一厭亂，彼酋亦不知碎首何所。奈何風雨爲士馬久疲，且倭賊水陸之援兵俱至，當此之時，解圍撤兵，養精蓄鋭，再俟我兵全集，另圖剪滅，似未晚也。是役也，奮勇争先者，諸將士之戮力；設伏設誘、用正用奇者，提督麻貴之苦心，然猶全藉撫臣楊鎬親臨行陣，主籌握算，至于冒矢石而不顧，窮日夜而不休，尤人所難者。今以疾乞休，未可聽去。

（神宗萬曆實録卷 319　第 3 頁　319.2.5933）

1581　二月壬戌　南京科道鄭明選、陳烇等糾拾延綏巡撫劉葵、順天府知府田疇冒濫京堂。章俱下部院。

（神宗萬曆實録卷 319　第 4 頁　319.3.5935）

1582　二月甲子　陞順天府府〔按：館本府下無府字〕丞支可大爲右僉都御史。

（神宗萬曆實録卷 319　第 5 頁　319.3.5936）

1583　二月乙丑　陞兵部右侍郎佘立爲左侍郎、協理京營戎政。

（神宗萬曆實録卷 319　第 5 頁　319.3.5936）

1584　三月己丑　大學士張位、沈一貫恭視乾清、坤寧宫工程，賜茶，具謝。

（神宗萬曆實録卷 320　第 2 頁　320.1.5948）

1585　三月壬辰　朝鮮國差陪臣鄭崑壽等進謝恩表文、方物，折宴并給段鈔如例。

（神宗萬曆實録卷 320　第 3 頁　320.2.5950）

1586　三月乙未　科道官交章參論被糾冒濫京堂，順天府〔校記：廣本府下有府字〕尹田疇娓娓奏辨，語多過謝，違例失體，章下部院。

（神宗萬曆實録卷 320　第 3 頁　320.2.5950）

1587　三月庚子　廷試天下中式舉人顧起元等三百人。

（神宗萬曆實録卷 320　第 6 頁　320.5.5955）

1588　三月癸卯　賜趙秉忠等進士及第、出身。

（神宗萬曆實録卷 320　第 7 頁　320.6.5957）

1589　三月丙午　國子監祭酒劉應秋因科道劉道亨論輔臣張位連及，有借勢相門，詐嚇諸司之語，上疏自明，并求罷免。有旨：着照舊供職。

（神宗萬曆實録卷 320　第 7 頁　320.6.5957）

1590　四月丙辰　兵部題稱：征倭之兵水陸共有（按：館本無有字）十（按：館本十作九）萬餘，欽限五月終旬抵朝鮮矣。三帥陸地並馳，已成鼎峙之勢，各營副協亦不乏人，獨水營雖有周于德總之，然協守未備，終非完局。頃取到聽用原任副總兵鄧之龍慣習水戰，宜令戴罪管理順（按：館本順上有旅字）等處水營，副總兵事責選精堅統領出洋，便宜掃穴截糧，扼衝邀擊，與陸互相夾持。其管領水兵遊擊沈茂，未聞〔按:館本未聞作陸飀〕優於水戰，宜改從陸用之所領水兵，即以付之鄧之龍，亦一便也。從之。

（神宗曆萬實録卷 321　第 2 頁　321.1.5964）

1591　四月乙亥　命加封金山黑龍潭龍王廟號爲“護國濟民神應龍王廟”，潭名爲“神應龍潭”，立碑刻文表揚紀述。先是，上謁祭天壽山，回鑾道經金山，見上廟宇傍有泉，名黑龍潭，山形秀異，泉水清奇，駐蹕幸焉。是後，或遇祈雨，遣禱輒應。時上憂旱甚，每夜分宫中秉誠露禱，復遣正一嗣教大真人張國祥赴潭祈禱，旋獲雨澤，四郊沾足，故有是命。賜張國祥玉帶、銀幣以旌祈雨之功。

（神宗萬曆實録卷 321　第 8 頁　321.6.5973）

1592　四月癸未　陞太常寺少卿萬自約爲順天府府尹。

（神宗萬曆實録卷 321　第 10 頁　321.8.5977）

1593　五月甲午　薊遼總督邢玠題：吴廣領水兵屬劉綎節制，陳璘領水兵赴鴨緑江。從之。

（神宗萬曆實録卷 322　第 4 頁　322.3.5983）

1594　五月甲午　陞……連標順天府府丞。

（神宗萬曆實録卷 322　第 4 頁　322.3.5983）

1595　五月甲午　原任順天府府尹聽調田疇以人言引疾乞歸。許之。

（神宗萬曆實録卷 322　第 5 頁　322.3.5984）

1596　五月壬寅　廷試歲貢九百五十一名，選貢四百四十二名。

（神宗萬曆實録卷 322　第 7 頁　322.5.5988）

1597　五月壬寅　以虜衆内附，加密雲兵備陳一簡副使職銜。

（神宗萬曆實録卷 322　第 8 頁　322.6.5989）

1598　五月庚戌　降原任參政許應逵爲昌平道兵備副使。

（神宗萬曆實録卷 322 第 9 頁 322.7.5991）

1599 **六月壬戌** 差兵科給事中徐觀瀾往朝鮮會勘東征功罪。

（神宗萬曆實録卷 323 第 5 頁 323.3.6000）

1600 **七月丁亥** 陞方從哲國子監祭酒。

（神宗萬曆實録卷 324 第 4 頁 324.3.6017）

1601 **七月丁酉** 南城兵馬江榜緝獲私鑄僞錢鍾二等，有旨，着該巡撫勒限拏解至京即訊。

（神宗萬曆實録卷 324 第 5 頁 324.4.6019）

1602 **七月戊戌** 原任祭酒劉應秋引疾乞歸。許之。

（神宗萬曆實録卷 324 第 5 頁 324.4.6019）

1603 **七月丙午** 以國子監司業楊道賓掌南京翰林院印信。

（神宗萬曆實録卷 324 第 8 頁 324.6.6023）

1604 **八月戊午** 禮科給事中項應祥奏申飭禁衛四事，内一議：皇城以内自非商賈貿易可到，合將四門諸色商賈、閑雜人等嚴行驅逐，犯者送法司究治，縱容之人一體參奏〔校記：廣本奏作究〕。庶内地肅清，潛奸屏跡。部覆：有旨，如議行。

（神宗萬曆實録卷 325 第 3 頁 325.2.6030）

1605 **八月庚申** 朝鮮國王李昖奏：大兵既集，撫臣被參，羣情疑阻，事機將失。乞洞察實狀，亟回乾斷，策勵撫鎮以畢征討。上曰：楊鎬等損師辱國，扶同欺蔽，特差科臣查勘，是非自明，不必代辯。

（神宗萬曆實録卷 325 第 4 頁 325.2.6030）

1606 **八月甲子** 朝鮮國差陪臣金尚容等賫表文方物進賀。賞賚如例。

（神宗萬曆實録卷 325 第 5 頁 325.3.6032）

1607 **十月乙卯** 朝鮮國告急，國王李昖奏：自撫臣楊鎬革任西回，軍情懈弛，全慶疑懼。我勢先動，賊焰益張，悖言謾語，無復忌憚，又非前日比。邊書告急朝夕至，目今事勢十分危急，而主管無人，督臣邢玠又尚未到，舉目蒼惶，茫然無依。伏乞委任藎臣赴期征討。上曰：朕已另遣萬世德前去經理，近總督邢玠奏目下分兵三路進兵，刻期攻勦。爾國亦當振飭將士，整備兵糧，協助共期蕩平，毋得專恃天朝，自諉積弱。

（神宗萬曆實録卷 327　第 2 頁　327.1.6052）

1608　**十月癸亥**　大雨雪。喜峰路臺上忽從西北樓内旋風大作，響聲震地，黑風衝天，旗杆倒折，樓内上層有火光。

（神宗萬曆實録卷 327　第 4 頁　327.3.6056）

1609　**十月甲子**　給朝鮮入賀陪臣鄭曄、韓述等各銀布如例。〔按：此條館本在卷三二九，梁本誤入卷三二七〕

（神宗萬曆實録卷 327　第 6 頁　329.2.6084）

1610　**十月甲子**　鑄給老撾軍民宣慰司印。〔按：此條館本在三二九卷，梁本誤入三二七卷〕

（神宗萬曆實録卷 327　第 6 頁　329.2.6084）

1611　**十月丙寅**　倭將清正從朝鮮遁歸，總督邢玠飛騎以報兵部。〔按：此條館本在三二九卷，梁本誤入三二七卷〕

（神宗萬曆實録卷 327　第 6 頁　329.3.6085）

1612　**十月庚午**　以遊擊陳愚聞為薊鎮燕河路參將，涼州副總兵姜河爲神樞右副將。

（神宗萬曆實録卷 327　第 9 頁　327.6.6062）

1613　**十月辛未**　奉安孝安皇后神主于昭陵、神位于奉先殿。是日，上詣慈慶宫行奉請禮，恭選後詣奉先殿行奉安禮。其護行神主遣駙馬侯拱宸，祭告奉安遣都督同知陳承恩各行禮。

（神宗萬曆實録卷 327　第 9 頁　327.6.6062）

1614　**十月乙亥**　詔：畿輔重灾，宜加蠲恤，但大工方興，正需急用，凡進宫錢糧毋得擅議蠲除。

（神宗萬曆實録卷 327　第 10 頁　327.7.6063）

1615　**十月庚辰**　薊遼總督邢玠報：西路總兵劉綎本月初二日

用戰車斫倒木柵，燒毀倭巢六十餘間，殺傷無數，我兵亦有損傷。又報：初三日水陸夾攻，陸兵互有損傷，水兵失利，東路總兵麻貴遣兵襲勦，攻寨燒糧，斬獲首級，奪回鮮人，得獲畜器。又奏：中路將帥輕敵失防，因驚喪師。上曰：東師三路進取方望奏功，如何中路有此失事？明命法令不肅，各將驕恣輕敵所致，若不明正軍法，何時得收蕩平？着兵部從重參究，詳加議處以聞。

（神宗萬曆實録卷 327　第 10 頁　327.7.6064）

1616　十一月壬午朔　先是，倭奴分據三路，聯絡固守，我兵四路齊下，水陸并進。西路行酉（按：館本酉作酋，是也）已在國中，東路亦破其三寨，中路如晉州望晉山，永春、昆陽三四城寨相機〔按：館本機作繼〕而取，而賊之老營〔校記：廣本營作寨〕如泗川，左臂如東陽倉亦一時並焚，止有臨海新寨一壁巢耳。不意諸將輕敵失防，聞〔按：館本聞作因〕驚喪師，倭軍一合馬出皆逃，追奔逐北，所傷實多。是役也，見敵先奔，臨陣四潰，全無將紀，大潰王師者，都司馬呈文、遊擊郝三聘也；號令不嚴，致臨戎失火，施救無策，因而避敵偷生者，步兵彭信古、茅國器、葉邦榮、藍芳威，馬兵部（按：館本部作師，廣本作邵，抱本作部）道立、柴登科、祖承訓；總兵董一元籌倭既無勝算，對壘益多輕率，按法定罪，均無可貰。該總督邢玠分别疏參。詔斬馬呈文、郝三聘以狥，彭信古等充爲事官，董一元革官銜，降府職三級，各戴罪立功。

（神宗萬曆實録卷 328　第 1 頁　328.1.6067）

1617　十一月甲申　隆宗門興工，遣侍郎余繼登、姚繼可祭告。

（神宗萬曆實録卷 328　第 2 頁　328.1.6068）

1618　十一月丁丑　夜四更，京師地震。（按：此條館本入卷三二五）

（神宗萬曆實録卷 328　第 8 頁　325.5.6036）

1619　**十一月己卯**　兵部題，加朝鮮經理萬世德一品服。從之。（按：此條館本入卷三二五）

（神宗萬曆實録卷 328　第 9 頁　325.6.6037）

1620　**十二月丙子**　先是，南海錦山悍倭自二十九日戰敗之後，愈匿愈深，挑誘不出，各賊慮我兵窮搜，渡遁乙山，川盤踞崖，深路險地，錦山尤甚。總兵陳璘親督所部于初十日夜領兵潛包圍岩洞，偃旗息鼓，天漸黎明，乃發銃砲，倭奴驚震，擁衆衝登凌〔按：館本凌作後，廣本、抱本作凌，疑誤〕山，以高臨下，爲負嵎之勢。官兵奮勇仰攻，斬級十顆，賊向深箐潛逃，至了口屯札。官兵分道扼塞，十一日再進，奮戰良久，賊大敗，奔北。璘乘勝蹙之，擒斬九十餘名顆，復督兵爬搜，無一餘孽。計璘自七月至今首功一千一百餘顆。

（神宗萬曆實録卷 329　第 4 頁　329.5.6090）

1621　**十二月庚辰**　兵部覆總督邢玠餘倭蕩平報。上曰：覽奏朝鮮南海餘倭悉皆蕩絕，東征始收完局，此乃皇天助順，俾朕得行誅暴之義，與（按：館本與作興）繼絕〔按：館本無絕字〕之仁，連年東顧之懷，朕方慰釋。邢玠先賞銀一百兩，大紅紵絲蟒衣一襲，萬世德賞銀八十兩，大紅紵絲飛魚一襲，文武將士功次，着〔校記：廣本着上有卽字〕上緊叙來。念其遠征久勞，許其從寬擬叙，咸使沾被慶典。

（神宗萬曆實録卷 329　第 7 頁　329.7.6094）

萬曆二十七年（1599）

1622　**正月戊子**　兵部覆：經署邢玠塘報：前露梁洋之戰，生擒倭將一名，詭稱石曼子部下，兹譯審，係関白心腹大總帥平正成，乞改正，以彰示四夷。從之。

（神宗萬曆實録卷 330　第 1 頁　330.1.6095）

1623　正月丙午　兵部贊畫主事丁應泰疏論總督邢玠等賂倭賣國，尚書蕭大亨與科道張輔之、姚文慰等陰謀欺國。又言朝鮮陰結日本。援海東記與争洲〔校記：廣本洲作州，誤〕事爲証，語多不根。上寢其奏不下。

（神宗萬曆實録卷 330　第 10 頁　330.8.6109）

1624　二月辛亥朔　國子監祭酒方從哲、順天府府尹萬自約等先後各自陳乞罷，俱不允。

（神宗萬曆實録卷 331　第 2 頁　331.1.6113）

1625　二月辛亥　朝鮮監軍御史陳效奏辨東事，上命科臣一併勘報。

（神宗萬曆實録卷 331　第 2 頁　331.1.6113）

1626　二月壬子　朝鮮王李昖奏辨丁應泰疏，大略謂……。上命兵部會廷臣着議以聞。

（神宗萬曆實録卷 331　第 2 頁　331.1.6114）

1627　二月丁巳　順天巡撫李頤自陳乞罷，不允。

（神宗萬曆實録卷 331　第 4 頁　331.3.6117）

1628　二月戊午　兵部集廷臣會議東事，皆言朝鮮世篤忠貞，無背國通倭之理，乞免行查勘，仍畨勑諭以安其心。

（神宗萬曆實録卷 331　第 4 頁　331.3.6117）

1629　二月庚申　慈慶宫修理興工，遣工部尚書楊一魁祭告后土司工〔按：館本無司工二字，廣本土下有司土二字，疑誤〕之神。

（神宗萬曆實録卷 331　第 6 頁　331.4.6120）

1630　二月己巳　吏科給事中陳維春疏論丁應泰黨倭誤國，乞亟處以安軍情。先是，平秀吉死，子幼國亂，清正等焚營遁歸，我兵乘其後，頗有斬獲，因大張功伐。乃應泰疏以賂倭詆諸將，維春又以黨倭詆應泰。嘻亦甚矣。

（神宗萬曆實録卷 331　第 10 頁　331.8.6127）

1631　二月辛未　以災傷蠲順天、永平二府所屬州縣屯衛節年逋粮，仍以輕重徵本折有差。其災重地方〔按：館本災重地方作地方災重〕户口命有司發廩量賑，以示朝廷軫念窮黎至意。

（神宗萬曆實録卷 331　第 10 頁　331.8.6128）

1632　二月甲戌　命皇莊地土、果樹、煤窰俱歸上林苑監管、徵收，欺隱者坐之。從御馬監〔按：館本無馬下監字〕太監張隆之請也。

（神宗萬曆實録卷 331　第 12 頁　331.10.6131）

1633　三月庚辰　命内官王忠帶徵密雲税課，張燁帶徵蘆溝橋税課，從百户柳勝秋、劉思忠之請也。

（神宗萬曆實録卷 332　第 1 頁　332.1.6137）

1634　三月戊午〔按:館本午作子,是也〕　户部奏請裁省各監所取索，以軫邦計。不從。時各監前後索金已逾二萬七千三百兩，後以兩宫將成，供應天燈等項索金三千二百四十余兩、銀三千九百十七兩。上皆令户部如數辦進。

（神宗萬曆實録卷 332　第 6 頁　335.5.6146）

1635　三月癸巳　遵化縣天鼓鳴。西北一星光如皎月，流至東北方散。

（神宗萬曆實録卷 332　第 7 頁　332.6.6147）

1636　三月乙未　命征倭總兵麻貴、陳璘、董一元俱撤回聽用；李承勛以原官提督南北水陸官兵，充防海禦倭總兵官，往朝鮮任事；周于德調鎮守山東備倭總兵官。

（神宗萬曆實録卷 332　第 8 頁　332.6.6148）

1637　四月甲寅　奪京營參將王福壽俸，俾戴罪緝捕越獄盜。

（神宗萬曆實録卷 333　第 3 頁　333.2.6157）

1638　四月丙辰　是月……畿輔災。

（神宗萬曆實録卷 333　第 3 頁　332.2.6157）

1639　四月己巳　密雲税監王忠與張煒争税，上命會同撫按官設定疆界，勒限具奏。

（神宗萬曆實録卷 333　第 6 頁　333.5.6163）

1640　四月甲戌　上御午門樓，受總督邢玠等所獻倭俘六十一人，付所司正法，百官致詞賀。

（神宗萬曆實録卷 333　第 9 頁　333.7.6168）

1641　四月戊寅　晚刻〔校記:廣本晚刻作曉刻〕雨，太廟槐樹雷火。巡視兵科給事中桂有根以聞，并請修省以答天變。上曰：上天仁愛，示儆，朕心深切惕然。遣官祭告及修省事宜，着禮部擇日具儀來行。

（神宗萬曆實録卷 333　第 11 頁　333.8.6170）

1642　閏四月己卯朔　户部發銀十四萬，委官分給東征將士，别發年例鹽課銀餉宣大及天津水兵。

（神宗萬曆實録卷 334　第 1 頁　334.1.6173）

1643　閏四月己卯朔　户部覆：天津巡撫汪應蛟條議兵食疏，議將朝鮮戍兵諸餉分派于遼東、山東等處并天津地方，而〔按：館本無而字，抱本有而字〕登旅天津戍兵諸餉分派于山東及順、永等〔按:館本無等字，廣本、抱本有等字〕八府。酌定數額及期輸運，俟秋成後，察島氛情形，兵馬去留另行區處停止。詔如議行之〔按：館本無行之二字，廣本、抱本有行之〕。

（神宗萬曆實録卷 334　第 1 頁　334.1.6173）

1644　閏四月庚辰　盗發西山宫女墳。守墳内官張玉，命司禮監逮治之。

（神宗萬曆實録卷 334　第 3 頁　334.2.6176）

1645　閏四月癸巳　薊鎮報修邊垣甄别將領功罪，李光先、沈燦等紀録調罰各有差。

（神宗萬曆實録卷 334　第 11 頁　334.9.6189）

1646　閏四月甲午　以久旱祭告南郊、北郊、社稷、山川、風雲雷雨、黑龍潭。命公徐文璧，侯陳良弼、郭大誠，伯王學禮，駙馬侯拱宸，真人張國祥各行禮。

（神宗萬曆萬録卷 334　第 11 頁　334.9.6189）

1647　閏四月壬寅　以雨澤霑足，告謝南郊、北郊、社稷、山川及風雲雷雨、黑龍潭之神，遣公徐文璧，侯陳良弼、郭大誠，伯王學禮，駙馬侯拱宸，真人張國祥等各行禮。

（神宗萬曆實録卷 334　第 17 頁　334.13.6198）

1648　五月壬戌　禦倭經略邢玠條陳東征善後事宜十事。

（神宗萬曆實録卷 335　第 7 頁　335.6.6211）

1649　六月戊寅朔　兵部言：近日東師返旅，先後入關，沿途俱稱安静。惟川中土漢等兵，營聚通州日夜擊鬭紛擾，以竢總兵劉綎爲詞。及查劉綎已久入關，乃沿途尚爾緩進，合無嚴催速來，隨營宣諭，督率前發。如營官果有扣剋，宜從公處分，以服其心。倘得各兵要挾，仍申行軍令，毋得逗遛觀望。

（神宗萬曆實録卷 336　第 1 頁　336.1.6221）

1650　六月丁亥　詔薊鎮防春客兵撤還休息，其主南兵分布信地，以防不虞。

（神宗萬曆實録卷 336　第 6 頁　336.5.6229）

1651　六月丁亥　命内官王虎兼理真、保、薊、永礦務。

（神宗萬曆實録卷 336　第 6 頁　336.5.6229）

1652　六月戊戌　遣禮部尚書余繼登往金山，爲香山公主卜葬地。

（神宗萬曆實録卷 336　第 9 頁　336.7.6234）

1653　六月辛丑　陞薊鎮遊擊牛伯英為石門參將，京營遊擊陳寅爲南直隸鎮江參將，調山西參將譚經爲神樞營參將。

（神宗萬曆實録卷 336　第 11 頁　336.8.6236）

1654　七月壬子　司禮監楊宗〔按：館本宗作宇，抱本、廣本作宗〕會同禮部尚書余繼登等爲香山公主卜地于洪達嶺，命擇日興工。

（神宗萬曆實録卷 337　第 2 頁　337.2.6241）

1655　七月甲寅　戶部題：據順天府回稱，大珠并青鴉骨等物嚴比各商無處尋覔。今將見買價值會同巡視科道估明列欵開坐具題，伏乞聖明念庫貯已竭，大加裁節。

（神宗萬曆實録卷 337　第 4 頁　337.3.6243）

1656　八月癸未　禮部覆：勘科楊應文題勘過蕩平釜山倭寇，四路共擒斬倭酋二千二百二〔按：館本百下二作八，廣本作一，〕十八人（按：館本人作名顆），請擇日宣捷，祭郊廟。從之。

乙酉　以平倭宣捷祭告郊廟，遣公徐文璧等各行禮。

（神宗萬曆實録卷 338　第 5 頁　338.3.6262）

1657　八月壬辰　朝鮮國王李昖獻方物以助大工。上嘉其忠順，賚銀一百兩、大紅紵絲蟒衣一襲，降勑奬之。陪臣等給賞如例。

（神宗萬曆實録卷 338　第 10 頁　338.7.6270）

1658　九月甲寅　戶部進大珠、龍涎香，命內庫驗收。仍以大珠不堪退出及未進香，諭令精求速辦，毋誤典禮。

（神宗萬曆實録卷 339　第 8 頁　339.6.6288）

1659　九月戊午　以京（按：館本京作畿）輔災，蠲起運京邊折銀，命有司多方設法賑救，從戶部請也。

（神宗萬曆實録卷 339　第 11 頁　339.9.6293）

1660　十月丁丑　復除原任順天府丞連煙〔按：館本煙作標，廣本、抱本作煙〕爲太僕寺少卿。

（神宗萬曆實録卷 340　第 2 頁　340.1.6306）

1661　十月己卯　經理朝鮮萬世德請留朝鮮戍兵八千，以三裨將統之，併留同知一員紀功司餉，鎮撫道臣以次撤回。兵部覆言：經理之設，原爲救援，朝鮮事未竟，而諸臣遽欲議歸，留守諸將漫無統攝，是字小不卒也。臣愚以為撫鎮道臣宜暫留彼中，相機調度，俟春汛畢，再議留撤。倘以兵寡力微，即將未撤副總兵〔按：館本總下無兵字〕張榜部下四千餘名、李承勛標兵三千六百餘名均留助戍。詔如議。

（神宗萬曆實録卷 340　第 2 頁　340.1.6306）

1662　十月己卯　　陞四川左布政使程誼正〔按：館本作程正誼〕爲順天府尹。

（神宗萬曆實録卷 340　第 2 頁　340.2.6307）

1663　十月戊子　　朝鮮國王李昖請留水兵八千員名以資戍守，其餘〔按：館本無其下餘字〕撤回官軍乞駐劄遼陽，有警听調。上命督撫會議以聞。

（神宗萬曆實録卷 340　第 6 頁　340.5.6313）

1664　十月庚寅　　户部言：頃朝鮮戍兵給餉，除本色錢粮聽該國自行供億外，其折色銀兩查有義州等倉見貯剩支米豆二千餘萬石，乞以此抵月餉。從之。

（神宗萬曆實録卷 340　第 6 頁　340.5.6313）

1665　十月丙申　　盜刼刑部簡校熊履初于漷縣舟中，殺傷家屬二十餘人。兵部以聞，并參知縣李如祥、守備劉諫等，乞嚴令戴罪捕盜。漷縣去京僅八十里。

（神宗萬曆實録卷 340　第 8 頁　340.6.6316）

1666　十月壬寅　　葬香山公主，遣禮部侍郎周國祚題主，户部侍郎張養蒙奉安享殿。

（神宗萬曆實録卷 340　第 8 頁　340.6.6316）

1667　十一月己酉　　發通州倉三千石賑三河及興營、神武等三衛飢民。

（神宗萬曆實録卷 341　第 4 頁　341.3.6325）

1668　十一月辛酉　　有盜入内閣，竊先師孔子神前供器及兩房衣被襍物，勑有司捕盜。

（神宗萬曆實録卷 341　第 5 頁　341.4.6327）

1669 十一月庚午 兵部覆協理京營王世揚條議戎政十事。一曰推用營官宜公。營官馭操之後，總協科道僉同會選，品其年資，課其技藝，序其荐剡，分爲三等，名曰公選。材官簿具册送部，遇缺循次推陞，不得濫用。科道官〔按：館本無官字〕年終小閱，并復命舉劾，不必另行。二曰選鋒查捕宜精。選鋒有單粮、雙粮，總之不過一萬四千餘人。既名選鋒，豈容老弱混入？調閱之時，查有年衰技劣者量行汰補，一人卽得一人之用。三曰存操訓練宜實。京營操規，寅集辰散，徒爲故事。議于開操之日遞留一司訓練，將官身親程督，不得委轉他人，而賞罰之規斟酌于常操之例，分别舉行，以昭勸懲。四曰歇操短點宜密。向時短點甚疎，又姦軍逃閃不到，幾于無兵。議自今短點，無論日之雙單，每自一營分定日期，官軍選鋒兼搭赴點，不到者嚴查究處。五曰選鋒火器宜收。京營選鋒，向止弓箭而不及火器，不知火器重于弓箭。議于戰車十營之選，五百日加行粮，統以六司七司把總，每季開操犒賞量加給以示優異。其行粮乞照先任協臣題歲加三千七百五十石。六曰新增戰車宜裁。神機八營、神樞九營原任城守之兵，後改爲車營。今此車強半毁壞而城守乏人，議將戰車裁去，各兵仍舊城守，月多挽軍行粮一千二百石，亦卽住支，以省冗費。七曰軍馬更調宜禁。營軍原有定佐而姦軍營調作弊，馬軍營有定司而軍馬隔别各伍，規避影射，莫可究詰，所當禁者也。八日勳官入營宜擇。勳官入營教習必勳爵及應襲，非謂概及于疎族，載在令甲，明旨昭然。乃今入營者多係疏遠蔓支，無識白丁，一經入營，占用軍伴馬匹，非令甲所以育養勳臣世冑之意也。宜一遵明旨，非勳爵應襲，不得混入，以爲營伍之蠹。九曰將官體恤宜周。各營將官向有隨任親丁，宜查各營缺伍頂補，以二名充一丁之餉。又各官養贍應行户部倣邊將例一體均給，以示一視同仁之意。十曰把總淹滯宜振。各營把總官俸薄，年終舉薦百不二三〔校記：廣本二三作一二〕，而部推寥寥。多年淹滯，人不知勸，今後勞著薦多者量爲推用，以鼓舞人心。詔如議。

（神宗萬曆實録卷 341　第 8 頁　341.6.6332）

1670　十一月壬申　內府火延燒尚寶司印綬監、工部廊，至銀作局山牆而止。詔推失火者，逮印綬監右監丞王進及工部委官黃以德等法司治之，降掌印太監崔卿三級。

（神宗萬曆實録卷 341　第 10 頁　341.8.6335）

1671　十一月癸酉　以畿輔災，發天津、德州、臨清倉共三十萬石，以十萬賑貸，而以二十萬平糶，仍行順天撫按嚴行道府督率州縣廉明正官多方設賑，務使民沾寔惠。事竣，從公舉劾。從〔按：館本無從字〕户部覆順天撫按之請也。

（神宗萬曆實録卷 341　第 10 頁　341.8.6335）

1672　十二月丙子　有盜竊昜內承運庫祐國殿玄帝金像，逮治進內趙進忠等，勑有司捕鹽（按：館本鹽作盜）。

（神宗萬曆實録卷 342　第 1 頁　342.1.6337）

1673　十二月戊寅　順天巡撫李頤奏：留昌平兵備許應逵復任。疏下吏部。

（神宗萬曆實録卷 342　第 2 頁　342.1.6338）

1674　十二月甲申　琉球中山王世子尚寧表進方物，謝恩請封。命進收。

（神宗萬曆實録卷 342　第 5 頁　342.2.6343）

1675　十二月戊子　畿輔災，流民就食京師，命順天府及五城兵馬設法賑之。

（神宗萬曆實録卷 342　第 6 頁　342.4.6344）

1676　十二月己丑　國子監祭酒方從哲引疾乞歸，許之。

（神宗萬曆實録卷 342　第 6 頁　342.5.6345）

1677　十二月癸巳　户部題：會給（按：館本給上無會字）京營將官養贍及增火器選鋒等。如協臣王世揚議。

（神宗萬曆實録卷 342　第 8 頁　342.6.6348）

萬曆二十八年（1600）

1678 正月戊午 户部題：勘過順天府屬水澇災重〔按：館本災重作蟲災，廣本作重災，抱本作災重〕，乞照勘實分數酌量蠲緩折徵倉穀賑恤。上從之。

（神宗萬曆實録卷 343 第 8 頁 343.6.6365）

1679 正月癸酉 上（按：館本命上無上）命侍郎朱〔按：館本朱作宋〕國祚宴待琉球國進貢陪臣鄭道等。

（神宗萬曆實録卷 343 第 16 頁 343.12.6378）

1680 二月丁丑 禮部言：琉球世奉外藩，忠順不失，累朝遣使渡海受封，俱伐木〔按:館本木作水，廣本、抱本作木，是也〕造船，動經數載，使者蹈波濤之險，屬國苦供億之煩。議于省城頒詔，陪臣領封歸國，令中山王世子尚寧奏請襲封，宜如原任巡撫李〔按:館本李作許，抱本作李，誤〕孚遠題據先臣鄭曉領封之議。但查往例，襲封必取有該國結狀，合行福建撫按，照例取其該國王舅法司等官印結與世子奏本齊到，以便具題差官頒封，聽陪臣面領〔按：館本領作頒，廣本、抱本作領，是也〕其諭祭〔按：館本祭作癸，誤〕前王及勅封新王皮弁、冠服、彩幣等件，一照成憲，以示〔按：館本示作寓〕寵渥，不必遣官越海，徒滋煩擾。奉旨：琉球世子尚寧請封，具見恭順，但該有通國印結及世子特具表文方見敬重天朝，行與他知。其差官一節，陪臣即來敦請，着選〔按:館本無選字，廣本、抱本有選字，是也〕慣海廉勇武臣一員，同請封使臣前往行禮，不必採木造船，亦不許多帶人役，以滋煩費，騷擾彼國，有失朝廷柔遠至意。

（神宗萬曆實録卷 344 第 6 頁 344.4.6388）

1681 二月戊寅 午時地動，起自東北之艮方來，往西南行，日連動者二〔按：館本連上無日字，動下無者字。廣本二作三〕次。

（神宗萬曆實録卷 344　第 6 頁　344.5.6389）

1682　二月乙酉　工部尚書楊一魁上言：乾清宫窗檻及壓磚板不應減低，所以遵往憲而重省城。不報。

（神宗萬曆實録卷 344　第 14 頁　344.12.6403）

1683　二月丁亥　禮部題：據欽天監揭稱，本月初四日戊寅午時京師地震，是日也，正值祭告〔按：館本祭告作告祭〕社稷之期，變不虚生。因極言中使横恣，上信任特過，言之至切。不報。

（神宗萬曆實録卷 344　第 15 頁　344.12.6404）

1684　二月癸巳　工部奏請脩舊庫，其餘添改接續舉行，庶錢粮稍易措置。清河閣東舊庫及膳房脩補添盖係緊用處所，難以停止，不許糜費遷〔按：館本遷作遲〕延，其翔鳳樓基工程，稍〔按：館本稍作少〕俟有次第接續改〔按：館本改作蓋〕造，監察科道皇城巡視官兼管，不必另差。

（神宗萬曆實録卷 344　第 19 頁　344.16.6411）

1685　三月壬子　工部尚書楊一魁題：查着景陵僅插補桃梅〔按：館本梅作櫝〕所需不過〔按：館本過作數〕千數上下，而内官監揭開物料數内〔按：館本内作目〕納費二萬有奇，夫匠〔按：館本匠作匿〕工食之費尤不與爲〔校記：爲應作焉〕，卽庾盈帑羡義且不可，況工役繁興帑藏空〔按：館本空作罄〕竭之時乎？乞從裁省，以杜虚冒。上從之。

（神宗萬曆實録卷 345　第 6 頁　345.5.6425）

1686　三月丙辰　朝鮮國王差陪臣李好問〔按：館本問作閔〕等十五員齎表文方物進謝前賜蟒衣金物〔按：館本金物作白金〕并送回該國漂流人口，各如例宴賞。

（神宗萬曆實録卷 345　第 7 頁　345.6.6427）

1687　三月庚申　南城清和閣修理興工，祭告后土司工之神，命侍郎趙可懷行禮。

（神宗萬曆實録卷 345　第 9 頁　345.7.6429）

1688　三月辛酉　先是，户部題：税務二兩以下盡數收錢，二兩以上銀錢各半，原爲疏通錢法，急濟邊餉。提督保和二店内官張隆題春〔按：館本春作本，廣本、抱本作春，疑誤〕店轉收修造〔按：館本修造作條船〕銀兩係充聖母宫用，解錢未便，乞宣課司條船仍舊徵銀。上從之。

（神宗萬曆實録卷 345　第 10 頁　345.8.6431）

1689　三月丙寅　順天府府〔按：館本府下無府字〕丞喬璧星言：京師民窮〔按：館本窮作穹〕財盡，新法朘削難堪，乞停免牙税。因内官張燁稱奇異珍寶、晴緑金玉等項，京城内外當舖則例課銀徵收務足，故極言之。不報。

（神宗萬曆實録卷 345　第 14 頁　345.11.6438）

1690　四月庚辰　以王承武補黄崖關提調，高應節調冷口関，王建中補李家谷関守備，茹日彰補榆樹嶺関提調，俱以體統行事。

（神宗萬曆實録卷 346　第 4 頁　346.3.6447）

1691　四月辛巳　以寫篆成造香山公主神主壙詩文賜閣臣銀幣、鈔錠有差。

（神宗萬曆實録卷 346　第 4 頁　346.3.6447）

1692　四月辛巳　刑科右給事中陳維春〔按：館本春作眷，下同〕以内臣李禄估〔按：館本禄估作祐禄〕計修葺景陵物料太濫，乞賜裁減，以杜侵冒。上不報。先是，維春在工科同往勘視，故言〔按：館本言上有力字〕之。

（神宗萬曆實録卷 346　第 4 頁　346.3.6447）

1693　四月丁亥　户部題……又題：朝鮮王李昖上言：小邦喪敗之餘，民不聊生，乞將義州等倉遺下豆米免其折〔按：館本折作抵〕銀搭放，并運回遼陽，仍存留多處以備不虞，有事可以協濟軍餉，無事可以賑活遺氓等情。爲照前項米豆而以天津、遼東、山東運輸義州費實不貲，然時方興師，舟車〔按：館本舟車作舟東，廣本、抱本作舟車，是也〕脚力尚易顧覓，今復議運遼陽，相距二千餘里，寥闊荒凉，飛輓無從，虜騎出没，防護尤艱。況議有警，復運朝鮮，往回虧耗，且計脚價，于糴買何止四倍？莫若經付朝鮮，從今海氛寧靖〔按：館本海氛寧靖作海氣寧静〕，則賑彼殘喘，用昭天朝浩蕩之仁。如倭釁復〔按：館本復作後，廣本、抱本作復〕萌，卽充天朝協助之餉，本不内需則我之捐此不爲虚糜，彼中得此，可濟緩急，以視運遼煩費徑庭矣。上從之。

（神宗萬曆實録卷 346　第 7 頁　346.5.6452）

1694　四月庚寅　兵科給事中桂有根題：總督邢玠欲于立夏前後撤朝鮮兵，復乞勅下會議。……奉旨：遼邊連年用兵，原爲藩籬當守，倭既難保不來，朝鮮力未振，遽爾撤兵，孰防後患？這本還着一併會議來説。

（神宗萬曆實録卷 346　第 9 頁　346.7.6455）

1695　四月壬辰　户科都給事中李應策題：少監張燁請催取宛、大二縣所屬及户部等衙門珍寶、睛緑金玉等項，牙商與京城内外當舖卯曆，遂查姓名，照原題每兩三分則例坐派銀一萬五千兩，委官輪管徵收。臣于西長安門見各牙數百爲群，號哭攔訴：某〔按:館本某作其〕等無産無力，經紀度日，一夫晨出〔按，館本一夫晨出作一大辰出，誤〕，合室待暮歸而食，設有他故，竟日不舉火矣。身無完衣，安得〔按:館本得作能〕措處一萬五千，活逼坑殺數千生命等語。臣且悲且懼，竊思徵銀一萬五千，必須各牙歲得五六〔按:館本五下無六字〕十萬金，設不及此，一萬五千于何足取？四遠〔按：館本四遠作四海之遠〕尚謂小民疾苦未盡睹聞，近地災傷日奏月聞，民間見畿輔若此而不少寬，安望〔按：館本望上有所字，廣本、抱本無所字，下同，是也〕于遐荒？祲沴若此而〔按:館本而作卽〕不少寬，安望于豐稔？將盡喪其樂生之心而泠〔按：館本泠作令，誤〕其効死之志矣。乞令張燁停割牙税，置〔按：館本置作致，廣本、抱本作置，是也〕劉大倫于理，以正誣奏欺誑之罪。

（神宗萬曆實録卷 346　第 10 頁　346.8.6457）

1696　四月壬辰　　尚寶司火，禮部請補造所毁牙牌。上從之。

（神宗萬曆實録卷 346　第 10 頁　346.8.6458）

1697　五月甲辰　　兵部題朝鮮戍兵留撤事宜，命下九卿科道會議。

（神宗萬曆實録卷 347　第 3 頁　347.2.6470）

1698　五月戊申　　朝鮮國王李昖奏：獲發還被虜人口稱，倭俟天兵撤盡大舉進搶，乞留水兵三千防守之，以鎮人心，以懾（按：館本情上有賊字）情。該國〔按：館本無該國二字〕願辦本色粮餉，因極陳彫弊之形。上下部議之。

（神宗萬曆實録卷 347　第 6 頁　347.5.6476）

1699　五月丁巳　　工部題：酌窰務以定職掌，琉璃、黑窰二廠乞註主事一員，兼管三年考滿交代。上從之。

（神宗萬曆實録卷 347　第 8 頁　347.7.6479）

1700　五月戊午　　斬僞造御寳犯人陳大詔于市。

（神宗萬曆實録卷 347　第 8 頁　347.7.6479）

1701　六月丁亥　　大學士沈一貫題：蒙聖諭琉璃河橋坍塌，聖母欽降銀一萬兩并内帑積餘及各處進助銀兩。令内官監太監何紅前去修造，可傳該部選委勤慎司官同董其事，務要工堅費省〔按：館本費省作省費〕，作速完成。一應工費不得科〔按：館本科作材，誤〕擾小民。臣焚香開讀訖，即傳示該部遵行。

（神宗萬曆實録卷 348　第 8 頁　348.6.6500）

1702　六月辛卯　　閣臣沈一貫題：久旱酷熱，諸穀焦枯，疫痢〔按：館本痢作癘，廣本、抱本作痢〕流行。乞勅撫臣〔按：館本撫臣作府臣〕竭誠祈禱并令張真人醮龍行雨。謹擬聖諭一道恭進，伏惟裁定施行。

（神宗萬曆實録卷 348　第 12 頁　348.9.6506）

1703　六月壬辰　　工部題：修造琉璃河橋，欽降銀兩，應發涿州貯庫以備支放。本部主事胡瓚精壯勤慎，堪以管理。上從之。命差去内外官上緊督率〔按：館本率作卒，誤〕修建，不許延挨冒費及科擾地方。

（神宗萬曆實録卷 348　第 12 頁　348.10.6507）

1704　六月丁酉　　順天府府丞徐申引疾乞休，上不允。

（神宗萬曆實録卷 348　第 13 頁　348.11.6509）

1705　六月丁酉　　户科給事中李應策以畿輔荒疫，乞垂寬恤，弛額外之徵。上不允。

（神宗萬曆實録卷 348　第 13 頁　348.11.6509）

1706　七月戊申　　景陵殿宇興工，遣侍郎姚繼可祭后土司工之神，并告移章皇帝及章皇后神位。

（神宗萬曆實録卷 349　第 7 頁　349.6.6525）

1707　八月丙寅　　選貢監生周廷旦等奏乞量時增廣制額，以弘聖化。禮部覆：北監增十五名，南監增五名。允之。

（神宗萬曆實録卷 349　第 22 頁　349.18. 6550）

1708　八月辛未　　慈慶宫工成，遣工部侍郎姚繼可祭〔按：館本謝上無祭字〕謝后土司工之神。

（神宗萬曆實録卷 350　第 2 頁　350.2.6555）

1709　八月甲戌　　以順天府鄉試，命右春坊右庶子兼翰林院侍讀楊道賓、翰林院編修顧天峻〔按：館本峻作埈，抱本作峻，誤〕爲考試官。

（神宗萬曆實録卷 350　第 4 頁　350.3.6557）

1710　八月癸巳　　修理龍鳳等舟并橋梁、博岸、亭軒、船塢等項，命皇城巡視科道官監察工程。

（神宗萬曆實録卷 350　第 8 頁　350.6.6564）

1711 八月癸巳 工部題：琉璃河橋年久坍塌，蒙皇上特發帑金一萬兩及各處進助銀兩，差官上緊修建。但此時内工浩繁，庫藏空虚，難以〔按：館本難以作輙，抱本作難以，是也〕措辦。擬先將坍塌三空亟行修建，以濟時艱。其餘候錢粮完日，以漸修理。允之。

（神宗萬曆實録卷 350 第 8 頁 350.6.6564）

1712 八月丁酉 朝鮮陪臣李先覺等十九員以萬壽聖節，赴京進賀，宴賞如例。

（神宗萬曆實録卷 350 第 9 頁 350.7.6566）

1713 八月戊戌 西北方有聲如雷。

（神宗萬曆實録卷 350 第 10 頁 350.8.6567）

1714 九月庚戌 兵部覆：經撫朝鮮邢玠、萬世德倭奴解送華人疏言，用間之法兵家不廢，下海之禁令甲甚嚴。毛國科自稱宣諭初無文憑，既解至閩，應聽審明真偽，酌議功罪。仍如經臣言，備訊海外情形，明白具〔按：館本具作其，廣本、抱本作具，是也〕奏。奸商高光國等航海牟利〔按：館本牟利作年例，抱本作牟利，是也〕，宜從重究，以懲生事。允之。

（神宗萬曆實録卷 351 第 6 頁 351.5.6577）

1715 九月丙寅 以琉璃河懸木安石，遣督工部臣祭告后土司工之神。

（神宗萬曆實録卷 351 第 10 頁 351.8.6583）

1716 十月丁亥 以修理景陵、裕陵祾恩殿祭告并捧請宣宗皇帝神位，遣侍郎姚繼可行禮。

（神宗萬曆實録卷 352 第 8 頁 352.6.6597）

1717 十月己丑 朝鮮國陪臣辛慶晉〔校記：廣本、抱本晉作普〕等十五名入京奏事，宴賞如例。

（神宗萬曆實録卷 352 第 8 頁 352.6.6598）

1718 十一月己酉 朝鮮國陪臣朴承宗等入賀長至，賜衣幣賓鑼如例。

（神宗萬曆實録卷 353　第 3 頁　353.2.6614）

1719　十一月甲寅　兵部覆：朝鮮請留南兵，併給折餉，言其枝辭蔓語，難以盡憑，應行經撫兩臣或會該國或測倭勢，酌議撤留。數言而決，毋得再持兩可，使其責望無已，去留難定。允之。

（神宗萬曆實録卷 353　第 4 頁　353.3.6615）

1720　十二月甲戌　天津税監馬堂奏：遠夷利瑪竇所貢方物暨隨身行李譯審已明，封記題知。上令方物解進，瑪竇伴送入京，仍下部譯審具奏。

（神宗萬曆實録卷 354　第 1 頁　354.1.6619）

1721　十二月丙子　寶鈔局火，輔臣沈一貫具疏奉慰。

（神宗萬曆實録卷 354　第 2 頁　354.1.6620）

萬曆二十九年（1601）

1722　正月戊午　以光禄寺卿孫瑋爲順天府府尹。

（神宗萬曆實録卷 355　第 4 頁　355.2.6640）

1723　正月　是月天津税監馬堂進銀内庫新增鹽課銀凡六千五百餘兩，租税銀六萬五千餘兩，助琉璃橋工銀五百兩。

通灣税監張燁進銀内庫税銀八百七十五兩。

（神宗萬曆實録卷 355　第 4 頁　355.4.6644）

1724　二月庚午朔　天津河御用監少監馬堂解進大西洋利瑪竇進貢土物併行李。禮部題：《會典》止有〔按：館本有下有西洋國及四字，廣本、抱本無西洋國及四字，據《會典》應作瑣里國及〕西洋瑣里國，而無大西洋，其真僞不可知。又，寄住二十年方行進貢，則與遠方慕義〔按:館本義下有特字，抱本删特字〕來（按:

館本琛上有獻字）琛者不同。且其所貢天主、天主母圖，既屬不經，而隨身行李有神僊骨等物，夫既稱神僊，自能飛昇，安得有骨？則唐韓愈所謂凶穢之餘，不宜令入宮禁者也。況此等〔按：館本無等字，廣本、抱本有等，是也〕方物未經臣部譯驗，徑行賚給，則該監混進〔按：館本該下無監字，混下無進字〕之非與臣等溺職之罪，俱有不容辭者。又既奉旨送部，乃不赴〔校記：廣本赴作送〕部譯而私寓僧舍，臣等不知其何意也。但查各貢〔按：館本無貢字〕夷必有回賜，貢使必有宴賞。利瑪竇以久住之夷，自行貢獻，雖從無此例，而其跋涉之勞，芹曝之念似宜加賞賚，以慰遠人。乞比照暹羅國存留廣東有進貢者賞例，〔按：館本量上有仍字〕量給所進行李價值，并照例給與利瑪竇冠帶回還，勿令潛住兩京與內監交往，以致別生枝節。不報。

（神宗萬曆實録卷356　第1頁　356.1.6647）

1725　二月壬申　戶部覆：巡視光祿給事中田大益等疏催本寺上〔按：館本上作止，誤〕供錢粮及每年白粮〔按：館本粮作米〕，照漕運〔按：館本無運字〕規則十二月以〔按：館本無以字〕內起運，六月到京，聽漕運官督催。

（神宗萬曆實録卷356　第3頁　356.2.6649）

1726　二月戊寅　京師地震。

（神宗萬曆實録卷356　第4頁　356.3.6652）

1727　二月甲申　命經理朝鮮右副都御史萬世德回院供職。

（神宗萬曆實録卷356　第6頁　354.4.6654）

1728　二月辛卯　兵部覆奏經略督撫官邢玠、萬世德條陳朝鮮善後事宜。

（神宗萬曆實録卷356　第8頁　356.5.6658）

1729　二月壬辰　保定等處火災，燒毀房屋人口無算。

（神宗萬曆實録卷356　第10頁　356.7.6660）

1730　三月癸丑　策試禮部中式舉人許獬等。

（神宗萬曆實録卷 357　第 5 頁　357.4.6671）

1731　三月乙卯　賜天下貢士張以誠、王衡、曾可前等三百名及第、出身有差。是日，上不御殿，傳臚如常儀。衡，大學士錫爵之子也。

（神宗萬曆實録卷 357　第 6 頁　357.5.6673）

1732　三月　是月通灣税監張燁進銀内庫，贖罪銀八百九十餘兩，年例税租銀九千五百餘兩。

（神宗萬曆實録卷 357　第 7 頁　357.7.6678）

1733　四月己卯　大學士沈一貫以久旱不雨，連日怪風昏〔按：館本昏作陰〕霾，熱審已近，乞命三法司及鎮撫司犯人〔校記：廣本無犯人二字〕會審。不報。

（神宗萬曆實録卷 358　第 3 頁　358.2.6681）

1734　五月己亥　以畿輔大旱，遣公徐文璧等祭告天地、社〔按：館本無社字〕稷等壇。

（神宗萬曆實録卷 359　第 1 頁　359.1.6701）

1735　五月甲辰　御苑龍舟災。龍舟新成，置之金海亭，亭午火起，頃刻而燼。工部尚書楊一魁等言：陛下久疎明廷，厭居禁内，耽樂之事日聞于外，西築之土木頻興，龍舟之增造無已。方今國本未建，朝政未張，上有可罷不罷之苛歛，下有思亂必亂之囂民。離宮别院，所在一新，蕭鼓樓舡，晝夜未〔按：館本未作不〕息。樂不可極，欲不可縱也。不報，

（神宗萬曆實録卷 359　第 3 頁　359.2.6704）

1736　五月戊申　命以天津倉見貯米分賑保、真二府，元、魏等縣見貯粮分賑廣、順二府。未盡的着該撫按便宜處置。仍飭地方大小官員協心共救，毋分彼此。怠玩貪肆者不時劾來重處。從户部〔按：館本部下有之字〕請也。

（神宗萬曆實録卷 359　第 8 頁　359.6.6711）

1737　六月辛未　命發臨清等倉（按：館本倉下有粟字）〔按：

廣本粟作米〕十二萬石賑順天等府，仍命道府有司上緊奉行，如有虛冒怠緩，參來從重處治。從户部之請也。

（神宗萬曆實録卷360 第2頁 360.2.6721）

1738 六月甲戌 直隸巡按安〔按：館本安作李，廣本、抱本作安〕文璧請減魚葦等税額〔按：館本額作銀〕，以甦〔按：館本甦作蘇〕畿内。先是，畿内額税銀〔按：館本税下無銀字〕七萬，又加魚葦税銀四萬。税監王虎罔利取盈，魚船葦場之外税及賣葦箔及賣魚處，所在〔按：館本無在字〕無魚葦，則派落地之税，算及果園菜畦，以至窨井。上知其困民，命歸并張燁、馬堂，而虎管礦務，民若更生，然順天等七府所派二萬之數實無所出，燁移文督催甚急，故文璧疏乞蠲免，萬不得已，則請減一萬。不報。

（神宗萬曆實録卷360 第4頁 360.3.6723）

1739 六月乙亥 以畿輔大雨，遣公徐文璧等致謝南地郊等壇廟。

（神宗萬曆實録卷360 第4頁 360.3.6723）

1740 六月甲申 命紫荆、馬水軍士月餉每歲給本色三月，豆一月，仍以所發臨德〔校記：廣本德作清〕倉粮分賑。時巡按御史于永清巡視邊關，至馬水口公署，二守卒餓甚，割山澗死人肉，且炙且啖。永清聞其臭，搜而得之，爲之流涕〔校記：廣本涕作淚〕，遂以上聞。故有是命。

（神宗萬曆實録卷360 第5頁 360.4.6725）

1741 六月乙未 新築大内乾德殿臺，高八丈一尺，廣十七丈。御史林道楠董其工。三十年四月，道楠上言：宰臣不與聞，司空不奉旨，天語僅銜于内侍，考卜維憑于〔按：館本維作惟，無于字〕臺官，禁中何地，不宜有此高臺。白虎軒昂，堪輿最以爲忌。矧三殿兩宫高不過一十二丈，今臺高八丈一尺，加以殿宇，又復數丈，其勢反出宫殿之上。屈指其〔按：館本其作興〕工，將及一年，日役夫匠二千餘人，班軍二千餘人，内外管工諸臣朝暮督率，不遑起居，僅高一千三尺耳，以八丈一尺總數計之，雖再加以三年，尚未可就緒也。而蓋造數殿宇之工，又不知經幾月日，木石磚瓦、畚插締搆等費，非二百萬金不可。皇上不問有無，止責諸管工内臣，内臣無計措辦，必索之〔按：館本之作諸〕工部之庫藏。工之竣也，其何日之有？不報。

（神宗萬曆實録卷 360　第 8 頁　360.6.6730）

1742　七月辛丑　兵部覆奏職方司主事聶雲翰條陳三事：一曰核軍額：……皇城四門軍七千六百八十二名，正陽門〔校記：廣本門作等，是也〕十六門軍餘頭班共二千六百七十名，二班共二千六百五十六名；巡捕募軍〔按：館本軍作兵，廣本捕下有營字，兵作軍〕一萬一千名；三大團營之軍舊制分隸各衛所，原有定額，查《大明會典》内款開嘉靖一〔按:館本一作二〕十九年更定營名之後益以募兵四萬人，此祖制之〔按:館本之下有額字〕規畫也。合行……。一曰輪操守：……查得騰驤〔按：館本驤下有左字，抱本無，會典有〕等四衛見在食粮官軍共一萬八千四百五十六員名，勇士共五千七百八名；皇城四門正陽等十六門各有額數，及查《大明會典》内款開騰驤等四衛軍勇嘉靖初時定額數爲五千四百三名，除隨駕擺列例用五千三百三十名，其餘以備逃亡事故之數。

（神宗萬曆實録卷 361　第 3 頁　361.2.6736）

1743　七月丙午　禮部覆〔按：館本覆作復，廣本、抱本作覆〕題：利瑪竇涉遠貢琛，乃其一念芹曝。臣等議擬賞賜之外，量給所進行李價值併給冠帯回還，盖亦參酌事理，上聽裁奪，迄今候命不下者五閲月矣，毋怪乎本夷之鬱病而思歸也。察其情詞懇切，真有不願上方錫予，惟欲山棲野逸之意，譬諸禽鹿久羈，愈思長林豐草，人情固然委宜體念。乞准所請頒給遣回江西等處，聽其深山邃谷寄跡怡老，下達遠人物外之蹤，上彰聖明〔按：館本明作朝，廣本、抱本作明〕柔遠之政。不報。

（神宗萬曆實録卷 361　第 5 頁　361.4.6740）

1744　七月丙辰　宴琉球國進貢使臣蔡奎等十四員，侍郎朱國禎待〔校記：廣本脱待以上二十字〕。

（神宗萬曆實録卷 361　第 9 頁　361.8.6748）

1745　七月己未　朝鮮國差陪臣鄭先續〔按：館本續作績〕等二十四員進賀平播并謝留粮賑飢，宴賞如例。

（神宗萬曆實録卷 361　第 9 頁　361.8.6748）

1746　八月癸酉　朝鮮國差陪臣趙珽〔按：館本珽作挺，廣本、抱本作斑〕等二十二員進賀萬壽聖節，并進貢，准折宴賜給絹紗〔校記：廣本紗作鈔〕。以該國倭平不許買焰硝回國。

（神宗萬曆實録卷 362　第 3 頁　362.2.6755）

1747　八月己卯　是日，大光明東配殿災。

（神宗萬曆實録卷 362　第 4 頁　362.3.6757）

1748　九月己亥　朝鮮國王李昖奏請命冕服。禮部覆：朝鮮世篤忠貞、須（按：館本須作頃，是也）遭倭寇，皇朝所頒誥命冕服因變淪失，今據奏請補給相應俯從。報可。

（神宗萬曆實録卷 363　第 3 頁　363.2.6767）

1749　九月己酉　禮部覆：琉球僻處東〔按：館本東作西，廣本、抱本作東，是也〕南，世修職貢，時當承襲，累遭倭警，延逗至今，既經世子尚寧奏請，相應准封，其該用皮弁、冠服、紵絲等項，宜照例應付遣官，已奉明旨。但據其陳乞請詞，援引《會典》，必以文臣爲請，惟聖明裁定。奉旨：尚寧准襲封琉球國中山王，既遣官懇請，着照舊差文官去。

（神宗萬曆實録卷 363　第 5 頁　363.4.6772）

1750　九月丙辰　以畿輔灾荒，暫蠲保、河、真、順、廣五府本年秋季本折馬匹。

（神宗萬曆實録卷 363　第 8 頁　363.6.6776）

1751　九月癸亥　革整飭懷隆兵備按察使馮〔按：館本馮作馬〕

崇謙職爲民。時天壽山失火，上以陵寢近山，深切憂惶，命嚴查起火根因及各官疏縱失事情罪。總督梅國禎、巡撫彭國光皆請提問後障參將張光（按：館本光作充）〔校記：廣本充作允〕實，罰治東路參將張國柱，而免究崇謙。上怒，故有是命。

（神宗萬曆實録卷 363　第 11 頁　363.9.6781）

1752　十月乙丑　陞右庶子楊道賓爲國子監祭酒，起國子監祭酒成憲爲南京國子監祭酒。

（神宗萬曆實録卷 364　第 2 頁　364.1.6783）

1753　十月丙寅　陞順天府府尹孫瑋爲太常寺卿。

（神宗萬曆實録卷 364　第 2 頁　364.1.6784）

1754　十月己卯　册立皇長子爲皇太子，册封皇三子福王、皇五子瑞王、皇六子惠王、皇七子桂王。先一日，遣公朱應槐、侯陳應詔、駙馬侯拱宸、伯楊世階祭告天地、宗廟、社稷。是日卯時，上御文華殿傳制，命公徐文璧，侯陳良弼、常胤緒、徐文煒，伯王學禮持節充正使；尚書李戴、陳蕖、田樂、蕭大亨、楊一魁、王世揚，都御史温純，侍郎曾朝節、敖文禎、張養蒙捧册寶充副使，册皇太子。

（神宗萬曆實録卷 364　第 4 頁　364.5.6791）

1755　十月甲寅　獻陵神宫監右監丞姜朝用以果户劉進舉拖欠獻貢御果，并參昌平知州田廓（按：館本廓下有得旨田廓四字，是也）降一級用，劉進舉等下鎮撫司究問。

（神宗萬曆實録卷 364　第 12 頁　364.12.6805）

1756　十一月辛丑　朝鮮國差陪臣柳根等二十二員慶賀冬至，附奏倭情。與陪臣應〔按：館本應下爲給賞賜并准收買焰硝二千，弓面二百對，年例牛角八十對，給車輛運送交割。抱本錯簡〕。

（神宗萬曆實録卷 365　第 5 頁　365.3.6822）

1757　十一月辛丑　命凍阻京通船粮二十四萬有零，陸運入通倉〔按：館本倉下無給以下十二字〕，給十二月分軍粮，于明歲新運補給京倉。從總督倉場侍郎趙世卿議也。

（神宗萬曆實録卷 365　第 5 頁　365.4.6823）

1758　十一月己酉　命兵科給事中洪祖〔按：館本無祖字，廣本、抱本有〕、行人王士禎册封琉球國王。先是，琉球國王尚永薨，世子尚寧奏請襲爵，仍援據《會典》，請以文臣册封。〔校記：廣本既上有上字〕既許之矣，浙江巡撫劉元霖報獲夷舡，係琉球差探封貢〔按：館本庚作工〕，聲言（按：館本言作信）其中雜真倭數人，衣笠刀仗皆係倭物。會同館譯問長史蔡奎，奎不能辨也。禮部言：海上聲息未知有無册使之遣，関國體甚重，行止遲速一惟聖截（按：館本截作裁，是也）。上以盤獲夷舡聲息未定，待該國盾（按：館本盾作質，是也）審回奏。海上寧息，方命渡海行禮。

（神宗萬曆實録卷 365　第 6 頁　365.5.6826）

1759　十一月辛亥　禮部以册立禮成，遣翰林院官并給事中一員往朝鮮開讀。修撰顧天埈（按：館本埈作峻）充正使，其副使以科臣員少着行人去。

（神宗萬曆實録卷 365　第 8 頁　365.6.6828）

1760　十一月庚辰　是冬無雪，命順天府祈禱（按：此條館本列于卷三六六）。

（神宗萬曆實録卷 365　第 16 頁　366.10.6860）

1761　十二月甲子朔　朝鮮國王李昖奏：對馬島倭求款。先是，朝鮮人俞進得自日本脱歸，言倭酋平秀吉將死，令其將家康領東北三十三州，輝元領西南三十三州，協輔其幼子秀賴。倭將景勝據關東以叛，家康悉兵往擊。景勝、輝元與行長等諸將入大坂城合兵拒家康，家康攻破輝元，盡誅行長等諸將。倭國内亂，付（按：館本付作對）馬島主平義智及其將平調信悉遣降人還朝鮮，遣書乞和，且陽言家康將進（按：館本進作運）糧千〔按:館本千作十〕八萬石爲軍興費，以脅朝鮮……兵部言:

倭與朝鮮款事，未可懸斷，總督萬世德須熟知倭情，職在經略，宜令酌議以聞。從之。

（神宗萬曆實録卷 366　第 1 頁　366.1.6841）

1762　十二月壬辰　　户部奏進慈慶〔按：館本慶下有等字〕宫子粒銀二萬七千八十七兩，乾清等宫子粒銀二萬四千五百兩。

（神宗萬曆實録卷 366　第 12 頁　366.12.6864）

萬曆三十年（1602）

1763　正月己未　　命福王暫于武英殿西廂房講讀。先是，有旨修造福王書堂。工部以親王講讀之所原在皇極門前西廡歸極門之北，屬内地工程，具疏請旨未下，至是再請（按：館本請作議，抱本作請，是也）。故有是命。

（神宗萬曆實録卷 367　第 4 頁　367.3.6869）

1764　正月辛酉　　户部覆署順天府事治中舒體震議編審二事。一、以合縣流寓當雜差，凡有室家生産手藝人丁，分遣正佐等官挨門實填流寓總簿，分别上中下〔按：館本上中下作中下上〕九則，下下則每丁納銀一錢，每一則加一錢，至上上九錢止，促足各項雜差，如丁不敷差每則量加二三分，以足其數。此簿一立，則官止按簿徵銀編帖，而無勾攝審僉之繁；流寓止于辦納定則銀兩，而免里胥索詐之害。若住經三十年外情願入籍者聽與實在人户一體，歲給工食，視〔按：館本視作總〕其勞逸以爲多寡。如明智、安仁、北薪、西城等各庫稱，工食每名有編銀至十五兩，中府三草廠并外馬房鄭家等莊各草廠脚夫每名編銀至十二兩，原屬過多，今十五兩者量減三兩，十二兩者量減二兩，似爲適中。自後悉依減定銀數編給，著爲定例。詔如議行。

（神宗萬曆實録卷 367　第 4 頁　367.3.6869）

1765 **二月丁卯** 罷國學納貢例，從祭酒郭正域議也。

（神宗萬曆實録卷 368 第 3 頁 368.2.6878）

1766 **二月甲申** 乾清、坤寧宮興工，輔臣沈一貫恭視，賜茶，每月爲常。

（神宗萬曆實録卷 368 第 8 頁 368.6.6886）

1767 **閏二月乙未** 户部覆：倉場右侍郎趙世卿議，漕糧有正兑有改兑，正兑者解入京倉，改兑者解入通倉，比因兩倉歲有定額，而改兑數少，往往撥正兑以補之。顧臣思之，地有重輕，勢有緩急，使京師而足也，何憂於彈丸之一州？即通州而足也，何濟于都城之緩急？况京營官軍赴通關支，遠道守候，又苦担負，往往以米易錢，半值而歸。是有一石之名而無半石之實。萬一事變搶攘，枵腹待食，乃令擐甲執戈之夫索米于數十里外，往返而後炊之，不亦難乎？宜自今始，不拘三七、四六之例，將漕糧正兑盡入京倉，以俟三數年間京庾稍裕，乃仍改撥通倉，以補改兑之不足。至灾折糧銀，所以折漕糧，非折九邊之軍餉也。有一石之折，則有一石之銀，有一石之銀，則抵京軍一月之米，何乃頻年以來一概溷支，以致銀米兩空，捉襟露肘。宜自今伊始，凡屬省直〔按:館本省直作直省，廣本、抱本作省直〕徵收折銀解部之日，另收貯一處，專備春秋兩季放給官軍折色，仍咨行各撫按，非大灾祲不許擅請改折，嚴督有司依期徵兑。如此數年，先京後通，而兩倉積貯可漸充裕矣。詔然之。

（神宗萬曆實録卷 369 第 2 頁 369.1.6898）

1768 **閏二月丙申** 五軍九營遊擊李登、勇士營坐營童鐘革任，神樞八營參將傅良橋改調南用。從京營御史劾也。

（神宗萬曆實録卷 369 第 5 頁 369.3.6902）

1769 **閏二月壬寅** 許墻子嶺關提調朱崇道病辭回衛，以武清鎮撫杜蓬春陞署指揮僉事代之。

（神宗萬曆實録卷 369 第 6 頁 369.5.6905）

1770　閏二月壬寅　工科署科事給事中胡忻等疏請竣兩宫工程，其他大高玄殿、昭和、景仁等工及諸花園、果園、亭、軒、臺、榭等役皆屬不急，一切報罷。專蓄財力急救陵灃之患，預積門殿之儲。不報。

（神宗萬曆實録卷 369　第 6 頁　369.5.6905）

1771　閏二月癸卯　命司禮監太監田義同閲視京營，從兵部以例請也。

（神宗萬曆實録卷 369　第 6 頁　369.5.6905）

1772　閏二月乙卯　禮科都給事中張問達疏劾李贄，壯歲爲官，晚年削髮，近又刻《藏書》、《焚書》、《卓吾大德》等書，流行海内，惑亂人心，……尤可恨者，寄居麻城，肆行不簡，……近聞贄且移至通州。通州離都下僅四十里，倘一入都門，招致蠱惑，又爲麻城之續。望勑禮部，檄行通州地方官，將李贄解發原籍治罪，仍檄行兩畿各省，將贄刊行〔校記：廣本將下有李字，行作刻〕諸書并搜簡其家未刊者，盡行燒燬，毋令貽亂于後，世道幸甚。得旨：李贄敢猖亂道，惑世誣民，便令廠衛五城嚴拿治罪。其書籍已刊、未刊者，令所在官司盡搜燒燬，不許存留。如有徒黨曲庇私藏，該科及各有司所參奏來並治罪。已而，贄逮至，懼罪不食，死。

（神宗萬曆實録卷 369　第 14 頁　369.11.6917）

1773　閏二月庚申　朝鮮國王李昖遣陪臣成泳等二十一員齎表進方物馬匹，賀皇太子正位東宫，各賚綵緞衣服靴襪。

（神宗萬曆實録卷 369　第 16 頁　369.13.6921）

1774　三月癸酉　倭奴之兩遣橘〔校記:廣本橘作橋〕智正脅欵于朝鮮也，總督萬世德有不遇對馬一島請（按：館本島下請字作尋）盟請成，非関日本復仇雪耻之議。兵科給事中孫善繼駁之，言：此實疇昔之故智，固不可以區區一島之倭而易視者。設中國以此緩朝鮮，朝鮮復以此自緩，恐互相推諉〔按：館本諉作委〕，坐失事機，其究必至于兩誤。宜責成該國自謀自強，勿得藉口請裁往返瀆奏。今沿海地方天津以至閩廣，綿亘萬有餘里，彼何處不可犯我，何一之可恃？所應先事戒備，以外警門庭内護堂奥。兵部覆議：在朝鮮，惟當計講欵之可不可，而不當計中國之許不許；惟當（按：館本無惟當二字）在中國惟當問防海之備不備，而不當問朝鮮之欵不欵。請移文沿海各省直撫鎮司道等官，時時訓練兵舡，修繕險隘，整頓器械，興復屯餉及鄰近防汛地。無事則會哨分防，有事則合艅協勦。仍倣各邊甄別之法，每遇雨汛完日，聽撫按分別舉刺以憑陟黜，及行經略衙門轉行朝鮮國王，鼓舞將吏，誓守封疆，毋得自諉積衰，徒長戎心。詔嘉納之。

（神宗萬曆實録卷 370　第 8 頁　370.6.6933）

1775　三月甲申　陞……通政司左通政許弘綱爲順天府府尹，陝西道御史周盤爲順天府府丞。

（神宗萬曆實録卷 370　第 11 頁　370.9.6940）

1776　三月辛卯　命輔臣撰述琉璃河橋碑文。

（神宗萬曆實録卷 370　第 15 頁　370.12.6945）

1777　四月辛丑　蠲、賑順天、永平二府被灾州縣衛所有差。

（神宗萬曆實録卷 371　第 3 頁　371.2.6949）

1718　四月癸卯　倭國王清正將被虜人王寅興等八十七名授以船隻，資以米豆，并倭書二封，與通事王天祐送還中國。天祐，原莆田人，少而被虜，久住倭國，娶妻生子女二〔校記：廣本二作三〕人。原無歸國之意。來書復類華字跡，果否出自清正，皆不可曉。福建巡撫以其事聞，下兵部，覆議：閩海首當日本之衝，而奸宄時搆内訌之釁。自朝鮮發難挫衄而歸，圖逞之志未嘗一日忘。今跡近恭順而其情實難憑信，與其過而信，寧過而防之。除通事王天祐行該省撫按逕自處分，王寅興等聽發原籍安插及將倭書送内閣兵科備照外，請移文福建巡撫衙門亟整搠舟師，保固内地，仍嚴督將士偵探，不容疎懈。上然之。

（神宗萬曆實録卷 371 第 5 頁 371.4.6953）

1779 四月己未 京師大雨雹。

（神宗萬曆實録卷 371 第 15 頁 371.12.6970）

1780 四月辛酉 兵部覆：順天撫按言，灤州〔按：馆本灤州作灣州，誤〕、三河、豐潤、昌黎、樂亭、保定、大城等縣叠罹灾傷，諸未完站銀乞賜寬宥。令俱在今歲六月内通完接濟驛遞支用，宜姑從此議。如過限不完，臣等仍行參處，以懲怠玩。詔是之。曰：近來各衙門泛濫題差，騷擾太甚，通令省併以寬民力。

（神宗萬曆實録卷 371 第 16 頁 371.13.6971）

1781 六月戊申 倭送回被虜盧朝宗等五十三名，并縛南賊王仁等四名。福建撫按以聞，下兵部，覆議：島夷送回被虜至再，今且解南賊四名，跡似恭順矣。但夷性最狡，往往以與爲取，則今日之通款，安知非曩日之狡謀？委當加意隄備，以防叵测。除盧朝宗等發回原籍安插外，請將王仁等卽行處決，仍申飭將吏訓練兵舡，嚴防内地密差的當員役還爲偵探。諸凡海防兵食等項，悉心計處，期保萬全，毋致誤事。報可。

（神宗萬曆實録卷 373 第 14 頁 372.11.7009）

1782 六月庚戌 户部尚書趙世卿言：國家歲進金花百萬，此定額也。自萬曆六年歲增買辦銀二十萬兩，計今二十五年，進過銀數幾至五百餘萬，皆太倉分外之增。行之一歲猶曰權宜，行之累年竟成漏巵。皇上初年，太倉稍有羸餘，偶金花後至，則先借羸餘補之。年來太倉如洗，一當恭進，遂將補解之金花亦爲節次之用矣。斯竭之所由來也。前隙未塞，後進忽臨，事窮勢蹙，遂將濟邊之軍餉那爲上供之用矣，斯竭之所繇甚也。故在往歲猶曰區處甚艱、那移非策耳。今縱欲區處，將以何項處之？縱欲那移，將以何物那之？九邊之士枵腹告急，額内之支調尚難，額外之嚴催又至，每念及兹，臣（按：館本臣下有顏字）欲焦，臣心欲碎。夫泄者尾閭，積者懸罄，外庫之虛何如〔按：館本無如下十六字〕鑄山權市輦至紛紜，内府之實何如，而益以其虛求濟其實，臣所未解。既云買辦，則珠寶不宜責之外廷；既買珠寶，則買辦銀不應收之内庫。既收其銀〔按：館本無既收其銀四字〕，又徵其物，臣所未解也。時勢至此，可憫可哀。乞暫將前項銀兩姑行停止，仍候軍餉少充別行凑補，一轉移間，而民生國計、邊餉軍需胥有賴矣。

得旨：太倉空虛，邊餉告急，卿部苦迫，朕豈不知，但各官進賜賞賚費用不貲，每年季進銀兩内庫撙節，支用尚且缺乏。令遵旨照數催解進用，待稍剩積自然停止，

（神宗萬曆實録卷 373 第 15 頁 373.12.7011）

1783 六月丁巳 京師霪雨壞民房。刑科給事中楊應文奏：監房倒塌，壓傷二十餘犯，請勅下法司，鞫〔按：館本鞫作鞫，廣本、抱本作鞫，是也〕其情有可矜者釋放，以普好生。不報。

（神宗萬曆實録卷 373 第 18 頁 373.15.7017）

1784 七月壬戌 雲南巡撫陳用賓疏：緬醜阿瓦結連木邦等夷，擁衆十餘萬，直犯蠻莫。其執辭因〔按：館本因作曰，抱本作因〕開採使令我殺思正以通道路。彼時邊疆將吏奉臣令聲正酋罪，使阿瓦無他，當如檄捲甲回，瓦乃留兵據守蠻莫，何爲哉？若蠻莫地失，必無三宣，無騰永，全滇之禍當自開寶井啓之。夫司戎兵者，唯邊疆是問，賊入必〔按：館本必作欲，廣本作必〕擊；司採買者，惟寶石是問，賊入不欲擊，其勢必至掣肘，掣肘不已，壅弛備，緬騎長驅，卽有智勇何能爲謀？以採買之虛名，賈邊疆之實禍，臣知陛下不爲也。伏望發乾斷，罷寶井採買之役，使邊疆將吏得一意講求戰守，庶西南猶可保全矣。不報。

（神宗萬曆實録卷 374 第 2 頁 374.1.7020）

1785 七月庚午 工部尚書姚繼可〔按：館本繼可作可繼，誤〕言：乾德殿工程重大，財用浩繁。頃接内監陳永壽所奏止用銀五

萬兩，催募夫匠，設處木植、顔料等項，再不干臣部，錢糧包工刻限報完，誠爲省速。臣部雖至窘迫，亦應勉從所請。第請解銀赴監買辦，似不必本部出給實收，但取城磚一百萬，破磚量工取用，及灰三千萬斤，乃係自外運送。必須科道與本部司官同爲驗政（按：館本政作收），又恐事不歸一，宜將灰三千萬斤，折價銀三萬兩，搬運城磚脚價銀六千兩，并前銀五萬兩，共銀八萬六千兩。庫内見無積貯，俱容六（按：館本六作陸）續設處解赴該監，聽其自募，買辦完工及量工用破甎，亦聽該監或軍或夫自行運用。既稱不復干預臣部，其原請司官二員似亦不必差委，庶内監得以自便，工役可速報竣。臣部又得專心經理各工而庶務不誤矣。上然之。

（神宗萬曆實録卷 374　第 6 頁　374.5.7027）

1786　七月己卯　朝鮮國差陪臣鄭賜湖、趙庭芝等各賫表箋方物謝。頒册立、册封詔書，綵幣文錦及送還該國人口，折宴給賞如例。

（神宗萬曆實録卷 374　第 10 頁　374.8.7033）

1787　八月丙申　朝鮮國王李昖遣陪臣盛以門等十八員名賫箋馬匹、方物進賀皇太子千秋節，令折宴〔按：館本宴作晏〕，賞給段〔按：館本段下有絹布二字〕疋衣服。

（神宗萬曆實録卷 375　第 3 頁　375.2.7044）

1788　八月辛丑　朝鮮國王李昖遣陪臣李廷馨二十員賫表文禮物進賀萬壽聖節及上端皇太后徽號，准陳設進收，并給雙賞。

（神宗萬曆實録卷 375　第 4 頁　375.3.7046）

1789　八月癸丑　以奉先殿西川堂等處興工，命侍郎敖文禎祭告后土司工之神。

（神宗萬曆實録卷 375　第 6 頁　375.5.7049）

1790　九月己未　發太僕寺馬價二萬六千二百有奇于薊、昌二鎮，連前議留永平府馬價等銀共足三十年秋季至三十一年夏季額。

（神宗萬曆實録卷 376　第 2 頁　376.1.7060）

1791　九月壬午　應天蘇松地方南匯獲夷男婦尼失繇弗多等五十七名，浙江獲夷婦烏多十郎、烏石賣多三口，同時以聞。兵部覆：海外情形茫乎莫測，苟涉疑似，不厭致詳，蓋多命所關，外夷觀望，誠當慎重也。南匯所獲各夷，譯審三變其説，雖情僞不可盡知，而貌服動履實類琉球，且身無寸刃，駢首就擒。浙省所獲夷婦夷船同在一時，供吐相類。應俱填給勘合，應付口糧、脚力，差官押送福建巡撫衙門，責令慣熟琉球音語通事詳加譯審，果係該國〔按:館本國作旦〕人民，別無他故，遇有便船，轉令順帶回國交割。如其中有隱情或係姦細，應否作何區處，不妨詳譯據實奏請定奪。上可之。

（神宗萬曆實録卷 376　第 12 頁　376.9.7076）

1792　九月戊子　改遣〔按:館本無遣字〕兵科右給事中夏子陽代洪瞻祖册封琉球，以瞻祖聞艱歸也。

（神宗萬曆實録卷 376　第 13 頁　376.10.7078）

1793　十月丙（按:館本丙作甲，是也）**午**　宴琉球國進貢使臣鄭逅等十二名，命尚書曾節待。

（神宗萬曆實録卷 377　第 3 頁　377.2.7081）

1794　十月丙申　工科給事中白瑜等言:乾清、坤寧等工與永壽殿外橋山左門同完，餘修飾則銀作局承運庫及經管内監司之，惟候旨下拱聽而竣事耳，伏乞勅下報完，不致稽延，令各衙門共成盛事。時工部亦以工完卜吉告成請，并不報。

（神宗萬曆實録卷 377　第 3 頁　377.2.7082）

1795　十一月辛酉　雲南巡按宋興祖疏：臣自入滇，聞蠻莫宣撫同知思化之子思正素勇悍，戕各夷以殘隴川，挑動木邦阿瓦連諸夷，兵逼蠻莫，思正不敵，驅象携家奔騰越以求援。阿瓦木邦大兵尾之，歷三宣越諸関，直抵黄連関而陣，距騰越三十里許，境内大震。副使漆文昌、參將孔憲卿慮州城不保，給思正殺之，我兵取其首，令阿瓦取一膊，此一時濟變萬不得已之計。顧臣心竊有憂者，蠻莫當緬水陸之衝，有蠻莫則外蔽三宣，内障騰永，遠通六慰，一旦授之阿瓦，六慰皆失，三宣任轢〔校記：廣本轢作鑠〕，卒有蠢動，征調何及？昔年思化衆義處治，撫臣陳用賓特未容，留以捍〔按：館本捍作悍，廣本、抱本作捍，是也〕緬，尋以征緬功授土同知。思化歿而思正内屬仍舊，今〔按：館本今作令，廣本、抱本作今，是也〕急而不救則已，且殺之，凡爲屬夷將必生心，曰内附不保首領、土地，而附緬得安全。是我連各夷之交，長其敵讐也。臣聞洞酋有猛力者兵强，與思正善，出兵殘木邦以牽其内顧，而阿瓦木邦遂疾去，以保巢穴。倘思正三日不殺，阿瓦亦去，我有救屬夷之名，而思正重德，我因内禦外，忍不殫力？矧思正部下强兵二、三萬，足當一面，此事大類殺悉怛謀不無可惜。大率緬夷連兵壓境，勢甚阽危，有地方之責者謂何愛一酋不以保全境，倉卒籌畫，惟是殺思正可救緩急，臣何敢以事後議。非但臣聞阿擄金沙江修造船隻，且欲殺洞吾猛，乃修往年同天朝殺緬之怨，滇無兵救，又蠻莫既阻，無路可□（按：館本□作通）。倘所併諸夷盡服緬，而爲緬用，是緬昔在數千里外，今與我錯壤而居，得無煩備禦者，昔止一緬，今諸夷皆緬，而我只一滇省，强弱殊途。以無險、無兵、無法、無食、無蔽之滇，當諸夷連合勾〔按：館本勾作横，抱本作勾〕結之勢，一或蠢動，則禍中門庭而騰永危。又順義係緬路後衝，新城兵弱，酋或由此問道，而蒙化大理危。爲滇南計，惟有豫裕兵食，急杜釁孽兩端而已。環滇皆土司，有事率調土司兵，以夷攻夷也，調之非行糧不行，既行非日糧不養。滇在萬里外，奏請必半年乃達。一有緩急，待請餉而後調兵，勢已不可爲。臣謂：滇之礦税悉宜盡扣留滇中以備兵食，倘緬酋數年帖服不動，前項礦税當如數解進，以備上供耳。臣聞阿瓦追思正時聲言奉上司命來，説者指買寶石參將吴顯忠也。顯忠久准回籍，奉有明旨〔按：館本作久奉明旨，准回籍，抱本作久准回籍，奉有明旨〕，税使楊榮縻留役使，往阿瓦開寶井。顯忠實以厚利，餌夷人而爲之换寶石，寶井在緬服中，遠數千里，夷有以爲利，又豈待中國税使而後開？卒啓殺屬夷拆藩籬之禍，棄内附土地人民而使緬與我比鄰剥膚，皇上神聖，思此役可停否？且寶石是蠢然石塊，媮一時觀玩，無益天下國家。開寶井與保邊疆孰得孰失？故臣願停開採罷征而急杜釁孽也。伏望皇上速降明詔，取回楊榮。勑下：預計兵食，防于未然，滇南庶幾〔按：館本幾下有無患二字〕。不報。

（神宗萬曆實録卷 378　第 5 頁　378.3.7108）

1796　十一月乙亥　朝鮮國王李昖奏：倭使之來至再至三，觀該國之虚實，天兵之去留，陰假送還人口，潛行擄掠，且要協和款，漸露兵端，請選委知倭水將一員，領兵數百，督同該國訓練修防。詔：該國請將〔按：館本將下有請字，廣本、抱本無〕兵人數不多，有何難發。惟前此曾遣將在彼教習，至今始還，成法具在，宜益加意修演，以圖自强。所請兵將不必再遣。

（神宗萬曆實録卷 378　第 13 頁　378.10.7121）

1797　十一月乙卯　宴朝鮮遣賀冬至、貢種馬陪臣金（按：館本金下有勁字）等三十六員，命尚書曾朝節待。

（神宗萬曆實録卷 378　第 13 頁　378.10.7122）

1798　十二月戊子朔　朝鮮國王〔按：館本無王字〕差陪臣李宛（按：館本宛作光）庭等進獻方物、馬匹，請給新妃李氏誥命、冕服，仍附奏備倭水將官兵。

（神宗萬曆實録卷 379　第 1 頁　379.1.7127）

1799　十二月辛丑　皇帝勅諭朝鮮國王李昖：王以倭使數至脇言興兵，奏遣調以壯聲勢。朕覽之揚（按：館本揚作愓）然，詔宜體悉。但遣將一員，調兵數百，以戰則寡，以守則弱，亦何濟之有？惟爾恭順有年，世稱藩服，向既再動師旅，哀存式微，豈忍今日而置度外？仍復玩忽〔按：館本無仍復玩忽四字，廣本、抱本有〕。兹特降勅以諭。朕心夫綏懷以文，勘定以武，古之經也。爾國北有遼東之蔽，以無虜憂；南有大海之限，以無寇憂。久享太平，尚文其可。今倭既生心，尚無變計，非愚卽怠。雖歲歲勤戍，聲盡形見，終不能久乘敵而幸無事矣。

（神宗萬曆實録卷 379　第 11 頁　379.9.7143）

萬曆三十一年（1603）

1800　正月乙丑　浙江、江西、南直隸積欠折馬銀甚（按：館本甚下有多字），蘇州、淮安至二十年不解。順天府府尹許弘綱請查額立限守催，以濟畿輔驛遞之困，下之所司。

（神宗萬曆實録卷 380　第 2 頁　380.2.7153）

1801　正月丙寅　輔臣等疏請撤採煤内監王朝併停煤税，擬諭安小民勅旨一道以進。先是，採煤止奏内官監馬鞍山黄樹園地方官窰一處，後王朝蔓將山西〔按:館本山西作西山，廣本、抱本作山西〕一帶概行徵擾，且私帶京營選鋒刼掠立威，激變窰民，幾至不測。朝恐，遽以欺隱，阻撓上聞，邀廠衛扭解之旨，於是黧面短衣之人，填街塞路，持揭呼寃。輔臣言：煤利至微，煤户至苦，而其人又至多，皆無賴之徒，窮困之輩，今言利者壅蔽聖聰，搜朘太細，不顧叵測之虞。鳥窮則攫，獸窮則噛，一旦揭竿而起，輦轂之下皆成胡越，豈可不念？據朝原奏，一年可得數千金，利亦甚微。乞卽下嚴旨，取回王朝，立止煤税，見取煤原非皇上本意。刑科給事中楊應文亦言：嚴旨一下，民志必携彼火于臨清、水于湖廣、鼓譟于蘇州，此非殷鑒。工科都給事中白諭〔按：館本諭作瑜，廣本、抱本作瑜，是也〕言:皇上試取朝原奏，今奏與民揭一覽，則虛實不辨而自白，蓋朝謀利與懼禍之心交戰于胸，故借天威爲騙網，而指阻撓爲亂階。朝誰欺乎？今者，蕭墻之禍四起，有産煤之地，有做煤之人，有運煤之夫，有燒煤之家，關係性命，傾動畿甸，皇上聖明，何所不燭而奈何輕信王朝一面之辭哉！兵科都給事中田大益言：天子之權莫大乎〔按：館本乎作于，抱本作乎〕兵，國曰軍國，興曰軍興，創以兵制，調以兵符，縱之者罰，盜之者誅。今朝以内豎而收營軍，投金錢而役健卒，皇上竟置不問，何也？節甫引虎賁之卒，季述陳宣化之兵，逆瑾藏兵伏之衣甲，而吉祥戰東華之門，古今禍變，肘腋相尋，可不戒哉！宜急誅朝而肅羣璫。巡視西城御史沈正隆奏言：五千金之入而不足當一朝饔，而以此結匹夫匹婦之怨，貽天下後世之譏，臣竊惑之。金吾官旗原以示不測之威，累朝以來，間一行之，今貧窶小民不足煩有司之治，而以此降尺一辱緹騎，臣竊惜之。俱不報。已而從太監陳永壽奏，令王朝回監應役，其原管窰座，照上林苑監事例征税，解監進用。

（神宗萬曆實録卷 380　第 3 頁　380.2.7153）

1802　正月乙亥　封朝鮮國王李昖繼妃金氏，賜敕命、冠服如例。

（神宗萬曆實録卷 380　第 5 頁　380.4.7157）

1803　正月壬午　復建乾清、坤寧宫，輔臣入視工程，賜茶。

（神宗萬曆實録卷 380　第 6 頁　380.4.7158）

1804　正月乙酉　兵科右給事中夏子陽、行人司王士禎奉命册封琉球國王，條陳奉使事宜以請。責（按：館本責上有一字，是也）成有司，如採取木造舡、取用工匠舟師之類，精選府佐一員董其事，而以廉幹指揮二員副之。一議處人從，遠涉異國，閱歷半載，凡飲食物用、弓矢器械之類，與夫駕船執柁、觀星占風、聽水察土以及醫卜技藝，例得備帶，乃最要莫如夥長柁工阿班等役，須擇慣熟精練之人，毋令通海豪滑得以藏匿。至醫卜各帶二名，則取之所便；天文生一名，即就閩中擇取。疏下禮部，覆請從之。

（神宗萬曆實録卷 380 第 7 頁 380.5.7160）

1805 二月癸巳 先是，内官監陳永壽承王朝撤回後仍令民窰三則征收，妄謂：會議已定委縣官照數催徵，得旨矣。順天府尹許弘綱具疏執争謂：查勘官窰僅一二座，其餘盡屬民窰，併未會議，何忍横徵？乞撤永壽而併罷其法，信明旨而免及其餘。于是都給事中白瑜言：永壽亦自知窰課難支，衆心難犯，委託縣官徵收，不過借萬金之虚名，嫁有司之實禍，行逢迎之小術，爲脱身之完策。聖天子當培養畿民，以作藩籬，今四方已莫必其命，忍戕此輦轂之蒼生。與天子共天下者，惟良二千石，今外郡已難保其民，忍誣此保釐之府尹。工部尚書姚繼可亦言：官窰宜封閉，民窰亦不可徵。其東西兩行烟炊，仍舊催督舖商辦進。順天府廵撫劉四科又言：永壽代王朝是以暴易暴也，應〔校記：廣本應作乞〕一併撤回。俱不報。

（神宗萬曆實録卷 381 第 2 頁 381.1.7166）

1806 二月戊戌 諭内閣：朕昨節間恭謁聖母，面奏：正月二十六日，天壽山、長陵等處興工修建，親奉慈恩欽發助工銀五千兩犒工，新舊錢一百定；皇后、皇貴妃等，皇太子與福王等進助工銀三千二〔按：館本二作三〕百兩，新舊錢三十定。卿等傳示作正支銷用，務使人匠軍夫得沾實惠，作速修建報完，上慰聖母同朕懸望之誠心。

（神宗萬曆實録卷 381 第 4 頁 381.3.7169）

1807 二月辛丑 禮部奏言：朝鮮國王李昖舍長立次，謂次子李琿有定亂功。遽欲援此奪嫡，長子見在，置之何地？且次子舉國愛戴，真否未確，似難遽狥其請。請不可狥，則方物未可受也，但該國忠順日久，一旦却獻，恐生疑畏，進到方物、馬匹合無姑容進收。上報可。仍令該國王議確來奏。

（神宗萬曆實録卷 381 第 5 頁 381.4.7171）

1808 **四月辛卯** 命改于初六日宴朝鮮國陪臣，遺（按：館本遺作遣〕禮部侍郎郭正域待。

（神宗萬曆實録卷 383 第 4 頁 383.3.7203）

1809 **四月丁未** 以慈慶宫花園等處工完，遣侍郎周應賓行祀土禮。

（神宗萬曆實録卷 383 第 11 頁 383.9.7215）

1810 **五月丁卯** 以左庶子兼侍讀黄汝良爲國子監祭酒。

（神宗萬曆實録卷 384 第 2 頁 384.3.7227）

1811 **五月戊寅** 卯時，京師地震。

（神宗萬曆實録卷 384 第 7 頁 384.5.7231）

1812 **六月丙戌朔** 廷試天下萬曆三十一年及二十八年等歲貢、恩貢、選貢生員，命輔臣同翰林掌院學士嚴加考試，取中上卷各若干進呈。下部知之。

（神宗萬曆實録卷 385 第 1 頁 385.1.7235）

1813 **六月己酉** 吏科都給事中項應祥條列八極：……八，土木繁興之極。自乙未祝融之後，工役漸繁，清、寧兩宫鼎建不待言矣，他如乾德閣、紫光閣，萬壽閣、壽星殿、景德殿、永壽殿四配殿，崇德殿等處陸續傳造，源源未厭。昭和殿、清虚殿、顯陽殿、擁翠亭、浮玉亭、飛香亭、金海亭、小南城船塢等處隨一帶造者靡費且十百焉。尾閭不塞，漏巵難繼，將有無窮之憂，應亟罷土本（按：館本本作木，是也）。疏上〔按：館本上作入〕，不報。

（神宗萬曆實録卷 385 第 9 頁 385.6.7247）

1814 **七月丁丑** 申時，京師大雨雹。

（神宗萬曆實録卷 386 第 10 頁 386.8.7265）

1815 **八月丙戌** 命右庶子蕭雲舉、右中允翁正春主順天鄉試。

（神宗萬曆實録卷 387 第 3 頁 387.2.7273）

1816　八月丁亥　工部覆：管通惠河主事議將通灣、天津一帶白河委官調集各屬額派淺夫設法挑濬，務深四尺五寸，所挑沙土即于兩岸築隄，以防水發。俟挑完果有成效，後著爲令，每年糧運將到，預先料理疏濬其各處〔按：館本處作淺〕。淺夫依擬〔按：館本擬作議〕裁減，餘者徵銀貯庫，至各屬額，派椿草、柳裁、曠工等俱按季交收。從之。

（神宗萬曆實録卷 387　第 3 頁　387.2.7273）

1817　八月辛卯　宴朝鮮國慶賀聖節陪臣李效原等十八員，謝恩陪臣李鉄等三十員，命侍郎李廷機待。

（神宗萬曆實録卷 387　第 5 頁　387.3.7276）

1818　八月辛卯　以送還漂流人口二十九名，賜朝鮮國王銀一百兩，綵段十二表裏，併加賞陪臣從人等綵段有差。

（神宗萬曆實録卷 387　第 5 頁　387.4.7277）

1819　八月乙巳　皇城巡視禮科右給事中吴文燦請復皇城舊制。故事：内官、内使出入，守門官搜簡精細，比對銅符。朝参文武官隨從官吏人等俱官給木牌懸帶，守衛官辨〔按：館本辨作辦〕驗放入。各門及皇城内外鋪各查（按：館本查作齎）執令牌巡警，傳遞銅鈴。跟内官、内使止投用三二名，亦不許離直遠出。今且〔校記：廣本今且作且今〕盡伍而空之，一遇點視，多倩賈竪乞兒搪〔按：館本搪作唐〕塞片時，叉刀紅盔，更番直宿，今皆買免高卧，日出時始一進内，中夜之際廬直空無人矣。故事：日每輪將軍一百名分早晚兩班于午門東西聽候，夜則坐更，今皆納月錢于本管，名曰“月直”，每月不過三日，而千五百名將軍强半入上官袖中矣。他如比號巡城、印簿走更，一切點閘事宜，皆成畫餅。以故，諸色人等出入無忌。蓋怠惰偷安，罪在士伍；容情故縱，罪在官吏。乞天語訂（按：館本訂作叮）嚀，盡復祖制。不報。

（神宗萬曆實録卷 387　第 7 頁　387.6.7281）

1820 九月甲寅朔 部（按：館本部上有户字）覆：總督倉場議請將杭州運到京通食糧并邊糧俱借運昌薊鎮上納，俟後到原派昌鎮者撥補京通。從之。

（神宗萬曆實録卷388 第1頁 388.1.7293）

1821 九月丁卯 宴朝鮮國陪臣，遣侍郎李廷機待。

（神宗萬曆實録卷388 第5頁 388.4.7300）

1822 九月戊寅 直隸巡按御史左宗郢奏：通州火燔剥船糧一千餘石。

（神宗萬曆實録卷388 第12頁 388.10.7311）

1823 九月辛巳 陞副總兵管京城巡捕左參將事陳九思爲神機營右副將，分守宣府西路左參將劉三省爲神機營左參將。

（神宗萬曆實録卷388 第12頁 388.10.7311）

1824 十月丙申 吏部以……順天府府丞周盤、祭酒黄汝良……等加授散官。報可。

（神宗萬曆實録卷389 第5頁 389.4.7321）

1825 十月癸卯 户部請釐正崇文門徵收商税則例，并照各鈔関委官題差，一年滿日許回部考覈，以明殿最。從之。

（神宗萬曆實録卷389 第8頁 389.6.7326）

1826 十月戊申 陞國子監祭酒黄汝良爲詹事府少詹事兼翰林院侍讀學士，清理貼黄。

（神宗萬曆實録卷389 第9頁 389.7.7328）

1827 十一月戊午 倉場總督尚書謝杰以通州倉槐樹枯枝烟起火着延燒廳肆，疏請罷斥，上不允。

（神宗萬曆實録卷390 第5頁 390.4.7337）

1828 十一月己未 奉先殿完工，遣駙馬萬煒行祀工禮。

（神宗萬曆實録卷390 第5頁 390.4.7337）

1829 十一月己未 工部奏：御朝殿門係國家九重金闕，崇嚴禁地，例當清肅，不宜久停。臣等欽奉明旨，隨移咨禮部轉行欽天監，擇良吉日時請官祭告破土，先行出運舊石，清理地基。至於預爲採辦等，須另行會同内閣科道及内官監等官踏勘估計，接續舉行。上是之。欽天監擇是月十六日經始清基。

（神宗萬曆實録卷 390　第 5 頁　390.4.7337）

1830　十一月乙丑　以蕭雲舉爲國子監祭酒。

（神宗萬曆實録卷 390　第 6 頁　390.5.7339）

1831　十一月乙丑　宴朝鮮國陪臣，命侍郎李廷機待。

（神宗萬曆實録卷 390　第 9 頁　390.7.7343）

1832　十一月丙子　提督東廠司禮太監陳矩奏：據辦事旗校李繼祖等于本月二十一日晚緝獲可疑男子一人皦生彩，供其兄皦生光先年原係順天府生員，于萬曆二十七年間，生光因到西城地方開印舖包繼志家内着黄紙封皮，假説封門，詐騙銀三百兩。于二十九年間，又往包繼志家詐騙，不遂，隨造捏妖言刊刻印文，詐得銀二百兩。又于本年八月内復造謡言，詐騙舉人苗自成銀三百兩。有伊師田大有將生光刊造謡言屢次騙詐等情具告提學周御史，將生光問徒，發大同地方爲民。後逃來京，仍行造謡爲非，生彩恐有連累，屢勸不從，惟伊男皦其篇同謀知情。其近日刊造妖書，未知是伊所爲不是，生彩不曾見有寔迹等情，皆緣事體重大，奸逆隱忍不肯具供（按：館本具作遽）〔校記：廣本遽供作吐供〕，伏望聖恩寬容。臣等再委理刑設法嚴審〔按：館本嚴作研〕，要見真情。上以研審務得真情，分緝勿致遺漏，戒之。

（神宗萬曆實録卷 390　第 19 頁　390.15.7360）

1833　十二月庚寅　賜朝鮮國慶賀冬至陪臣宋駿等三十八員宴。

（神宗萬曆實録卷 391　第 6 頁　391.5.7375）

萬曆三十二年（1604）

1834 **正月己未** 琉球國中山王世子尚寧差王舅毛繼祖等賫表文、方物進賀册立東宮，並謝賜還本國漂流人口，各賜衣服、帽、帶、靴韈。

（神宗萬曆實録卷 392 第 1 頁 392.1.7395）

1835 **二月癸巳** 福府承奉謝文銓奏補額賜店税〔按：館本税作租，廣本抱本作税〕，欲于崇文門外空店一所，盡致進京貨物車輛住宿其中，每年約有一萬四千兩税銀，查照潞府事例，宣課司徵絛解用。户部尚書趙世卿言：若如此，是房租也，牙錢也，似與潞府之例不同。且住宿安店一夕之租錢幾何？必不能一萬四千，奉行稍過，勒措重科，商賈一旦罷市，且併崇文門原税失之，況空店有無情節尚未查明，唯皇上細心裁奪。上曰：王府養膳〔按：館本王作皇，廣本、抱本作王。廣本膳作贍，是也〕有潞府事例，此店租故特准耳。爾部既〔按：館本既作院〕如此説，着差司官公同福〔按：館本福下有王字〕府承奉查勘明白，毋拘原奏一萬四千之數，立法聽從民便，酌量多寡徵收本府供用。

（神宗萬曆實録卷 393 第 5 頁 393.4.7411）

1836 **三月辛酉** 兵部署部事刑部尚書蕭大亨題覆：遼薊總督蹇達奏稱：薊昌延袤二千里而遥，京師距塞外二百里而近，是必設險以守，然後簾遠堂高，故該鎮要以修守爲先，而修守又以邊工爲急。乞將原派三十二、三兩年工程之内冲邊者照舊興修，腹内概行停止。至于應用工價、犒賞銀兩〔按：館本兩下有險峻去處四字〕，酌量具（按：館本量下有矮簿二字。具作與）夫責成協守，督同修築。按閲諸臣每閲工舉劾領班將領過期分别參處等項著爲成例。得旨擬行。

（神宗萬曆實録卷 394 第 4 頁 394.3.7423）

1837 三月甲子 乾清宮成，上命工部各官効勞叙賞，查照嘉靖元年舊例以聞。

（神宗萬曆實録卷 394 第 4 頁 394.3.7424）

1838 三月乙丑 廷試天下貢士三百名，賜楊守勤等進士及第、出身有差。

（神宗萬曆實録卷 394 第 5 頁 394.4.7425）

1839 四月甲申 兵部覆：朝鮮疏報倭情，上以朝鮮兵計，原宜該國君臣自强，若在〔按：館本若下無在字，抱本有在，誤〕朝廷遣官訓練，必有生端掣肘等弊，彼此皆爲不便。爾部其行文咨王及時修政，以圖保國。果有重大聲息，星馳奏來〔校記：廣本來作報〕，以憑處置。

（神宗萬曆實録卷 395 第 2 頁 395.2.7435）

1840 四月丙申 禮部以酌議歲貢試期上請。上曰：今後歲貢着于四月十五日初試，五月十日〔按：館本十下有五字，廣本、抱本無〕再試，著爲令。

（神宗萬曆實録卷 395 第 4 頁 395.3.7438）

1841 四月庚子 宴朝鮮謝恩陪臣鄭瑴〔校記：廣本瑴作穀〕等二十一員，侍郎李廷機待。

（神宗萬曆實録卷 395 第 5 頁 395.4.7439）

1842 五月壬子 户部題覆：崇文門外店税，福王請除五欵，獨將各項客商雜貨俱入官店發賣等因。奉旨行查，反覆思維，有必不可行者：盖獻店原曰收租，今改征税；開店原議停宿，今兼發賣。欵列〔校記：廣本列作例〕如此，施行可謂〔按：館本可謂作謂何，廣本、抱本作可謂，誤〕端外生端無論，漸及五欵，更有不止五欵者。如萬曆二十八年四月内，棍徒劉大倫亦常建議京城抽税，旋即譁然騷動，幸而特旨隨罷，民心稍安。萬一事在必行，其爲蕭牆之憂有不忍言者，惟皇上深思細察。留中。

（神宗萬曆實録卷 396　第 2 頁　396.1.7448）

1843　五月戊辰　以遵化游擊張繼棠爲薊鎮墻子路參將。

（神宗萬曆實録卷 396　第 4 頁　396.3.7452）

1844　五月壬申　兵部覆福建總兵朱文達等擒斬倭賊功次：沉奪倭船二十五隻，擒獲一百三十二名顆，奪回男婦一百七十五名口，器仗一千二百九十三件。詔：實授朱文達都督僉事，王在晉、徐應奎等各陞職一級，副總兵官施德政、同知陶拱聖等各賞銀有差。

（神宗萬曆實録卷 396　第 5 頁　396.4.7453）

1845　五月癸酉　長陵明樓雷火災。

（神宗萬曆實録卷 396　第 5 頁　396.4.7453）

1846　五月乙亥　大學士沈一貫言：該文書房冉登捧出聖諭：朕覽文書，天壽山守備内官李浚等具奏本月二十三日夜雨，雷火燒燬祖陵明樓，朕心驚懼弗已。其恭行奉慰修理及修省禮儀，卿等便擬〔按：館本擬下有出字，抱本删去出字〕旨來，諭卿等知。欽此。臣等昨日出閣已聞傳言，耳不忍聽，心不忍信，今奉明諭，戰慄憂懼，天威屢嚴而孔赫，祖靈甚愠而靡寧，愈昭愈大，愈迫愈近。在皇上誠宜哀痛責躬〔校記：廣本無責躬二字〕，側身修行，以爲臣下率先。在臣等舉宜洗心滌慮，犯顔苦口，以圖仰裨萬一。謹欽遵擬票上進外，敢以緊要一言陳之。盖近來章奏不通，德意不宣，人心鬱憤已極，天地祖宗日陟降于上下，幽明之事，于何不知，偪仄蘊隆，無所發怒，故特于此再昭儆戒耳。皇上欲修實政，必自通章奏始，欲通章奏，必自撤疑情始，君臣上下之間〔按：館本間下有涣然不疑，有疑即詢，有謀即十一字〕用，有事即斷，有斷即行，則奸弊何所容隱？（按：館本隱下有釁孽何三字）所藏蓄？羣策自然畢舉，〔按：館本舉下有羣情自然舒暢，宵旰何勞十字〕獨憂，所以仰答天地祖宗而貽國家千萬年之祜者，端在于此耳〔按：館本無耳字〕。若但有畏天敬祖之言而無其實事，則人尚難欺，天豈容僞？臣等陳言至此，毛骨皆悚。皇上但疏通章奏，俯採羣言，申寃理滯，進賢達能，則人心悦而天意得，轉災爲祥，化憂爲歡，皆不難矣。

（神宗萬曆實録卷 396　第 5 頁　396.4.7453）

1847　六月壬辰　陞山東道御史楊光訓爲順天府府丞添註。

（神宗萬曆實録卷 397　第 7 頁　397.5.7468）

1848　六月丁酉　昌平州雨水暴漲，冲倒長、康、泰、昭陵石橋欄杆并墻垣等處，蠶食長陵松柏葉盡。

（神宗萬曆實録卷 397　第 7 頁　397.5.7468）

1849　六月癸卯　陞河南道御史崔邦亮爲順天府府丞添註。

（神宗萬曆實録卷 397　第 10 頁　397.8.7473）

1850　七月庚戌　京師大霪雨。

（神宗萬曆實録卷 398　第 1 頁　398.1.7475）

1851　七月丙辰　欽天監言：長陵子山午向，今年大煞在子，災煞在子午，請以明歲興工便。上命該監便先擇吉治木，工部期令内宫監上緊造辦各項物料，來春興工鼎建，刻期報完。

（神宗萬曆實録卷 398　第 2 頁　398.1.7476）

1852　七月戊午　大學士沈一貫疏言：臣觀往時非無災異，止于一方一事猶可言也；今則極大且多而又迫日日近不可言也。日食于四月，今古所甚忌者，兩年叠見，泗州、鳳陽、承天諸陵比年悉有儆戒，而皇陵之雨雹，長陵之雷火，乃至連歲相尋，同在五月二十三日，天意豈甚偶然？遂有蠶嚙松柏、衝毁神路，頃又霪雨連綿，兩月不休，正陽、崇文二門之間中陷者七十余文（按：館本文作丈），京師之内頽垣敗壁，家哭人號，無復氣象。因想天下被災地方，遠者卽不可知，近者悉恐不免，然而尚有愁雲四布，霽日難期，謂非天怒未解之徵乎？

（神宗萬曆實録卷 398　第 2 頁　398.2.7477）

1853　七月辛酉　户、工二部接出聖諭：天雨連綿，京城栅〔校記：廣本栅作塴〕壞房屋數多，壓傷人民甚衆，朕心甚惻然。便着太僕寺給發銀十萬兩交與該部該科及五城御史會同查勘分明，每房屋一間欽賞銀五錢，以資修理、賑濟及醫藥津送之費，務先盡貧艱下户。仍不許官吏侵冒，必令沾受實惠。有舊例及時該舉行的，着題來行。

（神宗萬曆實録卷 398　第 4 頁　398.3.7480）

1854　七月癸亥　　順天廵撫劉四科疏：畿輔水災，永平等府〔按：館本等府作府等〕州縣淹死男婦無數，及房屋盡行倒塌〔按：館本無及房屋盡行倒塌七字〕。奉旨：着户部〔按：館本部下有看字，是也〕議。

（神宗萬曆實録卷 398　第 5 頁　398.4.7481）

1855　七月癸亥　　薊遼總督蹇達題：畿輔水患異常，邊墻衝圮日甚。請乞申嚴防禦，以伐虜謀，寬衃軍民，以消隱禍。得旨：衝倒墻基及一切緊要邊備，嚴行修補整飭。

（神宗萬曆實録卷 398　第 5 頁　398.4.7481）

1856　七月甲子　　大學士沈一貫等言：昨日管鎮撫司李楨〔按：館本楨作禎，抱本作楨〕國來説：獄中房墻倒塌，積水成河，各囚死生〔校記：廣本死生作生死〕難保，情實可矜〔按：館本矜作憐〕。除死罪外，餘宜早以發遣發落。至於税礦犯人，原爲百姓得罪，倘至溘亡，益爲百姓所憐，干傷天和尤甚。伏乞將馮應京等特恩赦宥，或發刑部分别坐擬。其餘各犯亦通發刑部擬罪奏請。庶罪人有所歸著，亦便工部修理。不報。

（神宗萬曆實録卷 398　第 5 頁　398.4.7481）

1857　七月戊辰　　諭户部：朕思雨水連綿，京師米價日貴，着于通州倉粮暫借十萬石運赴京倉，支放該月折色軍匠米粮，候新粮到日，即與補還。其五城房號銀兩，除舊例免徵外，再着免徵一個月，以昭朝廷權宜救灾德意。

（神宗萬曆實録卷 398　第 6 頁　398.5.7483）

1858　七月丙寅　大學士沈一貫等言：山西〔按：館本山西作西山，廣本、抱本作山西，誤〕煤户窰户盡為水渰，無力陶控（按：館本控作挖，是也），伏乞皇上降賜一諭，量免税〔按：館本税作課〕銀二三個月，少蘇其困。今發太僕寺銀十萬兩，除給濟京城下户之外，似猶可以分此濟彼，此亦不費之惠易行之事也。疏未得旨。

（神宗萬曆實録卷 398　第 6 頁　398.4.7482）

1859　七月丙子　諭户部：朕憫西山被災窰户，令照〔按：館本照作比〕京城下户一體給賞，即于見發太僕寺銀十萬兩内通融分與，還着該部科及順天府官〔按：館本府下無官字〕會同給散，務令人沾實惠。水占窰口，免徵課銀三月。

（神宗萬曆實録卷 398　第 8 頁　398.6.7486）

1860　八月戊戌　宴朝鮮國慶賀萬壽聖節陪臣安克孝等十九員、慶賀千秋令節陪臣韓壽民等十六員，侍郎李廷機待宴。

（神宗萬曆實録卷 399　第 3 頁　399.2.7492）

1861　九月庚戌　調薊鎮署指揮僉事洪四維爲遵化遊擊，陞湖廣都司宋國〔按：館本國下有忠字〕為分守紫荆関參將。

（神宗萬曆實録卷 400　第 2 頁　400.2.7503）

1862　九月癸丑　朝鮮國王李昖差陪臣李廷龜三十員進獻方物馬匹，請封次子李暉〔按:館本暉作琿，廣本、抱本作暉，誤〕爲世子，各賞給絹布、衣服、靴襪。

（神宗萬曆實録卷 400　第 2 頁　400.2.7503）

1863　九月丙辰　以昌鎮署指揮僉事陳大經爲薊鎮右營遊擊。

（神宗萬曆實録卷 400　第 3 頁　400.2.7503）

1864　九月庚申　國子監祭酒蕭雲舉疏進前祭酒楊道賓、司業黄汝良較刊《南史》，臣雲舉較刊《元史》竣工，謹呈御覽。上納其書。

（神宗萬曆實録卷 400　第 3 頁　400.2.7504）

1865 九月辛未 禮部疏覆：朝鮮儲議〔按：館本議作儀，廣本、抱本作議，是也〕舍長子臨海君珒而欲立次子光海君琿，變亂常經，輕移國本，乞主持立長之議。上曰：該國屢請建儲，朝廷久不與決者，正以立長爲古今常經，不可輕議故也。爾部所言甚正，卽行與國王再加繹思，務爲享國長久之計，勿貽後悔。

（神宗萬曆實録卷 400 第 5 頁 400.4.7507）

1866 閏九月己卯 工部言：大內工興，勢不容已，都重二城百萬之費分文無措。南海子工俟城工稍有次第方行修舉。上曰：比來工緊財詘，委宜次第舉行，但御苑墻垣滰塌數多，久之恐修築愈難，所費愈大，還着遵旨量修外圈，餘俟工程完日再議。第不許冒破，以滋弊孔。

（神宗萬曆實録卷 401 第 1 頁 401.1.7511）

1867 十一月辛丑 户部言：救荒之法，止平糴、煮粥二事，所發前銀已堪煮粥之用，至平糴應通行順天發通倉粮六萬石，保定發通倉粮二萬石，河間發德州倉粮二萬石。有司自取脚價，領回平糶，每石實〔按：館本實作定〕價六錢，粟米五錢。事完將糶過銀兩解部，一發京倉二十萬石，平糶每石價六錢五分，每人止許五斗或一石止。上曰：畿輔百姓飢荒流離，深切憫痛，發倉平糶等事俱如議行之。各省直令動支解部〔按：館本部作京，抱本作部〕銀兩和買前來接濟，通商開納多方招來，有成績者酌量優給。

（神宗萬曆實録卷 403 第 6 頁 403.4.7540）

1868 十一月甲辰 兵部題：朝鮮國王將該國外洋二次所獲被虜人民及同舡倭蠻男婦五十五名口解送中國，聽候處分。審得久石門等既稱貿易被獲，釜幕遊魂不足以膏斧鑕，合無查照舊例，分解薊鎮、宣、大、及山西各軍門，分發各將領收寘効用。温進等既稱華人，有言販賣下海遭刼，有言釣魚被擒，合解本閩撫詳查確報，安插復業。從之。

（神宗萬曆實録卷 403　第 6 頁　403.5.7541）

1869　**十二月庚戌**　禮部題：朝鮮國王李昖内修職業，外嚴防禦，一月之内，連獲漂海人船，歸我華民，並解倭奴以聽處分，益見忠順，相應從重褒獎。上賞其恭誠，賜銀幣表裏，寫勑獎勵獲功官軍，押解陪臣書狀等官俱照例給賞。

（神宗萬曆實録卷 404　第 2 頁　404.1.7544）

1870　**十二月甲寅**　加新陞階文參將鄭國珍副總兵銜，仍管京營、神機二營參將事。

（神宗萬曆實録卷 404　第 3 頁　404.2.7545）

萬曆三十三年（1605）

1871　**正月丁亥**　以建修祖陵碑樓，命輔臣傳示該部及經管官併工營建，以慰孝思。一貫等因言：祖墳工程重大，尚書姚繼可兩目皆盲，百體都廢，乞身之章凡三十餘上，乞賜矜允，以便另推。不報。

（神宗萬曆實録卷 405　第 5 頁　405.4.7559）

1872　**正月辛丑**　長陵明樓興工，命侍郎李廷機行祭告禮。

（神宗萬曆實録卷 405　第 10 頁　405.8.7567）

1873　**正月壬寅**　户部言：國家歲漕東南四百萬石以實京師，而又設倉儲于通州，分漕粮三分之一貯之。近年水旱頻仍，改折數多，又兼以本代折，太倉匱乏。臣爲總督時，建議正兑盡入京倉，俟京儲稍足再議改適，不意河流遷徙，運艘來遲。若堅守前議，凍阻必多。今督臣游應乾請自三十三年爲始，照舊三年〔按：館本年作一，抱本作年，誤〕派撥，如水年改折可給京軍照常支放。倘仍前多支本色兩月，許于京、通二倉均匀派放，相應依擬。詔從之。

（神宗萬曆實録卷405　第10頁　405.8.7568）

1874　正月癸卯　吏部會同都察院考察在京五品以下官：老疾，工部郎中顧充等三十人；貪酷，兵部主事丁應泰等十人；罷軟，户部主事金銓等六人；不謹，户部主事魏之幹等九十人；浮躁，光禄寺少卿馮渠等三十九人；才力不及，太僕寺寺丞曹鑰等三十二人。疏留中。

（神宗萬曆實録卷405　第11頁　405.8.7568）

1875　二月丙午　順天府府尹許弘綱、……國子監祭酒蕭雲舉各以考察自陳乞罷。上命俱供職如故。

（神宗萬曆實録卷406　第2頁　406.1.7572）

1876　二月壬子　鑄換巡撫京畿關防一顆。

（神宗萬曆實録卷406　第5頁　406.4.7577）

1877　二月乙丑　御馬監内官王順遺火，延燒廨宇四十五楹，命法司提問擬罪。直日廵視畢勝打四十，降小火者。

（神宗萬曆實録卷406　第7頁　406.6.7581）

1878　二月丙寅　陞……寧夏廵撫中軍劉宇收爲保定廵撫坐營遊擊，山東廵撫中軍蔣培祚爲神樞七營參將，……昭陵衛指揮李愷爲薊鎮擦崖子守備。

（神宗萬曆實録卷406　第8頁　406.6.7582）

1879　三月戊子　革神樞營參將藍芸威、神機營遊擊孫光前、薊鎮（按：館本鎮下有鎮字）虜關參將劉翰纓、牆子路參將張繼業……任，各回衛，繼業聽調，……翰纓行廵按御史提問，以貪庸不職爲科道撫按所論劾也。

（神宗萬曆實録卷407　第6頁　407.4.7594）

1880　三月丙申　工部都水司員外〔校記：抱本外下有郎字〕考察浮躁潘大復奏：臣奉命掌理通惠河道，自通州閘河至天津計程三百二十餘里，沿途阻淺〔按：館本阻淺作淺阻〕計五十餘處。土人云：河内浮沙隨濬隨淤，故運艘至日，近則自香河之黄家渡起剥，遠則自武清之楊村以下起剥。統計剥價之費大約十五餘萬兩，而各旗甲之私貼不與焉。至于投水插和種種弊端，又未可縷指數也。臣奉旨挑濬，于三十二年四月開工，本年六月止，力役甫竣而大雨滂沱。臣謂沙隨水來，前功將盡棄矣。至八九月間，水消且盡，運艘南來，絲毫無阻，彼時即宜具奏。恐人謂偶緣霪雨遂而貪天。竊計今年四月間再一論疏，倘仍復通行，便於報命，不意臣之不肖，絓名察典，故不得不明白一言以畢前件也。報聞。

（神宗萬曆實録卷 407　第 7 頁　407.6.7597）

1881　三月戊戌　户部奏：兩京文武各官本色俸糧每年折絹布二箇月。從之。

（神宗萬曆實録卷 407　第 8 頁　407.7.7599）

1882　三月庚子　陞王有翼爲五軍營副將，李逢時爲神機營參將，潘廷試爲薊鎮牆子路參將，嚴正名爲神機營遊擊，李峪徵爲薊鎮大水峪遊擊，……凌應登爲薊遼總督。

（神宗萬曆實録卷 407　第 9 頁　407.8.7601）

1883　三月辛丑　竪安長陵明樓碑石〔按：館本碑石作石碑，抱本作碑石〕，命侍郎李廷機行祭告禮。〔按：館本工上有先是二字〕工部言：長陵碑石原刻“太宗文皇帝之陵”，自世廟繼統，禮制一新，特改太宗廟號爲成祖，而陵亦因之，惟碑石未敢輕動，乃加以木套而塗丹書之，固一時權宜之術也。今事當更始，在天之靈實式臨之，仰祈欽定以著孝思。上曰：碑石鼎新，宜致題曰“成祖文皇帝之陵”，木套不用。

（神宗萬曆實録卷 407　第 9 頁　407.8.7601）

1884　三月癸卯　以殿門工程採石，命通政使沈子木行祭告禮。

（神宗萬曆實録卷 407　第 10 頁　407.9.7603）

1885　三月甲辰　以神機營參將鄭國珍爲巡捕右參將，……薊鎮馬蘭路參將王懷忠爲遼東開原參將，……南京大教場坐營盧志濂爲神樞營遊擊。

（神宗萬曆實録卷 407　第 10 頁　407.9.7603）

1886　四月庚戌　感思殿興工，命光禄寺卿王守素行祭告禮。

（神宗萬曆實録卷 408　第 4 頁　408.3.7609）

1887　四月壬子　陞薊鎮副總兵李化〔按:館本化作光〕先爲鎮守江南副總兵，延綏永興堡守備王果〔按:館本果作杲〕爲河間領軍遊擊，薊鎮古北口參將〔按：館本將下有李字。校記：疑李下有脱文〕爲順天巡撫中軍。

（神宗萬曆實録卷 408　第 5 頁　408.3.7610）

1888　四月甲寅　以原任副總兵李芳春爲通州參將，調神機營參將張鳳翔于薊鎮馬蘭路，陞揚州遊擊孫繩祖爲神機營參將，起原任遊擊李茂春爲昌鎮軍營遊擊。

（神宗萬曆實録卷 408　第 5 頁　408.4.7611）

1889　四月乙卯　長陵明樓興工，命順天府府尹許弘綱行祭告禮。

（神宗萬曆實録卷 408　第 5 頁　408.4.7612）

1890　四月壬戌　京師雨雹。

（神宗萬曆實録卷 408　第 7 頁　408.6.7615）

1891　四月壬戌　陞薊鎮振武營遊擊張九經爲神樞營參將。

（神宗萬曆實録卷 408　第 8 頁　408.6.7615）

1892　四月己巳　陞倒馬關參將王錫祉爲薊鎮中路副總兵，天津海防遊擊胥應徵爲喜峯口參將，山東萊州參將朱拱極爲古北口參將，陝西榆林衛鎮撫白懋璘爲延綏永興守備。

（神宗萬曆實録卷 408　第 9 頁　408.7.7618）

1893　五月辛巳　洗白廠内官張玉遺火，延燒官房，命法司提問擬罪。

（神宗萬曆實録卷 409　第 2 頁　409.1.7624）

1894　五月甲申　京師大雨雹。

（神宗萬曆實録卷 409　第 2 頁　409.1.7624）

1895　五月戊子　廷試願就教職歲貢、恩貢生員，歲貢上卷三卷、中卷三百六十四卷，恩貢上卷一卷、中卷二十八卷。

（神宗萬曆實録卷 409　第 4 頁　409.3.7627）

1896　五月戊子　命工科給事中胡忻、湖廣道御史李楠會同守備内監及宣府撫按官查勘盗伐皇陵樹木。先是，天壽山守備太監李浚准延慶衛哨軍張剛訐告王天義接買哨軍張龍等板枋椽木，行昌平州，審無的據，復移文宣鎮撫按會查未結；續准李逢時訐告陳志龍〔按：館本龍作能〕等縱僕入山盗伐松柏椴木；又准南山廵軍周大庫、李二等訐告阮一功、趙應捷、宋時賢等盗伐禁木，瓦碴溝沙嶺兒搭（按：館本搭作樁碴）可驗，隨具疏題參。奉旨：着錦衣衛拏送法司問，撫按官馬鳴鑾、湯兆京各疏言疑出讐誣，乞行詳審。刑部亦謂：刀騙未必盡無，大辟豈容輕坐？至是，該監復疏請乞獨斷，故有是命，及諸臣會勘回奏大約如前語。上責其畏附朋私，含糊互異，仍付〔按：館本付作命〕法司虚心詳審定擬，毋得視爲尋常狥情輕縱。

（神宗萬曆實録卷 409　第 4 頁　409.3.7628）

1897　五月己丑　陞……大同鎮邊堡守備馬天柱爲天津海防遊擊，蘇（按：館本蘇作薊，是也）鎮總兵標下坐營劉國威爲密雲振武營遊擊，東勝左衛指揮王效良爲遵化守備。

（神宗萬曆實録卷 409　第 5 頁　409.4.7629）

1898　五月己丑　改新陞五軍營參將蕭如玉爲倒馬關參將，從廵撫孫瑋議也。

（神宗萬曆實録卷 409　第 5 頁　409.4.7629）

1899　五月己未　工部言：本月二十七日，長陵明樓合龍，門安吻獸，該監已題請擇日遣官祭告后土及司工之神矣。第思去木套改徽稱寔係我皇上純孝大典，若不祭成祖文皇帝之靈，何以告成事而祈鴻庥也。上是其議，命禮部酌議來行。

（神宗萬曆實録卷 409　第 10 頁　409.8.7637）

1900　五月己未　陞……蘇（按:館本蘇作薊，是也）鎮司馬臺提調錢言爲大寧都司僉書。

（神宗萬曆實録卷 409　第 10 頁　409.8.7637）

1901　五月丙申　陞河南都司掌印鄭儒爲王宣等（按：館本王宣等作五軍營，是也）參將，寧夏興武營遊擊劉泗爲延綏高家堡參將，湖廣鄖襄守備郭繩武爲京營標兵坐營，蘇（按：館本蘇作薊）鎮界嶺口守備華維新爲總管標下中軍，浙江臨山衛千户郭啓明爲直隸鹽城守備，皇陵衛千户趙定爲直隸掘港守備，大同萬衛千户張國瑞爲鎮邊堡守備，直隸涿鹿衛百户夏和尚爲蘇（按：館本蘇作薊）鎮黄土嶺提調。

（神宗萬曆實録卷 409　第 11 頁　409.8.7638）

1902　五月庚子　是日夜子時，雷火擊燬圜丘望燈高杆。杆高十丈餘，碎其上段三丈餘爲百數十片，大半有火痕；下段所存六丈餘，左右各有爪損。

（神宗萬曆實録卷 409　第 13 頁　409.10.7641）

1903　五月壬寅　順天巡撫劉四科奏：本月初六日蘇（按：館本蘇作薊，是也）鎮石塘路大雷雨，擊死住操〔按:館本操下有勇壯二字〕援兵朱昂等二〔按:館本二作三〕名，并牧放馬三匹及傭工鋤田人劉大益等二名，又燒傷牧馬幼童談喜兒等五名。十一日，松棚路九十四號臺被雷火霹破門樓，將佛郎機快鎗等件棄擲臺下，多所〔按:館本所作有〕折損，火箭火〔按:館本火下有火字，誤〕藥悉行焚毀。十六日，燕河路四號臺被雷火震倒，南北西三面垛口焚燬火器等件，其甎瓦木料棄擲牆外，并跌傷軍妻二口。

（神宗萬曆實録卷 409　第 14 頁　409.12.7645）

1904　六月乙巳　以長陵明樓工完，命英國公張惟賢祭告成祖文皇帝。

（神宗萬曆實録卷 410　第 2 頁　410.1.7648）

1905　六月丙午　以長陵明樓工完，命侍郎李廷機祭告后土併司工之神。

（神宗萬曆實録卷 410　第 2 頁　410.1.7648）

1906　六月戊申　以長陵明樓工完，在事効勞各官命該部擬議聚賞。

（神宗萬曆實録卷 410　第 2 頁　410.2.7649）

1907　六月己酉　工部遵旨擬修圜丘望杆并諸亟行修省寔政報聞，仍令作速成造，擇日换安，毋得怠緩。

（神宗萬曆實録卷 410　第 3 頁　410.2.7650）

1908　六月辛亥　起……錦衣衛千户戈仁躬為蘇（按：館本蘇作薊）鎮司馬臺提調。

（神宗萬曆實録卷 410　第 4 頁　410.3.7652）

1909　六月辛亥　東城兵馬副指揮范大淳因事刑死，驍騎衛指揮僉事張曆元命法司提問具奏。

（神宗萬曆實録卷 410　第 5 頁　410.3.7652）

1910　六月壬子　陞宣府入衛遊擊孫繼業爲昌平鎮邊參將……陝西綏德衛指揮孫承祖爲延綏甎井守備，京城西南把總周震爲蘇（按：館本蘇作薊）鎮鎮虜關提調。

（神宗萬曆實録卷 410　第 5 頁　410.3.7652）

1911　六月癸丑　陞……江西建昌把總張可大爲直隸瓜儀守備，金吾右衛指揮秦文榮〔按：館本榮作燦〕爲京城西南把總，降原任黄崖口提調何繼文爲保定大龍門把總。

（神宗萬曆實録卷 410　第 5 頁　410.4.7653）

1912　六月丁巳　降原任守備張九德爲京城西南把總。

（神宗萬曆實録卷 410　第 8 頁　410.6.7658）

1913　六月己未　陞昌鎮八達嶺守備鄭登雲爲山東都司僉書，

……天壽山守備張永〔校記：廣本永作允〕清爲大寧都司僉書。

（神宗萬曆實録卷 410　第 9 頁　410.7.7659）

1914　六月辛酉　陞通津春班遊擊周文炳爲遼東寬奠參將，涿鹿衛指揮韓效忠爲昌鎮八達嶺守備，天津右〔校記：廣本右作左〕衛指揮袁應兆爲天壽山守備，江西南昌衛武舉鎮撫劉孔昭〔校記：廣本昭作紹〕爲直隸泗州守備。起原任遊擊徐守貞爲直隸劉家河遊擊，原任把總趙元楨爲江西建昌把總。

（神宗萬曆實録卷 410　第 10 頁　410.8.7662）

1915　六月丙寅　陞福建南路參將施德政爲神機營右副將，山東都司僉書欒維城爲蘇（按：館本蘇作薊）鎮春班遊擊。

（神宗萬曆實録卷 410　第 15 頁　410.12.7670）

1916　六月己巳　慈慶宫近侍劉印遺火燒毀官房，命法司提問擬罪。

（神宗萬曆實録卷 410　第 16 頁　410.13.7672）

1917　六月辛未　大選進士南居益、王繼善、魏濬、郭士望等以下共四百一十四員。

（神宗萬曆實録卷 410　第 17 頁　410.14.7673）

1918　七月戊寅　命册封琉球兵科給事中夏子陽、行人王士禎作速渡海竣事，以彰大信。仍傳諭：被國以後領封海上，着爲定規。先是，……宜行該撫按作速成造海艘，勿誤今年渡海之期，俟竣事復命，然後定爲畫一之規，先之，以文告令其領封海上，永爲遵守。上從之。

（神宗萬曆實録卷 411　第 3 頁　411.2.7678）

1919　七月乙未　慈寧宫近侍李昇遺火燒房屋，命法司提問擬罪。

（神宗萬曆實録卷 411　第 16 頁　411.14.7701）

1920　八月丙子　陞順天府府丞喬璧星爲大理寺左少卿，應天府府丞徐申爲本府尹。

（神宗萬曆實録卷 412　第 6 頁　412.5.7717）

1921　八月乙卯　順天府寶坻縣解役沈化等洗改公文，侵欺起解錢粮，鎮撫司打問得寔。上謂：錢粮大事，巧弊叢多，户部還設法稽查，嚴加磨對。及户部覆議：請行各撫按官着寔鎮刷，以清弊源。從之。

（神宗萬曆實録卷 412　第 10 頁　412.8.7724）

1922　八月戊午　賜通灣税監張燁改建石橋名“運通橋”，廟額與做“福德”。

（神宗萬曆實録卷 412　第 11 頁　412.8.7724）

1923　八月己未　盗竊文〔按:館本文作大〕明門左門獸環，命緝事衙門訪拏，務在得獲。總甲孔江等下法司鞫問。

（神宗萬曆實録卷 412　第 11 頁　412.9.7725）

1924　八月辛酉　宴朝鮮國賀萬壽聖節陪臣禹復民等三十員，賀千秋令節陪臣李馨郁等十八員，命侍郎李廷機待。

（神宗萬曆實録卷 412　第 11 頁　412.9.7725）

1925　八月辛未　大選進士吴汝顯等以下四百二十二員。

（神宗萬曆實録卷 412　第 14 頁　412.11.7729）

1926　九月壬申　陞遵化右車營遊擊高應節爲五軍七營參將。起補原任參將王洪爲薊鎮松棚路參將〔按：館本參將作遊擊〕。

（神宗萬曆實録卷 413　第 2 頁　413.1.7731）

1927　九月甲戌　户部覆：直隸巡按沈時來條議均漕糧一欵，極于永平鎮軍民有裨。但欲從海運轉輸，事干重大，俟督撫詳議妥當，另行題覆。其裁加糧一欵，詔悉從之。

（神宗萬曆實録卷 413　第 2 頁　413.1.7732）

1928　九月丁丑　以原任四川總兵官林桐提督京城内外巡捕。

（神宗萬曆實録卷 413　第 4 頁　413.3.7735）

1929　九月丙戌　保定巡撫孫瑋奏保、河、真、順、廣、大六府屬各州縣衛賑過災民數目文册，詔付所司。

（神宗萬曆實録卷413 第8頁 413.7.7743）

1930 九月丁亥 教坊司左韶舞李澤懷狀赴會極門自縊死。上以狀内人犯付法司鞫問，該日守門内官司禮監查究。

（神宗萬曆實録卷413 第9頁 413.7.7744）

1931 九月甲午 以昭和殿失火，内官徐慶、師忠下法司提問擬罪。楊忠打八十，降做净軍，發去更鼓房常川打更。以懷私乘病謀斃人命，内官焦進下法司提問擬罪，徐朝等（按：館本等下有各字）打八十，降做净軍，發去南京孝陵衛種菜。

（神宗萬曆實録卷413 第11頁 414.9.7748）

1932 九月丙申 是日申刻京師地震，自東北向西南〔按：館本南下有行字，廣本、抱本無〕連動二次。時三大營官兵〔按:館本兵作軍〕于盔甲廠關領火藥，監放内官臧朝、王權因舊藥結塊，令工匠以鐵斧劈之，突然火發，聲若震霆。火鎗火箭迸射〔按：館本迸射作進謝〕百步之外，燒死内官臧朝及把總傅鍾等十員、軍人李仲保等八十三名，其局内匠工〔按:館本匠工作工匠〕人等并堦市經過居民死傷者多不可稽。焚燬作房五連約三十餘間，火藥火器無算。總督泰寧侯陳良弼、工部署部事沈應文各具疏以聞。上以掌廠内監王忠、監放内官王權下法司提問擬罪。軍器局大使范廷椿、副使張仁各奪俸二月。管廠工部主事魏説姑免究。死傷官軍，着查明優卹。時巡視廠庫科道孟成己等、巡視京營科道吴忻〔按：館本吴忻作胡忻，是也〕等與巡城御史胡〔按：館本胡作何〕爾健各有疏聞，因及脩省寔政，俱不報。

（神宗萬曆實録卷413 第12頁 413.9.7748）

1933 十月壬寅 准户部奏京衛軍士冬衣布花比照三十年例，每名給本色、折色各一匹，銀錢兼支棉花、鈔錠如例。

（神宗萬曆實録卷414 第1頁 414.1.7753）

1934 十月壬寅 鑄給兵部提督武學關防一顆。

（神宗萬曆實録卷414 第1頁 414.1.7753）

1935　十月辛亥　陞宣府滴水崖堡守備董堯民爲薊鎮建昌營都司。

（神宗萬曆實録卷 414　第 4 頁　414.3.7758）

1936　十月乙卯　工部言：火藥被灾，亟宜成造，所用硝黄向從内庫關領。今監督主事魏説願將商人李汝耀認辦候收硝黄七十萬兩〔按：館本兩作斤〕，免行進庫，徑運到廠驗收，先行成造，以濟急用，事屬二便，相應依擬。詔從之。

（神宗萬曆實録卷 414　第 7 頁　414.5.7762）

1937　十月戊午　户部以年例請發粟米、煤柴〔校記：廣本柴作炭〕銀兩養〔校記：廣本無養字〕濟貧民。有旨：差五城優恤，不必拘定人數。

（神宗萬曆實録卷 414　第 8 頁　414.6.7763）

1938　十月己巳　大選進士田一井等以下共三百八十七員。

（神宗萬曆實録卷 414　第 14 頁　414.13.7777）

1939　十月庚午　朝鮮國王李昖奏乞買辦硝黄火藥。下兵部覆議。准令進貢陪臣自備價值，每年一次收買三千斤。仍照舊給與車輛，沿途遞送，俟該國兵强警息之日另議停止。詔從之。

（神宗萬曆實録卷 414　第 15 頁　414.13.7778）

1940　十一月癸酉　以薊、遼、昌、保四鎮大閲八事，叙録文武各官：原任總督邢玠加少保及時起用，蔭一子入監讀書，賞銀四十兩，大紅蟒衣一襲；總督蹇達加太子少保，賞銀四十兩，大紅飛魚一襲。順天巡撫劉四科加右都御史，蔭一子入監讀書；遼東巡撫趙楫陞兵部右侍郎、蔭一子入監讀書，給與應得誥命；保定巡撫孫瑋陞〔校記：廣本陞作加〕俸一級；原任保定巡撫汪應蛟陞兵部左侍郎，遇缺起用，蔭一子入監讀書，各賞銀三十兩，大紅紵絲三表裏。原任保定巡撫李盛春，禮部從優議卹。遼東總兵李成梁加太傅，賞銀四十兩，大紅蟒衣一襲。薊鎮總兵尤繼先加太子太保，賞銀三十兩，大紅蟒衣一襲。保定總兵倪尚忠、原任昌平總兵黄右臣各陞署都督同知，賞銀三十兩。昌平總兵常世爵陞俸一級，賞銀二十兩。其道府偏裨以下，各陞賞紀録有差。

（神宗萬曆實録卷415　第4頁　415.3.7783）

1941　十一月戊寅　宴朝鮮國進賀長至陪臣吏曹參判李相倍等二千（按：館本千作十）一員，命侍郎李廷機待。

（神宗萬曆實録卷415　第9頁）

1942　十一月庚辰　以刑部提牢廳失火，司獄俞大純提問如律，司官倪朝賓、兵馬莫踰位姑免究。

（神宗萬曆實録卷415　第10頁　415.8.7794）

1943　十一月丙戌　工科以日至届期，城工未畢，乞勅工部酌議某工可且暫停，某工可且〔按：館本且作宜〕減作，嗣歲一意城工併日修築，以固保障。上曰：城工委宜早竣，該部便酌量各工緩急且奏。時工部適以殿門鼎建，條上緊要事宜。有旨：殿門固難稽緩，但工程浩大，物力不敷，各處災傷，豈堪騷擾？且河工、城工最爲緊急，一時并舉，力已不支，這大工不妨次第行之，以寬民力。時該科已有章疏〔校記：廣本疏作奏〕，你部裏還遵遷旨酌議各工緩急，具奏來行。

（神宗萬曆實録卷415　第12頁　415.10.7797）

1944　十一月己亥　起陞原任左諭德陶望齡爲國子監祭酒。

（神宗萬曆實録卷415　第20頁　415.16.7810）

1945　十二月丁未　内官監太監陳永壽恭進秋冬二季煤課銀兩，上曰：昨已有旨停礦調税。念畿輔煤窰係小民日用營生，除官窰煤炸照舊内監開取供用，其餘民窰税課盡行停免，以昭朝廷優恤根本地方德意。

（神宗萬曆實録卷416　第7頁　416.6.7823）

1946　十二月癸丑　以九年滿考〔校記：廣本作考滿〕，陞御史馬從聘、畢三才俱太僕寺少卿，李炳順天府府尹，各添註管事。

（神宗萬曆實録卷416　第11頁　416.9.7829）

1947　十二月癸丑　　兵部言：朝鮮哨探委官，原爲去年三月該國奏報賊情叵測，本部覆議，行遼東撫鎮差委標下的當員役，赴彼密探，報部裁酌。今督撫咨稱：二載偵探，并無動静，遣官在彼，徒滋煩擾，欲責該國，自行探報，以觀聲勢。又云：彼中防守，尚爾因循，雖該國積弱之餘，苟安之習，而係我藩籬，豈〔按：館本無可上豈字，抱本有，是也〕可謨然秦越置之。乞賜勑一道，宣諭國王，令及時淬勵，振拔自强，一應戰守機宜，着寔脩舉，以仰副天朝興廢顧護至意。仍遠偵密探，不論有無警息，每二月一報鎮江遊擊衙門，如有重大情形，不時馬上馳聞。詔從之。

（神宗萬曆實録卷 416　第 12 頁　416.10.7831）

1948　十二月癸丑　　户部言：臣部每歲四百萬之入，以供四百萬之出，此定數也。萬曆三十二年，管庫主事余自强差滿考覈收過太倉銀四百二十二萬三千，京糧銀三十五萬九千，其放過銀數〔按：館本銀數作總數〕如之。頃管庫主事張聯奎差滿候劣（按：館本劣作考）據收過太倉銀三百二十五萬七千，京糧銀一十九萬二千，其放過總數亦如之。一年之間，成類頓減百萬，細究其故，匪第灾沴虧折之不敷，省直逋欠之不前，而各處那借折留，其侵越有不可言者在也。先是，臣于萬曆三十一年兩次題請奉旨嚴飭，不啻三令而五申矣。……查自萬曆三十年以〔按：館本以作已〕前内外已借用過一百五十八萬八千有奇，其近年借支截留不與焉。

（神宗萬曆實録卷 416　第 13 頁　416.11.7832）

1949　十二月癸丑　　惜薪司奏：柴炭商人原僉三十名，節經逃亡事故，見在者止八名，上納不前，乞勑添僉協辦。有旨：柴炭商人既係舊額，何爲在先通行？今逃亡事故數多，見役稱苦，上用正供錢糧豈可責數家小民出辦以致靠損？應該作何處置，工部着議來説。

（神宗萬曆實録卷416　第15頁　416.12.7835）

1950　十二月乙卯　命脩撰朱〔校記：抱本朱作宋，誤〕之蕃、禮科左給事中梁有年勅諭朝鮮國王李昖。賜王〔校記：抱本王作士，誤〕紵絲十疋，粧錦四疋〔按：館本疋作段〕，熟素絹十疋；王妃紵絲六疋，紵錦二段，熟素絹六疋。

（神宗萬曆實録卷416　第23頁　416.19.7849）

1951　十二月乙卯　陞順天府府尹許弘綱爲右副都御史，巡撫江西等處地方，兼理軍務。

（神宗萬曆實録卷416　第24頁　416.19.7850）

1952　十二月丙辰　以順天府固安縣教諭薛養性爲翰林院待詔。先是，福王講官員缺，吏部照常行文國子監及順天府學查取。擄稱，府縣〔按：館本府下無縣字，廣本、抱本有〕學並無舉人教官，因國學廖廖數〔按：館本無數字，廣本、抱本有數〕人，恐不足供諸王陸續選取之用。查《大明會典》，原于國子監、順天府儒學等衙門選取，則不止此兩衙門也。況嘉靖年間曾改邢〔按：館本邢作刑，誤〕台縣教諭李香〔按：館本香作秀〕爲景王講官，又事例之可擄者，請著爲令。以後選取待詔，凡畿内地方舉人教官俱得推用，果效有勤勞，即照國學事例往陞司務、主事等官，不得逾三年之外，致歎淹滯。從之。

（神宗萬曆實録卷416　第25頁　416.20.7851）

1953　十二月乙丑　大選進士崔士成等以下共三百五十三員。

（神宗萬曆實録卷416　第31頁　416.26.7864）

1954　十二月丁卯　禮部言：每歲端陽，太醫院官同聖濟殿内官往南海子採取蟾酥，殘傷物命甚夥〔按：館本夥作多，抱本作夥〕，此藥主攻毒之方，合用原少，且坊肆間可隨時取辦，不煩採而有者，乞勅停免。從之。

（神宗萬曆實録卷416　第31頁　416.26.7864）

1955　十二月己巳　是歲漕糧原額四百萬石，内除永折三十四萬四千三百四十七石七斗八合，……該進京通邊倉三百四十八萬七千九百四十一石九斗六升三合，内漂失焚燬一萬三千九百三十一石九斗六升六合七勺三秒，俱免晒〔按：館本無免晒字〕免尖處補完足〔按：館本足下有了字〕。

（神宗萬曆實録卷416　第31頁　416.27.7895）

萬曆三十四年（1606）

1956　**正月庚午**　陞順天府府丞周盤為右僉都御史，廵撫甘肅。

（神宗萬曆實録卷417　第2頁　417.1.7868）

1957　**正月甲戌**　工科給事中胡忻言：往昔舖商食鮮策肥，衣錦居華，於今富者貧者逃且死矣。所以恤之〔校記：廣本之下有者字〕有五：一、該司各廠内官衆至三四百人，人人攘臂攫奪，其何能支？今請定有額員，少一人卽免一人之害。一、該司横索舖墊，無所底止，甚至竭一廠錢糧不足充一廠鋪墊者。請限有限數，省一分卽享一分之利。一、各衙門年例〔校記：廣本例作利〕柴炭須從改折。一、各處物料責解本色，毋復煩商買辦。一、請將京城内外鋪面及販金石、珠寶之家，不論權〔按：館本權作糧，誤〕要勢豪，資本二三百兩以上至千萬兩，列爲三門九則納銀，有差召募熟練事情慣應商役十數人使之應役，則京師之人世世無僉報之憂。不報。

（神宗萬曆實録卷417　第3頁　417.2.7869）

1958　**正月甲申**　御用監上聖母册封册寶，冠頂合用金寶數目……。户部辦送足色金一千四百三兩八錢。

（神宗萬曆實録卷417　第4頁　417.3.7872）

1959　**二月壬寅**　皇太子第一子生。遣使勅諭朝鮮國王李昖，賜王紵絲十疋、粧錦四段、熟素絹十疋；王妃紵絲六疋、紵錦二疋、熟素絹六疋。

（神宗萬曆實録卷 418　第 2 頁　418.1.7885）

1960　二月甲辰　陞江西左布政使吴獻台爲順天府府丞〔按：館本丞作尹〕，以恩詔有布政司正官再考稱職與内轉之條故也。

（神宗萬曆實録卷 418　第 4 頁　418.3.7889）

1961　二月甲辰　安南都統使黎維潭子（按：館本子下有黎字）維新貢方物請封。黎氏自黎利傳七世至譓，爲其臣莫登庸所所（按：館本所下無所字）奪。莫氏傳五十餘年，譓子寧奉黎記（按：館本記作）于漆馬江，傳四代至維潭，與其臣鄭松協謀起兵，誅莫氏，盡復其舊。因進代身金人，請命于朝，詔封都統使，鑄印頒給，時萬曆二十五年也。越二年，維潭卒，子維新立，不告哀，亦不請貢，會其國夷官常達禮勾領頭目陸佑等侵犯思陵，擄官去印。朝議移文詰責本國。捕得陸佑以獻，達禮悔過，解回官印。又擒獲奸細一十八名贖罪，詔許令自新。於是維新遣夷舍杜文貞等叩關〔按：館本關作闕，誤〕請貢，至是七年矣。自陳實出世嫡，初因國事未定，國内逆賊潘彦搆亂，至是未及告哀請貢。既因常達禮犯順懼譴，因循所有舊鑄〔按：館本鑄作給〕銅印，彼時維新率頭目鄭松等親齎緩納抵求給换銀印，不意潘彦邀致失壽昌江中，願以百金賠償。廣西撫臣楊芳上其事。詔：下兵部詳議以聞。

（神宗萬曆實録卷 418　第 4 頁　418.3.7889）

1962　二月己酉　署工部事刑部左〔按：館本左作右〕侍郎沈應文言：繕治城垣工程最急，其見在灰車各役極稱疲憊，獨肩則有不均之嗟，編派又有騷擾之慮，無已惟於灰車等户移文順天府，查訪的確殷實之家，量僉報灰户八名、車户十名尚爲幫助，其城工舊役仍着令上緊協辦，臣部酌量給發，預支接濟。上報，以城工最緊〔按：館本緊作急〕，灰車二户不得不量行僉報，但不許多派人數及以中等之家搪塞，致滋告擾。其已經審明確的確殷實者，亦不許鑽求勢要多方避匿，爾還酌量多寡給發預支，俾無偏累，以安都民。

（神宗萬曆實録卷 418 第 7 頁 418.5.7893）

1963 三月辛未 户科左給事中蕭近高言：惜薪司并外四廠柴炭係内廷正供急需，該司動曰錢糧急缺。大木炭每廠銀一千八百七十五兩，内柴每廠銀一千二百兩，外柴每廠銀一千兩三錢，價非不敷，預支非不以時，然而至者何也？良由内監管理人衆，及雜色人役日增，愈衆則愈費。今該司掌廠之外又有貼廠，又有僉書，幾十數輩，以故罄一廠官銀不足供一廠使費。又報數人役舊止六名，今報數名下又立大頭領色名矣。有管事人役，舊止三十名，今至百數十名矣。聽用巡邏今不用，弓兵又改名催事人役。人人横索，舊每名所索以分錢計，今至百計。舊所領官銀即用以辦納柴炭，今官銀一領即輦至報數之家，瓜分蠶食，不厭其欲。即柴炭盡辦，駕𢬵（按：館本𢬵作偟）未完，經年不報。此外，又有包攬使用，有包攬門禁，并紅門裏人役、香匠、秤手、柴頭、園頭人等横索無厭，彼商人不爲溝中瘠者寡矣。乞振飭痛釐該司冗員、冗費，救此倒懸。不報。

（神宗萬曆實録卷 419 第 2 頁 419.1.7926）

1964 三月己卯 以元孫誕生，册封皇太子生母恭妃王氏爲“貴妃”。

（神宗萬曆實録卷 419 第 4 頁 419.3.7929）

1965 三月庚寅 初，永樂間設銀魚塲於寶坻縣，隆慶二年停革，惟令光禄寺估計時價，以供廟享上用而止，未有差官坐採又徵其税者。自萬曆二十八年始，命税監王虎徵收課税，其後以張燁、馬堂兩監割分津灣疆界，張燁猶正（按：台本正作止）抽徵寶坻，馬堂貪縱特甚，聽委官康寧并税及武清等不産銀魚地面，又增葦網等税因（按：館本因作目）二萬餘（按館本餘下有兩字）。

詔歸有司，堂聽康寧之〔按：館本無之字〕謀奏，廟享至重，有司不得越俎，又增入清縣、天津二處一併徵收。寧得〔按：館本無得字〕旨，即於各處竪旗設廠，恣行剽奪，遠近騷然。

（神宗萬曆實録卷 419　第 7 頁　419.6.7935）

1966　三月壬辰　工科〔按：館本科下有右字〕給事中王元翰言：祖宗朝徙天下富户以充實京師，誠爲根本，慮至遠也。臣有廠庫之役，時見羣商羅跪號泣，察其累受而困憊爲舖墊多也。舖墊之過多爲惜薪内官多也。内官中威取刑逼〔按：館本逼作偪〕，如楊致中者，尤爲罪魁，該司内官舊不過一二十人，今幾十倍矣。數愈多則溪〔按：館本溪作谿〕壑愈闊，填補愈難，稍有不足，非刑隨及，是以京師人家有數萬金者〔按：館本人家有數萬金者作數萬金之家〕一掛名于〔按：館本無名于二字〕四司舖户，無不蕩産罄貲，因而投河經濆，言之酸鼻刺心，孰非舖墊之流毒哉。願皇上〔按：館本無皇上二字〕痛加裁抑，使官有定數，額無求多，庶彫疲之命少延，根本之地可固。不報。

（神宗萬曆實録卷 419　第 9 頁　419.7.7937）

1967　四月癸丑　廷試天下貢生。

（神宗萬曆實録卷 420　第 7 頁　420.5.7954）

1968　四月戊午　進封恭妃王氏爲“皇貴妃”。

（神宗萬曆實録卷 420　第 9 頁　420.7.7957）

1969　五月辛未　册封琉球使臣六科右給事中夏子陽等疏請戒海嚴防。報聞。

（神宗萬曆實録卷 421　第 1 頁　421.1.7963）

1970　五月丙子　巡視京營科道胡忻等條陳京營五事。一、戰車軍中長技，今營兵二〔按：館本二作數〕萬，營車止一千二百輛，大半被壞，宜責該營自行修理。一、班軍之設，原用派守重城，非專供畚插〔校記：廣本插作鍤〕，邇因暫（按：館本暫作蹔）借假〔按：館本假作做〕工遂廢營操之制，且中多賫緣，僱倩籍掛空名。

今後班軍到京，聽本部驗收發營，遇緊急工程，方許酌量撥派，其餘盡留操練。一、營軍十餘萬衆，涣散居住〔按：館本居住作住居〕，遇警難以〔按：館本以作於〕調集，議將缺官軍伴并〔校記：廣本并作併〕備兵操賞及火籠槍〔校記：廣本、抱本槍作鎗〕三項裁省，歲可得銀一千二百有奇，分給各賞營，先造營房二三百間。先令路遠選鋒三五人共住一間，其餘次第增修。一、選鋒强半步卒，何以馳騁向前，議將火器馬匹每隊止留五疋馱載，餘盡兑給無馬選鋒。一、京營募軍替補，積延歲月，粮餉未給，以後替補軍人會驗給票，即令發營，食粮不必復驗。兵部覆：如議允行。

（神宗萬曆實録卷 421　第 2 頁　421.1.7964）

1971　五月壬午　陞太僕寺主簿劉孟銑爲順天府通判。孟銑故御史劉臺子也，以臺諫死〔校記：廣本諫死作死諫〕蒙恩廕得官云。

（神宗萬曆實録卷 421　第 5 頁　421.4.7969）

1972　六月己未　順天文安、永清、武清、三河、寶坻等縣大蝗。

（神宗萬曆實録卷 422　第 5 頁　422.3.7986）

1973　六月丙寅　賜朝鮮國陪臣宴，命禮部侍郎李廷機陪待。

（神宗萬曆實録卷 422　第 7 頁　422.5.7990）

1974　七月辛未　翰林院脩撰朱之蕃、刑科都給事中梁有年册封朝鮮國回復命。

（神宗萬曆實録卷 423　第 3 頁　423.2.7994）

1975　七月丙戌　雷震朝日壇，風拔禮神壇大槐盡折。大雨雹，平地水深三尺許。禮部左侍郎李廷機等乞脩舉寔政，以答天心。不報。

（神宗萬曆實録卷 423　第 7 頁　423.5.8000）

1976　七月辛卯　安南國王黎維新刺死韋達禮，函首以獻。

（神宗萬曆實録卷 423　第 8 頁　423.6.8001）

1977　八月乙巳　朝鮮國陪臣李覺〔按：館本覺作覺，廣本作寬，抱本作覺〕以慶賀萬壽節至京。

（神宗萬曆實録卷 424　第 3 頁　424.2.8008）

1978　九月己巳　除順天中式〔按:館本式下有第四名三字〕舉人鄭汝鑛名，遣戍遼東。汝鑛，浙人，目不識丁，棄父母爲富家養子。據其雄貲，入北雍，巨賄闈役，割截取中貢生馬顯忠首二場文字，獲列魁選。事覺，併奸黨俱擬究如律。初議以顯忠補解，既又以五策不出顯忠，僅命于歲貢選日照舉人列（按：館本列作例）而已。是時取士率重首場，首場既收，二三場苟非悖謬無復落者。顯忠又七閩名士，謂當取其三場原本勘閱可定，乃持疑不果，顯忠竟鬱死。士論惜之。

（神宗萬曆實録卷 425　第 2 頁　425.2.8019）

1979　九月戊寅　兵部尚書蕭大亨以禁軍之闕上疏云：皇城守衛與紅盔、明甲、乂刀、圍子手等軍皆宿衛之雄，稱禁旅焉。平居必尺籍有人而後選補不虛，必統率得人而後撫禦〔按：館本禦作馭〕有道，必查點有法而後奸弊可懲。乃今守門之弁，皆係窘懦殘羸，有同市乞，奸猾者悉多雇倩，此何以率衆士而壯干掫？弊在職官，管軍官員自勳臣把總及内外守門各官占役頗多，每月令伍長科歛投送，遂得買閑空名掛籍，不可究詰；弊在占役，凡京師積猾，每遇兵缺，則賄衛所官詭名報送，……從之。

（神宗萬曆實録卷 425　第 6 頁　425.4.8023）

1980　九月癸未　琉球國中山王世子尚寧遣長史等進貢方物。

（神宗萬曆實録卷 425　第 7 頁　425.6.8027）

1981　十月戊申　賜朝鮮國陪臣宴，命禮部侍郎李廷機陪待。

（神宗萬曆實録卷 426　第 6 頁　426.5.8041）

1982　十月壬子　賜琉球國夷人宴，命禮部侍郎李廷機陪待。

（神宗萬曆實録卷 426　第 8 頁　426.6.8044）

1983　十月己未　覆試丁酉科被論文理紕謬舉人曹蕃等五名，文理俱通，准免革。

（神宗萬曆實録卷 426　第 10 頁　426.8.8047）

1984　十一月戊辰　冊封琉球正使夏子陽、副使王士禎竣役回。

（神宗萬曆實録卷 427　第 2 頁　427.1.8050）

1985　十一月己巳　大修都城重城，自三十三年始事，至今報竣。工部題叙内外文武諸臣共七十三員，章下吏部。

（神宗萬曆實録卷 427　第 2 頁　427.1.8050）

1986　十一月壬申　以……薊鎮黄花路參將劉照爲山東副總兵。

（神宗萬曆實録卷 427　第 3 頁　427.2.8051）

1987　十一月甲戌　黜薊鎮石門、喜峰二路參將胥應徵、陳應〔按：館本應上無陳字〕麒冋衛，以關臣論列故也。

（神宗萬曆實録卷 427　第 5 頁　427.4.8055）

1988　十一月甲戌　陞喜峰路參將李宗為副總兵，仍管喜峰路事。

（神宗萬曆實録卷 427　第 5 頁　427.4.8055）

1989　十一月癸未　陞薊鎮石匣遊擊楊仲祥爲太平寨參將，真定遊擊王廷相爲徐州參將。

（神宗萬曆實録卷 427　第 7 頁　427.6.8059）

1990　十一月甲午　以冬深，撤薊鎮兵馬如例。

（神宗萬曆實録卷 427　第 8 頁　427.6.8060）

1991　十二月乙未朔　總理惜薪司内監楊致忠杖殺燕山右衛指揮僉事鄭光耀〔校記：《皇明經世文編》卷四六九載汪若霖原疏作鄭光擢〕。時義勇前衛指揮王來聘僉充舖商，致忠需求不已，來聘不勝其苦，棄印逃去，致忠拘之，不出，乃捕其婦弟鄭光耀，嚴刑考掠，光耀立死。于是右給事中汪若霖疏劾致忠十罪，請革去總理職銜，付法司鞫問。又言：……俱不報。

（神宗萬曆實録卷 428　第 1 頁　428.1.8061）

1992　十二月庚戌　賜朝鮮國陪臣宴，命禮部侍郎李廷機待。

（神宗萬曆實録卷 428 第 8 頁 428.6.8072）

1993 十二月辛酉 國子監司業沈漼條監規三議：一、叙撥之規，必日月〔按:館本日月作月日〕既滿，方與撥歷，未及期者，一日不容假借。二、假曠之規，生監逃回者，該監呈部行提，三月不到除名。三、參處之規，凡經該監處分者，不許夤緣倖進，如從别衙門送監者，徑自駁回，仍行重治。上諭禮臣：國子學規，祖宗朝成諭甚嚴，所以教化大行，才人稱盛。近來傲惰成風，恬不畏法。并一二文具亦盡廢弛，士習如此，安望用之異日。漼此論有關風教，其着寔申飭行之。

（神宗萬曆實録卷 428 第 11 頁 428.9.8077）

萬曆三十五年（1607）

1994 二月丁酉 勅在京舊大（按:館本大作太）倉、南新濟陽倉、海運新太倉、北新大軍倉、西新太倉并〔按:館本并作併〕通州大運中南倉、大運西倉七監各鑄開（按:疑開爲關之誤）防。在京五倉監督舊例差三年減作一年，以均勞役。從郎中馮瑗、主事裴文焕等請也。

（神宗萬曆實録卷 430 第 3 頁 430.3.8109）

1995 二月戊戌 監廣寧門内監邢朝等犯辟下獄。九門之税徵及士紳，歲值計偕，孝廉縉紳垂橐而出，猶有税者。正月二十八日壬辰，有太（按:館本太作泰）興縣知縣龍鏜覲畢出城，意方悒悒也。辇璫需索，繼之以梃，出（按:館本出作去）數步，遂斃于民舍。時直日者趙禄，而邢朝、王奉、張憲、李騰、孫朝、楊忠、宋吉祥等共爲究熘（按:館本究熘作兇焰）。兵部以邢朝爲首讞上，即付法司盡法究問。既而論者咸指趙禄，禄乃正法。於是，監竪小戢士紳之税亦以是故末減。

（神宗萬曆實録卷 430　第 4 頁　430.3.8110）

1996　二月壬寅　巡關御史吴宗禮上〔校記：廣本上下有言字〕邊防諸事。兵部覆上五事：一議固陵寢。自黄花路西星口迤〔按：館本迤作遞〕西，保〔按：館本保作陴，抱本作俾，改作保〕障單薄，宜依督臣蹇達議撥薊鎮南兵派發昌鎮分守隘口。又將昌鎮車營兵五千八百分爲二班，添將統練，自宣府南山岔〔按：館本岔作坌，廣本、抱本作岔，是也〕道一帶東西邊墻俱修。……上從之。

（神宗萬曆實録卷 430　第 6 頁　430.5.8113）

1997　二月己酉　巳時，黄霧四塞。

（神宗萬曆實録卷 430　第 11 頁　430.9.8121）

1998　二月庚戌　定磨勘律，由（按：館本由作申）前割卷論罪之令也。其法以鄉、會試卷揭曉畢日，本生自簡續將中式卷送部科勘對，如有誆騙人財（按：館本財下有物字）、割卷色諸〔按：館本色諸作包許中式〕情弊者俱拏問，重枷三個月，發極邊煙瘴地方充軍。其央浼營幹之人被誆騙者，無論知情不知情，中式不中式，俱一體問〔按：館本問作同〕罪。

（神宗萬曆實録卷 430　第 12 頁　430.10.8123）

1999　二月甲寅　西朝房火。兵科右給事中吕邦耀疏言：朝房者，臣子退居之地，聽鑰之區，一朝煨燼，豈屬偶然?

（神宗萬曆實録卷 430　第 14 頁　430.12.8127）

2000　二月乙卯　易州神器庫火。

（神宗萬曆實録卷 430　第 15 頁　430.12.8128）

2001　二月乙卯　監廣寧門趙禄監候處决，邢朝、王奉、張憲發邊衛充軍。從科道法司之議也。

（神宗萬曆實録卷 430　第 15 頁　430.12.8128）

2002　二月辛酉　刑科給事中周曰庠請革九門門税。不報。

（神宗萬曆實録卷 430　第 18 頁　430.14.8132）

2003　三月乙亥　薊鎮、密雲軍士缺冬十二月、正二月粮，借支京粮庫銀十萬。從户部之請也。

（神宗萬曆實録卷 431　第 4 頁　431.3.8137）

2004　三月戊寅　廷試禮部貢士施鳳來等三百一人。

（神宗萬曆實録卷 431　第 4 頁　431.3.8137）

2005　三月辛巳　賜一甲黄士俊、施鳳來、張瑞圖、二甲王光經、三甲董承詔等各及第、出身有差。

（神宗萬曆實録卷 431　第 8 頁　431.6.8143）

2006　四月乙未　工科右給事中王元翰疏言：臣待罪工垣，巡視節慎庫、盔甲、王恭二廠，業已年餘。每見國賓〔按：館本見作思，廣本、抱本作見。廣本國下有病字。館本賓作空，抱本作賓〕虚，又急可緩之工，而饒無名之費。每一興作，庫藏發百萬，朝廷只得十餘萬之用；庫藏發十萬，朝廷只得萬餘之用。所以然者，題請出自内廷，取數不由工部，使朝廷以浩費而窮事功，不當古人之半；百姓以剥膚而困膏血，不佐公家之需。雖有管仲、劉晏，不能理今之天下矣。臣敢以身經目擊庫藏事宜條爲數欵，冀聖明覽焉。

（神宗萬曆實録卷 432　第 3 頁　432.2.8156）

2007　四月丁酉　通州西倉火。

（神宗萬曆實録卷 432　第 6 頁　432.5.8161）

2008　四月戊戌　廷試就教舉人三百五十名。

（神宗萬曆實録卷 432　第 6 頁　432.5.8162）

2009　五月甲申　遣光禄署丞范光裕送安南貢使之國。

（神宗萬曆實録卷 433　第 9 頁　433.7.8196）

2010　六月乙卯　兵科左給事中夏子陽册封琉球國。

（神宗萬曆實録卷 434　第 12 頁　434.10.8217）

2011　閏六月己卯　陞廣西左布政曲遷喬爲順天府尹。

（神宗萬曆實録卷 435　第 6 頁　435.4.8230）

2012　閏六月己卯　陞翰林院簡討南師仲爲國子監司業。

（神宗萬曆實録卷 435 第 6 頁 435.5.8231）

2013 **閏六月辛巳** 太常寺署事少卿張問達請立太常朝房。故事：太常以典禮夙興候長（按：館本長下有安字）門外，不設朝房。至是，重修朝房，故問達請之。

（神宗萬曆實録卷 435 第 8 頁 435.6.8234）

2014 **閏六月乙酉** 雨潦浸貫城，長安衜（按：館本衜作街，是也）水深三〔按：館本三作五，廣本、抱本作三〕尺。

（神宗萬曆實録卷 435 第 9 頁 437.7.8235）

2015 **閏六月庚寅** 久雨祈晴，命順天府竭誠致禱，毋事虛文。

（神宗萬曆實録卷 435 第 11 頁 435.8.8238）

2016 **七月甲午** 刑部司獄及錦衣衛獄圮。

（神宗萬曆實録卷 436 第 4 頁 436.3.8243）

2017 **七月甲午** 工部右侍郎劉元霖以都城久雨，溝洫壅閼，乞減織造、燒造之費，以資營繕。不報。

（神宗萬曆實録卷 436 第 4 頁 436.3.8243）

2018 **七月丁酉** 陞左庶子周如砥爲國子監祭酒。

（神宗萬曆實録卷 436 第 4 頁 436.3.8243）

2019 **七月戊戌** 東華門内城圮，德勝門城圮。

（神宗萬曆實録卷 436 第 5 頁 436.4.8245）

2020 **七月庚子** 刑部右侍郎沈應文以獄囚久浸，乞暫豁諸矜疑者。不報。先是，以大〔按：館本以下無大字〕暑省刑而熱審矜疑，疏尚未下，至是久浸，圜土尤甚。獄官大夫有斃者，故應文疏言之。疏上，需命未下。于是明日諸法司查發囚徒，除凌遲斬絞鎖扭牢固外，軍徒杖罪及各輕犯已結未結總五十三人，俱發大興、宛平二縣監候，續疏以聞。上亦不罪也。

（神宗萬曆實録卷 436 第 6 頁 436.5.8247）

2021 **七月壬寅** 查核通灣所失粮艘，自閏月甲申以前、戊寅以後屢有漂溺，凡損艘二十三隻，米八千三百六十三石，渰死運軍二十六名，其沿河民户漂没者不復能稽。

（神宗萬曆實録卷436 第6頁 436.5.8247）

2022 七月乙巳 命五城行查灾民，量捐救濟，户部出太倉粟酌行平糴。工部急濬溝渠，疏水道，俱如甲辰例。從閣臣之請也。

（神宗萬曆實録卷436 第7頁 436.5.8248）

2023 七月己酉 工部右侍郎劉元霖往壽宫。

（神宗萬曆實録卷436 第8頁 436.7.8251）

2024 七月辛亥 工部右侍郎劉元霖自壽宫回。

（神宗萬曆實録卷436 第10頁 436.8.8254）

2025 七月壬子 以〔按:館本無兩上以字〕兩宫殿門叙工，應陞官匠三百五十員。先是題千餘員，至是乃定。

（神宗萬曆實録卷436 第11頁 436.9.8255）

2026 七月丁巳 順天府丞李炳以祈晴報命。上言：今幸雨歇，尚未知天意如何，爾大小官員當時恪共乃職，勤政便民，毋得優游玩愒，直候有灾方修省祈禱，豈未雨綢繆之義？旨下，諸臣以爲遇灾修省，義不得獨責之臣下也。後數日，吏科右給事中翁憲祥疏曰：頃者霪雨爲灾，洪水泛濫，人心洶懼，未知所終。皇上沛發德音，平糴賑濟，輦轂之下，稍有起色。又于一日下推補之數（按：館本數作疏），行考選之典，大小臣工舉手加額，以爲聖政更新，天心可回。雨既暫歇，人情稍安，然猶不時曀陰，人懷驚懼。

（神宗萬曆實録卷436 第13頁 436.11.8259）

2027 八月丙寅 命户部支太僕寺銀十萬，與五城御史查勘災荒的實。先（按：館本先下有儘字）京城，次及裹八府，酌〔按：館本酌作劑〕量重輕，一體賑救。房號免租三月。平糴之法，依擬實行。煮粥著于冬，新歲動支掃倉餘米，行三個月。其外省飢民，行撫官查例預備義社等倉及搜括庫藏，堪動銀兩，多方賑濟，毋使枵腹遠奔，流離失所，以虛朝庭愛元元之意。從户部請也。

（神宗萬曆實録卷 437 第 3 頁 437.2.8265）

2028 八月乙酉 朝鮮國王李（按：館本李下有昖字）送〔按：館本送作發〕還漂海人民，稱係旅順官兵，行山東查驗收伍操練，如係私販下海，别有情弊，究處以聞。

（神宗萬曆實録卷 437 第 11 頁 437.9.8280）

2029 八月丙戌 命禮部右（按：館本右作左）侍郎楊道賓待宴朝鮮國陪臣。

（神宗萬曆實録卷 437 第 12 頁 437.9.8280）

2030 九月癸巳 琉球國王中山王尚寧奏獻前後科部（按：館本後科部作使所郤）金，上嘉其欵诚，並以禮金還其來使。初兵科右給事中夏子陽、行人司行人王士楨册封琉球事竣，將行，國王餽宴金及諸代儀（按：館本儀下有者字）人各黃金六斤，二臣固郤不受也。至是，王遣其舅毛鳳儀及正議大夫阮國等再齎原金。

（神宗萬曆實録卷 438 第 5 頁 438.4.8291）

2031 九月癸巳 直隸巡按鄧渼以通州水災，四關〔校記：廣本關作門〕圮塌，無可防守，城垣之壞一千二百餘丈，并三十二年大〔按：館本大作久，抱本作大〕塌之垣共一千七百三十餘丈，宜及時繕修，并請賑衄災民及蠲免粮丁。事下該部。

（神宗萬曆實録卷 438 第 6 頁 438.4.8292）

2032 九月己亥 户部議動通粮五萬石，發付薊鎮平糴。從之。

（神宗萬曆實録卷 438 第 7 頁 438.6.8296）

2033 九月己亥 琉球國中山王尚寧以弘、永間例，初賜閩人三十六姓，知書者授大夫、長史，以爲貢謝之司，習海者授通事、總（按：館本總下有管字）爲指南之備。今世久人湮，文字昔（按：館本昔作音）語，海路〔按：館本路作内〕更針，常至違錯，乞依往例更選舊銜。事下禮部，寢之。

（神宗萬曆實録卷 438　第 8 頁　438.7.8298）

2034　十一月乙未　朝鮮國請明年《曆日》共一〔按:館本無共一二字〕百本，命禮部給之。

（神宗萬曆實録卷 440　第 4 頁　440.3.8333）

2035　十一月丙午　兵部題：朝鮮國王李昖所奏捕獲海賊事宜，移文該國。凡視汛之時遇有船艦，若係漂流商民不操器械者，送還中朝；若係刦賊，不論是否中國人民，概行勦截。其兩陣交擊，格殺自宜相當，如有就執者，審係中國人民，即生致闕下，〔按：館本置上有於以二字〕置之典刑。使賊民曉然知該國之不易與而天朝之不縱奸。從之。

（神宗萬曆實録卷 440　第 13 頁　440.10.8348）

2036　十一月辛亥　上以聖母慈諭，命于漷縣永樂地方建景命殿，立碑記事，盖聖母誕降之所也。

（神宗萬曆實録卷 440　第 13 頁　440.11.8349）

2037　十一月壬子　朝鮮國王李昖以倭奴求和來告，猶前源家康所尋盟之辭也。家康自發還人户傳（按：館本傳作縛）致賊來，無日不尋盟于鮮。至是，已瀦乎秀吉之宫，遷其子秀賴于海上，意欲請命中國。兵部覆言：倭奴狡詐異常，海外勢難遥度，爲昔日者覆楚之怨，大義當申；爲今日者城下之盟，目前難恃。千里提封，天朝已挈而還之，該國則固守圖存，今又在該國事矣。大率以偵察提防責成該國，如前疏指。從之。

（神宗萬曆實録卷 440　第 14 頁　440.12.8351）

2038　十二月庚申　漷水（按:館本漷下無水字，是也）縣永樂店地方建景命殿成，竪碑記事。其文曰：朕惟帝王之興，率本母德，華渚、洽陽，鍾靈肇祉，載之詩書，爍乎盛矣。朕以眇躬御極已三十五年，仰馮〔校記：廣本馮作憑〕慈訓，方内乂安。深惟聖母皇太后功德閎茂，千古希聞。惟順天府通州漷縣永樂店，乃誕育之地，淑氣所鍾，宜有表章，以示來許。用是恭承慈命，量度經營。中創景命殿，前門後閣，繚以周垣，樹三坊于門外。左爲佛寺，右爲漢壽亭侯祠，爽塏宏壯，足以昭地靈、章濬發，稱聖母所爲篤念根本之意。告成之日，慈顔悦豫，朕志用寧。爰勑中官守護，仍爲文勒石，傳之〔按：館本傳之作垂諸〕永久。以朕凉德〔按：館本德作薄〕，寧敢方古帝王，庶幾兹地之無遜于華渚、洽陽，則有聖母之烈在，其垂裕將千萬年，則景命亦千萬年，爲法力所弘護，明神所擁衞，無疆之福，朕與萬方共祇承之。因爲紀其事如右〔按：館本右作此〕，并系之詩曰：翼翼京色（按：館本色作邑，是也），瀞水縈之。璇源遠濬，載奠坤維。尊臨長樂，歎浹重闈。綿綿景命，百禄咸宜。睠兹湯沐，啓瑞集禧。周原膴膴，寶殿攸基。重門遠閣，崇敞委迤。仁祠左拱，靈宇右麗。甍連棟接，鳥革翬飛。虹祥式闡，慈念載怡。爰及薄海，耀景咸熙。聖母之德，綏此蒸黎。百千萬祀，永永無隳。其左寺右祠，亦皆有紀文系詩，勒之于碑焉。

（神宗萬曆實録卷 441　第 1 頁　441.1.8365）

2039　十二月己丑　巡視廠庫給事中王元翰等以僉商營免太多，請停。不報。方商户久困，工科諸臣日以僉商爲請，及命下，擬諸皇親、戚畹、縉紳、錦衣衛及世職駕較（按：館本較作校）皆優免。于是諸璫紛紛庇宥，稍有力者，各夤緣解免，雖諸臣亦自以爲難也。……諸商覆爲請，俱不報。

（神宗萬曆實録卷 441　第 3 頁　441.3.8369）

萬曆三十六年（1608）

2040　正月甲辰　監察工程左給事中等官胡忻等摘陳切要事宜：金柱明梁，因材湊補，如世宗時，金柱以杉代楠，其長足圍不足，中心一根，外轃〔校記：廣本轃作凑〕八瓣，共成一柱；明梁或三轃四轃爲一根，此已事之可尋〔校記：廣本已作往，尋作循〕者。錢粮各工，題有額數，寧縮毋濫，以省國用〔按：館本無以省國用〕。如世廟門殿工，原估三百六十萬，將作者尺寸算之，竟省三分之二，則精覈之爲物大矣，物料收支、夫匠點閘、工價給散，惟監督是賴。宜久任責成，期以大工告成，從優敘陞，庶幾專精經營，不以傳舍分念也。

（神宗萬曆實録卷 442　第 3 頁　442.2.8399）

2041　正月丁未　治内官王忠等罪，以正月四日司鑰庫盜失珍號銀三十八錠也。

（神宗萬曆實録卷 442　第 5 頁　442.4.8403）

2042　正月壬子　命司禮監太監成敬同兵部閲視京營。

（神宗萬曆實録卷 442　第 7 頁　442.5.8406）

2043　正月丙辰　兵部言：畿輔重地，年來災傷叠臻。三十五年，霪雨異常，民不堪命。諸如户部咨勘薊州十二團營地畝應徵萬曆三十五年分解本部料〔按：館本料作籽〕粒錢照例蠲免三分，其應徵七分與香河縣助邊充餉、神機營牧馬草場等項錢粮俱行暫緩。許之。

（神宗萬曆實録卷 442　第 9 頁　442.7.8409）

2044　正月丁巳　兵部言：寇家梁一帶爲鴈代最要衝邊，宜甎石包修，以資保障，每百丈内修敵樓一座。其罷閑參將周俊既經保薦，專委督理，如著勞績〔按：館本績作續，舊校改續作績〕，候相應員缺起補。從之。

（神宗萬曆實録卷 442　第 9 頁　442.7.8409）

2045　二月戊辰　京師地震，昌平州亦震。

（神宗萬曆實録卷 443　第 7 頁　443.5.8420）

2046　二月己巳　安南頭目鄭招〔按：館本招作松〕潛計刺死禄州夷官韋達禮，函首補貢。

（神宗萬曆實録卷 443　第 8 頁　443.6.8422）

2047　三月辛亥　是日（按：館本日下有未字）大風，黃塵四塞。

（神宗萬曆實録卷 444　第 8 頁　444.6.8438）

2048　四月丁巳　是日午，大風，黃塵四塞。

（神宗萬曆實録卷 445　第 1 頁　445.1.8441）

2049　四月辛未　命順天府禱雨。

（神宗萬曆實録卷 445　第 5 頁　445.4.8447）

2050　四月乙卯　朝鮮國陪臣李好閔等一十三員賫進表文方物，爲其故王李昖告訃請謚，辭宴不開市，准折宴頒賞遣回。

（神宗萬曆實録卷 445　第 7 頁　445.6.8451）

2051　四月壬午　禮科都給事中胡忻題：朝鮮國王李昖兩子，臨海君珒居長，光海君琿居次。今國王卽世，其妃金氏爲次子請封，光海君琿業已署國事告訃。夫使該國安陋承舛不〔按：館本不下有稟字〕俟我天朝則可發（按:館本發作廢，是也〕置自繇，誠秉禮慕義，惟天朝之命是聽，安得不以典禮相要束，而骨肉起〔按：館本起作相〕怨梯之禍哉？上曰：立國以長，萬古綱常，該國素稱禮義之邦，豈可擅行廢立？移文該國耆老大臣，會同軍民人等，秉公詳議，臨海何以當廢，光海何以當立，萬口一辭，然後奏請定奪。

（神宗萬曆實録卷 445　第 8 頁　445.7.8453）

2052　五月戊子　京師雨雹。

（神宗萬曆實録卷 446　第 4 頁　446.3.8461）

2053　五月辛亥　陞福建都司方鉅、神機十營佐擊杜印、大寧都司錢宮各遊擊。鉅浙江軍門標下右營，印薊鎮南兵營，宮遵化右軍營。

（神宗萬曆實録卷 446　第 7 頁　446.5.8466）

2054　六月辛酉　許良鄉將寄養馬匹額内量減二百匹接濟驛

遞。

（神宗萬曆實録卷447 第3頁 447.2.8471）

2055 八月丁巳 工部言：通州爲京師右臂，漕糧數百萬，歲儲其中。頃遭洪水，城垣傾頹。即宜舉行，用固神京保障。從之。

（神宗萬曆實録卷449 第1頁 449.1.8495）

2056 八月癸亥 賜朝鮮國陪臣尹暉等三十員入賀，宴賞如例。

（神宗萬曆實録卷449 第4頁 449.3.8499）

2057 九月辛卯 會極、歸極二門竪柱。

（神宗萬曆實録卷450 第4頁 450.3.8513）

2058 九月丙申 大學士朱賡言：永樂店景命殿及寺廟護敕臣等欽遵恭寫。今傳聖母諭，將華嚴寺爲“保國慈孝華嚴寺”，顯忠廟爲“護國景寧至德真君廟”。恭繹名義，皇上之意惟在歸功于聖母，而聖母之意復欲闡孝于皇上。即此一稱名間，慈孝之德真足光天壤而冠古今矣。

賡等又言：奉聖諭，寺廟既改宗（按：館本宗作字）多，其景命殿額名字少，且未顯〔按：館本顯下有奉安二字〕聖母萬壽景命之意，今可請添慈聖景命殿，亦改入敕諭及碑文内，臣等仰見慈命凡百周詳〔按：館本詳作祥，抱本作詳，是也〕，聖諭既明，即可欽遵旨嘉其忠慎〔校記：廣本慎作順〕。報聞。

（神宗萬曆實録卷450 第5頁 450.4.8515）

2059 九月丙申 陞順天府府丞李炳爲都察院右僉都御史，巡撫遼東地方。

（神宗萬曆實録卷450 第5頁 450.4.8515）

2060 九月己亥 命輔臣將慈聖景命殿護敕暫藏在閣，待工有次第，差官開讀。皇帝敕諭：内外官員軍民諸色人等，順天府漷縣永樂店地方，我聖母慈聖宣文明肅貞壽端獻恭熹皇太后實誕生於此本源之地。慈念所屬乃于萬曆三十五年鼎建慈聖景命殿，以標表里閭，顯揚靈瑞，祝我聖母慈壽于萬萬年。殿五間〔按：館本間下有後閣五間四字，抱本無〕，廊廡階墀，規制咸備。大門之外建中、左、右石牌坊三座，又于殿東西兩旁蓋保國慈孝華嚴寺一座、護國崇寧至德真君廟一座，各有室宇，以居僧衆、便焚修。仍有先朝欽賜養贍地七百頃，今作本殿護殿地，及聖母欽降帑銀買給贍寺廟地三〔按：館本三作二，抱本作三〕十五頃，俱給本家正枝嫡嗣子孫，自行營（按：館本營作管）業，以供萬年香火之用。尚慮愚頑之徒罔知禁忌，或致溷褻毀侵，特賜勅禁諭。凡内外官員軍民諸色人等俱宜仰體至意，敢有不遵勅旨，輒行干犯者，必重罪不宥，故諭。

紀事碑文：朕維帝王之興，率本母德，華渚、洽陽，鍾靈肇祉，載之詩書，爍乎盛矣。朕以眇躬御極已三十五年，仰馮（按：疑馮爲憑之誤）慈訓，方内乂安，深惟聖母皇太后功德閎茂，千古希聞。惟順天府通州漷縣永樂店乃誕育之地，淑氣所鍾，宜有表章，以示來許。用是恭陳慈命，量度經營，中創慈聖景命殿，前門後閣，繚以周垣，樹三坊於門外。左爲保國慈孝華嚴寺，右爲護國崇寧至德真君廟，爽闓宏壯，足以昭地靈、章濬發，稱聖母所爲篤念源本之意。告成之日，慈顔悦豫，朕志用寧。爰勅中官守護，仍各爲文勒石，垂諸永久。以朕凉薄，寧敢方古帝王，庶几兹地之無遜華渚、洽陽，則有聖母之烈在，其垂裕將千萬年，則景命亦千萬年，方且爲佛力所弘護，明神所擁衛，無疆之福，朕與方内共祇承之。因爲紀其事如此，并系之詩焉。役始于某年某月某日，成而落之則某年某月某日。詩曰：翼翼京邑，漷水縈之。璇源遠濬，載奠坤維。尊臨長樂，歡洽〔按：館本洽作浹〕重闈。綿綿景命，百祿咸宜。睠兹湯沐，啟瑞緝禧。周原膴膴，寶殿攸基。重門邃閣，崇廠逶迤。仁慈左拱，靈寺〔按：館本寺作宇〕右麗。甍連棟接，鳥革翬飛。虹祥式闡，慈念載怡。爰及薄海，輝景咸熙。聖母之德，綏此烝黎。百千萬祀，永永無隳。

勅建保國慈孝華嚴寺碑文：朕惟象教之設，雖起自後世，然用以𢡟澤導慈，延禧昭貺，歷代以來不能廢之，故宇内名區，梵宇相望，夫寧内典是崇，亦于福田善果良有助焉。近漷縣永樂店，乃我聖母皇太后誕育之區，靈〔按：館本靈上有其爲二字〕秀申（按：館本申作甲，是也）於宇内。聖母顧念枌榆，比于塗山渭涘，命朕卽其地創慈聖景命殿，又爲保國慈孝華嚴寺于左方，凡若干楹，規制宏壯，足與殿相護翼。營構之費，一出帑金，不煩將作。既落成，朕具其事恭告聖母。尤念聖母慈仁之性本自天成，含育之功原于積累，其所爲俯弘六度、兼濟衆生，蓋與西來宗旨原自契合。頃歲每聞四方水旱，輒爲憫惻，至減膳金賑恤，而内庭之貝葉琅函、朱提寶鏹，絡繹布施于中外者，皆爲國祚民生皈誠發念若斯之懇篤也。今方内喁喁，咸蒙聖母休澤，迦維有靈，必弘擁祐矧兹地爲祥源〔按：館本源下有所字〕肇發，流衍未窮，加以禁苑祇林、煇煌附麗，寧不足以導迎休祉、默獲慈躬、爲宗社生靈無疆之福哉。此朕所以既喜其成，因爲之記，而系以詩，曰：有赫璇宫，箕尾分纏。佛日繞之，瑞藹〔校記：廣本藹作蔭〕人天。靈秀攸鍾，篤生聖母。願力乘前，洪慈啟後。衆生沉漢，咸渡迷津。稽首頌讚，皈〔按：館本皈作歸〕于至仁。聖母不居，原原本本。潞水漷泉，發祥斯遠。既營崇殿，乃啟雙林。雕樑文礎，王埒金繩。法兩朝興，白毫夜映。香室增華，紺園逐盛。猗與聖母，功德巍巍。于萬斯年，福履永綏。

勅建護國崇寧至德真君廟碑文：朕聞〔按：廣本聞作惟〕帝王爲百神主，精誠所至，神必從之。矧夫隆罔極之思〔按：館本思作報，廣本抱本作思〕，展不匱之孝，祝親壽于岡陵，綿國祚于箕裘按：館本裘作翼，廣本作裘〕。厥惟戩穀尤藉神庥而所重天神者，必其聰明正直而一者也。順天府漷縣之永樂店，蓋我聖母皇太后誕生之地，朕欽瞻慈範，仰遡慶源，念地靈之攸鍾，蘄

〔校記：廣本蘄作靳〕天眷之永固，爰建慈聖景命殿，復于其右創護國崇寧至德真君廟，崇廡既構，俎豆斯嚴，繫牲有石，宜書歲月。朕惟義士忠臣，實禀間氣，生着偉伐〔校記：廣本伐作代〕，没爲明神，理之恒也。侯起布衣，佐義旅，從故主于垂危，扶正統于將絶，精忠一念，天地式臨，以故血食萬方，肸蠁千載，戾夫聞而歛容，實（按：館本實作宵）人望之粲〔校記：廣本粲作慴〕息，蓋其靈〔校記：廣本靈作英〕爽如日當空，無幽不燭，如泉行地，有觸則通，況聖母桑梓之區，山川迴合，風氣融結，乃夏代之塗山，周家之莘國〔校記：廣本國作邑〕也。侯得無誕〔校記：廣本誕作陡〕降戾正呵護擁衛于其間哉〔按：館本哉作與〕。《書》曰：惟帝不帝（按：館本帝不帝作上帝不常）〔校記：廣本無上字〕作善降之百祥。夫神布列在天，將上帝之命，是奉我聖母，協德坤元，慈儉爲寶，軫嘆溢恤孤惸，朕得以佩服訓辭，和柔百姓，玆非上帝所欲降祥者耶，其獲神佑又何疑焉。況侯禦灾捍患，扶困拯危，爲福于天下者不可縷數。今寧惟佑我聖母，其運玄機翊隆，理陰陽調風雨，時繇聖母湯沐邑以逌山徼海溓歲成蠟通無〔按：館本無下有扎瘥二字，廣本、抱本無〕疵癘之患，斯聖母之德益溥而侯之聲名益煜，雪宇宙無窮〔按：館本窮下有時字，廣本無無窮時三字〕，則朕廟祀意乎？乃系之詩。詩曰：在昔昭烈，龍驤虎視。惟侯桓桓，扶漢之紀。赤鬣首揚，前無堅壘。風雲爲變，天日可矢。百代精英，萬方禋祀。矧是京邑，聖母之里。景命殿宇，新廟聿起。象設有嚴，輪奐是〔按：館本是作具〕美。雲蓋電旗，惟侯戾止。佑我聖慈〔按：館本慈作母〕，誕膺繁祉。螯螯繩繩，孫孫子子。福我蒸民，躋之康阜。玉燭金甌，千秋萬禩〔按：廣本禩作祺，是也〕。

（神宗萬曆實録卷 450　第 5 頁　450.4.8516）

2061　九月丙午　　會極、歸極二門上梁。

（神宗萬曆實録卷 450　第 10 頁　450.8.8523）

2062 十月癸亥 工部覆：街道官景昉議疏溝渠、挑城河，請乞申飭以便行事。得旨：都城街道溝渠墊塞已極，亟宜修理，民居占壓水溝，盡行拆毀，勢豪阻撓的參治。仍嚴禁皇墻都城下空土。

（神宗萬曆實録卷 451 第 2 頁 451.1.8530）

2063 十月己巳 命中書官于十九日齎捧慈聖景命殿閣等處護勅碑文、牌額前去漷縣安置撰寫鐫刻（按：館本刻作刻）。

（神宗萬曆實録卷 451 第 3 頁 451.2.8532）

2064 十月丙子 工科給事中何士晉言：京師拱護宸極，京民捍衛至尊，休戚與共。一聞僉報舖户，如牛羊雞犬赴屠〔按：館本屠下有其字，抱本無〕，觳觫之狀，悲鳴之聲，直欲使天光盡黯，故連日與部司諸臣悉心籌晝，萬不得已，酌爲調劑之法，議舖墊以提其濫，議貼役以寬其力，議交納以恤其苦，議改折以分其責，議會看以覈其冒，議預支以綜其要，議冗濫以滌其源。乞勅下部院會議，覆請施行。不報。

（神宗萬曆實録卷 451 第 5 頁 451.3.8534）

2065 十月庚辰 禮部言：朝鮮次子襲封已經多官勘實，臣部疏請不啻再三，伏望蚤涣綸音，以（按：館本以下有信字）令甲。得旨：舍長立少，原非綱常正理，但臨海君既已久廢，光海君臣民共推，情有可亮。且事在夷邦，姑從其便，准與册封。其差官照隆慶元年例行。

（神宗萬曆實録卷 451 第 6 頁 451.4.8536）

2066 十一月辛卯 發薊、昌二鎮買補馬贏銀如例。

（神宗萬曆實録卷 452 第 2 頁 452.1.8540）

2067 十二月丙晨（按：館本晨作辰，是也） 晏（按：館本晏作宴，是也）琉球國進貢使臣鄭子孝等一十三員。

（神宗萬曆實録卷 453 第 2 頁 453.1.8551）

2068 十二月丁卯 霧露附草木。

（神宗萬曆實録卷 453　第 3 頁　453.2.8554）

2069　十二月己巳　旌節婦七人：霸州民丘步雲妻隆氏，玉田縣民王霦妻楊氏，固安縣民牛尚絅妻王氏，豐潤縣生員孫祚妻周氏，容城縣民孫光祚妻李氏，肅寧縣民袁軸妻王氏，景州故中書王炳然妻裴氏，皆夫蚤亡，守志不二，各扁其門曰“貞節”。烈婦二人：易州生員楊炫妻蔡氏，以夫死自經；大興縣民馬坤妻史氏，以哭夫九日亡。各扁其門曰“貞烈”。

（神宗萬曆實録卷 453　第 4 頁　453.3.8555）

2070　十二月己（按：館本己作乙）**亥**　兵部言：薊鎮寔神京肩背，藩籬一決，則烽火達于甘泉，徒驅無衣無食之卒，以當十萬〔按：館本萬作方，誤〕方張之虜，所謂腐肉之齒利劍必無幸者也。皇上重〔校記：廣本重作垂〕念安危大計，莫如大發帑金，增守戰之具。户部仍預解春季之餉，預給軍士，以養其力。萬不得已，則請先發太僕寺銀五萬兩，與户部額餉星夜解至軍前，頒給戍卒，准備衣械。至於薊遼，一總督節制策應宜听指麾，且杜松薊之舊師，若能募集敢死士萬人，從山後搗其巢穴，則東虜狼〔校記：廣本狼下有狽字〕顧薊賊必潰。宣府鎮撫（按：館本鎮撫作撫鎮）將領，尤當一面修防，一面宣諭西虜，令其歛束部落，毋听勾引。旨命先發太僕寺馬價銀五萬兩，户部仍陸續給發，其三鎮併力防援事宜，俱如擬速行。

（神宗萬曆實録卷 453　第 7 頁　453.5.8560）

萬曆三十七年（1609）

2071　正月辛卯　以……天津遊擊馬文柱爲神樞七營參將，調大同新平堡參將麻承訓爲燕河路〔按：館本無路字〕參將。

（神宗萬曆實録卷 454　第 3 頁　454.2.8566）

2072 正月壬辰 安定、德勝二門有扶挈老幼爭入避虜者。是時，薊督調遣黑峪口夷丁經過兔兒山北，蓐食晨炊，清河居民望見火光，相駭謂虜至，遂致驚竄。輔臣以虜賊窺伺，人心驚皇如此，都下人民以商役破家，一有事變，盡皆離心，誰爲國家効禦之力。而兵部、戎政兩署只李化龍一人，軍旅一動，凡百倥傯，何以答應。乞將兩侍郎先行簡下，亦使緩急有人，不至臨時失措。不報。

（神宗萬曆實録卷 454 第 4 頁 454.3.8567）

2073 正月壬辰 御馬太監邢洪奏：武清縣積年欠牧地租銀萬六百兩，上切責該縣怠緩，命行撫按官督趣，立限催解，如仍前怠玩，重治不恕。

（神宗萬曆實録卷 454 第 4 頁 454.2.8566）

2074 正月己亥 兵部尚書李化龍以薊門告急，疏請發帑金五十萬，以二十萬留京師内修戎備，以三十萬發薊鎮外備戰守。上諭輔臣：内庫缺乏，難以給發。輔臣言：今日發帑之外，更無别策，或計户部暫借，限以歲月，令其補還。不報。

（神宗萬曆實録卷 454 第 6 頁 454.4.8570）

2075 正月己亥 是時邊民訛以虜警逃入都門者至數萬衆。九門晝〔校記：廣本晝作早〕閉，都人相恐。兵部議：以五軍等營派定守門、守城信地，其城外東北角、天壇、地壇三處，俱五軍營信地。東直〔校記：廣本直作至〕、朝陽、廣渠、三河以外，俱神樞營信地。東西城内二牌樓係標兵左右營各信地。無事照常會操，有事列營防禦。又薊、昌二鎮打〔按：館本打作找〕探聲息最急，議將東北地方分爲三路：東路自京繇牛欄山等處，北路自京繇清河、沙河等處，各以原任守把一員專管提塘，有警星夜飛報，無事三日一報。信地嚴則三軍不致懈弛，探報明則人心自無動揺矣。

（神宗萬曆實録卷 454 第 6 頁 454.4.8570）

2076　正月丁未　兵科給事中胡嘉棟奏：灰石廠主事劉汝佳、節慎庫主事陳國是、石窩郎中侯加來、寶源局郎中戴新各貪婪有據及支算不明狀。

（神宗萬曆實録卷454　第8頁　454.6.8574）

2077　二月癸丑朔　命御史金明時巡視居庸等関。

（神宗萬曆實録卷455　第1頁　455.1.8579）

2078　二月癸丑　商人陳賢、王相等領價買鉛，坐乾没，轉以琉璃廠放出之鉛捏爲買到以候驗收。工部參送法司，監督主事陳國是勘明另議。

（神宗萬曆實録卷455　第1頁　455.1.8579）

2079　二月乙卯　予故朝鮮國王李昖謚“昭敬”，仍册封承襲國王李琿及妃柳氏誥命，命行人熊化齎賜之。

（神宗萬曆實録卷455　第2頁　455.1.8580）

2080　二月丙辰　上以薊、密警急，着借太僕寺馬價銀十萬兩，仍户部湊處十萬兩，速解該鎮充餉備用。其俵馬折價，各省直將今年本色折價一年補還其數，毋得偏執奏擾。

（神宗萬曆實録卷455　第2頁　455.1.8580）

2081　二月辛酉　太常寺少卿倪斯蕙言：南北〔按：館本北作郊〕兩郊殿廡、墻垣、頂帳、幃幕之屬以至陵壇、祠廟、袍服、樂器供用之類無不圮壞，請命工部脩理。上下其奏。

（神宗萬曆實録卷455　第4頁　455.3.8583）

2082　三月乙酉　初虜警訛傳，其時總兵王國棟赴薊門，援自鵰鶚堡、長安嶺不奉関白，以令牌挑選屬夷一百八十八名，兑給馬匹，隨調聽用，以致各夷隨路搶掠，居民驚竄。宣、大巡按吴亮請勑薊鎮總督，將隨征屬夷安插得所。事寧之日，即便發回駐牧。驕將王國棟，量加罰治，或令戴罪立功。章下兵部。

（神宗萬曆實録卷456　第3頁　456.2.8597）

2083　三月己丑　命三大營官軍開操。

（神宗萬曆實録卷 456　第 4 頁　456.3.8599）

2084　三月辛卯　賜正陽等九門官軍胖襖。

（神宗萬曆實録卷 456　第 5 頁　456.4.8602）

2085　三月乙未　薊遼總督王象乾以各營馬匹連歲芻餉不繼，征調不時，倒死過多，乞兑給太僕寺馬三千匹，以備征操。俟于下年應發馬價陸續扣除。許之。

（神宗萬曆實録卷 456　第 6 頁　456.5.8603）

2086　三月丁未　是日午，西北風大，有聲，揚黄土沙，四方昏濁。

（神宗萬曆實録卷 456　第 10 頁　456.8.8609）

2087　四月辛酉　原任兵部尚書王遴卒。遴，順天霸州人，嘉靖二十六年進士，繇司理擢兵曹，備兵永平，撫延綏，修邊墻及小芹阿、平胡等墩，築邏城，有兩斬獲功，被言去，再起撫宣府，協理戎政。晉中樞致仕，兩賜存問，當遴爲曹郎，楊繼盛之獄，遴數省視，許以兒女相託。繼盛死西市，解官護其喪歸，士論多之（按：疑有脱誤）。予祭葬，贈少保，謚“恭肅”。

（神宗萬曆實録卷 457　第 4 頁　457.3.8618）

2088　四月庚午　工科給事中李瑾劾奏督工太監陳永壽言：皇極門竪柱無期，皆永壽躭延牟利，其兄錦衣衛百户陳邦彦爲之歛收，每勒索物料，指一倍十，即如派湖廣大木價四百萬，比嘉靖間多一百萬，乞治永壽及邦彦罪。不報。

（神宗萬曆實録卷 457　第 9 頁　457.7.8626）

2089　四月戊寅　詔順天府祈雨。

（神宗萬曆實録卷 457　第 12 頁　457.9.8630）

2090　五月壬午　有倭船飄入閩洋小埕〔校記：廣本埕作徑，疑誤〕者，舟師追至漳港及仙崎，獲夷衆二十七人。譯係日本商夷，往販異域，爲風飄閩。其中有朝鮮國人先年爲倭所虜而轉賣者；次爲吕宋；爲西番；或鬻身爲使令，或附舟歸國。福建巡撫徐學聚以聞。因言：朝鮮我屬國，其人民播越，宜隨方安插。西番雖非貢夷，亦非逆種。若吕宋，先年難我商民，幾至萬數，似不可輕縱。惟是原無逆志，亦難深求，而日本諸夷又多婦穉，殺之無辜，放之非法，止當待以不死。章下兵部。

（神宗萬曆實録卷 458　第 2 頁　458.1.8634）

2091　五月乙未　工部請皇極門擇吉豎柱，疏不發，左侍郎王汝訓復以爲請。

（神宗萬曆實録卷 458　第 7 頁　458.6.8643）

2092　五月戊申　報叙薊、昌兩鎮修築墻臺，撫臣劉四科而下道將督率等功。

（神宗萬曆實録卷 458　第 12 頁　458.10.8651）

2093　五月戊申　時冏寺所解往薊、密銀内，鳳陽府屬馬價夾鉄假銀一百五十四大錠，順天廵撫劉四科遣官齎送兵部鑿驗，令轉行該寺照數補發，於是以聞。仍乞勅催户部，原奏凑處銀十萬兩以濟軍興。章下該部。

（神宗萬曆實録卷 458　第 12 頁　458.10.8651）

2094　六月庚戌朔　上諭法司：如今天氣暄熱，兩法司併錦衣衛見監罪囚笞罪無干証的放了，徒流以下便減等，擬審發落。重囚，情可矜疑併枷號的都寫來看。

（神宗萬曆實録卷 459　第 1 頁　459.1.8653）

2095　六月壬子　豐潤縣地塌一穴，有聲，順天廵撫劉四科以聞。因言：胡虜猖獗，鎮軍饑羸，頃薊兵援遼到彼，并無升糧束草，軍丁無不垂涕。郊甸土崩，或者示北（按:館本北作兆）于此。乞發帑以播特恩，養軍以遏狂虜。不報。

（神宗萬曆實録卷 459　第 2 頁　459.1.8654）

2096　六月丁卯　給壽寧公主莊田，順天屬地二千五百九十頃。

（神宗萬曆實録卷 459　第 8 頁　459.7.8665）

2097　六月壬申　兵部武選司主事魏武〔按：館本武作成，廣本、抱本作武〕忠言：南京糧儲水兑之法，歲三十萬石，有九萬之餘，誠倣其事例，在京各衛所官軍于大通橋水次兑夫（按：館本夫作支，是也），其耗米仍作正支放，歲計其餘，可得十萬有奇，而所省車脚之費、席木之費、修倉之費，又不與焉，誠理財之上計，治兵之先務。命户部倉場尚書孫熚到任管事。

（神宗萬曆實録卷459　第10頁　459.8.8667）

2098　六月丁丑　以五軍備兵坐營郭大奇爲石匣遊擊，薊州守備夏元慶爲大水峪遊擊，慕田峪守備公國光爲河間遊擊。

（神宗萬曆實録卷459　第13頁　459.10.8672）

2099　六月丁丑　順天巡撫劉四科言：薊餉告絀，虜患甚危。乞比照遼東事例，以順天等七府税銀除廣和店徑進之外，其餘不過七萬兩，悉留抵軍餉之需。不報。

（神宗萬曆實録卷459　第13頁　459.10.8672）

2100　七月乙酉　倭至對馬島，酋玄蘇平景直等齎彼國源秀中（按：館本中作忠）書契云：頃年朝鮮差官人（按：館本人作入）送日本，因此來謝。蓋先年倭人縛送掘墓賊二人，而該國差官報書也。且云欲假朝鮮道路，修貢朝廷，鮮人乞下諭書于馬島倭酋，以伐其謀，薊遼總督以聞。兵科給事中宋一韓以爲倭之得志朝鮮，雖師老兵罷，其心未嘗一日忘。該國主少國疑，人心未附，恐終費朝廷處分，當事者似不妨便宜一札以折其謀。仍即詔該國毋得徒恃天朝，督令集兵浚隍，整甲偫餉，爲自固計。

（神宗萬曆實録卷460　第4頁　460.3.8680）

2101　七月壬辰　宛平知縣劉白（按:館本白作曰）淑上言:宛民護衛神京，富户不可以商累，商不可以税困。今京師之下，一遇簽商，遂罄資本，煤灰、炭草諸税，取之不遺毛髮，誠使簽商厚估先（按：館本先作光）發，則富者何爲竭資而遠〔按：館本無遠字〕徙？蘆溝税務力行蠲罷，則宛民何爲而重困？初，曰淑始至宛平，即以税議條上當道，蘆溝橋御史王孟震（按：館本震下有言）曰淑庇屬横征，越申飾罪。曰淑自疏解官去。已而，吏科都給事中曹于汴等各請治其擅去之罪。不報。

（神宗萬曆實録卷 460　第 7 頁　460.6.8685）

2102　七月丁未　陞浙江道御史黄吉士爲順天府丞。

（神宗萬曆實録卷 460　第 11 頁　460.9.8691）

2103　七月丁未　多安民之自緬來歸也，業奉有明旨，查明應襲人員奏請定奪。安民雄據蠻灣，尚懷疑畏。雲南巡撫周嘉謨請以騰衝衛指揮陳于陛爲隴把守備，行令責成撫處，至本酋悔禍有期，天朝待以不死，正治以不治之策。章下兵部。

（神宗萬曆實録卷 460　第 11 頁　460.9.8691）

2104　八月己酉　工科給事中何士晉等言：皇極殿門儲材久豫，原議四月建竪，今又逾時，各匠作夫役坐糜廪餼，徒爲中官谿壑地。不報。

（神宗萬曆實録卷 461　第 2 頁　461.1.8693）

2105　八月庚戌　命寧夏副總兵凌雲登以原官提督京城内外巡捕。

（神宗萬曆實録卷 461　第 2 頁　461.1.8694）

2106　八月庚戌　薊遼總督王象乾言：天津左營留彼脩城，真定、山東二營班兵脩築薊、密城壖，以致原派墻臺邊工委難一時並舉。應准題豁，以候另議興脩，其支剩工價犒恤銀兩，亦應聽候下次脩工之用。兵部覆允。

（神宗萬曆實録卷 461　第 2 頁　461.1.8694）

2107　八月甲寅　夜，雷劈酋（按：館本酋作西）城上杆。

（神宗萬曆實録卷 461　第 4 頁　461.3.8697）

2108　八月丙辰　朝鮮陪臣刑曹参判柳夢寅等齎衣（按：館本衣作表）并方物恭賀萬壽節，尹曹参判趙存恕等恭賀皇太子千秋令節，各賜織金紵絲衣及綵段、靴韈有差。

（神宗萬曆實録卷 461　第 5 頁　461.4.8700）

2109　八月甲子　議修理薊門邊工，以該鎮督撫言，酌量緩急興繕，論工以十年爲限，限外傾圮者方免參究賠修錢糧，毋致虚縻。原派工程依限報完，毋得狥情更改。報可。

（神宗萬曆實録卷 461　第 6 頁　461.5.8702）

2110　八月甲子　先是，工部以雨水泛漲衝毁陵橋，請修長陵等陵及壽宫等橋，至是六年，獻陵、泰陵、昭陵尚未經始，康陵一橋費至七萬余，尚未就緒，工部侍郎王汝訓請查經管各官員外，徐良輔等分别罰治，而勅巡視嚴核縻費，併責成專官以竣其後。上命罰良輔三月俸。

（神宗萬曆實録卷 461　第 7 頁　461.5.8702）

2111　九月己卯　户科給事中韓光祜〔校記：廣本祜作佑〕言：内監陳永壽所派三殿木植大工錢粮至九百三十餘萬，比嘉靖間三門午樓〔校記：廣本三門午樓作午門三樓〕之費尚增一倍，乞明詔天下，蠲湖廣、川、貴三省木價之半。不報〔按：館本報作發〕。

（神宗萬曆實録卷 462　第 1 頁　462.1.8713）

2112　九月丙戌　調山海副總兵白慎修爲燕河路副總兵。

（神宗萬曆實録卷 462　第 3 頁　462.2.8716）

2113　九月己亥　國子監祭酒周如砥拜疏出城。

（神宗萬曆實録卷 462　第 6 頁　462.5.8721）

2114　九月辛丑　以薊鎮參將朱拱樞為神機營副總兵。

（神宗萬曆實録卷 462　第 7 頁　462.6.8723）

2115　九月丙午　國子監祭酒周如砥不候明旨，擅自出城，着冠帶閑住。

（神宗萬曆實録卷 462　第 10 頁　462.8.8727）

2116　十月己酉　賜輔臣李廷機、葉向高每《中曆》十本、《民曆》一百本，及講官蕭雲奉、王圖等〔按：館本圖下無等字〕有差。

（神宗萬曆實録卷 463　第 1 頁　463.1.8729）

2117　十月丁巳　以……車營遊擊衛元康爲古北路參將，五軍四營遊擊曹登衢爲神機二營參將。

（神宗萬曆實録卷 463　第 4 頁　463.3.8734）

2118　十月戊午　朝日壇房火。

（神宗萬曆實録卷 463　第 4 頁　463.3.8734）

2119　十月己巳　命五城將房號銀兩賑濟貧民。

（神宗萬曆實録卷 463　第 8 頁　463.7.8741）

2120　十一月辛巳　奸人陳暹、王順（按:館本陳暹王順作王順陳暹）者，先年聚衆于太〔按:館本太作大〕竇山過街塔等處，盗開煤窰，蓋天壽龍脉紅牌禁地也，業經成擬奉旨發禁宛平。踰年，内官監擅出之，復使（按:館本使下有取字）煤，順等仍向本處開挖，西城御史蘇惟霖疏窮治之。

（神宗萬曆實録卷 464　第 3 頁　464.2.8749）

2121　十一月庚寅　戍犯王延祐舊以土商没官錢論遣，逃歸，爲内官監司房御史劉國縉緝得之。國縉因極數内監陳永壽及邦彦淫惡殺人狀。其大者，房山民陳槐所生女進爲東宫才人，生皇長孫，内監馬昇紅牌找覓永壽，套與伊族陳表朦冒皇親。乞下永壽于理，而窮治邦彦、延祐等。不報。

（神宗萬曆實録卷 464　第 6 頁　464.5.8755）

2122　十一月壬辰　以真定車營遊擊劉承武爲五軍八營參將，……原任五軍三營參將包良栻爲神樞十營佐擊。

（神宗萬曆實録卷 464　第 7 頁　464.6.8757）

2123　十一月癸巳　命太僕寺動支馬價銀一萬六千零補發薊遼，以備本年秋季至來年夏季年例買馬之用。

（神宗萬曆實録卷 464　第 8 頁　464.6.8758）

2124　十一月丁酉　以直隸廵按李光輝言畿輔旱蝗特甚，水雹異常。得旨:今歲各處奏報水旱災傷，人民困苦，深可憫惻。畿輔重地，又復如此，益軫朕懷。着該部通行看議作何蠲賑，分别來説，不得遲緩。

（神宗萬曆實録卷464 第10頁 464.8.8761）

2125 十一月丁酉 以順天府尹曲遷喬爲通政使。

（神宗萬曆實録卷464 第10頁 464.8.8761）

2126 十一月戊戌 朝鮮國王李琿奏請年例焰硝，下該部。命撤薊、昌防秋兵馬。

（神宗萬曆實録卷464 第12頁 464.10.8765）

2127 十二月甲子 詔順天府祈雪。

（神宗萬曆實録卷465 第6頁 465.4.8778）

2128 十二月壬申 巡按御史金明時劾薊鎮總兵王國棟貪肆不法。章下兵部。

（神宗萬曆實録卷465 第10頁 465.8.8785）

萬曆三十八年（1610）

2129 正月戊戌 巡按直隸監察御史金明時劾奏薊鎮總兵王國棟科歛取盈，職過狼籍。部覆，得旨：革任回籍。

（神宗萬曆實録卷466 第5頁 466.4.8793）

2130 二月庚戌 工部以青陽布令皇極門應舉請，上以今歲方向不宜，令先清地面，辦物料，其營建候旨行。

（神宗萬曆實録卷467 第3頁 467.2.8799）

2131 二月庚戌 調補通州參將蔣培祚加副總兵，管居庸関參將事；……陞昌平遊擊朱正〔校記：廣本無正字〕芳爲松棚路參將。

（神宗萬曆實録卷467 第3頁 467.2.8799）

2132 二月甲子 朝鮮國王李琿遣陪臣議政府右贊成申欽等齎表乞封長子李祬爲世子。并貢馬及方物。賜宴賞如例。

（神宗萬曆實録卷467 第12頁 467.10.8815）

2133　二月壬申　會試取中貢士韓敬等三百名。

（神宗萬曆實録卷 467　第 16 頁　467.13.8821）

2134　三月己卯　初，户部以薊遼三月無糧，疏借工部税銀。上命〔校記：廣本命下有以字，是也〕十五萬借之。户咨工部稱有旨，以此銀分發宣、大、山西三鎮各五萬兩。至是工部言：前旨許借重在薊遼，原非分給〔按：館本給作及〕别鎮。……上曰：薊遼方急，所借餉遵前旨不得别鎮那用。其邊餉虚費，豪强積負，甚得弊源。該部酌議以聞。

（神宗萬曆實録卷 468　第 2 頁　468.1.8824）

2135　三月丙戌　命内官監少監冉登往朝鮮册封嫡世子李祉。從國王李琿請也。

（神宗萬曆實録卷 468　第 6 頁　468.5.8831）

2136　三月丁亥　陞……營州中屯鎮撫李儁、宣府前屯鎮撫陳抱忠皆爲守備。……儁黄花鎮，抱忠鞏華城。

（神宗萬曆實録卷 468　第 7 頁　468.6.8833）

2137　三月辛卯　策試天下貢士韓敬等三百名于廷。

（神宗萬曆實録卷 468　第 10 頁　468.8.8837）

2138　三月癸巳　賜韓敬等二百九十八名進士及第、出身有差。

（神宗萬曆實録卷 468　第 12 頁　468.9.8840）

2139　三月丁酉　户部覆總督倉場户部侍郎孫瑋疏言：舊例官軍支放月糧，京倉六閲月，通倉四閲月，四、十兩月給折色。

（神宗萬曆實録卷 468　第 14 頁　468.11.8844）

2140　閏三月丙午　順天廵撫兵部尚書兼都察院右副都御史劉四科引疾乞休。不允。

（神宗萬曆實録卷 469　第 2 頁　469.1.8851）

2141　閏三月丙辰　廵関御史金明時疏條十四欵：一、添將統兵，以固陵寢。昌鎮右車營設官軍五千八百員名分班設防，以護〔按：館本護作獲，誤〕陵寢……部覆如議。得旨允行。

（神宗萬曆實録卷469　第4頁　469.3.8855）

2142　閏三月壬申　陞……薊州衛指揮蔡一鱗爲浮圖峪守備。

（神宗萬曆實録卷469　第10頁　469.8.8865）

2143　四月丁丑　是夜，正陽門箭樓忽火，至次日辰未熄。

（神宗萬曆實録卷470　第2頁　470.2.8871）

2144　四月戊寅　以神樞五營佐擊吴沙〔按：館本沙作汝，抱本作沙〕璣爲大寧掌印都司。

（神宗萬曆實録卷470　第3頁　470.2.8871）

2145　四月庚寅　廷試天下歲貢、恩貢生員李九經等共一千四百三十一人。

（神宗萬曆實録卷470　第6頁　470.4.8876）

2146　四月壬寅　賜西洋國故陪臣利瑪竇空閑地畝埋葬。

（神宗萬曆實録卷470　第11頁　470.8.8884）

2147　四月壬寅　燕河路營軍家生小豬，一身二頭六蹄二尾，有氣，不能食乳。

（神宗萬曆實録卷470　第11頁　470.9.8885）

2148　五月己酉　先是〔按：館本是作月，誤〕，上諭户部：齎解官卽會同各處撫按商議賑濟，所有罪贖銀兩盡行買穀濟荒。至是部覆：以遴委官止應齎付銀兩，設法惠民，必在專任，似不如獨責撫按之便。其罪贖銀兩，應照舊解部濟邊外，其餘盡行買穀。因開順天府屬擬發銀八千兩，通倉米四萬石，撫按差官領運。保定撫屬擬發銀二萬二千四百兩，通倉米十五萬石。山東擬發銀二萬五千兩，臨清倉米四萬石。河南擬發銀二萬五千兩，臨清倉米四萬石。四川擬發銀四萬兩。山西擬發銀四萬六千兩，通倉米一萬石，臨清倉米二萬石。各差官解宣大撫屬擬共發銀四千兩，各撫按差官領運。得旨：各官令速〔按：館本速下有前字〕去，其賑濟事宜如議。專責撫按官悉心料理，務使分毫皆得及民，方稱實惠。朕又念山西災傷更甚，着于近便倉米加發二萬石。

已而，兩宫内外執事并各衙門及諸陵墳各門廠等處各捐貲俸助賑銀一萬九千八百七兩五錢。上命給該部，與同前降銀兩，分發賑濟。户部議:裒益前派，以補不足。順天撫屬爲根本重地，加派銀三千兩。四川前無〔按:館本無作此〕倉粟米，各〔按:館本各作及，抱本作各〕應加發銀一萬兩。鄖陽去歲災，近據撫臣揭請，欲留荆、襄兩地税銀，以爲賑濟，今于内加給銀六千八百七兩五錢，以廣皇仁。報可。

（神宗萬曆實録卷 471　第 2 頁　471.2.8889）

2149　五月辛亥　調黄花鎮參將薛〔校記:廣本薛作蔣〕世倚為宣府南山參將。

（神宗萬曆實録卷 471　第 4 頁　471.3.8892）

2150　五月戊午　陞順天府尹汪可受爲都察院〔按：館本無院字〕右副都御史，巡撫大同。

（神宗萬曆實録卷 471　第 5 頁　471.4.8893）

2151　五月己未　廷試歲貢、恩貢生吴易能等一千二百五十七人。

（神宗萬曆實録卷 471　第 5 頁　471.4.8893）

2152　六月乙酉　陞原任翰林院編修邵景堯爲國子監司業。

（神宗萬曆實録卷 472　第 5 頁　472.4.8909）

2153　七月壬子　陞薊鎮遊擊顧廷相〔按：館本顧作頗，抱本作顧。廣本相作楨，誤〕爲石門路參將。

（神宗萬曆實録卷 473　第 6 頁　473.5.8937）

2154　七月壬子　陞皇城把總李時〔按:館本時作特，廣本、抱本作時〕華爲涿州守備，綏衛百户楊奇勛爲薊鎮潘〔校記:廣本潘作滿〕家口守備。

（神宗萬曆實録卷 473　第 6 頁　473.5.8937）

2155　七月辛酉　琉球國中山王尚寧咨遣陪臣王舅〔校記：廣本舅作勇〕、毛鳳儀，長史金應魁〔按：廣本魁作奎〕等急報倭儆致緩貢期，福建巡撫陳子貞以聞。下所司儀（按:館本儀作議，是也），奏〔校記：廣本無奏字〕許續修貢職，賞照陳奏事例減半，仍賜毛鳳儀等金織綵段各有差。

（神宗萬曆實録卷 473 第 9 頁 473.7.8941）

2156 八月乙亥 朝鮮國王李琿遣陪臣工曹參判黃是〔校記：廣本是作侍〕等貢馬及方物等慶賀皇太子千秋令節。賜宴，賞金織衣、綵緞有差。

（神宗萬曆實録卷 474 第 1 頁 474.1.8949）

2157 八月戊寅 工科給事中何士晉等以皇極門明年方向通利，歲神協吉，宜建竪，疏請涓定明春竪柱吉辰，庶已完物料不致摧殘破冒。不報。

（神宗萬曆實録卷 474 第 3 頁 474.2.8951）

2158 八月壬午 朝鮮國王李琿遣陪臣户曹參判鄭門孚等貢馬及方物慶賀萬壽聖節，併齎表謝恩。賜宴，賞金織衣、綵段各〔按：館本無各字〕有差。

（神宗萬曆實録卷 474 第 4 頁 474.3.8953）

2159 八月癸未 陞……昌鎮左軍營遊擊鄭登雲爲神機七營參將。

（神宗萬曆實録卷 474 第 4 頁 474.3.8954）

2160 八月壬寅 兵部覆，議：海風飄入閩境諸夷吕宋人壹〔校記：廣本壹作一〕叶萬等，西番人捌襄〔校記：廣本西作兩，捌襄作八湘〕等，發赴香山，聽其去留。朝鮮人壹叁别〔校記：廣本壹叁别作一三别〕等安置柔〔按：廣本無柔字〕遠驛，以示存卹。大郎等八名，本係倭種，難縱使歸，仍行〔按：館本行下有廵行二字，抱本無〕廵撫衙門分置軍前，嚴爲鈐束。如生心逃叛，卽處以軍法。上是之。

（神宗萬曆實録卷 474 第 7 頁 474.5.8958）

2161 九月癸卯朔 命鎮守居庸、昌平總兵都督僉事常世爵爲左軍都督府僉書管事。

（神宗萬曆實録卷 475　第 1 頁　475.1.8961）

2162　九月丁巳　以會試天下武舉官生，命右春坊右諭德兼翰林院侍讀顧秉謙、司經局洗馬兼翰林院修撰〔按：館本修撰作撰修〕劉一爆爲主考，大理寺寺丞吴崇禮知貢舉。用寺丞者，以卿貳乏人故也。

（神宗萬曆實録卷 475　第 7 頁　475.6.8971）

2163　九月甲子　取武中式舉人謝俊神等一百名。

（神宗萬曆實録卷 475　第 12 頁　475.9.8978）

2164　十月庚子　朝鮮國王李琿遣陪臣吏曹參判俞大禎等齎表文貢方物及馬賀冬（按：館本冬下有至字）。賜宴賞如例。

（神宗萬曆實録卷 476　第 13 頁　476.10.9000）

2165　十一月丙午　廵按直隸監察御史畢懋康議請修保定清河閘座。其畧言：保定清河源發于滿城，抵府而南十里則湯家口爲上閘，又十里許則青楊爲下閘，順流而東直抵天津，細遡長流一帶，舟楫由玉河而北，亦入于天津，又迎水面西三百里，至紫殿〔按：館本殿作澱〕三岔口。其一派通定興、易州等處，一派通新安、雄縣、安州等處，中流至府清苑、完、唐、滿、慶五處，此皆舟楫所到之地，小民獲利之所。查二閘〔校記：廣本閘下有蓋字〕創建于成祖定鼎初，補修于世廟三十九年，日久頽圮，今上之三十二年曾一議及，以物力殫耗報罷。詢〔按：館本詢上有然字〕之彼中士民，咸謂此閘之興有五利焉。夫陸地轉輸，一牛車運米粟不過十石，而人牛又自齎食，復費十之一二。今以淺船裝載，二人撑之，可運七八十石，是淺船一可當牛車之十，力半功倍，其利一。滿城、完、唐等縣所出類多木石柴炭，天津、河間等處，又饒蘆等（按：館本等作葦，是也）鹽、米、南貨種種，若河道流通，商販往來，農末相資，有無相濟，地方卽不幸而遭水旱之灾，猶可仰給鄰封，不致束手待斃，其利二。此中居民類窳媮相習，不復知有江南水利灌漑之事。自去歲大旱，今歲自春徂夏不雨，聞壩決裂，蓄洩無資。若此閘誠修，則濱水斥鹵可爲沃壤，其利三。嘗考京東密雲、京北昌平，自萬曆元年總督劉斯潔〔按：館本無潔字，廣本、抱本有潔字〕、楊兆建議疏通潮、白二河、陵泉諸水，歲漕山東、河南粟米二十萬石，以贍密鎮；歲漕江北粳米二十萬石〔按：館本無石字〕，以贍昌平，兩鎮軍士從此〔按：館本此作兹〕免於脱巾之虞。今若比例通州乞運之利，自清河閘抵河間一帶，多設閘座，廣造剥舡，總其事于天津部屬，歲于臨、德兩倉粟米内漕二十萬石，以給保定、易州、紫荆各関軍士，卽有水旱之灾，可以不苦，軍國用饒，士馬騰飽，其利四。凡民可與樂成，難與慮始，矧年來物力空，庫藏殫耗，儻規模大闊，庸衆駭聽。莫若先建此閘二座，石柱木橋二座，以觀河道流通〔按：館本通作劉，廣本、抱本作通，是也〕、民居利涉、商賈往來之效，儻公私上下曉然知此役之興有益無損，有利無害，然後次第議及乞運之事，他日足食足兵之政實始基之矣，其利五。章下，部覆：除乞運爭〔按：館本無爭字，抱本爭作事〕隸户部聽該部議覆外，所稱修閘事鑿鑿可行。宜着該管地方從長措處，次第興工，完日將用過夫匠物料工價造册奏繳，清册送部查考施行。報可。

（神宗萬曆實録卷 477　第 3 頁　477.2.9004）

2166　十一月丁未　兵部上言：薊、昌、保定將領每年清補軍士例，該廵関御史查覈多寡，以定賞罰。兹據題稱官秉忠等清補如額，例應分别奬賞，吕志望等虧額不多，似〔校記：廣本似作例〕應原情免議，江騰龍等失伍不補，並應罰俸三個月。得旨：如議。

（神宗萬曆實録卷 477　第 5 頁　477.3.9006）

2167　十一月戊申　朝鮮國王李琿遣陪臣工曹参議辛景行等貢種馬，賜宴賞如例。

（神宗萬曆實録卷 477　第 5 頁　477.3.9006）

2168　十一月戊午　勑遣神樞營右副將都督僉事胡承勛充總兵

官，鎮守居庸、昌平等處。

（神宗萬曆實録卷 477　第 7 頁　477.5.9009）

2169　十一月戊午　朝鮮國王李琿遣陪臣議政府左贊成李時彦等貢方物及馬謝恩，賜宴賚如例。是日，併送回漂海人丁陳成等二十九名，仍缺（按：館本缺作欽）賞國王銀幣併陪臣各有差。其漂海人丁係稱福建址籍。兵部覆：應照例解發本省軍門，嚴加審鞫，果無通叛情弊，即照常省發回籍，倘有隱諱别情，仍從重問擬，具奏施行。上是之。

（神宗萬曆實録卷 477　第 7 頁　477.5.9009）

2170　十一月壬戌　初定朝鮮國〔按：館本無國字〕年例貢參爲把參，以生參浥濫不堪，從其請也。

（神宗萬曆實録卷 477　第 7 頁　477.5.9010）

2171　十二月丁酉　薊遼總督王象乾參喜峰口參〔按：館本無將上參字〕將左守廉、張光祚……各不職，宜革任。上是之。

（神宗萬曆實録卷 478　第 5 頁　478.4.9023）

2172　十二月辛丑　是歲運米三百三十九萬八千八百七十二石六斗三升六合至京師，内漂燬二萬四千八百五十三石六斗三合三勺，俱以免晒免尖者補足外，永折三十四萬四千三百四十七石七斗八合。

（神宗萬曆實録卷 478　第 5 頁　478.4.9024）

萬曆三十九年（1611）

2173　正月壬寅朔　巡按直隸御史喬允升題稱：河間地方强賊嘯聚至八千餘人，逼近京畿，提備宜密。上諭兵部，内外嚴行緝捕。

（神宗萬曆實録卷 479　第 2 頁　479.1.9025）

2174　正月丙午　　户部左侍郎李汝華……太常寺卿管國子監祭酒事傅新德各具疏自陳。命供職如故。

（神宗萬曆實録卷 479　第 10 頁　479.8.9040）

2175　二月甲戌　　兵部奏：薊〔按：館本薊下有州字，抱本無州，疑是〕鎮圍營地畝，春夏旱蝗，入秋水災，禾黍無收，賦難供辦。乞將三十八年分應徵本部子粒錢糧照例准蠲五分，其餘五分俟三十九年麥熟徵解。報允。

（神宗萬曆實録卷 480　第 2 頁　480.1.9041）

2176　四月丙戌　　旱，詔所司虔禱。

（神宗萬曆實録卷 482　第 6 頁　482.4.9074）

2177　四月丙戌　　户部會計内府供用庫歲用：嘉靖初每年止派黄蠟八萬〔按：館本無八萬二字〕五千斤，白蠟四千斤，後緣該庫題稱不敷，陸續增至本折黄蠟共二十萬斤，白蠟共一十六萬一千六百二十八斤，内該送庫本色黄蠟一十六萬斤，白蠟六萬五千八百有奇，斤折銀四錢。白粳〔校記：廣本粳下有米字〕八萬二千四百五十二石，鹽二十四萬一千六百有〔按：館本有作一，誤〕奇，茶、豆、芝蔴、蒲杖、穀草，照額上供。

（神宗萬曆實録卷 482　第 7 頁　482.5.9076）

2178　四月戊子　　怡神殿災。

（神宗萬曆實録卷 482　第 7 頁　482.6.9077）

2179　五月辛丑　　酉時大雨，雷震正陽門樓，旗杆毀。

（神宗萬曆實録卷 483　第 3 頁　483.2.9090）

2180　六月乙卯　　南直隸柘林營信地獲日本夷人三名，因航海通暹羅，颶風覆舟飄至。撫按以聞。部議分解陝西延綏等處戍邊安插。從之。

（神宗萬曆實録卷 484　第 3 頁　484.2.9117）

2181　六月壬午　　大雨水，都城内外暴漲，損官民廬舍。

（神宗萬曆實録卷 484　第 4 頁　484.3.9119）

2182 六月甲午 工科給事中張鳳彩等請鼎建正陽門前樓，刻期舉行。不報。

（神宗萬曆實録卷 484 第 10 頁 484.8.9129）

2183 八月丙戌 陞河南左布政使袁奎爲順天府府尹。

（神宗萬曆實録卷 486 第 5 頁 486.3.9158）

2184 八月庚寅 密雲縣民以養馬疲累，比照昌平、良鄉事例，告求蠲免。總督王象乾爲之請照通州劑量，每地十頃養馬一匹，計地二千七百餘頃，共馬二百七十四，所減馬三百一十二匹。行俵馬州縣照例折銀解太僕寺貯庫備用。兵部議覆奏聞〔按：館本奏聞作從之〕。上從之。

（神宗萬曆實録卷 486 第 6 頁 486.4.9160）

2185 八月甲午 宴朝鮮賀萬壽聖節陪臣洪端（按：館本端作瑞）奉等二十九員，賀千秋節陪臣李順慶等二十八員。

（神宗萬曆實録卷 486 第 6 頁 486.5.9161）

2186 八月甲午 朝鮮國陪臣李順慶等解還中國〔按：館本無中國二字〕漂海人民林潤臺等三十二名，俱莆田仙遊人。命差官解發福建巡撫衙門嚴加鞫審，果無情弊，照常省發，儻有隱情，從重問擬具奏。仍諭申飭海防之禁。

（神宗萬曆實録卷 486 第 6 頁 486.5.9161）

2187 九月癸卯 工科右〔校記：廣本無右字，誤〕給事中張鳳彩奏：内官監傳奉該監詣〔按：館本詣作擬，疑誤〕乾清宮踏勘穡〔按：館本穡作懋〕勤宮、端凝〔按：館本凝下有宮字〕、壽安殿并門座等處，各有滲漏損壞，宜合修理。奉旨：作速修理。已于八月二十五日興工訖。内開合用物料已數萬金，夫匠尚不在内。《會典》六科職掌：凡内官、内使傳旨各該衙門覆〔校記：廣本覆作覈〕奏得請，然後施行。今興工旬日，臣等尚不與知，禁地至重，闌入夫匠，譏察當嚴，中宮口吻〔按：館本吻作脗〕。指揮不繇部估，安識虚真？錢糧多少不繇臣科，何從看詳？如近日内官監又移文該部，促金水博岸工程，此項修理連年費銀數萬，毫無下落，如內臣言：皇上行幸至此，有不治辨，惟當按治冒破經手之人。舉此一事，宮殿可知。伏乞勅令工部將傳奉工程再加勘驗，得已即已，可減卽減。近營繕郎中郭尚友于年例錢力加裁抑，該監堅執不從。此項實因修理乾清等宮而設，合將今次用過物料，卽于項內扣除，仍嚴加簡緝，計日究工，以肅清禁地。

（神宗萬曆實録卷 487　第 6 頁　487.5.9174）

2188　九月丙午　鳳彩又疏請建正陽門前樓。上不報。

（神宗萬曆實録卷 487　第 7 頁　487.6.9175）

2189　九月壬子　大學士葉向高言：外間喧傳皇貴〔按：館本無貴字，廣本、抱本有貴字，是也〕妃王氏薨逝，宮禁事密，臣不及知，經今四日，未見傳諭。臣備員密勿不敢不請，如以禮節未定，有所遲回，則《會典》開載皇貴妃喪禮甚明，且近有皇貴妃李氏例可行，惟皇太子於母妃則我朝前此未有，所當勅下禮部斟酌上請者也。

（神宗萬曆實録卷 487　第 9 頁　487.7.9178）

2190　九月癸丑　接聖諭：皇貴妃王氏於十三日酉時薨逝，閣臣具題恭慰。隨奉聖諭：皇貴妃王氏，朕以誕育皇太子，命居一宮自適，前月間偶爾有疾不寧〔按：館本無不寧二字〕，卽着皇太子自問安數次，不意昨以疾終，朕深悼卹。覽卿〔按：館本卿下有等字〕奏已知道了。是日閣臣言：聖情傷惻，所有經筵、日講、講章似宜暫免。事畢發引之後，臣等令各講官照常恭撰上進。

（神宗萬曆實録卷 487　第 9 頁　487.7.9178）

2191　十月丁卯　禮科右給事中周永春等上言：畿〔按：館本畿作幾，抱本作畿，是也〕輔今歲水灾，較之三十二、三十五兩年其勢尤甚。小民盼望蠲緩之詔，以日爲歲，今已數月，杳然無聞。查得牧地自萬曆十年清丈共地一萬六千餘頃，每年解部銀三萬三千九百餘兩，至三十二年騰驤衛千户李英等奏，差御馬監太監王昇查勘，按畝加税，每畝原徵一分以上者俱加至三分，共增一萬六千餘兩，此監銀所始也。一地二粮，民實重困。自加税以來，如寶坻、薊州等處卽節年將部銀拖欠，其監銀雖有完納，不過移解部者以解之。時和年豐猶冀畏法輸納，今地無寸壤，粮從何徵？昔猶賣男鬻女，今兄弟妻子離散而無可售；猶昔〔按：館本猶昔作昔猶〕典産賣室，今房屋地土衝壞而無可質；昔猶稱貸富户，今富者貧，貧者逃而無所貸。乞將本年監銀未徵并拖欠銀兩俯賜特免，至部銀除議徵一半及徵六分外，其未徵暫從停緩，帶徵酌俟豐年。免一分民受一分之賜，緩一日民獲一日之生。上留中，不報〔按：館本無不報二字〕。

（神宗萬曆實録卷 488　第 1 頁　488.1.9193）

2192　十月己卯　禮部左侍郎翁正春疏言：温肅端静純懿皇貴妃擇地一節，屢請不蒙簡發，安厝無地，發引何期？宫禁嚴密，既非靈車久棲之處，天時寒沍，尤非工力易弛之時。況轉盼便是新春，正值迎禧伊始，此事可不及今冬完畢乎？伏乞勅下臣部，作速遣官相擇施行。越三日，上命正春同各官詣天壽山看得東井一地。覆奏，報可。

（神宗萬曆實録卷 488　第 4 頁　488.3.9198）

2193　十月癸未　大學士葉向高題：皇居四方之極，三門鼎建，尤觀瞻所係。自前歲左右兩門已有次第，惟皇極門以方向不利緩至今歲。今歲又將暮矣，工部屢請，未奉俞旨。其木料為風雨〔按：館本風雨作風日雨雪，廣本無日，抱本無日雪〕所侵，已多毁壞，一木之費常至數千金，甚爲可惜。今寒沍已近，工作將停，若不稱此時擇吉〔按：館本無擇吉二字〕豎柱，轉眼便是明歲，假使明歲復有拘忌，則鼎建愈爲無期，前此工費物力皆付之無用矣。庫藏匱乏，豈能堪此？左右門已成，而中門〔按：館本無門字〕獨闕，甚不雅觀。伏望聖明，卽將部疏批發，擇吉豎柱，以便明歲接續興工，非但所省不貲，而于朝廷體貌亦增嚴肅矣〔按：

館本無矣字〕。

（神宗萬曆實録卷 488　第 7 頁　488.6.9203）

2194　十一月丙午　辰時大霧着草木。

（神宗萬曆實録卷 489　第 2 頁　489.1.9211）

2195　十一月戊申　浙江撫按高學、鄭繼芳報：温處道擒獲夷犯，第一次裴福寧等一〔按：館本一作七〕十三名，安南國升華府河東縣人，奉差祭祀黄鳥〔按：館本鳥作葛〕靈神，爲風飄深入。第二次陳陽科等二十五名，亦河東人。第三次何王榜等四十三〔按：館本三作二〕名，升華府濰州縣人，俱爲颶風引至内地，殊無犯順擄掠情形，殺之不武，養之不便。查往例遞至兩廣總督軍門發還彼〔按：館本彼作本〕國，安插處置，以示天朝柔遠之化。章下所司。

（神宗萬曆實録卷 489　第 3 頁　489.1.9212）

2196　十一月甲子　命禮部行順天府祈雪。

（神宗萬曆實録卷 489　第 5 頁　489.4.9217）

2197　十一月甲子　朝鮮國王李琿請補給世子冕服，以被兵火失之也。與之。

（神宗萬曆實録卷 489　第 5 頁　489.4.9217）

2198　十二月丁卯　准廵撫順天右僉都御史王邦俊回籍調理。病痊起南京別衙門用。

（神宗萬曆實録卷 490　第 1 頁　490.1.9219）

2199　十二月庚午　禮部奏，採訪曆學精通之人，如原任按察司邢雲路、兵部郎中范守己，一時共推可用。先年修曆，以户科給事中樂頀、工部主事華湘，俱改光禄寺少卿提督欽天監事事例，二臣所當酌量註改京堂銜理〔按：館本無理字，廣本、抱本有理，是也〕共曆事。又訪得翰林院簡討徐光啟及原任南京工部員外〔按：館本外作郎〕李之藻，皆精〔按：館本精下有心字〕曆理，若大西洋歸化之臣龐迪峩、熊三拔等携有彼國《曆法》諸書，測驗推步，講求原委，足備採用。照洪武十五年命翰林院李翀、吴伯宗及本監雲臺郎海達見等修西域曆法事例，將《大西洋曆法及度數》諸書同徐光啟對譯，與雲路等參討〔按:館本討作釘，疑應作訂〕修改。然曆法疎密莫顯于食交，食交真偽莫逃于測驗，欲議修曆，必測交食。觀象臺年久滲漏，地勢失平，儀器倚斜，與天度不合，公館直房，俱難棲止，臺頂須添造板房一間，臺下添造直房五間及增製天體星球，各樣日晷，以便測驗。且欽天監官留心曆法不失其業者，不過數人，至于天文生、陰陽人闒茸〔校記：舊校改闒作闆。茸應作茸〕粗疎，罔習本業，若不及今大爲振刷，亦恐〔按：館本恐作可〕將來訛舛日甚。留中。

（神宗萬曆實録卷 490　第 1 頁　490.1.9219）

2200　十二月甲戌　宴朝鮮國賀長至節陪臣李相教等四十五員。

（神宗萬曆實録卷 490　第 2 頁　490.1.9220）

2201　十二月戊子　宴暹羅國貢使握坤喇柰邁低釐等二十六員。暹羅國王普埃表文發四夷館譯之，輔臣繳進。

（神宗萬曆實録卷 490　第 4 頁　490.3.9224）

2202　十二月庚寅　朝鮮國奏覆：民人張亨興等十一人中有洪舵（按:館本舵作駝）者，卽前細嶼島作賊舡〔校記:館本舡作舵〕工，而亨興等以〔按：館本以作似〕前來往海上節行〔按：館本行下有細嶼島三字〕搶劫之人。且稱水賊之擾，近年滋甚，時或捕獲，皆稱上國人民，不敢擅戮。海洋之警曾無寧息，節年五次解來漂海人犯，甚爲屬國之擾。

（神宗萬曆實録卷 490　第 5 頁　490.4.9225）

萬曆四十年（1612）

2203 **正月甲辰** 京師天鼓鳴。

（神宗萬曆實録卷 491 第 5 頁 491.4.9233）

2204 **正月戊申** 陞編脩周道登爲國子監司業。

（神宗萬曆實録卷 491 第 8 頁 491.6.9238）

2205 **正月戊午** 調曹家寨参將楊德濟補神樞七營參將。

（神宗萬曆實録卷 491 第 13 頁 491.10.9246）

2206 **正月辛酉** 工部以營造皇貴妃坟園，請暫留事例銀兩，以濟急需。餘遵照明旨户七工三分用。有旨：爾部既説坟工匱乏，准扣事例銀十五萬兩，餘遵旨行。

（神宗萬曆實録卷 491 第 14 頁 491.11.9248）

2207 **正月乙丑** 順天府以四十年鄉試，請行取河南、山東教官二員前來分較。從之。

（神宗萬曆實録卷 491 第 15 頁 491.12.9249）

2208 **二月丁卯** 陞大理寺右少卿吴崇禮爲都察院右僉都御史，整勑薊州等處邊偹，巡撫順天地方。

（神宗萬曆實録卷 492 第 1 頁 492.1.9251）

2209 **二月辛巳** 兵部題，請命浙江巡撫衙門將哨（按：館本哨作啃）獲朝鮮國人李太〔按：館本太作大〕等驛送至京，遇使臣順帶或令遼鎮差官攜發還國。從之。

（神宗萬曆實録卷 492 第 8 頁 492.7.9263）

2210 **二月己丑** 命工科給事中歸子顧巡視京營。

（神宗萬曆實録卷 492 第 13 頁 492.11.9271）

2211 **二月壬辰** 工科給事中馬從龍上言：天子之居號九重，嚴〔按：館本禦上嚴字作禁〕禦嚴邃，警偹非常。今自掖門内直抵乾清宫門，一望荒涼，諸人出入冗褻龐雜。近日鼠竊狗偷之盗，至挾雲梯潛入内地，皆防禦之踈，又豈容玩忽，以生民心。皇上果慮民力殫竭，不堪舉事，則請先竣三門以俻垂成之規制，徐建三殿，以恤公私之匱乏。斟酌採木緩急，厚〔按：館本厚作原〕儲財力以待時，勿令楚蜀之財竭，民膏血委之無用，亦仁政之大者也。

（神宗萬曆實録卷 492　第 14 頁　492.11.9272）

2212　三月丙申　工部右侍郎劉元霖請及時建竪箭樓以壯國勢〔按：館本勢作威〕，言：此役也，目前狃于治平，見謂可緩，卒有非常，如己巳、庚戌故事，而後思以圖之晚矣。年來畿輔罹災，流民載道，先年劉六、劉七之事大可寒心。且臣業督司官將梁柱各料劉削成細，收貯神木廠内，以待興工，倘仍復因循，壞〔按：館本壞作懷，廣本作壞，是也〕已庀之料，而虚擲金錢，臣之所大恐也。已難己之事，而自撤保障，抑亦舉朝臣工之所共慮也。時科臣馬從龍亦以爲請。俱不報。

（神宗萬曆實録卷 493　第 2 頁　493.1.9276）

2213　三月辛丑　雲南老撾宣慰司差夷目光倫等齎貢方物。撫鎮爲言：老撾，天慰之一。自緬甸失守，與車里二宣慰同心内嚮，寔中土之藩籬也。先年頒給印符，永爲世守。萬曆二十六年，相率欵貢老撾，以印信戰失允其請補。今更稱被燬于火，復乞補給據譚，情詞卑懇，理有可原，部爲議覆，請如撫鎮諸臣言。從之。

（神宗萬曆實録卷 493　第 4 頁　493.3.9280）

2214　三月壬寅　給事中韓光祜〔按：館本光作元，抱本作光，是也。廣本祜作祐〕言：比歲畿輔旱蝗〔按：館本蝗作荒〕，去年復遇大水，今流離載道，行路酸辛，又多苦疫癘，竟委溝瘠。乞將被災之地〔按：館本地下有方字〕或發帑金，或發廩米。令所司招撫流移，計口賑貸。現在都城内外飢者、病者，付民部哺且療之，費不過銀米各數萬。全生靈之命，回天地之心，收既散之民，消意外之釁。

（神宗萬曆實録卷 493　第 5 頁　493.4.9281）

2215　三月丙午　　順天府以飢民就食日多，請再給米煑粥。得旨：饑民流移，填集京師，深可憫念，粥廠着展至麥熟，户部酌量發米，務在全濟，以稱朕軫恤德意。其巡緝奸宄，防俻非常，尤爲切務，着各衙門用心料理，不得疎玩。

（神宗萬曆實録卷 493　第 7 頁　493.6.9285）

2216　三月己酉　　兵部覆太僕寺少卿徐兆魁條陳馬政内云：……薊鎮為神京左輔，宜自今著爲定例，每歲將薊鎮附近州縣寄養馬兑給各軍，以千匹爲率，其應發該鎮年例馬價銀兩另貯一庫，不得别項借支，廣儲蓄而俻緩急，亦一策也。俱依擬〔按：館本擬作議，抱本作擬〕行。

（神宗萬曆實録卷 493　第 8 頁　493.7.9287）

2217　三月壬子　　兵部郎中范守己言：夥盗結聚近郊殺人。有旨：着廠衞城捕嚴行拿究，不許縱容。馬洪等着撫按官用心協捕，解散餘黨，毋得釀成禨（按：館本禨作禍）變。

（神宗萬曆實録卷 493　第 9 頁　493.7.9288）

2218　三月甲寅　　户部覆順天府請再煑粥賑飢，有旨：飢民流離，各該地方官也着加意拯卹。撫按官卽據此以定賢否，不許怠玩。

（神宗萬曆實録卷 493　第 10 頁　493.8.9290）

2219　四月己亥　　吏部奏言：原任宛平知縣李嗣善以擅刑内官被旨逮問，今三年矣。邇因都城飢民充斥，順天府丞乃以本府知事杜冠時題陞本縣。念嗣善允經法司勘明，臺省申救，長繫堪憐，寬謫唯命。（按：館本此條列于卷四九五，梁本錯簡）。

（神宗萬曆實録卷 494　第 3 頁　495.2.9315）

2220　四月壬寅　　禮部主事高繼元言：貢夷除琉球、暹羅、朝鮮冠帶之國并番僧、番族、外三衛、海、建女直，先後輻輳，計九百人。三衛悍而縱横無忌，女直詐而狡横百端，四〔按：館本四作回，抱本作四，誤〕夷行李多至千櫃，少亦數百，恣買違禁貨物，遷延旬月不回。宴賞程廩車馬之類，費以數萬。此三夷者，借貢興販，顯以規利，且漸生心，不可不思患預防者也。臣請制其流者六，清其源者三。（按：館本此條列于卷四九五，梁本錯簡）

（神宗萬曆實録卷 494　第 6 頁　495.4.9320）

2221　四月癸卯　　陞左庶子朱國禎爲國子監祭酒。（按：館本此條列于卷四九五，梁本錯簡）

（神宗萬曆實録卷 494　第 8 頁　495.6.9342）

2222　四月癸卯　　兵部以都城生發奸盜（按：館本生發奸盜作奸盜生發）最易，防範最難，捕營士馬凋敝，行伍空虛可虞，覆科臣婦（按：館本婦作歸）子顧條陳五議。一、嚴下夜之令。一、重失事之罰。一、杜投充之習。一、稽營馬之耗。一、申犯夜之禁。俱如議行。尋又以姑息已久，未可空言，今議自今立限緝捕，限外不獲者，參將、把總參奏提問，積十起以外，年終照例降級。若明火一月三、四次者，本部竟自參提。每次失盜事情該營逐報部稽查，隱漏者坐本官以欺隱之罪。有旨：依議〔校記：廣本議作擬〕着寔行提督等官嚴行各屬，用心巡警，有違玩的，查參處治，其口（按：館本口作占，是也）役捕軍，着盡行清出，不得容隱。時京師飢民流聚，盜賊公行，至竊禁中器物，邏者獲其繩梯云。（按：館本此條列于卷四九五，梁本錯簡）

（神宗萬曆實録卷 494　第 8 頁　495.6.9324）

2223　五月甲午　　左給事中周曰庠題：温肅端静純懿貴妃王氏金券工程將不日告成，引領惟在發引。乞勅部擇吉舉行。（按：館本此條列于卷四九四，梁本錯簡）

（神宗萬曆實録卷 495　第 2 頁　494.5.9350）

2224　五月甲申　奪欽天監推算官俸三月。仍諭禮部：曆法緊要，還酌議修改。先是，該監題十五日己卯曉望月食，六分二十秒初虧，寅一刻復圓，辰初二刻至期。部委主事一員同五官靈臺郎劉臣測得：候至寅時三刻初虧東南，其體赤色，約食三分餘，與前不合。禮臣請加罰治。從之。（按：館本此條列于卷四九四，梁本錯簡）

（神宗萬曆實録卷 495　第 3 頁　494.6.9307）

2225　五月戊子　陞順天府丞劉學曾爲大理寺左少卿。（按：館本此條列于卷四九四，梁本錯簡）

（神宗萬曆實録卷 495　第 4 頁　494.6.9308）

2226　五月庚寅　給事中馬從龍言：料計三殿并文昭武成閣工作，擬以一丈三尺圍圓〔校記：抱本圓作圖〕爲極數，當照細册分發該省。最大者無過全柱、明樑、大額枋，皆幫攢用。全柱以九攢一徑三尺五寸爲合式，外幫徑二尺五寸爲合式。步柱之類、圓形徑三尺者不容幫攢，各色樑柱方形者不嫌幫用。假如高三尺闊八寸長三丈，若用獨木，其價必重，若以二幫一，不過二三，十足而足，板枋連二連三大小折算不必拘定。貴州物力不支，似宜免派，川、湖二省各半，一殿之木派歸一省，庶頭緒不紊。其未採者，待皇極門竪柱，命下之〔按：館本之下有日採辦，兩省買木銀不許分毫别用，其各省協濟俱當申明停止。果錢粮萬分無措，計方出此，民窮財盡已極，寧可緩之，不可朘削，若内監任意坐派，該省任意估價，各省照數協濟，漫無計算裁節，臣恐以三殿禍天下也。至於各作磚石等物，亦當如木植法計之。滄海漏卮全在料計不審。因言監督石料郎中李養質運過三門石料，除足用處，尚餘七千丈。各作所官，若能料估精當，即重賞賚之可也。昔日兩宫費不過六十萬金，加倍足矣，似不可逾也。并請罷各宫不急營作。抱本脱。〕（按：館本此條于卷四九四，梁本錯簡）。

（神宗萬曆實録卷 495　第 4 頁　494.7.9309）

2227　五月丙辰　南京署禮部事吏部右侍郎史繼階上言：温肅端静純懿皇貴妃王氏于去年九月逝，距令（按：館本令作今，是也）已逾半載。稽之國家歸（按：館本歸作舊，是也）典，發引安厝，皆在百日之内舉行。

（神宗萬曆實録卷 495　第 6 頁　495.11.9333）

2228　五月丙辰　工部以坟工經營有緒，請定皇貴妃發引吉期。

（神宗萬曆實録卷 495　第 6 頁　495.11.9334）

2229　六月庚午　浙江總兵官楊崇業奏偵報倭情言：探得日本以三千人入琉球，執中山王，遷其宗器。三十七、八兩年叠遺（按：館本遺作遣）貢使，實懷窺竊。近又用取對馮（按：館本馮作馬）島之故智，以愚朝鮮，而全羅、慶尚四道半襍倭奴矣。嘉靖之季，海禁大弛，遂有宋素卿、徐海、曾一本、王直之徒爲之禍始，今又十倍往昔。宜勅海上，嚴加訓練，着實舉行。至于稽查海外夷使，責在撫道，并移咨朝鮮國王，嚴禁倭奴之入全羅、慶尚者，一如中國之禁。從之。

（神宗萬曆實録卷 496　第 5 頁　496.3.9342）

2230　六月壬申　温肅端静純懿皇貴妃發引，禮部請令皇太子如例送殯至京城外，祭畢還宫。不允。

（神宗萬曆實録卷 496　第 6 頁　496.4.9366）

2231　六月壬申　奪光禄寺卿趙健俸二月，指揮蕭邦昔三月，下僧法印於理。以健携僧入東安門内，爲巡視科臣所糾。健上疏自劾，乞賜褫放。并有旨：申嚴門禁，不許多（按：館本多下有人字）混入，違的守衛一併參究。

（神宗萬曆實録卷 496　第 6 頁　496.4.9344）

2232　六月癸酉　兵部覆兩廣總督張鳴岡奏交夷航海飄入内地，參原任廣海守備夏士昌宜革任回衛。并請嚴旨切責安南都統使黎維新飭禁諸夷，毋得仍前飄入汛地。有旨：責（按：館本責下有問字）〔校記：抱本無責問〕黎維新如何縱夷屢侵内地，以後着嚴行約束，不得違犯。

（神宗萬曆實録卷 496　第 6 頁　496.5.9345）

2233　六月庚辰　以通惠河〔按：館本無河字〕衝決，奪指揮馬鴻功等俸三月，仍行河臣嚴飭挑濬修築。

（神宗萬曆實録卷 496　第 8 頁　496.6.9348）

2234　六月甲申　刑科都給事中翁憲祥疏言：久繫知縣，滿朝薦以税使單詞，幽因（按：館本因作囚，是也）多年。今梁永、高淮輩皇上已赫然震怒，撤回懲治，乃為其所陷者，尚滯圜扉。宛平知縣李嗣善，居官苦節，執法不阿者，無心之失，已經該部審明，聖明洞察，尚從羈累，殊屬無辜，并應卽賜開釋。

（神宗萬曆實録卷 496　第 9 頁　496.7.9350）

2235　七月己亥　福建巡撫丁繼嗣奏：琉球國夷使栢壽、陳華等執本國咨文，言王已歸國，特遣修貢臣等。竊見琉球列在藩屬，固已有年，但邇來淹淹（按：館本淹淹作奄奄）不振，被拘（按：館本拘作繫）日本，卽令縱歸，其不足爲國明矣。況在人股掌之上，寧保無陰陽其間。且今來船隻方抵海壇，突然登陸。又聞已入泉境，忽爾揚帆出海，去來條（按：館本條作倏，是也）忽，迹大可疑。今又非入貢年分，據云以歸國報聞，海外遼絕，歸與不歸，誰則知之？使此情果真，而貢之入境有常體，何以不服盤驗，不先報知，而突入會城？貢之尚方有常物，何以突增日本等物于疏（按：館本疏作琉）磺馬布之外？貢之（按：館本進上有齎）進有常額，何以人伴多至百有余名？此其情熊（按：館本熊作態）已非平日恭順之意，況又有倭夷爲之驅哉？但彼所執有詞，不應驟阻，以啟疑貳之心，宜除留正使及夷伴數名，使題請處分，餘衆量給廩餼，遣還本國，非常貢物一并給付帶回，始足以壯大朝之威，正大朝之體〔按：館本壯大朝之威，正大朝之體作壯天朝之體〕。因言閩中奸民視倭爲金穴，走死地如騖，絕興販以杜亂萌。又今日所宜亟圖。章下禮部，覆如撫臣言。

（神宗萬曆實録卷 497　第 4 頁　497.3.9363）

2236　七月己酉　　温肅端静純懿皇貴妃王氏安葬。

（神宗萬曆實録卷 497　第 8 頁　497.7.9371）

2237　七月己酉　　是日又題：薊昌外控茜（按：館本茜作酋，是也）虜，内護陵京，惟恃一邊垣爲隔。而邊垣無歲不修，亦無歲不圮，督撫欲爲百年遠圖，引先任總兵戚繼光事，專屬鎮臣。其議以工科欲厚，責成欲專，而立之法曰勿潦草，勿粉飾，勿雜以土，内外甎灌以炭漿，則風雨不能剥落，洪水不能衝決。然繼光之鎮薊門也，時督臣建議于薊昌十路練兵，三萬人爲三大營。密雲一營，則繼光提督之，遵化三屯，雖各有屬而仍聽繼光總理。夫薊門之地，非繼光治兵（按：館本兵下有兵字，是也）不治，非繼光治邊垣垣亦不治，至于今四十年，猶曰此繼光之壁壘樓臺也。非獨其材力幹具特與人殊，亦其處處皆心，處處皆實，獨知有國、而其余一不問耳。此督撫深惟往事而有意乎鎮帥也。所有派定工程，限以三年報完，不得輒有議改議減，至以班營必赴防如期，伍藉必充疆如數，版築必堅緻如法。振竣之日，聽該道驗實放回，有後〔按：館本後作浚，誤〕期虚冒及潦草潛逃者盡法參處。鎮臣親往工所抽段簽刺，如有前弊，重令修砌，該營將領官徑自責治，重者揭督撫參處，〔按：館本將上有路字，抱本無路字〕將一體連坐。凡新築邊垣十年柵（按：館本柵作坍，是也）圮者免議，果有實效，俟三年總叙，破格優處，惟以工之堅瑕爲功罪耳。惟是役也，以一時之勞費爲數百年之用，一工誤卽數百年之邊垣俱誤，一工堅卽數百年之長計皆堅，其與一戰一勝之利又不侔矣。請工價銀二萬三千七百八十四兩，領犒卹銀一萬三千八百三十五兩零。照户七兵三例給發，得旨：依議着實修築〔按：館本築作著，誤〕，務期堅久，不得仍前苟且虚糜錢粮。

（神宗萬曆實録卷 497　第 9 頁　497.7.9372.）

2238　七月癸丑　左庶子朱國禎稱病辭祭酒新命，不允。

（神宗萬曆實録卷 497　第 13 頁　497.10.9378）

2239　八月丁卯　兵部言：倭自釜山遁去，十餘年來，海波不沸，然其心未嘗一日忘中國也。三十七年三月，倭入琉球，虜其中山王以歸。四月，入我寧區牛欄，再入温州麥園頭。五月，入對馬島，倭酋雲蘇等來致其國王源秀忠之命，欲借朝鮮道通貢中國。三十八年閏三月，薄我寧區壇頭，人（按：館本人作又）兩遣偽俠（按：館本俠作使）覘我虛實。今四十年，琉球入貢者夾雜倭奴，不服盤驗，見於福建所報。平義智稱其國王家康欲遣臣入朝鮮，見於遼東所報。封豕長蛇，其衅已見。數十年來，倭所垂誕（按：館本誕作涎，是也）者貢耳。故既收琉球，復縱中山王歸國以為通貢之路，彼意我必不入倭之貢，而必不逆琉球之貢，或仍如三十八年納毛鳳儀、蔡堅之事。總之，倭不可不備，備非徒設，在務得其情以制禦之。

（神宗萬曆實録卷 498　第 2 頁　498.2.9385）

2240　八月己巳　命右庶子郭淐、左諭德朱延禧主考順天鄉試。

（神宗萬曆實録卷 498　第 5 頁　498.4.9389）

2241　八月乙亥　禮科左給事中周曰庠題：房考論望，不拘俸序，例也；綸（按：館本綸作論）經而同鄉之官不得概取，亦例也。順天今歲所聘房考一十四人（按：館本人下有春秋多用三人，《書經》多用一人，蓋主論俸而以四人二十字）者代閲《詩》、《易》兩經，議論遂爾沸騰。臣與監試二臣謂當改正，該司亦另聘入場矣。中有行人張紹魁者，原籍北直人，夫考官不用同鄉，自嘉靖甲子科始，至今未之有改，而順天復用之，何以遵令甲哉？乞諭令監試提調官，不得以《詩經》試卷分紹魁批閲，庶嫌疑可遠，而本官之生平無玷，緣主考二臣欽遣太遲，致房考不便早聘，卒然命下，開聘者不暇致詳，受聘者不及如（按：館本如作加，是也）察，重大之典以忙迫失錯。此後禮部先期疏名上請，皇上即賜允行，俾得詳審周慎，不復纍亂舊章。紹魁，本延慶衞人，以《詩經》房考不足，入簾前一日，監（按：館本監下有臨字）御史行部吏（按：館本吏下有易字）選司，倉卒以紹魁應，文選司郎中劉崇文等上疏簡舉御史，乃移會内簾，不令紹魁與事。

（神宗萬曆實録卷 498　第 10 頁　498.8.9397）

2242　八月己卯　降宛平縣知縣李嗣善官一級，調外任。嗣善獄具三年不得請，臺省累以爲言。至是，刑部因熱〔按：館本熱作熟〕審，言大小輕重之獄皆有矜疑減等之恩，嗣善猶然囚冠在縶，罪罰已深，矜恤宜早。乃報可。

（神宗萬曆實録卷 498　第 11 頁　498.9.9400）

2243　八月壬午　宴朝鮮國陪臣如例。

（神宗萬曆實録卷 498　第 12 頁　498.9.9400）

2244　八月壬午　南京御史張邦俊言：科場愆期，考之往事：正統戊午順天鄉試，初場災焚試卷三之一而改；天順癸未會試，天災而改；正德庚辰殿試，以南征逆濠而改。夫以今日承平之日，既無兵戈之擾，又無水火之災，舉祖宗之大典，惟吾變更。即事體重大，有關係宗社安危者，亦將以竟（按：館本竟作意）見更之，而以不信之令令天下也。懇祈皇上此後凡係大綱常、大典禮，仰符天理，俯協人情，而勿以疑二參之，宗社幸甚。

（神宗萬曆實録卷 498　第 12 頁　498.9.9400）

2245　八月戊子　宴朝鮮國陪臣如例。

（神宗萬曆實録卷 498　第 14 頁　498.11.9404）

2246　九月甲午　宴朝鮮國陪臣如例。

（神宗萬曆實録卷 499　第 3 頁　499.2.9413）

2247　九月己亥　工部請建皇皇（按：館本無皇下皇字）極殿門。不報。

（神宗萬曆實録卷 199　第 5 頁　499.4.9417〕

2248　九月庚戌　命錦衣衛官訪尋附馬冉興（按：館本附作駙，與作興）讓，伴回請旨。仍褫興讓父官職，奪教習主事賈之鳳俸一年。興讓以被掌家宮人梁盈女、内官彭進朝等歐（按：館本歐作毆）辱，具奏，上命中官盧受問狀，進朝等群詬之於東安門内。之鳳以聞，公主三奏，皆不得達。上怒，擊（按：館本擊作繫）其家人。中宫傳旨詰責。禮臣及科臣請上召問公主，正羣小之罪，不報，興讓乃掛冠長安左門去。給事中范濟世言：駙馬，上之婿也，無故而辱，則何人不可辱？公主，上之愛女也，控訴不得上聞，則何人可以上聞？總之，皇上静攝有年，聖子神孫，不能常侍膝下，宫中禮法森嚴，固所以防微杜漸，而情意濶絶，亦易於起釁生讒。故義莫重於夫婦，而宋仁被感於閻文應；情莫真於母子，而曹后見搆於任守忠，不可不亟塞其源也。時臺省勳戚俱以爲言。至是，上覽東厰奏事，見興讓去愈益怒，遂有是命。

（神宗萬曆實録卷 499　第 12 頁　499.10.9429）

2249　十月庚辰　禮部左侍郎翁正春奏：臣因磨勘順天鄉試硃卷，駁参第二名童學賢、第五名傅皇謨并房考鄒之麟，致科臣趙興邦、亓詩教論臣不及主考，爲不公，爲狥庇。詩教又言，臣于代藩争立，不肯擔當，解額請增漫無區别。臣誠無所逃罪，乞賜罷斥。得旨：翁正春直講典禮，素著勤慎。著照舊供職，不必辭。其科場事，卽會同吏部都察院該科議處來説。初，闈中更經互閲，進士鄒之麟以《易經》拈《禮記》，既復參閲《易經》于中書，于發藻房搜得落卷，呈副考諭德朱延禧，塗而乙之，之麟仍用靛緑細批力荐領解，遂置二名，卽學賢卷也。放榜數日，爲御史馬孟禎、科臣杜士全先後論發（按：館本發下有學賢文悖謬不通，之麟有文無行，僻處東城，踪跡詭秘二十一字），帖害進士朱國盛等不得入簾，主考官亦陳闈中始末，乞斥御史孫居相，遂有直發科場情弊疏追論庚戌事，謂之麟爲湯賓尹、韓敬死友，敬原有所屬，而之麟悞認耳，請並究處。于是，禮臣參學賢文理荒謬，皇謨四經失旨，之麟偏拗當懲。皇謨亦之麟所取士，科臣因以不及主考爲言，乞切責禮臣，爲將來戒。

（神宗萬曆實録卷 500　第 14 頁　500.12.9463）

2250　十一月壬辰　　命御史孫居相往順天巡按。

（神宗萬曆實録卷 501　第 6 頁　501.4.9484）

2251　十一月癸巳　　命駙馬冉興讓送國子監教習禮儀一年，具奏。興讓原籍蠡縣，九月庚戌，錦衣衛奉旨訪尋於完縣莒山洪〔按：館本莒山洪作葛洪山〕。十月戊辰伴回，至良鄉縣琉璃河託疾不行，衛使馳奏，遂有旨，且責其肆意中途遷延觀望。

（神宗萬曆實録卷 501　第 6 頁　501.4.9484）

2252　十一月甲午　　朝鮮國王李琿差陪臣柳寅吉、宋錫慶等齎方物表文謝欽賞該國世子冕服並前送還漂海人民，宴賞如例。

（神宗萬曆實録卷 501　第 6 頁　501.5.9485）

2253　十一月己巳（按:館本己巳作乙巳）　　革順天舉人童學賢、罚（按:館本罚上有科字）舉人傅皇謨科（按:館本謨下無科字）及降罰進士鄒之麟、中書于發藻等各有差。禮部會同吏部都察院禮科議：二名童學賢七秋皆蕪穢之詞，三場無雋永之句，當徑行革斥，仍令以監生聽選。五名傅皇謨經學雖已遺譏，韶質猶堪再造，當罰停三科會試，限滿之後，仍聽部考奏奪。至于進士鄒之麟，借他房以收贋鼎，辱盛典而誤賢関，當降以閒散，以爲恣睢之戒。若主考右庶子郭淐、左諭德朱延禧薦卷繇人，掄魁失士，相應量行罰治。中書于發藻之于童學賢，既屬本房，當有確見，始以蛩吟爲絶響，終以莎羽扇同聲，應重加罰治。因請以後京闈分考官斷自乙卯科爲始，照南京事例簡取，推知有文行充用。上是之。乃奪發藻俸一年，淐、延禧各半年。推知分考之議始于臺臣田一甲、科臣官應震。

（神宗萬曆實録卷 501　第 14 頁　501.11.9497）

2254 十一月庚戌 宴朝鮮國陪臣如例。

（神宗萬曆實録卷 501 第 16 頁 501.13.9502）

2255 閏十一月庚午 宴朝鮮國倍（按:館本倍作陪，是也）臣如例。

（神宗萬曆實録卷 502 第 5 頁 502.4.9517）

2256 閏十一月甲戌 兵部題：朝鮮奏解王秀等八十一人，供係自浙而閩販貨遭風，然王秀等六十三名何以復畏罪逃脱？請將見者褚國臣等十八名解浙江巡撫衙門嚴鞫發落。其沈文私記日本程途、倭將名色，一併問擬具奏。在逃人犯，通行内外衙門嚴緝正法。從之。

（神宗萬曆實録卷 502 第 6 頁 502.5.9519）

2257 閏十一月乙亥 允吏部覆參户部主事萬時俊冠帶閑住，員外任國禎降三級，主事石廷學（按:館本學作舉）降二級，洪啓聰降一級，各調外任用。國禎管崇文門税課，廷舉管下粮廳，爲御史龍遇奇參其貪鄙。巡倉御史耿鳴雷因參啟聰在北新倉久有穢聲，廷舉代署，復踵前轍，於是尚書孫瑋並劾之。

（神宗萬曆實録卷 502 第 6 頁 502.5.9520）

2258 十二月丁酉 直隸巡按湯兆京言：通州爲畿東首衝，水陸要會。重徵叠税，幾至數十，如竹木窰，坐進宫廣和店、弘仁橋、五里店、浮橋、上〔按:館本上作士〕橋、哈叭橋、竹廠、房號車價加增、屯丁解店等税，河西務税於外矣。又有通灣之查税、崇文門税于内矣。又有巡攔之拏害城中，復有税課局每年額輸二百一十餘兩，爲本州官吏折俸、儒學、昌鎮漕河振武營心紅本道抄報工食之用。今議蠲抵，俱有頭項，則此税可罷，局可撤，官可裁，凋疲之民亦少受毫釐之賜。

（神宗萬曆實録卷 503 第 10 頁 503.8.9551）

2259 十二月己亥 御史凌漢翀疏稱：舉人劉琛鑽買房考行人李一公中二十五名，朱良材賄買司經曹熣中四十一名，富監王廷鼎、喬之申等或三千金或五千金賄買進士王象春，請勑下三法司會問。科臣李奇珍亦參順天鄉試四十七名舉人張世偉買象春，倖中本房。禮部請並究處。有旨：着三法司併問。

（神宗萬曆實録卷 503　第 11 頁　503.9.9553）

2260　十二月丙午　薊遼總督薛三才題：昌鎮缺額積欠三萬二千九百餘兩，十九年經制後續加臺廵粮料銀三千五百五十餘兩，又增永陵、昭陵衞軍二百八十名、米二千八百餘石，除三年來節省脚價一萬四千二百八十餘兩抵補外，餘欠應責成管粮郎中逐年補足，惟加增糧料折色、本色二項，不得不望之太倉矣。至于密鎮積欠至二十餘萬，更有欠大計〔按：館本欠大計作失計，廣本作大計，抱本作欠大計〕漕脚、營餉二項八千三百餘兩，新增行糧料草一萬五千四百餘兩，爲計更難。

（神宗萬曆實録卷 503　第 15 頁　503.12.9559）

2261　十二月辛亥　予順天府府尹袁奎請告。

（神宗萬曆實録卷 503　第 17 頁　503.14.9563）

2262　十二月丙辰　御史劉廷元條陳京營弊政。一、軍實宜核。言三大營自副參遊佐下至千把總，共五百八十八員，卽一把總月役軍四十八名矣，其他侵占當不下三四萬人。一、軍器宜利。樞（按：館本樞上有一字）屬宜設，〔校記：館本設作復，抱本、廣本作設〕，請比照倉場分司漕運理刑總河分司事例，添設樞二員，凡營中官吏賢否，士馬虛實，器械利鈍，錢粮領散，皆付之稽核，以課其殿最。

（神宗萬曆實録卷 503　第 23 頁　503.19.9573）

萬曆四十一年（1613）

2263　正月庚申　命遼東撫按官諭朝鮮，招募訓練防倭，仍責成海蓋道簡除戎器，製練兵舡，務求實用，以壯聲援。初，倭窺伺海上，朝鮮不支〔按:館本支作交，廣本、抱本作支，是也〕。按臣張五典議用南兵教朝鮮水兵，邊兵教朝鮮陸兵，兵部尚書王象乾以我之南兵沿海而守，纔足防海；我之邊兵乘陣而守，纔足防邊。何地之警可以少緩，何地之兵可以姑撤？況出水陸兵于玄菟之間，寄食彼中，則小腆之物力何以常繼？老弱往餽，則間関之道路何以自給？惟以中國之事責之中國，以屬國之事責之朝鮮，所以爲屬國謀者止〔按：館本止作正，廣本、抱本作止〕如是耳。上是其議。

（神宗萬曆實録卷 504　第 1 頁　504.1.9575）

2264　正月辛未　時會極、歸極門工已竣，惟有皇極門向（按：館本向作尚）未興工。工部署部事右侍郎劉元霖以春日最宜興作上請，并請建箭樓以固都域。

（神宗萬曆實録卷 504　第 5 頁　504.5.9583）

2265　二月庚戌　命會試增額五十名。先是，廷臣以人文日盛、制額宜廣爲言。禮部左侍郎翁正春乞照癸未、丙戌、己丑等科三百五十名例。從之。

（神宗萬曆實録卷 505　第 9 頁　505.7.9601）

2266　三月癸酉　策試天下貢士。賜周延儒等三百五十名進士及第、出身有差。

（神宗萬曆實録卷 506　第 3 頁　506.2.9606）

2267　四月壬辰　陞江西左布政使王應麟爲順天府府尹。

（神宗萬曆實録卷 507　第 3 頁　507.2.9615）

2268　六月辛丑　革遵化左營遊擊曰（按：館本曰作白）邦安職，以撫馭無方，營兵鼓譟故也。

（神宗萬曆實録卷 509　第 5 頁　509.4.9641）

2269　六月壬寅　更鑄兵部之印。

（神宗萬曆實録卷 509　第 5 頁　509.4.9642）

2270　六月壬寅　先是、遼東撫臣議調薊兵五千援遼。兵部尚書王象乾以薊兵單弱，不堪調遣，議正（按：館本正作止）援兵增募兵一千七百有奇，合麻承思見統一千二百九十餘名，曹文煥見統一千名，共足四千之數，合爲一營，訓練防禦，既有濟于遼，而又無弱于薊，兩利之道也。詔可。

（神宗萬曆實録卷509　第5頁　509.4.9642）

2271　七月丙寅　京師大水。南京、江西、河南俱大水，守臣以聞。

（神宗萬曆實録卷510　第5頁　510.4.9655）

2272　八月甲辰　宴朝鮮國朝賀陪臣宋榮耆等四十一人如例。

（神宗萬曆實録卷510　第4頁　511.3.9668）

2273　八月庚戌　宴朝鮮國陪臣如例。

（神宗萬曆實録卷511　第5頁　511.1.9669）

2274　八月庚戌　命築張家口甎城，添設防守一員，兵三百名，從總督宣大都御史涂其（按：館本其作宗）濬之請也。

（神宗萬曆實録卷511　第5頁　511.4.9669）

2275　八月壬子　詔增武舉額三十名。

（神宗萬曆實録卷511　第5頁　511.4.9670）

2276　九月乙亥　初，朝鮮被倭患，幾于不守。上赫怒，稱兵，倭始棄釜山而遁，然陰圖啓疆爲患不已。于是，海上流言有謂倭圖釜山，朝鮮畏服者。總兵官楊宗業以聞。該國不自安，具疏陳辯。詔曰：朝鮮世稱恭順，朕所素知，倭奴窺伺，還嚴行修備，以絶狡謀，不必以道路訛傳自生疑畏。其釜山港口設市照該國先年條議船隻數目、留浦日期，不得尺寸踰越，以啓戎心。

（神宗萬曆實録卷512　第7頁　512.6.9683）

2277　九月戊寅　老撾、車里二宣慰司并鎮康州土官各進象隻、銀器、緬席等方物，賜紵絲〔按：館本絲作紬〕表裏、紗羅有差。

（神宗萬曆實録卷 512　第 8 頁　512.6.9684）

2278　十月乙酉朔　浙江嘉興縣民陳仰川、杭州蕭府楊志學等百餘人，潛通日本貿易財利，爲劉河〔按：館本劉下無河字〕總練楊國江所獲。巡按直隸御史薛貞覈狀以聞。因請申飭越販之禁：……。下部議可。從之。

（神宗萬曆實録卷 513　第 1 頁　513.1.9689）

2279　十月丙戌　巡城御史李養志拷拶國子生徐光漢，士論譁然。養志恚〔校記：廣本恚作患〕之，復以號召黨類凌辱法司上聞。因劾國子監司業孟時芳一味煗熟，漫無約束。時芳言：光漢方以救兄被毆，反被非刑，泣籲于臣。失肄業于監而寄食于兄，此亦事理之常，法所不能强也；寄食于兄而禦侮于人，此意外之變，教所不能防也。至于疏内所指黨類，則各堂班簿無此姓名，于臣何與？而舉以罪臣乎？因引疾求去。上不允。

（神宗萬曆實録卷 513　第 2 頁　513.1.9690）

2280　十月甲寅　宴朝鮮國陪臣尹暄等四十七人，賜賚有差。

（神宗萬曆實録卷 513　第 8 頁　513.5.9700）

2281　十一月辛未　巡撫順天都察院右僉都御史吴崇禮言：畿内薊州、玉田、寶坻、武清、東安各州縣伭窪之土不堪加賦，凋瘵之民不能加賦，根本之地不可加賦。乞將加增一萬六千餘兩特賜蠲免，以昭曠恩。給事中姜性、御史楊如臯俱以爲言。

（神宗萬曆實録卷 514　第 4 頁　514.3.9706）

2282　十一月癸酉　保定等處水災，巡撫都御史王紀請發内帑賑恤。

（神宗萬曆實録卷 514　第 5 頁　514.4.9707）

2283　十一月己卯　兵部侍郎賈應元卒。予祭葬如例。應元，直隸遵化人。嘉靖四十一年進士，授工部主事，歷濟南、楊州知府、山西副使……廕一子爲國子生。

（神宗萬曆實録卷 514　第 6 頁　514.5.9709）

2284　**十二月丁亥**　宴朝鮮國陪臣如例。

（神宗萬曆實録卷 515　第 3 頁　515.2.9715）

2285　**十二月庚寅**　命順天府官祈雪〔按：館本無此條，抱本有〕。

（神宗萬曆實録卷 515　第 3 頁）

2286　**十二月癸巳**　鑄給老撾軍民宣慰司印。先是，老撾宣慰司差夷目先倫等齎貢方物，因言先年所頒印符被燬于火，撫鎮爲請補給。從之。

（神宗萬曆實録卷 515　第 3 頁　515.2.9716）

2287　**十二月戊申**　薊、密、永、昌四鎮官軍缺粮，督臣薛三才、撫臣吴崇禮請預借明年馬價〔校記：廣本價下有銀字〕，通融接濟，以消目前之變。巡按御史李徵儀力以爲請。不報。

（神宗萬曆實録卷 515　第 6 頁　515.4.9720）

2288　**十二月壬子**　是歲……進京通邊仓粮三百五十四萬五千八百八十九石有奇。

（神宗萬曆實録卷 515　第 7 頁　515.5.9721）

萬曆四十二年（1614）

2289　**二月辛卯**　上諭：朕慈母慈聖宣文明肅貞壽端獻恭熹皇太后……于二月初九日午時崩逝。

（神宗萬曆實録卷 517　第 4 頁　517.3.9743）

2290　**二月庚戌**　上奉册寶詣大行慈聖宣文明肅貞壽端獻恭熹皇太后几筵，上尊謚册文。文曰……謹奉册寶，上尊謚曰："孝定貞純欽仁端肅弼天祚聖"皇太后。

（神宗萬曆實録卷 517　第 15 頁　517.12.9761）

2291　**三月乙亥**　詔……陞左春坊右庶子兼翰林院侍讀鄧士龍

爲國子監祭酒。

（神宗萬曆實録卷518　第4頁　518.3.9772）

2292　四月戊戌　工科左給事中李瑾題稱：内官監太監張宣等本（按：館本等下無本字）開昭陵殿廡、樓亭、厨庫、房廊等處損壞修理及開窆隧道、成造供器、搭蓋席殿、棚座、浮橋等項合用物料約數十萬計，臣甚訝之。隨查得二十四年仁聖皇太后祔葬昭陵，該監題稱該修等處及應費等項與今題不異也，而内開物料則有昔無今有、昔少今多、昔數已奢而今增一倍甚至數十倍者，則其爲浮估濫開可知。乃侍郎林如楚、郎中揚若予皆恭詣昭陵，身親相度者也，咸謂昭陵規制謹嚴，並無損壞，惟殿後中北臺基一處閃動、明樓前後滴簷水浸下磚面不平、神厨過石一塊當换耳。伏乞勑諭該部，乘此開工之始，各官在陵之日，會同踏勘，某處果係損壞應該修整，某處顔色凋落應該油飾，即便登記，仍照題覆，遵《會典》選擇廉謹内臣二三員任事，仍申定報竣之期，以杜延緩之隙。留中。

（神宗萬曆實録卷519　第10頁　519.7.9788）

2293　四月庚子　朝鮮王李琿〔按：館本琿作暉，抱本作琿，是也〕差陪臣林弘耈等四十一員進獻方物馬匹，奏請追封生母金氏。准奏，宴賞如例。

（神宗萬曆實録卷519　第10頁　519.8.9789）

2294　四月壬寅　禮部題請：瑞王選婚已經選進大興縣民劉名長女劉氏爲配，相應將劉氏封爲王妃，父劉名授以兵馬指揮職銜。許之。

（神宗萬曆實録卷519　第10頁　519.8.9789）

2295　四月甲辰　命百官祈雨。

（神宗萬曆實録卷519　第10頁　519.8.9790）

2296　四月乙巳　禮科給事中姚永濟題稱：御史黄彦士有近幾（按：館本幾作畿，是也）開荒一疏，蓋當今講求地利生財之法，信無踰此。無何而司禮監太監盧受疏至，以爲侵御苑、傷龍脈，嗟此盡力之民，且奉内旨嚴提擬罪矣。臣〔按:館本無臣字，抱本有臣〕伏覩《大明會典》一欵，嘉靖十三年令各處荒地許諸人開墾，永爲己業。又查萬曆二十九年恩詔欵，開近京水田，往往既墾成熟，被勢豪占奪，今後許被害奏告重處，是招墾之條不啻三令五申矣。又查往事，如秦中鄭國、白公穿涇水（按:館本水下有入字）灌田遺跡可按，若仍引泉，築防千里，不難沃壤，而沿邊薊門左右，如玉田、豐潤、涿州、寶坻，近京小馬房、青龍橋等處，何地不可耕（按：館本耕作耒耰）鋤？夫江南之田，金（按：館本金作全）資灌溉水車，人無遺力，非甚水旱皆可支持，若西北田土，草菜四塞，鎡基不親，是南争于所不足，北棄于所有餘，南民苦不得其地，北地苦不得其民。今天地氣候近〔校記：廣本近作遞〕轉，北方陰晴寒暑，花果麥稻無弗如南者，邇年墾地成田，熟者十分有九，京米之不甚貴皆由于此。若使京東開成，推之全輔諸郡；諸郡開成，推之邊塞諸藩，三年究其成，萬世席其利矣。該監飾挖濬以便封殖，阻良議而虐平民，其餘國家遠大之圖妨害非細。疏入，留中。

（神宗萬曆實録卷 519　第 10 頁　519.8.9790）

2297　五月癸丑　　錦衣衛副千户戚昌乞父繼光謚典。有旨：戚繼光禦倭鎮薊，累著功勞，應否與謚，查議來説。

（神宗萬曆實録卷 520　第 4 頁　520.2.9796）

2298　五月癸五　　刑科給事中姜性疏稱：國家之設廠監，許其刺事，非許其生事也。盧受督廠幾何，時而番較四出，生事害人。都城遠近，無不傾家斃命。邇來提問金祥一事，不用閣擬旨，（按：館本從上有竟字）從中出竊，威如受播，雪〔按：館本雪作虐，廣本虐作惡〕如受尤而效之，又何誅焉？乞將盧受亟正典刑，別委忠勤畏法者一人督廠。不報。

（神宗萬曆實録卷 520　第 4 頁　520.2.9796）

2299 五月甲寅 是日酉時，密云楊窪臺霹靂電火，燒燬臺上層樓并火器、火藥、火箭無存，裝就神砲放盡，擊死南兵一名。

（神宗萬曆實録卷 520 第 5 頁 520.3.9798）

2300 五月乙卯 夜，大雨電。

（神宗萬曆實録卷 520 第 6 頁 520.4.9800）

2301 五月辛酉 先是，朝鮮國王李琿報稱：馬島倭年來仍乞通市，屢要添船倚挾，日本藉稱関白遣臣要到王京，親納禮物受賞開市，間以琉球被滅，薩摩兵强誇詡，顯示陵逼之意。兵部覆奏：上諭，該國君臣，着加意振刷預備戰守，沿海地方，便申飭督撫等官倍加防禦，嚴禁交通，毋得因循貽患。

（神宗萬曆實録卷 520 第 8 頁 520.6.9804）

2302 五月庚午 是日午時，永平屬石火墩臺天雷，從本臺東門飛入，擊死南兵一名，擊傷壯軍二名，臺房及四圍垛口火器盡燬。

（神宗萬曆實録卷 520 第 11 頁 520.8.9808）

2303 五月乙亥 禮部題：欽天監謹選孝定貞純欽仁端肅弼天祚聖皇太后梓宫發引，于本年六月初九日辰時吉入金井。六月十五日辰時掩土。本日巳時神主入大明門。六月二十二日午時奉安几筵。本日未時題欽奉依外，謹會同閣臣葉向高、方從哲議擬開列儀注上請。

（神宗萬曆實録卷 520 第 13 頁 520.10.9812）

2304 六月乙酉 兵科給事中吴亮嗣言：陵璫杜茂擅作威福，杖殺四品武臣。陵寢何地，敢爲震驚？湯沐勞民，姿其魚肉。乞付理官明正妄殺之罪。若留守陸萬垓敢爲虎翼，目無三尺，應聽彼中撫按提問。留中。

（神宗萬曆實録卷 521 第 2 頁 521.1.9829）

2305 六月庚寅 皇太后梓宫發引。皇上躬率皇太子、諸王、諸皇孫步送，自慈寧宮至承天門外。告廟禮成，面諭奠獻使駙馬侯拱宸途中恭護，再三諄摯，既至承天門外，升橋竚望，哀慕不勝。是日陰雨行遲，屢廑聖慮，頒賞五城夫役巾帽、衣服、銀錢、餅餌及貯銀錢布囊，靡不周悉。仍嚴諭該監官并執事員役，增夫料理，無悮吉期，悮事者嚴查奏處。

（神宗萬曆實録卷 521　第 3 頁　521.2.9831）

2306　六月辛卯　梓宫至沙河。

（神宗萬曆實録卷 521　第 3 頁　521.2.9831）

2307　六月壬辰　未時，梓宫至兩水河。

（神宗萬曆實録卷 521　第 3 頁　521.2.9831）

2308　六月癸巳　巳時，梓宫入紅門，午時，入蘆殿。

（神宗萬曆實録卷 521　第 3 頁　521.2.9831）

2309　六月甲午　辰時，梓宫入金井，巳時，掩玄宫。

（神宗萬曆實録卷 521　第 3 頁　521.2.9831）

2310　六月己亥　兵部尚書王象乾言：山陵之役，内官監受把總李貞、楊志學、姜忠、史大化銀四百四十八兩，折價僅募市猾百餘名以赴嚴程，槓多朽木，索以䌶麻，以致梓宫行遲，上命李貞等法司提問，内官監着司禮監查明具奏。

（神宗萬曆實録卷 521　第 3 頁　521.2.9832）

2311　六月庚子　大學士葉向高奉命恭題神主訖，復疏云：是日天氣晴明，風物和美，臣送入玄宫，徘徊瞻遡，先帝之靈爽如存，列后之音容咸在，歡喜燕好，當不異于生前，儼若仙遊，亦奚戀于塵世。蓋皇上大孝已成始而成終，即聖母全歸，亦盡善而盡美。臣所感觸興思，欲以仰慰聖懷，少解哀慕之念者也。疏入，深慰上懷。下旨褒嘉。

（神宗萬曆實録卷 521　第 3 頁　521.2.9832）

2312　七月戊辰　朝鮮國王李琿遣陪臣閔〔校記：廣本閔作李〕馨男等來恭進昭陵行禮，禮部題：上〔按：廣本無上字〕下馬筵宴，頒賚送回。

（神宗萬曆實録卷 522　第 3 頁　522.2.9837）

2313　七月己巳　　南大理寺卿劉士忠卒，准與祭二壇。忠，陝西華州人，萬曆二年進士。授真定推官，擢江西道御史，巡按山西、河南、順天等處。陞順天府丞。養病回籍。

（神宗萬曆實録卷 522　第 3 頁　522.2.9837）

2314　八月丁亥　　禮部覆朝鮮國王李琿請追封生母。

（神宗萬曆實録卷 523　第 3 頁　523.2.9844）

2315　八月壬辰　　巡視京營户科等衙門給事中姚宗文等條陳營務數款。

（神宗萬曆實録卷 523　第 5 頁　523.4.9847）

2316　八月丙午　　巡視京營户科等衙門給事中等題稱：是歲以大行皇太后之喪，春操不舉，營務廢弛，催請九月秋操。留中。

（神宗萬曆實録卷 523　第 10 頁　523.8.9856）

2317　九月甲寅　　宴安南國陪臣。

（神宗萬曆實録卷 524　第 3 頁　524.2.9863）

2318　十月戊申　　旌表節婦二十名：弋陽縣民汪喬妻姚氏，……雄縣生員吴謙妻李氏、吴文淵妻蘇氏，安州民劉朝英妻居氏，……密雲縣民陶大倫妻張氏，淶水縣民龐佃妻王氏；烈婦七名：清苑縣童生劉壽昌妻楊氏，宛平縣吏林士茂妻沈氏，大興縣監生吴守智妻包氏，安肅縣民劉天爵妻田氏，交河縣儒士及櫓妻于氏。

（神宗萬曆實録卷 525　第 5 頁　525.4.9888）

2319　十一月辛酉　　兵部題覆：朝鮮擒獲倭夷散不朗識等三名，疑爲奸細，遠解入關。督臣行道譯審，乃稱買賣遭風，卒爾就擒，于法似難輕宥。第其入汛就擒，俱在朝鮮境内。中國處之無名，仍令陪臣順押回國，聽該國徑自處分。至于硝黄一節，令甲所禁，遵照年例貿易，似難准從加〔校記：廣本無准字，加作扣〕買。上從之。

（神宗萬曆實録卷 526　第 3 頁　526.2.9892）

2320　十一月辛酉　　時朝鮮又奏：解胡敬等四十二名航海遭風漂流屬國。兵部覆議：下海之罪已無所逃，作奸之情〔按：館本情作性，抱本作情〕未見的據，應解發該省軍門嚴加根究，以儆詐僞。詔如議行。

（神宗萬曆實録卷 526　第 4 頁　526.3.9893）

2321　十二月壬午　　兵部覆議薊鎮總兵蕭如薰回籍。從之。

（神宗萬曆實録卷 527　第 1 頁　527.1.9901）

2322　十二月癸未　　宴朝鮮國慶賀冬至陪臣尹覬等五十員進貢種馬，陪臣沈彦名等二十七員。

（神宗萬曆實録卷 527　第 1 頁　527.1.9901）

2323　十二月辛丑　　兵部題覆：畢其等夤夜潛入皇城内北臺堆積燒燬乾清宫土墶處所，挖〔按：廣本無所字，挖作剔〕金砂淘洗，内官宋進喜等翻爲奸藪，依律正罪，以清禁地。奉旨：宋進喜及畢其等都着法司救擬。

（神宗萬曆實録卷 527　第 6 頁　527.5.9909）

2324　十二月辛丑　　大學士方從哲類寫裝潢〔按：館本潢作演〕《通鑑纂要》四本進覽。

（神宗萬曆實録卷 527　第 6 頁　527.5.9909）

2325　十二月壬寅　　治賊夷邊口失事罪，詔奪總兵蕭如薰、密雲〔校記：廣本雲下有兵字，是也〕備李養質各俸二月，餘革懲有差。

（神宗萬曆實録卷 527　第 6 頁　527.5.9909）

2326　十二月丙午　　上諭内閣：聖母升祔昭陵，大典告成，朕心甚慰。所有在工内外官員悉心經理，勞績可嘉。先年獻皇后陵工告成，雖在承天，在彼供事官員俱已陞賞。今聖母陵工報完，典禮隆重，其内外官員均屬効勞，除内監另授外，佐工官員分别敍賞，以昭朝廷激勸之典。卿可擬票來行。

（神宗萬曆實録卷 527　第 7 頁　527.5.9910）

萬曆四十三年（1615）

2327　正月壬戌　以……坐營孫承志爲昌鎮遊擊，守備吴英爲遵化遊擊，把總毛有倫爲薊鎮遊擊。

（神宗萬曆實録卷 528　第 4 頁　528.3.9918）

2328　正月庚午　詔兵部發賞銀解往薊鎮，發馬價銀解往宣大。

（神宗萬曆實録卷 528　第 11 頁　528.9.9930）

2329　正月壬申　命李懷信鎮守甘肅，杜文焕鎮守寧夏，白慎修鎮守山西，劉國光鎮守居庸、昌平等處，俱以原官掛印充總兵官，與之勅。

（神宗萬曆實録卷 528　第 12 頁　528.9.9930）

2330　二月辛巳　以劉曰梧爲都察院右僉都御史，整飭薊州等處邊備，兼巡撫順天等府地方；以喻安性爲山西副使、昌平兵備。

（神宗萬曆實録卷 529　第 3 頁　529.2.9943）

2331　二月乙酉　以聖母升祔昭陵工完，頒賞，大學士葉向高銀一百兩、紵絲四表裡，大學士方從哲銀八十兩、紵絲三表裡；工部右侍郎林如楚銀五十兩、紵絲三表裡，吏科給事中李瑾以下各官賞賚有差。

（神宗萬曆實録卷 529　第 6 頁　529.4.9948）

2332　二月戊子　諭工部：朕以聖母先年聞近畿要路胡良、巨馬二橋連年被雨水淹没栅（按：館本栅作坍）塌，往來行人險阻不便，已給發帑金修造。聖母倏而〔按：館本而作爾，抱本作而〕升天，事不果行。朕今追念慈仁，特發歲積帑金并后妃、皇太子、諸〔按:館本無諸字〕王、公主及内外人等各捐修助金若干兩進築〔按：館本修作進，進作修。廣本無築字〕，仰全聖母得（按：館本得作德）意。但念工程浩大，内帑所施不貲，准將舊税留用，還查先年修築事例，差内外廉能官員督理工程、錢糧等項。爾部便着議具奏。故諭。

（神宗萬曆實録卷 529　第 8 頁　529.6.9952）

2333　二月庚子　工部奏：鼎建皇極三〔校記：廣本三作正〕門，燒造瓦片，帶辦靈應宫琉璃瓦片。上曰：本殿宇聽〔按：館本聽作廳，廣本作所，抱本作聽〕用琉璃瓦片，緣係追尊聖母，敬奉豈容少緩，着遵前旨行。鼎建朝門已知之矣，另候旨行。

（神宗萬曆實録卷 529　第 11 頁　529.9.9958）

2334　二月乙巳　宴朝鮮國陪臣，命侍郎何宗彦侍。

（神宗萬曆實録卷 529　第 13 頁　529.10.9960）

2335　二月乙巳　巡視京營禮科給事中姚永濟等請勑開操。言：國家設三大營軍馬以衛宸居，其間訓練稽查，莫肅于二、八月開操之候。今春光入暮，開操無期，將不習軍，軍不習陣，弱者矢無簇、鎗無頭，刀劍尋成班銹，志氣日就委靡；間得强有力者，又以桀驁不肖之心用之酗酒行潑，刼殺爲邪。而臣等未奉視操，又無從日省月試與夫信賞必罰，一旦有事，豈能以不教之軍戰哉。此時邊軍枵腹于内，彈虜挾〔按:館本挾作徼〕欵于外，天下事正可深慮，何可放開教十萬之官軍，虚糜數十萬之倉儲，而不自爲根本計也。不報。

（神宗萬曆實録卷 529　第 13 頁　529.10.9960）

2336　三月庚戌　工部屢疏催請鼎建殿門、箭樓，言:皇極門是聖天子嚮明而治，儲偫惟今日少充，方向惟今年大利，宜速舉以奠丕基。至于正陽門箭樓一座，肅臨御之觀瞻，壯城守之鎖鑰。今一應物料俱已預庀，請與皇極門一同建竪，將億方（按：館本方作萬）載無疆之休于是乎在。時科臣劉文炳亦言之。不報。

（神宗萬曆實録卷 530 第 3 頁 530.2.9966）

2337 三月辛亥 東厰緝獲偷銅瓦賊陳大等，命付法司究問。

（神宗萬曆實録卷 530 第 4 頁 530.3.9967）

2338 三月壬子 天津衞地震有聲。

（神宗萬曆實録卷 530 第 4 頁 530.3.9967）

2339 三月癸丑 户科給事中官應震、禮科給事中姚永濟等劾内官監王朝用歷年盗賣内庫銀珠鉛銅等物。贓既敗露，律有常刑，内官閻福職司典守，難免交通之咎，其家人冉文舉、王志弘〔按：館本弘作弜，抱本作弘〕各應究擬。不報。

（神宗萬曆實録卷 530 第 4 頁 530.3.9967）

2340 三月乙卯 福建廵撫袁一驥奏：琉球違四十年（按：館本年下有題字）准十年一貢之限，既以四十一年修貢，復于去冬十一月遣貢使蔡堅等來，其所進硫礦（按:館本礦作磺）、馬匹已經多官驗詳無弊。且云航海波濤情甚可憫，但臣敬遵成命，勒令歸國，又行司道量爲周恤，以仰體朝廷柔遠之仁。

（神宗萬曆實録卷 530 第 5 頁 530. 4.9969）

2341 三月丙辰 以雨澤未降，命順天府官竭誠祈禱。

（神宗萬曆實録卷 530 第 7 頁 530.5.9972）

2342 三月丙辰 時有漂海人丁韓江等九十四名自朝鮮解還者，迨入関而逃亡六十五名。兵部議：脱逃雖繇解役陳一本等之懈玩，然以九十餘犯，而都司李國楹止以二役押解，疏可知矣。請將韓江等二十九名解發浙江廵撫衙門，嚴行審問，是否販貨遭風？有無通倭情獘？何作〔按:館本何作作作何〕問擬脱逃？林溪等行原籍衙門嚴限緝護正法，其都司李國楹與解役陳一本等行遼東廵按御史嚴行査勘究罪。上是之。

（神宗萬曆實録卷 530 第 7 頁 530.5.9972）

2343 三月丁卯 宴朝鮮國陪臣，命侍郎何宗彦時（按：館本時作侍，是也）。

（神宗萬曆實録卷 530　第 12 頁　530.10.9981）

2344　三月己巳　諭工部：朕昨以聖母欽降修理胡良、巨馬二橋帑金併朕餘積及后妃、皇太子、王、公主、内外人等各捐進助銀四萬二千七百九十二兩三錢，着督理工程内官監管理李忠、戴進同工部督工官司領去，作修築橋工之用，如有不敷，准留橋稅銀兩接濟。爾部遵前旨行。

（神宗萬曆實録卷 530　第 12 頁　530.10.9982）

2345　三月庚午　户科給事中姚宗文言：胡良、巨馬二橋越在百餘里外，非若在京陵寢工程，必須領之繕部。唯勅行撫、按二臣，選廉能有司秉心〔校記：廣本心作公〕任事，便可刻期而成。若必工部遣官監督，則奔走効用必用委官，磨算承行必用辦役。今明旨初下，而鑽謀委官書辦者尋人思售，再内用（按：館本内用作用内）臣輔以參隨人等，恐尋橋梁之資不足以飽狐鼠之腹，何日成功？工部侍郎林如楚亦以爲言。上命查先年事例行之。

（神宗萬曆實録卷 530　第 13 頁　530.10.9982）

2346　三月庚午　兵部題參疏玩將官李承爵等。萬曆四十二年十一月良鄉縣地方響馬强賊截劫山東委官尹加顯原解官銀一千二百五十兩。承爵等責屬巡捕心懈提防，分别議罰。報可。

（神宗萬曆實録卷 530　第 13 頁　530.10.9982）

2347　三月壬申　命太僕寺處給銀兩賞朝鮮國陪臣，以其發還漂海人丁故也。

（神宗萬曆實録卷 530　第 14 頁　530.12.9985）

2348　三月甲戌　有奉御縊死者，司禮監奏爲監丞趙文秀威逼所致。上惡其恃長凌卑，圖利妄作，命付法司行提擬罪。

（神宗萬曆實録卷 530　第 15 頁　530.12.9986）

2349　四月辛巳　巡視廠庫工科給事中何士晉等言：靈應宫之役非制，即託言于追尊〔按：館本尊作遵〕聖母，然聖母所注念者，莫如講婚用賢諸事，乃諸臣萬呼不應而不時内降者，非守官之營求，即鬼神之香火，臣等知其不可也。若該監汪良德，既明知神宇之物料無預水曹，輒妄借殿門之題目混稱帶造，朦朧取旨，倏忽變更，其罪無可原者。乞勅下工部，先將皇極門諏吉建豎，而籥（按：館本籥作箭，是也）樓三殿亦以次第興工。若靈應宫無關民義，即不能寢，亦頒賜帑金責成該監，一（按：館本一下有惟字，無皇字）皇上命。其汪良德并乞嚴勅該衙門重究其瀆奏之罪。不報。

（神宗萬曆實録卷 531　第 4 頁　531.3.9994）

2350　四月壬午　火發于黄花鎮柳溝地方，延燒數十里，至旬餘〔按：館本無餘字〕日方滅。

（神宗萬曆實録卷 531　第 5 頁　531.4.9995）

2351　四月甲申　工部侍郎林如楚疏參提督琉璃窰内監馬謙包領修密錢粮，並無完工，乞勅下部會勘虚實，責令如額修補。

（神宗萬曆實録卷 531　第 5 頁　531.4.9995）

2352　四月己丑　以科部諸臣執奏殿門宜建，玄宫非急，于是諭工部曰：靈應宫修理，係朕追遵聖母敬奉至意，且聖母在御時朕以天下孝養，豈惜此費？但今内庫缺乏無措，爾爲臣子，亦當仰體。爾部還遵前旨，作速處辦應用，以全朕孝敬誠意。鼎建三門，候旨行，不必再來瀆奏。

（神宗萬曆實録卷 531　第 6 頁　531.5.9997）

2353　四月辛卯　廷試天下歲貢生四百三十七名，大學士方從哲會同翰林院掌院孫如游將試卷封進御覽。

（神宗萬曆實録卷 531　第 8 頁　531.6.9999）

2354　四月辛卯　以將〔校記：廣本將作賜〕宴朝鮮國陪臣，命侍郎何宗彦即出待〔校記：廣本待作侍〕宴，料理部事。

（神宗萬曆實録卷 531　第 8 頁　531.6.10000）

2355　四月辛卯　兵部以三廠新舊及未收楠木近二萬株，堆垛其艱（按：館本其作甚，艱作難），議將中都等班軍共撥一千一百五十名，分派各廠苫蓋，務要正身赴役，不得復仍雇倩〔按：館本倩作折，抱本作倩，是也〕。其分派各廠并隨工監糧等項，俱照先年撥工舊例。報可。

（神宗萬曆實録卷 531　第 8 頁　531.6.10000）

2356　四月己未　以國子監賢關重〔按：館本無重字，廣本、抱本有重字，是也〕地，仍命右諭德温體仁照舊署掌，詔吏部將新推兩監祭酒寫名來看，候卽點用。

（神宗萬曆實録卷 531　第 9 頁　531.7.10002）

2357　四月己未　諭工部：朕以修築胡良、巨馬二橋督理工程内外官員都着給與勅書關防，應差科道着擬定來奏，其擇日興工照例行。

（神宗萬曆實録卷 531　第 9 頁　531.7.10002）

2358　四月丁酉　賜給京衛萬曆四十三年軍士冬衣布花。

（神宗萬曆實録卷 531　第 10 頁　531.8.10003）

2359　四月辛丑　以冗員不便地方，裁去昌鎮右軍營遊擊，從薊遼總督薛三才請〔按：館本請作議，廣本、抱本作請〕也。

（神宗萬曆實録卷 531　第 11 頁　531.9.10005）

2360　四月辛丑　廵撫順天右副都御史吴崇禮請處薊門鼓譟軍丁，以肅法紀。疏下兵部〔按：館本部下有議字〕。

（神宗萬曆實録卷 531　第 11 頁　531.9.10005）

2361　四月乙巳　順天廵撫吴崇禮奏：虜賊挨殺烽軍，刼馬蘭路都司李世爵等。下兵部議。

（神宗萬曆實録卷 531　第 14 頁　531.11.10010）

2362　五月丙午朔　諭兵部：山場延燒，密邇陵寢，朕心深切警懼。近日薊鎮賊夷屢次竊犯，殺擄哨役，失事如何，未見查報。着該督撫官一併勘明具奏。

（神宗萬曆實録卷 532　第 1 頁　532.1.10011）

2363　五月己酉　是日酉時，有瘋癲男子一名，持棗木棍入慈慶宮，擊傷守門内官李鑑，直至前殿簷下，爲内官韓本用等所獲，付東華門守衛指揮朱雄收之。

（神宗萬曆實録卷 532　第 3 頁　532.2.10014）

2364　五月辛亥　皇城巡視陝西道御史劉廷元言：據左東把總趙國忠申解人犯，供名張差，係蘇（按：館本蘇作薊）州井兒峪民。語言顛倒，似相瘋狂。臣于皇城公署再三詰問，本犯止稱喫齋討封，語不情實，詞無倫次，按其跡若涉瘋魔，稽其貌的是黠猾，此不可不詳鞫而定擬者。若夫宫門何地，守衛何任，臣等三令五申，戒以毖飭，奈之何竟使姦徒闌入密地，尚可弗窮治乎？除守門官軍臣等已逐門挨查拘究外，一切門禁更祈天語申飭，令官軍不懈于詰察，監豎各勤于提防，斯姦宄屏息，禁地肅清，而臣亦可逭溺職之愆矣。

（神宗萬曆實録卷 532　第 4 頁　532.3.10016）

2365　五月丙辰　工部題：差管理胡良、巨馬二橋科道官二員。得旨：着何士晉、李嵩去，其督理工程内外員官已有旨矣，修理二門工程、箭樓等項，還俟簡發。

（神宗萬曆實録卷 532　第 6 頁　532.5.10020）

2366　五月丁巳　是日，刑部司官會審張差。據供：蘇（按：館本蘇作薊）州井兒峪住民，平日割買〔按：館本買作賣，抱本作買，誤〕柴禾。時内監龐保、劉成在黄花山修鉄瓦殿，有不在官李自强、李万倉以送灰内監藉勢强買差柴，差不從。一夕，前柴燒燬，差意自强等放火，赴愬内監，内監不理，人役又拘係之，以致氣憤莫伸，癲病劇發。于四月内失記日期來京，欲赴朝聲寃，遂于五月初四日從東華門進入，無人攔阻，至慈慶宫門首，手持〔按：館本持作執〕棗木一根，打傷守門内官李鑑，跑入前殿簷下〔按：館本前殿簷下作前簷殿下〕被拏等情。初，差以氣憤嘗闖入薊道衙門聲寃，語言不倫，道臣袁和審係癲病，釋而逐之。

至是，闖宫事發，各司問擬張差比依宫殿，射箭放彈，投甎石傷人，律斬，秋後處決加等，決不待時。呈堂，將過大理寺問，忽提牢主事王之寀從袖中出鞫問獄情係干根本一揭，言：本月十一日散飯，獄中見張差年壯力强，非風魔人，隨屏去吏役，再三密問。供有馬三舅、李外父將差交與不知姓名一老公〔按：館本無公字，廣本有公字，是也〕跟隨到京，又有不知街道大宅子一老公與飯與棍，至有打上宫去，撞一個打一個等語，皆各司所未聞也。揭出，相視駭愕。是時，署部事侍郎張問達據揭謂：本犯供詞與前不同，似瘋魔而又非瘋魔，于是復委司再問矣。

（神宗萬曆實録卷 532　第 7 頁　532.5.10020）

2367　五月己未　兵部覆薊遼總督薛三才疏言：本年四月内黄花邊外山場延燒，又虜賊上黄松〔按：館本松作花〕嶺擄殺烽軍。合將失事各將領分别擬罪，劉守廉、楊大慶俱先革任，行廵関御史勘問，李世爵、王之寵罰俸有差，高策〔校記：廣本策作寀〕、袁和免議。中間有無重大情弊，仍俟勘明具奏。至該鎮夷虜挾賞不遂，屢肆竊掠，偹禦當嚴，臣部仍移咨各官，晝夜隄防，其不然者，悉置于法。上曰：這起火根因着該按関御史查明奏處。薊鎮賊夷挾賞入犯，便行與督撫鎮道等官嚴加偹禦，務保無虞，餘俱依擬。

（神宗萬曆實録卷 532　第 10 頁　532.7.10024）

2368　五月戊辰　薊遼總督薛三才言：臣等奉旨詰問山場延燒并近日薊鎮賊夷竊犯情形。臣據昌平道兵偹副使李養質報稱，火起係宣鎮柳溝等地方，南面燒至白龍潭，大河隔斷，火止。河北係宣鎮地，河南係昌鎮地。又據宣鎮撫臣汪道亨、道臣胡思伸所報相同。切以爲失火根因，踪跡未明，而起火地方耳目難掩。但事関兩鎮，應行兩鎮按関御史會勘奏報。至于近日薊鎮賊夷屢犯，殺擄哨役，則四月二十一日馬蘭路事也。該路黄崖口之松嶺烽〔校記：廣本烽作驛〕設在高山絶頂，將官恃險而忘偹烽軍，因旦而偷安。是日寅時，遂爲賊夷所乘，殺死三〔按：館本三作二〕名，重傷二名，擄去四名。臣等卽行薊州道兵備副使袁和勘實，併將路提等官李世爵等題參，請行廵關御史勘問矣。又本年三月二十七日賊犯河路之寺兒頂，隨卽堵回，不損一軍。四月三日，賊犯曾〔按：館本曾作曹〕路之松花頂，雖射死二軍，而修工〔校記：廣本工作土〕軍夫無一被掠者。後先載在塘報。及関臣疏中夫滿旦一枝，薊〔按：館本薊下有鎮字〕舊未有賞，其夫趕兔係屬虜伯彥打賴外甥，嘗往來薊門邊外，垂涎此賞。後打賴物故，遂挾奪我賞物，扑殺我軍丁。萬曆十年，白馬一関，遂加賞物八百餘兩。自此屢挾屢加，每加輒數百兩。至三十二年，該関共加至四千餘兩矣。而大水、黑谷二関之賞又在外。後趕兔死，滿婦改嫁阿暈，與趕兔長子乞炭亥歲相讎殺，數年以來，挾而未甚。今其子温布漸長，乞炭亥復與相合而踵趕兔之故智，屢爲其少子毛乞炭擁兵挾賞，挾者日加，其誰不挾？夷欲無厭，長此安窮？臣與撫道諸臣計議：薊門有險可恃，寧與相〔按：館本與相作相把〕持，若能設伏出奇，可收斬獲，卽不然，而據險于隘，亦足堵拒，虜欲挾新，我且停舊，相持日久，虜無所利，然後操縱可施，羈縻可久（按：館本久作束）。上命兵部議覆以聞。

（神宗萬曆實録卷 532　第 17 頁　532.14.10038）

2369　五月己巳　　諭兵部：皇城門禁從來嚴謹，邇來法弛人玩，守衛疏虞，以致奸徒闌入，情形莫測，已勑法司嚴究外，爾部還與廵視科道官將内外門禁通行申飭，一應閑雜人等不許擅自出入，如有指稱内府名色不服詰問攔阻的，卽時拏究，重則參奏區處。仍行〔按：館本仍行作行行，誤〕廠衛廵捕各衙門，分布譏察，使奸宄不得潛行，違者并守門官軍一體治以重罪，務期法令修舉，内地肅清。爾等其遵行之，毋忽。故諭。

（神宗萬曆實録卷 532　第 18 頁　532.15.10040）

2370　五月己巳　　以李樑材爲薊鎮東路副總兵。

（神宗萬曆實録卷 532　第 19 頁　532.15.10040）

2371　五月甲戌　是日張差處決。

（神宗萬曆實録卷 532　第 28 頁　532.10055）

2372　六月己卯　命管文書内官監太監冉登總督正陽等九門并永定等七門巡視點軍，寫敕與之。

（神宗萬曆實録卷 533　第 7 頁　533.6.10069）

2373　六月壬午　命司禮監官梁棟同工部官前去相擇皇太子妃郭氏墳地，卜在泰陵園後長嶺吉，于是禮部請擇日興工，報可。工部奏：皇太子選侍王氏薨逝，墳地于翠微山相擇。報可。

（神宗萬曆實録卷 533　第 9 頁　533.7.10071）

2374　六月戊子　陞江西左布政使李長庚爲順天府尹。

（神宗萬曆實録卷 533　第 14 頁　533.11.10080）

2375　六月辛卯　陞右春坊右庶子掌坊事劉一燝爲國子監祭酒。

（神宗萬曆實録卷 533　第 17 頁　533.14.10085）

2376　六月辛卯　是日，胡良、巨馬二橋興工，遣工部侍郎林如楚行禮，内外經管官員勑書，着便寫給。

（神宗萬曆實録卷 533　第 17 頁　533.14.10086）

2377　六月癸巳　户部議請皇貴妃王氏該用貼墳地土及墳户軍人准照憲廟皇貴妃萬氏、萬曆二十五年皇貴妃李氏例加倍撥給。上命撥給墳户三十名，民地二十五墳（按：館本墳作頃，是也）。

（神宗萬曆實録卷 533　第 18 頁　533.15.10087）

2378　六月癸巳　東安門拏獲擅闖入禁門不知姓名瘋狂男子一名，上甚惡之，卽令錦衣衛拏去，着寔打一百棍，仍用頭號大枷枷于東門處所，〔按：館本一上有枷號二字，抱本删去〕一月滿日奏請定奪，不許疎縱。

（神宗萬曆實録卷 533　第 18 頁　533.15.10087）

2379　六月乙未　命錦衣衛于皇城每門放頭號大枷二面。若有異服異形眼生姦細之人，即時擒獲，該衙門便拏去着寔打一百棍，就着此枷枷號於本門訖具奏。示衆一月滿，奏請定奪，不許違玩踈縱。如有不遵行者一體重治不宥。

（神宗萬曆實録卷 533　第 20 頁　533.17.10090）

2380　六月庚子　　禮部請禁左道以正人心，言：近日妖僧流道聚衆談經，醵錢輪會。一名涅〔按：館本涅作揑〕槃教，一名紅封教，一名老子教，又有羅祖教、南無教、净空教、悟明教、大成無爲教，皆諱白蓮之名，實演白蓮之教。有一教名便有一教主。愚夫愚婦轉相煽惑，寧怯于公賦而樂于私會，寧薄于骨肉而厚於夥黨，寧駢首以死而不敢違其教主之令。此在天下處處盛行，而畿輔爲甚。不及今嚴爲禁止，恐日新月盛，實煩有徒，張角、韓山童等之禍將在今日。乞勑下臣部行文五城廠衛，嚴令禁戢，立刻解散。如有仍爲傳頭者，訪出依律從重究擬。有功員役比照拿獲大盜給賞，仍通行各省直一體欽遵，嚴禁訪拏，庶異教可圖，人心歸正，而千万世太平之業終賴之矣。

（神宗萬曆實録卷 533　第 23 頁　533.18.10094）

2381　六月壬寅　　禮部以連旬彌旱，乞勑大臣分詣南郊、北郊、社稷、山川、風雲雷雨等壇，併護國濟民神應龍王之神，再行虔禱太歲之神及東嶽廟，俱乞命大臣祭告行禮，仍行順天府照例率屬于都城隍併應祀各神廟竭誠祈禱。大小臣工自本月二十八日爲始，仍〔校記：廣本仍下有穿字〕青衣角帶于本衙門齋戒辦事，痛加脩省。諸司照例停刑七日。除祭祀照常外，禁止屠宰併酒席宴會，以得雨之日爲止。

（神宗萬曆實録卷 533　第 23 頁　533.19.10095）

2382　六月壬寅　　欽天監奏：皇太子妃郭氏墳園擇七月二十八日興工。從之。

（神宗萬曆實録卷 533　第 24 頁　533.20.10097）

2383　七月丙午　　大學士方從哲、吴道南言：昨接薊鎮督撫薛三才等揭稱，通州、三河等處刼掠蜂起，始于饑民之嘯聚，繼以奸民之乘機。所請發帑開倉、停徵改折等事，誠救荒急務。

（神宗萬曆實録卷 534　第 1 頁　534.1.10101）

2384　七月丙午　陞翰林院編脩公鼐爲國子監司業。

（神宗萬曆實録卷 534　第 2 頁　534.1.10102）

2385　七月戊申　以温肅端静純懿皇貴妃王氏墳園工完，遣工部右侍郎林如楚謝土。

（神宗萬曆實録卷 534　第 2 頁　534.1.10102）

2386　七月己酉　薊遼督撫薛三才、吴崇禮各奏：畿輔旱灾，飢民聚亂，懇乞聖慈大賜賑蠲，以收人心，併停本年應徵、帶徵錢粮與各衛所屯粮議改議折。上曰：畿輔旱灾異常，以致饑民羣聚搶奪。着先發通倉米七万石分賑被灾處所，務使人沾實惠。如有奸民乘機劫掠的，行各該有司官嚴拏治罪，以靖地方，毋得姑息養亂。其錢粮應蠲折及發澶要（按：館本澶要作漕粟，是也）等事，着該部詳議具奏。

（神宗萬曆實録卷 534　第 3 頁　534.2.10103）

2387　七月辛亥　時畿輔民飢甚，督撫諸臣疏請大發臨、德二倉粟米〔按：館本粟下無米字，廣本、抱本有〕平糶，以遏亂萌。上命户部速議以聞。

（神宗萬曆實録卷 534　第 3 頁　534.2.10103）

2388　七月丙辰　户部覆稱：督撫疏中請發臨、德二倉以賑饑民，意非不善，但二倉實在米止五十一万八千餘石，皆係軍儲，豈容易于别項支用？今條議六策，以備採擇：……一、議得順天府屬每年該積備荒穀一万二千餘石，……一、議得古人有興作以濟飢荒，今宜倣而行之。如畿南新建胡良、巨馬二橋，仰以爲食者，豈止万餘人？至于三殿大工，正陽門箭樓，倘于此時擇吉肇建，無論所存活飢民無算，且人多工賤，得以坐收事半功倍之效。……一、議得近日甘霖既沛，晚米可望，況今見有通倉七万之賑濟，……上曰：畿輔旱災異常，這條議六事有裨荒政。内箭樓工程，着卽擇吉脩舉。門殿等工，待禫服後來奏，其餘的依擬着實行。

（神宗萬曆實録卷 534　第 6 頁　534.5.10109）

2389　七月丁卯　以順天府府丞喬允升署掌府印。

（神宗萬曆實録卷 534　第 14 頁　534.11.10122）

2390　七月丁卯　發密雲遼東餉銀，差官解給。

（神宗萬曆實録卷 534　第 14 頁　534.11.10122）

2391　七月辛未　保定巡撫王紀奏：畿南亢旱異常，秋禾盡槁，萬民待哺，而逃竄搶奪報無虔（按：館本虔作虚，是也）日。懇乞聖明，速賜破格蠲賑，以消亂萌。疏下户部。

（神宗萬曆實録卷 534　第 15 頁　534.12.10124）

2392　七月辛未　詔法司提問戰車廠鋪户王允成、李朝等。以六月内失火，爲御史熊化查參也。

（神宗萬曆實録卷 534　第 15 頁　534.12.10124）

2393　七月辛未　吏部覆：薊遼總督薛三才題留霸州兵備參政孟成己，以新〔校記：廣本新下有陞字〕任按察使照舊管事，新陞霸州兵備鄭國俊改浙江右布政揚州海道（按：館本道下有從之二字）。

（神宗萬曆實録卷 534　第 15 頁　534.12.10124）

2394　八月壬寅　宴朝鮮國慶賀萬壽聖節陪臣李揚〔按：館本揚作惕，廣本作楊，抱本作揚〕等三十七員，慶賀千秋令節李棫〔校記：廣本棫作掝〕等三十八員，命侍郎何宗彥待。

（神宗萬曆實録卷 535　第 12 頁　535.9.10146）

2395　閏八月丁未　三法司奉旨會審盜木占廠李三才情罪，擬將三才家人李乙〔按:館本乙作七，廣本、抱本作乙，誤〕、李四等戍遣，商人汪信、李元等徒杖。其原占倉基、廠基并張坤等廠地蓋房通行拆卸，聽户、工二部查照原址畝數近退還官。其未收木除追還用過及漂流外，尚欠二萬四千四百九十三根，聽工部查明果否漂流實數，確議追除其不係漂流各木。工部仍着汪信等各名下照原開圍長如數追出。至於李三才，原繫（按：館本繫作係）應議大臣，恭候聖裁。

（神宗萬曆實録卷 536　第 3 頁　536.2.10153）

2396　閏八月己酉　工部奏：修乾清宫披房業經内官監遵旨會同本部司官科臣踏看。至于拮据材料、劑量經費，期於材不虚糜，工不遲誤。特以大内森嚴之地，外僚不便于往來，各役愈滋其玩愒，合無計其工程酌定夫匠數目，聽該監自行包管僱覔。竣工之日，備將用過料價錢粮數目造册，會部覆覈相同。仍赴廵視廠庫科道衙門掛號，於節愼庫料銀内動支給領。上曰：朕思三殿工程久未鼎建，昨因覽《大統曆》，見明歲方向不利，着於本月初六日與同乾清宫披房一併開工，以應吉期。其興作等項，俟明歲聖母靈位升祔陵廟禮成，上緊建造。合用物料，爾部預行措辦，不致臨期有誤，披房着作速修理。

（神宗萬曆實録卷 536　第 3 頁　536.2.10154）

2397　閏八月庚戌　三殿及箭樓開工，遣工部侍郎林如楚行禮。

（神宗萬曆實録卷 536　第 3 頁　536.2.10154）

2398　閏八月辛亥　通州粮船火起，燒去米四千六百四十二石及空船三十三隻。

（神宗萬曆實録卷 536　第 4 頁　536.3.10156）

2399　閏八月甲寅　宴朝鮮國陪臣，遣侍郎孫如游待。

（神宗萬曆實録卷 536　第 5 頁　536.4.10157）

2400　九月乙亥　以薊鎮官軍鼓譟，發副總兵石穩邊衛充軍，從刑部議〔按：館本議作擬，抱本作議〕也。

（神宗萬曆實録卷 537　第 1 頁　537.1.10175）

2401　九月乙亥　大理寺訊過禁地刨窖金沙，内官宋進喜等威逼人命，内官趙文秀等俱運磚炭贖罪，完日送司禮監發落。俱依擬。

（神宗萬曆實録卷 537　第 2 頁　537.1.10175）

2402　九月丁丑　户部奏賞賜京衛軍士冬衣布花，本年棉〔按：館本棉作綿，抱本作棉〕布不敷，合將羽林右〔校記：廣本右下有衛字〕等衛併錦衣等二十九衛司各賞本色布二疋，棉花一斤八兩。其府軍等，行太倉銀庫折給銀錢照例並〔按：館本並作兼，抱本作並〕支。上從之。

（神宗萬曆實録卷 537　第 2 頁　537.1.10175）

2403　九月戊子　順天府尹李長庚言：救荒之法，待極貧者無如賁粥，待次貧者無如平糶。今畿輔重災，望皇上比照往歲賁粥事例，將前府臣所請孤老冒濫米連年節省見積京倉暫發五千石，容臣等陸續領發。兩縣照依三十九年所立粥廠，城内六廠，城外二廠，令兩縣知縣、丞、簿等官分理各廠，而以府佐二員總其事。臣等時往查核，務使饑民得沾實惠。至平糶一事，今年既荷皇上允發臨、德二倉米十萬，其宛、大二縣派各該二〔按：館本二作三〕千石，數若爲多。然都城五方雜聚，奚啻億萬，其小而止粟六千石則若爲少。查三十二年户部奉旨平糶過米一十八萬六千八百餘石，臣彼時叨在户曹，身受其事。今縱不能〔按：館本能作敢〕覬如曩者之多，而計口授食，非數萬石不可。更祈聖明酌定兩縣應糶之米，於原派三千石外又〔按：館本又作各〕加發二萬石，俱改京倉，以省免脚價。臣等督發二縣平糶，遵照部議，粳米每石六錢，粟米每石五錢，其所糶米錢解爲户部四十年折色之用，一轉移間利賴良多。上曰：畿輔災旱異常，百姓饑荒可憫，這賁粥平糶事宜既有往例可循，户部便作速覆議來説。

（神宗萬曆實録卷 537　第 7 頁　537.5.10184）

2404　九月己亥　是日，東安門守衛指揮王國柱等拏獲闖門犯人一名馬朝陵。供係陝西西安府三原縣人，新參錦衣衛倉吏，因收催運官銀一兩、錢一千文，至入市以假錢爲人所毆，忿恨不平，入禁鳴寃。搜出懷中有經一卷及手持幾（按：館本幾作鐵）器二件。皇城巡視科臣商周祚等奏聞。上曰：這奏内審問風狂異男馬朝陵，原係衛倉參吏，所招倉官、運官有名，但本犯不合擅闖禁門，吐辭怪異惑世，本當重處，已姑從輕責枷訖。本内有名人犯不必提鞫，惟恐株連無辜，致傷天和。該衙門知之。

（神宗萬曆實録卷 537 第 15 頁 537.12.10198）

2405 九月庚子 詔錦衣衛，即將闖門狂犯馬朝陵拏去，着實打一百棍，仍用頭號大枷枷於本處所，一個月滿日奏請定奪，不許疎縱。大學士方從哲等言：聖明處分既足以正本犯之罪，又可以定閭巷小民煽惑之心，中外幸甚。

（神宗萬曆實録卷 537 第 16 頁 537.13.10199）

2406 九月庚子 以甲字庫奏賞賜京衛軍布疋不敷，命今歲冬盡數折給，仍將國初經制及催征事宜議來説。

（神宗萬曆實録卷 537 第 16 頁 537.13.10199）

2407 十月戊申 大學士方從哲、吴道南言：近日各處章疏關係救災以〔按：館本以作恤，抱本作爲〕民者，如順天府臣李長庚等有煑粥平糶之請，薊遼督撫薛三才等有留二府税銀及蠲豁牧税之請，保定巡撫王紀有留税銀議停徵之請，河南撫按梁祖齡等有漕糧全折之請，山東撫按錢士完等又有免雜税留香税之請，事雖不同，總以地方災沴，百姓流離，刼掠横行，餓莩載道，據寔上聞，無非仰體欽恤之德，以徼曠蕩之恩。倘蒙皇上將前疏盡數簡發批行，庶孑遺更生有機，九重德意立溥矣。至于府臣所請設粥廠以活飢民，發倉粮以平米價，乃節年舊例，皇上所屢行者，無容再議。且近在輦轂，望澤尤殷，惠京師以綏四國，皇上不可不急允也。

（神宗萬曆實録卷 538 第 3 頁 538.2.10208）

2408 十月辛酉 是日五更，京師地震。

（神宗萬曆實録卷 538　第 10 頁　538.8.10219）

2409　十月乙丑　命五城煮粥濟饑。

（神宗萬曆實録卷 538　第 13 頁　538.10.10224）

2410　十月丁卯　大學士方從哲、吴道南言：頃十八日將五鼓〔校記：廣本鼓作更〕時京師地動二次。又接薊遼總督薛三才等揭謂，密雲縣潮河川等處同時地震有聲。臣等方擬具揭奏聞，而禮部修省之疏上矣。

（神宗萬曆實録卷 538　第 13 頁　538.11.10224）

2411　十月戊辰　盗入北安門，刼酒醋局内官焦進朝，官軍不報，皇城廵視視（按：館本視下視作户，是也）科給事中商周祚等疏言：禁地疎虞，除將近局官伍張存仁等提究外，乞勑該部嚴行該廵捕衙門緝拿務獲。仍乞申飭廠監約束各内官，不許縱容工匠厮役人等來往，違者以白簡從事。

（神宗萬曆實録卷 538　第 14 頁　538.12.10227）

2412　十一月戊寅　户部覆順天府府尹李長庚疏議平糶、賚粥二事。上曰：這平糶、賚粥等事，依議〔校記：廣本議作擬〕速行，還着撫按官用心綜理，務令飢民得沾實惠，以稱朝廷軫念德意。輦轂重地，姦宄宜防，各該廵緝衙門城捕都要加意隄備。近來被災地方還行文着各該撫按有司等官，多方加意撫綏，勿致百姓流移〔校記：廣本移作離〕失所，〔按：館本各上有使字〕各安鄉土。毋令集衆京師，致釀爲亂，務保無虞。

（神宗萬曆實録卷 539　第 3 頁　539.2.10237）

2413　十一月庚辰　朝鮮國王李琿差陪臣閔馨男考來賀冬至，奏稱：本年買回書籍見《吾學編》、《弇山堂别集》、《經世實用編續》、《文獻通考》四種書内有記載該國事跡，夷（按：館本夷作與）《皇朝會典》乖錯殊甚，乞爲删正。禮部覆：該國奏辯李成桂世系出自李子春之裔，不係李仁人之後，其撫有三韓，繇國人之擁戴〔校記：廣本擁戴作推戴〕，不繇世〔按：館本世作弑，廣本繇下有世傳二字，弑字空白〕逆，節經累朝詔旨改正。《會典》所載，自明釜山、對馬島招倭之説亦屬訛傳。該國以四種書爲辯，無非恥作逆黨，而自處于彝倫効順之邦，乞憫其誠，將原奏付史館爲纂修成案，抄傳海内，俾無不白之寃。上曰：該國世系諸事屢經辯明改正，載入《會典》。其釜山引倭之説與野史所傳原不足據。今次奏詞着抄付史館，以俟纂修，仍賜勅與王，慰其昭雪先世之意。

（神宗萬曆實録卷 539　第 5 頁　539.4.10241）

2414　十一月壬午　獲禁内劫焦内官真盗王〔校記：廣本王作上〕虎等先後一十九名。兵部奏聞。上曰：這賊徒敢于禁内行劫，變出異常，着法司從重究擬。近來皇城内地賊盗衆多，着廠衛營捕緝拿。

（神宗萬曆實録卷 539　第 7 頁　539.5.10244）

2415　十一月壬午　吏部（按:館本部下有覆字）各省直撫按題留免覲各府州縣地方，北直隸留四十四州縣，易州、安州、滄州、景州、深州、趙州、定州、開州、東鹿、高陽、慶都、清施（按:館本施作苑）、定興、淮（按:館本淮作雄，是也）縣、淶水、武强、井陘、阜平、贊皇、臨城、高邑、隆平、欒城、新樂、邢臺、沙河、内丘、鉅鹿、廣宗、曲州、威縣、清河、廣平、元城（按：館本城作縣）、魏縣、南樂、阜城、故城、静海、青縣、饒陽、棗强、武邑、衡水。北直順、永二府下通州、涿州、昌平、密雲、寶坻、豐潤、良鄉、固安、武清、香河、大城、灤州、遷安、撫寧。

（神宗萬曆實録卷 539　第 8 頁　539.5.10244）

2416　十一月庚寅　先是，朝鮮國王李琿爲其生母請封。得旨：着成化年内官齎勅例行。已而科臣請將本國誥封册順付陪臣，勿差内官，故琿復請遣使並給冠服，且援成化十七年憲宗皇帝差太監鄭同偕金興册封其祖康靖王妃尹氏並賜誥命冠服之例，禮科抄參謂：隆慶四年封朝鮮國王嫡妃朴氏、萬曆三十一年封朝鮮國王繼妃金氏，皆給有誥命、冠服，然曰嫡曰繼，皆正妃也。若今王所請金氏，生爲側室，歿封次妃，其不可同類而例明矣。故生母之得追封，明子貴也，追封生母之不給誥命、冠服，示嫡尊也。母子情無厚薄，嫡庶禮有隆殺，抑情就禮，此忠順之大者也，況異數不可屢徼，成例不可大破，國主冠服之請，似難概徇。

（神宗萬曆實録卷 539　第 10 頁　539.8.10250）

2417　十一月壬辰　東廠節次擒獲强盗〔按:館本盗作賊〕高進朝等十三名。上命各犯着錦衣衛拏送鎮撫司打問。

（神宗萬曆實録卷 539　第 11 頁　539.10.10253）

2418　十一月甲午　後軍都督府掌府事英國公張惟賢言：近日據昌平鎮道報：有八達嶺守備解到夷人驢鐘、伍克氣、擺虎三名，供係回鄉男子，第身帶夷物，亦通夷語，事似可疑。該臣看得《大明會典》一欵，凡軍民人等過山海、居庸等関，公文俱于後府掛號驗放；又一欵，凡居庸等関口，本府每季奏（按：館本奏作奉）差舍人二名輪流守把，按季更替，令甲炳若日星。今法紀蕩然，軍民人等或借各衙門批文，或借勢力，來往視若通衢，至若各繳到人員車輪等項，每年納（按:館本納作約）計數萬，本府掛號僅止三千。是驗放皆爲虚文,而《會典》且成故事矣。乞勑府部衙門通行各関各口，一體嚴禁。上曰：這所奏係邊防要務，着該部看議來説。兵部覆疏請于居庸、紫荆、倒馬、山海等関口申明禁例，今後各官親詣本關加意嚴查，經過軍民人等文引，在内必繇後府掛號，在外必繇撫按兵廵衙門掛號，驗〔按:館本佚驗以下十八字〕實放行。每季終，居庸等三關管関通判備將驗放數目册報撫按轉咨本部稽查，山海関管関主事徑自册報本部查考，隨移該府比對掛號名數，互相覺察，毋得濫准（按:館本准作准）掛號及分外留難。各関盤獲私越関津，依擬究處。上命依議行。

（神宗萬曆實録卷 539　第 12 頁　539.10.10253）

2419　十一月乙未　户部覆：廵按直隸御史過庭訓疏稱畿輔旱災異常，飢民亂形已見，議將通州、三河縣全征折色，寶坻、雲密（按：館本雲密作密雲，是也）二縣准折十分之七，平谷縣本折中半，俱每石折銀五錢五分。既經會議妥當，應准照行。

（神宗萬曆實録卷539　第12頁　539.10.10254）

2420　十一月丁酉　宴朝鮮國陪臣，遣侍郎何宗彦待。

（神宗萬曆實録卷539　第14頁　539.12.10257）

2421　十一月己亥　刑科給事中姜性自閩差還，疏陳閩事。内言：閩自廵撫金學曾奮三捷以應東師，倭不敢窺。閩獨無奈逋倭者實繁，今倭又收琉球矣。琉球歸命中國，無歲不來，兹欽限十年一貢，以十年則衣物無所資，是驅之倭也。説者謂十年一貢以守明旨，其他歲宜令市易海上，以示羈縻。貢則許入内地，市則定于小埕地方，此倭患之當議者。閩之有〔校記：廣本有下有鹽字〕轉運司之（按：館本之作久，是也）矣，但查閩課二萬二千有奇，非若淮浙長蘆之有六十萬也，既設一運使矣，又一運同、一運副、一運判，又佐以經歷、知事，摩肩接踵，止爲此區區課額。昔人謂省事不如省官，曷不倣四川及廣東事例，改設提舉，此轉運之當議者也。

（神宗萬曆實録卷539　第14頁　539.12.10258）

2422　十一月己亥　禮部題催皇太子妃郭氏十（按：館本十作于）二十八日發引。上曰：這所奏發引日期豈可一月内重行二次？又且嚴冬之時，爾部還行該監着另選日期來奏。

（神宗萬曆實録卷539　第15頁　539.12.10258）

2423　十一月庚子　東廠奏：訪獲積年兆攬内庫硝黄，用鹽插合假硝、侵尅官銀奸徒曹焕等，宜通行拿問，以儆悞國之罪。如内官趙齊，職司管庫，心切營私，一千兩白金入手，二十萬假硝進庫。乞勑司禮監提問，以正典守通同之罪。得旨：趙齊，司禮監拿究，曹焕等，都着錦衣衛拏送鎮撫司打問。

（神宗萬曆實録卷 539　第 16 頁　539.14.10261）

2424　十二月壬子　先是，上以欽天監所擇皇太子妃郭氏發引日期，因一月内重行不便，該監復以四十四年二月十三日請，上又以明年方向不利，還着改于今年十二月内行。于是欽天監擇四十三年十二月十四日發引，二十五日安葬。上是之。

（神宗萬曆實録卷 540　第 5 頁　540.3.10268）

2425　十二月甲寅　以恭敬端教〔按：館本恭敬端教作恭靖端毅，廣本、抱本靖作静，是也〕温惠皇太子妃郭氏〔校記:廣本無郭氏二字〕發引，詔工部填墊道路，錦衣衛撥給擺路圍宿坐更官旗三百名，併用廵邏廵捕官。

（神宗萬曆實録卷 540　第 6 頁　540.4.10270）

2426　十二月乙卯　諭禮部：朕覽皇太子妃郭氏儀註内開發引之日，皇長孫步送至京城外，路祭畢還宫。皇長孫尚在幼年，遠送不便。着遣本宫官代行。

（神宗萬曆實録卷 540　第 6 頁　540.5.10271）

2427　十二月戊午　以皇太子妃郭氏二十五日安葬，遣禮部左侍郎何宗彦題主，工部右侍郎（按：館本如上有林字，疑是）如楚謝土。

（神宗萬曆實録卷 540　第 7 頁　540.5.10272）

2428　十二月己未　命喬允升署掌順天府印。

（神宗萬曆實録卷 540　第 7 頁　540.5.10270）

2429　十二月丙寅　陞國子監祭酒劉一燝爲詹事府少詹事，兼翰林院侍讀學士，管玉牒事。

（神宗萬曆實録卷 540　第 9 頁　540.7.10276）

萬曆四十四年（1616）

2430　正月壬申　革任廵捕提督凌應登毆擊御史凌漢翀于端

門。先是，漢翀以應登同籍長洲，與通族好。及爲御史，以搏擊豪猾自任，習見應登所爲多不法，心惡之。會應登以謀（按：館本謀下有反字）嚇取妖民王好賢四千金，漢翀廉得其跡〔按：館本無其跡二字〕，發其事，應登亦訐漢翀爲福清令貪濁狼籍，及以賄得御史，益豪取無算，列欵以上，俱留中。是日，百官行禮畢，至端門，應登率其黨伏門側，持鉄錘突擊漢翀，敗面裂衣，同官力獲，得不死。巡視皇城給事中亓詩教據事奏聞。上以毆辱御史，驚擾朝儀，責應登，始下兩人疏。得旨：互訐事情，九卿從公會勘，不得（按：館本得下有徇情二字）庇獲。

（神宗萬曆實録卷 541　第 1 頁　541.1.10283）

2431　正月丁丑　易州及紫荆関天鼓鳴，源泉有火光墮地，化爲石崩裂。

（神宗萬曆實録卷 541　第 2 頁　541.2.10285）

2432　正月癸未　盜竊萬壽宮大殿銅瓦、金釘諸物，獲之。有旨：下法司擬罪。仍責向來守衛官軍疏縱。覈實以聞。

（神宗萬曆實録卷 541　第 4 頁　541.3.10287）

2433　正月甲申　巡視京營禮科給事中姚永濟，以營備甚虛，請議短操。凡春操秋操，每值上五日爲頭班，自一營至五營赴操；下五日爲二班，自六營至十二營赴操。若歇操後每日仍輪一營赴操，名爲短操。頻年以來，猾者不至，至者不久，營伍虛弱，職此之由。乞選擇得勝、安定門閑敞地造號房伍百間，每散操後暫留半日，至明辰之軍既至，今日之軍始還。又當量益糈芻，嚴防代替，其加餉造房之費可于折放免班中取之。先年軍粮歲折兩月每石五錢〔按：館本錢下佚後至積十六字〕，後折七錢，如遵舊例，量放一月，仍折五錢，積二十萬石，餘銀四萬兩矣。免班軍五錢之一，以所解數扣用，又可得二萬兩矣。如此則損益不勞，上下兩便，武藝便習，號令易傳，猝有警聞，朝呼夕應。不報。

（神宗萬曆實録卷 541　第 4 頁　541.3.10287）

2434　正月戊子　以忻城伯趙世新爲京營戎政總督。

（神宗萬曆實録卷 541　第 5 頁　541.4.10290）

2435　正月戊子　除舉人張琛〔按：館本張琛作劉琛〕、張世偉名，朱良材罰，科考官王象春、曹烇降調。以科場有指摘也。

（神宗萬曆實録卷 541　第 5 頁　541.4.10290）

2436　正月己亥　陞國子監祭酒劉一燝爲詹事府少詹事，纂修玉牒。

（神宗萬曆實録卷 541　第 9 頁　541.7.10295）

2437　二月甲辰　順天府府尹李長庚、浙江右布政王在晉等，以覲事畢合疏請釋御史劉光復，宥翟鳳翀。不報。

（神宗萬曆實録卷 542　第 2 頁　542.1.10300）

2438　二月己巳　協理京營戎政兵部尚書黄嘉善疏辭新命。上不允（按：館本允作許）。

（神宗萬曆實録卷 542　第 2 頁　542.1.10300）

2439　二月丙寅　陞……順天府府尹李長庚巡撫山東。

（神宗萬曆實録卷 542　第 6 頁　542.5.10307）

2440　二月戊辰　令（按:館本令作會。是也）試天下舉人，中式三百五十名，以沈同和爲第一，都中竞傳爲白丁會元。同和，吴江人，席官籍餘業，好浪（按：館本浪作冶）遊，拈筆不能成句。預購善細書者，獵時藝爲小册，挾以入闈，得中鄉試。其同邑趙鳴陽薄有文聲，同和結爲姻。至是，賄胥役，三場皆同號舍。每題出扶（按:館本扶作挾）本謄寫，間有不備者，鳴陽代爲之。遂得第一，而鳴陽亦在第六。于是士論譁然矣。

（神宗萬曆實録卷 542　第 8 頁　542.6.10309）

2441　二月己巳　免順天府屬過路、落地二税，以府尹李長庚言州縣叠罹灾傷，民困殆甚。閣臣復代爲請。遂從之。

（神宗萬曆實録卷 542　第 8 頁　542.6.10310）

2442　三月甲申　兵部署部事左侍郎魏養蒙奏：薊門逼近京陵，最稱重鎮。滿旦以一夷婦結連兩部落，既邀額賞，復希爲本子索添駱駝，部衆不滿二百，輒敢效尤，我將吏曾不能一創，惟朘削媚虜，偷安旦夕，邊事凡（按：館本事下無凡字）幾不可爲。近督臣薛三才力裁二酋之賞，撫臣劉曰梧又〔按：館本又作決〕策搗巢，一洗從來視靡之習矣。惟是薊門久不習兵，慮勝後動其最要者，無如討軍，實申儆之。而我額戍非寡，占役買閑，軍容耗弱，撫臣蒞任，卽嚴核虛冒，整正（按：館本無正字）飭邊弊。乃將吏狃于夙習，如王之范、李世爵，以清查一（按：館本查下無一字）爲故事，牢不可破，不一行法，何以風勵軍中。乞將世爵以都司降一級調用，之范奪俸六月，更申飭將吏不得故違節制。從之。

（神宗萬曆實録卷 543　第 4 頁　543.3.10315）

2443　三月乙酉　策試天下中式舉人，賜錢士升等進士及第、出身有差。

（神宗萬曆實録卷 543　第 4 頁　543.3.10316）

2444　三月丙辰　覆試沈同和文理荒悖，經孟題情（按：館本情作懵）不知所出。上下法司議罪，同和遣戍。趙鳴陽仗責除名。

（神宗萬曆實録卷 543　第 5 頁　543.4.10317）

2445　三月丙辰　覆試舉人吴炳，罰一科，吴洪裕，罰二〔按：館本二作三，廣本、抱本作二〕科。先是，部科磨勘試卷，言二生移跡可疑。若使再行併勘，恐轉生弊竇，惟覆試便。及試文理俱可觀，而炳尤勝，故處分如此。有旨依擬。

（神宗萬曆實録卷 543　第 5 頁　543.4.10317）

2446　三月戊子　陞神機營副將朱拱極爲京城廵捕提督。

（神宗萬曆實録卷 543　第 6 頁　543.4.10318）

2447　三月戊子　交南屬夷入犯思明州，思恩參將趙遷（按：館本遷作廷）等赴援，夷解圍遁廣西。撫臣建議言：要害之宜防，均成之宜酌，總鎮之宜移，皆今日時事之最爲切要者。不報。

（神宗萬曆實録卷 543　第 6 頁　543.5.10319）

2448　四月庚子　禮部進會試録。時沈同和既正罪除（按：館本除下有其字）名，士以羣龍無首誚之。

（神宗萬曆實録卷 544　第 1 頁　544.1.10325）

2449　四月庚子　巡視京營禮科給事中姚永濟言：三大營官軍例于三月開春操，八月開〔按：館本開作間〕秋操。自聖母登遐，皇上慮砲聲震驚，致停兩操，是純孝之極思也。今大祥已過，而不復舊操，亦豈聖母所以備不虞而安四方之長慮哉。不報。

（神宗萬曆實録卷 544　第 2 頁　544.1.10325）

2450　四月丙午　雷火焚税監張燁樓居。燁榷税通灣而治第于黄華坊。是日將午，風雨驟至，雷火四發，霹靂從樓中出，三十餘間頃刻立燼。巡視東城御史金汝諧以聞。輔臣言：雷火不于他人，而于抽税内監之家，天意可知。乞撤税使，以答天變。不省。

（神宗萬曆實録卷 544　第 2 頁　544.1.10326）

2451　四月庚戌　湖廣巡按〔按：館本按作撫，廣本，抱本作按，誤〕梁見孟疏議酌催大木以濟殿工。言：三殿肇工，萬國同慶，凡有血氣，原（按：館本原作願）効子來。湖廣原派大木二萬四千六百，後以災疫減派十分之三，五運起解。查督木道合川、貴、湖三省，新運幾足七分之數。初運業已交廠，二運艮〔按：館本艮作報，廣本作已，抱本作艮，誤〕解在途。今部咨復派金柱三百八十根，各長六丈四尺，圍一丈五尺，明梁等一百六十餘根，各長五丈五尺，高三尺五寸，皆異常鉅材，而又責限于一年之内。竊念楚非産木之區，從來求之黔蜀，而鉅材所生，必深山危箐人踪不到之地，閲千百年而後成材。商民冒毒瘴，履蛇虺，萬人邪許，排岩批谷，經時歷月，始達江河，然此等異材自嘉靖年間已不可得。今採伐凋殘，山窮水遠，即搜取一二猶難，況三百之多乎？故爲數甚奢，而減派宜議也；取材甚異，而幫折宜議也；勒限甚促，而寬假宜議也。乞敇部覆，或量減株數，照嘉靖年題准幫折之例，如長足度而或歉于圍，圍可合而或歉于長，與夫長圍雖合而本末欠匀〔按:館本匀作勾，廣本、抱本作匀〕及木無庇窳而長圍稍遜者，俱准起運，仍稍寬限，以便購取，則大工無妨，地方不致重困矣。

（神宗萬曆實録卷 544　第 3 頁　544.1.10327）

2452　四月庚申　陞順天府府丞喬允升爲本府府尹。

（神宗萬曆實録卷 544　第 6 頁　544.5.10333）

2453　六月壬寅　巡撫遼東右副都御史郭光復卒。光復，直隸固安人，乙丑進士。由户部主事歷今職，卒于任。

（神宗萬曆實録卷 546　第 1 頁　546.1.10349）

2454　六月癸丑　琉球國中山王尚寧遣通事蔡廛來言：邇聞倭寇各島造戰船五百餘隻，欲協取雞籠山，恐其流竄中國，爲害閩海，故特移咨奏報。巡撫福建右副都御史黄承玄以聞。

（神宗萬曆實録卷 546　第 3 頁　546.2.10352）

2455　六月丁巳　陞……翰林院編修駱從宇爲國子監司業。

（神宗萬曆實録卷 546　第 4 頁　546.3.10353）

2456　六月癸亥　總督京營戎政忻城伯趙世新奏乞照例給盔甲蟒衣，以便護衛。許之。

（神宗萬曆實録卷 546　第 6 頁　546.4.10356）

2457　六月癸亥　先是，山東巡撫李長庚，以東省荒亂議留今歲班軍，以省三萬二千餘兩安家行粮之費。薊遼總督薛三才言：山東二營，一守昌鎮黄花路，一守薊鎮石塘、古北二路。滿旦阿暈諸酋旦夕窺伺，所謂極衝極急之地。今重山（按：館本山下有東字）之小費，而忽京陵之大防，未爲得計。上下其事于兵部。

（神宗萬曆實録卷 546　第 6 頁　546.4.10356）

2458　七月戊子　禮科給事中余懋孳疏言闢異教、嚴海禁。大署謂：自西洋利瑪竇入貢而中國復有天主之教，不意留都王豐肅陽瑪諾等煽惑百姓不下萬人，朔望朝拜，動以千計。夫通夷有禁，左道有禁，使其處南中者夜聚曉散，效白蓮無爲之尤，乃左道之誅何可貸也。使其資徃偵來，通濠鏡嶴夷之謀，乃（按：館本乃作則）通番之戮何可後也。故今日解散黨類，嚴飭關津，誠防微之大計。不報。

（神宗萬曆實録卷547　第7頁　547.6.10369）

2459　八月壬寅　　皇太子出閣講學，以詹事府詹事劉一燝、少詹事韓爌爲侍班官。右庶子張邦紀、趙師聖、左諭德公鼐、右諭德龔三益、薛三省、楊守勤爲講讀等〔按：館本無等字，廣本、抱本有等字〕官。是日，皇太子睿儀雍容，玉色温睟，進執事諸臣及賜酒饌皆呼先生，進對進倣，敏妙合法，中外大悦。然距三十二年輟講今十二年矣。羣臣請講學者凡百疏，閣臣無慮數十疏。僅開講一次，於是復輟。

（神宗萬曆實録卷548　第2頁　548.1.10377）

2460　八月丁未　　朝鮮國陪臣金塗等二十五員慶賀萬壽聖節，丁好善等二十三員慶賀千秋令節。

（神宗萬曆實録卷548　第4頁　548.3.10381）

2461　八月癸丑　　薊門石關提調王臣私放軍士出關採木，爲滿旦夷擄去二十餘人。總督薛三才上其事。臣擬死，餘杖革有差。

（神宗萬曆實録卷548　第5頁　548.4.10384）

2462　八月丙辰　　命禮部侍郎孫如游宴朝鮮陪臣。

（神宗萬曆實録卷548　第6頁　548.4.10384）

2463　八月丙辰　　陞庶子盛以弘爲國子監祭酒。

（神宗萬曆實録卷548　第6頁　548.4.10384）

2464　八月戊辰　　延慶州地震，日中有黑光。

（神宗萬曆實録卷548　第7頁　548.6.10387）

2465　九月己巳朔　　盗竊觀象堂銅索，奪靈臺官劉臣俸兩月。

（神宗萬曆實録卷 549　第 1 頁　549.1.10389）

2466　九月己巳　兵部請諏日開操以飭營務。言：三營之軍，春秋入營操練，使執干戈披堅鋭以衛社稷。自四十二年停摻，聖母几筵未徹也。今大禮久竣，已應明旨舉行之期，而秋氣漸深，正合天道肅殺之候。乞立勅擇日，以新戎壘。上，不報。

（神宗萬曆實録卷 549　第 1 頁　549.1.10389）

2467　九月己巳　兵部覆御史李嵩巡關八議：〔校記：嚴上加一字〕嚴飭防禦以衛陵園，二、核軍餉以清虚冒，三、查邊工以固疆圉，四、練鄉兵以備緩急，五、通拘假〔按：館本假作緞〕以伸國威，六、開使過以厲林（按：館本林作才）勇，七、重海防以備倭變，八、禁左道以杜亂源。得旨允行。

（神宗萬曆實録卷 549　第 1 頁　549.1.10389）

2468　九月己卯　時九邊乏（按：館本乏作之）餉，所至（按：館本至作在）告缺。薊、密、永、昌、易缺八十萬，遼東缺四十萬，陜西三邊缺七十七萬，宣、大、山西缺九十一萬。閣臣日請發帑。上以二王婚禮不敷，不肯發，帑金數萬，令一時並舉。兵科給事中趙興邦言：今日之二三百萬撫之而有餘，他日之幾千萬安之而不足。不聽。

（神宗萬曆實録卷 549　第 4 頁　549.3.10393）

2469　九月癸未　會試天下武舉，以左諭德公鼐、右諭德薛三省爲考試官。

（神宗萬曆實録卷 549　第 4 頁　549.3.10393）

2470　九月壬辰　禮部覆：貢生廖汝忠疏言：教職之設，原以待明經之選，自舉人與副榜下第乞恩者衆，而貢途之陞日壅。請自今以後下第舉人乞恩限定三百名，永爲定額。其授過教職會試不第，除原係副榜及本科新中副榜再准告留會試一科，其餘吏部即爲推陞，不准通狀，願留會試，以塞貢士陞遷之路。從之。

（神宗萬曆實録卷 549　第 6 頁　549.5.10397）

2471 十月甲子 夜，烈風折正陽橋坊。

（神宗萬曆實録卷 550 第 7 頁 550.5.10410）

2472 十月丁卯 大學士方從哲言：正陽門橋爲朝廷嚮明之象，都城之拱衞，萬象之觀瞻係焉。且此坊距天壇止三里許，爲大駕必由之地，而仲冬之月，正郊禋肇輿（按：館本輿作舉）之時，此地此時有此異常之變，豈非警戒之極切者哉？竊謂皇上宜乘此長至之期，躬舉大祀，以奉明威。其他如儲講暫開而旋輟，王婚並舉而勿更，九列之職稀若辰星，風憲之司闃然空署，郡國乏持斧之使，六垣無掌印之官，逐客絶賜環之望，累臣無解網之期。又如轉科考選候補散館諸本數年不下，甚至既選之教職千有餘人，候憑半年而杳不可得。朝政日壅，人情日欝，帝天之震怒，端在于此。給事中余懋孳亦言：後漢時大風發屋，吹鄭〔校記：廣本鄭作擲，是也〕門扉數十步而落。召司天監趙延又〔校記：廣本不作義，下同〕問祈禳之術，延又對曰：王者欲弭災異，莫如修德。彼以閏位君臣其稱述猶若是，夫信詔令而明賞罰，乃今日回天要務也。俱不報。

（神宗萬曆實録卷 550 第 7 頁 550.5.10410）

2473 十一月戊辰朔 原任鳳陽巡撫李三才有罪革職爲民。先是，三才歸自淮上，築居通灣張甚。劉（按：舘本劉作御）史劉光復等劾其擅買皇木，侵占倉占（按：館本占作廠），一時論者譁然。工科吴亮嗣等奉旨往勘，以實聞。上怒，下法司擬罪。于是刑部右侍郎張問達〔按：館本達作違，抱本作達，是也〕、都察院署院事吏部左侍郎李誌、大理寺右少卿王士昌，會審各犯，疏言：國家捐數十萬金，特遣部〔按：館本部作郎，廣本、抱本作部〕署之使，購求木料，用繕宸居，而建廠〔按：館本廠作倉〕通灣，以爲儲材積稰之所，其典制重，其規創久，官民界限，載在令甲者，甚〔按：館本甚作綦，廣本、抱本作甚〕詳且嚴，而不謂三才之虎噬鴟張而無忌也。閲查審之供票，則擅買有憑，按丈量之咨呈，則侵占可據。縣官据拮而採之，豪紳恣縱而攘之，祖宗百年而守之，權官一旦而據之，雖兩造面質，數至七百有餘，而衆商猶奴奴未休，雖深心慮敗，添入孔聖遺像，而真情昭昭難掩。問誰撥置，家人有應得之罪；問誰主使，本宫難免首事之誅。至於丈地還官，如數追木，清久逋之國課，振積弛之王章，則此招亦大公案矣。有旨：李三才既屬回籍官，不思省躬脩行，輒敢盜買皇木，侵占廠基，膽大欺君，且數逞狂妄，撓亂典章，本當重處置之大辟，念係大臣，姑從輕革職爲民，餘依擬發。

（神宗萬曆實録卷 551 第 1 頁 551.1.10413）

2474 十一月己巳 夜，隆德殿災。殿距寢居不遠，上心震恐，終夜不寧。閣臣上疏恭慰，優答之，復勉以入閣視事。

（神宗萬曆實録卷 551 第 2 頁 551.1.10414）

2475 十一月癸酉 大學士方從哲等言：前以禁城離照之地，而橋坊隕于暴風；今以寢居嚴閟之區，而殿宇飛爲烈焰。旬日之内，奇變叠呈，此豈可以尋常視之而苟且應之？決非青衣角帶之故事所能挽回，亦非減膳撤樂之靡文所能消弭。惟我皇上，以恐懼之真心，行修省之實政，……俱不報。

（神宗萬曆實録卷 551 第 3 頁 551.2.10415）

2476 十一月癸酉 兵部署部事左侍郎魏養蒙覆浙江道將禦倭功罪。先是，巡撫浙江右僉都御史劉一焜奏署謂：倭以大小船二隻犯寧波海洋，一戰乘風而去。其犯大陳山姆嶴亦二船耳。把總童養初領四十餘船，雖互有殺傷，而醜類未殲也。及倭自寧台追逐出洋，畢集于温，大船六，小船廿餘，夜懸燈鼓吹，以逼南麂。我兵連䑸死戰，繼以火攻，而反自焚。即哨官翟有慶焦頭爛額，捕盜王崇兵〔按：館本崇兵作崇岳〕扶傷割級，何救于大事哉？三盤聞南麂之急，横海赴援，倭以馬快船直擣其虚。游兵游擊尹啓易等冲鋒犄角，頗有斬獲，而官軍之陣亡者、重傷者，亦略相當，倭船竟遯深洋矣。蓋倭以五月初一日入，以廿一日遯。

此三區外洋禦敵之情形，而各總哨功罪之定案也。于是兵部疏言：浙地濱海，所在防倭，温、台、寧三區俱屬要衝，……從之。

（神宗萬曆實録卷 551　第 4 頁　551.3.10417）

2477　十一月癸酉　禮部奏：雪澤愆期，請命順天府祈禱。從之。

（神宗萬曆實録卷 551　第 5 頁　551.3.10418）

2478　十一月丁亥　南城延喜宫灾。

（神宗萬曆實録卷 551　第 6 頁　551.4.10420）

2479　十二月辛亥　陞薊遼總督兵部右侍郎薛三才爲兵部尚書，協理京營戎政。

（神宗萬曆實録卷 552　第 3 頁　552.2.10428）

萬曆四十五年（1617）

2480　正月壬午　東朝房失火，户科等衙門朝房被灾，自午門〔按：館本灾作焚五間，無自午門三字〕延及公生門，盡爲燒燬。

（神宗萬曆實録卷 553　第 6 頁　553.4.10444）

2481　正月丙戌　順天府府尹喬允升言：順天所屬各州縣税銀過路者一萬九千〔按：館本千下有餘字，廣本、抱本無餘字〕兩，落地者七千餘兩。此兩項俱出新增，今畿輔被灾獨重，乞將此二税再免一年。疏留中。

（神宗萬曆實録卷 553　第 6 頁　553.5.10445）

2482　正月乙未　朝鮮國王李琿差陪臣李廷龜等四十二員進獻方物馬匹，奏請已逝生母金氏冠服，賜（按：館本無賜字）宴賞如例，冠服事下部議。

（神宗萬曆實録卷 553　第 10 頁　553.8.10451）

2483　二月庚子　　詹事府少詹事兼翰林院侍讀學士韓爌、國子監祭酒盛以弘、順天府府尹喬允升並疏自陳。上並命如舊供職。

（神宗萬曆實録卷 554　第 2 頁　554.1.10454）

2484　二月乙巳　　大學士方從哲、吴道南請蠲順天、永平二府過路、落地二税一年。不報。

（神宗萬曆實録卷 554　第 4 頁　554.2.10456）

2485　三月辛未　　大學士方從哲、吴道南言：臣今早入朝，有百餘人羣聚長安門外環跪號訴，問之，知爲鎮撫司監犯家屬也。言：本司理刑缺官，無人問斷，以致無辜之衆監禁日久，死亡相繼，欲臣代爲催請。臣聞之下，不覺愴然。今奉旨送問之犯日多，而遵旨打問之官烏有。有罪者既不得速正其法，無罪者又不得早雪其寃，圜土纍纍，日登鬼録，幽魂怨氣，上干天和。邇歲之雨雪不時，風霾恒作，未必不由于此。伏望皇上念詔獄所關甚重，無辜久縶堪憐，將部推二臣速點一員，令刻期任事。見在監犯應打問者打問，應釋放者釋放，重人命以召天和，恒必由之矣。疏入，不報。

（神宗萬曆實録卷 555　第 2 頁　555.1.10470）

2486　三月丙戌　　户科給事中商周祚疏請亟允部疏蠲順天、永平二府過路、落地二税。疏留中。

（神宗萬曆實録卷 555　第 5 頁　555.4.10475）

2487　三月辛卯　　禮部覆：朝鮮國王李輝〔校記：廣本、抱本輝作琿，是也〕爲其生母金氏請給冠服，至再至三，其情哀矣。臣部當時不請給予者，蓋查宗藩要例，親郡王庶子襲封而嫡母不存者，生母許封，次妃俱止請勅，至今不給請命官服。夫内外一體，固不忍以該國外藩，不待以内藩之禮，且嫡庶有經，亦不得以尹氏側室混同于嫡妃之例耳。今據其請不休，援憲廟准給彼國康靖王娎封副室尹氏誥命冠服爲例，又援崇王得封生母爲妃，并賜册命冠服爲例。夫憲廟事出遠年，或者當時之特恩，而要例定于萬曆十年，炳如日星，則内外臣工所凜凜恪守者，即崇王生母有賜，亦崇王願移其妃之冠服于母，因而徼異數之寵，第奉有明旨不爲例，則非臣子可概援以屢徼明矣。今日該國之請，臣部惟知有近行要例，該國順而安之，若曰外國與内藩不同，必欲徼特恩，以遂顯揚之情，此俟聖明乾斷，非臣部所敢知也。疏入〔按：館本無疏入二字〕，得旨：王既屢次懇請，姑准給與。

（神宗萬曆實録卷 555　第 6 頁　555.5.10477）

2488　五月己巳　允順天府府丞喬允升回籍，以被糾拾乞休故也。上〔按：館本命上無上字〕命李與善暫署府事。

（神宗萬曆實録卷 557　第 2 頁　557.1.10497）

2489　五月丙子　禮部奏祈禱雨澤。得旨：今歲亢旱異常，秋成無望，人心思亂可虞。宜上下交修，圖回天意，事關朕躬，自宜法古勤政，宣欝道和。爾大小臣工俱宜滌慮修身，竭誠祈禱，庶精感格，雨澤霑濡，稱朕敬天子民之意。

（神宗萬曆實録卷 557　第 3 頁　557.2.10500）

2490　五月乙丑　户部覆奏：畿輔旱形可危，乞賜蠲税，以存孑黎。上諭：畿輔近地飢荒，朕心惻憫，其順天、永平二府州縣過路、落地二税銀兩准免今歲一年，以昭朝廷寬恤窮黎至意。其明年税銀，仍徵收解監應用，以濟缺乏。待三殿工有次第，奏請停止。

（神宗萬曆實録卷 557　第 13 頁　557.10.10516）

2491　六月丙申　直隸巡按劉廷元奏：畿南亢旱異常，既失望于夏麥，又難有收於秋成。途中有掇樹草而啖者，有環室家而號者，有扶老襁幼而南奔者，情狀殊不堪觀。邇來如白蓮、紅封等教，如棰手竊盗千百成羣。若以奄奄待盡之此輩誘而致之，雲合響應，猘瘈鹿鋌，何所不至。此其故所不忘言矣。伏乞霈發德音，破格賑恤，庶溝瘠可起，跛扈可銷。不報。

（神宗萬曆實録卷 558　第 3 頁　558.2.10522）

2492　七月戊辰　是夜，雲陰雷電，雨雹大如栗，自西南來，狂風驟起，屋瓦俱震，吹折社稷壇門及東中等門門椽（按：館本椽作樓，是也），打死守門軍人，復吹落五鳳樓，東華門（按：館本華下門作等）門樓吻獸，剖倒午門前聖旨牌及東河邊大樹數株。

（神宗萬曆實録卷 559　第 2 頁　559.1.10544）

2493　七月丁丑　巡按直隸御史薛貞言：羅家臺、石塘路、曹家路賊夷人入犯，中軍朱來〔按:館本中軍朱來作中軍千朱來，廣本來作采，抱本千作中〕、遊擊朱萬良、都司王文傑率兵丁拒堵，各有擒斬。皆緣滿酋母子挾賞不遂，分投狂逞，幸官軍奮力，前後三次擒斬，雖非奇捷，而屢出屢勝，足挫狡謀矣。章下所司。

（神宗萬曆實録卷 559　第 6 頁　559.4.10550）

2494　七月戊子　先是，六月十八日内官劉進住宅禁地夾道内被盜。兵科給事中吴良嗣言:皇城重閉，奸自内生，守衛軍人盡爲守門内官包占，且縱容諸色人在内，尤爲衬（按：館本衬作禍）本，内市一節，亦望嚴行禁止，則法度行而大盜不敢生心矣。留中。

（神宗萬曆實録卷 559　第 8 頁　559.6.10554）

2495　八月癸巳朔　巡按福建監察御史李凌雲奏稱：本年四月十九日，有臺山遊兵船一隻送回董伯起，隨爲官兵阻于黄岐，海道副使韓仲雍馳至小埕，召倭目明石道友、通事高子美等譯審之。其長岐一島，彼名爲肥前州，島酋村山等安，我呼爲桃員者，近授武藏總攝之命，監生（按:館本生作主）市易交関唐人者也。明石道友乃其領〔校記:廣本其領作領其〕倭出販渠率，而正木矢次衛門寔等安親隨典計之僕。其一人柴田勝左衛〔按：館本衛下有左字〕門，則船中頭目也。因問其何故侵擾鷄籠、淡水，何故謀據北港，何故擅掠内地與挾去伯起復送還伯起及侵奪琉球等事，俱以甘言對。道臣因諭以所經浙境乃天朝之首藩也，迤南面〔按：館本面作而〕爲臺山，爲礵山〔校記:廣本作孀山〕，爲東陽〔按：館本陽作湧〕，爲烏坵，爲彭湖，爲彭山〔按：館本無爲彭山三字，廣本、抱本有爲彭山三字，誤〕，皆我閩門庭之内，豈容涉一迹？此外溟渤華夷所共，窮兵芰薙漢過不先，但汝爲飄風所引，暫時依泊，不許無故登岸，或爲曠日所悮，望山所汲取〔按:館本汲取作取汲〕，不許作意淹留。我兵各有信地，防禦驅逐，自難弛縱。汝所過三處，明聲禀而颺去可矣。明石等復自請歸島之日啟知國主，查實先犯料羅，續犯大金之人，如係何島商，倭則戮之國中，如係唐人撥置則差倭縛送于境上，以表奴順。道臣諭以使命往來，既非疆吏所得擅議，且本省奏聞發落，尚延時日〔按：館本時日作日時〕。汝船經繇港澳，或招猜釁，今汝國中一動一静，我院道政參悉見悉聞，果能不食斯言，自是汝國長利也。旋又諭以上年琉球之報，謂汝欲窺占東番北港，傳豈盡妄？但天朝因汝先年有交通胡惟庸、擅殺來素卿輩與誤信汪五峰輩，頻年入寇，近復有平秀吉侵擾高麗諸事，懸示通倭禁例益嚴，其實每歲引販吕宋者一十六船，此等唐〔校記:廣本唐作商〕貨豈盡吕宋小夷所自買而自用之乎？又各遠與窮棍挾微貲涉大洋走死鶩利于汝地者，弘綱濶目，尚未盡絶，汝若戀往來東番，則我〔校記：廣本我下有等字〕寸板不許下海，寸絲難以過番，兵交之利鈍未分，市販之得喪可覩矣。明召道友等各指天拱手，連稱不敢。道臣隨差官押送定海所而去。該撫臣黄承玄看得閩海多事，正在戒嚴，乃有倭目送歸挾虜之報，其言頗甘，其來亦似乎有名，惟是狡夷變詐原自難測，無論表文書詞種種舛謬，且大金料羅之氛未遠，而欵關效順之使哭來，果可遽信其輸誠乎？計惟量爲撫恤以昭綏懷之仁，仍即謝遣以杜窺伺之隙。在彼爲誠爲僞〔校記：廣本爲誠爲僞作誠僞〕，不足深較，在我保疆固圉自難暫弛也。章下所司。

（神宗萬曆實録卷 560　第 1 頁　560.1.10557）

2496　八月癸巳　直隸巡按御史薛貞奏：喜峰路被達賊百餘騎闖入，有所殺傷，參將郭登選、守備魏允高寡謀怠玩，塘報支吾。章下兵部。

（神宗萬曆實録卷 560　第 3 頁　560.2.10559）

2497　八月乙未　陞天津遊擊黃〔按:館本黃作王，廣本、抱本作黃〕文鼎爲五軍八營參將，遵化營遊擊張繡爲神機七營參將，……遼東汛河城備倭高中選爲中右所遊擊，黃花鎮守備周大觀爲薊鎮瀋陽遊擊，昌鎮灰嶺口守備宋承燾爲宣府遊擊。

（神宗萬曆實録卷 560　第 3 頁　560.2.10560）

2498　八月丙申　巡撫福建右副都御史黃承玄疏奏倭夷奉書歸擄一事。言:往者家康匪茹狡也（按:館本也作焉），有窺我南鄙之心，而長岐之酋曰等安卽桃員者，以他事得罪家康之滅之也，乃力請取東番以自贖，是以去夏有東湧之警。而等安次子實來，會我汛事戒嚴，弗克逞志〔按:館本志作心〕于我，播越離邊，不知所之。等安乃復繕舟厲兵，索其子于我境上，是以去冬有大金之入。至今日之局，又稍變矣。家康物故，其子代之，欲有事于東番，而國人未附，且恐中國之議其後也。于是内逆外順，乍翕乍張，此方搖尾欵關，彼復張牙肆毒，卽烏（按:館本烏作謂）先後合謀，或不必然，要其出于一島之人，則彼已直任無辭者，又安得盡信夷使之口而終保其無他哉？惟是鱗介異類，無（按:館本無作毋）足深求。今于其伺我疆埸者，擒而芟之，使知我天威之嚴，于其就我戎索者姑恤而遣之，使知我皇仁之大，至于通好之説，但不可稍假借以開異日無窮之禍也。

（神宗萬曆實録卷 560　第 5 頁　560.3.10562）

2499　八月丙申　是日巡撫福建右副都御史黃承玄復奏：五月初十一日，東沙外洋報有倭船三隻，爲風所破。倭賊二百餘人棲泊本山修艕刧搶，巡海道韓仲雍同兵備道卜履吉、參將沈有容行北中南三路及互（按:館本互作伍）防館，合勢仰攻。十六〔校記:廣本六下有日字〕早，遥見大鳥船一隻，小漁船二隻，從遠洋來，是伊同綜倭賊前來接濟者，我兵奮擊，三船立沉，倭賊投溺就縛，水標所部解獻主倭大頭目三名，衆倭三十名，總鎮標下所部解獻生倭一十二名，福建巡道標下所部解獻主倭二十二名。各獲盔甲刀銃，倭器充斥，復救回被虜漁民二十二人，則獲罪我閩之（按：館本之下有定字）案也。及台州東西機捕盗余〔校記：廣本余作餘，下同，誤〕千，軍民兵十一名因稱原三船中一大鳥船，卽殺伊兵十八人，重傷放去各七人，而脅駕以來（按：館本來作東）者，則獲罪彼浙之確證也。又分巡福寧道右布政黃琮長（按：館本長作報）、把總何宗〔按：館本宗作承〕亮追倭極東外洋，圍襲倭船一隻，撈斬二級，擒縛二十二名，救護被虜四名，見獲桃煙門等六十七名，皆長島倭也。因酋長等安遣其子秋安謀犯鷄籠、淡水屢失利，不敢歸島，復遣桃煙門等覓之，隨以未獲住泊五島。至今年四月，駕至浙、台地方，衝遇彼寨兵船打破，旋奪大船一隻。又于海門東西機與余千等衝敵，殺死伊兵一十八人，拏獲千等一十一人，又〔按:館本無又字〕復搶大船一只，歷平〔按:館本平作韮〕山、牛欄磯、南麂、白犬〔按:館本犬作大〕澳等處，搶擄漁户，來往刼掠，適遇過（按:館本無過字）颶所擊，搭蓘修艕，遂爲我兵擒獲。是役也，鎮臣提衡于外，道臣運策于中，司府館州諸臣協贊其謀，路標寨遊將領畢效其力，至于損資募士，選鋭衝鋒，則署分守巡道之勞績。獨先設謀制勝，料敵出奇，則水標參將之全功最著。奏至，俱下所司。

（神宗萬曆實録卷 560　第 5 頁　560.4.10563）

2500　八月乙卯　朝鮮國差陪臣金存敬等朝賀，宴賞如例。

（神宗萬曆實録卷 560　第 9 頁　560.7.10570）

2501　八月丁巳　陸都司僉書管鳳陽……，薊鎮德州遊擊鮑承先爲京城東二營參將，黃花鎮參將楊鎮爲京城三大營參將，……昌鎮右軍營遊擊梁仲善爲寧夏平虜參將，……白石守備錢體乾爲天津海防右營遊擊，……總督運糧把總蔣克謨爲神樞十營遊擊。

（神宗萬曆實録卷 560　第 9 頁　560.7.10570）

2502　八月庚申　先是，蘆溝橋刼鞘之事，上命各官住俸拏賊，攤賠課銀，併以守禦地方專責巡捕。至是，兵部議：國初設立五城兵馬司，職專巡捕，後以夜禁爲重，弘治間始設捕營，其間節次條例增改不一。至萬曆十三年來，自卯至申，責成兵馬司，自酉至寅，責成巡捕營，各自分管，畫爲定規。三十餘年，白晝失事，巡捕無與焉。説者謂參總之令不行于大（按：館本大作火）甲，故白晝之罪不及于官軍，而蘆溝刼鞘一事獨不少寬于捕營，宜亟今爲酌議，歸諸畫一，如臺臣所議，計右哨食糧尖哨二百名，分爲二班，每班一百名，分爲五隊，每隊二十名，自蘆溝橋起，至廣寧門止，畫定信地，常川駐防，勿以晝夜爲限。凡遇錢糧解到良鄉，兵快自縣送至蘆溝橋，巡檢司弓兵自蘆溝橋送至廣寧門，其南城輪撥兵番與弓兵同自蘆溝橋護送至廣寧門，弓兵與番兵交割，兵番復自廣寧門送至京。一有失事，良鄉至蘆溝橋，責成良鄉縣；蘆溝至廣寧門，責成南城宣化（按：館本化作北）坊與右哨及巡檢司；廣寧門至京，責在南城宣化（按：館本化作北）坊，而解官包折兵夫，則良鄉或巡司預申，責在解官。至于沿途保長鄉天（按：館本天作夫）宛平縣會同宣化（按：館本化作北）坊嚴行申飭，倘有卒然之警，互相應援，以此定緝盗之責，卽以此案失事之罰，若夫都重二城以内一切白晝搶刼，仍係兵馬專責，與捕營無預。捕營夜巡責成如故，仍著爲令。上是其議。

（神宗萬曆實録卷 560　第 10 頁　560.8 10571）

2503　九月乙丑　陞五軍營佐擊王家棟爲京營巡捕，左營參將薊鎮西路南兵營遊擊張景房爲浙江杭州嘉湖參將，……桃林口守備顔光耀爲薊鎮輜重營遊擊，張家灣守備楊應瑞爲昌平右軍營遊擊。

（神宗萬曆實録卷 561　第 2 頁　561.1.10576）

2504　九月乙亥　署太僕寺少卿徐紹吉以天壇垣宇圮頽，乞亟勑脩葺。

（神宗萬曆實録卷 561　第 5 頁　561.4.10581）

2505　**十月丙申**　兵部覆：薊昌二鎮修邊工牆，自四十三年春防起，至四十五年秋防止，計銀五萬六千二百一十四兩有奇，除先請過銀三萬七千六百一十九兩，其餘俟臨期查請，已經覆奉欽依今該督撫題稱見在銀一千九百三十二兩外，今止請發六千兩爲本年秋防之工，應照户七兵三事例，兵部動支太僕寺馬價銀一千八百兩給之。報可。

（神宗萬曆實録卷 562　第 3 頁　562.2.10593）

2506　**十月庚戌**　朝鮮國李琿因本年正月對馬島主平義成差倭橘智正賫日本國王源秀忠書，欲迎信使，以通隣好，及刷還朝鮮被虜人具疏以聞。言：自往年以來，對馬島主平義智等，節次來欵以承受家康指教要請通好爲言，該曹及邊臣輒以海上大小事情例該逐一具報天朝，今此信使一欵，尤難輕議，用是推諉累年。茲者秀忠承籍家康餘烈，必欲邀得本國信使，乃以此事專責于馬島，而平義成以乳臭小兒嗣襲馬主之任，惟恐所幹不成，獲罪于日本。今若一意擯斥，終示見絶，則彼乃無聊轉成仇恨。又，薩摩州被虜人三萬七百餘名，善習鳥銃鎗刀之勢，皆願刷還，數年之間狡猾請使日急，概其本情，似是借重誇詞（按：館本詞作詡）而（按：館本而下有其字）間狡猾，抑或難測耳。總督薛三才亦稱被虜三萬七百餘名，習鳥銃鎗刀之勢，皆願刷還。此朝鮮之利，而非日本之利〔校記：廣本利下有也字〕明甚。倭奴肯一一送還否？安知〔校記：廣本知下有其字〕不以此通爲市之計乎？今既欲因便報答，以示羈縻之意，似亦一時權宜，但不宜令其源源而來，以窺朝鮮之虚實，復釀昔時平壤之禍胎也。事下兵部〔校記：廣本部下有覆字〕，俱如督臣議。言：倭夷譎詐變幻，躭躭未已，其不以一信使往來之故，遂堅睦隣之約而寢啟疆之謀明矣。據議，遣使報答修好之名，似難峻絶；要挾之意，尤難信憑。朝廷軫恤藩方，計難遥度於海外，亦惟申儆該國，斟酌機宜，自畫長便。上是之。

（神宗萬曆實録卷 562 第 7 頁 562.5.10600）

2507 **十月己未** 暹羅國進貢金葉表文一通，方物一萬四千八百斤，孔雀三對。

（神宗萬曆實録卷 562 第 10 頁 562.8.10605）

2508 **十一月丙子** 時三輔大災。撫按毛堪、劉廷元等請勘請蠲賑。户部覆議：以爲畿南六郡數年以來水旱蝗蝻相繼爲虐，諸臣目擊顛連，所列條款，不敢不就中權宜。除順天一府另覆外，將保、河等府所屬州縣衛所除建年起運京邊庫寺本折京近給爵銀兩例不蠲停外，被灾州縣查照分數蠲免，聽其處補，巡按贓罰原供邊餉准留一半。臨、德二倉改折空虚，亦難借賑，惟是真定府應免留存税銀，并保、河等府本年税銀及廣、大三府已徵未解監税銀一切留賑，至于撫按請帑金十萬兩，誠見畿南内護宸居外捍邊徼，必畿輔安而後京師安，是在皇上之特恩耳。

（神宗萬曆實録卷 563 第 8 頁 563.6.10617）

2509 **十一月丁亥** 上以東直門刼掠事，命嚴行提督官躬親巡視，協力擒捕及嚴查占復賣放等弊。

（神宗萬曆實録卷 563 第 10 頁 563.8.10621）

2510 **十二乙巳** 禮部題申飭學規五欵：一、曰懲不肖之尤。劣生不止夏楚，降黜提學官廩，其尤甚者付嚴明有司究問。一、曰獎德行之科。果德行卓異雖等拔前列補廩，孝弟、剛正可起頑儒者學臣奏請徵聘。一、曰重督學之權。學臣執法假以便宜，寬以文法，俾所部諸生無敢咆哮鼓噪，仍起遷以作敢爲之氣。一、曰重提調之任。進退諸生必令繇提調守令開報，毋任其口語，毋任吾愛憎，毋徇教職之學。一、曰慎儒臣之選。作人有効，或優以部秩或間與行取，庶重教士者而士益知自重。奉旨：是。

（神宗萬曆實録卷 564 第 2 頁 564.1.10626）

2511 **十二月戊申** 是日，大學士方從哲請以國子監祭酒盛以弘陞詹事府少詹事，兼翰林院侍讀學士，協理府事，纂修玉牒。

俱不報。

（神宗萬曆實録卷 564　第 3 頁　564.2.10627）

2512　十二月己酉　宴朝鮮慶賀冬至陪臣李相吉等三十九員。

（神宗萬曆實録卷 564　第 3 頁　564.2.10628）

萬曆四十六年（1618）

2513　正月乙丑　提問慕田峪守備李國華，以按臣劾其貪婪故也。

（神宗萬曆實録卷 565　第 2 頁　565.1.10633）

2514　正月丁卯　户部奏：昌鎮糧運甚艱，乞命本部移咨總漕衙門，將江南粳〔校記:廣本粳作糧〕米應派昌鎮奠清，倉糧一十三萬三千石，自四十六年始，每年俱派于京通幫前勒令先期開兑，務令五月終抵通，七月盡完報，如有愆期，復致凍阻，有司軍衛各官聽巡漕御史嚴加參處。其應給行月等糧銀六要，即時給領。庶官旗運役不苦，而窮寒〔按：館本寒作塞〕有濟。

（神宗萬曆實録卷 565　第 2 頁　565.1.10634）

2515　正月辛未　以光禄少卿董可威爲順天府丞。

（神宗萬曆實録卷 565　第 3 頁　565.2.10636）

2516　正月辛未　命御史……王象恒巡按順天。張至發巡視京、通二倉，唐世濟巡視京營。

（神宗萬曆實録卷 565　第 3 頁　565.2.10636）

2517　正月己卯　順天撫臣劉曰梧奏：喜峯口夷人伯彦禿更名卜兒阿杜，求加賞賜職陞，并頒給勑書。從之。

（神宗萬曆實録卷 565　第 5 頁　565.4.10640）

2518　正月戊子　兵部奏：守東華門燕山左衛後所百户劉宗魁遺失禮字二中一號〔校記：館本中作十，抱本作中，廣本作禮中一號〕金牌。故事，錦衣衛當駕官三日輪班工直，各赴尚寶司開領金牌，夜巡點閘班滿繳入，所以嚴關防肅禁地也。自上深居二十餘年，直宿僅存故事，廢弛莫稽。法司巡視，主事牌行該衛總嚴查，俱稱牌係前官所失，其未繳十三面詢稱自貯直房，未曾損失，俱令歸司，照依領繳應（按:館本應下有補字）者補追〔按:館本追作造〕。上曰：金牌領繳，係直宿舊規，豈容廢弛？該衛與各衙門以後都着一體遵行。

（神宗萬曆實録卷 565　第 9 頁　565.7.10646）

2519　二月甲辰　　大風，黄塵四塞。

（神宗萬曆實録卷 566　第 4 頁　566.3.10656）

2520　二月乙巳　　工部言：巨馬橋拆建，功力浩繁，上着照前議，那借錢糧給發，督工官務上緊造辦物料，以便明春興作，不得躭延遲誤。

（神宗萬曆實録卷 566　第 5 頁　566.3.10656）

2521　二月乙卯　　巡視廠庫河南道御史潘汝禎言：老庫所積，除預備大工一百萬之外如洗。近蒙皇上有巨馬橋發銀二十萬之旨，查得胡良橋費用僅數萬，彼時兼發帑金，部司拮據，尚苦不足。邇者運石夫價應找八百餘金，司臣計無復之，議動料銀，該職駁回。則此二十餘萬，自非再發内帑，部臣豈能爲無米之炊？至于祖制，巡視廠庫，必一科一道，并乞將范濟世之疏早賜簡發，庶相與共濟時艱，于庫務大有禆益。不報。

（神宗萬曆實録卷 566　第 5 頁　566.4.10568）

2522　三月辛酉　　工部言：巨馬橋所費不貲，現今部庫如洗，殿門城工及二王婚禮尚且那借無措。而河身比舊橋共盈三分有二，沙虚且厚，橋址難安，必于上流築砌遏水歸槁（按：館本槁作橋）刷沙見底，恐所議二十萬金未足了事，且未必數十年後終不遷改。如臣所見，巨馬河三時皆涸，褰裳可涉，惟夏秋之次，或結草橋，或造方舟，歲費不過五六〔按：館本五六作三五，廣本、抱本作五六〕百金，此在地方官加之意耳。今緩三殿而急一橋，那大工税銀以就橋工，恐亦非聖母在天之靈所願爲，乞寢之。

（神宗萬曆實録卷卷 567 第 1 頁 567.1.10661）

2523 三月辛未 是日，方從哲言：昨日申刻天氣清明〔按：館本明作朗，廣本、抱本作明〕，忽聞空中有聲如波濤洶湧之狀，隨卽狂風驟起，黄塵蔽天，日色晦冥，咫尺莫辨。又將昏之時，見東方電流如火，赤光照地。少頃西亦如之。又雨（按：館本雨下有土，廣本、抱本無土，誤〕濛濛，如霧如霰，土〔按：館本氣上無土字，誤〕氣襲人，入夜不止。當春和景明之時，突然有此風霾之異，此天心示警，不言可知。今院部大臣缺者固多，至兵部職司軍旅，関國家〔按：館本無家字〕安危。今侍郎崔景榮被言出城，已難强留。其印信望卽委尚書薛三才署掌，樞筦有人，天變可弭。

（神宗萬曆實録卷 567 第 6 頁 567.5.10669）

2524 四月辛卯 自宣武門至正陽門外約三里餘，河水盡赤，深紅如潰血，經月乃止。

（神宗萬曆實録卷 568 第 1 頁 568.1.10679）

2525 四月丁酉 陞陝西右布政使王舜鼎爲順天府尹。

（神宗萬曆實録卷 568 第 4 頁 568.3.10684）

2526 四月戊戌 土魯番、天方國、撒馬見、魯迷、哈密等各進貢方物馬匹。

（神宗萬曆實録卷 568 第 5 頁 568.3.10684）

2527 四月丙辰 直隸巡按王象恒奏：遼爲蘇（按：館本蘇作薊，是也）門左臂，拱護神京。遼失則内之防範更爲吃緊。近者，薊鎮諸路、黄崖嶺則有掩殺窖户之報，牆子路則有撲殺烽軍之報，白馬関則有滿旦諸夷穿戴漢人衣帽窺探之報。似此情形，烏知非各酋嘗我？則太平、喜峯諸口及石門、兼（按：館本兼作燕，是也）河、青山、冷口諸處皆衝邊要地，山海関一線，猶咽喉，関城及沿関邊牆，皆爲風沙擁埋，踰之甚易。宜特設一總兵，統領大兵，散財募士，原（按：館本原作厚，是也）集于此，乘未有事時高牆扒沙，嚴督開教，以防奸宄，而昌平總兵亦宜速推，以護陵寢。汪可受衹可令駐山海，不可出関門一步。而援遼須特設一人，以備經畧監軍之務。各處廢并（按：館本并作弁）有多帶家丁赴遼自効者，總兵、副將等官皆復其職；其原無官而自能帶家丁至四五百名者，卽援（按：館本援作授，下同）以副參遊擊職銜；二三百名者，援以都司。除李如栢已推外，杜松諸人養有死士亦不可不亟爲招徠。各軍且令各守城堡，固守一月者，當大捷；守半月者，當中捷；守五日者，當小捷。他若簡軍飭將，發金用人，俱不可緩者，惟皇上臨朝諭閣臣入直以講制馭之方，宗社幸甚。

（神宗萬曆實録卷 568　第 10 頁　568.8.10693）

2528　閏四月庚申　陞順天府丞董可威爲右僉都御史，巡撫宣府地方。

（神宗萬曆實録卷 569　第 3 頁　569.2.10702）

2529　閏四月乙丑　直隸巡按潘汝禎奏：薊門逼近神京，督臣汪可受既調本鎮兵六千五百〔校記：館本百作名，廣本、抱本作百〕赴山海，又議再選數千出關，薊鎮守禦寡弱，倘奴酋詭道乘虛，何以待之？乞速補額兵以固根本。又，昌平陵寢重地，被議之總兵既不能視事，宜速擇謀勇大將以壯干城。

（神宗萬曆實録卷 569　第 5 頁　569.4.10706）

2530　閏四月乙丑　上以天氣暄熱，命拽班軍且在兩廠造辦木料。戎政尚書薛三才以城濠平淺，乞暫着班軍挑濬。從之。仍令依期放班，毋得久役。

（神宗萬曆實録卷 569　第 6 頁　569.4.10706）

2531　閏四月丙寅　調大同參將張聰爲薊鎮燕河參將，陞真定井陘遊擊宋鎮虜爲薊鎮建昌參將，起原任薊鎮總兵王國棟以原官充總兵官鎮守居庸、昌平等處地方，楊春茂署都督僉事充總兵官鎮守山西等處。

（神宗萬曆實録卷 569　第 6 頁　569.4.10706）

2532　閏四月丁卯　　署都察院事李誌奏：舊制，巡視五城皆新選御史掌管，今五城把總（按：館本總作持）響馬充斥，非兼差輪攝可辦，已將考選孫之益等立賜允用，專責以巡視五城之役，庶亂民可戢。不報。

（神宗萬曆實録卷 569　第 8 頁　569.7.10711）

2533　閏四月丁卯　　刑科給事中姚若水奏：大營及各衛軍士不下十餘萬，宜擇將挑選教訓，或兼糧以優之，庶城守可憑。山海、薊門去京纔數（按：館本數下有百字）里，不可無重兵守禦，間如黄土嶺、一片石等處，尤當嚴爲防護，宿將杜松、劉綎等業經起輔，尚有原任宣府總兵王學書、甘肅總兵毛允中〔校記：籌遼碩畫卷五毛允中作王允中〕皆熟知夷情，屢立戰功，且家丁慣戰，宜〔按：館本宜作且〕併起五府僉書，以備大將之選。

（神宗萬曆實録卷 569　第 9 頁　569.7.10711）

2534　閏四月戊辰　　上諭禮部曰：今歲雨澤未降，妨千農作，朕心憂惶，着順天府竭誠祈禱。

（神宗萬曆實録卷 569　第 10 頁　569.8.10713）

2535　閏四月戊辰　　戎政尚書薛三才奏：十六門原額軍六千八百餘名，每門分上、下二班，領以指揮千、百户，而總隸于後府。兵部不知起自何年，此外添差内監提督，逐門占役至四千三百三十二名。乞箚委官司查點，將多占軍役清理掣回，庶法紀新而門禁肅。上諭九門提督内官監太監冉登曰：遼左虜夷猖獗，城門關係緊要，爾提督等官務將各門内外官軍不時查點，倍加關防，毋得怠玩。其提督等官軍伴，准照先年欽定每門三名，守門内官每員軍伴二名，不得多占。

（神宗萬曆實録卷 569　第 10 頁　569.8.10713）

2536　閏四月戊辰　虜滿酋入寇馮家谷，石塘路遊擊朱萬良拒却之。

（神宗萬曆實録卷 569　第 10 頁　569.8.10713）

2537　閏四月壬申　巡撫順天右僉都御史劉曰梧曰：臣奉旨移駐山海，何敢濡滯？但山海只一鎮城，督臣汪可受、鎮臣朱國良、保定鎮臣王宣見俱駐劄〔按：館本見俱駐劄作見往駐劄。廣本見作俱，無往字，抱本往作俱〕，斗大山城，已苦不堪。臣往何所駐足？且本月初四日石塘、右北、馬蘭、喜峯各路俱稟稱各處欲沿邊犯搶。臣復移駐山海，一切調度，責之何人？然未必能濟遼之緩急，而先釀肘腋之隱憂。上曰：薊鎮虜警頻聞，防守尤宜加謹。劉曰梧且照舊整理邊備，無致疎虞。應否移駐，着該部再爲酌議。

（神宗萬曆實録卷 569　第 11 頁　569.9.10715）

2538　閏四月壬申　上諭内閣曰：朕覽兵部所奏募兵乏餉，即傳内庫查給發。該庫奏節年該部所欠金花等銀至一百四十三萬九千八百餘兩，庫藏空虛，僅得先年餘積銀十萬兩，即已給發户部，湊集應用。軍餉缺乏，非朕不念體，但無所處。卿可傳示户部，上緊那借湊處，不得遲緩，致悮軍務。

（神宗萬曆實録卷 569　第 12 頁　569.9.10716）

2539　閏四月癸酉　陞石門路參將任自謙爲薊鎮東路副總兵。

（神宗萬曆實録卷 569　第 12 頁　569.9.10716）

2540　閏四月丁丑　黄霾自東北起，頃刻蔽天，日色無光。

（神宗萬曆實録卷 569　第 13 頁　569.11.10719）

2541　閏四月己卯　廷試貢士一千三百七十九名（按：館本名作人）。

（神宗萬曆實録卷 569　第 14 頁　569.11.10720）

2542　閏四月甲申　煖閣廠膳房火，延正房及東西廊房。

（神宗萬曆實録卷 569　第 15 頁　569.12.10722）

2543 五月己丑 陞昌鎮遊擊邵永福爲鎮遠城參將，大同都司張繼〔校記：廣本繼作維〕先爲宣大右掖營遊擊，順義守備徐高選爲四川獐臘遊擊，黄岩口提調杜煒〔校記：廣木煒作偉〕爲五軍佐擊，都司馬臺提調張奇卿爲神機四營佐擊。

（神宗萬曆實萬卷 570 第 1 頁 570.1.10725）

2544 五月癸巳 命考選歲貢生員王曰鼎等分送南北二監肄業。

（神宗萬曆實録卷 570 第 6 頁 570.4.10732）

2545 五月戊戌 初四日間有樓船一艘，在折稻桿亭外殺傷民兵。哨官陸大忠、季時衡率各哨攻之，奪其一船，倭始遁去。既而福建參將俞咨皋亦善船截擊，遂火其船，倭死無數。于是浙江御史乞照例優賞有功官兵，并恤陣亡軍士。從之。

（神宗萬曆實録卷 570 第 9 頁 570.7.10737）

2546 五月戊戌 直隸巡按王象恒奏：薊號漁陽兼（按：館本兼作重）鎮，祇一守備守之，城摻五百餘，大半光粮止二錢四分，又多隱占，況大軍所過孰資彈壓？乞將本鎮所議裁南兵遊擊駐蘇（按：館本蘇作薊）州，再議募兵六百餘合城摻之兵共一千二百人，餉則有原貯民兵銀係薊州班軍折色可用也。不則以遵化之輜重營移駐，而兵馬隨之亦可也。援遼兵馬必經永、薊、通諸處，一切支應芻粮，例皆仰給餉司。乞諭餉部，先發銀數萬招商権買，以爲預備。

（神宗萬曆實録卷 570 第 9 頁 570.7.10737）

2547 五月丙午 以密雲右營遊擊宋文鑑管遼東經畧軍門標下中軍事務。從戎政尚書薛三才之請也。

（神宗萬曆實録卷 570 第 12 頁 570.9.10742）

2548 五月辛亥 總督倉場户部尚書張問達奏言：倉儲空虛，京倉每年支放應二百三十餘萬石，見在五百八十六萬一千五百餘石，僅有二年之積。通倉每年支放七十二萬餘石，見在（按：館本十上有三字〕十六萬五千八百餘石，不過半年之儲。撥運合薊、密、昌三鎮，歲該三十六萬九千八百餘石，就令盡完，只够當年。今運河日塞，盤剥艱難，每二石轉運，纔得一石，脱巾屢見。支運合臨、德三倉舊制，留五十萬石，遇有灾傷，改折支補京、通〔校記：廣本通下有倉字〕。今山東賑濟，二倉如洗。查本色拖欠自三十八年起至四十四年止，共積至一十七萬石有奇。改折拖欠四十一年起至四十五年止，共積至五十四萬四千九百兩有奇，緣節年河道衝決漂没，地方灾祲，無從追徵，倉糧之虚而多適（按：館本適作逋）也。如此明智、北新、臺基、安仁、西城五場備三大營騎操馬匹二個月之本色者也。每場歲用草三十萬束，每束時價四分另，共費色（按：館本無色字）銀一萬一千八百九十兩另，每年二月、十月二次應校，共計二百萬餘束，見在草五場共一百六十八萬九百餘束。設戎馬在郊，芻牧不通，何以待之？内象房象九隻，每年麥九百七十二石，遇閏月加至一千五十三石。草四萬八千六百束，遇閏月加至五萬二千六百五十束。外象房見象三十三隻。

（神宗萬曆實録卷 570　第 13 頁　570.11.10745）

2549　五月癸丑　時遼餉缺乏，户部疏請借南户共兵五十萬，及查催各省直應解部銀六款：……一、各省京邊錢糧年來拖欠太多，……今遼東、薊鎮、密雲、昌平、永平共欠九萬三千三百兩、五鎮如此，他鎮可知。所當嚴行催解，以紓太倉之急者也。……上曰：今邊餉缺乏，這條議有裨國計，俱依欵行。着該部與撫按等官嚴催起解。有推委遲違者，指名參處。

（神宗萬曆實録卷 570　第 15 頁　570.12.10748）

2550　五月乙卯　以宣府守備陶永先爲昌平州總兵，標下遊擊。

（神宗萬曆實録卷 570　第 18 頁　570.15.10753）

2551　六月壬申　大風刮倒西直門〔按：館本門下有牌字，廣本、抱本無牌字〕樓。

（神宗萬曆實録卷 571 第 10 頁 571.8.10771）

2552 六月丙子 直隸廵按王象恒請以三大營兵馬照嘉靖及萬曆二年事例，分發密鎮、潮州（按:館本州作河，是也）川、喜峯口、古北防守，三月一換，以省召募。

（神宗萬曆實録卷 571 第 11 頁 571.8.10772）

2553 六月壬午 京師地震。禮臣何宗彦引周伯陽甫言：陽伏而不能出，陰（按:館本陰下有逼字）而不能升。上脩省三事。不報。

（神宗萬曆實録卷 571 第 16 頁 571.12.10782）

2554 六月癸未 兵部言：守門軍士先不過三千五百餘名，今漸增至六千六百六十名，除每門軍伴五百八十八名、汰草老弱影射二百六十五名，實在守門軍士五千八百另七名。造册存司，分送京營科道驗軍下粮廳互覈，刊爲數欵遵守。

（神宗萬曆實録卷 571 第 17 頁 571.13.10782）

2555 六月癸未 有暹羅國進貢盛表金盤，被驛吏劉應同等抵換。已經審明贖罪。兩廣總督周嘉謨以聞。

（神宗萬曆實録卷 571 第 18 頁 571.14.10784）

2556 七月庚寅 考試過歲貢一千二十人。

（神宗萬曆實録卷 572 第 3 頁 572.2.10790）

2557 七月乙未 戊字庫太監王用言：軍器匱乏。祖制當遵。上諭該部曰：王恭二廠預造盔甲五千副，不行交進，以致胥匠人等朦朧給發，姑且不究。着兩廠照數補完進庫，以備營軍兑换。其各省拖欠錢粮，都着作速起解。

（神宗萬曆實録卷 572 第 7 頁 572.6.10797）

2558 七月丙申 ……調神機營遊擊鮑承先管五軍營，領本營兵馬三千四百，赴薊鎮防守。從按臣王象恒之請也。

（神宗萬曆實録卷 572 第 7 頁 572.6.10797）

2559　七月庚子　陞山東道御史王國禎爲順天府丞。

（神宗萬曆實録卷 572　第 11 頁　572.8.10802）

2560　七月壬寅　廣東巡按王命璿奏：奴已歸巢，兵難深入，須干（按:館本干作于）煖宰粆憨等酋撫令解散，選一戰將，置重兵挖（按：館本挖作控）持開鐵要害等處。密諭屬國，率兵助剿。北關扼其西，朝鮮擊其東，而我合重兵鼓行而前，或據險設伏，或從徑襲虛，然必餉足而後兵强。我祖宗朝不愛冏金内帑，周給各鎮，隨收潮河川之捷，成瓦剌之功。即如寧夏，費餉二百萬，征播費餉二百餘萬；救朝鮮，首尾約費七百數十萬。今遼事視前孰緩孰急？且真、永等處募兵，延、綏等處班軍，俱出赴援，内地空虛。如東北黄土嶺、一片石、太平、石門、燕河、牆子路、喜峯路、義院口、古北路諸處，西北則南山、隘口、獨石、張家口、青龍橋、蘇林口、灰嶺、雁門、八達鎮（按：館本鎮作嶺）、糜谷子、滴水崖諸處，鄰三衛枝附，係陵寢肩背，三十里外即爲遠邊。安知奴無婿〔校記:廣本婿作濟〕夷之奸，透漏勾引窺虛攔入者？至古北路一口，春夏洪潦，馬不能渡。秋冬沙磧平坦，抵京師百餘里耳。宜廣募精兵，别設一大將統領，以防虜騎冲突，于此時尤爲急也。

（神宗萬曆實録卷 572　第 11 頁　572.9.10803）

2561　七月壬寅　正陽橋（按:館本橋下有坊字）告成，命侍郎林如楚行禮。

（神宗萬曆實録卷 572　第 12 頁　572.10.10805）

2562　七月壬寅　以張鼐爲國子監司業。

（神宗萬曆實録卷 572　第 12 頁　572.10.10805）

2563　七月甲辰　陞……昌平遊擊周斌爲石門寨參將，……榆林提調石勳爲薊鎮右營遊擊，昌平坐營鄒國威爲宣府舊遊兵營遊擊。

（神宗萬曆實録卷 572　第 13 頁　572.10.10805）

2564 **七月甲辰夜** 京師大雨雹。

（神宗萬曆實録卷572 第13頁 572.10.10806）

2565 **七月丁未** 大學士方從哲奏：昨六月二十五日京師地動，正在宫闕之間。

（神宗萬曆實録卷572 第13頁 572.10.10806）

2566 **七月戊申** 大學士方從哲題：順天府鄉試今僅半月，而國子生尚未考試。原任祭酒盛以弘卧病不能視事，新推司業張鼐在藉未能猝至。查得近日吏部會推祭酒張邦紀，見任左春坊左庶子，一奉欽點，即可到任。乞賜簡發，令刻期考校，庶不悮大典。

（神宗萬曆實録卷572 第14頁 572.11.10807）

2567 **七月甲寅** 陞張邦紀爲國子監祭酒。

（神宗萬曆實録卷572 第17頁 572.14.10813）

2568 **八月戊午** 朝鮮國王李琿差陪臣參判李士慶等奉表箋稱賀，進貢方物。上欵賜下程，着錦衣衛撥馬騎。

（神宗萬曆實録卷573 第2頁 573.1.10818）

2569 **八月辛酉** 命右庶子趙師聖、右諭德薛三省充順天鄉試考官。

（神宗萬曆實録卷573 第4頁 573.3.10821）

2570 **八月辛酉** 是日宴朝鮮國陪臣李士慶等，命禮臣何宗彦管待。

（神宗萬曆實録卷573 第4頁 573.3.10821）

2571 **八月壬戌** 陞……周繼昌爲順天府丞。

（神宗萬曆實録卷573 第4頁 573.3.10821）

2572 **八月甲子** 陞神機營佐擊朱國彦爲昌鎮左車營遊擊。

（神宗萬曆實録卷573 第6頁 573.4.10824）

2573 **八月乙丑** 先是，督撫經畧移咨朝鮮國王，令其簡練兵馬，聽候調發。王先後遣陪臣回咨具奏，皆以虚文抵塞，楊鎬却其咨。至七日，乃遣刑曹判書李度全賫回咨二道，言：奉檄已湊合萬兵，候期發送。但查成化二年及十五年兩奉調發，俱有降勑之例，今亦祗候勑諭進止，且請貿焰硝以便殺賊。又擬進馬七百匹應用。因奉其國王李琿疏言：三苗不率，何害舜德？玁狁匪茹，宜舉周征。小邦君臣，自遼鄙有聳國憤惋，今值王師大舉，願執殳前驅，以圖報効。于是，兵部黄嘉善議覆：請照例降勑，以嘉其奉命之恭，焰硝斟酌給發，以充彼援兵之用。所輸戰馬，照數給與價值，不必以硝黄扣抵，以傷我中國之體。上皆從之。

（神宗萬曆實録卷 573　第 6 頁　573.5.10825）

2574　八月乙丑　陞順天府丞畢懋康〔按：館本作陞畢懋康爲順天府丞〕、山東按察使景昉爲河南右布政。

（神宗萬曆實録卷 573　第 7 頁　573.5.10825）

2575　八月丁卯　刑〔按：館本刑上有廵青二字，廣本、抱本無〕科給事中姚若水等奏：因借京粮銀二十萬餉遼，同監督太倉賈鴻洙、翁爲樞盤兑餘銀計五萬五千五百六十八兩，比取總薄查算，少銀一萬三千三百三十九兩。移文監督查明回稱：京粮銀内向貯太庫倉中，總收總放，後因太倉匱竭，屢借湊發邊餉，至四十一年，以那借數多難核，始將支剩新收銀兩另貯一庫，科道自司鎖禁〔按：館本禁作鑰〕。遇收放親臨查驗，自分庫後並無那借，惟是四十一年以前備者曾否移會扣换（按：館本無换字）還，歲换人更，無從稽考。奏繳册數遞年相沿，向未盤兑。今宜將盤兑短數立案備查，接管廵視，務要交卸〔按：館本卸作盤〕明白，年終按實奏繳，庶錢粮不致疎漏。

（神宗萬曆實録卷 573　第 8 頁　573.6.10828）

2576　八月戊辰　總督京營戎政忻城伯趙世新言：高皇帝建留都，置小教場于城内，良有深意。今都城禁、廂等軍演武俱在城外，各軍家居寫遠，緩急何賴？宜令副將各選家丁百名，參、遊以次遞減，優以雙粮，不時演習，臣不時閱摻。有不堪者，即將本官參處，庶武備可振。

（神宗萬曆實録卷573　第9頁　573.7.10830）

2577　八月甲戌　以神機二營遊擊鮑承先改充五軍一營參將，領官軍三千四百六十四員赴薊遼。

（神宗萬曆實録卷573　第11頁　573.8.10832）

2578　八月壬午　朝鮮國王李琿發還漂海人丁。時福建商民薛萬清等四十一人浮海商販，于七月十九日在福建沙埋（按：館本埋作埕）洋中遇風，以七月二十七日晡漂至朝鮮，國王資給遣還，具本奏知。上命解發福建巡撫衙門，審無通販情弊，即便省發。

（神宗萬曆實録卷573　第13頁　573.10.10836）

2579　八月癸未　賞賜朝鮮國陪臣段絹、衣服有差，并勑陪臣申段（按：館本段作隄）等回國。

（神宗萬曆實録卷573　第14頁　573.11.10838）

2580　九月丙戌　兵部題：朝鮮國釜山鎮水軍僉節制使吴大勇呈：去年十二月間，本國差役自日本同馬島倭子橘智正帶刷還被虜人口三百二十一名，回來説日本國王源秀忠承藉父家康餘葉（按：館本葉作業），欲得本國信使及言剿殺秀賴爲山（按：館本山作小）邦滅讎等情，拒之恐成仇恨，因依前差送員役之例報答。隨據回役稱，同橘倭前到馬島，至平義成等，備舡到路渡三大海見秀忠，因探得乙卯五月家康率兵三十萬攻秀賴于大坂，秀賴兵敗，入保内城。家康鑿地通道，從中放火，秀賴及將士燒死無數。是役盡以所親分據要地，易置諸將。及倭來京之時，自提關東兵十餘萬據住城池，而又令六十六州倭將領所部來會。但秀忠懷疑慮，諸將亦不自安，尚未定關白位號，并將見聞申奏該部議。朝鮮與倭，僅隔一水，律以與國之誼，釋舊怨而修新好，豈非至計？但倭詭譎叵測，當秀賴新滅，位號未定，頻請信使，以相誇詡，差其往來頻數，乘我不備，俱未可知。玆據該國疏稱，遣使報答彼國効順，但被虜原稱三萬七百餘名，今釋還者纔三百二十一名，即此便見倭好難憑，所探事情果否是的。但已通好，勢難拒絶。惟是外示羈縻，内嚴備禦，則該國君臣事耳。況邇來該國協力討賊，内或空虚，安知倭不旁睨而生心？合候命下移咨該國，務要愈加隄防，毋使島夷通使頻煩得窺虚實，亦毋使奴酋潛通聲息，至爲響應。庶氛祲消而其封可固。上從之。

（神宗萬曆實録卷 574　第 2 頁　574.1.10841）

2581　九月乙丑　巡視京營科道吴亮嗣、唐世濟言：三備京營及巡捕營兵占役不下一千餘名，所費粮餉不貲，相應盡革，一可杜冒濫之門，一可抵家丁之費，所裨戎政不小。

（神宗萬曆實録卷 574　第 4 頁　574.3.10846）

2582　九月乙未　兵科署科〔按：館本科下有事字，廣本無署科事三字〕給事中趙興邦參劾永平衛百户官舍陳衛國，以四十五年十二月比試不中，題給半俸，候二年送比。至今年七月，兵部題，襲替優養又開〔校記：廣本開作聞，誤〕衛國比試得中。乞下法司嚴究書吏作弊情由，至武選郎中賀萬祚稽查不嚴，以致冒替，所當量加罰治，以儆失職。兵部亦以爲言。上曰：賀萬祚罰俸三個月，陳衛國等法司究問，准給授倉場尚書張問達等教官。

（神宗萬曆實録卷 574　第 7 頁　574.5.10850）

2583　九月乙未　序班王所擢盗失牙牌，該寺以聞。上命該寺擬罪，行尚寶司補給。

（神宗萬曆實録卷 574　第 8 頁　574.6.10851）

2584　九月乙未　修船塢、乾光殿、玉蝀牌坊。

（神宗萬曆實録卷 574　第 8 頁　574.6.10851）

2585　九月丙申　禮部以發還漂海人丁應賞朝鮮國押送陪臣銀八百二十兩，上以内庫缺乏命太僕寺支給。

（神宗萬曆實録卷 574　第 9 頁　574.7.10853）

2586　九月戊戌　錦衣衛北鎮撫司陸逵言：獄犯怨恨久監，至有持刀斷指者。乞亟簡新臣以安刑獄。不報。

（神宗萬曆實録卷 574　第 9 頁　574.7.10853）

2587　九月戊戌　東廠訪獲盜換庫銀違法男子施一棟等，上命拏送法司究問。

（神宗萬曆實録卷 574　第 9 頁　574.7.10853）

2588　九月壬子　天壽山守備萬壽奏：茂陵失火，恭奉御劉受等提問。命下法司。

（神宗萬曆實録卷 574　第 16 頁　574.13.10866）

2589　九月乙卯　是日京師地震。

（神宗萬曆實録卷 574　第 17 頁　574.14.10867）

2590　十月戊午　皇太子妃郭氏墳工完，遣侍郎韓爌行禮。

（神宗萬曆實録卷 575　第 2 頁　575.1.10869）

2591　十月辛酉　巡視十庫刑科給事中姚若水言：廣積庫永樂年間土磺尚堪揀用，將此項作教場操演併各門取給之需，而以召買新磺備軍前之用，亦可省無限金錢。不報。

（神宗萬曆實録卷 575　第 2 頁　575.2.10871）

2592　十月癸亥　直隸巡按王象恒條陳倉漕要務，内議設通濟庫大使一員。

（神宗萬曆實録卷 575　第 3 頁　575.2.10871）

2593　十月癸亥　户部奏：行五城動支贓罰銀兩煮粥賑濟。從之。

（神宗萬曆實録卷 575　第 3 頁　575.2.10872）

2594　十月癸亥　兵部尚書黄嘉善以師期將及，敷陳五欵以贊廟謨：一、明部署之分。一、聯輔車之勢。一、開受降之途。一、守蘆橋之險。一、懸重賞之格。上曰：這所奏諸欵，都依議行。諸將奉命出師，義同一體，務要并力齊心，共圖滅賊。有功同賞，有罪同罰。如有相忌相傾及争功僨事，經畧監軍參來重處，決不輕貸。其懸賞一節，還着經畧衙門議定條格，出榜曉諭，以示鼓舞。朝廷酬賞決無爽令。

（神宗萬曆實録卷 575　第 3 頁　575.2.10872）

2595　十月丁卯　順天撫臣劉曰梧奏：順、永二府爲京師股肱，遼事初起，二府先被徵發。清河之没，薊兵獨多，且援兵由薊者搶掠誅求，家家疲弊。乞下科部酌議，免此一隅加派，以鞏陵京，而科臣以爲請免例不可開，獨是勤王戰後（按：館本後作没）供應薊獨（按：館本獨下有偏字）多，或于原派數内姑准一二寬徵，自不得援爲例也。上從之。

（神宗萬曆實録卷 575　第 5 頁　575.4.10875）

2596　十月丁卯　直隸巡按董元儒奏陳漕運六議：一、專責回空。……一、酌建倉厫。……一、曰申嚴職掌。……一、曰裁省押運。……一、曰□（按：館本空格作議建二字）閘座。……一、曰疏濬白河。天津至通州計五十九衞淺，每年額派各州縣衞淺夫一千七百餘名，費工食萬餘金。宜將額派銀兩解通惠河衙門，轉發管河通判及四總委處募夫濬築。自潞河以至津門，畫地分工，勿令衙役經手，卽衞軍亦以此法行之。查無濬築之功，卽扣留月米，雇募免役，庶無虛冒。年終各官聽部臣舉劾。而又編選旗軍，分别三等，以正丁領運，以餘丁幫貼，庶漕運有裨。該部是其策。上命俱依擬行。有司怠玩悮事的，各御史據實參處。

（神宗萬曆實録卷 575　第 6 頁　575.4.10876）

2597　十月庚午　以姜弼起參將職銜協守薊鎮東路副總兵事。

（神宗萬曆實録卷 575　第 7 頁　575.5.10878）

2598　十月乙亥　西洋國陪臣龐廸我（按：館本我作峩）等奏：臣與先臣利瑪竇等十餘人涉海九萬里觀光上國，叨食大官一十七載。近見南北參奏，要行驅逐。念臣等焚修學道，尊奉聖主，寧有邪謀，甘墜惡業？乞聖明憐察，候風便歸國。若寄居海嶼，愈滋猜疑，并南京等處諸陪臣一休（按：館本休作體）寬假，以全天朝豢養之恩。

（神宗萬曆實録卷 575　第 8 頁　575.6.10880）

2599　十月戊寅　兵部奏：本月二十七日例應大選天下軍職，

因是日文武百官齊赴朝天宮習儀，不便舉行。請改定二十九日奉行。上從之。

（神宗萬曆實録卷 575 第 11 頁 575.8.10884）

2600 十月癸未 户部請以應天等府額解太倉銀動支十萬五千兩給委督運主事，聽其發商買銅，依工部價每斤一錢五厘，共買真正四大（按：館本大作火）黄銅一百萬斤，刻期解京鼓鑄。發銀之後，撫按移文本部，將青庫銀兩照數補完太倉，鑄完銅錢，解送銀庫。商價搭放，每銀一錢，以六文給放。庶恤商、濟邊兩利。上從之。

（神宗萬曆實録卷 575 第 12 頁 575.10.10887）

2601 十月甲申 保定廵撫靳于中奏：九月三十日易州、慶都、定興、清苑、淶水、唐縣、河間、任邱、景州、肅寧等州縣及紫荆關、馬水口、沿河口、天津等處同日地震，有聲如雷。

（神宗萬曆實録卷 575 第 13 頁 575.10.10888）

2602 十一月己丑 朝鮮國差來陪臣尹義立等齎表貢方物、匹馬。上着錦衣衛撥馬騎。

（神宗萬曆實録卷 576 第 3 頁 576.2.10893）

2603 十一月丙申 提督四夷館少卿胡來朝上復種馬、調京兵二事。……京兵團營十二，夙號貔貅，復漸消耗，無裨實用，土木之變，于謙挑爲三大營，今又不堪用矣。一旦有儆，不免調取邊鎮。夫邊鎮豈生而勇敢，祗以日習戰鬬而耳目熟也。臣領每歲互相更調，如今延綏三千兵入衛，即將京兵三千守土，候秋防竣，京兵回營，邊兵還鎮，推之各鎮，莫不皆然。如此則耳目熟、胆氣壯，不數年京營悉爲勁兵矣。臣謂京兵之當更調者也。

（神宗萬曆實録卷 576 第 7 頁 576.5.10900）

2604 十一月戊戌 夜，霧霜附草木。

（神宗萬曆實録卷 576 第 8 頁 576.6.10902）

2605 十一月庚子 總督薊遼汪可受奏：自山海還鎮密雲，以遼撫已至，西虜情叵測故也。

（神宗萬曆實録卷 576　第 9 頁　576.7.10904）

2606　十一月癸亥　　順天廵撫劉曰梧奏辭考績恩典。上以加恩已有成命，不准辭。

（神宗萬曆實録卷 576　第 13 頁　576.10.10910）

2607　十二月戊午　　賜朝鮮國慶賀冬至陪臣尹義立等六十員各上馬宴。

（神宗萬曆實録卷 577　第 3 頁　577.2.10917）

2608　十二月己未　　廵視京營兵科給事中吴亮嗣奏：十一月二十五日有孟世德具首妖人張文經父子到官。審其妖書，誕妄不經。又造木印一顆，截去半角，謂半角原寄建州，但取半印，彼此合符，可以免難。以此聳動愚民。其他所稱祭風避火、朱符雜呪，不可殫説。乞勑諭五城御史及錦衣衛捕營等官，明示曉諭内議訊察，不致爲奸民煽惑。

（神宗萬曆實録卷 577　第 4 頁　577.3.10919）

2609　十二月壬戌　　文華殿試中書舍人杜其材奏討其父杜潛䘏典。從之。潛以朝鮮監軍陞補薊鎮兵備，歷加山西左布政使，拮据五年，已經題叙，未及陞用而卒。至是其子以爲言。上命照例贈䘏。

（神宗萬曆實録卷 577　第 6 頁　577.4.10922）

2610　十二月壬申　　廵視太倉銀庫户科給事中官應震等言：内廷之有承運，猶外廷之有計曹也，計曹爲輦轂錢糧總會，各分司于此取給；承運爲宫掖錢粮總會，各監局于此取給。三十五年七公主婚禮，御用監曾經奏討，上以無例拒之，至瑞王婚禮，庫進九萬，監進九萬，則出一時該監之同請而皇上姑從之。今二王並婚，費亦不貲，時艱物力俱詘于昔。乞遵照舊例依皇上之七萬或潞藩之九萬，勑令該監從承運照數關支，不得再赴該部妄行揭援，以惜缾罍而餉玉關。

（神宗萬曆實録卷 577　第 10 頁　577.8.10930）

2611　十二月庚辰　議鄉試副榜監生准貢例。每科會試副榜卽得授教，鄉試則僅〔校記：廣本僅作准〕行賞，或有因而輸穀者，選官與異途無畏。于是順天鄉試副榜監生王應遴、丁承泰等以爲言，乞附名准貢，庶日後選官脚色與輸穀者稍别。禮部覆議以聞。上從之。

（神宗萬曆實録卷 577　第 12 頁　577.10.10934）

萬曆四十七年（1619）

2612　正月乙酉　光録寺署正黄正壽監守盗竊倉糧，下法司鞫問。從户科給事中李奇珍之奏也。

（神宗萬曆實録卷 578　第 2 頁　578.1.10938）

2613　正月乙酉　升永平參將劉渠爲孤山副總兵，通州參將高應節爲洮岷副總兵，右營遊擊劉汝植爲居庸參將，……薊鎮遊擊唐祺曾爲鎮邊參將，……保定遊擊鄭源爲倒馬関參將，寧夏副將劉奮武爲神機營左副將，鎮番參將潘國鎮爲五營左軍參將，玉潭營遊擊沈勛爲神機四營參將，天水峽遊擊高烱爲神機三營參將，遊擊張顯義爲神機七營參將，洪廣遊擊王願爲神機七營參將，興武遊擊張曙爲五軍八營參將，大寧僉書祁盛鎮爲五軍四營參將。

（神宗萬曆實録卷 578　第 2 頁　578.1.10938）

2614　正月辛卯　以國子監祭酒張邦紀爲少詹事，纂脩玉牒。

（神宗萬曆實録卷 578　第 3 頁　578.2.10939）

2615　正月丁酉　兵科給事中趙興邦奏：錦衣衛舍人劉然騷擾驛遞，沿邊需索，至經由二十五處索賄三百餘金。伏乞勅下順天府臣速行勘鞫，計所索詐贓銀如律治罪。以撫臣劉曰梧覺察故也。

（神宗萬曆實録卷 578　第 6 頁　578.4.10943）

2616　二月甲戌　是日從未至酉天色忽變，蒙塵沙，赤黄色漲天，

（神宗萬曆實録卷 579　第 6 頁　579.4.10961）

2617　二月乙亥　大學士方從哲題：昨日在閣辦事，午後忽見狂風大作，黄塵四起，赤氣潢（按：館本潢作横）空。時方申酉之交，而天色晦冥，有如深夜，雨土濛濛，咫尺不辨。至起鼓以後，風勢轉加，自非爲天心甚怒，何以有此〔按：館本此作是，抱本作此〕？

（神宗萬曆實録卷 579　第 6 頁　579.5.10961）

2618　二月戊寅　廣會試額數三百五十名。先是會額正三百名，至是特增五十名。命禮部著爲令。

（神宗萬曆實録卷 579　第 9 頁　579.8.10967）

2619　二月辛巳　上諭工部曰：殿門工程已奉旨知會開工，如何擅自停止？該司官姑且不究，速令清理地基，接續鼎建，不得借言撓阻，有違造作。

（神宗萬曆實録卷 579　第 10 頁　579.8.10967）

2620　三月丙戌　兵部尚書黄嘉善覆兵科給事中吴亮嗣條上京營五事内除清軍實以裕國儲一欵聽户部議覆外，其一、鍊選鋒以習長技。議以六萬火器手，嚴汰老弱，教演鎗銃，于内選最精者三千人，優以雙粮，其粮即以汰老弱并見缺額之粮補之。若將領訓練不精者，年終即以此爲殿最。一、查馬價以寔戎伍。以後粮料按月給發，先起赴科道掛號，逐名親給，至于倒死者，專充收粮住支申報，各衙門互相稽查。一、除積弊以飭營規。議將坐營量加以都指揮體統行事職銜，以便統轄。一、飾班務以核虚冒。以後班軍到京之日，先行查點，始入營操。如有重大工程，兵、工二部移會始撥，一應錢粮，俟解官掛號投簿，聽管班司官隨到隨放，接濟工操。至于行益二粮，亦應俱赴掛號，方許関支。從

之。

（神宗萬曆實録卷 580 第 3 頁 580.2.10972）

2621 三月丙戌 巡按直隸御史潘汝禎條上保昌〔按：館本保昌作昌保，廣本、抱本作保昌〕事宜十欵。一、營兵防守宜增。一、宣昌會哨宜行。一、考核〔按:館本核作覈〕移將宜定之。一、山陵臺軍宜核。一、堡城河岸宜築。一、各口營建宜審。一、官常因革宜酌。一、脩墻設城宜急。一、脩器脩船宜預。一、各營事例宜平。兵部覆議稱便。從之。

（神宗萬曆實録卷 580 第 4 頁 580.3.10973）

2622 三月乙未 上諭兵部曰：朕覽鎮守山海總兵官柴國柱塘報，西虜虎保巘（按:館本巘作墩），先逆酋犯順乘機挾賞，如不遂意，密行犯搶山海一帶地方。薊鎮六（按：館本六作兵，是也）馬調去遼東征勦，薊門等處空虛，深爲可慮。爾部便馬上差人行文與督撫鎮道等官，傳示沿邊將士，嚴加防禦，比常十分加謹，務保萬全。應調撥何處兵馬貼守，作速酌議具奏，故諭。

（神宗萬曆實録卷 580 第 11 頁 580.9.10985）

2623 三月乙未 遼東經略楊鎬、總督汪可受、巡撫周永春、巡撫陳王庭各疏論總兵杜松貪功致衂〔校記：廣本作貪功致敗〕，馬林應援失機。兵部尚書黄嘉善覆奏以聞，并自請席藁待罪。上曰：昨覽諸臣奏報，知遼左出師失利，殞將在〔按：館本在作覆，廣本作敗〕軍，以致虜勢益張，長驅可慮。朕心深切憂懼，其選將調兵諸事，爾部卽酌議具奏。朕念薊昌係陵寢藩籬，山海爲京師門户。近來屢經調發，所在空虛〔校記:廣本虚下有可虞二字〕，其令督撫鎮道等官，一切防禦機宜比常十分加〔校記：廣本加作嚴〕謹。肘腋重地，務保無虞。卿宜安心任事，以副眷倚。

（神宗萬曆實録卷 580 第 12 頁 580.10.10987）

2624 三月丁酉 大學士方從哲言：遼左進兵，相繼敗衂，薊門、山海警報頻仍，四方之章奏紛紜，都下之人心摇動。至于軍國大計，事干廷議者，欲臣主持；戰守機宜，權在本兵者，欲臣參酌。此何等事，又何等時也，而欲臣孑然獨處乎？臣心力已竭，旦夕不支，有顛危狼狽以死耳，其如政本之中絶何。伏乞亟勅該部會推。不報。

（神宗萬曆實録卷 580　第 14 頁　580.11.10989）

2625　三月戊戌　　策試天下貢士。

（神宗萬曆實録卷 580　第 15 頁　580.11.10990）

2526　三月戊戌　　户部給事中官應震奏保京師三議。一、曰皇城巡視應議。聞奴酋原係王杲家奴，在昔杲懸首藁街時，奴懷忿恚，尋卽匿名傭工禁内，窺瞷多年。又（按：館本又作夫）大工詎今日急務，已停而復興，就裏夾雜奸人，亦所時有，今須急停以防意外。至每月逢四朝市，速行禁撤，庶免杞憂。謂宜于候命科臣内特用四員，專巡四門，毋令兼帶别差，以分職掌。二、曰五城及北門巡視應議。都城内外緇衣沙門沓（按：館本沓作水）來紛至，把棍結黨更繁（按：館本繁作煩），有徒如向者京營所護張文經，妖書不可窮詰，異言異服，保無奸細？合服（按：館本服作無）將候命御史勅令巡城，仍一歲一輪，以當中差，庶閒力〔校記：閒力作閱歷〕久而稽察真，較之三月遞更（按：館本更下有熟得二字）孰失，至九門亦用候命御史朝夕閑防，此則三月一更可也。三曰京營巡視應議。夫營兵之不能載（按：館本載作戰，是也）久矣，年來操練逈異恒時（按：館本時下有獨奈二字），何舊差之巡役已竣，而新題之俞旨尚稽。合服（按：館本服作無）卽日攢催到任，〔校記：宫氏原疏而字上有輦轂夙無提兵大將八字〕而内留者無一人。聞有甘肅總兵李懷信，實堪任此，或調之入内，帶領家丁，以慎（按：館本慎作鎮，抱本作慎）固根本。此皆今日亟着也。他若牧卜宜舉，大僚宜補，俱已速賜允行。不報。

（神宗萬曆實録卷 580　第 17 頁　580.13.10994）

2627　三月庚子　　山東道御史沈珣言：虜勢已迫，京師戰守宜嚴，乞護九門，練營卒，立保甲，防草場，廣招募，脩器械。而通州糧餉咽喉，遣大臣一員，以備應援；昌平陵寢重地，亦遣大臣一員，以壯鎖鑰。以至發帑用人，尤不可緩。留中。

（神宗萬曆實録卷 580　第 18 頁　580.15.10997）

2628　三月辛丑　　賜莊際昌、孔貞運、陳子壯等三百五十五名進士及第、出身有差。

（神宗萬曆實録卷 580　第 18 頁　580.15.10997）

2629　三月辛丑　　大學士方從哲題：進卷失詳，乞恩認罪，以第一甲第一名莊際昌進呈卷第三行，刮補數字，又誤寫謬字爲膠字。故事，進呈卷不得差錯。禮科詩教（按：館本詩上有亓字。爲姓）亦以爲言。至是從哲引咎乞罷。奉旨：簡閲失詳，既引罪，姑宥之。

（神宗萬曆實録卷 580　第 18 頁　580.15.10997）

2630　三月壬寅　　升蔣克謨爲神機二營參將，祝世昌爲錦州參將，杜逢春爲神機營參將，周文炳爲神樞營佐擊，張休乾爲真定標營遊擊。

（神宗萬曆實録卷 580　第 19 頁　580.16.10999）

2631　三月壬寅　　戎政兵部尚書薛三才言：京營額設戰車火器，所以備緩急不虞之用也。查得軍營十額設戰車一千四百輛，自三十六年間已多破壞，移文工部先修二百五百（按：館本百作十）輛，至今止修完二十輛耳，續又破損三百五十九輛。臣等與廵視衙門計議，權借京營積貯，現在脩理。又雙輪火車禦虜最得力，每具費不過五六兩，北邊（按：館本北邊作邊北）常用之，營中不當添造乎？火器槍銃原額七萬九百九十二具，内查堪用者止四萬六千餘。近以遼左告急，借發三千六百六〔按：館本百下六作具，廣本作六十，抱本作六〕，止存堪用者四萬二千餘具，盔甲十萬（按：館本無萬字）五千餘項副，内破壞者一萬八千餘，而選鋒之明盔甲六（按：館本六作七）千項（按：館本項作頂）副，帽兒盔、紫花甲九千零二十（按：館本十下有頂字）副，則大半破壞。又内庫所貯銅鑄火器，如滅虜砲、佛朗機之類，畧一試用，即便破碎。此皆須一試驗另行補造者也。日見工部爭執大工錢糧一疏，亦諄諄以修造戰車火器爲言，但工費煩多，尚無成（按：館本作誠，廣本、抱本作成，是也）議，伏乞勑下兵、工二部，刻日會議，前項器具應修造者若干，另造者若干，合有錢粮若干，屬之巡視點營科道如法製造。庶官有專責，工無冒破。留中。

（神宗萬曆實録卷 580 第 20 頁 580.16.10999）

2632 三月壬寅 兵部尚書黄加（按：館本加作嘉）善題：遵旨酌議遣將調兵，先後各該經、按、撫鎮諸臣奏報戰守事宜，節奉明旨議復（按：館本復作覆）。又該經略揭稱：欲將山海関鎮守柴國柱調取出関。又議昌平總兵王國棟應挑領薊鎮兵一萬，宣府總兵劉孔胤應挑領宣府兵一萬，大同總兵王威應挑領大同兵一萬，兼程救援，仍以薊鎮總兵朱國良移駐山海関接應。目前之着無過于是，乃薊鎮奉諭謂空虚可慮，應接調撥兵馬貼守，則山海関總兵柴國柱難調遣矣。昌平密邇陵京，大同虜欵未定，大將俱難輕動，惟宣府一鎮稍稍安枕，宜令該鎮總兵劉孔胤領精兵共一萬名俱聽節制，刻期出関，以救焚溺。至于鎮守山海總兵柴國柱，宜遵照原題各撥標兵一千名，再發新餉一萬兩，行令該道會同本官，就近招募壯丁二千名，抑臣所能權（按：館本權作議）者諸（按：館本調上無諸字）調兵，而同心憂國、戮力奉公則在各鎮臣，所能調者兵將，而審量彼此（按：館本無此字）已，相機應變，嚴節制而保封疆則在經畧。一切制禦機宜（按：館本宜下有事關重大，乞勑下廷臣再行会議施行，得旨，俱依議行。一切制禦機宜二十七字），還令廷臣會議詳確具奏。

（神宗萬曆實録卷 580 第 20 頁 580.18.11001）

2633 三月丙午 升山西都司張玘爲通州遊擊。

（神宗萬曆實録卷 580 第 23 頁 580.20.11007）

2634 三月丙午 總督京營忻城伯趙世新奏六事：一議將領，二議選鋒，三議馬匹，四議火器，五議器械，六議錢糧。不報。

（神宗萬曆實録卷 580 第 23 頁 580.20.11007）

2635 三月丙午 福建道御史楊州鶴言：三大營係天子之六師，所稱衛内捍外，居重馭輕，簡練責成，尤宜加毖。頃協理戎政兵部尚書薛三才屢疏請告委非假托，雖就中不無巡撫、科道二臣，無不過糾察其功罪（按：館本罪作過），審問其情形，合無比照户部總督、倉場各官例，令以兵部司官分管之，按營之〔按：館本之下無按營之三字〕按營而責其成効。如五軍營應否坐名二員，神樞營應否坐名二員，神機營應否坐名一員（按：館本無神機營應否坐名一員九字）。或責以操練之實，或責以戰守之實，或責以將領之實，或責以軍士之實（按：館本實下有或責以火器之實，或責以兵車之實，或責以城守之實二十一字），或責以彈壓之實，或責以哨探之實，或一年一滿，或三年一滿，考過復職，稱職優推（按：館本推作擢）。又查得武選司主事韓原善，職方事員外尹嘉賓、王弘祖、魏運開，車駕司員外解經傳，主事張振秀之數臣者，剛明果毅，綽有擔當，今事亟矣，量才委任，并乞施行。留中。

（神宗萬曆實録卷 580 第 25 頁 580.20.11008）

2636 三月丁未 皇太子才人王氏，于萬曆四十七年三月二十三日巳時薨逝，合行事宜命照皇太子妃郭氏例行。禮部題上合行喪禮儀注。

（神宗萬曆實録卷 580 第 25 頁 580.21.11009）

2637 三月丁未 戎政兵部尚書薛三才奏：三大營官兵〔按：館本兵作軍〕約十萬餘人〔按：館本餘人作有餘〕，分爲上下班操演，閱操既畢，量留若干隊親較技藝，以行賞罰，餘發各將官分投較比〔校記：廣本作比較〕。竟日之力〔校記：廣本力作功〕，每營不過較千人而止，十萬官軍亦逾月而后周，其日所肄習者惟是金鼓旌旗之節已爾。夫教〔按：館本教作較〕閱遍然后賞罰明，

（按：館本明下有賞罰明三字）然后諸軍争自鼓舞，而投石超距之氣奮。日者臺臣建〔校記：廣本建作廷〕議，請以兵部司官分營簡練三大營，每營二員，專任其事而責其成効，日與廵視二臣互相稽察，營務必有焕〔按：館本焕作涣，廣本、抱本作焕，是也〕然改觀者。今〔按：館本今作合〕照廵視事例，一年一滿，則精神益鋭，耳目益新。至于犒賞一節，應視常格稍爲加厚，以示鼓舞。且校閲既頻，犒賞亦增，不得不于太仆寺子粒銀内量爲請益，俟遼事既寧，照舊止用廵視，不必更添司官。故因今日之請而并議及之，伏乞賜敕，下吏兵工部，亟爲覆議施行。留中。

（神宗萬曆實録卷 580　第 29 頁　580.24.11016）

2638　三月丁未　　吏部驗封〔按：館本封下有清吏二字〕司主事李夔龍言十事：一條陳方畧，二挑選京營，三措處不（按：館本不作錢）糧，四召募丁壯，五解散内患，六申飭漕運，七督造軍器，八調兵勤王，九門禁出入，十救援遼陽。不報。

（神宗萬曆實録卷 580　第 30 頁　580.25.11017）

2639　三月壬子　　戎政兵部尚書薛三才奏：中國〔按：廣本無中國二字〕禦虜長技無如火器，故京軍十萬，火器手居其六，承平日久，人與器多不相習。近查（按：館本查下有善字）此技者，無如原任參將今繫獄張名世之爲工。名世亦上（按：館本上作自）請練成三千人，遇有強虜，顧（按：館本顧作願）當一先鋒。考正統己巳之變，石亨、楊洪皆以重辟繫獄，于謙出而用之，卒得其力。聖（按：館本無聖字）皇上操不測之推（按：館本推作權）以鼓舞將吏，何獨于衆所推轂之張名世而顧靳之也，休（按：館本無休字）伏乞敕下該部覆議施行。不報。

（神宗萬曆實録卷 580　第 34 頁　580.29.11025）

2640　四月甲寅朔　　上諭兵部曰：朕前爲嚴謹門禁，已有屢旨申飭。祖訓設立各門内外官員等守衛官軍人役，職司啟閉，盤詰関防，立法嚴密。今邊警屢報，限備宜嚴。着守門外内（按：館本外内作内外）員役比常十分謹慎，不時嚴加査點，不許疎玩偷安。如有異言異服，眠（按：館本眠作眼）生奸細之人，卽時擒拏具奏。其每日貢獻九廟、大（按：館本大作本）恩殿神及御膳併太子及各宮膳品所用麪、肉、菜、菓、鵝、鷄、烟、爨服用等物，人役着照舊各門出入。在内每月三市，乃祖宗舊例，係宮内日用衣帛、食物、器用之類，時不可缺，着照舊進内陳設交易，體朕恤商通賈之意，但持挾刀劍、兵器不許進内貨賣，違者治罪。其科道等官仍着照常廵視，如有擲揹阻絶供應的〔按：館本擲揹作指此，廣本的作仍〕，着衙及廠衛緝事衙門訪拏參究，條陳各門分任添設稽査宿衛等事，還着候旨行。李若珪行（按：館本行作等）着今歲册封各府擬用，故諭。

（神宗萬曆實録卷 581　第 1 頁　581.1.11027）

2641　四月乙卯　壩上倉災。

（神宗萬曆實録卷 581　第 4 頁　581.3.11031）

2642　四月丁巳　命順天府竭誠禱雨。

（神宗萬曆實録卷 581　第 5 頁　581.4.11034）

2643　四月戊辰　廷試本年分〔校記：廣本無分字〕歲貢士〔按：館本士作生，廣本、抱本作士〕三百六十五人。

（神宗萬曆實録卷 581　第 9 頁　581.7.11040）

2644　四月己巳　工科〔按：館本科作部，抱本作科〕給事中祝耀祖題：申飭門禁以防姦慝四事。一、分任廵視以覈虛實。一、驗明出入以防詐〔按：館本詐作作〕僞。一、暫停市工以戢奸暴。一、量議優給以勵勤勞。得旨：前以嚴謹門禁，已有諭旨，申飭各門内外官員，率領守衛員役，早晚啓閉關防，比常十分謹慎，如何復出告示抗違不遵？姑不究，其每日貢獻九廟、本恩殿神位及御膳、皇太子各官膳饈等物衆多還着照舊各門出入，其科道等官仍照常廵視，條議各門分任添設等官，還候旨行。

（神宗萬曆實録卷 581　第 11 頁　581.9.11043）

2645　**四月壬申**　廷試乞恩舉人二百六十九人，各受教職。

（神宗萬曆實録卷 581　第 13 頁　581.11.11047）

2646　**四月癸丑**　免京軍遠調出防，以薊門虜警方殷，故有是命。

（神宗萬曆實録卷 581　第 13 頁　581.11.11047）

2647　**四月癸丑**　陞……郭欽爲神機營副將，孫應本爲五軍十營佐擊。

（神宗萬曆實録卷 581　第 14 頁　581.11.11048）

2648　**四月癸丑**　盔甲廠災。

（神宗萬曆實録卷 581　第 14 頁　581.11.11048）

2649　**四月癸丑**　予原任南京都察院右都御史宋仕祭葬，……仕山東平原人，……歷順天府丞、大理寺少卿、右僉都御史，巡撫保定、應天府處。

（神宗萬曆實録卷 581　第 14 頁　581.11.11048）

2650　**四月丙子**　文書房傳旨：惠王妃搬移諸王館，合用五城兵馬司火夫五十名掃除，巡邏、巡捕官軍二十員名，晝夜巡緝。錦衣衛官較一千五百員名接損，沿途擺路防，併順天府女轎婦，宛大二縣合結綵（按：館本合字在綵字下）用旗較二十二員名。命兵部尚書黃嘉善代署戎政尚書印務。

（神宗萬曆實録卷 581　第 16 頁　581.13.11051）

2651　**四月戊寅**　禮部奏：左道乘機，速勅嚴禁，以杜亂萌。近見奴酋狡猖〔按：館本猖作獗，抱本作猖〕，恐有奸細竊發不意。西安門卽獲妖僧，清郎（按：館本清郎作情詞）大有可疑。不報。

（神宗萬曆實録卷 581　第 16 頁　581.13.11052）

2652　**五月丁亥**　經略楊鎬奏優卹朝鮮，奉旨：朝鮮興師助順，忠義可嘉，且將士多有損傷，朕心深爲憫惻。准照部議，賜勅褒卹，卽遣官賚銀前去，以示特恩。北關諸夷，亦令傳旨宣諭。章下兵部。

（神宗萬曆實録卷 582 第 9 頁 582.7.11067）

2653 五月丙申 禮科給事中亓詩教題：自來進士（按：館本進士作庶士，無自來二字）之選皆有定制。我皇上臨御以來，前此制科凡十五舉，進士之額或三百名，或二百五十名，而館選之額亦視之以爲增減，大都每百名酌取六人以爲適中之數，可倣而行也。今己未科時〔按：館本時作特〕蒙增減（按：館本減作額，是也）三百五十名，則今次舘選〔按：館本舘選作選館，廣本、抱本作館選，是也〕亦宜取二十一人矣。但丙辰科館選未行，乘此續斷之間，加以裒益之術，量增二三人，倘亦補偏救敝者所宜然也〔按：館本也作乎，廣本、抱本作也〕。……伏乞勅下該部，即將館選一事刻日舉行。留中。

（神宗萬曆實録卷 582 第 11 頁 582.9.11072）

2654 五月辛亥 朝鮮國王奏：賊勢定（按：館本定作兇，是也）逞益熾，小邦危迫正急。得旨：該國助兵討逆，以致將士覆没，且虜勢益熾，邊境多副（按：館本副作逼），朕心惻然不寧。其所請調兵防禦及軍資諸物，令該部作速議覆，稱朕憫恤保全至意。

（神宗萬曆實録卷 582 第 18 頁 582.16.11085）

2655 六月癸丑 大學士方從哲奏：考選庶吉士題請欽定考試日期，其選取人數宜仍照癸丑開科事例，用二十三名，統候聖裁。不報。

（神宗萬曆實録卷 583 第 1 頁 583.1.11087）

2656 六月乙卯 大學士方從哲題爲：祭酒員缺，該吏部會推庶子何如寵、孟時芳等，今經數月未蒙欽點，今該部復（按：館本復作覆）有催疏，伏望發臣票擬，立賜點用。不報。

（神宗萬曆實録卷 583 第 3 頁 583.2.11089）

2657 六月甲戌 大學士方從哲題：奴酋已陷開原，遼瀋之勢不可保，舉朝大小臣于文華門合詞叩籲，乞下京營總協〔按：館本協作兵，抱本作協，是也〕薊遼總兵及閱視科臣與增兵發餉等事，大奮乾斷，立賜批行。不報。

（神宗萬曆實録卷 583　第 10 頁　583.9.11103）

2658　六月乙亥　兵部尚書黄嘉善覆奏〔按：館本覆上有言字，抱本無言，是也。館本無奏字〕題：朝鮮爲我屬國，世篤忠貞，自奴酋發難以來，修矛索賦，悉衆從征。不意我師失利，以致一敗不支，三軍膏原野之塵，兩師受檻車之縛，軍裝幾盡，庚癸頻呼，遘此創殘，深可惻憫，至于聲言窺犯，雖逆奴之狡詭難知，而武備空虚，在本國之隄防宜急……仍乞温旨獎其忠勤（按：館本勤下有則該國威恩圖報，自當益勵初心。奉旨：該國仗義從征，忠勤二十三字）可尚，所請弓面焰硝，准加倍收買，以稱矜恤之意。

（神宗萬曆實録卷 583　第 11 頁　583.10.11105）

2659　六月庚辰　兵部奏：揀選班兵以壯根本。據巡視京營科道官稱，原額班軍一十六萬，除撥薊鎮防禦外，僅餘二萬人，爲數既少，領班官又復强半賣放。值今奴酋狂逞，京營單弱，相應依擬覆請通行山東、鳳陽、河南各撫按衙門，以後將春秋兩班官軍加意整頓，毋比泛常。務要揀選精壯正身，交付領班都司，不許疎縱賣放，如有仍蹈前弊者，該科道官題參究治。不報。

（神宗萬曆實録卷 583　第 18 頁　583.16.11118）

2660　六月辛巳　以泰寧候陳良弼總督京營戎政。

（神宗萬曆實録卷 583　第 21 頁　583.19.11123）

2661　七月壬午　太子太保兵部尚書黄嘉善題：二十六日申時接經略楊鎬塘報，稱奴兵六七萬十六日陷開原，十九日西虜三萬攻圍鎮西堡未退。鐵嶺、瀋陽兩城人民俱思逃避。臣思人心一潰，遼陽旦夕難保，山海、畿輔處處動摇。所調各鎮兵自五月初二至六月初（按：館本初下有九字）日止，陸續出関，共六千餘名。宣府續發未報出関兵一千名，延綏已過都門兵二千名，新題山海兵二千名，令總兵柴國柱統領，薊鎮奉旨發兵二千名，令朱萬良統領，俱星夜出関，聽經畧酌派應接。京營速發兵三千名，令江應詔統領，以防山海。新推經畧熊廷弼蚤至遼陽，便可安輯人心，保全此土，賜劍一節，尤爲緊要。會推京營總督陳良弼協理黄克纘，併乞諭允。得旨：遼急議調各兵，都急（按：館本急作着）星夜前去應援防守，不許逗留悞事。薊鎮密邇京師，近日屢有虜警，若兵將調去數多，内地空虚，尤爲可慮。兵部須要悉心酌議，務圖萬全之策，毋得顧彼失此，致貽近憂。京營總督俟即點用，其餘俱已有旨。

（神宗萬曆實録卷 584　第 2 頁　584.1.11126）

2662　七月癸未　兵部尚書黄嘉善題：接遼東廵撫周永春揭，慶雲城商民逃竄。西虜結聚本堡，經畧出関所隨兵將及京營總督（按：館本無督字）協諸事應行催請到部。……臣等合疏請調薊兵四千，并先調宣府兵一千隨同出関。今遼左人心懼（按：館本懼作恇，廣本、抱本作懼）怯已甚，再調真、保兵二千名，延綏已發兵二千名，宣府已題未發兵一千名，令柴國柱、朱萬良分統出関。内地單弱，武備空疏，會推京營總督陳良弼、劉蓋臣協理黄克纘、楊應聘，乞慨賜允行，嚴諭臣刻期任事。奉旨：虜勢益迫，這議調各處援兵，便着各軍統領，星馳出関，聽經畧調遣。京營總協，都着刻期到任管事。

（神宗萬曆實録卷 584　第 6 頁　584.4.11132）

2663　七月乙酉　兵部尚書黄嘉善題：奴酋攻陷開原，易如拉朽，遼左〔按：館本無遼左二字〕有垂亡之勢，薊門有剥膚之灾。且滿温諸酋乘間謀我，東連西結，日思犯逞。沿邊要害之一片石、喜峰口、潮河川等處，皆通虜要地，亟當設兵防守，在在嚴備。仍〔按：館本仍下有嚴字，廣本、抱本無嚴字〕今鎮道等官悉心調度，毋致疎虞。得旨：薊門切近陵京，諸虜乘虚窺伺，且遼氛正熾，防禦尤宜萬分加謹。着嚴行文武將吏，悉心調度，毋得視爲泛〔按：館本泛作汎，廣本、抱本作泛〕常。其通虜要害諸處，都要設兵防守，時時戒備，務保萬全。倘有疎虞，參來重處不貸。

（神宗萬曆實録卷 584　第 7 頁　584.5.11134）

2664　七月戊戌　以右春坊右庶子何如寵爲國子監祭酒。

（神宗萬曆實録卷 584　第 21 頁　584.17.11157）

2665　七月庚子　兵部尚書黄嘉善題：援遼之兵除四省差官召募外……今議于大同、延綏各募兵三千，宣府、山西、寧夏、固原、昌平各募兵二千，以上共募兵二萬。每一名安家馬匹、盔甲器械、衣裝等項各從寬，議給銀二十五兩，計兵二萬該銀五十萬兩，先于户部凑發。……奉旨：依議作速招募，務裨實用。

（神宗萬曆實録卷 584　第 24 頁　584.20.11163）

2666　七月丁未　京營廵視工科等給事中等官范濟世等奏，條陳京營五事：一曰習火器以衛神京，二曰用勛衛以固城守，三曰預屯兵以資特用，四曰取砲手以禦强虜，五曰加月粮以勵軍士。不報。

（神宗萬曆實録卷 584　第 31 頁　584.25.11174）

2667　八月甲寅　吏科右給事中姚宗文題：奴酋破鐵嶺後，未聞退兵，……京師爲根本之地，通州新設總兵李懷信，既移之薊門，宜另擇廉勇大將，募兵二萬坐鎮。通州營軍每月挑精壯三千，每名加粮一石，以本營將官統之，帶練通州，可以衛倉廒，可以練京軍，可以備都城緩急救援之用。至都城防禦，在都城以外，濬濠掘塹，萬不可遲。選京營副將之有智略者，分授信地，令其相度遠近地形，爲一時結營屯兵、邀擊堵截之計。城以內，宜勑五城九門監察御史嚴行保甲之法，法行自貴，雖勛戚璫侍之家，亦須挨次排編，以聽覺察。如城守所須盔甲、火器、弓矢、刀復（按：館本復作仗）等項，查内庫及成造衙門見存有幾，堪用有幾，其不敷者，立爲創製。如硝黄爲火藥急需，而奸商内璫相倚爲奸，半土半鹽，日久而盡化爲土，宜領價專官別買，以便製造。留中。

（神宗萬曆實録卷 585 第 5 頁 585.3.11184）

2668 八月丙辰 天津税監馬堂奏那解税銀，得旨：所奏解部税銀，爾卽遵前旨查催解監，差官暫解户部一年，以充軍餉。

（神宗萬曆實録卷 585 第 7 頁 585.5.11188）

2669 八月戊午 暹羅國王妃差官貢孔雀、象牙、降香等物。賜宴賞併賜金緞、紗、羅、衣服、靴襪有差。

（神宗萬曆實録卷 585 第 11 頁 585.9.11195）

2670 八月戊午 朝鮮國王差陪臣李弘胄、南撥等十六員入賀萬壽聖節并千秋令節，各賜賞綵宴（按：館本宴在賜字下）幣有差，仍差官伴送。

（神宗萬曆實録卷 585 第 11 頁 585.9.11195）

2671 八月丙寅 達賊滿旦母子聚黨益衆，謀犯薊門、石塘等路。議檄京營副將江應詔統領營軍三十（按：館本十作千）名，取道順義牛欄山、大水峪，沿邊操練，以壯聲勢。督臣汪可受會咨兵部以聞。從之。

（神宗萬曆實録卷 585 第 13 頁 585.10.11198）

2672 八月丙寅 兵部尚書黄嘉善題酌議安插新兵分防信地。山西、陝西兵住通州，委僉事畢應武訓練；北直、河南兵住昌平，委該鎮總兵王國棟訓練；浙江、山東兵住天津，委僉書王學書訓練。其所需粮餉，會同户部從優酌給，盔甲器械，知會工部刻期查發。若三處該營操練置房安插，行咨督撫衙門，轉行科道相度料理。從之。

（神宗萬曆實録卷 585 第 13 頁 585.10.11198）

2673 八月辛未 遼東經畧熊廷弼題：自逆賊降撫順，尅清河，敗三路，已驕鋭不可言，……遼至今日直可謂之無兵。聞總兵李懷信隨帶家丁七百名已到薊鎮，復望皇上亟發併挑原題未發蘇（按：館本蘇作薊，是也）兵一千五百名，退换兵五百名〔按：館本無退换兵五百名六字〕，嚴勑催發，如期出援。奉旨：據奏賊勢甚迫，應調兵將都着星夜前去，不許延遲悮事。其將領中軍等官就着熊廷弼揀擇委用。

（神宗萬曆實録卷 585　第 15 頁　585.12.11202）

2674　九月丙午　　命工部修理通、灣二城。

（神宗萬曆實録卷 586　第 14 頁　586.14.11236）

2675　十月庚戌　　先是，房山縣人陳槐於萬壽聖節向午門前聲寃據稱東宫才人今薨逝王氏乃其次女，先年被王昇等朦朧妄認，未經辯明。至是，復因頒曆於文華門聲寃。輔臣方從哲以聞，乞勘真偽。不報。

（神宗萬曆實録卷 587　第 1 頁　587.1.11239）

2676　十月庚戌　　户科給事中李奇珍題：邊餉取足於京運，非祖制也。太祖高皇帝嘗曰：吾養兵巨萬，當不費百姓粒米。益於（按：館本益於作蓋）祖制屯軍三分，守城七分，屯種每五十畝，徵子粒上倉以正粮十二石自給，餘粮六石分給守城。一軍之田，足以供（按：館本供作贍）一軍之用。自屯粮不足，加以民運，民運不足，加以鹽粮，鹽粮不足，加以京運。弘治時，京運止四十三萬，嘉靖初，始增至五十九萬。又自庚戌至末年，漸增至二百五十一萬。皇上初年亦止三百十萬，今溢至四百萬，民運三百二十萬不與也。先是太倉老庫銀積至八百餘萬，冏寺馬價銀積至九百餘萬，故可爲東那西湊之計。今内帑若掃矣，去歳遼左用兵九萬，費餉亦不下五百萬，兹兵部召募且倍之，豈五百萬可濟哉？……復乞皇上先發帑金，以濟目前，次議營田，以圖經久。留中。

（神宗萬曆實録卷 587　第 3 頁　587.1.11239）

2677　十月丁巳　　命五城煮粥濟貧。

（神宗萬曆實録卷 587　第 4 頁　587.3.11244）

2678 **十月丙寅** 閲視邊務吏科給事中姚宗文奏：微臣奉使在途，兵事憂危滿目。自通州以及山海任干戈者，兵皆露處；司搬運者，人無息扉（按：館本扉作肩）。非啼饑號寒，則典衣賣劍，肘腋之變，大可寒心。乞速發内帑以濟枵腹，議建營房以免野棲。不報。

（神宗萬曆實録卷 587 第 5 頁 587.4.11245）

2679 **十一月癸未** 朝鮮國王奏：兇奴嫚書，狂悖小邦，危逼益急。稱奴投悖書，欲謀吞噬，仰控聖明亟〔按：館本亟作急，廣本、抱本作亟〕爲庇救，以保東藩。章下兵部。

（神宗萬曆實録卷 588 第 2 頁 588.1.11252）

2680 **十一月癸巳** 朝鮮國王遣陪臣入賀長至，表貢方物。賜宴賞金幣（按：館本幣作帛）等有差。

（神宗萬曆實録卷 588 第 6 頁 588.4.11258）

2681 **十一月戊戌** 兵部奏：薊遼戍卒凍餒堪憐。得旨：各兵寒苦〔按：館本苦下有異常二字，廣本、抱本無〕，深可憫念。其令經畧衙門量加犒賞，以爲冬衣之資。薊門入衛兵馬，亦令督撫官酌量優卹。章下户部。

（神宗萬曆實録卷 588 第 8 頁 588.6.11262）

2682 **十二月庚戌朔** 〔校記：廣本命上有上字〕命改進士倪啟祚等二十三人授翰林院庶吉士。先是，九月初三日，輔臣奉旨：選館各擬名次進呈，疏凡數十餘上，俱不報，至是報可，故有是命。

（神宗萬曆實録卷 589 第 1 頁 589.1.11271）

2683 **十二月戊午** 勅王威以原官調鎮守薊州、永平、山海等處地方，兼備倭總兵官。

（神宗萬曆實録卷 589 第 10 頁 589. 8.11285）

2684 **十二月丁卯** 命國子監司業張鼐署掌監印。

（神宗萬曆實録卷 589 第 12 頁 589.10.11290）

2685　十二月己巳　户部覆：總督遼餉侍郎李長庚題：前事奉旨到部，勘得遼左用兵，據經署督餉所議，蓋一歲所用計餉銀三百二十四萬兩，糧一百八萬石，豆九十萬石，草二千一百六十萬束，皆一毫裁削不得者。夫用米今議截首幫漕糧三十萬石，在淮安、山東、濟、青、登、萊六府；留新餉三萬石在薊、密等處。發銀糴買三十萬石在南者，……在北者繇天津至芝蔴灣抵三岔東岸。此議米之大約鑿鑿可行者也。若夫用豆，今議永平召買十萬石，薊州召買五萬石，密雲召買萬石，天津買十萬石，真、保等處共買十萬石，山東等處共買三十萬石，甚至不足，則湊以粟。其價以各州縣新餉補之。此議豆之大約鑿鑿可行者也。……復乞勑下亟賜允行。不報。

（神宗萬曆實録卷 589　第 14 頁　589.11.11292）

2686　十二月庚午　吏部聽選監生王應遴恭進地圖：曰《都城圖》，曰《遼東圖》，曰《海運圖》，曰《奴巢圖》。

（神宗萬曆實録卷 589　第 15 頁　589.12.11294）

2687　十二月庚午　國子監司業署監事張鼐陳太學六論：一端本，二清途，三慎選，四嚴教，五尊範，六除習。不報。

（神宗萬曆實録卷 589　第 15 頁　589.12.11294）

2688　十二月丙子　順義縣原任蓬萊縣縣丞楊惟孝捐銀一千一百兩助餉，詔賜建坊旌表。

（神宗萬曆實録卷 589　第 18 頁　589.15.11299）

萬曆四十八年（1620）

2689　正月庚子　朝鮮國王李琿疏奏，據虜逃回人供稱：奴酋〔按：館本奴酋改作建州兵，廣本、抱本仍作奴酋，但廣本被塗，作奴酋是也〕八月中攻破北關，金台石自焚，白羊古出降。先是，鉄嶺之戰有蒙古酋胡宰賽助兵天朝，亦被奴酋滅虜。十月中，奴〔按：館本奴改作建州〕令其婿好好里於斗等問鮮國降將，俺欲通兩家和好，恨朝鮮不肯聽從。又其部下胡人傳説，奴酋〔按:館本奴酋改作建州〕父子共議曰:朝鮮、北関、宰賽皆助兵南朝，今北関及（按:館本無及字）宰賽皆已破滅，唯朝鮮尚在。不可置朝鮮于後，而先犯遼東。又聞密議于迤東牛毛寨、萬遮嶺多遣兵馬防守，仍造作攻城長梯。各胡仍説：……伏願聖慈察臣疏内情節，亟詢部議，確定廟算。急調大兵來駐寬鎮等地方，仍與小邦迭成犄角，以重関防之鈐轄，以絶狡虜〔按:館本狡虜改作建州〕之窺覦，如或伊賊徑侵小邦，便（按:館本便下有添字）遼鎮諸兵趂期來援，克終庇保之隆恩，俾固屏翰之舊業。上曰：據奏夷情甚急，應援時不可緩，該調兵將兵部便作速議覆。

（神宗萬曆實録卷590　第6頁　590.5.11311）

2690　正月壬寅　　經畧熊廷弼奏：朝鮮自去冬來告急之使凡六七至，所以報賊〔按:館本賊改作敵，廣本、抱本作賊，是也〕情而求救援者日緊一日。頃者，又報賊屯兵〔按：館本賊屯兵改作建州屯兵，廣本、抱本作賊屯兵，是也〕於牛毛寨、萬遮嶺，……近兵部議覆稱：昨經畧熊廷弼題戰守大畧，議于鎮江添兵設將，夾鴨緑而守。如賊犯朝鮮，則鎮江與朝鮮合力以拒，而四路分擊以牽之。賊與四路相持，則鎮江、朝鮮合兵而西以搗之，使各路總爲一分合奇正以成全局。……伏乞亟勑部議，……上曰：朝鮮告急，應調援兵，着該部作速議覆。

（神宗萬曆實録卷590　第8頁　590.6.11314）

2691　正月壬寅　　廷弼又奏：臣討盔甲、火器、鉛鐵、硝黄等項，蒙皇上慨賜給發，委運到関，轉運遼陽收貯。……伏乞亟勑該部會同巡視科道將各局廠戎政府存貯大砲查發三千位，併勑薊遼總督查發薊、昌、保三鎮四関各府一千五百位，如數解運，立等安置戰車，以備衝突。上以虜患方殷，京師不可無備。這所請大砲等（按：館本等下有砲字）〔校記：廣本大砲等砲作火炮等〕，着各衙門酌畧發與。

（神宗萬曆實録卷 590　第 9 頁　590.7.11315）

2692　正月甲辰　陞尚寶司少卿李騰芳爲太常寺少卿，管國子監司業事。

（神宗萬曆實録卷 590　第 12 頁　590.10.11321）

2693　二月辛亥　改授考選進士倪啟祚、丁進、施兆昂、姚明恭、侯恪、張翀、吴士元、楊夢衮、魯士昇〔按：館本士作時，廣本時昇作士鼎〕、楊世芳〔校記：廣本世作士，進士題名碑與館本同〕、顧錫疇、劉宇亮、金秉乾、朱繼祚、何吾騶、姚希孟、許可徵、姜曰廣、楊維新、陳萬言、丁乾學〔校記：廣本丁作于，進士題名碑與館本同〕、雷躍龍、胡尚英爲庶吉士，與同一甲進士孔貞運等送翰林院進學。

（神宗萬曆實録卷 591　第 3 頁　591.2.11328）

2694　二月己巳　命神營左副將達奇勛以原官充總兵官鎮守居庸、昌平等處地方。

（神宗萬曆實録卷 591　第 9 頁　591.7.11338）

2695　二月辛未　陞昌鎮黄花路參將楊鎮爲副總兵，管大同中路參將事。

（神宗萬曆實録卷 591　第 9 頁　591.7.11338）

2696　二月丙子　陞……密雲兵備按察使俞安性爲都察院右僉都御史，整飭薊州等處邊備，兼巡撫順天等處地方。

（神宗萬曆實録卷 591　第 13 頁　591.10.11344）

2697　三月甲申　調大同西路參將趙世相爲神機二營練勇參將。

（神宗萬曆實録卷 592　第 5 頁　592.4.11358）

2698　三月壬辰　陞神機〔按:館本機作樞，抱本作機〕三營參將王光有爲署都督僉事，充神樞〔按：館本無樞下營至神樞二十一字，廣本、抱本有〕營左副將；浮圖峪守備盧國忠爲署都督僉事，充神樞十營佐擊。調五軍四營游擊郭振威以原官管神樞三營參將事，神樞四營游擊沈勛以原官管神樞七營練勇〔按：館本勇作軍〕參將事。

（神宗萬曆實録卷 592 第 9 頁 592.7.11359）

2699 三月壬辰 是日，京師大風霾。

（神宗萬曆實録卷 592 第 9 頁 592.7.11359）

2700 三月癸巳 明智草塲火。

（神宗萬曆實録卷 592 第 9 頁 592.7.11359）

2701 三月丙申 鼓樓失滴漏銅壺，上坐典守者之罪，欽天監官葉常生等（按：館本等下有各字）罰俸有差。

（神宗萬曆實録卷 592 第 9 頁 592.7.11360）

2702 三月己亥 京師大風霾。

（神宗萬曆實録卷 592 第 10 頁 592.8.11361）

2703 四月壬子 錦衣衛提督巡捕梅國林題：銅壺被盜，欽天監官葉長〔按:館本長作常，廣本、抱本作長〕生等已蒙罰治，而賊犯陳奎等尚緩須臾之死，所謂遡流忘源，非所以伐〔校記：廣本伐作罰〕惡也。乞勅法司究問如律，庶漏網伏誅，人心稱快。詔付法司。

（神宗萬曆實録卷 593 第 2 頁 593.1.11368）

2704 四月癸丑 皇后王氏崩。

（神宗萬曆實録卷 593 第 2 頁 593.1.11368）

2705 四月壬戌 禮部請舉行大行皇后册謚。上曰：皇后配朕有年，賛襄功茂，宜有稱謚，以昭後世。着候制諭行。

（神宗萬曆實録卷 593 第 7 頁 593.6.11377）

2706 四月癸亥 廷試天下貢士一千二百五十四名。

（神宗萬曆實録卷 593 第 8 頁 593.6.11377）

2707 四月乙丑 大學士方從哲奏：大行皇后崩逝，山陵事極重大，禮部以孝烈皇后近例爲請。臣查世廟《實録》，嘉靖七年，孝潔皇后崩，（按：館本時上有於字）時山陵未定〔按：館本定作建，抱本作定〕，另擇陵地于天壽山襖兒峪。嘉靖二十六年，孝烈皇后崩時〔按：館本時作逝，廣本、抱本作時〕，預造陵一已完，遂殯〔按：館本殯作安，廣本、抱本作殯〕葬玄宫，定名“永陵”，不復另擇。此雖皇祖親出宸斷，實與洪武十五年孝慈皇后先葬孝陵、永樂十一年仁孝皇后先葬長陵之例先後脗合。今我皇上篤念中宫，禮從優厚，于該部所請孝烈皇后之例似當先（按：館本先作允）行，惟是事関大典，非臣下所敢輕議，伏乞聖明裁定。

（神宗萬曆實録卷 593　第 8 頁　593.6.11377）

2708　四月丁卯　上諭元輔：朕中宫皇后配朕有年，芳聲令德，中外仰聞，方膺遐筭，倏爾仙逝。朕追思勤敏賢淑，慟悼無已。昨日二七，朕思所有安厝梓宫，着安壅于壽宫、玄宫所有合行禮儀，卿司傳下禮部，具儀來看。且先年該部具題香殿金柱稍有朽蠹，便着工部作速换安修理，毋得遲延。故諭。

（神宗萬曆實録卷 593　第 9 頁　593.7.11380）

2709　四月戊辰　工部尚書周嘉謨以萬壽宫香殿一柱朽腐〔按：館本朽腐作腐朽，廣本、抱本作朽腐〕，宜〔按：館本宜作擬，抱本作宜〕照南京孝陵享殿制，用大本四面環抱〔按：館本抱作報，廣本、抱本作抱〕，柱卽堅穩。其對柱亦照樣幫貼〔按：館本貼作修〕，費工無多，匝月可完。必欲另换新柱，工程甚煩〔校記：廣本煩作繁〕，且日月難計。上不允。命該部還同内監作速换安修理，毋得遲緩。至悮典禮，責有所歸。

（神宗萬曆實録卷 593　第 10 頁　593.8.11381）

2710　四月乙亥　命工部尚書周嘉謨、禮部右侍郎孫如游會同内監官汪良德，廵視廠庫工科給事中范濟世、廣西道御史王遠宜、屯田司郎中章謨、監督員外郎王湛初、祠祭司主事康新民帶領欽天監監正楊汝常等詣山陵相度，一應修整事宜併令酌議具奏。

（神宗萬曆實録卷593 第13頁 593.10.11386）

2711 四月丙子 朝鮮國王李琿遣陪臣李廷龜等七十三員名謝恩來朝貢方物。宴賚如例。

（神宗萬曆實録卷593 第14頁 593.11.11387）

2712 五月戊寅朔 上以題寫大行皇后銘旌，賜輔臣銀五十兩，紵絲二表裏，新鈔三千貫，及中書官汪民敬等銀幣新鈔有差。

（神宗萬曆實録卷594 第1頁 594.1.11389）

2713 五月辛巳 工部尚書周嘉謨回奏：臣看得壽宮形勝，山環水抱，氣聚風藏，誠萬萬年永久之基。及查閱殿廡階墀〔校記：廣本墀作除〕、厨庫墻垣〔按：館本墻垣作垣墻〕等處，壯麗堅固，金碧輝煌。於以安厝大行皇后梓宮，可無負皇上優厚盛心矣。除金柱换安卜吉興工另行具奏，其隧道開屹及沿途搭盖棚廠等項照例次第舉行外，惟是經費錢粮浩繁，工作姦獘叢生，非急需卿貳分理各任提督催之責，何以綜覈工程，稽察冒破？乞簡查吏部，會推原疏，速賜點用，庶典禮不致違悮。上命開屹隧道、搭蓋棚廠等項，照例舉行，左右侍郎俟查簡點用。

（神宗萬曆實録卷594 第2頁 594.1.11390）

2714 五月丁酉 欽天監官以治大行皇后山陵，擇五月二十五日换金柱開工，六月初九日開隧道，上從之。

（神宗萬曆實録卷594 第6頁 594.5.11397）

2715 五月戊戌 朝鮮國李琿以遼鎮塘報稱其與奴酋講和，奴遣中軍迎接高麗宰相。又聞天朝之爲東事計者，或以鮮與奴陽衡陰順，或將宣諭或要監護等因，差陪臣賫本奏辯。其畧曰：自奴賊匪茹，小邦奉勑命悉賦從征，天不助順，全軍覆没……。伏望將臣所奏亟下該部商確辯析，以擴保綏之深仁，以終昭靈之大惠〔按：館本惠作德，抱本作惠，籌遼碩畫載原疏作德〕。章下，兵部覆言：該國世篤忠貞……。宜給勑書一道，俾經畧頒示該國，以彰天朝字小之仁，以寢夷狄搆誣之計。禮部覆議：亦以不得執道路之流言，疑忠順之屬國。宜降勅曉諭，令其陪臣李廷龜賫回本國，庶幾〔按：館本幾作我，抱本作幾〕恤小之道不失，而彼向化之念彌堅。上俱是其議。勅着陪臣賫去。

（神宗萬曆實録卷 594　第 6 頁　594.5.11397）

2716　五月辛丑　兵部奏：援遼延綏將官袁大有領兵一千名，至昌平關支行粮料草，各兵臼〔按：館本臼作約，廣本抱本作舊〕有七八百名脱逃去訖。

（神宗萬曆實録卷 594　第 10 頁　594.8.11403）

2717　六月丁未　上以大行皇后山陵開治隧道遣侯梁世勳、薛濂、宋光夏、孫承蔭、郭應麒，伯劉天錫、焦夢熊、李守錡〔按：館本錡作琦，廣本抱本作琦，是也〕，侯李誠銘祭告九陵，駙馬侯拱宸祭告后土，尚書周嘉謨祭告天壽山。

（神宗萬曆實録卷 595　第 1 頁　595.1.11409）

2718　六月戊申　户部尚書李汝華言：援兵經過，有事應到京者，五日前先令千把投文兵部，兵部預咨户部，以便備具關支。亦止許把總等官進京，衆兵免入。無事者，官兵俱照往例徑自出關，行粮鹽菜在所過地方衙門關支，庶不致久住逗遛，以滋多事。上可其奏。

（神宗萬曆實録卷 595　第 1 頁　595.1.11409）

2719　六月戊午　禮部題：考試過歲貢生員分送南北兩監讀書。其就教職貢生，咨送吏部覆試。從之。

（神宗萬曆實録卷 595　第 6 頁　595.4.11416）

2720　六月壬戌　禮部覆：朝鮮國王李琿奏言，該國君臣聞天朝停宣諭之使，跼蹐不遑寧處。據其疏語怨艾悽惋，似請必仍遣官宣諭而其心始安。曾不思天朝爲聯屬小邦之舉，所以議遣，天朝有體卹小邦之意，所以罷遣。其議遣也，固非諒該國請之而行，其罷遣也，亦非盡繇陪臣阻之而止。堂堂聖朝，赫赫明綸，倏而行倏而止，今又倏而復行，非所以重君命而聳視（按：館本視作觀）聽也。其勿遣官便。上從其議。先是，朝鮮告急，言官交章謂宜遣官宣慰，且薦行人劉時俊才智可使，宜勅遣往諭。報以水兵暫駐義州，牌〔按:館本牌作但，廣本但作俾〕監護朝鮮，以壯彼國聲援，兼爲遼左犄角，鮮國不願。又遼中商及駐兵種種稱難，事遂中止。至是該國復以宣慰爲請，而部議竟罷遣官，蓋始終恤小之誼云。

（神宗萬曆實録卷 595　第 7 頁　595.5.11418）

2721　六月壬戌　禮部右侍郎孫如游奏：大行皇后梓宫發引，例不出百日，臣等遵例請上〔按:館本上作旨〕行欽天監擇日，未蒙簡發。玄宫隧道不可久泄，況當時溽暑，大雨時行，尤爲擔慮。乞立賜簡發施行。上以玄宫所（按:館本所作併）祔廟、册謚等項各應用錢粮未備，不便舉行。因切責户部，將減定上（按：館本上作二）分錢粮上緊辦納進庫，毋得遲緩悮事〔按:館本無悮事二字，廣本、抱本有悮事〕。

（神宗萬曆實録卷 595　第 7 頁　595.6.11419）

2722　六月辛未　工部尚書周嘉謨等奏：喪禮自有中制，而優厚無事虚文。大行皇后一切冥器等項，自宜遵例成禮，不得聽（按：館本聽下有各字）監局之虚縻也。候命下，本部移文各該衙門，除曾有者先行關支，後補勘合備照會，無者召商買辦，徑送各監督〔按:館本督作局，是也〕應用，出給實收回部。查照會估價值登簿送巡視廠庫科道掛號，於節慎庫銀内支給，其方相行營繕所造辦，拽運官軍行兵部轉行該營撥發四百名送赴陵所。經過橋梁道路，行該城兵馬司起取附近甲夫填墊平坦，以便經行，沿途棚廠搭盖，完月容臣部於鼓樓、德勝、清河等廠移咨戎政衙門，沙河兩水（按：館本水下有河字）廠，移行昌平總兵守備衙門，各撥軍兵看守，聽臣部查點拆卸，如遺失一木一蓆，通行查究。其有指稱内使人等刁難需索，容臣等會同該監及巡視科道指寔糾〔按:館本糾作究〕參，以正法紀。仍乞責成司禮監將護喪内使酌量差遣，併嚴加約束，庶人心知警，大典有光。上可其奏。命内侍人等着該衙門酌量差遣，仍嚴加約束。

（神宗萬曆實録卷卷 595　第 10 頁　595.8.11423）

2723　六月壬申　大學士方從哲言：大行皇后崩逝已近三月，舊例，梓宫發引只在百日内外，内外已迫，而册謚未定，神主牌位未寫，發引之期將在何日？乞將禮部議謚之本已經票擬者先賜批發，使臣得擬撰册文進覽。至於應用錢粮，户部屢奉嚴旨，自當陸續辦進，其欽天監改擇七月初三日册寶吉期及禮部發引擇吉之請，祈併賜俞允，俾各衙皆得預爲料理，竭蹶襄事，庶皇后在天之靈可慰，而皇上優厚之意不虚。不報。

（神宗萬曆實録卷 595　第 11 頁　595.9.11425）

2724　七月庚辰　大學士方從哲以考試過歲貢生員取中上卷六卷，中卷八百六十一卷，俱堪授教職，具題候裁。

（神宗萬曆實録卷 596　第 2 頁　596.1.11427）

2725　七月癸未　上諭内閣：前皇太子來大行皇后几筵前行祭禮，因朝見朕問安。朕面諭皇太子：才人王氏薨逝已久，墳園未建，我心未嘗頃刻忘之，欲行另擇，恐遷延歲月。可就附葬於郭妃墳園之側，汝意何如？皇太子回奏：才人誕育元孫，父皇所諭附葬妃墳之側，極爲便益。朕見皇太子純誠孝敬，朕心嘉悦，卿可傳示該部遵行，特諭卿知。

（神宗萬曆實録卷 596　第 3 頁　596.2.11430）

2726　七月乙酉　太常寺奏：本月十三日進大行皇后册謚，請遣官祭告天地、宗廟、社稷。上曰：這所奏遣官祭告之禮，朕思累朝祖宗列聖帝后崩逝，悉命文武百官議上尊稱，有此告天地、宗廟、社稷，皆以考妣之尊，不知皇祖時孝潔皇妣崩逝，有無此禮。若無，於禮爲褻瀆。還着該部查議，使朕得以心安。禮部覆議奏：《大明會典》載，永樂五年仁孝文皇后册謚，禮部奏行祭告，是日上躬告天地于奉先殿。嘉靖七年，孝潔皇后崩逝，前期三日，太常寺奏致齋，除宗廟上位親告外，其天地、社稷仍遣官至日行祭告禮。今皇上命查孝潔皇后例，宜即如例，請遣官祭告天地、社稷。上乃命禮部寫遣官行禮職名來看。

（神宗萬曆實録卷 596　第 4 頁　596.3.11432）

2727　七月戊子　是日册謚大行皇后，以英國公張（按：館本張下有惟字）〔校記：廣本及明史功臣傳惟作維〕賢充正使，大學士方從哲充副使，各持節捧册行禮。命泰寧侯陳良弼祭告南郊，恭順侯吴汝胤祭告北郊，駙馬萬煒祭告太廟，遂安伯陳焯〔按：館本焯作煒，廣本、抱本作焯，明史功臣傳與館本同〕祭告社稷。皇帝制曰：……兹以册寶謚爾爲“孝端”皇后。

（神宗萬曆實録卷 596　第 7 頁　596.5.11439）

2728　七月壬辰　欽天監以七月二十二日請題大行皇后神主。報可。

（神宗萬曆實録卷 596　第 12 頁　596.10.11445）

2729　七月丙申　上疾大漸。召英國公張惟賢、大學士方從哲、吏部尚書周嘉謨、户部尚書李汝華、兵部尚書黄嘉善、署刑部事總督倉場尚書張問達、署工部事協理戎政尚書黄克纘、禮部署部事右侍郎孫如游等入見于弘德殿。勉以用心辦事。（按：館本事下有大小二字）諸臣各致詞候〔按：館本候作問〕安。尚書周嘉謨仍以用人爲請，隨賜俞允。諸臣叩頭而出。上諭内閣：……是日上崩，翌日發喪。

（神宗萬曆實録卷 596　第 13 頁　596.11.11447）

2730　七月戊戌　……上在位四十八年，壽五十有八。

（神宗萬曆實録卷 596　第 14 頁　596.11.11447）

2731　九月甲申　（按：館本尊上有上字）尊謚曰：“範天合道哲肅敦簡光文章武安仁止孝顯皇帝”。廟號曰“神宗”。

十月丙午　偕孝端皇后梓宫並葬定陵。

（神宗萬曆實録卷 596　第 15 頁　596.13.11450）

泰昌元年（1620）[註]

1　**九月乙亥朔**　卯時，光宗皇帝賓天，告於奉先殿。是日，羣臣進宫門問安，聞變入哭臨，畢，請朝見皇長子於寢門。復奉至文華殿行嵩呼叩頭禮。已而，皇長子還慈慶宫，以先帝選侍李氏尚在乾清宫未移也。命禮部會翰林院議喪禮。皇長子令旨：大行皇帝崩逝，未造陵寢，著司禮監同内閣、禮部會同欽天監前去天壽山相擇以聞。

（第 2 頁　1.2.0003）

2　**九月丙子**　禮科左給事中李若珪上言：大禮舉行終當順序，謂孝端顯皇后、孝靖皇后尊謚尚未舉行，封郭元妃、王才人爲皇后俱未告竣，册封選侍李氏爲貴妃暫宜停止。禮部尚書孫如游亦以爲言。今（按：館本今作令）旨另議。

（第 2 頁　1.4.0007）

3　**九月丙子**　頒大行皇帝遺詔于午門。

（第 2 頁　1.4.0007）

4　**九月丙子**　大學士方從哲、劉一燝、韓爌啟：大行皇帝賓天，奉安梓宫宜在乾清宫，今前殿（按：館本殿下有有字）皇祖之尊靈，坤寧宫又有孝端皇后尊靈，今當擇于仁智殿奉安方爲合禮。令旨從之。

（第 3 頁　1.4.0008）

5　**九月丁亥**　吏部等衙門尚書等官周嘉謨等上言：明聖冲齡御極，宫闈保護宜周。先帝梓宫在殯，選侍李氏宜移駐後殿，一切宫嬪盡行隨人（按：館本人作入，是也），己（按：館本己作以）奉几筵之香火，肅閨闈之儀範，斯社稷靈長之慶。得旨：覽奏具見忠愛。移宫已知，待擇日卽行。

（第5頁 1.5.0010）

6 **九月庚辰** 上卽皇帝位。是日，祭告南郊，遣侯陳良弼；北郊，侯吳汝應；太廟，駙馬萬煒；社稷，伯陳偉各行禮。上親告大行皇帝几筵。行禮畢，辰時，御文華殿卽位。命文武百官免賀，宣表止行五拜三叩頭禮。遂頒詔大赦天下。詔曰：……其以明年爲"天啟"元年……一、京城内外房號，除前次恩詔已雨澇倒塌者准免三個月外，今將内外小民窮居再免二個月，具其年久空地無房猶包房號者，查明盡行蠲免。俟修復之日，另行起徵。其京城廊店房屋見徵租銀者，四十二年起至四十七年止，凡拖欠久追不能完納者，悉與蠲免。又通灣店房已經罷税，不許姦徒假捏〔按：粱本捏，館本作捏，詔制作捏。捏捏正俗字〕横徵，地方官不能奉詔禁止者，以不職論。一、北直文安、定興、青（按：疑青上佚永字）三縣災傷，籽粒俱照按屯御史原疏題請事例折徵。一、直隸永平府每年解納惜薪司本色棗柴一萬五千餘斤，近據順天巡撫奏稱，進解鋪墊地方陪累，議改折色銀三百九十兩，每年五月中前官管解前銀，自行買納，以省地方陪累之苦。其西山一帶煤税，曾經奉旨撤回税監，尚留黄樹園、轆轤港、鏡兒窰等窰，因委石廠代進煤炸，因而假借騷擾地方者，盡行撤免。原用煤炸無多，該管官另行設處，毋得仍前私税，以擾貧民。

（第10頁 1.10.0019）

7 **九月甲申** 尊謚皇祖神宗顯皇帝。詔曰：……奉册寶上皇祖考大行皇帝尊謚曰："範天合道哲肅敦簡光文章武安仁止孝顯皇帝"，廟號"神宗"。

（第21頁 1.19.0038）

8 **九月乙酉** 陞中允成基命爲司經局洗馬，管國子監司業事，署掌（按：館本掌作堂）印信。

（第 23 頁 1.21.0042）

9 **九月丙戌** 命工部侍郎王永先提督山陵。

（第 23 頁 1.21.0042）

10 **九月丁亥** 尊謚皇祖妣孝端顯皇后。詔曰：……恭上皇祖妣孝端皇后尊謚曰："考（按：館本考作孝，是也）端貞恪莊惠仁明媲天毓聖顯皇后"。

（第 24 頁 1.22.0044）

11 **九月丁亥** 是日又尊謚皇祖妣孝靖皇后。詔曰：……恭上皇祖妣尊謚曰："孝靖温懿（按：館本懿下有敬字，是也）讓貞慈參天胤聖皇太后"。

（第 24 頁 1.22.0044）

12 **九月庚寅** 禮部等官會議年號，定以萬曆四十八年（按：館本年下有八字，是也）月以後爲"泰昌"元年，明年爲"天啟"元年。從禮科給事中李若珪、暴謙貞之請也。

（第 30 頁 1.27.0053）

13 **九月癸巳** 原任陝西按察司按察使邢雲路進測正曆數。

（第 32 頁 1.29.0057）

14 **九月癸巳** 陞通政使姚思仁爲工部添設右侍郎，協理殿門工程。從吏部尚書周嘉謨之請也。

（第 32 頁 1.29.0057）

15 **九月甲午** 封客氏爲奉聖夫人，並官其男侯國興錦衣衛正千户。客氏，上乳婦也。

（第 33 頁 1.29.0058）

16 **九月甲午** 牆子路遊擊馬炯爲倒馬關参將。

（第 33 頁 1.30.0059）

17 **九月甲午** 陞大安口守備王錫命爲薊鎮總兵標下遊擊。

（第 33 頁 1.30.0059）

18 **九月丙申** 巡撫湖廣右僉都御史徐兆魁，以土兵脱逃，參宣慰司彭象乾。又言：永順土兵，先調八千，費踰十萬，而一至通州，聞三路敗衂，輒望風奔潰，今復調遣，虚縻廩費，不如罷之。得旨：俱下所司。

（第 35 頁　1.31.0062）

19 **九月丙申** 命造定陵神宮監印。

（第 35 頁　1.31.0062）

20 **九月丁酉** 上以陵工缺費，准發帑幣（按:館本幣作銀）五十萬兩，其餘令該部措處。

（第 35 頁　1.31.0062）

21 **九月戊戌** 以御馬監太監魏進忠提督寶和三店。

（第 36 頁　1.32.0063）

22 **九月庚子** 發帑金五十萬以濟陵工。從輔臣之請也。

（第 39 頁　1.35.0069）

23 **九月辛丑** 命造協理殿門工程並監督殿門工程關防。

（第 40 頁　1.36.0071）

24 **九月壬寅** 神宗顯皇帝、孝端顯皇后梓宮發引，上縗服送至午門外，提督大臣孫如游、黄克纘、李騰芳、王永光等二十四員護行。戒嚴中外。

（第 40 頁　1.36.0071）

25 **九月癸卯** 大學士方從哲等題：昨因梓宮甚重，舉動極難，出大明門已近午矣。且營中軍夫雖撥八千人，而素不慣習，兼以槓索間有損傷，時時更换，以致沿途稽遲。入夜方抵德勝門。臣等不勝惶懼，隨同護喪奠獻諸臣傳示五城更添人夫六百名，今蚤始得前行。又護喪御史張修德奏：二十九日之夜，梓宮至鞏華城，拖靈龍木鏗然有聲，右手一角墮地。内官行尚食禮，連呼獻爵，竟無人應。得旨：設法催督，無悮吉期，經管員役事完查究。是日梓宮次沙河。

（第 41 頁　1.36.0071）

26　十月甲辰　　神宗顯皇帝、孝端顯皇后梓宮次兩水河。

（第 1 頁　2.1.0073）

27　十月丙午　　葬神宗顯皇帝、孝端顯皇后于定陵，孝靖皇太后祔。大學士方從哲奉勅題主。

（第 1 頁　2.1.0074）

28　十月乙酉（按：館本乙酉作己酉）　天津兵備道〔按：館本備下無道字〕賈之鳳言：時事多艱，津海疲累，乞撤銀魚廠太監徐貴。御史盧謙亦以爲言。得旨：銀魚係太廟進鮮品物，著照舊採進，不得瀆奏。

（第 3 頁　2.2.0076）

29　十月癸丑　　大學士劉一燝同禮部尚書孫如游等詣天壽山卜地，言皇上（按：館本上作山）二嶺最吉，癸山丁向，至貴至尊。所有潭峪、祥子諸嶺俱不能及，蓋百靈可（按：館本可作呵）護。衆議僉同，謹具圖說以進。得旨：吉壤確有定議，朕心忻慰，卿周覽詳慎，忠勤可嘉。如游亦隨具奏。命卽修建陵寢，擇日興工。

（第 4 頁　2.4.0079）

30　十月己未　　尊謚大行皇帝。詔曰：……恭上大行皇帝尊謚曰："崇天契道英睿恭純憲文景武淵仁懿孝貞皇帝"，廟號"光宗"。

（第 8 頁　2.7.0085）

31　十月壬戌　　上諭，先年抄過馮保、張誠、姚瀾等凡內外房屋莊田田（按：館本田下無田字）俱著廠衛、五城查數明白，會同工部估計變價，以充遼餉，不許遺漏，所有見徵收過租銀，著該衙門照例年終類進。

（第 11 頁　2.10.0091）

32　十月壬申　　命御史李凌雲巡視順天。

（第 26 頁　2.21.0114）

33　**十一月甲戌朔**　頒《天啟元年曆》。是日賜輔臣劉一燝、韓爌及講官錢象坤等新曆各有差。

（第1頁　3.1.0119）

34　**十一月丙子**　工部左侍郎王允光奏：光宗貞皇帝陵寢擇吉興工，先擬規制，乞取法昭陵。上命部院先會同內監及科道官前詣昭陵寶城、樓殿、廊垣等處，逐一丈量，繪圖進覽，以便裁定。

（第4頁　3.4.0125）

35　**十一月丁丑**　頒孝元貞皇后、孝和皇太后各尊謚詔于天下，詔曰：……恭上尊謚曰"孝元昭懿悊惠莊仁合天弼聖貞皇后"。

詔曰：……恭上尊謚曰"孝和恭獻温穆徽慈諧天鞠聖皇太后"。

（第5頁　3.4.0126）

36　**十一月丁丑**　撤回天津採取銀魚內官徐貴。

（第7頁　3.6.0129）

37　**十一月庚辰**　以神宗顯皇帝、孝端顯皇后梓宮行遲，革神機九營四司把總張雄任。

（第10頁　3.9.0135）

38　**十一月辛巳**　上諭內閣：朕聖母孝和皇太后兄王昇，著照皇祖妣孝靖皇太后姪王天瑞事例陞授。卿等可擬勅來行。

（第12頁　3.10.0138）

39　**十一月壬午**　原任吏部尚書趙焕卒……焕，山東萊州府掖縣人，嘉靖四十四年進士，筮仕縣令，陞工部營繕司主事，改御史，歷順天府丞。

（第13頁　3.11.0139）

40　**十一月戊子**　神機三營選鋒三千員名赴古北、石塘路地方防守。時值隆寒，總督戎政泰寧侯陳良弼等援例請給胖襖、�襪（按：館本襪作襪），兵部覆請，許之。

（第18頁　3.15.0148）

41　十一月乙未　朝鮮國王李琿發還漂海人丁陳時〔按：館本時作明〕等共十四人。奏聞。

（第21頁　3.18.0154）

42　十一月丙申　命造監督陵工採石關防。

（第21頁　3.18.0154）

43　十一月丙申　命造定陵祠祭署印。

（第21頁　3.18.0154）

44　十一月己亥　工部左侍郎王允光進《昭陵圖説》，上命留覽，仍諭會同禮部等衙門再加查議具奏。

又言：陵殿工程併舉，水衡財用不敷，乞勅諭内臣，將宫禁一切傳造禁（按：館本禁作盡，是也）爲停免。即有不得已之役，待大工告竣，徐議舉行，庶務（按：館本務作物，是也）力舒而成功速。報可。

（第24頁　3.20.0158）

45　十一月己亥　陞大同入衛遊擊吕光炫爲黄花鎮參將。

（第25頁　3.21.0160）

46　十一月己亥　陞天壽山守備芮重先（按：館本先作光）爲薊鎮松棚路遊擊。

（第25頁　3.21.0160）

47　十二月甲辰朔　陞薊鎮黑峪關守備袁勳爲大水峪遊擊。

（第1頁　4.1.0167）

48　十二月庚戌　陞參將吴自勉爲薊鎮東路副總兵。

（第8頁　4.7.0180）

49　十二月辛亥　陞薊鎮牆子嶺提調汪爾信石匣營遊擊，隨以密雲中軍白應石補提調。從撫臣俞〔按：館本俞作喻，是也〕安性請也。

（第9頁　4.7.0180）

50　十二月壬子　陞永平府知府項良梓爲山西按察司副使，備兵昌平。

（第 13 頁　4.11.0188）

51　十二月甲寅　閱視邊務吏科給事中姚宗文言：臣奉命閱視山海而西，徧歷邊塞，知軍伍無地不虛，虜情無地不變。薊門之兵，總稽其數十一萬有奇，合之似多，分之甚寡。各關隘口阻水依山，差易爲守。如喜峰口，平原四望，可容萬騎，貢夷出入更爲要道。臣所閱當關之士不過七百餘人，單弱可慮。以臣愚計之，山海之兵必滿萬餘，喜峰口宜增兵二千餘，古北口宜增家丁千餘。山海關〔按：館本無海下關字〕之兵東事平或可差減，而喜峰、古北二處當爲永制。劉家營居流河石之左，舊設南兵遊擊一員，後裁去，地方以無所捍衛爲苦。臺頭營已有副將一員，則都司似宜移置劉家營，以相聯絡，官非增而勢可壯，此便而當議者也。京營出兵三千，初意欲防山海，適有白馬關之事各（按：館本無事下各字）分防此中，密雲餉司每月約費三千兩，以一歲計，約三萬餘，如以河南、山陝入衛之兵在通、昌二處者，令更番防守，以代營軍，此入衛者已有行糧，不煩餉司增設而防衛衝邊，視防衛近畿更爲得力，此便而當議者也。昌平一鎮，舊設南山一營，參將一員，領兵六千，以相捍衛。在宣大撫按課覈最嚴，而薊鎮之督撫按關諸臣鈐轄不到，緩急相諉。如將南山營大小將領聽薊鎮節制，以見犬牙相制之意。此最要而當議者也。章下所司。

（第 14 頁　4.12.0190）

52　十二月甲寅　陞國子監祭酒公鼐爲詹事府詹事教習、庶吉士。

（第 15 頁　4.13.0191）

53　十二月戊午　盜竊承運庫祭器，上責該庫疏虞，勅厰衛緝盜。

（第 19 頁　4.16.0198）

54 十二月壬申 是歲天下户口田賦之數：户九百八十三萬五千四百二十六户，口五千一百六十五萬五千四百五十九口，官民田土共七百四十三萬九千三百一十九頃八十三畝八毫九毫七忽四微三纖二沙八塵五渺，米二千一百四十九萬二千五百六十三石一斗一升一合二勺九抄八撮……漕運米四百萬石……原派天津、昌平、薊州、密雲各邊倉兑改糧四十三萬四千五百八十三萬（按：館本萬作石，是也），截留天津五十萬四千二百五十五石一斗九升。皇城四門倉并新添惠、桂二府糧三萬四千六百八十九石，實該進京運二倉兑改糧二百六十三萬一千三百四十一石二斗一升。

（第 36 頁 4.29.0224）

註：泰昌元年（1620）下第 1—54 條爲熹宗事。神宗於萬曆四十八年（1620）七月卒，光宗於當年八月朔即位，改元泰昌，旋於九月卒，《明實録》中實無光宗事記録，梁本光宗實録中記録的是熹宗之事。摘録時故文尾不註光宗實録字樣，僅記頁數，再後卷、頁及順序號爲熹宗實録。

天啟元年（1621）

55　**正月甲戌**　　宴朝鮮國陪臣。

（熹宗天啟實録卷 1　第 1 頁　5.1.0230）

56　**正月甲戌**　　禮部奏准：凡從點水加“落”〔校記：李本落作各,是也〕字者俱改爲“雒”字,凡從木旁加“交”字者俱改爲“較”字,惟督學稱“較”字未妥,改爲“學政”。各王府及文武職官有犯廟瑋（按：館本瑋作諱，是也）御名者悉改之。

（熹宗天啟實録卷 1　第 1 頁　5.1.0230）

57　**正月乙酉**　　先是，有詔選浄身男子三千人入宫，時民間求選者至二萬餘人。蜂擁部門，喧嚷無賴。禮部都給事中李若珪恐其生變，上疏乞勅部院設法善處，令之早散。仍頒示順天等處，以後嚴自宫之禁。

（熹宗天啟實録卷 1　第 6 頁　5.5.0237）

58　**正月丙戌**　　命鑄提督陵工内監關防。

（熹宗天啟實録卷 1　第 9 頁　5.8.0243）

59　**正月戊子**　　命大學士韓爌相度山陵。爌以制敕房辦事中書舍人陳明晰頗習形象家言，挾以從。因具疏告謁定陵。

（熹宗天啟實録卷 1　第 10 頁　5.8.0244）

60　**正月辛卯**　　皇城巡視御史徐揚先言：祖宗額設四門守衛之軍八千有奇，士卒非不衆多，而排立門闕者有幾？額設大漢將軍、紅盔、明甲、圍子手等分班入值，威儀非不整齊，而守宿值房者有幾？蓋惟事屬之内則有隱占、有包侵，殊不可窮也；惟法行之内則有忌器、有掣肘，竟不勝格也。試觀素封之家，尚欲責成守者時僅啟閉，大内深曠，盡弛其防，寧無左右窺伺之患？臣望皇上申明舊制，嚴飭内臣，使法行自近，宫禁肅清。乃臣反覆思維，在京城有提督大將，而在皇城僅用兩員把總，此其故不可解。巡視科道又有附近公署，晝而理事，夜而值宿，何在人心不肅，而偷翫因之，似當議值一所于左右長安内外，令科道部臣輪宿查點。時御史王一中、兵部主事黄文星皆疏言之。一中又言：禁門非貿易之所，則内市斷當外移，工作滋溷入之端，則繕司斷當驗覈，而文星疏中復乞鑄關防，以重巡視事權。俱下所司。兵部覆奏以爲：禁旅空虚，皆繇勳威貂璫詭石（按：館本石作名，是也）隱占，宜嚴飭稽查，盡除宿弊。九門鎖鑰，以時啟閉，一切閑雜人等悉行驅逐，直衛官員以勤惰爲殿最。至於特設公署，以便巡查；新鑄關防，以重事權，俱當如諸臣議。得旨：禁地守衛官軍及工作出入，巡視科道並該司官嚴加查驗，内侍著該監官一體申飭，内市照舊，但嚴加巡緝，不得喧雜。該部所覆：依議行。

（熹宗天啟實録卷1　第12頁　5.10.0248）

61　**正月辛卯**　　内侍王添爵選凈身男子，以索賄激變，兵科給事中尹同臯劾之。上命司禮監查明具奏，添爵止降級。

（熹宗天啟實録卷1　第13頁　5.11.0249）

62　**正月壬辰**　　發馬價銀七千五百兩於薊鎮，以督撫疏稱山海、永平等處騎兵乏馬故也。

（熹宗天啟實録卷1　第13頁　5.11.0250）

63　**正月壬辰**　　留新陞倒馬關參將馬烱仍管牆子路事。

（熹宗天啟實録卷1　第14頁　5.12.0251）

64　**正月癸巳**　　大學士韓爌至自天壽山，以新卜吉地形勢規摹十九日祭告啟土風日熙明具狀上聞。又言：建造奉旨一準昭陵，該内監齎有工部原繪《陵圖》徧示諸臣，中加石橋一道，尤爲合法，更於寶城後因山增築，庶稱盡羡（按：館本羡作美）。上曰：皇考新陵啟土訂議僉同大（按：館本大作天）人叶順，朕心忻慰。其寶城因山增築，尤見周慎，下所司知之。尋賜壙銀幣。

（熹宗天啟實録卷1　第14頁　5.12.0251）

65　**正月甲午**　是日，皇極門豎柱，遣工部尚書王佐行禮，大學士劉一燝等恭視，賜茶。

（熹宗天啟實録卷1　第15頁　5.13.0253）

66　**正月乙未**　巡按直隸監察御史申廷譔奉上命，以帑金大賚邊士，行次昌平，九陵護軍擁衆要挾，欲與營路一視同仁。廷譔不得已，開名敬賞。後廉訪其實，則内監劉尚忠等爲之指畫號招也。因上疏言：陵軍惟隸貂監，全無統轄，覈實則終年脱伍，挾賞則衆鬨同聲。乞歸昌平道統轄，以嚴操練，仍治劉尚忠等主使之罪。章下所司。

（熹宗天啟實録卷1　第17頁　5.14.0256）

67　**正月戊戌**　命禮部增收净身男子二百名。其未完西北二城，仍照舊會同該監揀選。

（熹宗天啟實録卷1　第19頁　5.16.0259）

68　**正月辛丑**　發帑金五十萬以襄陵工。

（熹宗天啟實録卷1　第23頁　5.19.0266）

69　**二月癸卯朔**　命翰林院編修劉鴻訓、禮科都給事中楊道寅頒詔朝鮮。

（熹宗天啟實録卷2　第1頁　6.1.0271）

70　**二月丙午**　陞尚寶司少卿何士晉爲太僕寺少卿，邵輔忠爲順天府丞。

（熹宗天啟實録卷2　第5頁　6.5.0279）

71　**二月庚戌**　以皇極門豎柱頒賜大學士劉一燝、韓爌各銀幣。

（熹宗天啟實録卷2　第8頁　6.7.0284）

72　**二月丙辰**　司經局洗馬管國子監司業事成基命請舉臨雍之

典，仍先勅工部修葺廟舍，吏、禮二部稽覈生儒。章付所司。

（熹宗天啟實録卷 2　第 16 頁　6.14.0297）

73　二月壬戌　頒泰昌錢式。

（熹宗天啟實録卷 2　第 19 頁　6.16.0301）

74　二月乙丑　安仁草場火，奪監督主事霍允猷俸一月。

（熹宗天啟實録卷 2　第 24 頁　6.20.0310）

75　二月丁卯　御史方震孺言：京師五方雜處，姦宄叢生。如臣搜假印時得山人莊士元文書一卷，皆係罪璫戚畹之辯揭，其他走空神棍，實繁有徒，或造假單，或布蜚語，生無影之風波，遺大毒於善類，此輩不驅除，巡城者不得謝其責。章下部院，並詰璫畹主名，震孺覆奏罪璫劉朝、戚畹鄭養性也。詔以士元付法司。

（熹宗天啟實録卷 2　第 26 頁　6.22.0313）

76　二月辛未　宣大總督崔景榮、薊遼總督文球……各以軍政論劾貪劣諸弁，兵部先後覆請鐵騎右營遊擊〔按：館本擊作繫，誤〕王平、雷廉，副總兵楊應春俱提問。黄花鎮參將吕光炫、……昌鎮左車營遊擊周尚斌、……神樞三營參將郭威振、左翼營遊擊艾穆、……俱革職。

（熹宗天啟實録卷 2　第 30 頁　6.25.0319）

77　二月辛未　巡視庫藏監局禮科左給事中周希令疏言：京師之最貽害地方者，無如僉商一事。蓋十庫商人與別庫異，別庫商人有預支，十庫商人無預支，皆商自備本買紡（按：館本紡作納，是也）方行領價。舊規，廣西司移文巡視衙門發五城行兩縣僉送里甲報名，既挾讎而快私，坊官不肖，復賣富而差貧，商人見報，如入死地。臣每入署，多方研審，重役者豁，讎報者罪，仍行兵馬司覆查，有無産店生理，果係窮乏，卽與釋放，不敢妄放一名，亦不忍妄僉一名，誠知此京城一大苦業也。顧訪之舊説，參之輿情，莫如通查冒免房號，量增錢數，以爲舖商見買之費。夫房號除進内及公費優免外，其餘有一人而五城皆冒免者，有一處而百所皆冒免者。取此有餘，如氈上抽毫；救彼不堪，如死中得活，是在陛下一舉筆不知救幾多生靈、甦幾十年困苦矣。又有一項最關軍機利害之重大者，無如硝黄。蓋硝黄爲中國禦虜火器之最長技，收買之夾雜，燥濕之不時，故或有成火藥而自焚者，有置器中而迸裂者，東事歷有明鑒。此豈盡造鐵研製之不工，亦由收蓄此物之不精也。臣去歲入庫，見庫門外兩墻巷中堆積舊硝黄如山，蓋藏俱爛，砂土雜露。詢之該監，則曰商人已逃，及拏商人，則曰舖墊闕少，以致暴露。臣多方比追，幾轉限而始得一日收四十餘萬，願今後申飭此項，務必精必净，隨到隨收。

（熹宗天啟實録卷 2　第 30 頁　6.25.0319）

78　二月乙亥　命御史左光斗提督北直隸學政，御史彭宗孟巡視京營。

（熹宗天啟實録卷 2　第 33 頁　7.1.0326）

79　閏二月丙子　是日風霾。

（熹宗天啟實録卷 2　第 34 頁　7.2.0327）

80　閏二月己卯　調神樞營副總兵謝弘儀於通州，統練三營民兵。

（熹宗天啟實録卷 2　第 36 頁　7.3.0330）

81　閏二月癸未　大學士劉一燝覆視慶陵回奏，言：新陵營造規制原題比照昭陵，今相度形勢，似又宜參酌獻陵。蓋以龍沙蜿蜒環抱在前，形家以爲至尊至貴之砂，不可剥削尺寸，獻陵亦以龍砂前遶，建享殿祾恩門於龍砂之前，正與此合。臣等詢謀僉同，伏乞聖裁。上嘉其忠勤，賜以銀幣。

禮部侍郎周道登亦具疏言狀，仍繪圖貼説，隨本呈覽。上命依規制營造。

（熹宗天啟實録卷 2　第 37 頁　7.5.0333）

82　閏二月甲申　工部以定陵墚道填完，乞議寳頂規制，以速工程。且備陳庫藏匱乏之狀。得旨：定陵寶頂規制乃皇祖親定，朕念在天之靈，何忍言減？著照永陵丈尺培築。該部每言〔校記：館本言作稱〕缺乏其費銀，俟朕湊給，仍作速併工，毋得籍口稽延。

（熹宗天啟實録卷2　第38頁　7.5.0334）

83　閏二月甲申　巡按直隸御史張新詔言：考通惠河即元郭守敬所修故道，國朝平江伯陳鋭疏之，運船直達大通橋下。彼時勢豪欲尅取脚價，阻壞其事，後因御史吴仲言，乃命郎中何棟、吴嗣忠仍濬裏河，計費纔七千兩，而所省脚價十二萬，此額（按：館本額作繇）通州至大通橋省費之大較也。若繇大通橋至朝陽門，尚有三里許，其地平衍閑礦（按：館本礦作曠，是也），有掘就河身見在，倘導玉河之水稍遡而北，至朝陽門，量建閘座及剥船若干隻，糧運到時，徑於門下上車，似爲便計。蓋《會典》開載車户脚價，自大通橋至東倉每石銀一分六釐，近又議加三釐，至西倉銀二分三釐。若復省路三里許，則東倉脚價可減十分之六七，西倉脚價可減十之三四，互而計之，總〔校記：李本總作可〕減一半。每歲京糧以二百六十萬爲率，即可省脚價二萬六千餘兩。彼從通州至大通橋，凡四十里，止費銀七千，此三里許之地能費幾何？即除挑濬外，建閘、造船等費，只消一年，脚價之半便已寬然有餘。一成之後，每歲省銀二萬六千，以三十年之通計，遂得七八十萬入太倉矣。詔：兵部議覆。

（熹宗天啟實録卷2　第38頁　7.5.0334）

84　閏二月辛卯　天津舊無議屯者，萬曆三十年，海上倭警，設防海軍丁五千餘名，軍有餘閑，民多壙土。於是舊撫臣汪起蛟議於葛沽、何家圈、雙溝、白壙口等處創買閑地一萬五千畝，每軍授田四畝，俾之開墾。買牛置器，濬河置閘。行之二年，歲獲稻直銀八千餘兩，半抵月餉，半以入官，變價收貯。初議田盡墾可七千餘頃，歲可得穀百萬餘石。嗣因倭平撤兵，已墾之田，廢十之七，見存成熟者，僅葛沽河五十〔校記：李本十作千〕頃而已。

屯田御史左光斗巡歷其地，河間府管河通判盧觀象條陳營田之利甚悉，且願以身任之，天津兵備道賈之鳳亦以爲可。復光斗因上疏，請以賈之鳳加銜久任，改盧觀象爲管理屯田水利通判，俾悉心料理，俟有成效，不次優擢。部覆從之。

（熹宗天啟實録卷 2　第 45 頁　7.11.0345）

85　閏二月壬辰　巡視京營吏科給事中倪思輝等條陳營務七款：一曰補將領，二曰添選鋒，三曰勤操練，四曰課功實，五曰汰老弱，六曰募異材，七曰嚴短操。上命該部酌議具覆。

（熹宗天啟實録卷 2　第 45 頁　7.10.0346）

86　閏二月甲午　陞右春坊右庶子吴宗達爲國子監祭酒。

（熹宗天啟實録卷 2　第 48 頁　7.13.0350）

87　閏二月辛丑　以署都督僉事楊茂春、白慎修、……俱充總兵官。茂春鎮守薊州、永平，慎修鎮守居庸、昌平。

（熹宗天啟實録卷 2　第 51 頁　7.17.0358）

88　閏二月壬寅　巡視皇城御史徐揚先、王一中、主事黄文星目擊疎虞，且因盗賊生發，議欲嚴啟閉以防姦盗，勑内使以清弊源，定發匙鑰以防晨昏之出入，禁革包侵以杜軍人之藉〔按：館本藉作籍，誤，李本作藉〕口，更老弱以實禁衛，明賞罰以示勸懲，設公署以便住宿，拆席棚以防火燭，造盔甲以壯羽林，禁筐箱以防挾帶，酌問聲寃小民以伸寃枉，研審見獲賊犯以究根因〔校記：李本根因作根由〕，責實上直官員以定薦革，鑄給巡視關防以一事權。部覆允行。

（熹宗天啟實録卷 2　第 55 頁　7.2.0366）

89　三月丁未　兵部覆：薊遼總督文球等疏言：皇上登極，大賚陵軍，已領京軍之賞，安得羣聚要挾，悍然無忌？若論陵軍之數，當時挾去賞銀一萬二千四百八兩，計該軍六千二百四人。而陵監張進之疏始曰陵軍五百名，繼曰一千二十八名，又墳軍六百二十名，何其前後矛盾？郭小四等原未摇（按:館本摇作捶，是也）

楚昌平道，敕書原有整飭兵備及九陵操練人馬之文，則出哨搜山之行牌原是職掌，何可指爲迫赴操練？督臣參其説謊其（按：館本其作欺）君，實當其罪。至於陵軍管轄，仍照舊制，既奉明旨，何敢議更？惟是陵寢重地，外隣虜巢，豈坐食習玩之日？各軍向來買閑掛名，平日不習金鼓，臨事豈知擊刺？竊思上不違旨，又能飭備有更番之法，除該監所稱一千六百四十八名專司灑掃者置不問，餘四千六百五十二人，宜令與昌平營軍更番上山，一年一換。則上山者防陵，屬陵監管轄，下班者操練，勿使曠閑。按臣、行部、關臣閲視悉當聽其點查月糧、布花，該道爲之查給，既已覈軍，更可清餉。詔允行。

（熹宗天啟實録卷 3　第 3 頁　8.2.0370）

90　三月癸丑　陞通州衛指揮使楊應瑞爲五軍三營、蔚州衛武舉署所鎮撫曹鳴雷爲神機二營，俱參將。

（熹宗天啟實録卷 3　第 7 頁　8.6.0378）

91　三月丙辰　以薊昌援丁乏騎，命太僕寺調發各州縣寄養馬匹一千三百一十八匹，分給兩鎮。

（熹宗天啟實録卷 3　第 10 頁　8.8.0382）

92　三月甲子　命工科修理文廟。

（熹宗天啟實録卷 3　第 18 頁　8.16.0397）

93　三月甲子　起原任河南按察司副使劉策爲天津兵備。

（熹宗天啟實録卷卷 3　第 19 頁　8.16.0398）

94　三月己巳　兵部又言：狡酋變詐，奸細實繁，請勅正陽等内外十六門，每門責令勳戚、九卿、科道作（按：館本作作併）臣部司屬各一員，查點官軍，譏防奸細，分别委任，各照信地防禦，以保無虞。若城外壕塹堙没，卽令京營撥軍挑濬。其城守器械、火藥責成工部措辦，守城軍民人夫，早令守備兵營及五城御史分派，先書姓名于垛口，免臨事倉皇。得旨：依議行。

（熹宗天啟實録卷 3　第 29 頁　8.25.0415）

95　四月壬申　　兵部言：營軍虛冒，急須簡練，協理應增一人。大理寺少卿楊東明舊爲科臣，巡視京營，吏部宜加以相應職銜，在營練兵。京城延袤四十里，十一萬兵，尚覺其少，今宜廣招壯士，多多益善。在京即責成總協巡視，會同簡練科道招募，上等者月糧二石，次等一石五斗，務得壯士，不拘定數。其在外招募，聞科道官有願往者，容臣會同都察院該科議定另題。得旨：依議行。

（熹宗天啟實録卷 4　第 1 頁　9.1.0419）

96　四月癸酉　　安南故都統使黎維新子維祺叩關貢方物，并獻犯邊賊犯督騰〔按：館本騰作勝〕。總督兩廣兵部右侍郎陳邦瞻以聞，章下所司。

（熹宗天啟實録卷 4　第 4 頁　9.3.0424）

97　四月甲戌　　湘廣道御史方震孺開陳目前急務。……一、京城火器盡喪于遼，存者又未必中用。宜責成工部星夜督造，委科道官一員驗看。一、大工宜暫停止。應工夫役或修慶陵或濬城河，宜責成工部尚書王佐。一、巡視五城練兵，宜先慕〔校記：紅本、李本慕作募，是也〕京城之兵，一以收驍勇，一以散姦棍，兵部新帑金量行分給。……一、自通州至山海關一帶，某地應設城，某地應設堡，某地可埋伏，某地可結營，宜勅少詹事徐光啟任相度之勞，立限回奏。一、京師至山海關，當十里設一報馬，以速探哨，宜責順天巡撫李瑾。一、京軍夏粮合于通州支放，一以留京倉之積貯，一以散通州之儲糈，卽先臣于謙燒通州倉之意也。宜責成户部侍郎藏爾勸。一、遼事緊急，京官紛紛送家眷，驛遞苦累，人心洶洶，宜頒行順天撫按，非緊急軍情，驛遞不准應付。當責成兵科蔡思充。一、崇文門外大通石橋，關係城壕，作何料理，宜責成工部侍郎姚思仁。一、城外尚無重砲，當卽日修造。宜責成工部侍郎姚思仁。以上各款，乞皇上面召閣臣商確，嚴切舉行。得旨：朕嗣登大寶，雖在冲齡，未聞有翰林協贊閣臣者，不得開此款端。朕思皇考簡用閣臣葉向高等，著該部行文，馬上催來任事。其餘諸款，該部著議具覆。

（熹宗天啟實録卷 4　第 4 頁　9.3.0424）

98　四月甲戌　吏部覆：方震孺議請通州、天津各添設巡撫都御史一員，永平、密雲、薊州、通州各添設兵備道一員。天津舊有督餉撫臣李長庚撤（按：館本撤作撤）回協理部事，其新撫另議推補。永平舊有道臣按察使杜詩，加右布政使，專管燕、建二路。以永平知府陶班〔校記：館本班作斑，梁本作班，誤〕陞按察司副使，管山、石二路。密雲、薊州炤永平例各分二路。通州亦另設兵備一員，招兵練士，督護漕儲。昌平舊有道臣，再給勅書，令其加意防守。四道俱聽順天巡撫節制，仍行兵部添設參遊將官，與道臣協守。報可。

（熹宗天啟實録卷 4　第 5 頁　9.4.0427）

99　四月丙子　召還少詹事徐光啟。近京薊、密等道行令督臣酌查，報部議覆。

（熹宗天啟實録卷 4　第 11 頁　9.9.0435）

100　四月丁丑　陞順天府府丞王國禎爲都察院右僉都御史，駐劄通州，督理糧儲，招兵練士。

（熹宗天啟實録卷 4　第 12 頁　9.10.0438）

101　四月戊寅　兵部尚書崔景榮請分道募兵，遣錦衣衛指揮張懋忠往通州、天津等處。

（熹宗天啟實録卷 4　第 12 頁　9.10.0438）

102　四月戊寅　兵部請命勳戚、九卿、科道併本部司屬官員分守正陽等十六門，因坐派職名上請。得旨：各衙門掌印官不必一概派人，致妨職務。

（熹宗天啟實録卷 4　第 14 頁　9.2.0441）

103　四月乙卯（按：館本乙卯作己卯，是也）起原任山西布政使司參議邢慎言備兵薊州，改四川按察司副使周起元備兵通州。

（熹宗天啟實録卷 4　第 16 頁　9.14.0445）

104　**四月甲申**　巡撫通州右僉都御史王國禎言：通州密邇神京，目前急著惟募兵一事。然欲摧（按：館本摧作權）強敵必致邊兵，欲致邊兵，必資厚費。陝西諸鎮夙稱將猛兵強，以臣所知，如杜桐、杜松、杜文煥、杜勇等一門父子兄弟，忠勇夙著，家蓄健丁尤多敢戰。爲今日通州急計，應于皇上原發帑銀内卽支六萬兩，差官解起延鎮，責成總兵杜文煥，招募有馬戰丁二千人，卽將伊子原任懷遠守備杜弘域加臣標下遊擊衝（按：館本衝作銜）統領，定限本年五月以内先至通州，其餘星速招募，勒限前來。章下所司。

（熹宗天啟實録卷 4　第 20 頁　9.17.0452）

105　**四月甲申**　支大工銀五萬兩發解山海關修築城壕。

（熹宗天啟實録卷 4　第 21 頁　9.18.0453）

106　**四月甲申**　命鑄……巡撫天津等處關防、巡撫通州等處關防。

（熹宗天啟實録卷 4　第 21 頁　9.18.0453）

107　**四月乙酉**　工部尚書王佐言：皇城防禦已有定議，惟是增築敵臺一節，有謂乘高設險，犄角制敵，築之便者，又謂我可制敵，敵可乘我，築之未便者。關係重大，伏乞皇上勅下廷臣再加講求。得旨：敵臺既稱未便，不必增築。

（熹宗天啟實録卷 4　第 21 頁　9.18.0453）

108　**四月乙酉**　工部請修造上用水殿黄船共五隻。

（熹宗天啟實録卷 4　第 22 頁　9.18.0454）

109　**四月乙酉**　命鑄添設通州、薊州兵備各關防。

（熹宗天啟實録卷 4　第 22 頁　9.18.0454）

110　**四月丙戌**　陞光禄寺添註少卿姚士慎爲順天府府丞。

（熹宗天啟實録卷 4　第 23 頁　9.19.0455）

111 **四月丙戌** 命光禄寺少卿管工部郎中事李之藻調度十六門城樓軍器。

（熹宗天啟實録卷 4 第 24 頁 9.20.0457）

112 **四月丙戌** 兵部覆工科給事中李春燁請以大工銀十萬兩修山海邊牆。許之。

（熹宗天啟實録卷 4 第 24 頁 9.20.0457）

113 **四月丙戌** 廷試天下貢生，取上中卷有差。歲貢一百一十一名，恩貢一千八十名。

（熹宗天啟實録卷 4 第 24 頁 9.20.0457）

114 **四月丁亥** 左都御史張問達言：京師根本重地，五方雜處，姦究〔按:館本究作宄〕易生，況遼左多事，尤宜立保甲之法，嚴加整飭。相應劄行各城御史，嚴督各兵馬司，逐户編集，十家一甲，十甲一保，互相稽查。凡一家之中，名姓何人，原籍何處，作何生理，有無父子兄弟，曾否寄寓親朋，開載明白，具造花名清册呈報。仍各躬親巡歷地方，不時點閘。或有商賈來往不嘗，即于往來之期消添名姓，每立期限〔校記:紅本期限作限期〕投遞，不違甘結。間有形影面生可疑等人，即時研訊根繇，直窮下落，務期稽察嚴明，地方肅清，庶使畿甸之内得保無虞。内開中城兵馬司所屬地方九坊五十三舖，共計人户二萬五千四百四十名，甲長二千五百四十四名。東城所屬一百七十三舖，共計人户三萬六千八十名，甲長三千六百零八名。南城所屬一百三十五舖，共計人户四萬三千三百名，甲長四萬三千三百（按：館本四萬三千三百作四千三百三十）名。西城所屬一百零一舖，共計人户三萬七千六百四十名，甲長三千七百六十四名。北城所屬在城六十三舖，共計人户八千七百三十名，甲長八百七十三名，報聞。仍著該城嚴加稽察，毋致踈懈。

（熹宗天啟實録卷 4 第 24 頁 9.20.0457）

115 **四月戊子** 巡視南城御史方震孺報捉獲姦細邢子成，御史高弘圖緝獲姦僧劉方泰，通州復報獲姦細唐良幹等。俱得旨：命梟示正法。時挨捕姦細甚急，且懸價格以購之。于是騎（按：館本騎作駢）首藁街真贋莫辨矣。

（熹宗天啟實録卷 4　第 26 頁　9.21.0460）

116　四月己丑　倭船入福建彭湖地方，官兵擒斬賊首黄十二等于虎井嶼。撫臣王士昌具疏上聞。

（熹宗天啟實録卷 4　第 27 頁　9.22.0462）

117　四月丙申　朝鮮國進香陪臣李必榮等以遼道阻絶，乞舟東歸。總督文球以揚州援遼水兵沙船給之，厚爲資送，仍移咨朝鮮國王，俾整兵秣馬，遥張聲勢，以奮同讎。馳書上聞，命所司知之。

（熹宗天啟實録卷 4　第 33 頁　9.27.0472）

118　四月丁酉　兵部尚書崔景榮等議：練禁兵除旗尉六千餘名專供直駕乘輿郊祀廟享之用無容别議，其餘照依《會典》侍衛將軍自爲一營，于八所鎮撫力軍八千内抽三千餘人，于各監匠役一萬二千内抽一千餘人，會省臺臣公選知兵指揮一員分營操練，巡視衙門不時抽點查參。原額操馬一千八百五匹，除宣官馬一百匹、將軍坐馬一百匹，餘一千六百，應發營操。得旨：依議行。

（熹宗天啟實録卷 4　第 37 頁　9.30.0477）

119　四月己亥　命居庸遊擊張鴻功仍以新陞參將銜留任管事，以遵化遊擊徐應垣爲神樞二營參將。

（熹宗天啟實録卷 4　第 37 頁　9.31.0479）

120　五月戊申　造欽差募兵關防，給順天府添註府丞畢懋康。

（熹宗天啟實録卷 5　第 9 頁　10.8.0499）

121　五月戊申　差户部雲南司主事王在臺管通州大運中倉。

（熹宗天啟實録卷 5　第 9 頁　10.8.0499）

122　五月壬子　宣大總督董漢儒遣馬爌將兵三千人援，命移駐通州。

（熹宗天啟實録卷 5　第 15 頁　10.13.0509）

123　五月癸亥　遣加銜守備趙佑率領徒從由津門航海護送朝鮮進香陪臣柳澗等，以迎我頒詔使臣劉鴻訓、楊道寅，仍命相機往島招撫山東（按：館本山東作東山）之民。

（熹宗天啟實録卷 5　第 30 頁　10.24.0532）

124　六月丙子　廣東巡按王尊德以拆毀香山澳夷新築青州島具狀上聞，且叙道將馮從龍、孫昌祚等同心任事之功，乞與紀録。部復從之。按：澳夷所據地名蠔鏡，在廣東香山縣之南，虎跳門外海濆一隅也。先是，暹羅、東西洋、佛郎機諸國入貢者附省會，而進與土著貿遷設市舶提舉司税其貨。正德間，移泊高州電白縣，至嘉靖十四年，指揮黄瓊納賄，請於上官，許夷僑寓蠔鏡，澳歲輸二萬金。從此，雕楹飛甍，櫛比相望。番舶往來，有習於泅海者，謂之黑鬼，刺船獲（按：館本獲作護）送。萬曆三十四年，於對海築青洲〔校記：李本洲作州〕山寺，高可六七丈，閎敞奇秘，非中國梵刹比。縣令張大猷請毀其垣，不果。萬曆四十二年，始設參將府於中路雍陌營，調千人守之。至是稍夷其居，然終不能盡云。

（熹宗天啟實録卷 6　第 5 頁　11.4.0549）

125　六月丙子　翰林院編修劉鴻訓、禮科給事中楊道寅齎詔往朝鮮，歸途阻絶，航海至登州，朝鮮以聞。

（熹宗天啟實録卷 6　第 5 頁　11.4.0550）

126　六月丙子　命涂宗濬仍以太子太保兵部尚書協理京營戎政。

（熹宗天啟實録卷 6　第 5 頁　11.4.0550）

127　六月戊寅　以兩闈恩貢數多，加順天府解額十五名，應天府五名，後不爲例。

（熹宗天啟實録卷 6　第 6 頁　11.5.0551）

128　**六月己卯**　中軍都督府帶俸都督同知張國紀言：神姦守〔校記：館本守作宋〕八等搆宛平縣監候強寇孫二及慈恩寺妖僧結拜同盟，捝稱孫二爲皇后親父，妻隋氏（按：館本氏下有爲字）皇后親母。惡閹劉進，係鐘鼓司當差，詐稱孫姓，爲皇后親兄，設局于慈恩寺，布散流言，鼓惑愚民。乞嚴緝正法。上以羣棍造言惑亂，離間天性，命付詔獄，内官劉進著司禮監查明奏請定奪。尋發劉進與宋八等對鞫，鎮撫司掌印梁慈訊問，具得情狀：宋八有女罷選，怨望造言；孫二妄認椒塗〔校記：李本椒塗作椒房〕，意圖脱罪；劉進乃孫二親侄，入内頂名劉進；又有内監楊正朝、侯長仔等附會其説，獄具，詔法司議罪。

（熹宗天啟實録卷 6　第 6 頁　11.5.0551）

129　**六月己卯**　順天巡撫李瑾言：頃自遼瀋既繼陷，説者皆知守遼爲急，而不知薊之當守不緩于遼也。臣親督援兵，東超山海，因一面閲徧，東協邊關查點見防馬步官兵。初登冷口關，而關外……得旨：薊東防禦事急，該部作速具覆。

（熹宗天啟實録卷 6　第 7 頁　11.5.0552）

130　**六月癸未**　順天巡撫李瑾報：薊、昌二鎮發過出關家丁、官軍二項共一萬零一千二百二十八員名。

（熹宗天啟實録卷 6　第 15 頁　11.10.0562）

131　**六月丁亥**　覆御史李日宣，宗生併聖裔中式名數，准各加于額外，不必拘定一人。

（熹宗天啟實録卷 6　第 19 頁　11.13.0567）

132　**六月戊子**　通州巡撫王國禎言：通州東至薊州，北至密雲，各應增設墩臺，欲倣邊臺之制，周圍磚砌，庶可經久。所需磚石、木料、人夫等項，並請工部查議撥償。命所司議覆。

（熹宗天啟實録卷 6　第 19 頁　11.13.0568）

133　**七月庚子朔**　巡撫天津右僉都御史畢自嚴言：海防建置籌畫伊始，偹舡創造級（按：館本級作緩，是也）不及事，宜脩舊唬舡、哨舡，而別募沙舡，于太倉料價則以廬鳳加派未解銀兩爲之。器械、火器各取給於馬價二萬兩。從之。

（熹宗天啟實録卷 7　第 1 頁　12.1.0585）

134　七月辛丑　原任工部主事苑汝梓監造各陵橋工，以糜費數多，被參勘。至是勘明，仍以察典原擬浮躁處之。

（熹宗天啟實録卷 7　第 2 頁　12.2.0587）

135　七月乙已　大學士劉一燝等恭視皇極門上梁，各賜銀幣。

（熹宗天啟實録卷 7　第 4 頁　12.4.0591）

136　七月庚戌　禮科都給事中楊道寅奏：臣隨正使劉鴻訓使朝鮮。仲春徃，孟夏十二（按：館本二下有日字）抵王京。國子（按：館本子作王，是也）李琿率羣臣郊迎惟恪。臣等入國宣諭頒賜，一時東人快睹漢官威儀。第聞遼陷，歸途梗塞，不得已，與國王商，繇航海，且國（按：疑國爲由字之誤）此暫通貢道，以無失外藩恭順之節。國王遂具舟楫，繕兵衛，俾由安州、登州，併遣陳慰、陳謝二起陪臣附行。至海口遇風，臣與陪臣舟没者九隻，正使則越泊鉄山舟覆幾溺，至旅順，方得易舟。因退泊平島，以俟風霽。今幸至登州，乞寬限復命。許之。

（熹宗天啟實録卷 7　第 9 頁　12.7.0598）

137　七月庚戌　總督薊遼王象乾奏：臣向疏請薊、密、永、昌間創立火器車營者三，今蒙遣行邊，乞將臣原題應用兵三萬六千名、馬三千匹、安家馬價十一萬六千兩、衣甲器械銀十二萬八千兩、月粮悉與関外一體動支新餉。每營用太平等車千五百九十輛，金鼓、火藥、旗幟、槍砲、挨牌、刀斧等器，應先發每營銀三萬兩，共九萬兩，分投置造；及統領、副、總各一員，分領、參、遊、都司四員，具題請補。其千把總容臣酌量選補，監軍、憲司即責成薊、密、永三道，部司則以職方主事葉震生，臬臣則以新推昌平按察使賈之鳳爲之。又近虜酋虎墩免憨借遼賞爲詞，要挾于薊，倘狥其情，必且復索于遼，釁端既開，諸部效尤。臣謂虎墩之賞，仍當歸之遼左。薊鎮原無撫夷將官通把，請照宣大事例設撫夷官一員，擇其熟于夷情、爲諸夷信服者。歷查本兵行邊，僅先臣楊博一人。又查總督舊勅，原載有酌量傳調宣、大、山西各鎮策應兵馬字面。此時東氛正惡，遇有緩急，當隨宜調度。臣此行仍係在部原銜，未嘗冒憲，職事固不同也。上命該部作速議覆。

（熹宗天啟實録卷 7　第 10 頁　12.8.0599）

138　七月己未　以皇考妣發引届期，改順天鄉試初六日爲頭場。

（熹宗天啟實録卷 7　第 20 頁　12.16.0616）

139　七月辛酉　御史徐揚先題：臣奉命簡練京軍八，得神樞六、七、八、九、十營并備兵營。每于輪日戴星出入查驗，試演箭砲短兵，分别等第賞罰。竊嘆各營習操演故事，無訓練實功，强弱并淆，勤惰莫辨，使壯士亦化爲懦夫也。每隊軍數缺少，有稱事故者，稱回衛者，稱補選鋒者，稱奉差遣者，實缺卽當召補，公差亦當限還，而諸營懸卸尤獨九營爲多。軍不在伍，粮歸何人？把總親切，難諉不知，知而不補，明屬詐冒。至馬步溷雜，影射易滋。有册開馬而實無馬者，問之則曰馬病或死，及赴領草豆則曰有馬矣。此須按所用之兵以分隊，按所宜之隊以分馬，馬則全隊皆馬，步則全隊皆步，既便訓練，亦便調遣。而馬之給養有限，倒死有追。尤嚴馱載之禁，如祖制各營每五日輪差把總一員，帶軍四名，執牌於京城内外廵看。凡遇馱載，卽時拏解究治，至車械器甲，非該衙門覈實，招造給發，竟同兒戲，老弱告贅，素患需索。臣每審實，隨批本營，自投該營取結，移會兵部收驗。户部更粮，誠執此法，不煩議汰，而營軍未有不改觀者。惟得廉勇大將主持于上，諸弁領自當翕然向風，一洗宿獘。章下所司。

（熹宗天啟實録卷 7　第 22 頁　12.18.0620）

140　七月乙丑　兵部覆：御史張慎言、太僕寺卿丁懋遜疏言：

太僕俵馬，原供京營騎操，非各邊所得擅用。年來夷氣未靖，各鎮調援始借兑，繼扣留，以致寄養無種，冏寺全無。臺臣憂先根本，欲扣本年馬價，差官買補。臣惟遼事未寧，竭天下目力皆爲遼用而不足，豈途有餘金補還前件者哉？除遼撫三次兑馬七千匹，俟事平議補、山東巡撫留俵解馬四百匹議于次年陪還外，給薊道一千一百匹，昌平道一百十八匹，永平道三千匹，密雲道一百九十二匹，署天津道二百三十一匹，應炤馬數扣留，差官領價于宣大甘寧等處，急市馬匹，以實營操。從之。

（熹宗天啟實録卷 7　第 27 頁　12.22.0628）

141　七月戊辰　　鑄兵部贊畫關防，給薊昌贊畫葉震生。

（熹宗天啟實録卷 7　第 31 頁　12.25.0634）

142　七月己巳　　（按：館本己巳作戊辰）以慶陵玄宫安合龍門券石，賜大學士劉一爆等各銀五十兩，紵絲二表裹。

（熹宗天啟實録卷 7　第 32 頁　12.25.0633）

143　八月庚午　　改遼東南路監軍道梁之垣爲行監軍道。時經略熊廷弼疏言：三方建置，須聯合朝鮮，宜得一智略臣前往該國，督發江上之師，就令權駐義州，招募逃附。則我兵與麗兵聲援相倚，與登萊音息時通，斯於援助有濟。遼陽東四百里爲鎮江，與朝鮮義州夾鴨緑而居，相去僅數里，與遼陽爲臂，於南衛爲尾，於賊巢爲腋。凡朝鮮治兵防奴，遼人逬難避賊，遼將招兵集義，東山礦徒拒賊，上下皆聚於此，斯東南大扼要處。宜亟發勑諭，慰勞該國君臣，使盡發八道之兵，連營江上，以張其勢。又亟發詔書，憫恤遼東官軍士民之逬鮮者，招集團練，以成一旅，與麗兵合勢。又亟發銀六萬兩，半犒朝鮮之師，半邺我逃難之衆。而臣又給與空頭劄付百餘道，使之承制拜除。其山東一帶參礦頭目有能結聚千人者卽署都司，五百人上下卽署備守。有差將一呼而應，而一二萬兵可立致也。其粮餉則發銀平買於朝鮮東山一帶，諒該國懼賊併吞之禍，感我拒倭之恩，必不忍推托。向獨苦無官可遣，昨與南路監軍梁之垣語，忻然請往。之垣才畧胆氣本足，衝長風，破萬里浪，又生長海濵，習知鮮遼形勢要害與民情土俗，可使也。于是部議以之垣往，上爲鑄給監軍関防，仍照行人出使例賜服色，以寵其行。之垣列上七欵：重事權、定職掌、羅將材、具文職、兵丁、錢粮、器械，部覆皆從之。……乞勒限起程，先往登州整頓舟楫。其慰勞朝鮮君臣及憫恤遼東官軍詔書卽與頒發。報可。

（熹宗天啟實録卷8 第1頁 13.1.0637）

144 八月癸酉 命總兵竇承武以原銜管薊鎮西協副總兵事。

（熹宗天啟實録卷8 第4頁 13.3.0642）

145 八月癸酉 降監督通州倉户部主事張汝元一級，調外任，以御史安伸參其擅賣倉儲也。

（熹宗天啟實録卷8 第4頁 13.4.0643）

146 八月甲戌 禮部題：八月二十七日光宗貞皇帝、孝和皇太后梓宮同日發引。九月初四日入金井掩土，初八日神主入大明門奉安几筵。

（熹宗天啟實録卷8 第7頁 13.5.0646）

147 八月乙亥 陞河南布政使司右參議閔宗德爲山西按察使，備兵昌平。

（熹宗天啟實録卷8 第10頁 13.9.0653）

148 八月壬午 募兵御史傅宗龍練兵五千名，奉旨調赴密雲，爲樞臣行邊之用，其坐營中軍守備王尚賢等加銜有差。

（熹宗天啟實録卷8 第16頁 13.13.0662）

149 八月壬午 宣諭朝鮮勑書，發道臣梁之垣。皇帝勑諭朝鮮國王：朕嗣承天位，君臨萬方，惟爾世守東藩，忠孝素著。頃自建酋肆逆，遼左用兵，爾邦征膳〔校記:紅本、李本膳作繕，是也〕以從，兵將捐軀勇戰。我皇祖用頒詔諭，賚邮有加。屬者遼瀋繼没，爾復陳兵聲援，慰集流移，邊臣奏聞，朕甚嘉焉。玆特遣官賫捧〔校記：紅本捧作奉〕璽書，用褒勞勛，併御前所發賞功銀三萬兩，給付爾國，量行賫犒。其沿江一帶，我軍民瘵痍奔命留滯未還者，令差去官撫定資給，不以煩爾；其差官帶有兵從，令其聯絡聲勢，相機規圖，約戢部伍，不致侵擾。爾國君臣將士，宜悉朕意，明聽朕言。惟兹逆酋，挾我叛人，荼毒生靈，偪處肘腋，罪惡貫行〔校記：李本貫行作貫盈。紅本作盈貫，是也〕，覆載不容。朕方簡任文武將吏，厚集水陸兵師，奉行天誅，用攄國憤。維爾義激同仇，勞宣啟懔安危，共域休戚關情，其尚飭備周防，嚴兵犄角，設奇制勝。佐集大功于以保我疆陲，固爾封守。朕用恢廓版宇亦以綏爾藩邦，策爾藩〔校記：李本藩作忠〕勳，垂名史牒，詎不偉歟！惟爾其欽録之。特諭。

（熹宗天啟實録卷 8　第 16 頁　13.13.0662）

150　八月癸未　兵部覆總督京營陳良弼疏言：原額三大營馬二萬一千二百五十匹，萬曆四十八年倒死一千七百九十三匹。查三大營廵捕營及外而通州營、張家灣營、奠靖所各馬匹，皆戰守廵緝所資，而旗守衛之馬，又所以閑輿衛也。舊額誠不可缺，合劄付太僕寺於所屬寄養馬内調取，赴寺兑補。三大營一千七百九十三匹，廵捕營三百八十六匹，通州營七十三匹，張家灣營二十五匹，奠靖所旗守衛各七匹。但寄養之馬價三十金，一兑給軍，旋至骨立，皆緣貧遠軍士尅減草料，奔逐馱載所致。宜委馬政主事將應領馬匹官軍選鋒，審其住居附近，精壯殷寔方准兑給，毋得濫與貧遠軍士，仍如前獘，查該營將領參治。報可。

（熹宗天啟實録卷 8　第 17 頁　13.14.0663）

151　八月癸未　以光宗皇帝梓宫發引，擡請演扛及執儀仗（按：館本仗作仗）冥器等項，例用營軍民夫，令京營及五成（按：館本成作城）兵馬宛、大二縣預爲料理。仍以龍輴戒嚴，勅該監倍加詳慎，不得草率誤事。

（熹宗天啟實録卷 8　第 17 頁　13.14.0664）

152　**八月甲午**　撤皇祖時所建金水河北臺。

（熹宗天啟實録卷8　第26頁　13.22.0679）

153　**八月甲午**　以光宗貞皇帝、孝和皇太后梓宫發引，孝元貞皇后梓宫啟遷，先期遣英國公張維賢告南郊，成國公朱純臣告北郊，駙馬都尉侯拱宸告太廟，遂安伯陳偉告社稷。勑駙馬都尉侯拱宸、萬煒充山陵奠獻使，恭順侯吴汝胤、惠安伯張慶臻等護梓宫，遣撫寧侯朱國弼護孝元貞皇后啟遷，提督京營泰寧侯陳良弼率官軍圍守，禮部侍郎周道登、鄭以偉監禮。

（熹宗天啟實録卷8　第26頁　13.22.0679）

154　**八月甲午**　改朝鮮貢道自海至登州直達京師，從朝鮮國王李琿之請也。

李琿又奏：建夷地方本不産鹽，取販遼海等處。自得罪天朝，鹹路永杜。前年本賊遣將分兵攻掠，仍留迤北斥鹵之地，縱兵伐木，煮海爲鹽，俄頃之間，收得四百餘駝，任意輸去。今又領兵數千，屯駐小邦延境，運至釜子，大設煮具，恣行無忌，年復一年，深恐鹽利悉歸兇手。況造作升梯，要犯瀋陽，尤極叵測。兵部言：建夷屯兵煮鹽，挾朝鮮以無可奈何之勢，非爲不利于該國，関係中國非小。今監軍副使梁之垣往該國，就令與該國節度使等官相機堵截，毋容種禍于彼方。報可。

（熹宗天啟實録卷8　第27頁　13.22.0680）

155　**八月乙未**　朝鮮王李琿送漂海三十六名解京，皆遼舊役遇風漂磨蛤島、安賍串等處，譯審送還。

（熹宗天啟實録卷8　第31頁　13.25.0686）

156　**八月丙申**　陞順天府尹陳大道通政使司。

（熹宗天啟實録卷8　第31頁　13.26.0688）

157　**八月丙申**　泰寧侯陳良弼既謝病，京營提督未有所屬。兵部覆稱：查《會典》，京營提督率用勳臣。景泰、弘治、嘉靖、隆慶間每革勳臣，以尚書都御史會同大將管理，已而又易爲勳臣。

合無仍于勳臣中選廉勇一人，照例會推。從之。

（熹宗天啟實録卷 8　第 32 頁　13.26.0688）

158　八月丁酉　工部製完太（按：疑太爲泰之誤）昌通寶錢二百萬文，命内府司鑰庫收貯，另將五十萬發山陵，給賞工匠員役。

（熹宗天啟實録卷 8　第 32 頁　13.26.0688）

159　八月丁酉　造慶陵神宫監印，給太監劉忠。

（熹宗天啟實録卷 8　第 32 頁　13.27.0689）

160　九月己亥朔　梓宫至慶陵，孝和皇太后梓宫同至，孝元貞皇后梓宫遷祔，俱於獻陵奉安。駙馬都尉侯拱宸行奠獻禮，遣陽武侯薛濂、寧陽侯陳光裕、靈璧侯湯國祚、撫寧侯朱國弼、武清侯李誠銘、靖遠伯王永恩、彭城伯張嘉猷、武進伯朱自洪、廣寧伯劉嗣爵、崇信伯費天澤祭告諸陵，懷寧侯孫承廕祭后土之神，武定侯郭應麒祭天壽山之神。

（熹宗天啟實録卷 9　第 1 頁　14.1.0693）

161　九月壬寅　葬慶陵，遣大學士劉一燝恭題神主。孝恭章皇后（按：館本后下有忌字，是也）辰，奉先殿行祭禮，遣南和伯方一元祭景陵。

（熹宗天啟實録卷 9　第 2 頁　14.2.0695）

162　九月丁未　通州巡撫王國禎以近畿重鎮，議添設標下兵馬馬兵〔校記：紅本兵馬馬兵作馬兵，是也〕二千名，步兵一千名，兼議設總兵及安家操賞諸費。兵部尚書張鶴鳴覆言：撫臣新設，事屬創始，標下兵不容不議。惟是通州以地言，止宜守不宜戰；以守言，止宜步不宜馬。近招募延綏馬兵二千，本地步兵八千矣。就中簡馬兵一千、步兵二千爲親兵，令中軍統領操練，以備緩急。仍設標左右兩營遊擊各一員，每營操練三千五百人，不必另設總兵也。冏寺寄養馬匹，原備京營騎標操，通撫前募馬兵二千，亦足供標下之用矣。本地募兵與援兵遠募不同，安家行粮既議定，姑照前議，至錢粮、盔甲、器械、營房，聽户工二部酌議。其操賞初起一年，姑于新餉銀内動支三千兩，自後於各兵曠缺銀内酌用。從之。

（熹宗天啟實録卷9 第4頁 14.3.0698）

163 九月丁未 陞山東左布政使沈光祚順天府尹。

（熹宗天啟實録卷9 第6頁 14.5.0701）

164 九月癸丑 御史董羽宸言：在京官房起於各衙門，在京人役偶寓不已，私相授受，有頂首，有租賃，紛紛盤踞。況保甲法行，方蒐剔於宮觀，而官署爲穴，作姦犯科，保伍不察，兵番不問，水火盜賊又其小耳。宜嚴查各官房，有不係在官及應得撥給者盡行驅逐，命一體申飭。

（熹宗天啟實録卷9 第11頁 14.9.0710）

165 九月甲寅 協理戎政左僉都御史李宗延，以陪祀太廟昧爽入朝，至承天門外，守門御用監少監李天祥、都知監太監王昇梃擊之，裂其冠。宗延因言：此故也，非誤也。臣入京營，將賄託鑽營一盤捧出，清出占役千百，以此恨入骨髓，此擊不可謂無心。且以皇后之尊，敢於誣衊法司之問官，敢於撓阻兩京科道之殫（按：館本殫作彈）章，敢於寢閣，則以内使楊正朝等之梗也。況太廟丹陛門外，侯伯拜位之上，内使羣然嬉笑偃卧，全無人臣禮。其朘索王府，酷害驛遞，迫死商人，明娶妻妾，臣姑不論也。乞於六年京官考察之後特勅禮部會同司禮監考察黜陟，至宮殿伺候懸帶牌面出入，無牌及革職不用者，聽巡城御史依律責究，容臣將此冠掛承天門。查隆慶二年七月内〔校記：館本月下内作間〕内使羣毆御史李學道，穆宗皇帝怒命錦衣衛執杖一百、遣戍烟瘴例，乞勅法司移文該監，拘提正法，審寔發落。得旨：門禁宜嚴，陪祀官員何地溷加欄擊？直日守門官該監查明奏處。太廟嚴肅，隨内侍使不得嬉笑坐卧，該監一併申飭。

（熹宗天啟實録卷9 第12頁 14.10.0712）

166 九月丙辰 以皇祖陵工敍效勞，内臣王體乾、沈瘯、宋晉各加恩三等，史賓、汪良德、戴（按:館本戴下有福壽二字）各加恩二等，李忠、趙之翰、周陛加恩一等，賞銀幣各有差。先是，工部敍疏内上命除高時明而録魏進忠，進忠疏，辭，許之。敍効勞部臣，吏部尚書周嘉謨、工部尚書王佐俱加太子少保，廕一子國子生，賞銀五十兩，紵絲三表裏。工部侍郎王永光、姚思仁各加正二品服俸，賞銀四十兩，紵絲二表裏。刑部尚書黄克纘，兵部尚書王象乾、張鶴鳴，禮部尚書周道登、鄭以偉，兵部侍郎王在晉，宣大總督董漢儒、總督京營泰寧侯陳良弼、協理左僉都御史李延宗賞銀各有差。

（熹宗天啟實録卷 9　第 14 頁　14.12.0716）

167　九月丙辰　差浙江道御史吴應琦順天廵按。

（熹宗天啟實録卷 9　第 15 頁　14.12.0716）

168　九月丁巳　陞大同協守副總兵許世臣神機營右副將，薊鎮協守副總兵王國樑神樞營右副將。

（熹宗天啟實録卷 9　第 15 頁　14.13.0717）

169　九月丁巳　陞薊鎮都司李承爵管五軍九營遊擊事。

（熹宗天啟實録卷 9　第 15 頁　14.13.0717）

170　九月戊午　叙皇祖陵工，進輔臣劉一燝、韓爌少傅兼太子太傅、中極殿大學士。新傅〔校記:紅本、李本傅作輔，是也〕何宗彥、朱國祚、沈漼加太子太保，進文淵閣，同原任首輔方從哲各廕一子中書舍人，賞銀五十兩，彩段四表裏。去輔孫如游廕一子國子生，賞銀五十兩，彩段四表裏，照新銜給誥命。一燝等各三疏懇辭，許之。命銀幣祗承。

（熹宗天啟實録卷 9　第 15 頁　14.13.0717）

171　九月戊午　陞神機營右副將郭欽爲中府僉書。

（熹宗天啟實録卷 9　第 18 頁　14.15.0721）

172　九月己未　薊州、遵化、密雲地震（按:此條梁本失載，館本存）。

（14.15.0722）

173 九月庚申 陞……劉從禮薊鎮石匣提調，馬化龍通州左營、汪登瑞通州右營、汪占恩薊鎮馬松、李應文薊鎮建昌各遊擊將軍。

（熹宗天啟實録卷9 第20頁 14.16.0728）

174 九月癸亥 差户部山西司郎中霍允猷管薊州粮儲。

（熹宗天啟實録卷9 第20頁 14.16.0724）

175 十月庚午 薊遼總督王象乾奏：車兵一節，當共立三營，每營以建（按：館本建作健）兵一萬二千人爲率，通計三萬六千人。川兵二萬四千，浙兵一萬二千。分布三營，一駐山海，一駐遼東，一駐密雲。無事分練於一片石、桃林、河流、喜峰、古北、潮河諸口，有事則山海一營發之出關，一營移之山海，密雲一營仍駐密雲，以護陵京。蓋遼左當慮，薊門尤當慮。乞照臣原請撥給團練。部覆如議。

（熹宗天啟實録卷10 第3頁 15.2.0738）

176 十月丙子 下昭陵神官監監丞劉馨獄，發充南京淨軍。杖内官李受等，降二級。以馨等放債部軍，復鼓衆挾賞也。下兵仗局奉御宋進獄，仍發配，以内織染局匪張祥等盗内庫財物，進爲鄰窩也。

（熹宗天啟實録卷10 第8頁 15.6.0746）

177 十月己卯 以大學士劉一燝等恭視慶陵治水，各賜銀幣。

（熹宗天啟實録卷10 第11頁 15.8.0750）

178 十月庚辰 以皇極門安獸吻，頒賜大學士劉一燝等各銀五十兩，紵絲四表裏。

（熹宗天啟實録卷10 第11頁 15.9.0751）

179 十月庚辰 陞守備梁甫神機三營遊擊將軍。

（熹宗天啟實録卷10 第12頁 15.9.0752）

180 十月辛巳 命御史李養志巡視京營。

（熹宗天啟實録卷 10　第 12 頁　15.9.0752）

181　十月辛巳　濬京城濠成，自東便、朝陽、東直、安定、得（按：館本得作德）勝、西直、阜城、西便、正陽九門及重城，共用夫一百五十萬八千（按：館本千作百）十九名，匠一千二百八十九名，班軍積日三萬三千十二名，費水衡銀六萬一千六百二十八兩，司農銀一千七百三十三兩，米三千三百一石，諸椿木、灰瓦、磚、繩斗百物及運價咸具，而鍁钁以歸盔甲廠，收爲甲械之需。監工科道魏大忠等因言：濠之源出玉泉山，經高梁橋，抵都城西北而派爲二：一循城之左而東而南，一循城之右而南而東。宜按舊閘爲地形高下，次第布之，未可以丈尺概也。德勝門外之水南入關，周行大内，出玉河，近且北淤南壅。而嘉靖庚戌所築重城，地勢既高，有掘未及泉而止者。俟異日清其源，審其勢，疏其脉，達其支，以總匯於道（按：館本匯下無於道二字，是也）於通橋。又須理葺諸閘，節宣蓄洩，以壯金湯，而固風氣。下工部。

（熹宗天啟實録卷 10　第 14 頁　15.11.0756）

182　十月癸未　慶陵興工，遣工部尚書王佐祭告。

（熹宗天啟實録卷 10　第 16 頁　15.13.0759）

183　十月甲申　陞都司僉書高珍密雲鎮武營，……昌鎮慕田峪守備許文明河間領軍。僉遊擊將軍。

（熹宗天啟實録卷 10　第 16 頁　15.13.0759）

184　十月甲申　命新鑄制錢以萬曆通寶爲式。

（熹宗天啟實録卷 10　第 16 頁　15.13.0760）

185　十月乙酉　慶陵金柱興工（按：梁本此條失載，館本存）。

（15.13.0760）

186　十月丙戌　監督盔甲廠主事沈棨奏：兩廠修造軍器以應京營。近奉旨開廠，既無内監，并去積胥，可減十之三，按工給發，省匠頭包攬，可省十之四。大約向費千金者，新廠可六百金出實收矣。如造甲一件，原估一兩七錢五分，今一兩零五分，但必須給發見銀，便可通行。又建鐵折耗，每鍊百斤，揀去不堪者十餘斤，閩中解運極苦沉重，徒費運價，若揀净建鐵儘自可用，但發鍊熟鐵條式樣，行本省地方，照式起解。修理舊甲，歲以三萬副應營操，換布不換鐵葉，外解本欠精工，更加繡蝕，宜改修理爲成造。取舊甲鍛練，更省煤炭。又折卸甲面，向多犒内監各役，今加線納縫，改作棉花紙甲，可濟南兵，亦可當營軍操演。其新所成造，藏諸廠庫，或分送京營收貯，外解之盔甲、腰刀、弓箭，每副約價八兩，或改折，或照新式造辦，加工加料，倍嘗堅利，每一副可增爲二副。先朝估價，寧處其寬，今日急需，當覈其實也。年例鉛彈供營操演者，屢屢盗賣，由鉛易鎔化故也。今改作鐵彈，且鑄鉛工價便足抵鐵彈工料者，省下鉛斤可當十六門預備，更申明會典，日記損失，止操湊補之法，一歲之鐵彈，可用數年，然此就臣職掌論也。……下部。

（熹宗天啟實録卷 10 第 17 頁 15.13.0760）

187 十月戊子 陞光禄寺少卿郝名宦順天府府丞。

（熹宗天啟實録卷 10 第 20 頁 15.16.0766）

188 十一月戊戌朔 刑科給事中毛士龍、順天府府丞邵輔忠相訐。士龍參輔忠姦貪不法，輔忠亦許（按：館本許作訐）士龍盗庫娶妓及匿李三才金事。下部院。吏部尚書張問達等會議，言：二臣相訐諸欵，按其事寔多屬風影之妄，究其情由，總緣睚眦之嫌。乞俯從寬貸，量加罰治。上不許，命褫士龍職，勒輔忠閑住。仍戒以後各官務協恭體國，共濟時艱，再有挾私造言生事起釁者，重治不貸。

（熹宗天啟實録卷 11 第 2 頁 16.1.0786）

189 十一月甲辰 京營募新兵三千四百四十八名。總督戎泰寧侯陳良弼請每兵賞銀一兩，隨營收操，除挑選三百九十〔按：館本九十作十九，李本作十八〕名赴錦衣衛指揮萬邦孚收練外，以鎮撫陳焕章如（按：館本如作加）坐營操練，龍驤衛三科武舉張承恩充新兵營中軍，仍會兑馬五百匹給軍騎操。歲增犒賞銀三百兩，坐營中軍千把總歲增軍伴銀三百九十六兩。俱以天啟元年六月十八日歸營爲始。從之。

（熹宗天啟實録卷 11　第 6 頁　16.5.0793）

190　十一月甲辰　命河南南陽等處毛兵一千一百餘名出關，其陝西募兵五千發薊鎮操練，候調出關。

（熹宗天啟實録卷 11　第 6 頁　16.5.0794）

191　十一月丙午　命禮部左侍郎周道登待安南國陪臣筵宴。

（熹宗天啟實録卷 11　第 8 頁　16.7.0797）

192　十一月癸丑　銀作局題稱：内官監揭開皇極門等東西角門樓圍廊及皇極門内煖閣等項，合用各色料物計五十一萬二千〔校記：館本千作十〕二件，送局鍍金，計葉子金八千六百八十六兩二錢，乞勅營繕司召買，仍催雇鍍匠一百五十名。工部疏乞裁減，不許。管大工兵科給事中蕭基疏言：商人百計以肥己私，因百計以瞞監視，諸書辦委吏又百計以餌商夫，因百計以延工課。我急彼緩，我争少彼争多，悠悠泄泄，告成何日？至錢粮儲發最爲喫緊，宜倣巡青寄貯太倉之例，聽巡視監督公同出納，不使落官吏之手，溷假參低，以召衆怨。物料貯用，亦最繁夥，宜該監與監督共手支用，合同登簿，循環驗駐。餘則儲之，乏則取之，并當確著爲令。得旨：金銀等物，遵前旨辦進，餘著清查，毋致冒濫。

（熹宗天啟實録卷 11　第 10 頁　16.9.0801）

193　十一月甲寅　差吏科給事中趙時用巡視京營。

（熹宗天啟實録卷 11　第 12 頁　16.10.0803）

194　十一月癸亥　直隸提督學政御史毛一鷺題：禮部覆准副榜凡增附准補廩，廩准監，監准貢。然以廩入監無異銅臭，乞俱准貢或另立副榜監一例以優之。又副榜真可入彀者亦少，宜令主考分備中路賞爲兩項，精選嚴收兩直隸不過五十名，大省三十名，餘照者遞減。下禮部。

（熹宗天啟實録卷 11　第 23 頁　16.19.0822）

195　十二月辛未　下東華門管事内官錢壽、趙昇、王受等于獄。先是，門軍閻科〔校記：李本閻科作聞科〕告稱，本門内官包占官錢歲計七百兩有奇，刑部乞將錢壽等行提質封正法。從之。

（熹宗天啟實録卷 12　第 3 頁　17.3.0837）

196　十二月壬申　天津巡撫畢自嚴、通州巡撫王國楨〔校記：李本楨作禎〕合疏催器械盔甲銀兩。工部尚書王佐請以前發川湖募兵帑金十五萬兩，除解發湖兵四萬三百三十兩外，以二萬八千二百兩給津撫，以七千七百三兩給通撫，其原貯通庫銀二千二百九十六兩，聽通撫收用，以足一萬兩之數。報可。

（熹宗天啟實録卷 12　第 4 頁　17.3.0838）

197　十二月己卯　御用監題，造聖駕儀衛計寶纛旗併盔甲刀槍等項，估物料不下數十萬金。工部乞照萬曆三年寔數裁減。上許減三分，其七分辦送應用，不得延緩。

（熹宗天啟實録卷 12　第 13 頁　17.11.0853）

198　十二月己卯　起陞國子監祭酒林堯俞禮部右侍郎，管國子監祭酒事。

（熹宗天啟實録卷 12　第 13 頁　17.11.0853）

199　十二月庚辰　援遼浙江參將袁應兆領援兵七十〔校記：疑十作千〕餘名，賄逃二千餘名，始就天津招補湊數，每名計（按：館本計作許）安家銀五兩，不與。至玉田縣，新兵索安家，與舊兵閧，舊兵格殺新兵十餘人，攻掠民房百餘間。次日，應兆復擅殺新兵數人，捆打割耳幾二百人，新兵盡逃。應兆本畏出關，先求登撫陶朗先奏留，不遂，屯聚玉田，因逾兩旬。順天巡撫李瑾參其科剋逼遛激變之罪。得旨：袁應兆押兵鼓釁，罪將誰諉？但已約束前行，著用心管領，俟到再議。

（熹宗天啟實實卷 12　第 13 頁　17.11.0853）

200　十二月辛巳　　是日午，風從西北乾方來，揚塵四塞。禮科周朝瑞言：是午日上有一物覆壓盪，非烟非霧，如蓋如呑，怪風揚沙，通天皆赤。當東西交警之時，天不悔禍，有此非嘗譴告，願皇上……庶幾人心知儆，天意可回。

（熹宗天啟實録卷 12　第 14 頁　17.11.0854）

201　十二月癸未　　安南都統使黎維新卒，嫡子維祺遣陪臣阮世標等四十二員至京，補進萬曆三十九年、四十二員（按：疑員爲年之誤）二次額貢。賞賚如例，會通事伴送廣西鎮南關出境（按：梁本此條失載，館本存）。

（17. 13. 0857）

202　十二月乙酉　　御史李日宣以防禦久弛，寇盗公行，議於都門前抵良鄉界約五十里，如長店、大井、柳巷、五里店、太平堝等處，五里築一高墪，蓋一小堡，每墪、堡宿兵十名，馬匹、金鈴〔校記：李本金鈴作令〕、旗炮、弓箭、刀鎗之屬悉具。嘗川起行，但遇有事，金炮一發，官軍士兵協力出救，隨時防緝捕，期于必獲。計五十里内墪堡不通，十所軍不過百人，費亦不受。臣先與提督約，各墪堡每日派十兵二馬，五日一更。每班前一日遞承管後一日報無事，有事急行報緝，失報失緝則罪之。此廵捕守備事也。又與順天府約，墪堡有舊址有新基，皆查無可因，所估七百金費，地屬宛平，如費無所出，則臣與府臣共助之。此宛平縣知縣知縣〔按：館本縣下無知縣二字。紅本事下有也字〕事。廵捕營兵信地舊止於蘆溝橋東，而橋至趙村十〔校記：紅本十下有五字〕里，趙村至良鄉二十里，僅蘆溝橋廵簡司二十弓兵恐難照應，宜一體設體，聲勢相連。此又順天府當急與宛平、良鄉兩邑共商也。今東西狂逞，伏莽聚澤，不止都門西南一帶，而此其過亂之源，餘當以漸議及。得旨：着廵城御史并京府督捕著寔行，仍前疏玩，從重參處。在外地方官均有弭盗安民之責，各撫按嚴加申飭，不得因循釀患。

（熹宗天啟實録卷 12　第 18 頁　17.15.0862）

203　十二月乙酉　御史施樑亦言：都門之外攘奪公行，番役交通慣盜縱劫分贓，事敗百端推諉。查蘆溝橋巡簡有司弓兵則宛平縣所轄也；兵馬司有宣北坊，有番役，則巡視南城所轄也；巡捕有西路參將，有把總，有巡捕官軍，則提督衙門所轄也。宜斟酌多寡遠近，畫地分坊。如失事，本管官轉申巡視，將兵番直日嚴行比緝。西路守把聽臣衙門糾察，宣北坊兵馬司聽會同巡視南城御史糾察，一如五城事例。年終即以功過移文吏、兵二部，分别懲勸。下部申飭。

（熹宗天啟實録卷 12　第 19 頁　17.16.0863）

204　十二月丙戌　先是，光禄寺少卿李之藻建議謂城守火器必得西洋大銃練兵，詞臣徐光啟因令守備孫學詩赴廣，於香山嶴購得四銃，至是解京。仍令赴廣取紅夷銅銃及選募慣造慣放夷商赴京。

（熹宗天啟實録卷 12　第 22 頁　17.18.0867）

205　十二月丙戌　以皇祖陵工，陞右都督田爾耕左都督，都指揮僉事王世盛都指揮同知，指揮僉事史世載指揮同知，都指揮使張懋忠都督僉事，仍添駐南鎮撫司僉事，其指揮同知楊汝業等各陞級有差。

（熹宗天啟實録卷 12　第 22 頁　17.18.0868）

206　十二月庚寅　命都督許世臣鎮守薊、永、山海，……魯欽鎮守保定。

（熹宗天啟實録卷 12　第 23 頁　17.19.0869）

207　十二月壬辰　薊遼總督王象乾題：燕京以山海、居庸爲東西門户，維是兵馬孱弱，壁壘空虚，請挈其最要者：一設險隘。循南海至南山十有六里，請于城下設火城以傳城，城外設敵臺以衛城，臺外築土牆以衛臺，牆外建敵樓、疏濬水道以衛牆。每八十丈建臺一座，加以護門臺二座，通計臺四十二座，每臺南北兵二十五名，用兵一千五十名，槍砲、綱輪、地雷、地龍，品坑、品窖以次修建。仍于八里鋪嶺上再築土牆一道，京東半壁若泰山四維矣。一飭限期。班軍赴邊，各有程限。……得旨：山海重地，所奏深于防守有裨，着該部作速議覆。

（熹宗天啟實録卷 12　第 28 頁　17.22.0876）

208　十二月癸巳　以覃恩准罰科舉人何閎中、曾鳴世、許士桑、饒震元、王頻、李新、吴洪裕、李瀛八人會試。

（熹宗天啟實録卷 12　第 28 頁　17.23.0878）

209　十二月丙申　皇城巡視科道甄淑等題：皇上深居清密，去玄武門稍邇，乃巡官邏卒，利前之近易，而忽後之僻難，一片荒寂，全無一人，非所以示後。擁兩長安門冠裳輻輳，難容奸究（按：館本究作宄），若東華門偏在一方，近連紫禁，況光禄琑（按：館本琑作瑣）細，庫廠搬運，内監出入，勢難清肅，非所以譏奸細；西華門空地固多，而中璫之房亦密，此（按：館本此作比）之東華，稍可防禦。近因北臺拆卸，夫役溷喧，且冬則冰牀作戲，春夏荷柳供觀，率爲尋嘗遊豫之場，非所以藩内外。諸將巡視，科院部三臣分督，一東一西一北，專掌則有專責，庶無推諉。至鋪舍之頽宜修，金鈴之傳宜稽，燈籠器仗宜備，皇牆圮壞宜葺，總祈勑部施行。下兵部。

（熹宗天啟實録卷 12　第 33 頁　17.26.0884）

天啟二年（1622）

210　正月己亥　以慶陵工成，進首輔葉向高中極殿大學士，與舊輔方從哲俱廕一子中書舍人；何宗彦、朱國祚、沈㴶進武英殿大學士，史繼偕加太子太保，俱廕一子國子生。仍各賜銀幣有差。向高等俱三疏懇辭，許之，命銀幣祗承。

（熹宗天啟實録卷 13　第 4 頁　18.4.0904）

211　正月辛丑　命都督僉事郭欽以原官提督京城内外巡捕。

（熹宗天啟實録卷 13　第 5 頁　18.5.0905）

212　正月辛丑　聖諭：皇考陵工告成，各官效有勤勞，宜行敍賚。王體乾、宋晉、魏進忠各廕弟侄一人錦衣衛指揮僉事，仍賞銀五十兩，紵絲三表裏；諸棟、梁棟、史賓、斐昇、張文元、李實各廕弟侄一人錦衣衛正千户，賞銀四十兩，紵絲二表裏；馬誠、戴福壽、王用各廕弟侄一人錦衣衛百户，賞銀三十兩，紵絲二表裏；孟進寶賞銀三十兩；李忠、王國安、王國輔、翟應奎、趙之翰、王敬、王守謙各加恩二等，賞銀二十兩，紵絲二表裏；王佐加太子太傅，廕一子入監讀書，賞銀五十兩，紵絲三表裏；李騰芳加太子賓客正二品服俸，廕一子入監讀書，賞銀四十兩，紵絲二表裏；熊尚文、孫承宗各加三品服俸，賞銀三十兩，紵絲二表裏；周嘉謨、張問達、黄克纘各賞銀五十兩，紵絲三表裏；傅宗龍等十八員，各賞銀二十兩；張其庭等十四員，各賞銀十五兩；周道登、鄭以偉各廕一子入監讀書，紵絲二表裏；康新民等八員各賞銀十五兩；賈允元加陞參政；張廷拱陞時加一級；白瑜等五員，各賞銀十兩，紵絲一表裏；洪文衡從優議卹；趙一鑑等六員，各賞銀八兩；陳良弼、崔景榮、張鶴鳴、王在晉、張經世、李宗延各賞銀三十兩，紵絲二表裏，内陳良弼加陞少師兼太子太傅；黄承紹等三員，各賞銀八兩；王永光、姚思仁各陞本部尚書，仍管侍郎事，廕一子入監讀書，王舜鼎陞俸一級，仍各賞銀三十兩，紵絲二表裏；樊王家陞京堂用，王國相候補任時加陞京堂；戴君恩等三員候陞時并前叙陞三級，萬爆等二員加陞一級，以上七員，仍各賞銀八兩；馬棟等二十二〔校記：館本二十二作二十〕員各賞銀十兩，内王道元等九員仍各加五兩；李瑾、胡思仲各賞銀三十兩，紵絲二表裏；駱思恭加陞少保兼太子太保；王世盛三十八員，各量陞一級；楊汝齡贈三級；周子愚等十員陞一級；能（按：館本能作熊）祖德等二員陞漏刻博士；楊啟等七員，各賞銀六兩；李遇德四員，量授吏目職銜；雷同震等六員，各賞銀六兩；華衮等八員，各賞銀六兩，内華衮、李思敬、劉國英仍行紀録。從工部敍也。

（熹宗天啟實録卷 13　第 5 頁　18.5.0905）

213　正月乙巳　皇極門插劔懸牌，賜大學士葉向高等各銀五十兩，紵絲四表裏。

（熹宗天啟實録卷 13　第 8 頁　18.7.0920）

214　正月辛亥　陞……國子監祭酒吴宗達、右庶子汪煇俱詹事府少詹事、兼翰林院侍讀學士。

（熹宗天啟實録卷 13　第 14 頁　18.12.0920）

215　正月辛亥　起陞原任國子監祭酒何如寵禮部右侍郎，兼翰林院侍讀學士，協理詹事府事。

（熹宗天啟實録卷 13　第 14 頁　18.12.0920）

216　正月丁巳　又鑄管神樞營事務、管神機營事務、管五軍營事務各関防。

（熹宗天啟實録卷 13　第 19 頁　18.16.0928）

217　正月壬戌　陞……神機五營佐擊王維城爲通、昌統練三營民兵参將。

（熹宗天啟實録卷 13　第 23 頁　18.20.0935）

218　正月壬戌　陞遊擊管保鎮紫荆関参將事劉汶爲神機二營参將，神樞四營遊擊羅星爲薊鎮牆子路参將。

（熹宗天啟實録卷 13　第 24 頁　18.20.0935）

219　正月癸亥　禮科都給事中惠世揚磨勘壬子各省直試卷，言：順天中式一百二名，查廷櫄長安多口代筆，已有顯迹。應提究問，命所司参奏。

（熹宗天啟實録卷 13　第 24 頁　18.20.0936）

220　**二月壬申**　　遣御史潘汝禎巡視京營。

（熹宗天啟實録卷14　第7頁　19.6.0959）

221　**二月己丑**　　遣御史劉述祖巡視京、通二倉。

（熹宗天啟實録卷14　第23頁　19.18.0983）

222　**二月己丑**　　風霾（按：此條梁本失載，館本存）。

（19.18.0983）

223　**二月辛卯**　　取中試舉人劉必達等四百名。

（熹宗天啟實録卷14　第24頁　19.19.0985）

224　**二月癸巳**　　兵部左侍郎王在晉疏言：京師應募之人皆五方烏合之衆，領銀則人人驍勇，入隊則每每恇羸，東營點而西營應，比比然也。科臣與陽武侯薛濂、錦衣衛指揮萬邦孚招集潰兵，奉有明旨，而潰兵已過通州、玉田，無從招矣。莫若今招土兵，濂自稱平時結客養士，有精鋭數千，皆真保間有根脚人。當令濂募兵五千，萬邦孚募募（按：館本募下募字作兵，是也）五千，查明籍貫，分别隊伍，務精驍勇。募完之日，擇相應地面屯劄查驗，則委臺臣一員〔校記：李本無一員二字〕，散粮則屬户部司官。其濂所舉袁麟、柯仲炯卽用爲参謀，俟有成效，另議授職可也。上是其議。

（熹宗天啟實録卷14　第26頁　19.20.0988）

225　**三月庚子**　　南京工科給事中徐憲卿以河西陷没，山海頻危，條議八事：一固山海，一守薊門，一挑營兵，一定城守，一嚴保甲，一儲煤米，一募義勇，一檄勤王。疏下部議。

（熹宗天啟實録卷15　第5頁　20.4.1001）

226　**三月辛丑**　　工部進鑄成天啟制錢一百萬文。

（熹宗天啟實録卷15　第5頁　20.4.1002）

227　**三月壬寅**　　差……李希孔巡視京營。

（熹宗天啟實録卷15　第5頁　20.4.1002）

228　**三月辛亥**　　上御皇極門策試貢士。

（熹宗天啟實録卷 15 第 16 頁 20.12.1018）

229 三月壬子 命鑄神機、神樞、五軍各營練兵、總兵各關防給蕭如薫、白兆慶、王世欽。

（熹宗天啟實録卷 15 第 18 頁 20.14.1022）

230 三月壬子 加陞都司僉書杜弘域爲通州巡撫標下中軍遊擊。

（熹宗天啟實録卷 15 第 18 頁 20.14.1022）

231 三月癸丑 命鑄經畧遼東、薊鎮、天津、登萊等處軍務關防，給王在晉。

（熹宗天啟實録卷 15 第 18 頁 20.14.1022）

232 三月甲寅 賜天下貢士文震孟等四百人進士及第、出身有差。

（熹宗天啟實録卷 15 第 19 頁 20.15.1023）

233 三月戊午 京師購捕姦細多有枉累，大學士孫承宗疏言：京師地重民囂，操之或急，勢將互相鼓煽，互相傾排，力未及姦宄而禍先中善良。至於遼人，後光（按：館本光作先）數十萬，誠宜簡防。古固有陷虜陷番而回者，若疑而殺之，恐遂堅從逆之志；而内之驚魂未定者，或懷颺去之思，卽如楊鎬、李如楨自有應得之罪，而或曰通虜，近熊廷弼、王化貞亦有應得之罪，或又曰通虜，强予以莫須有之文，反脱其不可捕之罪，豈惟無以服本辜，抑何以服天下也？伏望皇上議法務盡事情，不必旁借，務當科條，不必曲律。疏入。得旨：詰姦自是要務，但不得因此騷擾，遼民已有屢（按：館本屢下有旨字）安插，還行地方官用心料理。失事各官，法司務公平問斷，以服人心。其因姦細摘發交通情節，都要虚心審究明白，如有枉累，卽爲昭雪。

（熹宗天啟實録卷 15 第 21 頁 20.17.1027）

234 三月癸亥 保定巡撫張鳳翔疏言：今之策奴者，率慮犯關門，犯諸隘，直薄都門，不知此猶奴下策。奴計最狡，且以一旅綴山海，一旅走桃林、古北、一片石諸口，而別馳精鋭，繇間道犯真、保諸郡，以絶天下兵馬之路。亟當留屯大兵守此一線，使南北得以往來，雖允舊撫之請增兵五千，而真、保、易、定、紫荆之間，分之不過千人，進不足戰，退不足守，何以濟事？當再並萬五千人隸標下，萬五千人駐保定，一萬駐易州，五千守紫荆等關，而又厚其糈、利其器，鼓其忠義之心、練其攻守之法，以與山海、薊門首尾聯絡，以成常山之勢。此備禦之急着也。勑部速議。

（熹宗天啟實録卷 15 第 26 頁 20.20.1034）

235 四月戊辰 准原任順天府府尹萬自約復原職，其子生員萬民慜奏請。部覆從之。

（熹宗天啟實録卷 16 第 4 頁 21.4.1045）

236 四月甲戌 命董其昌仍以太常寺少卿管國子監司業事。

（熹宗天啟實録卷 16 第 9 頁 21.7.1052）

237 四月甲戌 調都司僉書朱來管遵化廵撫標下中軍遊擊事，都司僉書李成先管遵化左營遊擊事。

（熹宗天啟實録卷 16 第 10 頁 21.8.1053）

238 四月乙亥 經畧遼東王在晉述沿途險要：出京四十里爲通州，州有新、舊二城，頗稱堅厚，宜宿重兵於此，爲京師聲援。惜兵不滿萬，而朽甲鈍戈，不勘爲用耳。過通爲三河縣，東十里有河通寶坻，冬夏水不涸，挑淤濬之使闊，阻上則沙可囊，潤下則水可安。毒河之東有山，可伏兵距河，多築土堡，藏火器山中伏發，首尾擊之，敵勢必摧。三河以往爲薊州，山不甚險，然城郭依巖，又當孔道，設重兵守之，賊不能過，無奈兵僅千，勢未壯也。薊州、玉田、豐潤三州縣皆無正官，而玉田道途平坦，非宿兵之地。行次永平城外，有山有水，山可設疑設浮，流沙旋繞，間水潺溪，阻河而軍賊不能飛渡。關門以内，隘口甚多，各隘守軍徒掛虚籍，營馬皆不駟，有可定之地而無可守之兵。先是，見薊鎮總兵許世臣一一訊各邊武備，謂各邊銃砲器械、火藥、弓箭皆那借援遼。遼不能存，而各邊有阽危之勢，甚以遼民充塞，釀成腹心之患。則今日之籌邊未易言也。上然之，命作速料理。

（熹宗天啟實録卷 16　第 10 頁　21.8.1053）

239　四月乙亥　陞……大理寺左少卿余懋衡爲都察院右僉都御史，協理京營戎政。

（熹宗天啟實録卷 16　第 10 頁　21.8.1054）

240　四月戊寅　遣御史張捷廵視光禄，楊鶴廵視京營，曾陳易廵視殿門工程。

（熹宗天啟實録卷 16　第 12 頁　21.10.1057）

241　四月己卯　調柴溝堡參將孫秉乾爲獨石參將，神樞七營參將汪濟民爲鎮靖參將，陞石匣營遊擊汪爾信爲密雲奇兵營參將，……總督中軍魏文璧爲薊鎮右營遊擊，京營坐營王嘉春爲薊鎮馬松遊擊，甘肅標下坐營哈光顯爲永平遊擊。

（熹宗天啟實録卷 16　第 12 頁　21.10.1057）

242　四月辛巳　差御史倪應眷廵按順天。

（熹宗天啟實録卷 16　第 17 頁　21.14.1065）

243　四月癸未　户部題奏：天啟二年分薊州鎮該主兵銀二十三萬三千六百二十六兩一錢一釐九毫，除題發過帑銀一十六萬二千一百八十五兩外，今再發二萬五千兩；密雲鎮該主兵銀一十五萬一百四十二兩九錢七分二釐，除題發過帑銀八萬一千一百三十六兩外，今再發二萬五千兩；永平鎮該主兵銀一十四萬五千一十八兩三錢三分六釐，除題發過帑銀一十一萬一千四百四十六兩外，今再發一萬兩；昌平鎮該主兵銀八萬三千一十六兩四錢三分三釐九毫五絲四忽，除題發過帑銀二萬一百五十八兩外，今再發二萬兩；易州鎮該主兵銀一十四萬五百九十五兩六錢二分，除題發過帑銀二萬二百三十七兩外，今再發三萬兩。聽各鎮差官領運。上是之。

（熹宗天啟實録卷 16　第 19 頁　21.15.1068）

244　四月甲申　詔罷寶和皇后（按：疑后爲店之誤）税。

（熹宗天啟實録卷 16　第 21 頁　21.17.1071）

245　四月丁亥　遣給事中許可徵巡視京營。

（熹宗天啟實録卷 16　第 23 頁　21.18.1074）

246　四月丁亥　贈原任順天府府尹萬自約工部右侍郎，廕一子國子生。

（熹宗天啟實録卷 16　第 23 頁　21.18.1074）

247　三月戊子　巡按四川張論進飛石、架木二法，以備城守，仍送習熟製造人寧越、守備吴國輔入京備用。其法，以二木竪地，一木横架，轉軸入鑿内若鞦韆之狀，又一木長亘其中，前軒後輊若桔槔之形。用繩兜繫石於木顛，結一端於木而留一端虚寄於上，用一人掣其前，視石大小用多人牽拽，木本三拽力齊而掣者撒手，石即飛去。賊臨城下，一擊即斃。又一法，用獨木一根竪地，一木横架，名曰“獨脚虎”，可以隨方旋轉，禦賊一二百步之遥。上命依式製用，以備戰守。

（熹宗天啟實録卷 16　第 23 頁　21.19.1075）

248　四月壬辰　京師雨雹，大如鷄卵，屋瓦俱碎，毁折草木麥苗不可勝紀。

（熹宗天啟實録卷 16　第 26 頁　21.21.1079）

249　四月癸巳　陞神樞四營遊擊羅星爲五軍七營參將。

（熹宗天啟實録卷 16　第 27 頁　21.21.1080）

250　五月丙申朔　旗纛廟正殿災，火藥盡焚，匠役死傷甚衆。

（熹宗天啟實録卷 17　第 1 頁　22.1.1084）

251　五月丙午　陞大同副總兵李承爵爲神機六營右副將，山東都司楊國棟爲神樞七營參將，大同遊擊徐應召爲京營巡捕，左參將神機八營佐擊查國寧爲神樞四營遊擊。

（熹宗天啟實録卷 17　第 12 頁　22.10.1101）

252　五月丁未　陞薊鎮永平城守備谷九有爲石匣車營遊擊。

（熹宗天啟實録卷 17　第 13 頁　22.11.1103）

253　五月庚申　陞太常寺卿趙南星爲工部右侍郎，協理殿門工程事務。

（熹宗天啟實録卷 17　第 22 頁　22.18.1117）

254　五月甲子　陞薊州道参政邵可立爲山東布政使司右布政、霸州兵備道。

（熹宗天啟實録卷 17　第 25 頁　22.20.1121）

255　五月甲子　陞河南布政使司參政閔宗德爲薊州兵備按察使，霸州兵備参政鄧渼爲昌平兵備按察使。

（熹宗天啟實録卷 17　第 25 頁　22.20.1121）

256　六月丁卯　起陞原任順天府〔校記：紅本府下有府字，是也〕尹喬允升爲太常寺卿。

（熹宗天啟實録卷 18　第 3 頁　23.2.1126）

257　六月丁卯　陞順天府〔校記：紅本府下有府字，尹作丞，是也〕尹姚士慎爲通政使司左通政。

（熹宗天啟實録卷 18　第 3 頁　23.2.1126）

258　六月辛未　以恭順侯吴汝胤總督京營戎政。

（熹宗天啟實録卷 18　第 5 頁　23.4.1129）

259　六月辛未　陞副總兵孫祖壽署都督僉事，充總兵官，鎮守薊、永、山海等處。

（熹宗天啟實録卷 18　第 5 頁　23.4.1129）

260　六月戊寅　陞……順天府府丞郝名宦爲通政使司右通政，通政使司右参議梅之焕爲太常寺少卿添註，提督四夷館。

（熹宗天啟實録卷 18　第 10 頁　23.8.1138）

261　六月戊寅　陞喜峯参將王繼爲薊州副總兵。

（熹宗天啟實録卷 18　第 11 頁　23.8.1138）

262 六月壬午 工部以皇極門工告成，恭請臨御，上然之。

（熹宗天啟實録卷 18 第 13 頁 23.10.1141）

263 六月壬午 陞太僕寺少卿涂喬遷爲通政使司左通政，光禄寺少卿王惟儉爲順天府府丞。

（熹宗天啟實録卷 18 第 13 頁 23.10.1141）

264 六月癸未 陞南京通政使司右參議韓范爲順天府添註府丞。

（熹宗天啟實録卷 18 第 13 頁 23.10.1142）

265 六月壬辰 調龍門參將梁柱朝爲喜峯口參將。

（熹宗天啟實録卷 18 第 25 頁 23.19.1160）

266 七月戊戌 差户部江西司員外郎蕭思似管昌平鎮倉。

（熹宗天啟實録卷 19 第 9 頁 24.8.1183）

267 七月庚子 加順天巡撫李瑾、通州巡撫王國禎各兵部左侍郎，照舊巡撫。從御史倪應眷衡邊需才之議云。

（熹宗天啟實録卷 19 第 11 頁 24.9.1186）

268 七月庚子 差工部屯田司主事陸之祺管惠通河。

（熹宗天啟實録卷 19 第 12 頁 24.10.1187）

269 七月辛丑 先是，樞輔孫承宗建議薊遼分設大將，奉有欽依，命江應詔駐山海，而以東協山、石、燕、建四路隸之；馬世龍駐三屯，而以中協馬、松、喜、太四路隸之；西協總兵擬駐遵化，而以石、古、曹、牆隸之。

（熹宗天啟實録卷 19 第 12 頁 24.10.1187）

270 七月壬子 原任薊鎮遊擊殷體信起補昌平標兵營遊擊。

（熹宗天啟實録卷 19 第 29 頁 24.22.1212）

271 七月癸丑 陞翰林院簡討姜逢元爲國子監司業。

（熹宗天啟實録卷 19 第 27 頁 24.23.1218）

272 七月甲寅 遣光禄寺監署丞范光裕齎敕往朝鮮奬勵。

（熹宗天啟實録卷 19 第 29 頁 24.24.1215）

273　七月癸亥　朝鮮國王李琿奏：上年七月，鎮江人吴仲庫等密縛賊將佟養真七十餘人，納于毛文龍。又將寬奠僞遊擊縛送文龍効順，各給賞，乃驕㸠古（按：館本蒙古作虜）稔逆兇獰轉甚，嗔喝萬端。兩次送書，猶用敵國禮。最後兇紙又非前書之比，凌暴悖逆，無非離阻交構之計。又有華人蜚辭妄説，乃以引賊等事詆誣小邦地方員役，此則正墮伊賊奸套。已經申飭鎮道等官，凡事俱禀毛、管二將聽候整理，如遇賊差，據義斥絶。竊見此賊形生勢張，必須統調諸軍，直從山海迅擣遼廣，庶圖完全。得旨：據奏逆奴情形，該國捍禦，具見爾邦君臣忠節之篤，其益切同讎，犄角制勝，用佐天誅，以奠藩服。

（熹宗天啟實録卷 19　第 40 頁　24.33.1233）

274　八月庚午　慶陵享殿上樑，賜輔臣銀幣（按：此條梁本失載，館本存）。

（25. 9. 1254）

275　八月壬申　朝鮮進貢謝恩。上以朝鮮國王恪守臣禮，助餉惜民，忠義可嘉。著賜文綺一襲，銀一百兩。仍賜勅諭，以旌忠節。差來陪臣吴允謙等航海入貢，險阻備嘗，額外各加賞賜，以彰懷來遠人之意。

（熹宗天啟實録卷 20　第 12 頁　25.10.1255）

276　八月壬申　陞通州兵備僉事魏雲中爲尚寶司少卿。

（熹宗天啟實録卷 20　第 12 頁　25.10.1256）

277　八月壬申　起調河南右布政盧維屏爲通州兵備布政。

（熹宗天啟實録卷 20　第 12 頁　25.10.1256）

278　八月甲戌　差户部雲南司員外郎楊去疵管通州大運倉。

（熹宗天啟實録卷 20　第 15 頁　25.12.1260）

279　八月乙亥　差户部河南司主事陳之美管通州草場。

（熹宗天啟實録卷 20　第 16 頁　25.13.1261）

280　八月丁丑　宴朝鮮國陪臣，命禮部侍郎周道登待。仍以經略王在晉之奏，諭登海姦徒騷擾，行該國禁戢。

（熹宗天啟實録卷 20　第 18 頁　25.15.1265）

281　八月癸未　　增武舉制額三十名。

（熹宗天啟實録卷 20　第 22 頁　25.18.1271）

282　九月丙申　　新推山東都司僉書王嘉言改補薊鎮石塘參將，宣府都司僉書劉一龍爲薊鎮寧山春班遊擊。

（熹宗天啟實録卷 21　第 6 頁　26.5.1296）

283　九月辛丑　　巡關御史梁之棟陳昌、保情形言：昌鎮蟠擁陵京，黄花路則陵園玄武山也，東北皆山，飛鳥難度。走居庸，兩山壁立，真稱天險。出関口，登八達嶺，憑高拒下，其險在我，可守也。逾嶺數百步卽岔道堡，地屬宣府，東至穿草花頂約十里，卽陵之祖山。不修邊牆者九十里，北至四海冶六十里，東至火焰山亦五十里，衆蒙古嘯聚跳梁可虞。歷宣府邊五十里，復入昌鎮界，登横嶺城，卽名火石嶺。正統己巳，蒙古欲出居庸，七日不下，乃從此遯，舊無邊城，今建置関戍，山勢崒嵂，外界平原六十里至沿河。此昌鎮之情形也。沿河口隸保鎮，去邊二十里，與宣鎮止隔衣帶水耳。近通房山，原設守備，駐本口，最爲扼要，乃移駐齋堂，相距二十里。此口反覺空曠。歷馬水，水勢若削，西至金水，走烏龍，抵浮圖，皆誇數百里之横岡。而浮圖則鐵練横河，足截順流之騎，惟是白石界在西南，孤懸特甚。逶迤南下，卽荆関矣。山勢蹲伏，不足以據一関之樞，所恃羣隘居外，相爲犄角，故守紫荆，當先守各隘口。正統己巳，聞有倒取紫荆者，其夷險可知。走易州，抵保定，登城陟俾，畿南一大金湯。此保鎮之情形也。因陳二鎮事宜。一、曰昌鎮軍多遠在京城，其驕悍與京軍等，而陵軍更不可問。宜行該道稽查，定期操演，使錢粮器械件件湊手，一緩急方有倚賴。而宣、昌兩鎮，當行會哨之法。一、曰南山永寧宜屬巡関兼管考察，犬牙相制，然後臂指相連。一、曰保鎮齋堂守備當仍舊駐沿河口，易州管餉通判宜移駐紫荊關。一、曰紫、馬兩関，設立餉司，緣太倉如洗，請給不時，查保定應解錢粮不下十四萬，宜就近照數抵易鎮額餉，本地既省轉徵轉解之勞，而太倉亦省支入出之防。上令該部議覆，俱如議行。

（熹宗天啟實録卷 21　第 12 頁　26.9.1304）

284　九月丙午　　命在京練兵總兵張士顯並所統兵調赴通州鎮守。從樞輔孫承宗之請也。

（熹宗天啟實録卷 21　第 18 頁　26.15.1315）

285　九月己酉　　命張經世仍以兵部左侍郎協理京營戎政。

（熹宗天啟實録卷 21　第 22 頁　26.17.1320）

286　九月辛亥　　先是，有旨命户、工二部每季進制錢五百萬文，以經久未進，諭令遵旨速完。

（熹宗天啟實録卷 21　第 22 頁　26.18.1321）

287　九月辛亥　　以近京南海子一帶地方劫盗公行，命兵部傳提督等官密行偵邏，務令擒獲，以靖地方。

（熹宗天啟實録卷 21　第 22 頁　26.18.1321）

288　九月壬戌　　造……鎮守通州等處関防給總兵張士顯。

（熹宗天啟實録卷 21　第 32 頁　26.25.1335）

289　十月癸酉　　南城御史温臯謨言：强盗高養吾出没近畿，白蓮教首周應元潜住南海子，乞嚴捕緝，以靖亂萌。得旨：本内夥盗，著督捕官協同該地方道府設法擒拏。捕盗宜密宜速，乃奉旨箚行，何以稽延旬餘？經承員役，著嚴查究治。

（熹宗天啟實録卷 22　第 15 頁　27.12.1360）

290　十月甲戌　　差工科給事中李精白巡視太倉。

（熹宗天啟實録卷 22　第 16 頁　27.13.1362）

291　十月戊寅　　工部尚書姚思仁言：臣查定陵費至八百餘萬，皇祖御世最久，海内財用甚饒，然而事例之開終不廢也。今日疆場多故，財盡民窮，臣部萬分節約，請帑金一百五十萬兩。及玄宮告成，而帑金匱矣。計不得不取給於事例，而科臣謂皇上不當以天下儉其親，誠爲正論。今思之，惟發帑與開例相爲行止耳。得旨：山陵工費其鉅，皇祖時曾開事例，何得議止？昨已有旨，著仍參酌行。其户、工二部借用銀兩，著遵旨補還；在外額設錢粮，也著酌量解進，不得一概扣留。

（熹宗天啟實録卷22　第21頁　27.17.1370）

292　十月庚辰　光禄寺卿白所知奏：珍羞署庫内被盗，竊去牙祭牌一百一十二件，銅牌一十三件。本署看守人役，乞下法司根究。上謂：禁署盗失官物，干係甚重。署丞張紹初奪俸三月，署役孫珍等著法司嚴究治罪。祭牌非他貨物，或有挾讎藏匿等情，仍著根究下落。

（熹宗天啟實録卷22　第23頁　27.18.1372）

293　十月癸未　陞……太平參將石勛爲薊州西路副總兵，……保鎮遊擊宗維城爲大同東路參將，薊州中軍錢承勳爲神機一營左副將，添設副將王弘爵為五軍一營左副將，……添設京營參將趙廷爲福建南路參將，應援朝鮮副總兵王紹勳爲天津副總兵，江西都司掌印包良拭爲涿州參將。

（熹宗天啟實録卷22　第27頁　27.22.1379）

294　十月甲申　陞北川守備崔拱辰爲五軍十營佐擊，改薊鎮遊擊卜應吉爲五軍九營遊擊，陞黄化鎮守備安治平爲昌平右營遊擊，河東守備甘胤爲河間領軍遊擊，太原參將張應辰爲昌平左車營參將，永泰參將侯一位爲薊鎮永平城參將，俱管遊擊事。……高山守備柳昺爲神機五營佐擊，樞門守備楊維翰爲天津海防遊擊，……雲石守備張鴻勳爲定州領軍遊擊。

（熹宗天啟實録卷22　第27頁　27.22.1380）

295　十月丁亥　工部尚書姚思仁以陵工乏用，乞借南部存積銀十萬兩。從之。

（熹宗天啟實録卷22　第29頁　27.23.1382）

296　**十一月戊戌**　慶陵工（按：館本工下有成字），遣工部尚書姚思仁行禮。

（熹宗天啟實録卷 23　第 4 頁　28.3.1400）

297　**十一月戊戌**　命户科給事中彭汝楠巡視太倉。

（熹宗天啟實録卷 23　第 4 頁　28.3.1400）

298　**十一月辛丑**　朝鮮國王李琿以毛文龍駐師海上，餽餉難繼，具疏言：小邦地磽米少，不能專餉天兵，恐有脱巾之患。乞依萬曆東征例，發山東粮米，趁時舡運。又言：壬辰以後，得蒙恩賜硝藥，前後累萬斤，小邦得藉教演之力，保全疆圉。今奴氛方熾，乞特許優給，以資戰守。章下所司。

（熹宗天啟實録卷 23　第 4 頁　28.4.1401）

299　**十一月乙巳**　鎮守通州總兵官張士顯請速發器械，以備緩急，修建公署，以便駐劄。下該部看議。

（熹宗天啟實録卷 23　第 9 頁　28.7.1408）

300　**十一月丙午**　朝鮮國王李琿遣陪臣李顯榮等進表文、方物；又朵顔衛進貢馬匹，各慶賀萬壽聖節。宴賞如例。

（熹宗天啟實録卷 23　第 11 頁　28.9.1411）

301　**十一月壬子**　巡視中城御史夏之令緝獲奸細傅應春、王懋芳等。言：奴散金行諜，廣結内應。正犯幸已緝獲，乞勅法司會審，仍令緝事衙門嚴緝餘黨，以破奸謀。從之。

（熹宗天啟實録卷 23　第 13 頁　28.11.1416）

302　**十一月丙辰**　督餉御史江日彩以津門截留漕粮五十萬，倉厫未備，無可安頓，乞詔。部覆：初議止以二十萬爲額，其餘三十萬暫貯通倉，以省輸輓之煩，終給京軍，以抵太倉之額。章（按：館本章下有下字）所司。

（熹宗天啟實録卷 23　第 16 頁　28.13.1420）

303　**十一月己未**　朝鮮國王李暉（按：館本暉作琿，是也）具疏，以總兵毛文龍所獲直夷五名，詐稱小邦之人，希圖誣陷，乞賜昭雪。兵部覆言：該國仰戴彌堅，天朝亦推心置腹，豈狡奴浮説之〔校記：寶訓無之字〕所能間？據俘獲達口容札示毛文龍，即立斬于軍，以絶〔校記：寶訓絶作塞〕讒間之口。仍開心待鮮，嘉與共濟。上以該國世稱忠順，據奏事理甚明，深可嘉尚。爾部還移文獎勸，以見朝廷體諒至意。

（熹宗天啟實録卷 23　第 17 頁　28.14.1422）

304　十一月庚申　以原任都司僉書李世爵補遵化標下威虜營管遊擊事，原任遊擊王純臣仍以原官管西協右軍營練兵事。從順天巡撫李瑾之請也。

（熹宗天啟實録卷 23　第 21 頁　28.18.1429）

305　十二月甲子　暹羅國進貢金葉表文及方物，宴賚如例。

（熹宗天啟實録卷 24　第 2 頁　29.2.1435）

306　十二月甲子　朝鮮國王李琿送回漂海人丁，上以該國忠慎，令禮部移文國王，諭朕嘉獎之意。

（熹宗天啟實録卷 24　第 2 頁　29.2.1435）

307　十二月己巳　調山東按察司副使藥濟衆管昌平道。

（熹宗天啟實録卷 24　第 7 頁　29.5.1442）

308　十二月戊寅　革……昌平鎮右車營都司僉書高爾爵俱回衛，以直隸巡按梁之棟劾其不職也。

留新任昌平遊擊張應宸于山西，管太原營参將事。

（熹宗天啟實録卷 24　第 15 頁　29.12.1455）

309　十二月己卯　追封光廟選侍劉氏爲貞靖賢妃，皇二第（按：疑第爲弟之誤）爲簡懷王，皇姊爲悼懿公主，遣駙馬萬煒等各行禮。

（熹宗天啟實録卷 24　第 15 頁　29.12.1456）

310　十一月己卯　兵部酌定武官選法：一、用掣簽以杜趨避。一、酌選期以免守候。一酌品級以抑躁兢。一、録舊科以疏壅滯。一、廣收羅以期效用。一、汰不肖以清員缺。一、遵欽依以重君命。一、拔世職以全器使。一、禁雜流以杜冒濫。一、禁苞苴以杜營求。上依議。

（熹宗天啟實録卷 24　第 16 頁　29.12.1456）

311　十二月庚辰　吏部題議：順天、永平、保定、河間府屬及……州縣已奉旨，俱算邊俸。今當天啟二年十二月之期，乞遵例行取考選。

（熹宗天啟實録卷 24　第 20 頁　29.15.1462）

312　十二月壬午　差户部貴州司主事曹履吉管海運、新大二倉。

（熹宗天啟實録卷 24　第 22 頁　29.18.1467）

313　十二月癸未　陞都司袁勳爲遊擊將軍，管牆子路參將事；都司孟吉爲遊擊將軍，管喜峯路參將事；守備王應登爲都司僉書，管密雲振武車營遊擊事。從總督王象乾請也。

（熹宗天啟實録卷 24　第 25 頁　29.20.1471）

314　十二月癸未　陞……鎮邊參將王應槐爲五軍八營參將，……浮圖守備胡進忠爲神樞十營佐擊，……陝西都司董用文爲神樞四營佐擊，岔道守備趙廷壁爲昌平左車營遊擊，萬全守備孫大啟爲五軍五營佐擊，……宣府遊擊錢中選爲通州參將，……長安守備許定德爲營（按：館本營作神，是也）樞五營佐擊。

（熹宗天啟實録卷 24　第 26 頁　29.21.1474）

315　十二月丁亥　工部尚書姚思仁覆：工科劉弘化疏言……謹開列六欵：一、曰山陵。慶陵規制同于昭陵，昭陵費至一百五十萬，今慶陵僅七十萬。臣等萬分節省，從無預支……速爲處給。

（熹宗天啟實録卷 24　第 30 頁　29.24.1480）

316　十二月己丑　命兵科給事中彭汝楠巡視京營。

（熹宗天啟實録卷 24　第 32 頁　29.26.1483）

317　十二月庚寅　命雲南道御史趙于逵巡視殿門工程。

（熹宗天啟實録卷 24　第 34 頁　29.27.1485）

318　十二月庚寅　陞……神樞三營遊擊葉恕山西代州參將，……補……，五軍四營遊擊徐鎮都黄化（按：館本化作花）鎮參將，……紫荆関遊擊劉汶神樞八營參將，宣府永寧遊擊劉灝五軍二營參將，……改……，浙江僉書胡海薊鎮南安遊擊，薊鎮中軍劉澤長改南安遊擊，……遵化僉書李成先陝西提學標下遊擊，……天津海防都司張萬春中協後車營都司，神機四營佐擊張學西協前車營都司。

（熹宗天啟實録卷 24　第 34 頁　29.27.1486）

天啟三年（1623）

319　正月乙巳　陞遵化標下中軍都司朱來爲遊擊，……以順天巡撫李瑾舉劾也。

（熹宗天啟實録卷 25　第 13 頁　30.11.1516）

320　正月乙卯　福建巡撫商周祚言：紅夷自六月入我澎湖，事人求市，辭尚恭順。及見所請不允，突駕五舟，犯我六敖。六敖逼近漳浦，勢甚岌岌。該道程再伊、副總兵張嘉策多方捍禦。把總劉英用計沉其一艇，俘斬十餘名，賊遂不敢復窺銅山，放舟外洋，抛泊舊浯嶼。此地離中左所僅一潮之水，中左所爲同安海澄門户。洋商聚集于海澄，夷人之（按：館本之作久）垂涎。又因奸民勾引，蓄謀并力，遂犯中左，盤據内港，無日不搏戰。又登岸攻古浪嶼，燒洋商黄金房屋船隻，已遂入泊圭嶼，直窺海澄。我兵内外夾攻，夷驚擾而逃，已復入夏門，入曾家澳，皆即時堵截，頗被官兵殺傷，進無所掠，退無所冀。於是遣人請罪，仍復求市。蓋夷雖無内地互市之例，而閩商給引販咬𠺕吧者，原未嘗不與該夷交易。今計止遵舊例給發，前引原販彼地舊商，仍往咬嚁吧市販，不許在我内地另開互市之名。諭令速離彭湖，揚帆歸國，如彼必以候信爲解，亦須退出海外別港以候，但不係我汛守之地，聽其擇便抛泊，惟嚴防要害，内固吾圉，倣北地清野之法，收斂人畜，伺其侵犯，或乘下艇，或誘登岸，以計擒之。如彼奉約無擾，我但治以不治。詔：兵部看議來説。

（熹宗天啟實録卷 25 第 24 頁 30.21.1535）

321 正月己未 陞陝西左布政使沈演爲順天府尹。

（熹宗天啟實録卷 25 第 33 頁 30.28.1550）

322 正月庚申 陞……薊鎮石匣營遊擊汪爾信爲宣府永寧參將，……薊鎮建昌車營遊擊高師□（按：館本師下爲孟字）爲寧夏靈州參將，通州統練三營民兵遊擊劉爾化爲大同威遠城參將。

（熹宗天啟實録卷 25 第 35 頁 30.30.1553）

323 正月庚申 陞……薊鎮都司僉書殷道隆爲薊鎮遵化左營遊擊，通州右營都司僉書汪登瑞爲薊鎮通津春班遊擊，真定車營都司僉書吴周友爲天津海防右營遊擊，大同都司僉書石欽爲薊鎮三屯右營遊擊，……薊鎮灤陽營都司僉書桂聯芳爲通州中營遊擊，萬金（按：館本金作全，是也）都司僉書孫嗣徽爲五軍四營遊擊。

（熹宗天啟實録卷 25 第 35 頁 30.30.1553）

324 二月癸亥 考察在京庶官：年老有疾，户部郎中郭垣等四十九人；貪，兵馬副指揮林守庇等一十八人；酷，兵馬副指揮朱貞明等三人；素行不謹，兵部主事洪啟初等八十九人；浮躁淺露，左中允馬之騏等四十五人；才力不及，翰林院簡討劉鐘英等二十九人；罷軟無爲，應天府知事任槐二人。得旨：各革職閑住，降調如例。

（熹宗天啟實録卷 26 第 1 頁 31.1.1555）

325 二月丁卯 糾拾庶官，原任……順天府通判虞大復，……俱降一級調外任。

（熹宗天啟實録卷 26　第 6 頁　31.5.1564）

326　二月己巳　陞……通政使蕭近高爲工部添註右侍郎，協理殿門二（按：館本二作工，是也）程事務。

（熹宗天啟實録卷 26　第 7 頁　31. 7. 1567）

327　二月己巳　以京營副將姚世卿、蕭如薰、徐永胤爲總兵官，……永胤分練五軍營選軍。

（熹宗天啟實録卷 26　第 8 頁　31.7.1567）

328　二月壬申　陞國子監司業姜逢元爲右春坊右中允，兼翰林院編修。

（熹宗天啟實録卷 26　第 12 頁　31.10.1574）

329　二月癸酉　陞大同新平堡參將任自謙爲神樞六營左副將，……宣府葛峪堡遊擊高動爲神樞三營參將，薊鎮一片石遊擊劉定邦爲通、昌三營練兵參將。

（熹宗天啟實録卷 26　第 13 頁　31.11.1575）

330　二月癸酉　起陞……原任通州遊擊王興業爲延綏保寧參將，……原任通州左營都司僉書馬化龍爲薊鎮灣陽營遊擊。

陞薊鎮都司僉書焦慶延爲通州右營遊擊，……薊鎮瀋陽秋班都司僉書韓國民爲薊鎮大水峪遊擊。

（熹宗天啟實録卷卷 26　第 13 頁　31.11.1575）

331　二月甲戌　調山西布政使司右參議劉復初備兵薊州。

（熹宗天啟實録卷 26　第 17 頁　31.14 1582）

332　二月乙亥　陞……大同鎮虜堡守備嚴藩爲神樞四營佐擊，宣府順聖川東城守備馬明英爲薊鎮建昌營都司。

（熹宗天啟實録卷 26　第 17 頁　31.14.1582）

333　二月丁丑　賜平遼總兵官毛文龍尚方劍，加指揮僉事毛雲龍錦衣衞銜，仍命雲龍齎勑奬諭朝鮮。從科臣郭鞏之請也。

（熹宗天啟實録卷 26　第 19 頁　31.16.1586）

334　二月丁丑　改遵化左營遊擊殷道隆爲真定車營遊擊。

（熹宗天啟實録卷 26　第 19 頁　31.16.1586）

335　二月戊寅　暹羅國王森烈帕臘等遣使賫方物貢賀登極，給賞回賜如例。

（熹宗天啟實録卷 26　第 21 頁　31.17.1588）

336　二月戊寅　起陞原任薊鎮建昌路遊擊劉宗漢爲紫荆關參將。

（熹宗天啟實録卷 26　第 21 頁　31.18.1589）

337　二月己卯　准收净身男子一千五百名。

（熹宗天啟實録卷 26　第 21 頁　31.18.1589）

338　二月庚辰　陞遵化右車營都司僉書周夢麟爲河南都司，遵化輜重營都司僉書李友梅爲山東都司，……神機三營都司梁甫爲陝西都司，……各掌印務。

（熹宗天啟實録卷 26　第 22 頁　31.18 1589）

339　二月庚辰　陞……薊鎮崔黄口守備楊世胤爲大寧都司僉書，……薊鎮李家口守備吴道明爲領邊操春班。

（熹宗天啟實録卷 26　第 22 頁　31.18.1590）

340　二月己酉　陞昌鎮左騎營遊擊殷體信爲五軍二營參將，……山西老營堡都司僉書吴進忠爲薊鎮古北口參將，神機十營佐擊王受爲大同西路參將，山西偏頭關守備楊儉爲薊鎮德州春班遊擊，大同滅胡堡守備楊濟爲薊鎮藩陽秋班遊擊，……山西神池堡守備劉見爲通州左營遊擊。

（熹宗天啟實録卷 26　第 26 頁　31.21.1596）

341　二月丙戌　陞……薊鎮大安口守備張國卿爲遵化左營遊擊，薊鎮德州秋班都司僉書柳國鎮爲延綏入衛遊擊，……延綏靖邊堡守備劉保爲遵化輜重營遊擊。

（熹宗天啟實録卷 26　第 27 頁　31.22.1597）

342　三月乙未　起陞……山東濟寧州遊擊馬永貴爲薊鎮燕河路參將，……保鎮標兵營都司僉書楊四知爲通昌練兵參將，改宣府南山參將王承恩爲神機二營參將。

（熹宗天啟實録卷 27　第 8 頁　32.6.1620）

343　三月丁酉　陞……順天府府丞韓范爲右通政。

（熹宗天啟實録卷 27　第 12 頁　32.10.1628）

344　三月辛丑　巡視京營禮科都給事中彭汝楠言：練兵必自選將始。京營之制，總爲三大營以提其綱，析爲三十六營以治其紀，各營額設副將、參、遊、佐擊、坐營等官共五十員名，其下則中軍、千把總，遞承而奉約束。今見在副、參諸將領落落晨星，已推而未到者一十五員，夫設將以治兵也，將先乏人，兵于何有？聞命業已裹足，受業安望勵精，究其原則自營將之苦始：人情嗜羶而營將苦淡，人情好榮顯而營將苦落莫，人情耽逸而營將苦勞，故見在者延挨時日末，躑躅道塗，而營務遂以大壞。今欲反積弊則莫如慎推遷。以後凡遇京營將領員缺，需擇素負才望、人地相宜者推補。在營歷俸二年，曾經薦剡者，方許外推。其應陞者，宜待以美缺，酬其積日之卒苦。間有實心任事才畧表異者，不妨破格起擢。庶人知競奮而後整飭者不委之空言矣。章下兵部，覆議申飭。

（熹宗天啟實録卷 27　第 14 頁　32.12.1632）

345　三月庚戌　命太僕寺給〔校記：紅本給作發〕馬價銀二萬二千四百兩，解交順天府撫爲四年撫賞之用。從樞臣董漢儒請也。

（熹宗天啟實録卷 27　第 31 頁　32.26.1659）

346　三月庚戌　陞順天提學御史左光斗爲大理寺右寺丞。

（熹宗天啟實録卷 27　第 32 頁　32.27.1661）

347　三月丙辰　陞薊鎮桃林口守備孟喬芳爲遵化輜重營遊擊。

（熹宗天啟實録卷 27　第 39 頁　32.32.1671）

348　三月丁巳　琉球國中山王世子尚豐遣陪臣蔡堅等貢硫黄馬匹。先是，琉球二年一貢，萬曆間被倭殘破，擄其王，詔停貢。今十年，世子請封請貢。禮部議：本國休養未久，暫擬五年一貢，待册封國王後另議。從之。蔡堅等宴賞如例。

（熹宗天啟實録卷 27　第 39 頁　32.32.1672）

349　四月庚申朔　是夜京師地震（按：此條梁本失載，館本存）。

（33.1.1677）

350　四月壬戌　有盜入玄武門廊下潛匿，緝獲，則遊兵也。詔：禁地巡緝倍加嚴謹，不得疏玩。

（熹宗天啟實録卷 28　第 4 頁　33.3.1681）

351　四月乙丑　禮科給事中郭興言以朔夜地震，疏勸修省。得旨：地震事關災異，欽天監官何不占候？著該部查明具奏。

部議：降靈臺官孔文進二級。從之。

（熹宗天啟實録卷 28　第 8 頁　33.6.1688）

352　四月丙寅　陞薊鎮領兵守備劉芳美爲石匣營遊擊，兼管西路總兵中軍事。

（熹宗天啟實録卷 28　第 9 頁　33.7.1689）

353　四月戊辰　遣御史錢士貴巡視京、通二倉。

（熹宗天啟實録卷 28　第 14 頁　33.10.1698）

354　四月戊辰　陞遵化輜重營都司僉書劉保爲固原東路遊擊。

（熹宗天啟實録卷 28　第 15 頁　33.11.1698）

355　四月辛未　宴暹羅國來朝貢夷人。

（熹宗天啟實録卷 28　第 16 頁　33.13.1701）

356　四月甲戌　廷試天下歲貢、恩貢生員，取上中卷各有差。

（熹宗天啟實録卷 28　第 18 頁　33.14.1704）

357　四月戊寅　革通州參將劉爾化、孟兆職（按：館本職下有任字），提問追贓。巡按御史倪應眷劾其剥軍自肥也。

（熹宗天啟實録卷 28　第 23 頁　33.18 1711）

358　四月戊寅　　以牧地災傷，蠲薊州及香河縣應徵天啟三年分草場租銀。

（熹宗天啟實録卷 28　第 23 頁　33.18.1711）

359　四月辛巳　　工部尚書鍾羽正等條陵工六事：一、議專任。謂管工各官宜久任責成，勿輕代以致推諉。一、議工程。謂土石諸工宜堅厚久遠，勿欲速以致易壞。一、議實用。每日上工收料，務從實查記，十日清算一次，使錢糧皆得實用，匆致虛冒。一、議催解。各省直拖欠數多，議差官急行催解，違瑋（按：館本瑋作玩）者據實糾參。其鋪商積欠萬餘，亦宜設法比追，以濟工用。一、議事例。前者三例并開，長姦滋競，今議停屯司，但于繕、水二司開納例銀，專管工程，不許别項支用。一、議協助。凡内外各衙門有自願捐助者，不拘數目，即行解部。臣等籍而優叙之。至臣部四司所貯，皆先儘陵工，其别項年例不急之需，俱候工完支領，即内庭供應營修，亦在所緩。上謂：各欵有裨陵工，俱依擬行。其内府錢糧照舊解進。

（熹宗天啟實録卷 28　第 31 頁　33.25.1725）

360　四月甲申　　陞都司僉書婁可教爲通州右營遊擊。

（熹宗天啟實録卷 28　第 34 頁　33.27.1729）

361　四月丁亥　　起用原任遵化道副使高捷褫職閑住，順天巡撫李瑾劾其行濁言清也。

（熹宗天啟實録卷 28　第 39 頁　33.31.1738）

362　四月戊子　　朝鮮國王李琿爲其侄李倧所篡，乃藉稱彼國王太妃順臣民之心，以廢昏立明，令議政府。左議政朴弘者等移文總兵毛文龍，乞爲轉奏。其詞稱：本年三月内奉王太妃教旨，謂光海君琿自嗣位以來，失道悖德，罔有紀極。聽信讒言，自生猜隙。不以予爲母，戕害我父母，虐殺我孺子，幽囚困辱，無復人理。屢起大獄，毒逋無辜，先朝耆舊，斥逐殆盡。政以賄成，昏墨盈朝；賦繁役重，民不堪命。不特此也，我祖先祇事天朝，殫竭誠悃，無敢或怠。而嗣王琿，忘恩背德，罔畏天威。督府東來，義聲動人，策應不誠，未效同讎，神人之憤至此已極。何幸大小臣民，不謀而同，合詞舉義，咸以陵陽君倧仁聲夙著，天命攸歸，乃於今月十三日討平昏亂，已正位號以嗣先。先王之後，彝倫攸録，宗社再安。咨爾政府，備將事意，具奏天朝，一面咨會督撫衙門，以憑轉奏。朴弘者等亦言，琿失道悖德，委不可君國。子民陵陽君倧，乃昭敬王嫡孫，自少聰明仁孝，有非常之表，王異之，養於宫中，屬意重於諸孫。今者人望所歸，王太妃克順人情，俾承先緒。文龍揭報登州巡撫袁可立，上言：李琿襲爵外藩，已十五年於兹矣。倧卽係親派，則該國之臣也。君臣既有定分，冠履豈容倒置？琿果不道，亦宜聽太妃具奏，待中國更置，奚至以臣篡君、以侄廢伯？李琮（按：館本琮作倧）之心，不但無琿，且無中國，所當聲罪致討，以振王綱。儻爲封疆多事，兵戈宜戢，亦宜遣使宣諭，播告彼邦，明正其罪，使彼中臣民，亟討篡逆之賊，復辟已廢之主。若果李倧迫于妃命，君臣樂以爲君，亦當令其退避，待罪朝廷，徐頒赦罪之詔，令其祇奉國祀如國初所以待李成桂者。此又不得已之權也。

禮科都給事中成明樞亦言：宜勅該部速議責問之檄，不失正罪之體。仍一面勅登撫以細訊屬國之情，一面諭樞輔以詳商討逆之舉。詔付部議。

（熹宗天啟實録卷 28　第 40 頁）

363　四月戊子　　遣御史張師孟巡視京營。

（熹宗天啟實録卷 28　第 42 頁　33.33.1742）

364　五月癸巳　　遣御史彭鯤化巡按順天。

（熹宗天啟實録卷 29　第 3 頁　34.3.1749）

365　五月癸巳　　營軍以遲散月糧爲詞，鼓譟於總督戎政恭順侯吴汝胤之門。上命嚴查首惡，治罪。汝胤再疏求斥。諭以用心整頓營務，不必辭。

（熹宗天啟實録卷 29 第 3 頁 34.3.1749）

366 五月乙未 浙江道御史彭鯤化上言：朝鮮内變，國王李琿一旦爲姪所廢，彼先自亂，安能助我？況無君之人，豈肯倡義効順？且爲倭壻與奴連，若舉朝鮮歸順奴酋，毛文龍必難久居，牽制無人，奴得安意西來，無復東顧之憂矣。今日遠偵探、查姦細、製火砲三事實爲急著，宜募敢死之士，探奴情形，勿止憑逃回之口。……得旨：所奏修邊諸事，著内外各衙門著實料理，内操原不糜費，不必瀆奏。

（熹宗天啟實録卷 29 第 4 頁 34.3.1750）

367 五月甲辰 廷試天下歲貢、恩貢生員，取上中卷各有差。

（熹宗天啟實録卷 29 第 10 頁 34.8.1760）

368 五月丙午 陞江西左布政使董光宏爲順天府府尹。

（熹宗天啟實録卷 29 第 14 頁 34.11.1766）

369 五月丁未 册封張氏爲“裕妃”，命英國公張惟賢持節，大學士葉向高捧册。禮成，賜向高等紵羅、銀鈔各有差。

（熹宗天啟實録卷 29 第 14 頁 34.11.1766）

370 六月甲子 工部尚書鍾羽正以内璫索冬衣銀兩，羣集部堂横肆詈辱，具疏奏聞，因求去。得旨：冬衣延久未給，自當速爲措處解進，但部堂公署不宜羣集喧嚷，著司禮監官查明具奏。錢糧匱乏，卿多方劑量，還安心供職，不必介意求去。

（熹宗天啟實録卷 30 第 8 頁 35.7.1795）

371 六月乙丑 巡視京營給事中彭汝楠等條奏營務九欵：一、兵籍宜覈。今各衛所印官備查三大營各軍的確籍貫併住址地方呈報。戎政衙門聽總協委三經歷彙查，除見住京城外，在良鄉者，彙爲良鄉一册；在通州各處者，彙爲通州處各一册。隨行該州縣查實必果有其地有其人者，籍之于官，間或倉卒有警，著令各州縣催趲，仍選武職官一員統領前來，庶幾霸柄在手，不至鳥驚獸散。……

（熹宗天啟實録卷 30　第 10 頁　35.8.1798）

372　六月戊辰　遵化兵備右參政新陞遼東巡撫右僉都御史張鳳翼疏辭新命。不許。

（熹宗天啟實録卷 30　第 13 頁　35.11.1804）

373　六月戊辰　初以浄身男子申萬壽等陳乞收録，奉旨准收一千五百名。至是，諭令再選年力精壯者一千名進内，分派各衙門應役。

（熹宗天啟實録卷 30　第 13 頁　35.11.1804）

374　六月己巳　賜原任順天府府尹沈光祚祭一壇，照三品半葬。

（熹宗天啟實録卷 30　第 15 頁　35.12.1806）

375　六月辛未　京師多盜，巡捕參將徐應召等解到强賊張守仁等九名，係把總王文烈緝獲。巡視京營給事中彭汝楠以聞。乞將有功把總王文烈優叙，失事把總張國勳、婁尚武住俸，責限捕緝。違玩不報把總兵守仁重加降處。其參將徐應召、孫文亮，著督同該總立限緝捕，俟未獲謝二等各賊到日，各官方許開俸。疏下兵部。

（熹宗天啟實録卷 30　第 17 頁　35.14.1810）

376　六月乙亥　《光宗貞皇帝實録》、《寶訓》成，大學士葉向高等以副本進呈御覽。得旨：覽卿等撰述皇考《實録》、《寶訓》，具見詳慎，著謄寫正本進呈。

（熹宗天啟實録卷 30　第 20 頁　35.17.1815）

377　六月丁丑　禮科給事中郭興言等奏：京師從來有上納之錢糧，便有鋪墊之常例，敲骨剥髓，牢不可破。先年巡青商人止供辦草場草料，尚苦不支，後因十庫商人巧爲脱卸，致令巡青商人代辦十庫錢糧，貧役重累，膏盡血竭。查得萬曆四十八年以前，商人無十庫之累，夏秋估價毫不假借，每歳費銀止二十七萬餘兩。自天啟元年代辦十庫錢糧，商人稱苦，議價不免稍寬，歲費幾至三十五萬。目今正值春估之時，增之則病國，減之則病商，展轉反覆，計無所出。莫若查照舊規，免其代辦，敕令巡視十庫諸臣照舊拒商供辦，事有專屬，責無他諉，一舉而兩得矣。詔付部議。

（熹宗天啟實録卷 30　第 22 頁　35.18.1817）

378　六月辛巳　刑部等衙門尚書孫瑋等以監生趙維清、章呈彩、章鳳等朋謀造揭，挾私害公，擬褫杖各有差。

（熹宗天啟實録卷 30　第 26 頁　35.22.1825）

379　六月壬午　陞密雲道按察司副使張樸爲遵化道兵備按察使。

（熹宗天啟實録卷 30　第 27 頁　35.22.1826）

380　六月甲申　刑部覆奏：查自天啟元年起，假印神姦，見追多贓，如魏成銓等共七名。其魏成銓、陳存節、董小江、孫安民，原參與原招俱合，偽造各衙門印信，律斬。陳善學、王天壽、馮國賢三名，三法司會審未結，謹開例上請。乞敕下錦衣衛，遵奉新旨，枷號滿日，仍候命下法司問擬。從之。

（熹宗天啟實録卷 30　第 28 頁　35.23.1827）

381　六月乙酉　巡撫福建侯代、商周祚言：紅夷久據彭湖，臣行南路副總兵張嘉策節次禁諭所約，折城徙舟，及不許動内地一草一木者，今皆背之。犬羊之性，不可以常理測，臣姑差官賫牌，責其背約，嚴行驅逐。如夷悍不聽命，順逆之情判於兹矣。惟有速修戰守之具，以保萬全。或移會粤中，出奇夾擊。但師行糧從，無餉則無兵。去年泉漳及南灣增兵造船，費餉累萬，皆布政司那借别項錢糧以應，近復加造大船大銃，又檄該司借支一萬兩，分發漳、泉二府。乃彼中道府且以新兵枵腹亟請發帑，而司帑已告匱矣。臣與司道各官再加面議，惟布政司西庫貯有存積兵餉，原備地方緩急，非奉明旨，不敢擅動。若以地方積貯之金錢供地方然眉之支用，知非皇上之所靳也。上以紅夷久任，著巡撫官督率將吏設法撫諭驅逐，毋致生患。兵餉等事，聽便宜行。

（熹宗天啟實録卷 30　第 28 頁　35.23.1828）

382　六月丁亥　先是，京營操兵鼓譟，奉旨著總協官查首惡治罪，副將楊應瑞等查出首惡成鐸、柴登二名，解赴戎政府。總督京營恭順侯吴汝胤以聞。乞將二犯梟示，以肅紀律。上從之。

（熹宗天啟實録卷 30　第 30 頁　35.25.1831）

383　六月丁亥　命拏問原任户部管庫主事湯道衡，以管理太倉銀庫主事楊紹震奏稱：盤查銀數，短少六千五百一十一兩，聞係吏攢楊四端、葉凌雲等侵盜。道衡典守，不無貓鼠之嫌，故有是命。

（熹宗天啟實録卷 30　第 32 頁　35.26.1834）

384　六月戊子　先是，大學士葉向高等以《光宗貞皇帝實録》、《寶訓》將完，恭請御製序文，以冠篇首。得旨：著撰擬來看。至是，擬序文二篇進呈。上覽之，嘉其恭述詳慎。

（熹宗天啟實録卷 30　第 33 頁　35.27.1835）

385　六月戊子　陞……國子監司業蔡毅中爲左春坊左諭德，仍管國子監司業事，各充纂修官。

（熹宗天啟實録卷 30　第 33 頁　35.27.1836）

386　六月戊子　降起原任薊鎮石門路參將周尚斌爲宣大軍門標下遊擊。

（熹宗天啟實録卷 30　第 33 頁　35.27.1836）

387　七月辛卯　文書房傳出黑字揭帖：朕女未封長公主于天啟三年七月初二日卯時薨逝，合行事宜，照雲和公主例行。

（熹宗天啟實録卷 31　第 1 頁　36.1.1837）

388　七月甲午　陞延綏甯塞管遊擊將軍事岳維官爲薊鎮太平路參將，大同靖虜堡守備苗嘉潤爲薊鎮三屯右營遊擊將軍。

（熹宗天啟實録卷 31　第 6 頁　36.5.1846）

389 七月甲午 以薊鎮牆子嶺提調白應時添註貴州都司僉事。

（熹宗天啟實録卷 31 第 8 頁 36.6.1848）

390 七月庚子 廵視京營給事中彭汝楠等疏陳捕務。一、曰省馬匹。捕營軍額一萬一千，馬五千餘匹，此五千匹者，不聞操練，皆各衙門縉紳書辦借用，合無量減其半留若干爲哨把下夜番役捕緝之用。兵部堂司及該提督、參將、中軍、把總應用大小馬各量存若干匹，其餘悉行裁革，每歲但存一千匹，便可省公帑萬餘金。一、曰選番役。捕營番役向無額設，卽以哨把充之，月糧一石，于各軍無異，而解此則獨居其苦，諸軍百計求脱。又有一種土番，驀地鑽充，生事詐錢，無所不至，宜照州縣捕例，額設軍番。城内外各總，分別簡繁，多者二十名，少者十五名。參將中軍，舊無番役，各量設十名，爲不時協捕之用。除額糧一石外，每名月給工食銀六錢，以稍優其勞。其銀卽于裁革馬錢内支給。一、曰重尖哨。捕軍獨兩掖四哨，設有尖哨一千二百名，月加行糧四斗五升。例用善射者充之，無奈鑽充滋多，化爲袖手之長班，宜令部會同臣等公同揀選，必六矢中三、年力精壯者方准充役，否則革去。而又覈其往（按：館本往作住，是也）址、年貌、疤痣，籍之于州，以待不時點驗。一、曰嚴查覈。京軍虛冒，捕營爲尤甚。欲清虛冒，莫如勤查點，每月初六日，不論上下班，悉聽兵部分撥將軍教場等處，俟廵視科道督班員外及該提督同日分頭點驗，年貌、疤痣不合者革去。各縉紳水夫、菜户一概查革，撥令還營，以充守哨之用。一、曰信賞罰。該提督、參將、中軍，果能設有方略、捕獲劇盜，各把總該管地方有能捉獲強盜五起以上、竊盜一起以上者，聽臣等據實題叙，卽與陞遷。其怠玩不謹者，並聽不時參處，年終舉劾。卽以一年之内，通計有無捕賊、曾否縱盜，直書起數，分別功罪，奏請處分。該部應陞應革，宜照實跡迅速處分。一、曰肅夜禁。數載以前，長安道上向夜人跡稀少，呼哨梆鈴之聲不絕于耳，尚有騎馬下夜者，今宜申明舊制：更静以後無故夜行者，一概拘拏送舗。各委官把巡人役有馬者，務要擺馬遊廵，無馬者擊梆傳哨，照派信地，嚴加防緝。該參將、把總務要常川下夜查照，其有廵緝嚴謹地方經年無事者，功更倍于事務（按：館本無務字）發收捕之人。一、曰清捕害。每遇獲賊，該把總聽憑番役通同賊口攀東指西，概行拘訊，拷問甚慘。應嚴行申飭，以後各該總捕獲真盗須登時面審，立摘口詞，具由申報，不許展轉攀誣。如有株連無辜、逆刑拷打者，該把總並番役參送法司追贓，依律究擬。部覆，得旨：捕務委宜整頓，這所奏深中積弊，俱依擬行。

（熹宗天啟實録卷 31　第 9 頁　36.7.1850）

391　七月甲辰　監修等官、少師兼太子太師英國公張惟賢等進《光宗貞皇帝實録》、《寶訓》，上具衮冕服御皇極門内殿立受，上復座，受文武百官朝賀。

（熹宗天啟實録卷 31　第 13 頁　36.11.1858）

392　七月丙午　命湖廣道御史馬鳴起提督順天等府學政。

（熹宗天啟實録卷 31　第 15 頁　36.13.1861）

393　八月癸亥　陞順天府府丞王惟儉爲大理寺左少卿。

（熹宗天啟實録卷 32　第 2 頁　37.2.1893）

394　八月丙寅　兵部題：郊祀典制，合用京營官軍分守信地，扈從法駕。今距將事之期僅三月，時日迫近，各官員缺尚未推補，即已推補者，多遠不能待，請就近酌補，庶演習精熟，臨時始堪應用。議以神機九營佐擊鄭其心陞遊擊職銜，管神樞八營執事參將事。其原推本營參將王家柱即以原官管神機九營事。五軍營火器坐營號頭殷纘績，績以原官補本營大號頭，其神機一營中軍趙應奎補五軍營火器號頭。標兵左營坐營王慎行以原官補神樞營練兵坐營，高鵬頂補標兵營左營坐營，神機備兵營坐營馬寧遠以原官補神機營大號頭。其原任神樞營練兵守備卜應第頂補神機營備兵營。蓋此三號頭舊例積勞二載，經薦數次，方議加銜，不便驟躐，統候明旨，臣部各札令欽遵任事。報可。

（熹宗天啟實録卷 32　第 3 頁　37.2.1894）

395　八月乙亥　起光禄寺少卿吕純如爲順天府府丞。

（熹宗天啟實録卷 32　第 9 頁　37.7.1904）

396　八月丁丑　朝鮮昭敬王妃金氏疏請本國封典，上以屬國廢立關係甚衆，該部卽看議來説。

禮部尚書林堯俞等覆朝鮮廢立事言：朝鮮昭敬王妃金氏疏稱，李琿積爲不道，淫侈忍虐，不孝不仁，蒸亂之穢，行道掩耳。而其罪之尤甚者，悖天朝卵翼之恩，懷梟獍豺狼之慮，陰通奴賊，謀我勇夫。而李倧無利國攘位之夙心，當厭亂樂推之羣願，聽其言似若可爲李倧解矣。顧李琿，朝鮮之君也，而皇上，朝鮮君之君也。該國誠在遐裔，李琿誠得罪臣民社稷，夫亦豈不可諫正？卽不可諫正，而必爲社稷山川所不容。夫不有普天之共主，在一介行李告于闕廷，一廢一興，誰曰不可。而偃然易數十年之舊君，奄有三韓之土宇，則又不能爲李倧解也。内外諸臣，抒忠發憤，有請聲罪致討者，御史田唯嘉也；謂必討其罪而當再詰其詳者，登萊撫臣袁可立、禮科都給事中成明樞也；謂不可不討而不可遽討，且弗受方貢細覈顛末者，督餉臣畢自嚴也。謂當今毛文龍詰問，則以大義察其輿情之向背者，闕臣潘雲翼、南台臣王允成也；謂當詰此事只以通奴不通奴爲主，琿誠通奴，則倧之立非篡也，但擅立爲罪耳，而責以討奴自洗者，御史游士任也。種種條陳，咸有可採，乃毛文龍則直謂琿實背德，倧改其行，誅黨惡助判之臣，而赤心天朝矣。臣等惟亂臣賊子誅不容朝，而況皇上爲天之吏，奉天以行，遣樓船下瀨之師，明示以君臣大分，萬古綱常，盡執篡逆之徒而誅之，此正理也，亦正法也。毋亦念彼素稱恭順，迥異諸夷。太祖高皇帝之處李成桂，原有故事。向者釜山之役，倭奴掃國而來，踏平壤而躙丸都，我且捐億萬之脂膏，分十萬之貔虎，而鮮人乃能立國于荆榛瓦礫之間，收魂召魄，稍復視息。彼之依我，如孱子之仰慈親，一旦絶之而直着其辜，令箕封仁賢之遺，化蹈污瀦之大釁，則聖心所不樂也。金氏姑未足據，文龍旅寄箕封，地主寓公或相爲迴獲，合無敕下臣部會同兵部，再遣貞士信臣，同毛文龍公集舉國之臣民，再四細詢，如李琿無悖虐之行、通奴之情，李倧前王篡立之謀，後冒擅立之罪，則王法自在，誰得而寬？如李琿自絶于天，親離衆叛，忘我卵翼之恩，懷梟獍之志，李倧前不與篡弑之逆計，後自值推戴之公情。襲位以來，一心中國，悉索敝賦，用張我軍，餽海上新集之師，同義士敵愾之憤，則恭也，非篡也，但多一擅耳。而罪非不赦，恩有可加。此則俟勘議既明，入告我后當再議之，以請聖斷。則朝鮮廢立之案庶幾無遁情，而天吏之威勸不倒施而錯貸矣。得旨：廢立大事，干係非輕。但該國素稱恭順，李琿若有通奴事情，罪亦難逭。爾部還會同兵部計議，差官查明定奪。

禮科左給事中周朝瑞請慎擇朝鮮使臣。時錦衣衛指揮張道濬疏陳請往，朝瑞因以爲言。且及前孟養志宣諭不報職狀。章下所司。

（熹宗天啟實録卷 32　第 17 頁　37.13.1915）

397　八月辛巳　總督京營恭順侯吴汝胤等奉旨清查五軍、神樞、神機兵營各衙門執事等項，及三將台鼓手、拉旗、看廳、看廟、教習、勳爵、應襲勳官等項，并大小將領、原役軍牢、三備兵營，原册開各項執事官軍四千五十四員名，今裁去冗役一千六百五十六員名，議留二千三百九十八員名，以充各項執事應用。三大營原册開軍牢七千九百九十八名，今裁去冗濫三千七百一十四名，議留四千二百八十四名，以充各官跟從之用。二項共裁去五千三百七十名，分發原營操練，其二項應留執事軍牢六千六百八十二名，永爲定額。得旨：依議行。

（熹宗天啟實録卷 32　第 19 頁　37.16.1921）

398　八月甲申　試驗紅夷大銃，命戎政衙門收貯炸裂傷死夷目一名，選鋒一名，着從優給卹。

（熹宗天啟實録卷 32　第 22 頁　37.18.1926）

399　九月庚寅　陞……薊鎮都司僉書孫桂以都司管昌鎮右騎營遊擊事。

（熹宗天啟實録卷 33　第 1 頁　38.1.1936）

400　九月丙申　差户部河南司員外郎王若之管天津倉。

（熹宗天啟實録卷 33　第 10 頁　38.9.1951）

401　九月辛丑　調懷來兵備山東按察使張光縉于霸州。

（熹宗天啟實録卷 33　第 13 頁　38.11.1955）

402　九月壬寅　授順慶王妃父李邍、德興王妃父方世元各副兵馬指揮，邍西城，世元東城。

（熹宗天啟實録卷 33　第 22 頁　38.19.1971）

403　十月壬戌　廵視京營科彭汝南〔按:館本南作楠〕等言:近郊大盗縱横，而南海子一帶莽蕩無際，又爲中使編直之所，諸奸盗每藉之爲逋逃主。近捕盗犯半是逃兵，又半是通州營丁，前已鼓譟於部道之門，今且肆刦於周行之道。該總兵張士顯開鎮近都，統領多兵，紀律不聞，縱容有據。伏祈天語申飭，力清營伍，但遇（按：館本遇作遏）逃亡，不時開除。如以後有强盗出自該營，總兵官一併參處。上從之。著近京各鎮通行申飭。

（熹宗天啟實録卷 34　第 2 頁　39.2.1997）

404　十月丙寅　朝審犯人李維翰、楊鎬、李如楨等九人，出入長安右門，杻鐐長板，俱令家人持拿。上諭内閣，查經管各官市恩枉法。該管山東司郎中佘繩訓、廵風主事洪聲遠、押送副官馬段泉、張新、張應聘俱降一級調外任。

（熹宗天啟實録卷 34　第 4 頁　39.3.2000）

105　十月戊辰　造監督大通橋關防給主事陳大對。

（熹宗天啟實録卷 34　第 9 頁　39.7.2008）

406　十月壬申　巡撫順天右僉都御史岳和聲以南海子失事，有旨令該撫按督同地方官用心巡緝，因疏言：高密店爲霸州道，屬大興縣地方巡緝之責，京營爲政，臣與道臣不得問焉。南海子西圍一帶，爲舊州守備戍守之徼，越西圍以及壩上，諸鋪依城憑社者，未覺而潛踪，已覺而偏護，守備不能制，而臣與道臣更不得問焉。合於内外各額設巡捕官員外，再設總捕府佐一員，上則協同通、壩兩道，下則統轄宛、大兩縣，而與各城司坊官員、京營將領、舊州守備相爲表裏，無事則分督巡防，有事則協力追緝；凡内屬海圍壩店，外屬衛屯民居，得以一體譏察，而受成於巡城御史及撫按二臣，其官不煩創設。聞順天府軍馬兩通判雅有餘閒，合以一判兼攝捕務，時駐海子圍中，傍察壩上諸鋪。而其應行條款，一則内外軍民俱編立保甲，以清勾引；一則内外軍事俱互相應援，以資守望；一則盜必有窩，細披主名，以蕩窟穴；一則地必有鄰，嚴究連坐，以杜容隱。其得獲而軍兵爲盜者，則究主將以紀律之不明，其得獲而壩圍有舖者，則問該監以容隱之何故。可徑行者徑行，轉聞者轉聞。年終失事、有功分别舉劾。得旨：令該部議覆。

（熹宗天啟實録卷 34　第 12 頁　39.10.2013）

407　十月甲戌　陞五軍營副總兵萬化孚爲總兵官，遵化標下中軍遊擊朱來爲參將，威虜營都司李世爵爲遊擊將軍，各照舊管事。加銜都司張惟德爲威武營都司，遵化守備龔彰爲宣武營都司。

（熹宗天啟實録卷 34　第 16 頁　39.13.2019）

408　十月乙亥　先是，勳臣陳光裕等條議招集舍餘丁壯八千餘名，分布十六門，責令時嘗操演，以補守埤乘城之用。謂舍餘係各衛親丁，非市儈比也，已而諸人粮票入手，便多隱匿，倩人應點，虛冒不堪。御史趙延慶特疏裁之，衆遂譟於趙御史之寓，尋赴兵部籲號。兵部上其事，上命嚴查首惡正法，該管把總分别究處，仍以東事未寧，城守新舊軍丁向來操演，堪用與否，還通行點閲，應否通融酌量汰留，一併從長議奏。

（熹宗天啟啟實録卷 34　第 16 頁　39.13.2020）

409　十月戊寅　以慶陵明樓立碑竪柱，頒賜輔臣銀幣有差。

（熹宗天啟實録卷 34　第 19 頁　39.16.2025）

410　十月辛巳　諭户部等衙門：朕以皇子誕育喜事，頒給應賞各該員役軍士等項，查照舊例，取太倉銀二十萬兩、太僕寺銀十五萬兩、光禄寺銀五萬兩、順天府税契銀五萬兩湊給，着各遵諭奉行。

（熹宗天啟實録卷 34　第 21 頁　39.18.2029）

411　閏十月甲辰　順天巡撫岳和聲甄别主客將領，參石塘路參將王嘉善、遵化右營都司周夢麟各革任回衛。

（熹宗天啟實録卷 35　第 31 頁　40.26.2088）

412　閏十月乙卯　盜入順天府，失庫銀二千二百餘兩。巡捕把總旋緝獲之，奪署印治中莊祖誨俸三月。

（熹宗天啟實録卷 35　第 42 頁　40.36.2107）

413　十一月己卯　盜殺北城居民許國熙家六人，革東巡捕把總張國勳任。

（熹宗天啟實録卷 36　第 24 頁　41.21.2149）

414　十一月己卯　朝鮮國遣陪臣禮曹參判趙濈等進龍文簾席等方物，賀萬壽聖節及冬至令節。賞賚如例。

（熹宗天啟實録卷 36　第 26 頁　41.23.2153）

415　十一月庚辰　陞參將李家訓爲神樞六營右副將。

（熹宗天啟實録卷 36　第 26 頁　41.23.2153）

416　十一月壬午　添設門工右侍郎一員，以通政使吴用先爲之。

（熹宗天啟實録卷 36　第 27 頁　41.23.2154）

417　十一月壬午　陞左春坊左諭德蔡一〔按：館本一作毅〕中國子監祭酒。

（熹宗天啟實録卷 36　第 27 頁　41.23.2154）

418　十一月壬午　保定巡撫張鳳翔疏奏：保定舊七營，一標營、一騎營、一左營、一車營、一忠順營、一一千營、一練兵營，雇左營一營。一干營各不過千人，練兵營則抽各營之各二三百而另立一將，頭緒紛紜，官多費多。于是并爲五營，而爲中、前、後、左、右。練兵營係札委官可徑裁，其一千營係大寧操捕僉書統領，除却營務，别無一事，此可歸并僉書一人，而其官竟可不設者也。真定亦七營，……兵部覆，如所請。

（熹宗天啟實録卷 36　第 28 頁　41.24.2155）

419　十二月戊子　命……高推巡視京營。

（熹宗天啟實録卷 37　第 2 頁　42.2.2165）

420　十二月戊子　陞遊擊將軍梁柱朝爲都司僉書，頗（按：館本頗作顔）希牧爲參將；守備楊文魁、王遷爲遊擊將軍。柱朝昌鎮居庸關，希牧薊鎮古北口，文魁薊鎮西協。

（熹宗天啟實録卷 37　第 2 頁　42.2.2165）

421　十二月辛卯　加屯田太僕寺卿兼監察御史董應舉爲都察院右副都御史，督理順天等處屯田屯兵事務，鑄給新銜關防。

（熹宗天啟實録卷 37　第 6 頁　42.5.2171）

422　十二月癸巳　禮部尚書林堯俞等言：朝鮮廢立之事，以綱常名義論討之，絶之，此一定之正體也；以翼戴天朝論，則二心通奴者，是爲我梗也（按：館本梗作梗）〔校記：寳訓無也字〕，同心滅奴者，是爲我用也〔校記：寳訓無也字〕。一順一逆分，而朝廷之予奪因之，此通變之微權也。今據昭敬王妃之奏，深可異者宣川之役〔校記：寳訓深可異者宣川之役作深河宣川之役，是也〕，李琿〔校記：李琿寳訓作李暉，下同〕降奴引賊，不謂二心通奴可乎？又據屬夷頭目阿木之報，奴兒哈赤領兵馬無數，要來過河犯搶，因毛文龍同高麗奪了馬匹，傷了達子，奴惱恨，欲將兵馬一半往高麗報仇，則謂李倧之不與我一心滅奴不可也。臣部前議，會同兵部移咨登撫，并札毛師遣官往勘，務取該國臣民公本回奏者，以觀人情之向背，定李倧之順逆。今咨已數月矣，雖冰膠風梗，勘報逾期，然聞十月内，登來（按：館本來作萊）巡撫揭送彼國公結十二通，十一月内，毛帥呈送彼國公結〔按：館本公下無結字，實訓有揭字〕十二通。自宗室以至八道臣民，合詞一口，皆稱琿爲悖逆，倧爲恭順。人情如此，固不待勘報至而已了然矣。彼請封之陪臣相率哀回還無日，且云：逆奴欲絶毛帥之牽制，先攻小邦爲同仇，當此爲危急之秋，必須君國之主，若名號未定，則徵發難行。此時急在邊疆，似未可以經常例論矣。如蒙皇上俯從所請，伏乞先頒勑諭一道，登萊撫臣差官同陪臣至彼，錫以朝鮮國王名號，統領國事，仍著令發兵索賦，同毛文龍設伏出奇，俟恢復漸有次第，始遣勳戚重臣賫捧節册，完此封典，庶幾字小之中不失固圉之道，其于疆事國體所裨非細矣。得旨：李倧既係該國臣民公同保結，倫叙相應，又翼戴恭順，輸助兵餉，准封朝鮮國王。先與勑諭，著登萊巡撫官差同陪臣賫賜册使（按：館本使下有候字）事寧，查照舊例行。

（熹宗天啟實録卷37　第14頁　42.12.2185）

423　十二月癸巳　陞……右春坊右贊善羅喻義司經局洗馬，管國子監司業事。

（熹宗天啟實録卷37　第15頁　42.13.2187）

424　十二月乙未　協理京營侍郎朱光祚遵旨請改勑書併繳關防。先是，京營設兩協理，一侍郎，一副都御史。至是，協部員缺，廷推副都御史朱光祚爲侍郎，推陳道亨爲副都御史，各協理戎政。上以協理官員原只一員，今既有協理，朱光祚、陳道亨另推别衙門用，光祚照新銜給勑書。光祚再疏辭。諭：以京營兩協理不便，著遵前旨行。于是進繳原領右副都御史勑書一道，請改侍郎新銜，併繳協理戎政都察院關防，而條上先事，飭備選將材，禁徵逐，明賞罰，裁冗員，覈冒支，減公用，省文册，精挑選較練等機宜。有旨：報可。

（熹宗天啟實録卷 37　第 17 頁　42.14.2190）

425　十二月戊戌　京師地動，從西北乾方來，徐往東南方。連動二次（按：梁本此條失載，館本存）。

（42.17.2196）

426　十二月戊戌　差户部河南司主事吴鳴虞管海運二倉。

（熹宗天啟實録卷 37　第 21 頁　42.17.2196）

427　十二月辛丑　造督理順天等處屯田屯兵關防給董應舉。

（熹宗天啟實録卷 37　第 23 頁　42.19.2199）

428　十二月丁未　差户部陝西司員外郎程士奇管通州大運倉。

（熹宗天啟實録卷 37　第 25 頁　42.20.2202）

429　十二月己酉　吏部等衙門尚書等官趙南星等，以薊遼、偏沅二總督奉旨下部院會議：臣等查得《會典》，先年薊遼有警，間委重臣巡視，或稱提督；及嘉靖二十九年，以虜患始改爲總督薊州、保定、遼東軍務，鎮巡以下皆聽節制。至三十三年移駐密雲，而巡撫駐薊州，防秋則駐昌平。是薊遼總督原爲虜患而設，而今虜患方殷，自無可裁之理，卽樞輔疏亦非以爲可裁也。其疏不曰皇上必不欲臣離關，則請且不推經略總督，只以臣一人督兩撫臣乎？又不曰往日經撫以議論紛紜致失疆土乎？此其意可知也。當遼左淪陷之時，在位者人人顫恐，爲保妻子之計，樞輔不勝勁忿，自請行邊，此其忠誠義烈一日而感於神明，聞於天下。假令祖宗期一聞虜警，輔臣有請自行邊者，則必不設總督矣。夫總督之設爲節制鎮巡以下也，政府之柄豈不更重也哉。然則，薊遼總督在往日則不可裁，在今日則不可推，此事之無可疑者也。榆關之事，皇上得樞輔而任之，二年來東夷不聞傳箭，西虜未至跳梁，毛文龍時有捷書，此其效可覩矣。今舊督臣以制歸樞輔，實兼將相之任，弭節移駐及巡撫所宜居，一切撫賞防勦，惟相其機宜而行之，以俟全遼恢復，奏凱還朝之日，乃議設總督似無不可者。至于偏沅總督，合楚、黔、滇三鎮之兵餉而兼理之，不見於《會典》，惟萬曆年間征播乃有撫臣，事寧旋止，正如總督之設以貴州用兵之故也。科臣謂：偏沅一帶之土司環伺而待命，兼以數百里獷悍之苗，非設一撫臣不足以彈壓之，此亦不易之論，至於貴州軍士，枵腹荷戈，待餉甚急，有謂擇風力御史一人奉勅遄往，專管督餉，以救百萬生靈之命，亦于計似便，均祈聖明裁定。得旨：邊事重大，督師輔臣承宗既自請擔任總督官，依議，且不推款夷叩關督臣，象乾還着料理撫賞，候事完離任；偏沅巡撫督餉按臣，便着推用。

（熹宗天啟實録卷 37　第 26 頁　42.21.2204）

430　十二月己酉　命訓練五（按：館本五下有軍字）營軍，選總兵官徐永胤提督京城内外巡捕。

（熹宗天啟實録卷 37　第 32 頁　42.27.2215）

431　十二月庚戌　保定巡撫張鳳翔疏言：原任兵部員外郎贈太常寺少卿謚忠愍楊繼盛已給贈謚祭麽，仍賜祠立額，極爲優厚，而當時禮臣失于查覈，獨遺葬價一款，藁葬至今，乞賜補給，已經部覆。上傳年遠，不准給。大學士葉向高等言：繼盛係世宗皇帝第一忠臣，邮典以謚祠爲重，祭葬特書（按:館本書作嘗）格耳。與其重而遺其輕，殊不可解。宜撫臣之請補。部覆之，全給也。况繼盛藁厝淺土，使萬年流芳之骨不得沾皇上一抔之恩，尤非臣等所安。得旨：楊繼盛，先朝忠臣，已經賜謚立祠，准補給全葬。

（熹宗天啟實録卷 37　第 33 頁　42.27.2216）

432　十二月庚戌　差兵部武庫司郎中劉繼禮解防邊馬價銀二萬兩往薊鎮，車駕司主事鄭履祥解犒賞銀一萬兩往密雲。

（熹宗天啟實録卷 37　第 33 頁　42.28.2217）

433　十二月癸丑　陞都司僉書管西協前車營遊擊事譚堯德薊鎮古北路參將。

（熹宗天啟實録卷 37　第 33 頁　42.28.2218）

434 **十二月甲寅** 巡視京營禮科等衙門給事中等官彭汝楠等條陳營務。一、清穩占。三備兵營隱射空役甚多，各營官隱占牢役亦每踰額，臣等極意清查，裁減六千餘人。但恐日久事移，仍復影冒。宜將裁減額數刊刻附載戎政事宜，毋令久而去其籍。一、練火器。營軍十萬，火器居其六，其賞格每中一銃賞一錢。邇來弓前選鋒得補雙糧，火器則否，遂不復有留意演習者。臣等秋操加意挑選，但有兩銃俱中者准補雙餉，仍令各營將逐日教演及住操，合營之日會總親試之，拔其尤者百餘人，悉頂雙糧，諸軍士始躍躍欲奮。今後春秋兩操，還宜挑選一次，弓箭火器雙糧不妨稍爲通融頂補，庶軍以愛稍而技精。一、覈冒糧。各軍收操在營，食糧在衛，管兵者不知餉之多寡，理餉者不知兵之虛實，該部但憑衛所執結放糧，而衛所印弁得錢卽與關領，于是有在營革役事故而衛仍領糧者，有名爲在營而操册不載者；又有跳入于門軍、匠役而衛册仍在營者。曾經臣等設立營衛，對同文册，月一清覈，其在營者業按期申報，而各衛所則任百催督不齊也，宜行三大營暫停替補兩月，聽倉場協理大臣按定籍册，每衛所見在領糧若干，見在營操若干，因而會同比勘，有無互異影響閃爍者，自無遁其形矣。一、節帑金。營中自犒賞子粒而外原無別項錢糧，自去歲廣寧告警，舊總督陳良弼請發帑金三十萬，一日而散犒賞十萬兩，旋又批發置買軍器二萬兩有奇，及良弼謝世之日，僅存十七萬八千四百九十八兩，迨臣等接管清查，見在者又止十三萬七千六百七十六兩零。查其所由開銷，則爲置買軍器，而索其所爲器械觀之，則毫未常有也。臣等自受事迄今，誓不肯掛一號、批一領，幸而十三萬金尚無恙也。更乞嚴旨申飭，不許輕易批發。一、減冗馬。三大營軍額十二萬，馬額二萬，是步軍居五、騎軍居一也。捕營軍可萬餘而馬則五千有奇，或者日（按：館本日作曰）夜廵追緝，數不厭多，乃年來惰窳成習，雖極力督責，終不聞有騎馬下夜者，但見長安道上成羣僱覓，則皆捕馬也。臣等極力裁減，已經革去十五年以上馬一千一百四十三匹。又該營冬季應領補新馬五百三十七匹，並爲停革；仍移會移部，以後漸次裁減，俟合于《會典》三千四百六十四之數而止，歲省錢糧可二萬餘金。一、存班糧。班軍之必不能全至也，而未必有用也，盡人而知之矣，而語及於折班，則無敢任者，爲祖制耳。毋已則惟有查汰虛軍，扣存糧（按：館本糧下有銀字），俾不至耗蝕國儲則亦已矣。計自去歲秋班至今，除月糧米外見在大糧貯職方司庫者可四方（按：館本方作萬，是也）金。聞該部已借萬金爲扈衛盔甲之用，剩存尚有三萬兩，宜令該部將見貯班糧及那借未還者逐一清查，造管、收、除、在四柱册，一存該部，一送臣等。巡視衙門稽查以後，每秋班竣日，該員外會同巡視查盤一次，其有開支那借，須赴巡視衙門掛號，不許徑動，庶積漸以往涓涓者亦將不可勝用矣。其他則分練之當議也。今春分練之役，自臣等罷之，夫非分練之當罷也，罷其練而無益於事者耳。以臣等私竊計之，各營自選鋒壯丁而外，其壯健堪練者儘可得三萬人，存選壯丁各營而挑精健以待練，固雙美而非兩傷者，班軍既明知其不可，何必慕虛名而廢實用？存其近而實者以全制，折其遠而虛者以充分練，亦化虛爲實之法也，則標營之宜簡也。都城重地，咫寸宸嚴，驕卒羣譁于至師之門，市棍狂逞于柱史之宅，法紀凌夷盡矣。查戎政事宜，標兵左營三千爲總督親兵，右營三千爲協理親兵，凡營中一切雜差，俱從優免，遇大操閱則擺列將台左右，彼創法者，其意固自遠也。年來此意浸微，協臣朱光祚每與臣等扼腕言之。近日方在揀選，但不患無兵，患無聚兵之處，必其人伍兩相，屬呼吸立應，而後奸人有所長而不敢逞。查戎政府左右見有官房百餘間，宜選雙糧選鋒千人，弓箭之外，各習一技，分爲兩班，該班者直宿官房，時刻不許暫離，日給鹽米菜銀三分，以酬其勤。該營將官聽總協擇勇畧有心計者任之，即于府内空地蓋房居之；使之朝夕訓練統率，庶一呼可以立應，請瞑目語難者，當知所歛戢矣。至於各軍住居星散，苟有緩急，無從號召。此實京師第一病痛，願在事諸臣更加意酌議之也。下其疏於部。

（熹宗天啟實録卷 37　第 34 頁　42.38.2218）

435　十二月乙卯　是歲天下户口，……田賦，……米二千一百四十九萬三千五百六十三石一斗有奇，内天啟三年撥給定陵香火地應減米三百零二石；……絲綿折絹二十萬六千二百八十二疋有奇，内天啟三年撥給定陵香火地應減絹一百一十五疋二丈九尺；……户口鹽課折銀二十五萬九千七百三兩三錢有奇，内天啟三年撥給定陵香火地應減銀一百五兩九錢有奇；……。錦衣等總各衛所指揮千百户等官朱邦等運納原派天津、昌平、薊州、密雲各邊倉兑改糧四十五萬四千九百四十七石三斗，皇城四門倉并新添惠、桂二府糧三萬四千五百三十六石，截留天津二十萬石，毛帥十萬石，實進京、通二倉兑改糧二百六十八萬八千九百二十八石八斗七升二合四勺。

（熹宗天啟實録卷 37　第 37 頁　42.31.2223）

天啟四年（1624）

436　正月壬申　御史崔其觀劾章面道副使程再伊聽副使張嘉策受紅夷三萬金，許澎湖互市。

（熹宗天啟實録卷 38　第 5 頁　2236）

437　二月癸巳　禮部尚書林堯俞、工部左侍郎陳長祚同欽天監正周子愚擇葬懷冲太子。

（熹宗天啟實録卷 39　第 7 頁　2262）

438　二月乙未　巡撫順天岳和聲免。

（熹宗天啟實録卷 39　第 8 頁　2263）

439　二月丁酉　薊州、永平、山海地屢震，壞城郭廬舍亡算。

（熹宗天啟實録卷 39 第 9 頁 2265）

440 **二月壬寅** 國子監祭酒蔡毅中進《字學要覽》，命梓之。

（熹宗天啟實録卷 39 第 11 頁 2269）

441 **二月壬子** 朝鮮國昭敬王妃金氏遣議政府左議政李慶全等貢方物。

（熹宗天啟實録卷 39 第 18 頁 2284）

442 **三月丁卯** 天津巡撫畢自嚴言：天津海防營水陸見兵二千五百名，歲餉四萬五千金。前撫汪應蛟因海濱亡徼屯田八千畝，人耕四歲，歲穀八石，共值四千八百金。操練盡廢，舟楫器械皆不存。今兵部欲以葛沽兵移歸屯田，春作力田，仍令津撫兼統遇敵聽調，一柄兩持，屯操俱廢，不若水兵隸臣，增足二千，陸兵千人，分隸屯臣。兵部尚書趙彦執如故。

（熹宗天啟實録卷 40 第 4 頁 2303）

443 **三月己卯** 諭兵部京城緝盗。

（熹宗天啟實録卷 40 第 8 頁 2312）

444 **三月癸未** 大學士葉向高等言：今歲夏至祭地，工部營繕司官及巡視工程御史向臣等言：皇上親行其壇，當預修築神幕器服等，距期月餘，日夕併工亦未能及，求來歲舉行。臣等謂方澤大祭，豈能稽遲？職掌謂何？但祭期迫近，不得不據實以請，如祭典有舉毋廢，略加修飾，仍令舉行，倘以躬祭毋率，暫遣官躬代。上命來歲親享。

（熹宗天啟實録卷 40 第 9 頁 2314）

445 **四月丙申** 光禄寺少卿楊廷筠爲順天府丞。

（熹宗天啟實録卷 41 2331）

446 **四月丁酉** 廷試歲貢生。

（熹宗天啟實録卷 41 第 5 頁 2332）

447 **四月乙巳** 遣魏忠賢往京南巨龍橋祀龍王祠。

（熹宗天啟實録卷 41 第 6 頁 2333）

448　四月丙午　國子監祭酒蔡毅中上廣規三書，曰《大學約言》，曰《古文孝經》，曰《讀書章程》。

（熹宗天啟實録卷 41　第 10 頁　2341）

449　五月甲寅　工部員外郎馬明瑞竊官鏹，窖地被盗，亡何獲盗，所搜官鏹俱郡縣鐫識者。因削籍。

（熹宗天啟實録卷 42　第 1 頁　2357）

450　五月甲寅　廷試歲貢生榜示。

（熹宗天啟實録卷 42　第 1 頁　2357）

451　五月丙寅　總督薊遼吴用先言：抵任後即歷昌、薊諸路及山海關外至寧遠衛，周遭二百餘里，樞府討事可無慮。臣之憂非關外難，而關内難也。關内三協，延袤二千餘里，精鋭盡調以東，關内單弱，不得不募新兵。烏合之衆，未習操練，不逃則盗，故練新兵不如練舊兵。喜峰口、白馬關、大水谷、潮河川、桃林口、界嶺口，人馬俱通，尤爲要害。先年有墻臺、烽堠、明暗尖，近來水面傾圮圮（按：疑圮下無圮字），班軍盡赴山海，三年未築，臣豫爲估計補葺，以待兵集，庶藩籬可固。上是之。

（熹宗天啟實録卷 42　2364）

452　五月庚午　順天巡撫左僉都御史鄧漢言：薊鎮十二路，東自山海，西接黄化鎮，延袤二千里，臣頃徧曆三協各關口，雖無處不險，而平原大川可容數十萬大舉入犯。又當貢夷出入之路，則喜峰、潘家口爲最，皆中協地也。臣駐劄處距□十八里而近，計通中協四路，頃增兵五千，連東協共增六千，兵增則餉隨增，然不敢煩主計也。於所屬地方，一損益間即充用。通州羸卒萬餘，强半虚冒，斷宜裁止，留兵四千守舊城。西協九千人，其數即内撥二千以補中協，所省多矣。章下兵部。

（熹宗天啟實録卷 42　2365）

453　五月甲戌　工科都給事中楊維新請發帑助慶陵并嚴那借考成之法，言：外解虧百六十餘萬，非盡在民也。或州縣解府、府解司，各移而用之，上下相蒙，撫按不核，安得不愈久愈多也。今限州限解銀係某項即鑿某項字於上及年月册上之，府册上之司，并府州縣册上之部，則那借之弊可祛矣。至考成之法，應解錢糧，越一季作何罰治，越二季則倍之，越一歲則漸加焉。以十分爲率，完成八分亡罰，虧二三分作何罰治，四五分罰倍之，六七分則漸加焉。府不責之州縣則罰府，司不嚴之府則罰司，撫按不嚴之司則並及撫按。斷在必行，如此而猶虧額，臣不信也。上以金花銀不許，餘如故。

（熹宗天啟實録卷 42　第 7 頁　2367）

454　五月壬午　安南禄州酋韋德成殺何惇來獻。初何惇入寇，上思憑祥焚驚甚慘，爲患二十餘年，至是撫臣檄安南殲之。所侵村峝悉復。

（熹宗天啟實録卷 42　第 9 頁　2374）

455　六月癸未朔　左副都御史楊漣劾魏忠賢專擅旨意，多出傳奉，三五成羣，勒逼諠褻，政事之堂幾成鬧市。大罪一。……去年南郊，傳聞宫中貴人貞静荷寵，忠賢恐其露己驕横之私，託言急病，立刻掩死。大罪八。裕妃以有喜傳封，忠賢捏僞旨勒令自盡，大罪九。中宫有慶，已經成男，乃繞電流虹之祥，化爲飛星墮月之慘，忠賢實有謀焉。大罪十。先帝青宫四十年所護持僅王安一人，忠賢以私忿矯旨掩殺於南海子。大罪十一。今日求獎，明日立祠，近於河間毁民居建坊，築愁樹怨，飲恨吞聲。大罪十二。……良鄉生員章士魁以爭煤窖傷其墳脈，託言開礦，而致之死。大罪十五。……近日忠賢進香涿州，鐵騎簇擁，蟒玉追隨、警蹕傳呼。歸則駕駟馬，羽幢青蓋，夾擁環遮，入幕密謀，叩馬獻策者實煩有徒。大罪二十三。……奉聖夫人客氏又彌縫其罪戾而遮飾其回衺。故掖廷都城卽大小臣工，皆知有忠賢，不知有皇上。乞正法以快神人之憤。客氏俾居外宅，無厚其毒。

（熹宗天啟實録卷 43　第 1 頁　2383）

456 **六月丙戌** 通州新兵譁。户部急以漕折萬金餉之。

（熹宗天啟實録卷 43 2379）

457 **六月丁亥** 保定地震，壞城郭人畜。

（熹宗天啟實録卷 43 2397）

458 **六月辛亥** 封光廟選侍傅氏爲“懿妃”,封李氏爲“康妃”。

《兩朝從信録》：上欲議光廟選侍傅氏、李氏。禮臣林堯俞奏謂：皇大妹婚期已近，皇八妹婚期尚遠，選侍李氏似不宜封，況當皇上登極之初，移宫之際，議論紛紜，封號一節，宜俟皇八妹選婚之日另議，無庸汲汲爲也。惟具選侍傅氏封號上請，上不聽，命一併舉行。

（熹宗天啟實録卷 43 2410）

459 **七月癸丑朔** 《熹宗舊紀》：紅夷通倭逼福建。禦之。

《兩朝從信録》：紅夷虜擾閩中，近復勾引日本倭人，通連地方奸滑，敢于西瘵古雷一帶燒刼。而我將士玩縮不前，寧謐無日。于是撫臣南居益請旨申明賞罰，以振國威，以惕人心。而又親閲邊海，議口要之防，嚴通倭之罰，闌出有禁，越販有禁，八閩賴以安枕，可謂無忝于撫。

（熹宗天啟實録卷 44 第 1 頁 2413）

460 **七月戊午** 追謚皇次子慈燴爲“悼懷太子”。

（熹宗天啟實録卷 44 第 1 頁 2414）

461 **七月癸亥** 《熹宗舊紀》：是月癸亥，六科廊火。

《兩朝從信録》：失火，内使郭光裕、李福、楊國貞、崔吉祥等罪責，降貶有差。文書房傳出聖諭：六科廊被災，所有原貯文册係累朝典章、見行規例，俱屬緊要文書，當卽補查。

（熹宗天啟實録卷 44 第 4 頁 2420）

462 **八月辛亥** 《兩朝從信録》：……順天鄉試主考左庶子李康先、左諭德王祚遠，時初九頭場，因科舉數至六千餘名，人多雨猛，阻塞喧填。府尹點名不能識聽前應，遂至巳刻方出題，鹽場提調皆引咎。

（熹宗天啟實録卷 45　第 2 頁　2431）

463　十月己酉　《兩朝從信録》：是月慶陵完工。

（熹宗天啟實録卷 47　第 7 頁　2463）

464　十一月壬申　上出内帑六千金，給宛平、大興煮粥賑濟。

（熹宗天啟實録卷 48　2475）

465　十二月壬寅　以……郭尚文（按：疑文爲友之誤）巡撫保定。

《啟、禎兩朝剥復録》……以郭尚友爲保定巡撫，陪尚友者魏濬也。

（熹宗天啟實録卷 49　第 2 頁　2484）

天啟五年（1625）

466　正月癸亥　户部署部事左侍郎陳所學題覆總督倉場畢懋良疏言：……乃若通粮額貯七十萬石，原係歲收歲放。京軍應赴通關支四個月，每月領米一十四萬石。今既議折兩月，則此餘粟應運至京，其二月、十二月仍赴通州支領。若盡取給京倉，則於軍士雖省往返，而本部反多費三萬餘金之脚價矣。至於截津之費，止可抵運二十餘萬石，但津部目今咨取出倉入倉運價約二萬餘金，亦費區處。凡此皆督臣所謂權宜之術，暫一行之，誠見夫庾匱帑空，苦心區畫，以竭誠於軍國，計安於長久者也。命依議行。

（熹宗天啟實録卷 50　第 6 頁　55.6.2501）

467　正月辛未　順天巡撫鄧渼疏參原任建昌路參將宋鎮虜，原任保定騎營領班都司李逢恩侵冒邊餉。部覆：以原官回衛。從之。

（熹宗天啟實録卷 50　第 13 頁　55.11.2512）

468　正月壬申　陞榆林嶺提調楊奇勳爲薊鎮石匣營遊擊，大同青山城守備孫光祉爲真定巡撫標營遊擊，山西河會守備岳可爲大同入（按：館本入下有衛字）遊擊。

（熹宗天啟實録卷 50　第 12 頁　55.12.2513）

469　正月癸酉　上傳：慶陵敘功本發下已久，至今科抄尚不到部，成何法紀？如再遲，將該管員役拿究。

（熹宗天啟實録卷 50　第 14 頁　55.12.2513）

470　正月癸酉　直隸巡按御史吴之仁疏參原任通州總兵張士顯、薊鎮總兵王威剥藐軍法（按：館本剥藐軍法作剥軍藐法）。部覆：俱革任回衛，永不敘用。從之。

（熹宗天啟實録卷 50　第 15 頁　55.13.2516）

471　正月癸酉　革古北路參將談堯德回衛，加薊西鎮守標下中軍都司劉芳美遊擊將軍職銜，管古北路參將事。以順天撫臣鄧渼、按臣吴之仁舉劾也。

（熹宗天啟實録卷 50　第 15 頁　55.13.2516）

472　正月甲戌　起陞原任都司僉書潘一德爲神機五營佐擊。

（熹宗天啟實録卷 50　第 16 頁　55.14.2518）

473　正月乙亥　命太僕寺發馬價銀二萬二千四百兩，又加增銀二千八百兩，解運順天撫院衙門，爲天啟六年撫夷之用。從樞臣趙彦請也。

（熹宗天啟實録卷 50　第 17 頁　55.14.2518）

474　正月戊寅　以慶陵工成加恩内閣。孫承宗加少師兼太子太師、兵部尚書，顧秉謙、朱延禧加少傅兼太子太師、吏部尚書，魏廣微加少保兼太子太傅，改吏部尚書，俱進建極殿大學士，各廕一子中書舍人，賞銀五十兩，綵段四表裏，内大紅蟒衣一襲。原任首輔葉向高加上柱國，廕一子尚寶司司丞。原任輔臣朱國禎加少師兼太子太師，改吏部尚書，進建極殿大學士，廕一子中書舍人，各賞銀五十兩，綵段四表裏。俱照新銜給與應得誥命。

以慶陵工成陞工部署部事左侍郎李佐太子太保、本部尚書，協理部事，廕一子入監讀書，賞銀五十兩、紵絲三表裏。工部左侍郎白所知加陞本部尚書，仍管侍郎事，賞銀四十兩，紵絲二表裏。原任工部尚書王佐、王舜鼎俱贈少保，丁懋遜贈太子少保。鍾羽正加陞太子太保，賞銀四十兩，紵絲二表裏。王永光加太子太保，廕一子入監讀書，賞銀四十兩，紵絲二表裏。周應秋加陞刑部尚書協理部事，賞銀三十兩，紵絲二表裏。姚思仁、陳長祚等各賞銀幣有差。工部司官徐在中等各陞級賞銀有差。

（熹宗天啟實録卷 50　第 22 頁　55.18.2526）

475　正月戊寅　以慶陵工成，加恩内員，王體乾、魏忠賢、李永貞，俱廕弟姪一人錦衣衛指揮僉事。忠賢加蔭弟姪一人。都督同知梁棟、裴昇、孫進、李實、石元雅、涂文輔、吴進忠、季縉、陰相俱蔭弟姪一人，錦衣衛正千户馬誠、汪良德、李永安、蘇若霖俱蔭弟姪一人。錦衣衛百户各賞銀幣有差。

（熹宗天啟實録卷 50　第 25 頁　55.24.2537）

476　正月己卯　陞薊鎮瀋陽秋班遊擊孫嗣徵爲薊鎮馬蘭路參將，巡捕營遊擊董文用爲薊遼保定總督標下中軍參將。

（熹宗天啟實録卷 50　55.25.2539）

477　二月庚辰朔　大學士顧秉謙等回奏：陵工加恩，禮部尚書林堯俞未有陞蔭。得旨：林堯俞加太子太保，蔭一子入監讀書。

（熹宗天啟實録卷 51　第 1 頁　56.1.2542）

478　二月庚辰　命保定總兵蕭如薰仍以原官充總兵官鎮守永平等處地方，專管馬、松、喜、太四路。

（熹宗天啟實録卷 51　第 1 頁　56.1.2542）

479　二月庚辰　禮部奉旨選二駙馬，以二次應選子弟俱無堪中，請再行順天等處所屬府、州、縣、衛等官及京城各兵馬司訪報。從之。

（熹宗天啟實録卷 51　第 2 頁　56.2.2544）

480　二月庚辰　朝鮮國王李倧差陪臣李得洞齎捧三起表文、一起奏本、四起方物赴京謝恩，及進賀皇子誕生，并奏乞頒降誥命、冕服。賜賚如例。

（熹宗天啟實録卷 51　第 2 頁　56.2.2544）

481　二月壬午　加陞薊鎮中路副總兵王繼都督僉事中府帶銜。

（熹宗天啟實録卷 51　第 5 頁　56.4.2548）

482　二月癸未　發太僕寺馬價銀二萬兩，解薊遼總督衙門。

（熹宗天啟實録卷 51　第 9 頁　56.8.2556）

483　二月癸未　蠲正陽等門廊房租税。

（熹宗天啟實録卷 51　第 10 頁　56.8.2556）

484　二月甲申　上傳：會試中式舉人既限三百名，房官亦照萬曆初年舊例止用十五員。

（熹宗天啟實録卷 51　第 10 頁　56.8.2556）

485　二月乙未　陞福建都司掌印吴從質爲南直永生州參將，昌平總兵坐營都司僉書趙之蘭爲灤陽營遊擊，天津海防都司僉書張登甲爲薊鎮南兵營遊擊。

（熹宗天啟實録卷 51　第 19 頁　56.16.2572）

486　二月丁酉　户部請發天啟五年春季各鎮主客兵年例銀：薊州鎮一十萬六千七百一十七兩零，密雲鎮九萬一千三百四十七兩零，永平鎮七萬二千四百六十六兩零，昌平鎮三萬五千五十八兩零，揚（按：館本揚作易）州鎮三萬六千六百四十八兩零。上是之。

（熹宗天啟實録卷 51　第 20 頁　56.17.2574）

487　二月丁酉　發太僕寺馬價録一萬兩解密雲，交管餉通判衙門，爲天啟六年犒賞之用。又發馬價銀三千六百兩解薊州餉司，爲本年灤陽兵餉之用。從樞臣趙彦請也。

（熹宗天啟實録卷 51　第 20 頁　56.17.2574）

488　二月己亥　以慶陵工成，廕工部左侍郎今加太子太保本部尚書協理部事柳佐次男可權國子生。

（熹宗天啟實録卷 51　第 21 頁　56.18.2576）

489　**二月庚子**　命御史崔呈秀巡視殿門工程。

（熹宗天啟實録卷 51　第 21 頁　56.18.2576）

490　**二月辛丑**　弘政、宣治二門興工（按：館本工下有“遣工部尚書白所知祭告后土司工之神”十六字）。

（熹宗天啟實録卷 51　第 24 頁　56.20.2580）

491　**二月辛丑**　户部請於濟邊銀内預發天啟六年撫夷銀二萬六千一百三十三兩零，東、中、西協天啟五年層增、新增賞銀三千九十四兩零，解薊鎮支用。

（熹宗天啟實録卷 51　第 24 頁　56.20.2580）

492　**二月丙午**　遣使册封朝鮮國王李倧，頒賜詔命、冕服。

（熹宗天啟實録卷 51　第 29 頁　56.25.2590）

493　**二月丁未**　揭榜中式舉人華其（按：館本其作琪）芳等三百名。

（熹宗天啟實録卷 51　第 31 頁　56.27.2593）

494　**二月戊申**　户部請給慶陵地價：議將各農民援納事例銀一萬二千一百九十九兩七錢零分發涿州、昌平州，轉給地户收領。

（熹宗天啟實録卷 51　第 31 頁　56.27.2593）

495　**三月甲寅**　改天津巡撫右都御史兼户部左侍郎畢自嚴爲南京都察院右都御史。

（熹宗天啟實録卷 52　第 9 頁　57.7.2610）

496　**三月癸亥**　上御皇極門内殿，策試舉人華琪芳等。

（熹宗天啟實録卷 52　第 18 頁　56.16.2627）

497　**三月甲子**　起陞原任薊遼總督文球爲兵部右侍郎兼都察院右僉都御史，協理京營戎政。

（熹宗天啟實録卷 52　第 20 頁　57.17.2630）

498　**三月甲子**　陞南京太僕寺卿申用懋爲右副都御史，巡撫順天地方。

（熹宗天啟實録卷 52　第 21 頁　57.18.2631）

499　三月丙寅　賜進士余煌等三百人及第、出身有差。

（熹宗天啟實録卷 52　第 25 頁　57.21.2638）

500　三月丙寅　平遼總兵官左都督毛文龍討借京營龍尾機礮。以應征勦急需。廵視科臣劉先春等奏請上命准發一千門外，仍多造以備京師城守。該部酌定錢粮具奏。

（熹宗天啟實録卷 52　第 25 頁　57.21.2638）

501　三月庚午　弘政、宣治二門興工（按：館本工下有遣工部尚書白所知祭告后土司工之神十六字）（又按：此條與二月辛丑條重出）。

（熹宗天啟實録卷 52　第 28 頁　57.24.2643）

502　三月癸酉　大學士顧秉謙等題：適臣等講筵回至閣中，有中書官鄭崇光等陳説前門綢段、印當等舖一時俱關，且有逃去者。蓋爲陶朗先扳扯借貸各舖銀兩，以抵贓欠，問官不經奏請，擅拿商人勒寫文契，諸商無奈，暫爾應參，既得脱去，相率逃避。夫朗先有贓，則拷比嚴追，無贓則奏請湊辦，或搜括於室家，或變賣其田產，焉有尅落帑金取償商賈、不候明旨恭行強暴、如今日之刑官者哉？輦轂之下，駭人耳目，蕭墻之患，遂亦叵測。有聞入告，臣等之職也，伏乞皇上速行禁止，曉諭商人還歸本舖，各安生理。仍責問刑部，令其回話，庶大獄不興而近憂可免矣。得旨：陶朗先匿贓不吐，扳害無辜；刑官未經奏請，擅拿勒契，以致商人閉門逃避，成何法紀？該司官姑且不究，即着曉諭諸商，各安生理，退還文契。贓銀仍於本犯名下嚴追，務在速完。

（熹宗天啟實録卷 52　第 32 頁　57.27.2649）

503　三月丙子　起原任順天府府丞吕純如。

（熹宗天啟實録卷 52　第 36 頁　57.30.2656）

504　四月癸未　叙慶寢（按：館本寢作陵，是也）勞，加工部都水司郎中白受采、錢時、楊師、孔路、周道、王國相、王道元、曾櫻、王公弼、許如蘭、吴兆元、堵天顏、陸文衡、王振奇、陸之祺等官級有差。

（熹宗天啟實録卷53 第5頁 58.4.2668）

505 四月癸丑 廷試天下恩、歲貢生員，歲貢上卷三卷，中卷四百一十七卷；恩貢上卷一卷，中卷七十二卷。

（熹宗天啟實録卷53 第20頁 58.18.2695）

506 四月癸丑 陞……順天府府丞吕純如爲巡撫山東右僉都御史。

（熹宗天啟實録卷53 第21頁 58.18.2695）

507 四月戊戌 借冏寺銀十萬兩給薊鎮兵餉。

（熹宗天啟實録卷53 第25頁 58.22.2703）

508 四月庚子 聖諭：如今天氣暄熱，兩法司并錦衣衛見監罪囚笞罪無干證的放了，徒流以下便減等擬審發落，重囚情可矜疑并枷號的都寫來看。

（熹宗天啟實録卷53 第28頁 58.23.2706）

509 四月癸卯 總督兩廣何士晉疏報：濠鏡澳夷，邇來盤據披猖一時，文武各官決策防禦。今内奸絶濟，外夷畏服，願自毁其城，止留濱海一面，以禦紅夷。章下兵部。

（熹宗天啟實録卷53 第37頁 58.31.2721）

510 四月丙午 上諭工部等衙門：朕自御極以來，每念兩門三殿工程宏鉅，費用浩繁，該部那借術窮，内帑搜括殆盡，悠悠忽忽，何日告成？朕念兹在兹，未嘗一日釋於懷也。今中宫等官、諸王、公主并司禮監等衙門，各監局、司庫、掌印、管事、牌子及内外私家、閑住、太監等官，恭進助工銀共四十萬兩，俱發公所貯收，仍著内外經管監部各官，會同巡視科道眼同給發支用，俱要實心任事，仰體朕懷，作速催儹一程，蚤完三朝闕典，毋得仍前怠緩，冒破侵欺，違者從重參來，必不寬赦。

（熹宗天啟實録卷53　第38頁　58.31.2722）

511　四月丁未　大學士顧秉謙等捐俸金二百兩助工，各衙門捐助有差。

（熹宗天啟實録卷53　第39頁　58.32.2723）

512　五月戊午　陞光禄寺寺丞秦聚奎爲順天府府丞。

（熹宗天啟實録卷54　第13頁　59.11.2747）

513　五月己未　革巡捕提督徐永胤、參將張學、把總馬光先、南城兵馬指揮朱國望等任，以南城報夥盗强劫也。

（熹宗天啟實録卷54　第13頁　59.11.2748）

514　五月庚申　陞……都司僉書管薊鎮東遊兵遊擊事婁可教爲薊鎮德州秋班遊擊，……薊鎮建昌車營都司馬明英爲神機三營遊擊。

（熹宗天啟實録卷54　第13頁　59.11.2748）

515　五月辛酉　以皇極殿地基頂石安位，頒賜閣臣顧秉謙等各銀五十兩。

（熹宗天啟實録卷54　第14頁　59.11.2748）

516　五月庚午　以神機營右副將郭欽提督京城内外巡捕，通州練兵遊擊劉見爲山西掌印都司，陽和守備方永壽爲建昌車營都司，……神機九營佐擊樓光先爲宣府舊營遊擊將軍，大同練兵守備鄭世彦爲入衛遊擊將軍，昌鎮左騎營遊擊王加春爲巡捕營參將，……。革……原任蘆溝堡守備，今陞寧夏遊擊朱國棵回衛，提問追贜。

（熹宗天啟實録卷54　第26頁　59.21.2768）

517　五月辛未　陞協守山西副總兵鄭源爲神機營右副將，陝西永安堡守備王好問爲神機營佐擊，……都司僉書管遵化輜重營遊擊事孟喬方爲薊鎮東遊兵遊擊。

（熹宗天啟實録卷54　第27頁　59.22.2770）

518　五月壬申　遣御史黄憲卿河東巡鹽，高弘圖巡視京營。

（熹宗天啟實録卷 54　第 27 頁　59.22.2770）

519　五月壬申　治通州鼓譟之罪，梟亂兵郭天才、李成、姜才等，革主將都司李文輝回衛。

（熹宗天啟實録卷 54　第 27 頁　59.23.2771）

520　五月癸酉　降補原任順天府府尹沈演爲湖廣右布政。

（熹宗天啟實録卷 54　第 28 頁　59.23.2772）

521　六月戊寅　御史余城巡城事竣，條陳七事：一、清狐鼠之害。宛、大二縣日有勾攝書皂飛而食人。以巡視衙門原不相統，自難鈐束，宜年終將兩縣官員一聽舉劾。一、嚴請託之防。凡聽理衙門曲狥情面者，以溺職論。遇有私瀆干謁，許據實入告。一、覈保甲之實。五城有房人家，大半青衿武弁、豪右貴族，一聞掛名保甲，抵死不肯承應，若斷在必行，惟祈聖明申飭。一、備防禦之要。于一街一巷，擇其扼要處，各設栅欄以爲屏障，申亱巡之法。餘若杜影射、通度支、定出納，皆關房號銀兩、甲役工食事。得旨：嘉其有俾城務，宜着實舉行。

（熹宗天啟實録卷 55　第 4 頁　60.3.2784）

522　六月壬午　浙江官兵擒滅海寇，撫臣王洽奏捷言：三月二十二日，外洋有大夥刦賊，僞用寛和年號、元帥將軍等旗幟，自稱紅夷第一哨，連艅入犯，幸將士用命，鼓勇争先，一戰而勝。當將賊船燒燬一隻，犁沉二隻，斬級十三顆，擒獲二十八人。紅夷諸賊赴水溺死，奪獲僞幟印、火器、倭刀、盔甲等項一百餘件。餘賊遠遯，海氛頓息。下該部。

（熹宗天啟實録卷 55　第 16 頁　60.14.2805）

523　六月丙戌　改陞工部右侍郎董可威爲本部左侍郎，太常卿胡世賞爲添設右侍郎，協理殿門工程事務。

（熹宗天啟實録卷 55　第 22 頁　60.18.2814）

524　六月丙戌　陞順天府府尹董光宏爲南京大理寺卿。

（熹宗天啟實録卷 55　第 22 頁　60.18.2814）

525　六月庚寅　起補原任府尹沈潢爲順天府府尹。

（熹宗天啟實録卷 55　第 31 頁　60.26.2829）

526　六月甲午　兵部覆：科臣薛國光〔按：館本光作觀，梁本作光，誤〕、臺臣張樞條陳驛遞疏言。科臣議專設兵科一員於良、涿，嚴革借倩等弊，最爲釐奸切法。但良、涿去京師不遠，且勘合火牌，外入者赴科銷號而後倒换，内出者送科掛號而後給發，部臣與科臣相爲稽察，雖有借倩等弊，亦無所施其術。專設涿、良之請不便。惟是撫按總兵應用勘合火牌，必使題請臣部。又度其所必需者量爲減給，州縣有司有能覺察驛弊者註之上，考其逃矢原編工食，鄉紳占役夫馬，盡行解部。除欽差官員照舊支用廪粮，其各項差遣員役，審差之輕重、度人之多寡，口粮量行裁減。年終將結省銀兩投部，以充兵餉。如台臣所言。官買馬贏，平糴草料，僉派不及於富商，應付不及逋欠，宜垂永久，以蘇驛遞。上是之。

（熹宗天啟實録卷 55　第 36 頁　60.30.2837）

527　六月甲午　浙江道御史張文熙疏……一、查餘米。在京十倉以六主政領之，每廒約一萬二千石，收時從來加二，已有餘米二千餘石矣；支時每石又扣脚米，是一收一支可有三千餘石。一月約放四廒，便有萬餘石，一年放八箇月，便可數萬石。一倉如此，他倉可知；京倉如此，外倉可知。雖司庾公費私賞皆取足於此，而此外尚有不盡者，獨不可使其盡數開報乎？若以報米多寡定管倉優劣，每可餘米數十萬矣。

（熹宗天啟實録卷 55　第 37 頁　60.31.2839）

528　六月丁酉　命太僕寺少卿……陳九疇往北直河間府，大理寺寺丞馮三元往薊州永平府，……宜催天啟四年、五年分見徵馬價銀兩。

（熹宗天啟實録卷 55　第 40 頁　60.33.2844）

529　七月壬子　弘政、宣治等門插劍懸牌，賜輔臣顧秉謙茶。

（熹宗天啟實録卷 56　第 4 頁　61.3.2870）

530 七月甲寅 以參將管通州副總兵事盧抱忠爲副總兵協守薊鎮西路。

（熹宗天啟實録卷 56 第 6 頁 61.4.2872）

531 七月戊午 武清侯李誠銘進助大工銀三萬兩。

（熹宗天啟實録卷 56 第 7 頁 61.5.2874）

532 七月戊午 以保定騎營遊擊將軍仇時明爲副總兵，鎮守徐州；馬水口參將秦光祚爲副總兵，鎮守通州；延綏入衛遊擊將軍柳國禎爲黄甫川參將；山西都司僉書田時秀爲山東萊州參將。

（熹宗天啟實録卷 56 第 7 頁 61.5.2874）

533 七月辛酉 陞宣大遊擊將軍周尚斌爲保鎮馬水口參將。

（熹宗天啟實録卷 56 第 8 頁 61.7.2877）

534 七月辛酉 陞延綏左營都司周士顯爲延綏入衛遊擊將軍，昌鎮都司孫桂爲保定騎營遊擊將軍。

（熹宗天啟實録卷 56 第 8 頁 61.7.2877）

535 七月戊辰 以大同西路參將王永光爲凉州副總兵，山西行都司方裕崑爲宣大左營遊擊將軍，靖邊道中軍葉逢時爲延綏左營遊擊將軍，薊鎮遊擊將軍崔凝秀爲昌鎮右騎營遊擊，五軍九營遊擊吴盡忠爲神機七營參將。

（熹宗天啟實録卷 56 第 13 頁 61.10.2884）

536 七月己巳 禮科給事中李恒茂上言：大工鼎建，經費浩繁，中外文武諸臣無一不急捐助。天下諸王府情切維誠，忍自外於急公？應照在京在外衙門一體捐助。上命各王府量力遵行。

（熹宗天啟實録卷 56 第 13 頁 61.10.2884）

537 七月庚午 選駙馬劉有福尚六公主，齊贊元尚七公主。

（熹宗天啟實録卷 56 第 15 頁 61.12.2888）

538 七月乙亥 吏部給事中黄承靈疏言：……危關既不足恃，喜峰等口亦所當防，則薊、密、永昌之間不可不簡練精兵，以爲後勁。而一帶府、州、縣有司皆當練鄉兵，飭武備，自山海以抵京師，要使在在布置聯絡，旌旗刁斗，一望森然，則奴聞之亦可寢其内犯之謀矣。

（熹宗天啟實録卷 56　第 20 頁　61.17.2897）

539　八月丁丑　　兵科給事中吴國華疏劾工部郎中曹欽程貪險罪狀，且及舊令周詩雅、熊江受累之枉。得旨：曹欽程既已力攻羣黨，況見在陵工督理，不必苛求。周詩雅、熊江作令大干物議，吴國華如何顛倒任意，顯是徇情報復，周詩雅、熊江、吴國華都着革職，仍追奪誥命。

（熹宗天啟實録卷 57　第 1 頁　62.1.2899）

540　八月庚辰　　大學士顧秉謙、魏廣微恭視皇極殿工，賜茶。

（熹宗天啟實録卷 57　第 2 頁　62.3.2903）

541　八月辛巳　　平遼總兵毛文龍疏：頌册封朝鮮内使王敏政、胡良輔中稱幹國真忠、超越古今之欽使。旨優異之。

（熹宗天啟實録卷 57　第 5 頁　62.5.2907）

542　八月戊子　　陞左諭德王祚遠爲國子監祭酒。

（熹宗天啟實録卷 57　第 15 頁　62.13.2924）

543　八月壬寅　　熊廷弼棄市。命傳首九邊示衆，仍追奪誥命，家屬人等既驅逐出境，不許潛住京師。

（熹宗天啟實録卷 57　第 26 頁　62.22.2941）

544　九月戊申　　户部尚書李起元請發各鎮主客兵年例。額設秋季餉銀：薊鎮十萬六千七百一十七兩九錢五分七厘三毫三絲七忽五微，密雲鎮九萬一千三百四十七兩九錢一分六厘五毫，永平鎮七萬二千四百六十六兩六錢二分，昌平鎮三萬五千五十八兩一錢一分八厘四毫八絲八忽五微，易州鎮三萬六千六百四十八兩九錢五厘。各兑發如額。

（熹宗天啟實録卷 58　第 3 頁　63.2.2946）

545　九月戊申　　工科給事中王夢尹奏：天津米豆全賴真、順、保、河等府爲之糴買輸運，今三伏不雨，繼以秋旱，定興等處飛蝗蔽天，米值一斗至一錢四五分，豆一斗至一錢二三分，秋成且然，況明春乎？畿輔近地與遠省不同，偶生他變，便與宗社相關。原派關門米豆之數，當照災傷輕重、道里遠近、價值高下逐一酌量，庶寬一分，民受一分之賜。疏下部議。

（熹宗天啟實録卷58　第3頁　63.2.2946）

546　九月甲寅　門工成，加恩内閣孫承宗左柱國少師兼太子太師，兵部尚書；顧秉謙左柱國少師兼太子太師，吏部尚書，俱進中極殿大學士，各廕一子尚寶司司丞。原任魏廣微左柱國少師兼太子太師，吏部尚書，進中極殿大學士，廕一子中書舍人。周知磐、丁紹軾、黄立極俱太子太保，禮部尚書，進文淵閣大學士；馮銓陞禮部尚書，文淵閣大學士。各廕一子中書舍人，各賞銀五十兩，綵段四表裏，餘官如故，照新銜給與誥命。

（熹宗天啟實録卷58　第8頁　63.7.2955）

547　九月乙卯　大學士顧秉謙等疏辭門工加恩。得旨：大典褒叙，宜遵命祗承。

（熹宗天啟實録卷58　第13頁　63.10.2961）

548　九月辛酉　刑科給事中霍維華議雲霧山開採五便，以佐殿工。章下所司。

（熹宗天啟實録卷58　第22頁　63.18.2977）

549　九月壬戌　以門工敘勞，陞兵科給事中楊夢衮爲太常寺少卿，廣東道御史崔呈秀爲太僕寺卿，光禄寺少卿管營繕司郎中事李養德爲光禄寺卿，工部員外郎吕濬爲太僕寺少卿，各照舊巡視管事。

（熹宗天啟實録卷58　第22頁　63.18.2977）

550　九月甲子　陞左中允賀逢聖爲洗馬，管國子監司業事。

（熹宗天啟實録卷58　第24頁　63.19.2979）

551　九月甲子　陞薊鎮遊擊柴時秀爲居庸關參將，都司僉書李爲柱爲寧夏玉泉營遊擊，宣府守備楊如楩爲五軍營佐擊，鎮朔衛指揮僉事劉國祚爲鞏華城守備。

（熹宗天啟實録卷 58　第 24 頁　63.19.2979）

552　九月乙丑　加陞河南布政使司右參議劉萬春爲本省按察司副使，調原任昌平兵備副使項良梓爲福建布政使司右參議，管理粮儲。

（熹宗天啟實録卷 58　第 24 頁　63.19.2980）

553　九月丁卯　會試天下武舉，取姚萬憲等一百名。

（熹宗天啟實録卷 58　第 26 頁　63.21.2983）

554　九月壬申　陞……天津户部中軍李應選爲浮圖峪守備。

（熹宗天啟實録卷 58　第 30 頁　63.24.2990）

555　九月癸酉　上傳諭工部：陵工未完，皆因錢粮不敷，臣子之義，正當上緊接濟，早完大事，以慰孝思。如何通不在意？却將急用銀兩徇情冒發？皇親郭振明、王昇兩家墳價，原奉明旨，止各先給七千兩，今郭振明多領過五千三十兩，王昇多領過四千三十六兩五錢，顯是朦朧，著工部如數作速催還，解赴陵工，以濟急需，不許仍前怠緩遲誤。

工部遵旨追郭振明、王昇多領銀兩。……得旨：陵工緊急，王昇、郭振明冒支銀兩，如何故意遲延？還著勒限嚴追。君前臣名本内稱郭家殊欠敬慎，該司官姑免究。

（熹宗天啟實録卷 58　第 30 頁　63.25.2991）

556　十月丙子朔　是日辰時，皇第三子生，容妃任氏出。命禮部知道。

（熹宗天啟實録卷 59　第 1 頁　64.1.2995）

557　十月丙子　原任大學士葉向高辭免陵工加恩。得旨：卿三朝元輔，數載勤勞，陵工加恩，出自㬥典，宜卽祇受，不必遜辭。

（熹宗天啟實録卷 59　第 1 頁　64.1.2995）

558　十月丙子　保定巡撫郭尚友題：天津等處旱蝗，請議蠲恤，下疏於部。

（熹宗天啟實録卷59　第2頁　64.2.2997）

559　十月辛巳　　裁革陵工冒濫員役陳以寀等二十九名，仍勅以後各衙門效力，非題叙奉旨者悉行停止，不得開濫倖之門。從吏部尚書李宗延之請也。

（熹宗天啟實録卷59　第5頁　64.4.3001）

560　十月癸未　　陞遵化都司僉書龔彰爲薊鎮大水峪遊擊將軍，遵化威虜營遊（按：館本遊下有擊字）李世爵爲保鎮分守龍固二關參將。

（熹宗天啟實録卷59　第6頁　64.5.3003）

561　十月甲申　　禮部尚書薛三省覆：禮科給事中李恒茂、陝西道御史何廷樞各條陳學政言：科臣欲杜流弊而嚴其限於名數，臺臣欲禁冒籍而重其權於府丞，蓋流弊雖多，實源於取數之濫……至畿輔儒童考試，向屬宛、大二縣，爲政冒籍者多，不能禁遏，今後應聽府丞考試。蓋官尊則難援，地遠則難淩，欲杜濫觴，宜遵舊典。上是之。命該部卽行各省直督學官限定名數，不許濫收。順天冒籍屢經嚴禁，如何不見奉行。以後童生著府丞考試，不必縣録。

（熹宗天啟實録卷59　第6頁　64.5.3004）

562　十月戊子　　原任大學士魏廣微辭免陵工加恩。弗允。

（熹宗天啟實録卷59　第12頁　64.10.3014）

563　十月戊子　　户部以天寒循例賑濟京師饑民。南城原額米三百九十六石，再增六百石；東城原額米三百九十六石，再增三百石；中、西、北三城原額一百九十八石，再增米各二百三十八石三斗。以上賑米，劄京粮司官如數給發，聽五城兵馬官支領；增添煤柴銀兩，照舊於房號銀兩動支。其安插事宜，仍聽各巡城御史料理查覈，務使貧民均沾，以普皇仁。報可。

（熹宗天啟實録卷59　第12頁　64.10.3014）

564　十月戊子　命禮部造鎮守薊鎮中西八路總兵關防。

（熹宗天啟實録卷 59　第 13 頁　64.11.3015）

565　十月辛卯　命禮部造經略遼東、薊鎮、天津、登萊等處軍務関防。

（熹宗天啟實録卷 59　第 14 頁　64.11.3016）

566　十月壬辰　給賞京衛軍士冬衣布花如例。

（熹宗天啟實録卷 59　第 14 頁　64.12.3017）

567　十月癸巳　工科給事中王夢尹疏奏：海外孤兵可念，粮餉的數宜酌請特加，勅書令差往朝鮮之使查閲確報。得旨：海外情形即著頒詔二臣便道詳閲具奏，以憑酌議，不必另自差官。

（熹宗天啟實録卷 59　第 16 頁　64.13.3019）

568　十月己亥　工部題：修朝日壇工值銀一萬五千五百九十二兩零，請給付該監責成修理。報聞。

（熹宗天啟實録卷 59　第 31 頁　64.25.3044）

569　十一月丙午朔　進封容妃任氏爲"皇貴妃"，命禮部擇吉具儀。

（熹宗天啟實録卷 60　第 1 頁　65.1.3057）

570　十一月丁未　總督京營戎政恭順侯吴汝胤開報：京營馬匹除舊管、新收、開除外，五軍營見在官軍選鋒馬八千九百三十六匹，神樞營五千八百三十一匹，神樞（按：館本樞作機）營五千四百八十六匹。報聞。

（熹宗天啟實録卷 60　第 1 頁　65.1.3057）

571　十一月戊午　户部覆光廟貞靖賢妃劉氏、恭懿莊妃李氏贍墳地土并墳户看守軍人事例。命撥贍墳地二十頃，墳户二十名，軍人六十名看守。

（熹宗天啟實録卷 60　第 2 頁　65.2.3059）

572　十一月戊午　工部以殿工急需物料，商人因税阻滞，請免税以勸來者。上從之。仍命户部行一切内外關津門禁，凡係殿工物料，俱照例免税。

（熹宗天啟實録卷 60　第 3 頁　65.2.3060）

573　十一月己酉　差工部主事田大本往豐潤開採花斑石料。

（熹宗天啟實録卷 60　第 3 頁　65.3.3061）

574　十一月甲寅　薊遼總督王之臣題：真定北拱神京，東枕山海，西連宣大，南指趙魏，古號三關，今稱三輔。無事則設重兵以鎮壓，有事則出重兵以助援。新立左右二營，每營馬兵五百名，歲該餉銀六萬六千兩，二營苦無額餉，比年皆多方搜括以給之，已及三年，搜括如洗。爲今之計，止有天啟五年保、河等六府抽扣優免共銀五萬四千一百有奇，以新設之銀養新設之兵，誠爲便計。尚少銀一萬一千八百餘兩，另行設處接濟。至於派買豆米，或改議京邊，或别發堪動，一轉移間，而士飽馬騰，民安圉固矣。下部議。

（熹宗天啟實録卷 60　第 8 頁　65.7.3069）

575　十一月乙卯　刑部獄房失火，降主事林咨益三級，調外任用。

（熹宗天啟實録卷 60　第 9 頁　65.8.3071）

576　十一月丙辰　册封容妃任氏爲“皇貴妃”,遣英國公張惟賢持節，大學士顧秉謙、丁紹軾捧册各行禮。

（熹宗天啟實録卷 60　第 9 頁　65.8.3071）

577　十一月丁巳　上諭禮部：朕弟信王年已長成，理宜婚配，爾禮部便出榜曉示京城内外官員軍民人家，父母行止端莊，家法整齊，女子年十四至十六，容貌端潔、德性純美、言動威儀咸合禮度者，許赴官報名，聽候選擇。應行事宜，爾部開具來看。

（熹宗天啟實録卷 60　第 10 頁　65.8.3071）

578　十一月己巳　户部題積穀儲餉出入存留確數：京通各倉自天啟四年十一月起至天啟五年十月終止，舊太倉舊管粮斛四十六萬八千八十一石三合六勺七抄零，内粳米四十六萬五千五百八十七石五斗三合六勺七抄零，粟米三千四百九十三石五斗；新收粮斛三十二萬一千九百三十五石一斗三升三合八勺八抄，内粳米二十九萬五千七百八十六石三斗三升三合八勺八抄，粟米二萬六千一百四十八石八斗。開除粮斛三十八萬六千四百九十三石四斗二升三合，内粳米三十五萬七千八百五十一石一斗二升三合，粟米二萬八千六百四十二石三斗，實在粮斛粳米四十萬三千五百二十二石七斗一升四合五勺五抄零，粟米無。南新倉舊管粮斛六十四萬八千五十石五斗七升三合四勺四抄零，内粳米六十二萬二千六百五石五斗三升七合二勺六抄零，粟米二萬四百四十五石三斗六合一勺八抄，新收粮斛三十四萬三百七十九石二斗六升七合六勺九抄零，内粳米三十萬五千三百六十八石八斗六升八合八勺七抄零，粟米三萬五千一十石三斗九升八合八勺二抄。開除粮斛三十五萬九千八百四十九石八斗六升九合九勺四抄零，内粳米三十二萬七百九十八石八斗六升九合九勺四抄零，粟米三萬九千一百四十石，實在粮斛六十二萬八千五百七十九石九斗七升一合一勺九抄零，内粳米六十萬七千二百六十四石五斗三升六合一勺九抄零，粟米二萬一千三百一十五石四斗三升五合。海運新太倉舊管粮斛四十九萬六千二百九十三石八斗五升三合一勺一抄零，内粳米四十九萬一千一百五十九石一斗五升七合五勺一抄零，粟米五千一百三十四石六斗九升五合六勺；新收粮斛四十九萬七千四百三十三石七斗六升一勺四抄零，内粳米四十八萬九千一十六石八斗三升五合七勺四抄零，粟米八千四百一十六石九斗二升四合四勺。開除粮斛四十五萬四千三百七十三石五斗八升五合八勺，内粳米四十四萬二千一百二十七石七斗二升五合八勺，粟米一萬二千二百四十五石八斗六升，實在粮斛五十三萬九千三百五十四石二升七合四勺五抄零，内粳米五十三萬八千四十八石二斗六升七合四勺五抄零，粟米一千三百五石七斗六升。北新大軍倉舊管粮斛四十七萬五百六十石八斗五合六勺五抄零，内粳米四十六萬八千一百五十六石八斗六升五合六勺五抄零，粟米二千四百三石九斗四升；新收粮斛二十一萬八千七百四十一石四斗一合五勺零，内粳米一十八萬四千二百六十七石四斗一合五勺零，粟米三萬四千四百七十四石。開除粮斛三十五萬五千三百六十三石一斗五升六合六勺七抄零，内粳米三十三萬四千一十六石八斗四升六合六勺六抄零，粟米二萬一千三百四十六石三斗一升，實在粮斛三十三萬三千九百三十九石五升四勺八抄零，内粳米三十一萬八千四百七石四斗二升四勺八抄零，粟米一萬五千五百三十一石六斗三升。西新倉舊管粮斛一十八萬八百八十石八斗五升一合六勺七抄零，内粳米一十六萬七千九百九石三斗八升二合六勺七抄零，粟米一萬二千九百七十九石四斗六升九合零；新收粮斛二十四萬八百三十五石七斗八升八勺五抄零，内粳米二十三萬七千七百二十四石四斗九升六合八勺五抄，粟米三千一百一十一石二斗八升四合零。開除粮斛二十四萬六千六百三石七斗四升五合五抄零，内粳米二十三萬三千一百五石三斗二升五合五抄零，粟米一萬三千五百二十五石四斗二升，實在粮斛一十七萬五千九十三石八斗八升七合四勺八抄零，内粳米一十七萬二千五百二十八石五斗五升四合四勺八抄零，粟米二千五百六十五石三斗三升三合零。禄米倉舊管粮斛粳米二十四萬四千三百七石三斗八升九合四抄零，粟米無；新收粮斛七萬八千四百六十三石四斗四升二合九勺零，内粳米五萬七千四百七石九升二合九勺零，粟米二萬一千五十六石二斗五升。開除粮斛一十萬一千六十一石三升九合一抄零，内粳米八萬九千三百九十二石六斗一升九合一抄零，粟米一萬一千六百六十八石四斗二升，實在粮斛二十二萬一千七百九石七斗九升二合九勺二抄零，内粳米二十一萬二千三百二十一石八斗六升二合九勺二抄零，粟米九千三百八十七石九斗三升。總計京倉一歲所入之數粮斛共一百六十九萬七千七百八十八石七斗八升六合九勺八抄零，内粳米一百五十六萬九千五百七十一石二升九合七勺六抄零，粟米一十二萬八千二百一十七石七斗五升七合二勺二抄零。一歲出放之數粮斛共一百九十萬三千七百七十一石八斗一升九合四勺九抄零，内粳米一百七十七萬七千二百三石五斗九合四勺九抄零，粟米一十二萬六千五百六十八石三斗一升。存留之數粮斛共二百三十萬二千一百九十九石四斗四升四合九抄零，内粳米二百二十五萬二千九十三石三斗五升六合九抄零，粟米五萬一百六石八升八合零。又查得通州中南倉舊管粮斛共一十三萬六千五百一十五石六斗八升三合七勺二抄零，内粳米三萬七千一百八十六石二斗六升三合七勺八抄零，粟米九萬九千三百二十九石四斗一升九合九勺三抄零；新收粮斛共二十八萬五千八百六十五石二斗一升九合四勺一抄零，内粳米一十三萬三百一十七石一斗四升一合四勺七抄零，粟米一十五萬五千五百四十八石七升八合四勺三抄零。開除粮斛共一十五萬八千三百五十五石九斗八升二勺八抄，内粳米八萬九千九百一十八石九斗八升二勺八抄，粟米六萬八千四百三十七石。實在粮斛共二十六萬四千二十四石九斗二升二合二抄零，内粳米七萬七千五百八十四石四斗二升四合五勺四抄零，粟米一十八萬六千四百四十石四斗九升八合三勺七抄零。西倉舊管粮斛二十五萬七千六百七十六石四斗八升八勺七抄零，内粳米六萬二千三百九石二斗四升五合五勺六抄零，粟米一十九萬五千三百六十七石二斗三升六合三勺一抄；新收粮斛三十四萬二千七百九十四石九斗二升六合六勺三抄零，内粳米二十六萬三千七百三十六石五斗五升四合九勺九抄零，粟米七萬九千五十八石三斗七升一合六勺四抄零。開除粮斛二十五萬二千六百八十五石一斗四升八合三勺六抄，内粳米一十六萬八千一百三十一石五升三合三勺六抄，粟米八萬四千五百五十四石九升五合，實在粮斛三十四萬七千七百八十六石二斗五升九合一勺四抄零，内粳米一十五萬七千九百一十四石七斗四升六合一勺九抄零，粟米一十八萬九千八百七十一石五斗一升二合九勺五抄零。總計通倉一歲所入之數，粮斛共六十二萬八千六百六十石一斗四升六合一勺一抄零，一歲出放之數粮斛共四十一萬一千四十一石一斗二升八合六勺四抄，存留之數粮斛共六十一萬一千八百一十一石一斗八升二合七抄零。北（按:館本北作此，是也）京、通二倉出入存留之實數也，細爲籌算，出浮於入，後將何繼？敢不謹凜於出納也。得旨：據奏出浮於入，豈堪長久？你部還當加意節汰，講求積貯之法，以裕國儲。

（熹宗天啟實録卷 60　第 13 頁　65.11.3078）

579　十一月辛未　　差御史王業浩巡視京、通二倉。

（熹宗天啟實録卷 60　第 19 頁　65.16.3088）

580　十一月甲戌　　薊遼總督王之臣奏報山海、三屯、昌平三鎮本年秋防兵馬芻粮并臺牆器械等項數目，在山海、三屯實在主客南北新舊官軍共一十一萬一千二百五十三員名，馬贏駝三萬一千八百五十二匹頭隻。内主兵堪戰官軍四萬五百九十六員名，馬贏駝一萬八千六百一十六匹頭隻；守邊官軍三萬二千三百八員名，馬贏駝五千九百四十匹頭隻。客新兵堪戰官軍一萬四千九百五十三員名，馬贏六千一百十二匹頭；守邊官軍二萬三千三百九十六員名，馬贏一千一百八十四匹頭；俱堪戰守。各倉見貯主客新舊兵粮二十萬一千五百六石二斗九升七合，料八萬五千九百六十一石一斗五合，草二百六萬三百一束零，專備秋防兵馬支用，如或不敷，見在民屯及召買接濟。原議各路應修邊牆一十二萬六千八百三十八丈二尺八寸，内已修完三萬六千一百六丈八尺五寸，未修九萬七百三十一丈四尺三寸；應修敵臺二千一百九十四座，内已修完一千八百二十九座，未修三百六十五座；應修磚墩二百二十一座，内已修完一百七十二座，未修四十九座。修完徧坡七萬九百九十六丈二尺以上，邊工已修者俱各堅固，並無傾圮，未修者分别衝緩挨次修築。各營路城堡一百七十一座，見在軍火器械二千三百四十三萬三千七百七十四件斤，俱係節年置備分發足用。其南京俱經該道選驗年力精壯、技藝諳熟方准收用，遇有逃故名缺，挨次查補，驗收名粮。在昌平鎮見在主兵軍丁二萬四百七十名，馬贏四千一百六十一匹頭，内堪戰軍丁一萬七千一百七十名，馬贏三千九百七十七匹頭，守臺守口軍一千六百七十名，守城雜差軍六百三十一名，廵守慶陵木料并公差塘撥軍九百九十名，粮一千六百七十三石九斗二升七合零，料一千一百八十九石七斗二升二合零，草四十一萬二千五百五十束零，足備秋防兵馬支用。沿邊築城二十七座，邊牆三萬二千三百六十四丈一寸七分，空心臺三百一十五座，實心臺五十二座，附牆臺三十八座，墩臺六十一座，舊戰臺四座，烽堠七十二處，俱已修完，聯絡堅固。各營各路軍火器械二百三十五萬六千三百五件斤零，俱各足用。在通州協守見在各營官兵共六千一百二十五員名，馬八百六十五匹，俱堪戰守。其兵粮餉蓼豆俱取給於通州户部坐糧，廳總在新餉内通融支用，各營軍火器械共一十六萬六千九百七十一件斤，俱各足用。疏下該部。

（熹宗天啟實録卷 60　第 22 頁　65.19.3093）

581　十二月丙子　　工部進“天啟通寶”制錢二百五十萬文。

（熹宗天啟實録卷 61　第 5 頁　66.4.3110）

582　十二月丁丑　　上以花班石鋪幔不妥，皆緣包工草率所致，將作官龍得水送法司從重治罪。

（熹宗天啟實録卷 61　第 9 頁　66.8.3117）

583　十二月己卯　　加陞工部營繕司員外郎曹欽程太僕寺少卿，仍監督陵工。

（熹宗天啟實録卷 61　第 14 頁　66.11.3124）

584　十二月壬午　　琉球國中山王世子尚豐遣官齎捧謝恩表文入貢方物，請乞封典。下所司。

（熹宗天啟實録卷 61　第 17 頁　66.13.3128）

585　十二月壬午　　裁通州兵備道。吏部覆，從總督薊遼王之臣議也。

（熹宗天啟實録卷 61　第 17 頁　66.14.3129）

586　十二月戊子　工部以宮殿急需子街大石經行道路橋樑乞行順天府酌議堡（按：館本堡作保，下同）墊以便行車。得旨：橋道見在運石何必再堡墊？且天寒地凍，堡墊非時，顯是司官計圖侵冒，著降三級，調外任用。尋傳工部司官李養德照舊供職，劉鱗長、吴奇策、徐申懋三員遵旨陞調。養德引罪乞罷。不許。

（熹宗天啟實録卷 61　第 20 頁　66.16.3133）

587　十二月壬辰　總督薊遼王之臣奏：近日户部欲裁薊、密、永三鎮新兵，此在主計者，蓋從錢粮起見，未暇爲封疆計也。薊鎮軍士年來處耗於援遼，逃亡於粮薄，精鋭幾空，猶幸此新兵内多夷漢壯士，差可壯聲援而備緩急耳。近自柳河受挫於東奴，松山幸勝於西虜，東西交隙，樹敵滋多，東之桃林、冷口，中之喜峯、潘關，西之潮河、白馬，處處皆衝，在在須備。竊謂薊門兵力當厚不在遼陽之下，即不議增，豈得議減？新兵之不當汰，無俟臣言之畢矣。章付户部。

（熹宗天啟實録卷 61　第 24 頁　66.19.3140）

588　十二月壬辰　東廠緝獲盗米犯人〔按：館本犯人作倉役梁逢恩等〕。得旨：倉粮軍國所關，主事李柱明乃敢盗（按：館本盗作恣，是也）意貪饕，監守自盗，好生可惡，著錦衣衛都拏送鎮撫司嚴刑究問，追贓具奏。

（熹宗天啟實録卷 61　第 25 頁　66.20.3142）

589　十二月壬辰　上以私鑄溷淆制錢，著五城嚴拏治罪。其大錢照舊行使，不許訛傳阻撓。從錢法侍郎斯於中請也。

（熹宗天啟實録卷 61　第 26 頁　66.20.3142）

590　十二月己亥　命太僕寺發馬價銀六千二百四十三兩於薊鎮。

（熹宗天啟實録卷 61　第 31 頁　66.25.3152）

591　十二月己亥　　朝鮮國王李倧奏請撤還遼民，安插中土。兵部覆奏曰：屬國扣關，誼同休戚，況請撤者誰非我孑遺，而忍終拒之爲異域之鬼？然撤之内地，不使在海，撤也；撤之外島，不使在朝鮮，亦撤也。陞（按：館本陞作陸，是也）郡之儲糈登撫，既任之臣部，欲登撫移粟于東漸爲接濟，使歲月之後屯牧聊生，明以其任專責鎮臣矣。何鮮之君臣皇皇焉得無虞？其生聚教誨成邑成旅而通處蔫居焉以爲子孫患乎？然文龍固建纛須彌也，遼人去留，文龍是視，文龍一日不去，則遼人一日不離。鮮人驅之入島可也，驅之離島不可也。今宜令撫臣將前鮮遼民盡刷過島，登撫所報接濟之糧，刻期速運，而該國素勤忠欵，宜克有終。仍量行救賑，以資屯牧。蓋臣實願鮮人無遠遼人之心，並願鎮臣無遠遼上之心。上是之。

（熹宗天啟實録卷 61　第 32 頁　66.25.3152）

592　十二月己亥　　兵部覆朝鮮國王李倧奏貿焰硝言：臣部議照壬戌近例給與價值，而該國疏詞謂已挾貲而來，若止聽自買則字小之國體宜存，若復給與多則禁物之出洋太侈，相應量給價銀一千兩，令陪臣明買，而該國所帶銀兩併今買硝其數目預行呈報，以便盤詰放行，如私帶分毫，卽律奏處。報可。

（熹宗天啟實録卷 61　第 32 頁　66.26.3153）

593　十二月辛丑　　起原任順天巡撫都察院右副都御史岳和聲仍巡撫順天等處地方。

差廣西道御史陳王庭巡視京營。

（熹宗天啟實録卷 61　第 35 頁　66.28.3157）

594　十二月壬寅　　巡按直隸監查御史焦原溥覆勘保、河旱蝗，京（按：館本京作言，是也）保定稍輕，河間更甚。請於保定府動支一千五百兩，河間府動支二千五百兩，發各州、縣、衛、所，照災重輕量據派賑濟。上是之，命該地方官分別拯救，以恤災黎。

（熹宗天啟實録卷 61　第 35 頁　66.28.3157）

595　十二月甲辰　　兵部覆宣大總督馮嘉會等議分路屬更制官軍言：宣府鎮獨永寧、四海冶、周四溝爲極衝之地，住（按：館本住作往，是也）時（按:館本時下有以字）遊兵營更番防守，不獨疲於奔命，抑且糜及行粮。今督按以爲借兵代守，不如增兵自守，議將周四溝改操爲備。又議於兵營内撥出軍馬，於永寧、四海冶、周四溝分屬訓練，誠輔臣相倚之勢，與臨事而調外兵相逕庭也。遊兵遊擊從來駐劄懷來，專司軍馬，馬（按：館本馬下無馬字）以爲根本之計，今既減其軍馬，委應增以地方。查新舊保安、礬山、麻峪、沙城、土木等城堡及懷來、延慶、右保安三衛，美峪一所，在永寧南山則遥制爲難，在懷來則統轄爲便，應照督、撫、按之議，盡割以屬遊兵，庶裒益之間，無偏倚之患，經久可行者也，上是之。

（熹宗天啟實録卷 61　第 36 頁　66.29.3160）

596　十二月甲辰　　是歲……漕粮額該四百萬石，内除新舊例永折粮三十二萬七千四百九十七石七斗八合，災傷改折粮二萬四千七百七十八石五斗四升，錦衣等總各衛所指揮千百户等官張必登等運納原派天津、昌平、薊州、密雲各邊倉兑改粮四十五萬四千九百四十七石三斗。皇城四門倉并新添惠、桂二府粮三萬四千五百三十六石，截留天津一十六萬石，毛師十萬石，實該進京通倉兑改粮二百九十九萬八千二百四十石四斗五升二合。内凍阻河（按：館本河下有西務鈔關上下粮一百六十餘萬石……）。

（熹宗天啟實録卷 61　第 37 頁　66.32.3165）

天啟六年（1626）

597　正月戊申　　上傳與户部：榷税暫復用濟急需，當在關津渡口商賈湊集之處，其蘆溝橋及各處負販柴米者，悉與停免，毋得概徵滋擾。

（熹宗天啟實録卷 62 第 1 頁 67.1.3167）

598 正月癸丑 陞遊擊管神機二營參將事朱國彦爲山西太原參將，薊鎮永平城遊擊焦慶延爲昌鎮居庸關參將，固源東路遊擊張萬祥爲陝西固原參將，江西督司僉書韓昌言爲浙江南洋遊擊，河南磁州道中軍守備范應元爲五軍十營佐擊，昌鎮八達嶺守備謝君恩爲神樞五營佐擊，南京靖江營把總田善生爲神機五營佐擊，狼山副總兵下中軍守備聶國偉爲神機九營佐擊。

（熹宗天啟實録卷 62 第 2 頁 67.2.3169）

599 正月乙丑 勅禮部：今册封朕第六妹爲“寧德長公主”，選南城兵馬指揮司副指揮劉宗正男劉有福爲駙馬都尉，擇天啟六年四月二十六日成婚。合用册誥、儀仗等件及一應禮儀都照舊例行。

（熹宗天啟實録卷 62 第 6 頁 67.5.3175）

600 正月丙寅 又傳與兵部：邊情緊急，昌平、薊鎮各路口一應道將務要嚴加防禦，不得疏虞。其昌平缺總兵，速將謀勇堪任者推數員以憑簡用。

（熹宗天啟實録卷 62 第 7 頁 67.6.3178）

601 正月丙寅 命神樞六營左副將李嘉訓充總兵官，鎮守昌平。

（熹宗天啟實録卷 62 第 8 頁 67.7.3179）

602 正月丁卯 大學士顧秉謙等言：奴酋連年用兵，糾合西虜（按：館本虜作虜），今重兵並宿關上，經督同守關門，薊鎮空虚，最爲可慮。新撫岳和聲非旦夕可至，舊撫申用懋又閑住之官，必得嚴旨責成，庶用懋得殫心從事。上命吏部速推在朝能曉邊情者四五員，奏請簡任，以紓東顧之懷，和聲另推別用。

（熹宗天啟實録卷 62 第 8 頁 67.7.3179）

603　**正月丁卯**　陞佐擊管京營標兵左營坐營事高鵬爲遵化左營遊擊，都司僉書管參將事相希尹爲遵化威虜營遊擊，管昌鎮車營遊擊事賈爾權爲薊鎮永平城遊擊，管宣府東路遊擊事王應暉爲遵化宣武營遊擊，管河南磁州遊擊事武宗尹爲薊鎮灤陽遊擊，管天津海防右營遊擊事只起元爲通津春班遊擊，管山西樓子營守備事徐惟忠爲大同入衛遊擊，管延綏柳樹澗守備事李洪嗣爲延綏入衛遊擊。

（熹宗天啟實録卷 62　第 9 頁　67.7.3180）

604　**正月己巳**　兵部尚書王永光請調遵化兵四千速赴關門，調宣鎮兵四千即遣副將一員領至遵化協守，限十日内到。安家行糧，户部即與給發，三屯總兵併附近督撫鎮將俱預飭兵馬，候調入援。上是之。

（熹宗天啟實録卷 62　第 10 頁　67.8.3182）

605　**正月庚午**　兵部尚書王永光議奏：保定撫鎮移駐近地，宣府撫鎮移駐昌平，陽和軍門大同總兵移駐宣府，山西撫鎮移駐陽和，山東巡撫移駐境上，河南巡撫移駐磁州，各帶本鎮兵馬三分之一，聞警星馳應援，慢令後期，軍法從事。又言：都城守備莫急於火器，先年亦有分派各門巡警演練諸事，或更有奇才異謀精器妙法，果足濟急，集議以備酌用。上允行。

（熹宗天啟實録卷 62　第 11 頁　67.11.3188）

606　**正月辛未**　兵部尚書王永光言：料理山海緊急事務，要在急調各鎮兵馬，一面救援關門，一面捍衛京師，一面防護通津糧餉，就中尚有未盡機宜，臣等隨赴中府從長計議。得旨：卿奏亟調兵馬救衛關門、捍衛京師及防護糧餉，知道了。未盡機宜悉心詳議具奏。

（熹宗天啟實録卷 62　第 16 頁　67.15.3195）

607　**正月辛未**　兵部尚書王永光覆奏：天啟六年分薊鎮春秋兩防十二營班軍。先是順天巡撫申用懋盡留修築薊、昌二鎮塌牆，今經略高第奏稱奴患孔棘，榆關修守宜嚴，請發班軍急薊鎮，而置關門爲緩圖，非計也。合無以三分之一發赴山海，補築角山、一片石等處塌牆，修建邊外聯絡諸臺，幫加附近小堡城池以資防禦。上是之。

（熹宗天啟實録卷 62　第 16 頁　67.15.3196）

608　正月辛未　兵科給事中羅尚忠言：奴賊攻圍寧遠，哨探已斷，駸駸乎及關門矣。有謂聽寧遠自爲堅壁，不須救援者，是孤注也。臣請寧遠當援，關門尤爲吃緊，宜催援兵速集，厚其兵勢。惟是關門有關門之守，京城有京城之守，又未可倚關門而緩京城。宜責成大臣一員，不時教率，凡賞罰汰募，悉以委之。武臣自府衞而下，準其材能，授以數百人或數千人，分佈九門信地，間選兵部風力司官數員分督之。至如銓、户、工三曹雖不司兵，然撫道郡邑之去留何地不當，灼知某官掛議宜補某人，某材雄劇宜移某鎮，務搜夾袋能人，環頓近關一帶，是亦大宰之經略也。關門效守應運糧幾許，京城預備應積穀幾許，某項節省可以那移，某項存留可以搜括，卽湅河京糧及今速輓到倉，是亦司農之經略也。諸凡武庫、兵仗、水衡、將作、火藥之屬，神臂弓、佛郎機之製，務使手與器相習，而各城矢石堆積成疊，是亦司空之經略也。而況司馬一官無寢食不以兵爲事，所爲量地調兵，移檄待援，經略之事皆其事矣。守城方略宜倣前庚戌故事，集衆思，收羣策，聞有善飛石如遊擊步尚達輩可羅而致之，乃若緝姦弭盜，權在巡城保甲之法，亦知難行於五方雜處之地，然及今不圖，其後將更有難者，不可不早計而嚴防之也。得旨：這所奏言言切實，所宜急行。如右屯糧草輕棄與賊而退守寧遠已爲失着，寧遠爲關門障蔽，急當移兵應援，不可拘畫地分守之説，遲誤者定以軍法從事。吏部此際用人當選真正邊材司官，不得專狥情面。在京各官通曉兵事者，公舉十數員來，以備九門之用。户部發兵餉運湅糧已有旨了，工部器械火藥分委司官經理，各門報職名。如不中用，責有所歸。姦細屬巡城御史等衙門嚴緝，至兵部尤兵事專責之官，不得泄泄，戎政事宜，速如所奏參酌行。

（熹宗天啟實録卷62　第17頁　67.15.3169）

609　正月辛未　浙江道御史莊謙等共陳防禦急着。一議速振京營。一議厚集兵力。一議運入倉糧。一議速補近道。一議嚴搜姦細。得旨：這本條議五欵，堪備緩急。閻鳴泰特遣出鎮協理京營事務，你每即公舉曉暢兵事大臣一員，署掌近畿撫鎮，移駐應援，照兵部派定信地，即時就道。各兵安家行糧，隨便動支，事完俱准銷算。速運凍糧，毋得因循誤事。嚴搜姦細，責成五城行。

（熹宗天啟實録卷62　第20頁　67.18.3202）

610　正月辛未　命協理京營戎政兵部右侍郎馮嘉會作速到任。

（熹宗天啟實録卷62　第21頁　67.19.3204）

611　正月辛未　皇城巡視科道虞廷陛等條奏門禁四事。一、守門官伍宜覈。東西長安二門有把總二員，其東安等門，俱宜照例於掌印指揮僉書各門差撥二員，各照官軍分守信地。一、各門出入宜查。自隨朝及内府衙門供役外，各項人等不得任意行走。一、宿衛官軍宜清。祖制，勳衛將軍及乂刀官軍人等侍衛值宿，各有定限，倍宜一一遵行。若外城七十二鋪、内城二十八鋪傾圮者，工部估計料理，鋪軍散逸者，兵部按法清稽。一、直宿貧軍宜恤。直軍原有額米，但領者非其守者，班伍派錢又復不貲。玆月糧應會同臣等應時給發，至一應費用，概與降革。又慮各夷繁遝，進貢關防，尤宜倍肅。當令前叩賀勒令速返，亦隱防窺伺、杜絶姦細之一端也。得旨：肅清門禁，正係巡視職掌，著照各欵，嚴加整飭。行。

（熹宗天啟實録卷62　第22頁　67.19.3204）

612　正月辛未　先是，漕糧久抵關通，其未剥守凍者一百三十餘萬，巡漕御史徐卿伯請移水運之脚價于陸，省上壩由閘之剥運、過橋進倉之車運，而并其脚價以入京倉，不果。至是户科都給事中林宗載與總督倉場薛貞等俱以爲請。得旨：陸運凍糧以實倉儲，旦夕難緩。脚價著户部速議給發，以便運輸。

（熹宗天啟實録卷 62　第 22 頁　67.20.3205）

613　正月癸酉　陞兵部主事張福臻爲山西僉事，備兵昌平。

（熹宗天啟實録卷 62　第 24 頁　67.22.3209）

614　正月癸酉　陞宣府鐳房堡守備李㬊爲薊鎮古北口參將，守備管遼東平夷右營遊擊事孫慶爲薊鎮總督右掖營遊擊將軍，喜峰口督司僉書孟吉爲薊鎮中路南兵營遊擊將軍。皆從部覆。薊遼總督之請也。

（熹宗天啟實録卷 62　第 25 頁　67.22.3210）

615　二月丁丑　廵撫天津侍郎黃運泰言：奴警報急，准經略高第咨調天津兵三千應援，又准總督王之臣牌調津兵一千名，速赴軍前應用。看得天津設廵撫調集水陸各兵一萬三千有奇，陸續調發，迄今見在關門屯聚舊兵止有海防及左右二營，係真定撫臣所轄。海防改防，改歸屯田左右二營，真定撫臣調取應援。今惟有新兵三營，除鎮海營水兵二千餘名專管海防外，止餘標正二營官兵四千，内以官兵二千九員名、馬三百匹，委正兵營遊擊施洪謨率赴經臣應援，以官兵五百三員名、馬一百匹，委正兵營守備中軍李景率赴督臣應援。惟是天津水陸交衝，爲漕運必經之地，關鮮百餘萬，糧料發運於斯。標正兩營既調山海，而左右兩營又欲調真定，天津一空，萬分可虞。請將左營暫留津門，以爲城守護運之用。上命兵部作速酌議具奏。

（熹宗天啟實録卷 63　第 9 頁　68.7.3223）

616　二月丁丑　保定巡撫郭尚友言：奴警告急，各路遵旨應援。保定總兵李承爵率兵營路兵三千赴援，應給馬如兵數，而挑選各營路只得馬一千五百匹。乞照各鎮援防事例，兑保定所屬寄養馬一千五百匹，共足三千之數。且真定係右輔要地，所恃以遥應關門，近護神京者，獨有鎮城之兵，而車營與龍固營祖軍糧薄，甚羸弱不足倚，又獨恃有標、民、左、右四營之兵，令民營充赴薊之班，幾撤精兵三分之一，請將民營免令赴防，俾得督率操練，猶可借其一臂。民營遊擊已經論劾，合無以德州春班營遊擊韓兆元調補。章下所司。

（熹宗天啟實録卷 63 第 9 頁 68.7.3224）

617 **二月己卯** 詔削職方司郎中余大成籍。初，兵部題將薊鎮鎮虜關提調董節陞都司僉書職銜，管昌鎮右軍營遊擊將軍事，有旨詰責。至是，兵部尚書王永光據本部職掌及本官資薦以聞。上以提調去遊擊階級懸絶，躐等超陞，又含糊回奏，情弊顯然。余大成着削籍爲民，陵寢重地，還着另擇都司守備俸深薦多練習兵事的來用。

（熹宗天啟實録卷 63 第 11 頁 68.9.3228）

618 **二月辛巳** 兵部覆巡視京營科道楊所修等疏陳捕營十一事：一、會補之制宜復。一、聽用之課宜勤。一、選壯之練宜亟。一、老弱之汰宜善。一、火器之技宜練。一、勇衞之器宜造。一、營馬之補宜會。一、捕官之任宜重。一、捕總之居宜定。一、隘口之防宜密。一、夜禁之令宜一。從之。

（熹宗天啟實録卷 63 第 16 頁 68.14.3237）

619 **二月辛巳** 御史門克新條奏目前切要：一、曰修邊牆。言奴兵之散俱由興水，興水與大紅螺山相對，虎憨之老巢也。倘奴因敗而謀於虜，必捨榆關而北趨也。虜部落最衆，地方最寬，自紅螺至三協一帶皆其屬夷，長驅一進，孰能禦之？前將軍戚繼光内立屯營，外築邊牆，急宜訪其遺制，當修建者修建，當勾補者勾補。一、曰定守援。言寧遠被圍，關上不發一騎相救，亦以主兵未充、援兵不至也。自榆關而西，而永平，而遵化，而薊州，所當多儲精鋭以爲根本，脱榆關有警，則當趨之而前；脱更有警，而真保，而山東，而山西、河南，則當應期而至。自榆關而西北，而一片石，而喜峯，而古北，各宜强兵數千以爲提防，一片石有虜，則當鱗次而進；脱更有虜，而宣鎮，而灰嶺，而昌平，又何妨鼓行而東。亟宜簡練軍實，預分信地，俾各整飭而待。一、曰搜異材。言古之名將，多藏於田澤屠釣間，請勑直省各撫按，細加延訪，優其禮數，送至京師，其一應所需即以撫按公費充之。疏下兵部。

（熹宗天啟實録卷 63　第 16 頁　68.14.3237）

620　二月甲申　陞都司僉書管喜峯口參將事張成德爲昌鎮右車營遊擊。

（熹宗天啟實録卷 63　第 19 頁　68.16.3241）

621　二月己丑　殺熊廷弼於西市，傳首山海關。

（熹宗天啟實録卷 63　第 24 頁　68.20.3249）

622　二月壬辰　陞……順天府府尹沈演爲刑部左侍郎。

（熹宗天啟實録卷 63　第 27 頁　68.23.3256）

623　二月丙申　陞順天府府丞秦聚奎爲順天府府尹。

（熹宗天啟實録卷 63　第 34 頁　68.29.3267）

624　二月庚子　以山東右參政霸州道李棲鳳仍管懷來道事，懷來道秦一鵬仍管霸州道事。

（熹宗天啟實録卷 63　第 38 頁　68.32.3274）

625　二月庚子　大風揚塵四塞（按：此條梁本失載，館本存。）

（68.32.3274）

626　二月辛丑　陞都司僉書管宣府龍門所參將事馬士麟爲薊鎮喜峯口參將，守備管雲南巡撫坐營事柴選爲雲南都司僉書。

（熹宗天啟實録卷 63　第 38 頁　68.32.3274）

627　二月癸卯　陞尚寶司司丞馬之麒爲國子監司業。

（熹宗天啟實録卷 63　第 42 頁　68.35.3280）

628　三月甲辰朔　北鎮撫司許顯純具奸細武長春獄詞：長春係李永芳之婿，又娶永芳中軍趙一鶴女爲妾，萬曆四十六年，以催餉爲名潛住京城。後遼陽失陷，私回山海，至覺華島地方，遇契友今在奴酋下作都堂李玉山。玉山擕帶永芳銀七百兩，令長春在京探聽，若有機會，密將信息送到山東平度州陳一敬家，我與爾傳去。長春又私進京，冒頂故伯武以揚武舉履歷，要推守備周應元引見，走部季應誠、李廷桂、李廷楝、薛應魁指兵部説情，講定謝禮一千四百兩，見付四百五十兩，貂皮彭段共作五十九兩。後兵部果推守備本下，給與劄付，有不知名人知武長春冒官拏詐銀，季應誠等聞知，將前劄繳回兵部訖。長春又買娼婦李鳳兒，在揚美竹斜街馬家房潛住，不覺對鳳兒説出前情。長春因少盤費將李鳳兒質與水户薛應魁家，當銀八十兩。薛應魁又將鳳兒賣與樂婦梁氏家，得銀一百五十兩。長春出關，天啟六年正月，奴賊攻圍寧遠，長春在寧遠城内潛住，因袁兵道關防甚嚴，逃出進京，被東廠緝獲。得旨：姦細武長春係叛賊李永芳之婿，向來出入京師，窺探消息，謀爲不軌。又糾結季應誠、李廷桂、周應元、李廷楝、薛應魁等鑽營守備，意圖握兵内應。近者奴賊入犯，彼實招之。幸上賴宗社之神靈，下藉廠臣之忠智，獲此元凶，并擒姦黨。既經鎮撫司究問情真，着送刑部依律從重議罪。魏忠賢赤心爲國，殫力籌邊，前此屢建奇勛，今又潛消大釁，不煩亡矢遺鏃之費，可比斬將搴旗之功。勞在封疆，賞宜超等。着查照寧晉伯事例，速議具奏，以彰朕酬眷元臣至意。其原辦官旗并與優叙。

（熹宗天啟實録卷 64　第 1 頁　69.1.3281）

629　三月甲辰　初，總督京營陳良弼奏稱：遼警緊急，器械朽鈍，奉旨動支馬價銀二十萬，内帑十萬爲犒賞製造之需，自是總協巡視諸臣各有動支，而盔甲、王恭兩廠内臣以私造擅動訐奏。上以二廠打造軍器，内外監督，係祖宗舊製，近發帑金三十萬兩，已冒領十七萬，務着實追完，以懲冒破，其餘盡數歸部，給發廠臣，以濟急需。於是總督京營吴汝胤具疏陳辯，以在庫銀一萬五百兩有奇，聽候造甲。又言，協臣發過折馬銀五萬二千五百兩，係應冏寺之急，乞勑兵部轉行該寺，將前項折馬銀兩徑解工部。事下兵部，覆：查樞輔在關門時曾建車營之議，需馬甚多，以三千五百匹問之京營，以三千一百匹問之冏寺，冏寺已照數兑解，而協臣朱光祚則動支帑銀充折馬以應之。樞輔以關門無可易馬之地，暫借濟急，俟别項錢糧措辦抵還。准借有旨，認還有疏，而總臣稱應冏寺之急，冏寺不能代關門償夙逋也。目下覈查兵馬實數，關門之可扣補者自多。請令户部查照樞輔原題，將關門應扣錢糧如數兑發工部製造。上從之。

（熹宗天啟實録卷 64　第 2 頁　69.2.3283）

630　三月乙巳　命五軍一營左副將張體乾提督巡捕。

（熹宗天啟實録卷 64　第 3 頁　69.3.3285）

631　三月戊申　陞……管薊鎮、通、昌統練三營民兵參將事李承恩爲山西利民堡參將，山東都司掌印王家賓爲巡捕營右參將，神機八營佐擊殷纘績爲南直劉河遊擊。

（熹宗天啟實録卷 64　第 8 頁　69.7.3294）

632　三月己酉　順天府府尹秦聚奎條奏四欵。一、申警錢糧之玩。一、保全殷實之家。一、查禁稅關之害。一、甦豁首善之累。得旨：這四欵有裨國計民生，著該部即與議覆。

（熹宗天啟實録卷 64　第 10 頁　69.9.3297）

633　三月己酉　東厰緝獲户部主事李柱明盗賣北新大軍倉糧，奏下詔獄，柱明擬辟。倉攢梁逢恩等戍配、杖懲有差。

（熹宗天啟實録卷 64　第 10 頁　69.9.3297）

634　三月壬子　陞薊鎮中路副總兵王繼爲總兵官鎮守保定。

（熹宗天啟實録卷 64　第 14 頁　69.12.3303）

635　三月癸丑　陞四川道御史王雅量爲大僕寺少卿，尚寶司少卿劉志選爲順天府府丞。

（熹宗天啟實録卷 64　第 15 頁　69.13.3305）

636　**三月乙卯**　大風揚塵四塞（按：此條梁本失載，館本存）。

（69.13.3306）

637　**三月戊午**　以原任薊鎮東路副總兵吴自勉爲五軍一營左副將，副總兵管宣府獨石城參將事黑雲龍爲薊鎮東路副總兵，昌鎮鎮邊城參將王維城爲薊鎮中路副總兵，寧夏路副總兵宋守義爲薊鎮通昌統練三營民兵參將，湖廣鎮筸參將邵繼康爲浙江寧紹參將，順天等處屯田遊擊張思忠爲南直鳳陽巡撫中軍遊擊。

（熹宗天啟實録卷64　第18頁　69.15.3309）

638　**三月壬戌**　陞……都司僉書管薊鎮太平路參將事王相爲宣府新遊兵遊擊。

（熹宗天啟實録卷64　第23頁　69.19.3318）

639　**三月癸亥**　以副總兵管兵部標營參將事王承恩爲神機營左副將，原任都司僉書管保鎮井大民兵營遊擊事蕭伸爲神機四營遊擊，僉書管薊鎮石匣車營遊擊事楊奇勳爲密雲車中營遊擊。

（熹宗天啟實録卷64　第24頁　69.20.3319）

640　**三月丁卯**　陞陝西都司掌印顧景元爲神樞三營參將，河南都司僉書王一麟爲薊鎮石匣營遊擊。

（熹宗天啟實録卷64　第26頁　69.22.3323）

641　**三月壬申**　以都司僉書管南直金山參將事王鼎爲密雲振武營遊擊。

（熹宗天啟實録卷64　第31頁　69.25.3330）

642　**四月癸酉朔**　賜肅寧伯魏良卿第宅、朝房，工部尚書董可威議照寧遠伯近例，動節慎庫銀一萬九千兩作買價修理費。又武清侯有東西朝房，那一所付本爵。從之。

（熹宗天啟實録卷65　第1頁　70.1.3333）

643　**四月癸酉朔**　陞國子監祭酒王祚遠爲詹事府少詹事、兼翰林院侍讀學士，充日講官。

（熹宗天啟實録卷 65　第 2 頁　70.1.3334）

644　四月甲戌　薊遼總督王之臣復疏辭加銜。得旨：朕念切封疆，特改督師出鎮，加陞尚書，以隆委任，已有旨，着速受事，不必再陳。

（熹宗天啟實録卷 65　第 2 頁　70.2.3335）

645　四月乙亥　差工部主事田大本、吴炳於豐潤、灤縣分採化〔校記：館本化作花，梁本作化，誤〕石。

（熹宗天啟實録卷 65　第 2 頁　70.2.3335）

646　四月乙亥　廣西道監察御史田景新疏言大工經費：一、蘆溝橋竹木額供處宜查祖制：原有五口子煤税，每歲解銀萬兩。……得旨……其蘆溝等五處煤税准免。

（熹宗天啟實録卷 65　第 2 頁　70.2.3335）

647　四月乙亥　調補副總兵管順天巡撫中軍事朱來爲薊鎮中路副總兵。

（熹宗天啟實録卷 65　第 3 頁　70.3.3337）

648　四月乙亥　陞參將管薊鎮總督左掖營遊擊事柴時秀爲經略標下中軍副總兵。

（熹宗天啟實録卷 65　第 3 頁　70.3.3337）

649　四月乙亥　陞昌鎮右騎營遊擊崔凝秀爲昌鎮鎮邊城參將。

（熹宗天啟實録卷 65　第 4 頁　70.3.3337）

650　四月丙子　天津巡撫黄運泰擬將津門兵二千一百員名分爲三班，輪流更番防守覺華。兵部覆：酌量分爲二班，每班須一千五十名，原派船八十隻必當湊足。從之。

（熹宗天啟實録卷 65　第 4 頁　70.3.3338）

651　四月丁丑　諭工部都察院：朕思大工肇興，所費宏鉅，今殿工雖不日就緒，但所欠各項價銀已幾至二十萬矣。

（熹宗天啟實録卷 65　第 4 頁　70.3.3338）

652　四月丁丑　禮部接出聖諭：朕第八妹年已長成，當擇婚配。着該部出榜曉諭在京官員民人等，有子弟年十四、五歲，容貌齊整，行止端莊及父母有家教的，許禮部報名，赴内府選擇爲婚。

（熹宗天啟實録卷 65　第 6 頁　70.4.3340）

653　四月丁丑　調四川寧越遊擊張世臣爲雅黎遊擊將軍，起原任薊鎮石門路參將李時芳爲宣府柴溝堡參將。

（熹宗天啟實録卷 65　第 8 頁　70.6.3344）

654　四月庚辰　補中路副總兵王維城爲薊鎮太平路參將，調山東兗州參將賀虎臣於延綏保寧營參將，管河南都司事張夢鯉於延綏鎮清營，陞神樞十營佐擊劉復戎爲陝西總督左營遊擊。

（熹宗天啟實録卷 65　第 11 頁　70.9.3349）

655　四月癸未　陞都司僉書管五軍二營參將事李同春爲保鎮定州遊擊僉書，管五軍四營遊擊事李承爵爲薊鎮瀋陽秋班遊擊。

（熹宗天啟實録卷 65　第 14 頁　70.12.3355）

656　四月甲申　上傳與都察院：即今大制錢不行，皆因五城兵馬總甲人等房號不收大錢，以致壅滯。著各城御史嚴加查覈，限即日回奏。

（熹宗天啟實録卷 65　第 15 頁　70.12.3355）

657　四月丙戌　起原任薊鎮西路副總兵石勳爲神樞八營參將。

（熹宗天啟實録卷 65　第 19 頁　70.15.3362）

658　四月戊子　户科給事中許可徵言：……又臣自田間來，目擊驛遞一事。魯夷進貢，過去五十一人，今回有一百餘人，分九起行，每起需索不下數十金。稍不滿欲，則發屋擲瓦，恣意行虐，遲留不去。此風曷可長也。臣稽隆慶時，比虜來貢，俱聽宣大總督代進，其賞賜亦轉下幕府給之。又朵顔三衛夷人進貢，近奉旨，着每起量送一二人進京，餘俱在關領賞。臣愚，謂魯夷亦可倣而行也。請勑該撫按衙門，凡遇夷人進貢，即將文簿勘合内事理人數一切應付額數，先移文知會經過所在，畫一規則，使人曉然有所適從。若仍前需索，卽參治伴送人員，併責夷人之不恭者，未必非安攘之一道也。上是之。

（熹宗天啟實録卷 65　第 20 頁　70.16.3364）

659　**四月庚寅**　工科給事中楊夢袞疏言：廩生納銀准貢原爲大工而開，今後不得襲舊例納交節慎庫，宜令俱詣内庫，交銀收放銷算，皆可按籍而稽。從之。

（熹宗天啟實録卷 65　第 22 頁　70.18.3368）

660　**四月壬辰**　内官監恭進"皇極殿"牌額。得旨：所進三字端嚴堪用，著卽頒刻，擇吉懸安。

（熹宗天啟實録卷 65　第 28 頁　70.23.3377）

661　**四月壬辰**　調薊鎮燕河參將陳思明爲山東兖州參將。

（熹宗天啟實録卷 65　第 31 頁　70.25.3382）

662　**四月癸巳**　上傳與禮部：近有姦民希圖重利，將鐵器等物賣與進貢夷人，大屬違禁。四夷館提督官職掌何在？着設法密捘，轉置他處，毋令帶去。又聞三河縣等處居民私造兵器，待夷人車過，公然賣與，此係地方官之責。作速移文順天巡撫，嚴行禁約，有司縱容者，參奏重治。

（熹宗天啟實録卷 65　第 32 頁　70.26.3383）

663　**四月癸巳**　是日白露著樹如垂絲，至日中不散。

（熹宗天啟實録卷 65　第 32 頁　70.26.3383）

664　**四月乙未**　上傳與禮部：神廟榮嬪李氏於天啟六年四月二十一日辰時薨逝，一應事宜，照神廟慎嬪魏氏例行。

（熹宗天啟實録卷 65　第 33 頁　70.27.3386）

665　**四月丙申**　上傳與順天府：近京煤、米擔負與客商往來，已有明旨，不許抽税，今聞通州仍榜示收徵，該府卽作速禁止，不得矇朧故違，致擾商民。

（熹宗天啟實録卷 65　第 35 頁　70.28.3388）

666　**四月丁酉**　是日，工部興工修蓋信王府第，遣侍郎薛鳳翔行禮。

（熹宗天啟實録卷 65　第 36 頁　70.29.3389）

667　四月丁酉　巡視京營工科給事中楊文岳等查參補營額軍一萬，止五千人應役，營馬盡各乘坐。得旨：限五日内務要照數清還，不許仍前隱占。

（熹宗天啟實録卷 65　第 36 頁　70.29.3390）

668　四月戊戌　調陝西總督標下遊擊周一新爲昌平右營遊擊將軍，參將管延綏巡撫標下中軍遊擊事王拱爲延綏清平堡參將。

（熹宗天啟實録卷 65　第 38 頁　70.31.3393）

669　四月戊戌　起原任……神樞營佐擊宗餘麐爲天津正兵營遊擊，神樞營佐擊段國禎爲遵化宣武營遊擊。

（熹宗天啟實録卷 65　第 38 頁　70.31.3393）

670　四月己亥　東北方有白雲，名“天裂氣”，有赤雲，名“軍勝氣”。

（熹宗天啟實録卷 65　第 41 頁　70.34.3399）

671　四月庚子　陞國子監司業馬之駿爲左春坊左諭德，兼翰林院侍讀，仍管司業事，署掌國子監印信。

（熹宗天啟實録卷 65　第 43 頁　70.35.3402）

672　四月壬寅　三法司接出聖諭：如今天氣暄熱，爾法司併錦衣衛見監罪囚笞罪無干證的放了，徒流以下便減等擬審發落，重囚情可矜疑并枷號的，都寫來看。

（熹宗天啟實録卷 65　第 45 頁　70.36.3404）

673　四月壬寅　削順天府府尹談自省、禮部郎中張篤敬籍，爲民當差，仍追奪誥命。以御史劉弘光參劾門户也。

命御史牟忠夔巡視京畿道。

（熹宗天啟實録卷 65　第 45 頁　70.36.3404）

674　五月癸卯朔　巡視京營工科右給事中楊文岳等言：臣等奉旨清查捕營軍馬，即會同提督、督捕二臣，本月二十五日查過軍共一萬一千二百六十二名，馬共二千七百四十八匹，各如原額付該司把總仍取其收管，令各發地方亟備巡守緝捕之用。如歸營後各衙門有私占巡軍借送營馬併跟隨班皂等役，詭名巡軍冒食營糧竟不下夜者，查出指名參奏。得旨：軍馬歸伍著各派信地，永爲遵守，再有仍前隱占的，不時參奏。

（熹宗天啟實録卷 66　第 1 頁　71.1.3411）

675　五月丙午　陞宣府巡撫中軍遊擊馬貴爲五軍二營參將，調真定中軍參將殷道隆爲萊州參將，寧遠參將侯一位爲五軍七營參將。

（熹宗天啟實録卷 66　第 5 頁　71.4.3417）

676　五月丙午　陞延綏遊擊周世顯爲神機七營參將，改都司僉書趙文魁爲神機五營佐擊，陞昌平都司僉書馬凌雲爲昌平左車營遊擊將軍。

（熹宗天啟實録卷 66　第 5 頁　71.4.3417）

677　五月戊申　巳刻王恭廠災。閣臣顧秉謙等詣思善門祇候萬安。

上傳内閣卽示工部、都察院并巡視科道及巡城御史兵馬本廠盡督主事速赴王恭廠巡看救火，不許稽遲。

吏科都給事中楊所修等、掌道御史王業陪等各合詞上慰，疑有姦細私焚火藥，乞敕嚴防密稽。仍行該城查恤被災人户。上是之。

王恭廠之變，地内有聲如霹靂不絶，火藥自焚，烟塵障空，椽瓦飄地，白晝晦冥，西北一帶相連四五里許房舍盡碎。時廠中火藥匠役三十餘人盡燒死，止存一名吴二。上命西城御史李燦然查報。據奏：塌房一萬九百三十餘間，壓死男婦五百三十七名口，著卽分別輕重，作速優恤。

是日薊門地震。據報：密雲縣本月六日巳時，從西南方來，有聲如雷。至初九日丑時，復巨聲西來，門窗皆響，几座傾揺。

（熹宗天啟實録卷 66　第 6 頁　71.5.3419）

678　五月己酉　諭内閣：今歲入春已來，風霾屢作，旱魃為災，禾麥皆枯、萬姓失望。乃五月初六日巳時，地鳴震虩，屋宇動揺，而京城西南一方，王恭廠一帶，其房屋盡屬傾頹，震壓多命。朕以渺躬御極，值此變異非常，飲食不遑，慄慄畏懼。念上驚九廟列祖，下致中外駭然，朕當卽齋戒，虔誠親詣衷太廟，恭行慰問。禮訖，爾中外大小臣工俱各素服角帶，務要潔虔洗心辦事，其停刑禁屠等項，卿等卽傳示禮部，著痛修省，恪恭〔校記：紅本恭作供〕職業共事消弭，仰體朕心，冀回天變，毋得視爲虛文，苟且塞責。仍將被災人户，速着該地方查明具奏，分列優卹，以彰朕畏天省惕至意。特諭。

（熹宗天啟實録卷 66　第 6 頁　71.6.3422）

679　五月己酉　皇城巡視等官虞廷陛等言：王恭廠震裂東華門裏，左牆折損。乞勅下該衙門，速行修補。章下工部。

（熹宗天啟實録卷 66　第 9 頁　71.7.3424）

680　五月庚戌　聖諭兵、工二部：王恭廠局房屋一節，爾工部職掌所關，速宜修理。况此神器、錢糧豈可久容暴露，但工程煩費俟非旬日可竣，卽先修牆垣，亦非久遠之計。玆查得西城曰忠坊地方，設有御馬監，外西新廠房三所，共計二百餘間，其中甚爲寬濶，卽便改爲安民廠。爾兵部卽傳京營總協，督率三大營官軍，輪派三千員名，速往王恭廠搬運神器、錢糧等件，運赴安民廠貯收。事畢之日，卽以王恭廠土碴，仍將低窪之處填墊平實。其木植、甎瓦、石料，各安集原處，聽從別用，以昭朕仰體天戒、惜材卹力至意。特諭。

（熹宗天啟實録卷 66　第 10 頁　71.8.3425）

681　五月庚戌　督察工程崔呈秀條奏各官捐俸并催外解積欠。得旨：大工繁費，物力不資，内外大小文武百官通行捐俸，原係

《會典》舊例，待三殿告成方許開支，惟庶常教職及行人京衞指揮千百户不在此例。其各省直節年拖欠等項銀兩，差御史守催查解，并着酌議申飭行。

（熹宗天啟實録卷 66　第 10 頁　71.8.3426）

682　五月辛亥　遣各官迎皇極殿獸吻。瑠璃窰侍郎孫杰、正陽門侍郎徐大化、大明門侍郎崔呈秀、午門侍郎薛鳳翔、皇極門尚書李思誠各行禮。

（熹宗天啟實録卷 66　第 12 頁　71.9.3428）

683　五月癸丑　督察〔校記：梁本察作理，誤〕工程崔呈秀請借大工銀一萬，收低假大錢隨改鑄小錢便民用，以助大工。從之。

（熹宗天啟實録卷 66　第 14 頁　71.11.3432）

684　五月乙卯　順天巡撫劉詔言：臣循例謁陵，於初六日回至平谷縣。巳時忽聽響聲如雷，初疑其爲地震也，差夜役張忠飛馬往探，知（按：館本探下知作始，是也）知爲王恭廠之變。切思平谷離京一百八十里，尚聲洪如雷，況深宮大内，相隔咫尺，不知如何震動。和氣致祥，戾氣致殃，是雖氣數之偶然，實人謀之不臧。日今黔兵又已潰散，東西日在狂逞。北直河南、山東等處地方苦旱又苦蝗，麥田業已失望，秋成又不知如何。民窮財盡，何等光景。且又當省刑之期，望皇上因天變示儆，預戒不虞，仰紓宗廟在天之靈，下慰四海窮民之望。報聞。

（熹宗天啟實録卷 66　第 15 頁　71.12.3434）

685　五月丁巳　禮部請祈雨澤，得旨：今歲春夏以來，風霾亢旱，雨澤未澍，朕宫中虔禱，夙夜惶惶。依議於十九日爲始，著百官痛加修省，務南郊北郊期感格祭告。社稷，尚書王紹徽，山川，尚書李起元，風雲雷雨壇，尚書李思誠，護國濟民神應龍王，侯柳祚昌。各竭誠行禮，仍行順天府率屬祈禱。

（熹宗天啟實録卷 66　第 18 頁　71.14.3438）

686　五月己未　盗入督理三山之工部郎中何宗聖公署，斫傷宗聖手足，刧去官錢五萬六千，文銀二百兩。宗聖以傷重請代。得旨：大盜公行，刧入官署，地方官疏玩至此，著分別議處。何宗聖料理採石事務，不准辭。

（熹宗天啟實録卷 66　第 20 頁　71.16.3442）

687　五月己未　　諭：工部支大工銀一萬兩，差員外周迪、李庭芳、顧民巖，主事雷化鱗收買大錢改鑄小錢，即以小錢抵償大工銀兩。

（熹宗天啟實録卷 66　第 21 頁　71.16.3442）

688　五月己未　　起原任神機七營參將朱世寵降補五軍九營遊擊。

（熹宗天啟實録卷 66　第 21 頁　71.16.3442）

689　五月庚申　　命信王選婚，禮部報五城兩縣女子七十七名。

（熹宗天啟實録卷 66　第 21 頁　71.17 3443）

690　五月庚申　　總督薊遼閻鳴泰奏：據密雲縣申，本月初六日巳時地微震，初九日丑時復大震。數日之内兩次示警，甚爲（按：館本爲下有變字）異。且目下蝗蝻四出，盜賊横行，阿暈挾賞於潮河，虎酋謀窺於遼塞，而逆奴製造舟車，陽示西來，陰攻西虜，粆花等塞非脇之爲，伊前鋒即假道攻我不備。且自遼東入犯寧前，繞路甚遠，從黄泥窪背後窺我薊門，路甚直捷，況昌、薊一帶可通大舉者甚多。奈紙上之兵馬偏有，陣前之兵馬偏無，乞於舊額外再發馬價數萬，乘此市口將開，急急收買。至火器、火藥所關尤大，伏懇東發分給於二陣十五路，責令習熟攻打，長伎在我，奴即叵亦可恃以無恐矣。得旨：薊門地震，奴患孔棘，備禦宜周。這馬價火器、火藥等件，作速酌議給發。

（熹宗天啟實録卷 66　第 24 頁　71.20.34493）

691　五月辛酉　　皇極殿安獸吻，頒賜閣臣顧秉謙等每銀五十兩，中書官張承爵等十二員每銀五兩。

（熹宗天啟實録卷 66　第 25 頁　71.20.3449）

692　五月辛酉　兵部尚書王永光覆袁崇焕疏：關外五城並築，關内邊牆傾圮，將十二營内軍丁照三分之一以二分出關，一分留薊。從之。

（熹宗天啟實録卷66　第25頁　71.20.3450）

693　五月癸亥　朝天宫災。得旨：朝天宫係勑建殿宇，千官習禮之處，火災突發，深動朕心，大小臣工，倍宜修省，以回天意。

（熹宗天啟實録卷66　第25頁　71.20.3450）

694　五月甲子　兵部尚書王永光疏報：在京各衙門捐俸犒兵銀通共二萬七千九百六十九兩。

（熹宗天啟實録卷66　第26頁　71.21.3451）

695　五月丙寅　禮科都給事中等官彭汝南（按：館本南作楠，是也）等言：朝天宫乃衣冠萃集、忭舞祝釐之所，聞之故老舊爲成祖文皇帝潛邸，歷仁、宣兩朝而後葺成者。一旦煨燼無餘，所關豈渺？時方齋禱祈雨，而反得火，天心人意似有戛不相入者。又聞三輔齊魯旱蝗薦臻，徐淮之間飢民嘯聚，將來尚不可知。竊意聖明當此，必倍加怵惕，行所未行，請申省刑之説，可乎？《易》之象曰：山上有火，君子以明。慎用刑而不留獄，蓋先王觀於火而知獄之不可留也。諸如商税臺差引成例，匪關創議，皇上且不難一朝反漢（按：館本漢作汗）。豈以刑獄人命所繫顧漫不動念，毋亦慎重其事有待而發耳。乞及時慨發德音，將經審各犯悉付法司定罪，在諸犯生殺予奪，總莫逃皇上之斧鉞，而在皇上於宛轉嚴法之中，存不忍其死之意。即此一念，已足消天人之沴，天地解而雷雨作，此其時矣。至正陽門、崇文門、宣武等門出入，舊有稽察，係守門内臣爲政，近日乃有需索過多者，無論縉紳冠蓋、商旅出入，皆有常例，多至數兩，少亦不下百餘錢者。國門之内，幾同畏途。伏乞皇上勑下該監，嚴加查革，以通往來，亦消弭之一端乎？得旨：門税舊規，若果多索，朕豈不知？

這本條陳未當。

（熹宗天啟實録卷 66　第 29 頁　71.23.3456）

696　六月壬申　　戎政尚書馮嘉會言：臣曾條議揀標兵分住帥府及戎政公署餘房之内，便於點查彈壓。業經部復俞可正在籌度設處。今觀王恭廠廳庫棟宇，雖已傾塌，而偏東庫房及匠作小房尚存有（按：館本存下有作百，是也）有餘間，其楹頭甎瓦不無損壞，而樑柱壁坵猶然屹立，若因其故垣稍加修飭，改設營房百餘間以居標兵，再用庫房次料、木植、甎石等件構爲營官廳房五間，以便約束呼應，誠爲兩便。依議行。

（熹宗天啟實録卷 67　第 1 頁　72.1.3468）

697　六月壬申　　御史李九官出按浙江，被刼於良鄉之城北八里。事聞，上令撫按將良鄉知縣王家俊戴罪戢賊，如不獲，重處，仍賠補被刼銀兩。

（熹宗天啟實録卷 67　第 2 頁　72.2.3469）

698　六月丙子　　寅時京師地震。閣臣顧秉謙等上疏恭候聖安。是日，天津三衞、宣大俱連震數十次，倒壓死傷更慘；山東濟、東二府、河南一州六縣俱震。

（熹宗天啟實録卷 67　第 6 頁　72.6.3477）

699　六月丁丑　　辰時，皇太子薨逝。素服輟（按：館本輟下有朝字）三日，命照悼懷太子例行喪禮併州葬墓側。

（熹宗天啟實録卷 67　第 7 頁　72.6.3478）

700　六月戊寅　　户部尚書李起元請賑恤王恭廠被災人户，乞發大内銀六千兩。得旨：王恭廠一帶居民災傷甚苦，賑恤宜優，據請六千金似未足用，兹特發御前銀一萬兩，著西城御史會同户科官一員，照依查明被災人户數目，酌量加攤，逐一當官給散，務使均霑實惠，昭朕敬天愛民至意。

（熹宗天啟實録卷 67　第 7 頁　72.6.3478）

701　六月戊寅　　以工部右侍郎孫杰督理城守事務。

（熹宗天啟實録卷 67　第 9 頁　72.8.3481）

702　六月辛巳　陞……改南京兵部右侍郎范濟世爲工部添設右侍郎，協理殿門工程事務。

（熹宗天啟實録卷 67　第 11 頁　72.9.3484）

703　六月己丑　山海關太監劉應坤巡邊，查閲兵馬數目奏報。因言：桃林口等處城堡傾頹不堪，喜峰等口又無水門可恃，萬一東西告警，聲東擊西，山海雖堅，恐無所賴。得旨：覽奏，不擾驛遞，不受餽遺，自備餱糧，遍歷石門諸路口，查閲兵馬數目，給散欽賞已畢，具見清勤。城堡傾頹，防禦何賴？即著會同督撫鎮道諸臣，亟行修築，加兵防守，鞏固神京。

（熹宗天啟實録卷 67　第 23 頁　72.19.3503）

704　六月庚寅　上御皇極門内殿，大學士顧秉謙等進《三朝要典》，百官致詞稱賀，上命送皇史宬收藏。

（熹宗天啟實録卷 67　第 24 頁　72.20.3506）

705　六月壬辰　慶陵工完，行欽天監擇日謝土（按：此條梁本失載，館本存）。

（72.21.3507）

706　六月辛卯　督師王之臣疏言：山海邊城被雨坍塌六處，乞將續留薊鎮班兵四營仍發來關修工，刻期竣事。得旨：關門防禦全賴城垣，豈容傾圮，速將薊鎮所留四營班軍盡發修築，以固金湯。秋班軍士，有旨：限六月初十日到關，如何稽遲至今，其未到的，參來處治。

（熹宗天啟實録卷 67　第 25 頁　72.21.3507）

707　六月甲午　工部尚書董可威覆：薊遼總督閻鳴泰請軍器火藥，得旨：薊門保障神京，軍器火藥著丙子庫照數給發，各鎮自行防禦，不得援以爲例。

（熹宗天啟實録卷 67　第 25 頁　72.21.3508）

708　六月戊戌　順天巡撫劉詔備陳巡歷薊、昌情形：薊昌二鎮，昔專備虜，今併防奴。今日之邊備何如耶？以上程言之，自班兵改發於關東，而山海迤西數載不聞版築之役矣。除次衝不開外，極衝則薊鎮東協有山海關、南海口、一片石等處共三十四處，應修臺烽五十八座，邊牆一萬一千一百九十八丈；（按：館本協上有中字，是也）協有白羊谷、擦崖子、城子嶺等處共二十六處，應修臺烽七十四座，邊牆城堡五千三百三十四丈；西協有磨刀谷、牆子嶺、南谷寨等處共十六處，應修臺烽九十一座，邊牆堡城三千九百七十六丈。昌鎮、黄花、居庸鎮邊三路極衝共三十八處，應修樓臺四十三座，邊堡營城九百二十九丈。以上工程浩繁，擇其最緊要者，先用主兵及時修砌，尚不敢分撥班兵。俟遼左工完，一併通修，庶有險可恃，壯薊遼輔車之勢也。以軍丁言之，薊鎮東協各營路原額三萬五千五百六十四名，援遼後見存二萬六千七百八十一名，中協原額五萬一百二十九名，援遼後見存四萬一百四十名，西協原額三萬七千八百二十名，援遼後見存三萬五千二十三名，昌鎮原額二萬三千六百二十一名，見二萬三千五百四十八名。臣已行各道，勒令依限補足，乞明旨申飭，如逾限不補，容臣不時參治。以馬赢言之，薊鎮東協各營路原額一萬一千九十一匹頭，今存七千九百四十六匹頭，中協原額一萬九千三百三十五匹頭，今存一萬二千四百五十九匹頭，西協原額一萬三千六百八十六匹頭，今存七千五十三匹頭，昌鎮原額五千五百一十八匹頭，今存四千一百四匹頭。昨會疏請發馬價、軍器，實見勢關迫切，乞急爲措發市買，以備征勦之用。薊、昌二鎮士馬糧餉至薄，今六月將終，而四、五兩月之餉，尚多未給。道將告急之牘紛至，乞將應給者源源而來，勿令中斷耳。然就此至薄之糧餉，兵馬尚有不得受實惠者。營中積弊種種多端，最甚者，將領之陞轉往來之迎送是也。遠者三五千里，近亦一二千里，其用士馬多者三四百，少者一二百，長途之費派於各營之月糧馬乾，一迎送間，而數月之糧餉一時扣盡矣。將領除不肖者臣等不時參劾外，其餘俸薦及格寧加銜照舊任事，斷不宜别爲遷轉也。得旨：這本説工程、軍丁、馬匹三項空匱情弊甚悉，急宜修廢補缺。又查足營馬額數，以嚴防禦。至於各官新舊迎接之費，扣除軍丁月糧不啻大半，尤可痛恨。以後將領薦多俸深者，寧御久任，不得輕爲陞調。馬價拖欠月糧未給者，兵户二部速與處發。鎮守内臣除劉應坤外，即著輪流一員并帶中軍二員，巡歷喜峰諸路口，覈軍查餉，務邊防在在鞏固，永保無虞。

（熹宗天啟實録卷 67　第 28 頁　72.23.3512）

709　六月己亥　文書房傳出聖旨：照得内外各衙門官員并書役、雜色人等所穿靴韈等件，自來恪遵祖制舊規，務宜本等，孰敢濫違？近有無知，擅穿短臉靴韈、寬襪雲履，惟圖華麗，不思禁門森嚴。原非所穿之物，自後敢有違玩不遵、故蹈前轍者，該門官并巡街、巡視長隨隨時擒拏前來奏聞，從重治罪。

（熹宗天啟實録卷 67　第 29 頁　72.25.3515）

710　閏六月丁未　天壽山守備太監孟進寶疏奏：大雨連綿，寶城、神路等處衝塌。上命該部作速修理。

（熹宗天啟實録卷 68　第 9 頁　73.8.3533）

711　閏六月辛亥　提督九門太監金良輔言：天雨連綿，都城及橋梁坍塌。得旨：都城關係緊要，這城垣橋梁坍塌處所，著分工修理，勒限報完，不得遲緩誤事。

（熹宗天啟實録卷 68　第 13 頁　73.11.3540）

712　閏六月癸丑　錦衣衛緝獲張元專雕各衙門印信，貨賣與人，獲利不計其數，下三法司究贓正罪。

（熹宗天啟實録卷 68　第 15 頁　73.13.3543）

713　閏六月甲寅　上傳與禮、兵、工三部：昨鎮守内臣劉應坤具題，喜峰口諸路邊牆坍塌，並請符驗關防，以便催督。已有旨，著作速修理給發，如何不見回奏？

（熹宗天啟實録卷 68　第 16 頁　73.13.3544）

714　閏六月甲寅　　順天巡撫劉詔題：逆奴謀窺喜峯久矣，頃者不得志於寧遠，而假道於西虜，勢誠有之。顧捍禦之要，不外工程、官軍、器械三端，三者備而嘗勝之權永操矣。得旨：覽奏具見防禦方略。

（熹宗天啟實録卷 68　第 16 頁　73.13.3544）

715　閏六月甲寅　　陞薊鎮遊兵遊擊孟喬芳爲本鎮建昌參將。

（熹宗天啟實録卷 68　第 16 頁　73.14.3545）

716　閏六月丁巳　　巡視中城御史龔萃肅奉諭查過霪雨爲災五城地方塌倒民房七千三百三間，損傷男婦二十五名口。得旨：五城塌倒房屋既已查明，即照王恭廠事例，發御前銀一萬兩給發優恤，以彰朝廷德意。

（熹宗天啟實録卷 68　第 20 頁　73.17.3552）

717　閏六月丁巳　　陞湖廣左布政使李春茂爲順天府府尹。

（熹宗天啟實録卷 68　第 21 頁　73.17.3552）

718　閏六月壬戌　　中府草場雷火（按：此條梁本失載，館本存）。　（73.20.3558）

719　閏六月乙丑　　巡視南城御史王時英盤獲番僧於廣寧門外十方菴，頭結黄髮，面目異嘗，語若鳥聲，字如蛇跡。因而驗察隨身番經數十葉，原領四川長河西魚通寧遠軍民宣慰司批文一紙，内稱大西天羅漢嗊哈嗎，願遊漢地名山道院寺觀等語，踪跡可異。……實係西番，非東夷也。薊遼總督閻鳴泰疏言：……乞該部將番僧解發臣衙門，如道術可有可用，何惜片席之地容此比丘，如止是行脚庸流，即驅逐出境。詔許之。

（熹宗天啟實録卷 68　第 27 頁　73.22.3562）

720　閏六月丙寅　　總督倉場薛貞言：自中府草場之火起也，臣至場中，見四面俱發，勢必燎原，即傳倉夫營軍撲救。又籌畫木料水斗等項以需，適值總督東廠司禮監太監魏忠賢至矣，隨帶内府多人，併抬木植器具，罔不悉備，遂罷倉夫軍士，專用内丁，瞬息之間木架已成，水桶、噴桶一時俱發，火勢漸退。至次早復擇能者履火而上，其下亦能用命，赴湯蹈火，灌水如注，而火遂告滅矣。此皆仗國家之靈，主上之福，實廠臣盡心竭力，别具一應變之才而布置安排，是以能成其速化之功，可見天下無難事，特患無實作事之人耳。使人人皆能如此實作，何遽謂天災不可挽回哉。得旨：這本説的是魏忠賢捨身報國，極力救焚，猝召内府員役應變，别有方略，不憚焦頭爛額，保護軍馬錢糧。所全既多，厥功甚大，加陞弟姪一人與做都督同知，仍賜勑褒嘉以示優異，還賞銀五十兩，綵段四表裏，羊二隻，酒三十瓶，新鈔三千貫。薛貞亦竭蹶赴救，目擊最真。知道了。

（熹宗天啟實録卷 68　第 29 頁　73.24.3565）

721　七月乙亥　順天府屬地震（按：此條梁本失載，館本存）。

（74.3.3584）

722　七月丙子　工部尚書薛鳳翔言：天雨連綿，水勢暴漲，冲毁長陵七星橋。乞先委官搭蓋浮橋，以便秋祭。從之。又言：山水泛溢，冲毁寶城，請借内帑修築。上令該部設處興工。

（熹宗天啟實録卷 69　第 3 頁　74.3.3584）

723　七月丙子　陞李家谷守備楊維寧都司僉書，管薊鎮東遊兵營事。

（熹宗天啟實録卷 69　第 4 頁　74.4.3586）

724　七月丁亥　巡撫順天右僉都御史劉詔言：順、永二府新罹水災，人畜漂溺，邊垣坍塌。最甚者莫如順天之豐潤、寶坻、霸州道屬；其在邊關莫如昌鎮之横嶺城。比聞大興地方又有冰雹損傷麥苗。伏乞皇上俯念重地異災，敕下按屯御史速爲勘覆，其坍塌邊牆敕限修葺，庶災民得生，而邊警亦有所備。得旨：邊垣衝決，民命阽危，罹此異災，朕深軫念，即著兼工修築，加意賑卹，以安重地。

（熹宗天啟實録卷 69　第 12 頁　74.11.3599）

725 七月辛巳 工部言：陵工急需錢糧，旦夕難緩。河道見貯庫銀三十三萬七千有奇，乞量取十分之五，以濟然眉。其徐州船税歸併中河郎中管理，以清蠹。上從之，仍命河道節年拖欠者勒限徵解。

（熹宗天啟實録卷 69 第 15 頁 74.13.3604）

726 七月癸巳 安南都統使黎維新嫡子黎維祺遣使臣阮進用等補貢方物。

（熹宗天啟實録卷 69 第 17 頁 74.15.3607）

727 七月丙申 陞左春坊左諭德馬之騏爲國子監祭酒。

（熹宗天啟實録卷 69 第 19 頁 74.16.3610）

728 七月丁酉 革原任喜峰路都司今陞昌平右車營遊繫張成德回衛，以縱放姦夷李門子進關也。仍戒邊將，以後貢夷到關，務要嚴加查覈，不得疏縱取罪。

（熹宗天啟實録卷 69 第 19 頁 74.16.3610）

729 七月戊戌 吏部以保定巡撫缺，推原任順天巡撫岳和聲、太僕寺少卿潘雲翼。得旨：保定畿輔重地，岳和聲竄遠，不便到任；潘雲翼《三朝要典》疏内稱楊璉無罪去國，忠臣扼腕，豈是公言？著冠帶閑住。

（熹宗天啟實録卷 69 第 20 頁 74.17.3612）

730 八月壬寅 命修理大社稷壇。

（熹宗天啟實録卷 70 第 2 頁 75.2.3617）

731 八月甲辰 陞工部右侍郎孫杰爲兵部添設左侍郎，仍管大工事。

（熹宗天啟實録卷 70 第 4 頁 75.3.3620）

732 八月甲辰 ……陞延綏孤山副總兵任中英爲神樞一營左副將，薊鎮古北口遊擊劉芳美爲神樞三營參將。

（熹宗天啟實録卷 70 第 4 頁 75.3.3620）

733 八月癸丑 命貴州道御史姚應嘉巡視京畿。

（熹宗天啟實録卷 70 第 12 頁 75.9.3632）

734 八月壬子 陞京城巡捕左參將王嘉春爲延綏孤山副總兵，真定標後營遊擊李永福爲宣府龍門所參將，陝西都司僉書王之楨爲五軍四營遊擊，宣府都司僉書劉茂芳爲昌鎮右軍營遊擊，陝西偏頭關守備加都司僉書魏都梁爲薊鎮大水峪遊擊，臨洮總兵旗鼓守備加都司僉書尤養鯤爲延綏左營遊擊，山西寧武關守備加都司僉書石在廊爲延綏右營遊擊，山東青州守備加都司僉書費克謙爲宣大總督左營遊擊。

（熹宗天啟實録卷 70 第 12 頁 75.10.3633）

735 八月庚申 修理長陵等陵開工，遣工部尚書薛鳳翔行禮（按：此條梁本失載，館本存）。

（75.16.3645）

736 八月壬戌 琉球中山王（按：館本王下有世字）子尚豐遣官進表文方物。

（熹宗天啟實録卷 70 第 22 頁 75.18.3649）

737 八月癸亥 安南進貢。

（熹宗天啟實録卷 70 第 22 頁 75.18.3649）

738 八月甲子 陞昌鎮左騎營遊擊羅琿爲神機七營參將，神機二營參將王秉忠爲昌鎮涿州參將，神機營加都司僉書馬寧遠爲鳳陽巡撫中軍遊擊，關内道中軍守備加都司僉書卜文璜爲遵化威虜營遊擊。

（熹宗天啟實録卷 70 第 24 頁 75.19.3652）

739 八月乙丑 陞薊鎮都司僉書柳榮爲遵化宣武營遊擊，延綏巡撫中軍遊繫王德爲寧夏洪廣堡遊擊，河南秋班都司僉書陳一德爲宣府東路遊擊，浙江都司僉書黎延慶爲山東濟寧遊擊。

（熹宗天啟實録卷 70 第 24 頁 75.20.3653）

740 九月辛未 發秋季年例主客兵餉於各鎮：薊鎮一十六萬六千七百一十七兩九錢一分，永平七萬四千四百六十六兩六錢二分，昌平三萬五千五十八兩一錢一分八釐，易州三萬六千六百四十八兩九錢五分。

（熹宗天啟實録卷 71　第 2 頁　76.1.3662）

741　九月壬申　陞五軍五營佐擊楊如梴爲密雲車中營遊擊。

（熹宗天啟實録卷 71　第 3 頁　76.3.3665）

742　九月甲戌　翰林院編修姜曰廣、兵科給事中王夢尹頒詔朝鮮，便道詳閱海外情形，歸陳八款内，兵部覆議四款。

（熹宗天啟實録卷 71　第 4 頁　76.4.3667）

743　九月己卯　陞密雲守備加都司僉書李國勳爲密雲振武營遊擊。

（熹宗天啟實録卷 71　第 11 頁　76.9.3678）

744　九月庚寅　詔以大壩等馬房畜養馬匹，原爲扈從乘輿，乃騍馬并駒及驢頭等項，原屬無用，虛糜草料，有虧國計，以後一併裁革，其見在者經管官變償换補，務足原數，不得以羸瘦塞責。

（熹宗天啟實録卷 71　第 14 頁　76.12.3683）

745　九月丙申　禮部以皇極殿成，請差官布告天下。上念驛遞久疲，著隨便齎往，不必特遣。

（熹宗天啟實録卷 71　第 18 頁　76.15.3689）

746　九月丙申　陞加銜都司劉尚仁爲薊啟鎮西遊兵營遊擊。

（熹宗天啟實録卷 71　第 18 頁　76.15.3689）

747　十月癸卯　陞保定遊擊孫桂爲大同中路參將，潘家口守備王業隆爲石匣車營遊擊。

（熹宗天啟實録卷 72　第 4 頁　77.4.3703）

748　十月戊申　以朝天宫災，命文武百官改爲濟靈宫習儀。

（熹宗天啟實録卷 72　第 5 頁　77.4.3704）

749　十月戊申　以京師多盜，命五城御史申飭兵馬司官晝夜巡邏，密緝嚴拏，以靖地方，違者罪無赦。

（熹宗天啟實録卷 72　第 5 頁　77.4.3704）

750 十月己酉 皇極殿成，詔告天下。詔曰：《書》言堂構，《詩》詠似續。朕自臨御以來，未嘗不寤寐深惟之也。睠列聖相承在宥之宸居，迨世宗肇錫皇極之嘉號，爰及神祖，運值更新，乃物力雖豫於儲胥，而垂工尚稽於制作留厥鉅典，畀在朕躬，追念先猷，敢後經始。乃者，藉我宗祊社稷之休況與爾卿士庶民之胥從，六府鳩工，百靈受職，襄兹崇構，還乎舊觀。朕用諏於九月二十五日肇稱殷禮，告成祖宗，莅見羣后。於戲！役非得已，永思志事之遺居，豈求安式，副纘承之望，顧名思義，建極敷言，俾於一人，嗣有令緒，亦爾萬邦之克有成勞也。特渙明綸，用昭盛舉。布告中外，咸使聞之。

（熹宗天啟實録卷 72 第 7 頁 77.6.3707）

751 十月甲寅 宴琉球國陪臣，遣保定侯梁世勳待。

（熹宗天啟實録卷 72 第 14 頁 77.12.3719）

752 十月乙卯 天壽山守備内官監太監孟進寶言：自黄花鎮至鶯窩嶺，自居庸關至川草花頂，中間延袤數十里，皆皇陵屏蔽。因龍脉所關，原無邊垣，惟恃宣鎮南山邊成堡臺四百五十餘處，周圍護守。今緣天雨連綿，倒壞衝坍不堪，乞及時修理。上命該部嚴行昌宣二鎮，速行修補，無致疏虞。

（熹宗天啟實録卷 72 第 14 頁 77.12.3719）

753 十月丁巳 户部題：薊永二鎮本年應派草二百六十一萬餘束，除餘剩草七十八萬抵算外，實該見草一百八十餘萬束，每束銀五分，共銀九萬一千七百六十三兩三錢，聽各鎮餉司赴部支領。報可。

（熹宗天啟實録卷 72 第 17 頁 77.14.3723）

754 十月戊午 薊遼總督閻鳴泰疏報：薊鎮鑄錢利息自五年八月起至今年九月終，得銀七千一百二十八兩三錢三分，解進大工。仍請俟工停之日，以嗣後所出息銀留充本鎮製造之需。得旨：該鎮鑄錢輕薄，且利息亦微，除見在息銀七千一百二十八兩解進外，一切鑄本銀兩及遺銅俱歸併工部鼓鑄，差官范文源著回部。

（熹宗天啟實録卷 72 第 17 頁 77.14.3724）

755 **十月庚申** 給發京衛軍士冬衣布花，計本色棉布四萬五千五百十一疋，本色棉花一十萬九千九百九十五斤，折色銀七萬三千六百八十三兩六錢，銅錢一千八百四十二萬九百文，鈔一百九萬一千六百二十五錠，於甲、丁、丙等庫關支，散散如例。

（熹宗天啟實録卷 72 第 21 頁 77.17.3730）

756 **十月辛酉** 先是，兵部奉旨兩移咨朝鮮，一則以毛文龍之奏言，其國叛臣韓潤、尹立義等密通奴酋，令該國查確處分；一則以朝鮮國王有刷還遼民之疏，慮遼民逼鮮，以國疑釁。今鎮臣將在鮮遼人盡刷邊島，登撫接濟之粮刻期發運，而該國素勤忠款，宜克有終，仍量行賑救一二年，以資屯牧。於是，朝鮮國王李倧上疏言。

（熹宗天啟實録卷 72 第 22 頁 77.18.3731）

757 **十月辛酉** 陞保定并大民兵營遊擊韓兆元爲通州參將，昌鎮總兵標下都司僉書官撫民爲薊鎮中路南兵營遊擊，山海都司僉書趙光遠爲陝西紅水河遊擊，南京大教場坐營都司僉書王繩堯爲四川松潘東路遊擊。

（熹宗天啟實録卷 72 第 25 頁 77.20.3736）

758 **十月丙寅** 朝鮮國王李倧遣陪臣奉表進貢方物。

（熹宗天啟實録卷 72 第 28 頁 77.23.3741）

759 **十一月壬申** 宴外國夷使南雄政等於左闕門。

（熹宗天啟實録卷 73 第 1 頁 78.1.3746）

760 **十一月壬申** 廵歷喜峰口等處太監陶文，以喜峰諸隘口修築告竣，疏頌魏忠賢兼叙文武道將。得旨：覽奏喜峰諸隘口修築設防告竣，保障既嚴，金湯足倚，朕甚嘉焉。廠臣魏忠賢沉機策慮，勵志籌邊，營扼要而指授瞭然，戒戎器而捐貲罔恡，功在嚴疆，勞深帷幄，着蔭弟姪一人錦衣衛指揮，使世襲，給與應得誥命，仍賞銀五十兩，綵段四表裏，賜勑獎勵，以昭殊勳。鎮臣陶文，殫力以固吾圉，盡瘁而馴厥虜，厥功可尚。著蔭弟姪一人錦衣正千户，世襲，賞銀三十兩，綵段二表裏。楊朝勞多，著蔭弟姪一人錦衣衛副千户，世襲，賞銀二十兩，綵段一表裏，俱給以應得誥命。督臣閻鳴泰、撫臣劉詔肅紀綱而壁壘風清，作屏翰而旃裘氣懾，道臣耿如杞、師臣孫祖壽等咸與有經理擘畫之功，並宜優敘，以示激勸。其餘文武將吏若一體併叙。

（熹宗天啟實録卷 73　第 2 頁　78.2.3747）

761　十一月甲戌　以古北路都司李旸添註浙江都司僉書，石門路遊擊楊文魁爲分守薊鎮古北路參將。

（熹宗天啟實録卷 73　第 4 頁　78.3.3750）

762　十一月丁丑　加薊遼協守東路副總兵黑雲龍署都督巻僉事，革通州副總兵秦光祚、保定騎營遊擊孫桂任同藉。

（熹宗天啟實録卷 73　第 7 頁　78.6.3755）

763　十一月戊寅　陞薊鎮漕河營把總加都司僉書顧明德爲本鎮中路南兵營遊擊。

（熹宗天啟實録卷 73　第 7 頁　78.6.3755）

764　十一月庚辰　建極殿竪立金柱，遣尚書薛鳳翔行禮，旋賜輔臣黄立極等銀幣有差（按：此條梁本失載，館本存）。

（78.7.3757）

765　十一月辛巳　琉球國中山王世子尚豐遣使進貢方物，福建巡撫朱欽相以聞。

（熹宗天啟實録卷 73　第 9 頁　78.7.3758）

766　十一月壬午　天津督餉户部侍郎黄運泰預計天啟七年關鮮二運糧料言：……惟是州縣有召買，則有應議召買之糧，價亦當論地而計值者。若順、廣、大、真、保、河及霸州等處，在在凶荒，價甚翔貴，米價非一兩不可，豆價非六錢五分不可，而糴本動之雜項，足那動京邊薊、永、密雲三處，買運固有成例，但薊鎮離關窵遠，陸運萬分稱苦。

（熹宗天啟實録卷 73　第 9 頁　78.7.3758）

767　十一月癸未　宴四夷入貢使臣如例。

（熹宗天啟實録卷 73　第 11 頁　78.9.3762）

768　十一月丙戌　調延綏寧寨營參將龔彰于薊鎮石門路。

（熹宗天啟實録卷 73　第 12 頁　78.10.3763）

769　十一月戊子　刑科給事中杜齊芬疏言民間三害二利：一害曰徵收，非僅謂里胥科斂官吏火耗已也，里胥則有司可治，官吏則監院可問，惟王府收頭、衛所伴伴，不屬有司，不畏法紀，或任意加三加五，或騙令來歲今支，究無益於府衛，止流毒於窮簷。一害曰豪强，非僅謂把棍血黨窩橐神叢已也，冰山之勢益消，賣菜之傭易與，惟大力家奴、巨室戚倡，草依木附，狐假（按：館本假下有虎字）威，或白奪人産，或輕逼人民，止緣投鼠忌器之難，遂成滔天莫挽之勢。一害曰盗賊，非僅謂弛保甲寬捕首已也。鼠竊之徒易除，烏合之黨易解，惟兩省接壤，府衛錯處，素號此藏彼縱之地與大盗盤據之鄉，保甲莫問，捕（按：館本捕下有役字）通謀，而不肖之有司又交諉以御責，亦何怪所在萑苻報警，生民罹其刼奪，國運受其搶攘也。至於二利，則蠲與賑而已。言蠲賑於今日豈不稱難，然有司苟能加意節省，力行勸貸，是民間解倒懸之困，而獲續命之膏也。得旨：這本説三害二利，有俾民生至計，着各該撫按有司，著實申飭舉行。

（熹宗天啟實録卷 73　第 12 頁　78.10.3764）

770　十一月戊子　諭户部：自（按：館本自作今）歲自春至秋，水旱疊至，災異並臻，五穀不登，以至閭閻困乏。見今近畿一帶，黎民不勝寒餒，而食甚不足，或流殍道路，或就食京師，鵠形鱗集，號泣嗷（按：館本嗷下有嗷字），朕甚憫焉。今特發御前省銀六千兩，著順天府給宛、大兩縣煮粥賑救，務在均霑。部院仍行文省直災困處所，設法賑濟。其賑過若干，所費若干，俱限明年春暖之時開册奏報，以昭朝廷敬天法祖、視民如傷至意。

（熹宗天啟實録卷 73　第 13 頁　78.11.3765）

771　十一月戊子　勅五城御史：賑濟飢民，自十一月起，次年正月終止，不拘人數，務令貧民均霑，不得遺漏失所。

（熹宗天啟實録卷 73　第 13 頁　78.11.3766）

772　十一月庚寅　賜寧德、遂平二公主莊田五千一百九十一頃，歲徵銀七千七百八十七兩，自天啟六年爲始，順天各府，務及時解部轉給，以稱朝廷親親之意。

（熹宗天啟實録卷 73　第 16 頁　78.19.3781）

773　十一月癸巳　諭工部：修理長陵寶城工程錢糧十日一報，務期費省工倍，速襄鉅典，以鞏皇基。

（熹宗天啟實録卷 73　第 18 頁　78.20.3783）

774　十二月己亥　陞鎮邊參將崔凝秀爲薊鎮西協副總兵。

（熹宗天啟實録卷 74　第 3 頁　79.2.3804）

775　十二月庚子　朝鮮國王李倧遣陪臣金象憲等齎捧表文方物謝發還漂海人丁朱鎮國等及蒙發銀，收買焰硝。併頒賜彩幣、文錦，命内府查收（按：此條館本庚子下不載，在本卷庚申下。梁本誤）。

（熹宗天啟實録卷 74　第 3 頁　79.20.3840）

776　十二月甲寅　陞原任御史過庭訓爲順〔校記：館本順作應〕天府府丞。

（熹宗天啟實録卷 74　第 18 頁　79.14.3828）

777　十二月戊午　宴朝鮮國陪臣如例。

（熹宗天啟實録卷 74　第 23 頁　79.18.3836）

778　十二月戊午　補原任山西布政使司右參議孫織錦爲薊州兵備。

（熹宗天啟實録卷 74　第 23 頁　79.19.3837）

779　十二月庚申　朝鮮國王李倧遣陪臣金象憲等齎捧表文方

物，謝發還漂海人丁朱鎮國等及豢發銀，收買焰硝。併頒賜彩幣、文錦，内府查收（按：此條與梁本本卷庚子下條重出，梁本誤復）。

（熹宗天啟實録卷 74　第 25 頁　79.20.3840）

780　十二月乙丑　順天等順（按：館本等下順作府，是也）進乾清宫六年分原額莊地併未央、慈慶、慈寧三宫子粒銀共四萬七千七百七十四兩四錢零。

（熹宗天啟實録卷 74　第 31 頁　79.25.3849）

781　十二月乙丑　免蕃育署鵞八千隻，雞蛋减半，以示優衃之意。

（熹宗天啟實録卷 74　第 33 頁　79.26.3852）

782　十二月丙寅　陞錦衣衛指揮徐自化爲堂上僉書管事，德州遊擊將軍婁可教爲五軍七營參將，順天巡撫標下旗鼓趙志浩爲遵化右軍營遊擊將軍。

（熹宗天啟實録卷 74　第 36 頁　79.29.3858）

783　十二月丙寅　調西南右哨巡捕參將谷應選于昌鎮鎮邊城，升山海左掖營都司僉事張世胤爲薊鎮秋班遊擊將軍。

（熹宗天啟實録卷 74　第 36 頁　79.29.3858）

784　十二月　是歲……漕粮額該四百萬石，又帶運遼粮三十萬石。内除新舊例永折粮三十二萬七千四百九十七石七斗八合，灾傷改折粮五萬八十三石五斗三升四合，錦衣總各衛所指揮千百户等官楊嘉貞等運納原派天津、昌平、薊州、密雲各邊倉兑改粮四十五萬四千九百四十七石三斗。皇城四門倉三萬三千七百一十四石，截留天津四十八萬石，寔該進京通二倉兑改粮二百九十五萬三千七百五十七石四斗五升八合。内凍阻河西務鈔關上下粮一二十餘萬石續運訖（按：此條梁本失載，館本存）。

（熹宗天啟實録卷 74　79.34.3867）

天啟七年（1627）

785 正月乙亥 先是，藩封已有旨，著冏寺借給銀二萬兩。順天府府尹李春茂復以供費甚煩爲請，又發順天各按差及户部庫貯等銀一萬給之。仍諭該府酌裁撙節，務求實用，以襄大典。

（熹宗天啟實録卷 75 第 4 頁 80.4.3875）

786 正月戊寅 命鑄給總督太倉銀庫節慎庫涂文輔、總督漕運疏通河道查覈京通等倉崔文昇及提督漕運疏通河道查覆京通等倉李明道各内臣官防。

（熹宗天啟實録卷 75 第 5 頁 80.4.3876）

787 正月己卯 陞薊鎮三屯營遊擊將軍張國振爲本鎮太平寨參將。

（熹宗天啟實録卷 75 第 7 頁 80.6.3879）

788 正月丙戌 户部尚書郭允厚言：六年運事已竣，謹列豆草數目，原預計六年額豆連潤共六十七萬八千石。薊鎮豆四萬石，該銀二萬四千八百兩，永鎮豆八萬石該銀四萬八千兩，密雲豆二萬石，該銀一萬二千六百兩，天津豆十二萬石該銀六萬六千兩，山海豆四萬石該銀二萬二千兩。節經委官領託，預計六年草共三百萬束，又加增四十萬束。薊鎮草一百二十萬束，該銀七萬八千兩，永鎮草一百八十萬束該銀九萬兩。又四月内薊鎮加增草四十萬束，該銀二萬六千兩，節經委官領訖。又天啟七年分薊鎮豆四萬石該銀二萬四千八百兩，已領過二萬兩，永鎮豆八萬石，該銀四萬八千兩，已領過四萬兩，關門草九十萬束，又加增草三十八萬二千三百六十七束，共該銀六萬四千一百一十七兩，已領過四萬四千兩，永鎮草九十三萬五千二百六十六束，該銀四萬六千七百六十三兩，已領過四萬六千兩。得旨：覽奏，天啟六年運事已竣，所發過豆草價銀款數既明，著各鎮諸臣嚴加查覈，督運毋誤急用，關寧預餉設有分司，亦著如議分貯聽用，庶便責成。

（熹宗天啟實録卷 75 第 11 頁 80.9.3886）

789 正月己丑 陸（按：館本陸作陞，是也）宣府守備劉之澄爲天津海防遊擊將軍，潮河川守備張國祚爲薊鎮南兵營遊擊將軍，應天標營都司程繼勳爲遊擊將軍，仍管本營總練事，都司僉書管真定標右營遊擊事周鏡爲薊鎮三屯營遊擊將軍。

（熹宗天啟實録卷 75 第 14 頁 80.12.3891）

790 正月辛卯 治中潘舜曆往遵化，會議回奏，上諭勿浮於三萬之數而止。至是府尹李春茂將節儉數目進，乞聖裁。俱依擬行。仍命在京各衙門官員護送，止於郊外。其薊遼總都、順天巡按及昌、薊、遵化道臣有封疆重任免送，餘俱照例護送。該府正佐官准留一員護印。

（熹宗天啟實録卷 75 第 18 頁 80.15.3898）

791 正月丙申 陞左中允林釬爲左諭德兼翰林院侍講，管國子監司業事。

（熹宗天啟實録卷 75 第 23 頁 80.18.3904）

792 正月丙申 陞副總兵管昌鎮黄花路參將事徐鎮都爲五軍一營左副將，參將管薊遼總督中軍事董用文爲陝西臨洮副總兵，遵化左營遊擊商鵬爲五軍八營參將，遵化輜重營遊擊王思孟爲陝西固原參將。

（熹宗天啟實録卷 75 第 23 頁 80.19.3905）

793 二月壬寅 陞國子監祭酒馬之騏爲詹事府詹事，兼翰林院侍讀學士；……俱充日講官。

（熹宗天啟實録卷 76 第 6 頁 81.4.3914）

794 二月癸卯 工部估修理蘆講橋礀岸，共該實用銀一十一萬六千三百五十九兩五錢，因庫藏罄乏，特請多方設處。得旨：令該部給銀五萬兩，其有不敷的，内府湊處接濟，務期早完，以利萬方攸往。

（熹宗天啟實録卷 76　第 9 頁　81.7.3920）

795　二月乙巳　以建極殿升梁，賜輔臣黃立極等銀各五十兩。

（熹宗天啟實録卷 76　第 10 頁　81.8.3921）

796　二月乙巳　户部尚書郭允厚言：京軍給散折色，酌量歲時豐凶、倉庾盈詘，不必拘定月份。孟春月糧，改放本色，漕折銀五萬兩給發薊、密各鎮；舊兵月餉，俟外解舊餉銀到，照數補還漕折。報可。

（熹宗天啟實録卷 76　第 15 頁　81.12.3930）

797　二月乙巳　喜峰諸口修築既完，道臣耿如杞、胡士容、張春，總兵孫祖壽及參將朱采、馬士林等各陞一級，賞銀有差。

（熹宗天啟實録卷 76　第 15 頁　81.13.3931）

798　二月庚戌　陞永平遊擊將軍賈爾權爲黃花路參將。

（熹宗天啟實録卷 76　第 19 頁　81.15.3936）

799　二月壬子　陞……五軍九營遊擊將軍朱世龍爲山西偏關參將；……宣府都司僉事彭文炳爲薊鎮遊擊將軍。

（熹宗天啟實録卷 76　第 23 頁　81.19.3943）

800　二月丙辰　陞神機三營遊擊將軍王光前爲太原參將，神樞五營佐擊謝君恩爲五軍九營遊擊將軍，司馬臺提調楊聲遠爲永平遊擊將軍。

（熹宗天啟實録卷 76　第 24 頁　81.20.3945）

801　二月丁巳　宴琉球使臣正議大夫蔡延等，命禮部左侍郎李康先待。

（熹宗天啟實録卷 76　第 27 頁　81.23.3951）

802　二月丁巳　陞順天府府丞劉志選爲南京都察院右僉都御史。

（熹宗天啟實録卷 76　第 28 頁　81.23.3951）

803　二月壬戌　内官監李永貞疏請修隆德殿。得旨：覽奏，乾方舊有隆德殿，用備祝釐，兼護宮壼，委宜修復。内稱，厰臣先年廊下長連被災空處已經捐貲修建外，令復嘔心漸次經營，殫力期襄完美，其體國忠獻朕所鑒悉。爾經始謀終，都煩規畫，具見同心。着禮部轉行欽天監上緊擇吉興工，其工料不敷，併着部裏通融接濟，以克復舊制。

（熹宗天啟實録卷 76　第 31 頁　81.25.3956）

804　二月癸亥　陞雲南武尋遊擊將軍金爲貴爲廣西司恩參將，薊鎮都司僉書王業隆爲保鎮定州領運遊擊將軍，調山東曹州遊擊將軍盧顯于福建泉南。

（熹宗天啟實録卷 76　第 32 頁　81.26.3957）

805　二月甲子　加參將王家賓都督僉事銜，調神樞七營參將翟從義于薊鎮石塘嶺，陞浙江都司僉書趙應科爲北洋遊兵遊擊將軍。

（熹宗天啟實録卷 76　第 32 頁　81.26.3958）

806　三月戊辰　調通州參將韓兆元于神樞八營。

（熹宗天啟實録卷 77　第 1 頁　82.1.3968）

807　三月庚午　順天府府尹李春茂領帑銀賑京城内外饑民，事竣奏繳。得旨：這奏領御帑銀兩，賑過京城内外饑民，今春和事竣奏繳，知道了。内稱，厰臣憂先根本，計切痌，捐糈瘦浩（按：館本浩作活）鵠立之形，助濟起溝中之瘠，至於百餘萬計，上下同心，國民胥賴，朕甚嘉悦。委賑効勞官員縣丞張克肖等，著與記録優叙陞任知縣，談國官着改北部用。

（熹宗天啟實録卷 77　第 2 頁　82.2.3970）

808　三月辛未　陞李世爵通州練兵、吴從質南直金山，俱參將。

（熹宗天啟實録卷 77　第 6 頁　82.5.3976）

809　三月壬申　薊遼總督閻鳴泰、順天巡撫劉詔竝疏言：中協最緊者，莫若喜峯口，以其當三衛夷人之貢道也。客秋賴厰臣魏忠賢給發物料，頒行犒賞，而鎮臣陶文等時爲稽查，業將河口、臺城一一甃固矣。其次莫若董家口，東聯山海，西接喜峯，羣虜嘗爲住牧，計應修水口一等甎城二十三丈，橋券五洞，計人夫九千餘名。顧留薊班兵僅一萬餘，東西需討之牘無虛日，今就事勢而權緩急，除定派中協之三千應盡發董家口外，乞將分派東西二協者再留二三千，其餘不足則益之以主兵，庶主客並舉，一防可竣。再照班軍修工日支行糧一升五合，今主兵代班兵之役，行糧乃所當給，又當全給本色，以濟饔飧。得旨：這本説厰臣助葺邊垣，捐給貲物，厚加賚犒，以致販（按：館本販作版，是也）築子來，（按：館本來下有金字）湯永賴，朕所鑒悉。董家口委係虜衝，既經撥定主客兵數擇期牢固修築，其應給本色糧餉，該部卽時措發，兼咨餉司按期給與，以便綢繆衝塞，永保無虞。

（熹宗天啟實録卷 77　第 6 頁　82.5.3976）

810　三月甲戌　朝鮮國王李倧咨請賀東陪臣貢，面乞照先年備倭例，買硝黄以禦奴。禮部代奏。得旨：硝黄中國長技，祖制嚴禁，不許闌出外夷。朕念朝鮮累世忠順，且奴患方棘，准招賞收買。仍諭該國使臣，加意謹防，勿得踈虞，反以資敵，并移文登撫，一體遵行。

（熹宗天啟實録卷 77　第 10 頁　82.9.3983）

811　三月乙亥　調保鎮倒馬関參將陳焕章爲神樞七營參將。

（熹宗天啟實録卷 77　第 11 頁　82.10.3985）

812　三月丙子　未時雨雹（按：此條梁本失載，館本存）。

（82.10.3985）

813　三月戊寅　隆德殿升樑，遣厰臣魏忠賢祭告（按：梁本此條失載。館本存）。

（82.12.3989）

814　三月己卯　通州士民衛萬民、韓國湖等請建魏忠賢祠，賜名“懷仁”。

（熹宗天啟實録卷 77　第 14 頁　82.12.3990）

815　三月庚辰　薊遼總督閻鳴泰、順天巡撫劉詔、巡按倪文煥、梁夢環連章請于西協密鎮、丫髻山各建魏忠賢祠。賜名“崇功”。

（熹宗天啟實録卷77　第14頁　82.12.3990）

816　三月壬午　總督薊遼閻鳴泰疏言：薊遵相越僅百餘里，遵化一邑太、喜二路而設一監司，事屬未便，宜歸併於蘇（按：館本蘇作薊，是也）州道。其遵化道臣應照通州山、石二路一體議裁。得旨：覽奏，遵化增設道臣，許多不便，事理甚晰，著照通州山、石二路一體議裁。薊、遵、豐、玉四州縣，馬、松、喜、太四路，仍舊隸薊道統轄，以省牽制薊繁費。

（熹宗天啟實録卷77　第15頁　82.14.3993）

817　三月癸未　命御史卓邁巡按順天。

（熹宗天啟實録卷77　第16頁　82.14.3994）

818　三月丙戌　薊遼總督閻鳴泰言：密鎮災荒頻仍，原派解遼豆料二萬石，以舊日六錢三分之廉價，而責以陸運至關之長途，合時價而計之，每石約費銀一兩五六錢。小民皮骨幾何，寧能堪此？乞准照永鎮事例，量增價值，併改減折色，仍准寬限運送天津交納，海運到關，庶軍需不悮，小民亦幸有生矣。疏下該部酌議。

（熹宗天啟實録卷77　第18頁　82.16.3998）

819　三月己丑　總督薊遼閻鳴泰、巡撫順天劉詔、巡按倪文煥、巡關梁夢環請于昌、通二州建魏忠賢生祠。昌平州賜名“崇仁”，通州賜名“章德”。

（熹宗天啟實録卷77　第22頁　82.19.4003）

820　三月壬辰　管三山太僕寺卿何宗聖請建魏忠賢祠于房山。賜名“顯德”。

（熹宗天啟實録卷77　第25頁　82.21.4008）

821　三月乙未　賞賜琉球差官蔡廷等段疋銀兩如例。

（熹宗天啟實録卷 77　第 26 頁　82.23.4011）

822　三月丙申　以建極殿安吻，賜輔臣黄立極等銀五十兩。

（熹宗天啟實録卷 77　第 27 頁　82.23.4011）

823　四月戊戌　天壽山守備太監孟進寶言：盜伐皇陵禁木，遺火延燒，該口官軍不行禁緝，劾把總趙應奎等。命刑部提問，依法正罪。

（熹宗天啟實録卷 78　第 2 頁　83.2.4016）

824　四月庚子　順天巡撫劉詔言：薊鎮班軍四月無糧，洶洶難待，永、密、昌三鎮餉缺，大略相類，祈速給，以弭亂萌。得旨：據奏，該撫單騎巡關，各台軍待哺泣訴，量行犒賞。又行道臣權爲借給，具見苦心。邊工正急，班軍枵腹，這薊鎮未發四月餉銀，着刻期運發，以濟燃眉。其永、密、昌三鎮缺餉，一併速發。如再稽遲，致修工防虜萬一疏虞，責有所歸。

（熹宗天啟實録卷 78　第 3 頁　83.3.4017）

825　四月庚子　工部議修琉璃河橋工，估計錢糧將事例銀通融支給，命覆實如議行。

（熹宗天啟實録卷 78　第 4 頁　83.3.4017）

826　四月庚子　登萊巡撫李嵩疏言：奴賊犯朝鮮義州，城陷，節制使李莞以下悉爲所殺，連陷郭山、凌漢山城及安州等城。節制使南以興、防禦使金浚等將吏數十員、民兵數萬口屠戮無遺，平壤、黄州不戰自潰。賊兵已到中和，遊騎出入黄鳳之間，又分向雲從犯搶毛帥，國王及士民遷於江華，暫避賊鋭，咨來告急。夫奴之惡鮮，以鮮之服我而貳奴也。關寧在前，樂浪在後，奴實有意西向，而忌其尾之也。今欲洩其惡，且剪其忌，謀亦殊狡。據該國咨文，君臣播越窮島，岌岌乎有不可支之勢。夫鮮本以事我釁奴，則我自當擊奴拯鮮，無待再計而決者。得旨：覽奏，屬國危急，君臣播遷，朕心惻然。該鎮發兵調援，具見方略，知道了。曩時欸議寧撫，别有深心，中朝原未堅許。今日關寧倘無調度，恐反受狡奴所縻，且爲屬國口實。户兵二部、關寧二鎮，作速從長計議回奏。

（熹宗天啟實録卷 78　第 4 頁　83.3.4018）

827　四月辛丑　喜峰路參將馬士麟報：喜峰口外煖泉地賊夷百餘窺犯，率兵禦之，擒獲阿班歹等四名，夷目下喇度等悔罪，講讐歃血盟誓，永爲忠順。推恩廠臣魏忠賢，蔭弟姪一人錦衣衛指揮使，仍賞賚賜勅奬勵總鎮内臣劉應坤、陶文、紀用分，鎮内臣孫茂林、武俊、王蒞朝、楊潮各蔭弟姪一人錦衣衛指揮千百户，賞銀幣各有差。

（熹宗天啟實録卷 78　第 5 頁　83.4.4020）

828　四月辛丑　巡視京營給事中虞廷陛疏言：捉獲妖僧妙鮮，身藏火具，共稱大同衛左白蓮教頭郭鸞等誘約入都，密焚草場。命行查郭鸞等誘約情節，再行刑部擬罪。

（熹宗天啟實録卷 78　第 5 頁　83.4.4020）

829　四月乙巳　調山西布政使司右參政口北道張宗衡於昌平兵備道。

（熹宗天啟實録卷 78　第 8 頁　83.7.4025）

830　四月己酉　命順天府率屬竭誠祈禱雨澤。

（熹宗天啟實録卷 78　第 12 頁　83.9.4030）

831　四月辛亥　廷試恩歲貢生員。

（熹宗天啟實録卷 78　第 15 頁　83.12.4035）

832　四月癸丑　内官監李永貞題隆德殿工完，皆由廠臣魏忠賢忠昭日月，議滿雲天等語。有旨：褒加忠賢，着應（按：館本應作蔭）弟姪一人，與做錦衣衛都指揮使，給與應得誥命，歲加禄米三十六石，還賞銀幣、羊酒、新鈔，仍賜敕奬勵。

（熹宗天啟實録卷 78　第 17 頁　83.13.4038）

833　四月乙卯　陞薊鎮曹家寨遊擊孫繼祖爲陝西蘆塘參將。……

（熹宗天啟實録卷 78　第 19 頁　83.16.4043）

834　四月庚申　陞……天津道中軍李茂春爲曹家寨遊擊將軍。

（熹宗天啟實録卷 78　第 26 頁　83.21.4053）

835　四月辛酉　桃林口太監楊潮疏頌魏忠賢功德，請建祠于建昌城東。賜名“崇德”。

工部監督兩山郎中曾國楨疏頌魏忠賢功德，請建祠于蘆溝橋。賜名“隆恩”。

（熹宗天啟實録卷 78　第 27 頁　83.22.4056）

836　五月丙寅朔　詔以天氣暄熱，命法司併錦衣衛獄囚笞罪無佐驗者釋之，徒流以下卽從末減，重囚情可矜疑者具録以聞。

（熹宗天啟實録卷 79　第 1 頁　84.1.4060）

837　五月丙寅　陞大同入衛遊擊徐惟忠爲神樞七營參將，……都司僉書管天津部院中軍遊擊事張經緯爲保鎮河間遊擊，都司僉書管遵化宣武營遊擊事柳榮爲甘肅洪水堡遊擊。

（熹宗天啟實録卷 79　第 1 頁　84.1.4060）

838　五月丁卯　輦轂强寇横刼無忌，東城舉人沈必成家被害尤酷，奪把總王世爵俸三月，命提督張體乾勒限協力緝之。

（熹宗天啟實録卷 79　第 2 頁　84.2.4061）

839　五月辛未　迎中極殿金樑，上命升梁祭告，遣工部尚書薛鳳翔迎梁，神木廠尚書楊夢衮，廣渠門尚書孫杰，正陽門尚書崔呈秀，大明門尚書王之臣，午門尚書郭允厚，皇極門尚書周應秋各行禮。

（熹宗天啟實録卷 79　第 5 頁　84.4.4066）

840　五月辛未　通政使司經歷孫如冽等疏請建魏忠賢祠於宣武門外。中有厰臣至誠結主，上之知先覺，任天下之重，聲溢華夷，頌騰朝野，職任擎天，功標浴日等語。賜祠名“懋勳”。

（熹宗天啟實録卷 79　第 5 頁　84.4.4066）

841　五月壬申　順天府府尹李春茂疏稱：魏忠賢掀天經濟，

貫日精誠，庀材役鬼驅神，節省補天濟地。功高竹帛，名著鼎彝，神州威鎮八方，都城清風萬里。臣謹會同督撫按學關鹽屯餉諸臣，擇宣武門外公建生祠，以表盛事。得旨：褒美允行。

（熹宗天啟實録卷 79　第 5 頁　84.5.4067）

842　五月壬申　陞宣府柴溝堡守備加都司僉書李允盛爲天津部院中軍遊擊將軍，薊鎮大毛山提調申其祐爲大同入衛遊擊將軍

（熹宗天啟實録卷 79　第 6 頁　84.5.4067）

843　五月甲戌　巡視五城御史黄憲卿等合疏稱：厰臣赤心中天日月，熱腸特地乾坤；一體以調宫府，萬全而策帷幄；贊兩朝大慈大孝，成九重允武允文，五城居民願附順天，建祠後一體崇報。從之。

（熹宗天啟實録卷 79　第 8 頁　84.6.4070）

844　五月乙亥　安南進貢。

（熹宗天啟實録卷 79　第 9 頁　84.7.4071）

845　五月丙子　陞薊鎮石匣守備王一麟爲福建中路遊擊將軍，崔黄口守備柳國樑爲遵化宣武營遊擊將軍（按：此條館本失載，梁本存）。

（熹宗天啟實録卷 79　第 10 頁）

846　五月己卯　中極殿升梁，賜大學士黄立極、施鳳來、張瑞圖、李國楷各銀五十兩，中書官張承爵等各五兩。

（熹宗天啟實録卷 79　第 12 頁　84.10.4077）

847　五月辛巳　以大同總兵標下旗鼓郭之祚爲遊擊將軍，分守薊鎮石匣車營（按：此條館本失載，梁本存）。

（熹宗天啟實録卷 79　第 19 頁）

848　五月辛巳　户部雲南司主事監督崇文門商税張化愚疏稱：厰臣精忠貫日，經濟掀天，匪茹好患全消，民瘼隱憂頓釋。在京各商願立生祠于崇文門通衢。從之。祠名與作“廣文”（按：館本文作仁）。

又，工部兩山營繕司郎中曾國楨亦疏請建廠臣生祠。并允行。

（熹宗天啟實録卷 79　第 19 頁　84.15.4088）

849　五月甲申　武清侯李誠銘請于崇文門外藥王廟東捐資爲廠臣搆祠，從之。賜名“鴻勳”。

（熹宗天啟實録卷 79　第 27 頁　84.21.4099）

850　五月甲申　總督京營保定侯梁世勳疏稱：京營等官請建魏忠賢生祠于安定門外五軍營大教場迤西。從之。名曰“著愛”。

（熹宗天啟實録卷 79　第 27 頁　84.21.4100）

851　五月甲申　總督遼餉户部尚書黄運泰、巡撫保安張鳳翼、提督學政李蕃、巡按直隸倪文煥合疏頌魏忠賢：冰心浴日，玉柱擎天，未雨徹桑，三韓鞏金湯之固，捐資恤士，萬軍頌醪纊之仁。請于河間、天津二處各建生祠。得旨：河間祠落成，額名“仰德”。天津祠方剏建，額名“感仁”。

（熹宗天啟實録卷 79　第 27 頁　84.21.4100）

852　五月壬辰　吏部尚書周應秋覆：喜峰口功總督薊遼太子太傅兵部尚書閻鳴泰加太子太師，巡撫順天右僉都御史劉詔加右副都御史，薊州兵備孫織錦加按察司副使，各照舊管事。從之。

（熹宗天啟實録卷 79　第 36 頁　84.28.4114）

853　五月甲午　詔以京師根本重地，凡職掌衙門切須密地料理，不必張皇。如運粮以寔京儲，徵調以資策應，行粮火器等項，速爲驗發，督捕衙門應加毖飭。一切遊僧，盡不許溷居寺院，致滋奸細。以京營科道虞廷陛言，故有是命。

（熹宗天啟實録卷 79　第 39 頁　84.31.4119）

854　五月甲午　陞翰林院簡討朱之俊爲國子監司業。

（熹宗天啟實録卷 79　第 40 頁　84.32.4121）

855　五月乙未　以藩封事竣加順天府府尹李春茂爲右副都御史，照舊管事。

（熹宗天啟實録卷 79　第 41 頁　84.32.4123）

856 七月己巳　陞光禄寺少卿莫在聲爲順天府丞。

（熹宗天啟實録卷　第8頁　86.7.4139）

857 七月庚午　陞山東武定道中軍守備加都司僉書王秉衡爲昌鎮左騎營遊擊將軍，宣府守備加都司僉書馮世科爲昌鎮右騎營遊擊將軍，榆木嶺提調加都司僉書王世國爲昌鎮左車營遊擊將軍。

（熹宗天啟實録卷　第9頁　86.7.4140）

858 七月壬申　户部奏：天啟七年夏季分錢糧各督撫奏報，薊州鎮主客兵餉發銀一十萬六千七百一十七兩有奇，密雲鎮主客兵餉發銀九萬一千三百四十七兩有奇，永平鎮主客兵餉發銀七萬二千四百六十六兩有奇，昌平鎮主客兵餉發銀三萬五千五十八兩有奇，易州鎮主客兵餉發銀三萬六千六百四十八兩有奇。報聞。

（熹宗天啟實録卷　第11頁　86.9.4143）

859 七月乙亥　補原任副總兵管薊鎮、通、昌三營參將事宋守義爲本鎮東路副總兵。

（熹宗天啟實録卷　第14頁　86.11.4148）

860 七月丙子　先是，督撫遼東諸臣議將遼東解額四名盡還順天，而遼士之在登萊者今歲令赴順天鄉試。至是，禮部覆議：今歲試期僅可一月，自登萊以走京師，幾二千里，卽竭蹶兼程猶恐棘圍垂撤，況登萊至遼視京師幾倍？或懷故土之戀，或就新疆之樂，人情各趨，誰得而强之？合照甲子例，仍取中一名於山東，自庚午科始，共取中四名於順天，乃爲妥便。得旨：覽奏，遼士復還遼土，就試順天，甚得掄才寓招集之意。但秋試甚迫，士從登萊跋涉，歸遼途遠，試阻反孤士望，姑著照甲子例，仍中一名於東省，俟庚午科盡屬順天，共中四名，關外遼士就試寧前道委爲妥便，其廪例納監暫將印結咨監考試，還行文原籍查確，方准實歷。俱如該部所議行。

（熹宗天啟實録卷　第15頁　86.12.4149）

861 七月戊寅　以京城巡捕右參將王家賓爲宣府副總兵。

（熹宗天啟實録卷　第19頁　86.16.4159）

862　七月庚辰　總督薊遼閻鳴泰等題：曩者，錦州圍困，兵部題，奉俞旨調昌平一萬，領以總兵李嘉訓赴關防守，乃鎮邊居庸二路軍百計逗遛，要索天啟六年月粮如數給與始行。及行至馬蘭，逃回大半，則二路總兵谷應選、焦慶延之訓諭可知，至於薊鎮總兵孫祖壽，當援遼之時擁兵城下，堅壁不戰，悠悠忽忽，曾不得一臂之用，皆不可不分别究處也。上令各策勵供職。

（熹宗天啟實録卷　第22頁　86.18.4161）

863　七月癸未　賜平安伯魏鵬翼養贍莊田七百頃，一如寧國公初封肅寧伯例。仍行屯田御史擇膏腴善地，作速撥給，從户部尚書郭允厚之請也。疏内褒美忠賢有安卽是安社稷之安，而平非特平一方之平等語。

又，命工部發銀一萬九千兩作安平伯第宅買價修理之費，其朝房併照肅寧伯前例行。

（熹宗天啟實録卷　第26頁　86.22.4169）

864　七月甲申　命神機營參將劉芳美爲京營巡捕右參將。

（熹宗天啟實録卷　第29頁　86.24.4173）

865　七月丙戌　兵部右侍郎霍維華題：計處營馬，以裨戎務，夫内而三大營，外而通州營、張家灣營莫靖各馬匹，皆戰守巡緝所必資，而旗手衞之馬又所以閑輿衞者也。舊額誠不可缺，至於三大營原額馬匹共二萬六千二百六十一匹，自天啟六年正月起至十二月終止，倒死馬共二千九百四十六匹，又年終印烙變賣馬共二百九十五匹。倒死之數已及一分之外，次年朋銀例應扣徵，載在《會典》，功令甚嚴。今據總督戎政衙門所請，遇災蠲免或量徵一半，無非優恤官軍至意。但徧查《會典》及節年題案，從無此例，況九邊俱有朋銀，遇災並無蠲減，此端一開，遂成永例，效尤何極。且人心愈懈，竟以倒馬爲不相關之事，合無仍遵祖制扣徵，俟該營徵完之日類解太僕寺，以備買馬之用。但寄養之馬，價值三十金，一充營軍，旋至倒死，皆緣貧遠軍士奔逐馱載，作踐不休，追至倒斃，無皮驗割，真僞莫稽。今于揀軍必審貧殷壯弱，住居遠近，查其曾否割皮，無少假飾。諸如此類，惟將領稔知其詳。至若臨期雇覓代點，亦應將領舉發。如有軍弁通同作姦，冒領馬匹，許馬政主事會同巡視科道將該營將領指名參奏。從之。

（熹宗天啟實録卷　第29頁　86.24.4173）

866　七月戊子　修理先農壇，祭告后土，遣工部尚書薛鳳翔行禮（按：此條梁本失載，館本存）。

（86.27.4197）

867　七月戊子　移内市于宣（按：館本宣作玄，下同）武門。聖諭：朕念成周盛時，禮制所載，匠人營國朝市井，我祖宗則而法之，其意良是。朕踐祚之始，正逆奴方熾，朝殿未興，遂將内市暫移北安門外，于今七年矣。器物頗覺不敷，溷褻殊非長策，今賴厰臣覃思密畫戰勝，廟堂鼎建，朝殿聿新，挫虜捷音疊至，神人奮悦，朕甚嘉焉，可將内市自八月初四日爲始，還遵累朝舊典，仍移於宣武門外。著該衙門嚴加巡緝，禁止紛囂，皇城各門都盤詰關防，毋得疎怠，復我祖宗以來面朝後市之典，昭朕軫恤商民至懷。

（熹宗天啟實録卷　第33頁　86.27.4180）

868　七月庚寅　河南道御史李應薦條陳京闈切要事宜：曰早印卷，曰嚴栅欄，曰序點名，曰詳編號，曰謹受卷，曰慎彌封，曰清謄録，曰稽對讀，曰禁棚厰，曰覈供給，曰細按簡。乞皇上採擇，容臣刻示通衢，以便遵守。上以諸條陳有裨場務，下所司飭行。

（熹宗天啟實録卷　第34頁　86.28.4182）

869　八月甲午　遣御史李應薦、卓邁監順天鄉試。

（熹宗天啟實録卷　第2頁　87.2.4190）

870　八月甲午　陞山東巡撫標下中軍遊擊將軍施洪謨爲神樞

三營參將，都司僉書管臨洮總兵坐營事加遊擊將軍眭自强爲神機二營參將，……都司僉書管薊鎮遊擊事孫慶爲宣府東路遊擊將軍，……山東武定道中軍守備王秉衡爲昌鎮左騎營遊擊將軍。

（熹宗天啟實録卷　第3頁　87.2.4190）

871　八月乙未　以太子太師總督薊遼兵部尚書閻鳴泰協理京營戎政。

（熹宗天啟實録卷　第7頁　87.6.4198）

872　八月己亥　禮部奏，三殿告成，請擇吉臨御。……

（熹宗天啟實録卷　第11頁　87.10.4205）

873　八月壬寅　選中駙馬子弟鞏永固尚八公主。

（熹宗天啟實録卷　第14頁　87.12.4210）

874　八月乙巳　兵部覆：總督京營保定侯梁世勳奏，三殿大典已竣，文武勞績咸叙，京營將領似難獨遺，都督僉事鄭源、鄭其心、任中美、馬允昇各加都督同知，參將劉見、杜承緒、馬永貴、婁光先、劉若美各加副總兵，佐擊李國元等各陞賞有差。從之。

（熹宗天啟實録卷　第23頁　87.20.4225）

875　八月乙巳　命浙江總兵官郭欽以原官鎮守昌平。

（熹宗天啟實録卷　第25頁　87.22.4229）

876　八月己丑（按：館本丑作酉，是也）工部奏：三殿大工開工，自天啟五年二月二十三日起，至七年八月初二日報竣，總算錢粮給與領狀者共五百七十八萬一百三十五兩八錢三分八厘二毫二絲八忽六微，應找者共三十萬零一百三十三兩八錢九分四厘七毫五微，透支者一十三萬零七百四十九兩九錢四分四厘二毫二絲，外兑者共一十三萬九千一百五十三兩三錢八分一厘六毫九絲。所費銀計五百九十五萬七千五百一十九兩七錢六分八厘四毫一絲六忽一微。雖前朝册籍無可稽考，而工倍費省未有如斯舉者也。得旨：覽奏三殿鼎建兩載告成，工大費省，皆賴厰臣心計經營，力効鳩庀，以故頂石之運，楠杉之採，節省金錢數百萬，而禁苛恤力，子來胥悦，勞勩獨高。説者是這截算錢粮自開工起工竣計五百九十五萬七千五百兩有奇。具見稽覈詳恪，還宜以册案宜付史局，用彰寔録。其夫匠、鋪車等役給銀未完的，須外解補還。著行各省直嚴催題過助工銀兩，星速内解，以完工局。

（熹宗天啟實録卷　第29頁　87.25.4236）

877　八月庚戌　　八公主府第興工，遣工部尚書薛鳳翔行禮。

（熹宗天啟實録卷　第30頁　87.26.4238）

878　八月辛亥　　内官監太監李永貞請修葺各陵，得旨：覽奏，各陵根本重地，被雨衝毁，宜修葺。朕顧瞻寢宫，時廑寤寐。厰臣深體此意，籌畫多方，見今長陵等三次葺理，既有次第，一應橋梁及獻陵各處修整俱不可緩。該監細加酌裁，於原題未領銀十二萬内止寔用五萬三千兩，工作倍加，錢粮反減，厰臣爲國忠謀節財，嚴諭，所省金錢何啻數十萬，朕所嘉悦。該監同心協賛，勞有足紀，著照新議定數目作速給發。秋氣漸深，及時料理。

（熹宗天啟實録卷　第31頁　87.27.4239）

879　八月乙卯　　熹宗皇帝賓天，王即日入臨。（按：館本此條作是日上崩于乾清宫……）

（明□宗□皇帝實録卷　又1頁　87.30.4245）

880　八月丙辰　　禮部上登極儀注。

（明□宗□皇帝實録卷　又1頁）

881　八月丁巳　　信王即皇帝位於中極殿，昧爽，兖冕告天地，謁奉先殿，仍詣大行几筵，及庶祖母宣懿昭妃□氏并皇后，午刻御殿，受朝毋賀，朝時倏天鳴。

（明□宗□皇帝實録卷　又1頁）

882　八月戊午　　禮部上皇妣貞靖賢妃尊謚及祔葬。

（明□宗□皇帝實録卷　又2頁）

883　八月己未　　頒即位詔於天下，以明年爲“崇禎”元年。

（明□宗□皇帝實録卷　又 2 頁）

884　**八月庚申**　　命大學（按：疑學下奪士字）施鳳來同太監李永貞詣天壽山擇先帝陵，定於澹峪。

（明□宗□皇帝實録卷　又 2 頁）

885　**九月丙寅**　　奉聖夫人客氏出外宅。

（明□宗□皇帝實録卷　第 1 頁）

886　**九月庚午**　　定先帝山陵於澹峪嶺。

（明□宗□皇帝實録卷　第 2 頁）

887　**九月丙子**　　朝鮮國王李倧告困，諭：先帝已棄羣臣，朕嗣位，其知之。

（明□宗□皇帝實録卷　第 2 頁）

888　**九月戊寅**　　叙三殿功，廕内臣錦衣衛指揮僉事十二人，正千户四十七人。

（明□宗□皇帝實録卷　第 2 頁）

889　**九月己卯**　　工部尚書薛鳳翔求發帑百萬，有事山陵。命半之。

（明□宗□皇帝實録卷　第 3 頁）

890　**九月甲申**　　上聖母貞静賢妃劉氏尊謚曰："孝純淵静慈順肅恭毗天鍾聖皇后"。

（明□宗□皇帝實録卷　第 3 頁）

891　**九月庚寅**　　立妃周氏爲皇后，嘉定周奎女。選妃日，授奎南城兵馬司副指揮，今進□軍都督府同知。

（明□宗□皇帝實録卷　第 4 頁）

892　**九月庚寅**　　進張素養右副都御史，專理京營；……朱大啟爲太常寺少卿，提督四夷館。

（明□宗□皇帝實録卷　第 4 頁）

893　**十月丁酉**　　封后弟姪文炳、文耀並兵馬司副指揮，周奎爲都督同知。

（明□宗□皇帝實録卷　第1頁）

894　十月庚子　上熹宗“達天闡道敦孝篤友章文襄武端靖穆莊勤悊皇帝”。初本“哲”，上定爲“悊”。

（明□宗□皇帝實録卷　第2頁）

895　十月壬寅　增武舉二十人。

（明□宗□皇帝實録卷　第3頁）

896　十月壬寅　朝臣各捐助陵工。

（明□宗□皇帝實録卷　第3頁）

897　十月甲辰　議大行陵費二百餘萬。

（明□宗□皇帝實録卷　第3頁）

898　十月乙巳　諭：追尊光廟莊妃李氏，上念幼時撫育也。

（明□宗□皇帝實録卷　第4頁）

899　十月己未　南京守備太監楊朝、……天壽山太監孟進並免。

（明□宗□皇帝實録卷　第6頁）

900　十一月己卯　諭禮部：復先帝成妃李氏封號。

（明□宗□皇帝實録卷　第3頁）

901　十一月庚午　福建道御史王會圖劾崔呈秀幸妾弟肅惟中本倡家，今任密雲都司，濫秩至此，報聞。

（明□宗□皇帝實録卷　第4頁）

902　十一月庚午　罪監魏忠賢宿阜城尤氏旅舍，其黨密報上旨，知必不免，夜同李朝欽自經。忠賢少飲博無賴，至爲傭，汲忿而自閹，客某資之。直東宫，侍皇孫，以飲食中初直東宫。有風道人宿朝天宫，日歌市中曰：“委鬼當朝立，茄花滿地紅客氏，七量糠車過，壓塔蘆溝橋”。忠賢祖墓直蘆溝橋，忠賢後欲報客，不再值。

（明□宗□皇帝實録卷　第4頁）

903　十一月辛未　禮部儀制郎中劉夢潮論都察院右都御史署

順天府尹李春茂、……俱媚祠。春茂免。春茂奏辨，不聽。

（明□宗□皇帝實録卷　第5頁）

904　**十一月辛巳**　大興縣知縣饒可久訟故左副都御史楊漣之枉，且乞改《三朝要典》。上以要典未便輕議，鐫二級。

（明□宗□皇帝實録卷　第6頁）

905　**十一月丙戌**　巡視南城御史王會圖執左都督楊六奇，蓋魏忠賢從壻，走蘆溝橋，執以聞。

（明□宗□皇帝實録卷　第8頁）

906　**十一月己丑**　總督倉場户部尚書蘇茂相言：京軍歲放三百餘萬石，今京通二倉米止百二十六萬九千五百七十三石，目前猶以舊積支吾，後將何繼？錦衣衛官於萬曆間僅一萬七千七百六十餘人，逆璫增積見在三萬六千三百六十餘人，多支米二十七萬有奇；文思院匠官册七百五十三人，今增補見在三千二百八十八人，多支米三萬餘石。乞查覈。上從之。

（明□宗□皇帝實録卷　第9頁）

907　**十一月己丑**……起霍維華兵部尚書，協理京營戎政；張鳳翼爲都察院右都御史兼兵部右侍郎，總督薊遼軍務；……王應豸爲都察院右都御史，巡撫順天。

（明□宗□皇帝實録卷　第9頁）

908　**十二月丙午**　……右都御史兼吏部右侍郎劉澤深爲順天府尹。

……徐鎮爲都督總兵官鎮守居庸昌平。

（明□宗□皇帝實録卷　第3頁）

909　**十二月己酉**　起林釬國子祭酒……劉鍾英爲國子司業。

（明□宗□皇帝實録卷　第4頁）

910　**十二月乙卯**　復故熹廟裕妃張氏封號，卜葬。初裕妃忤客氏、魏忠賢，被譖幽之，餒死。

（明□宗□皇帝實録卷　第5頁）

911　十二月辛酉　孝純劉太后祔慶陵。初，慶陵玄宫稍廣其制，故前祔孝元、孝和二太后，今祔孝純，適相當也。

（明□宗□皇帝實録卷　第6頁）

崇禎元年（1628）

1　**正月壬申**　趣總督尚書張鳳翼赴山海關，移順天巡撫都御史王應豸於喜峰口。

（懷宗崇禎實録卷 1　第 2 頁　1.2.0004）

2　**正月壬午**　上熹宗皇后張氏曰“懿安皇后”，仍居慈慶宮，頒詔於天下。

（懷宗崇禎實録卷 1　第 2 頁　1.3.0005）

3　**二月甲辰**　御史高弘圖劾順天府丞劉志選、太僕寺少卿梁夢環。逮之。

（懷宗崇禎實録卷 1　第 4 頁　1.5.0010）

4　**二月甲辰**　罷蘇（按：館本蘇作薊，是也）遼督師王之臣，命遠（按：館本遠作袁，是也）崇煥爲兵部尚書，兼右副都御史，督師蘇（按：館本蘇作薊，是也）遼、登萊、天津，移駐関門。

（懷宗崇禎實録卷 1　第 5 頁　1.5.0010）

5　**三月乙丑**　大行皇帝發引，己巳葬德陵。

（懷宗崇禎實録卷 1　第 5 頁　1.6.0011）

6　**三月辛巳**　重修《光宗皇帝實録》成。

（懷宗崇禎實録卷 1　第 5 頁　1.6..0011）

7　**四月癸巳**　賜進士劉若宰等三百五十人及第、出身有差。

（懷宗崇禎實録卷 1　第 5 頁　1.6.0011）

8　**四月庚子**　命正一真人張顯庸禱雨。

（懷宗崇禎實録卷 1　第 6 頁　1.7.0013）

9　**四月庚子**　琉球國中山王世子尚豐入貢。

（懷宗崇禎實録卷1　第6頁　1.7.0013）

10　**四月甲寅**　册立田氏爲“貴妃”，袁氏爲“淑妃”。

（懷宗崇禎實録卷1　第6頁　1.7.0013）

11　**五月己巳**　毁《三朝要典》。

（懷宗崇禎實録卷1　第7頁　1.8.0015）

12　**九月丁卯**　京夜（按：館本京夜作夜京，是也）師地震。

（懷宗崇禎實録卷1　第15頁　1.17.0034）

13　**九月壬午**　大雷電。

（懷宗崇禎實録卷1　第15頁　1.18.0036）

14　**九月癸酉**　旌都城孝女劉氏，民劉藺閨女。父死，事母張氏，不嫁，年四十六。母八月没，遂絶粒死之。

（懷宗崇禎實録卷1　第15頁　1.18.0036）

崇禎二年（1629）

15　**正月丙子**　上御太學釋奠，御彝倫堂。國子祭酒孔貞運講《大禹謨》，司業倪嘉善講《易》泰卦大象。上喜之。監生汪旭奇伏甬道進《孝經疏義》。

（懷宗崇禎實録卷2　第1頁　2.1.0044）

16　**二月庚寅**　皇長子慈烺生，皇后周氏出，詔告中外。

（懷宗崇禎實録卷2　第2頁　2.3.0047）

17　**閏四月丙子**　安南莫敬寬寇雷州。旋遁。

（懷宗崇禎實録卷2　第4頁　2.5.0051）

18　**六月乙卯**　琉球國中山王世子尚豐入貢。

（懷宗崇禎實録卷2　第5頁　2.5.0052）

19　**六月癸酉**　安南莫敬卯寇欽州。

（懷宗崇禎實録卷2　第6頁　2.7.0056）

20 **六月壬午** 命脩《熹宗悊皇帝實録》。

（懷宗崇禎實録卷 2 第 6 頁 2.7.0056）

21 **秋七月乙酉** 以司禮監太監曹化淳提督東廠。

（懷宗崇禎實録卷 2 第 6 頁 2.7.0056）

22 **冬十月戊寅** 清兵入大安口，殺參將周鎮，鎮，世禄子也。分入龍井口，游擊王純臣、參將張德安敗走。又分入馬蘭谷，參將張萬春降，山海關總兵趙率教以兵出援。先是，薊鎮塞垣頹墮，又汰兵，軍伍益闕，而三衞屬部清已盡收之，至是大舉臨邊。巡撫順天右僉都御史王元雅遣將援馬蘭谷，兵潰。

己卯，圍薊州。

（懷宗崇禎實録卷 2 第 9 頁 2.10.0062）

23 **十一月壬午朔** 京師戒嚴。

（懷宗崇禎實録卷 2 第 9 頁 2.11.0063）

24 **十一月丙戌** 清兵圍遵化。遵化人内應縱火，諸軍各奔救，衆潰。巡撫右僉都御史王元雅自縊，遂進兵，又取撫寧。

（懷宗崇禎實録卷 2 第 9 頁 2.11.0064）

25 **十一月丙戌** 召廷臣平臺問方畧。命廷臣署舉分曹諮試。

（懷宗崇禎實録卷 2 第 10 頁 2.11.0064）

26 **十一月己丑** 諭諸臣，率家人協同城守。

（懷宗崇禎實録卷 2 第 10 頁 2.12.0065）

27 **十一月己丑** 特命孫承宗以兵部尚書兼中極殿大學士，督理兵馬，控禦東陲，駐通州，起家陞見。

（懷宗崇禎實録卷 2 第 10 頁 2.12.0065）

28 **十一月己丑** 袁崇焕入薊州，以故總兵朱梅、副總兵徐敷奏等守山海関，參將楊春守永平，游擊蒲庫守遷安，都司劉振華守建昌，參將周宗武守豐潤，游擊蔡裕守玉田，昌平總兵尤世威仍還鎮護諸陵，宣府總兵侯世禄守三河。保定總兵曹鳴雷、東遼總兵祖大壽駐蘇（按：館本蘇作薊，是也）州，保定總督劉策兵亦至，令還守密雲。

（懷宗崇禎實録卷 2　第 10 頁　2.12.0065）

29　十一月辛卯　　遣乾清宫太監王應朝監視行營。

（懷宗崇禎實録卷 2　第 10 頁　2.12.0066）

30　十一月辛卯　　都督山海関總兵趙率教入援，清兵于遵化逆戰，率教敗没。

（懷宗崇禎實録卷 2　第 10 頁　2.12.0066）

31　十一月辛卯　　翰林院庶吉士金聲奏：通州、昌平爲京師左右翼，宜以重兵犄角。而天津漕粮並集，防禦尤急，恐將士不足任。有草澤義士曰申甫，朝士多知之，屢荐未用，願伏陛下威靈，同申甫練敢戰之士，爲陛下殺賊。上從之。申甫本游僧，善小術，嘗夜觀乾象，云：木星入太微垣帝座前，患在踰旬。聲琉入，立召見，利口稱知兵，授都指揮僉書副總兵，遂作戰車。

（懷宗崇禎實録卷 2　第 10 頁　2.12.0066）

32　十一月辛卯　　上聞援薊兵入城，命閣臣諭兵部，議營城外聯絡犄角，令勳戚大臣同給事中御史監守城門。

（懷宗崇禎實録卷 2　第 11 頁　2.13.0067）

33　十一月甲午　　清兵將西越蘇（按：館本蘇作薊，是也）州，崇煥引兵西拒之，攻蘇（按：館本蘇作薊，是也）州，取玉田、三河、香河、順義諸縣。

（懷宗崇禎實録卷 2　第 11 頁　2.13.0068）

34　十一月丁酉　　孫承宗入朝，袁崇煥抵左安門。時戒嚴，報不即入，漏下始馳奏，薄城下。都人競謂崇煥召。

（懷宗崇禎實録卷 2　第 11 頁　2.13.0068）

35　十一月庚子　　清（按：館本清下有兵字）大至，侯世禄、滿桂俱屯兵德勝門。世禄退避，桂獨戰，城上發大炮，誤傷桂兵殆盡。桂負創，卧関將軍廟。袁崇煥令都司戴承恩擇地廣渠門，祖大壽陣於南，王承胤等陣西北，崇煥陣於西，待戰。午刻有騎兵突東南，力戰稍却。承胤竟徙陣南避。游擊劉應國、羅景榮、千總竇濬等帥兵追虜于運河。虜酋精騎多水（按：館本水作冰）陷，所傷千計，京兵亦傷失百數人。夜收兵。上賜酒食勞軍。

（懷宗崇禎實録卷 2　第 12 頁　2.14.0069）

36　**十一月壬寅**　開德勝門甕城，屯滿桂餘兵。

（懷宗崇禎録實卷 2　第 12 頁　2.14.0070）

37　**十一月癸卯**　清兵徙屯南海子。薄暮，有旨：趋督師進兵。

（懷宗崇禎實録卷 2　第 12 頁　2.14.0070）

38　**十一月甲辰**　召袁崇煥、祖大壽、滿桂、黑雲龍及兵部尚書申用懋於平臺。崇煥不自安，留中使於營，自青衣玄帽入，至朝中張皇懼朝臣冀成欵。及見上，上慰諭久之。崇煥懼上英明，終不敢言。欵第力請率兵入城，不許。賜貂裘銀盔甲，滿桂解衣示創，上深閔之，命與同出。

（懷宗崇禎實録卷 2　第 12 頁　2.14.0070）

39　**十一月丙午**　袁崇煥求外城屯兵如滿桂例，并請輔臣出援。不許。

丁未　清兵攻南城。

戊申　袁崇煥遣清卿導任守忠以五百人持攻，潛攻清兵於南海子，清兵稍退。

（懷宗崇禎實録卷 2　第 12 頁　2.15.0071）

40　**十二月辛亥朔**　司禮太監沈良佐、内官太監吕直提九門及皇城門，司禮太監李鳳翔總督忠勇營，提督京營。

（懷宗崇禎實録卷 2　第 12 頁　2.15.0071）

41　**十二月辛亥**　是日清兵移營而南。

（懷宗崇禎實録卷 2　第 13 頁　2.15.0072）

42　**十二月壬子**　清兵圍固安，知縣劉伸遁走雄縣。

（懷宗崇禎實録卷 2　第 13 頁　2.15.0072）

43 **十二月癸丑**　皇次子慈烜生。

（懷宗崇禎實録卷2　第13頁　2.15.0072）

44 **十二月甲寅**　孫承宗上言：遼東兵潰，約萬五千人，自通州南趨張灣。臣聞之，即急以手札慰諭祖大壽，并傳檄三軍，令游擊石柱國力諭諸將校，將校多垂淚曰：主帥已戮，城上又以大炮殲我，故迯避至此。臣恩（按：館本恩作思）大壽危疑之甚，又以身貴不能受制同例（按：館本例作列），故乘卒吏驚疑全軍盡潰，陷人以自護，非諸將盡叛也。宜急敕関内関外兩道，慰諭將領，解散士卒，大開生路，以收人心。上從之。大壽抵山海関宣聖諭，吏卒乃安。禁抄傳塘報。

（懷宗崇禎實録卷2　第13頁　2.16.0073）

45 **十二月癸亥**　清兵夜傳令固安趨諸部合戰，明日出良鄉。

（懷宗崇禎實録卷2　第13頁　2.16.0074）

46 **十二月丁卯**　設文武經略，以梁廷棟、滿桂爲之。各賜尚方劍。營西直、安定二門，桂始屯宣武門甕城内，謂援寡未可戰，中使趣使亟戰，桂不得已，揮涕而出。以五千人同孫祖壽等戰安定門外，俱敗没。麻登雲、黑雲龍被執。申甫以七千人戰柳林、大井、蘆溝橋，亦敗没。都人大懼。

（懷宗崇禎實録卷2　第14頁　2.17.0075）

47 **十二月癸酉**　巡撫山東都御史耿如杞、總兵官張鴻功援兵潰於良鄉。清兵破張灣，守備房可宗遁。

乙亥　總兵官馬士龍遇清兵，戰於良鄉。進士龍武經略，賜尚方劍。

丁丑　清兵入香河，殺知縣任光裕。攻三河，不克。戊寅，攻寶坻，知縣史應聘拒之。

（懷宗崇禎實録卷2　第14頁　2.17.0075）

48 **十二月丁丑**　清兵入玉田，知縣楊初芳降。

庚辰　兵部右侍郎劉之綸求入通州，户部主事林弘衍、參將魏都梁不納。即縱兵道掠。

（懷宗崇禎實録卷 2　第 14 頁　2.17.0076）

崇禎三年（1630）

49　**正月辛巳朔**　　京師大風霾，晝晦。

（懷宗崇禎實録卷 3　第 1 頁　3.1.0077）

50　**正月辛巳**　　清兵東趨永平。

（懷宗崇禎實録卷 3　第 1 頁　3.1.0077）

51　**正月戊子**　　清兵攻撫寧，不克。轉攻昌黎，還永平。

（懷宗崇禎實録卷 3　第 1 頁　3.1.0078）

52　**正月己丑**　　劉之綸報：兵分往永平、遵化。屯遵化三千餘騎，自東門連營至汗兒莊。臣駐薊州，俟兵到移三河，求催通州糧以濟。總兵馬世龍亦至。

（懷宗崇禎實録卷 3　第 1 頁　3.1.0078）

53　**正月丙申**　　廣西東洋澳人陸若漢進大銃。

劉之綸屯遵化娘娘廟山，忽飛矢中之，死。總兵馬世龍在薊不援，全軍俱没。初，巡按直隸御史董羽震言之綸不任戰，上責之，而之綸領新兵，初募四萬，出彰儀門已佚其半，烏合無紀律，以及于敗。

（懷宗崇禎實録卷 3　第 2 頁　3.2.0080）

54　**正月己酉**　　議中外七品以上官捐俸助餉，上不許。時廷臣俱進，獨順天府尹劉宗周謂養廉不可獨廢，無所進。

命順天撫按令令（按：館本令下無令字）各屬課農，其殘破處仍勸相給種。

（懷宗崇禎實録卷 3　第 2 頁）

55　**二月庚申**　　册立皇太子慈烺，頒詔中外。

（懷宗崇禎實録卷 3　第 3 頁　3.3.0081）

56　二月癸亥　　皇次子殤。

（懷宗崇禎實録卷 3　第 3 頁　3.3.0082）

57　三月壬午　　清兵抵房山，令二人呼城下，乃則良鄉萬户子及千户弟持檄招降。已，又一騎大呼曰：房山是金大定年設縣，以護祖陵，爾官吏宜迎。知縣楊齋芳力拒之，李元勳、曹耿源下城入請，曰：既近祖陵，人民不宜加害。遂引去。辛卯祭陵，及期詣城北令諸生陪祭九龍崗，蓋金章宗陵也。申刻兵退。

（懷宗崇禎實録卷 3　第 3 頁　3.4.0083）

58　三月丙申　　兵科給事中陶宗道奏言：安定門之擾，梁廷棟指民居可宿，于是爭入民舍，幾以致亂。前固原總兵楊麒憂援兵乏餉，廷棟曰民自有糧，何得全仰户部？發言召變，乞賜處分。上不問。令有司雇民舡轉運並給值。戒關津需索。

（懷宗崇禎實録卷 3　第 4 頁　3.4.0084）

59　三月丙申　　京師火藥局灾。

（懷宗崇禎實録卷 3　第 4 頁　3.5.0085）

60　四月辛亥　　朝鮮國王李倧奏辨，報聞。

（懷宗崇禎實録卷 3　第 5 頁　3.5.0086）

61　五月甲辰　　神廟皇貴妃鄭氏薨。

（懷宗崇禎實録卷 3　第 7 頁　3.9.0093）

62　六月辛酉　　禳旱，諭百官修省。

上齋居脩省，遣大臣祭南、北郊、山川壇，禱雨。

（懷宗崇禎實録卷 3　第 7 頁　3.9.0093）

63　秋七月辛巳　　大雨竟日。

（懷宗崇禎實録卷 3　第 9 頁　3.10.0096）

64　九月辛丑　　是月，國子祭酒顧錫疇言：文廟先賢自四配十哲外，兩廡共六十二人，《會典》所載東自澹臺滅明至顧澮三十六人，西宓不發至步叔乘二十九人，位次多紊，且有漢濡（按：館本濡作儒，是也）次宋儒之下，非所以妥先儒也。宋羅從彦、李侗雖萬曆時從祀，實朱熹父執所從受學，既皆從祀，不可不論其世，乞行詳定。章下所司。(顧澮當作顔回，宓不發當作宓不齊)

（懷宗崇禎實録卷3　第9頁　3.11.0097）

65　**八月癸亥**　殺都（按：館本無都字）督師兵部尚書袁崇煥，處以殊死。上御煖閣，輔臣成基命等入對。久之，出，御平臺，文武諸臣俱入，諭曰：袁崇煥付託不效，專事欺隱，市粟謀欵不戰，散遣援兵，潛移喇嘛僧入城，卿等已知之，自當依律正法，今特流其妻子兄弟，餘不問。輔臣頓首謝。崇煥，藤縣人，萬曆己未進士，素以韜略自詡，迨督師出鎮遼東，其入援，時三日五賜金幣宣勞，親爲飲。至而遷延不戰，至技殺毛文龍，朝議紛紛，以致殺身。甲子諭：舊輔錢龍錫背公逞私，密謀主欵袁崇煥，疏語已露，終不奏聞，并不重罰何以懲後？命法司擬罪，逮至論死。

（懷宗崇禎實録卷3　3.11.0098）

66　**九月辛丑**　京師大雷雨雹。

（懷宗崇禎實録卷3　第10頁　3.12.0100）

崇禎四年（1631）

67　**正月乙亥朔**　是日風霾。

（懷宗崇禎實録卷4　第1頁　4.1.0105）

68　**三月壬午**　京師大風霾。

（懷宗崇禎實録卷4　第5頁　4.5.0114）

69　**三月己丑**　賜進士陳于泰等三百人及第、出身有差。

（懷宗崇禎實録卷4　第5頁　4.6.0115）

70　**五月甲戌朔**　上步禱南郊。乙丑，微雨。庚寅，雨。

（懷宗崇禎實録卷4　第7頁　4.9.0121）

71　**十二月乙酉**　總兵官陳洪範鎮守居庸昌平。

（懷宗崇禎實録卷4　第16頁　4.19.0142）

崇禎五年（1632）

72　**正月己亥朔**　大風霾。

（懷宗崇禎實録卷5　第1頁　5.1.01.45）

73　**二月庚午**　德陵成，進周延儒少傅兼太子太傅，温體仁、吴宗達少保並太子太保，何如寵太子太保，各賜金幣。餘文武内臣費（按：館本臣下無費字）賞齊有差。

（懷宗崇禎實録卷5　第3頁　5.4.0151）

74　**三月癸卯**　上幸太學，行釋奠禮。先期徵衍聖公孔胤植，五經博士顔光魯、曾承業、孟弘譽陪祀。

（懷宗崇禎實録卷5　第4頁　5.5.0154）

75　**夏四月**　是月，紅夷千餘人築城彭湖。

（懷宗崇禎實録卷5　第5頁　5.6.0155）

76　**七月壬寅**　司禮太監曹化淳提督京營戎政。

（懷宗崇禎實録卷5　第5頁　5.6.0156）

77　**八月丙寅朔**　天壽山大雨水，衝損慶陵寶頂。削前工部尚書姚思仁職。

（懷宗崇禎實録卷5　第6頁　5.7.0157）

78　**八月庚辰**　皇三子慈炯生。

（懷宗崇禎實録卷5　第6頁　5.7.0158）

79　**十二月戊寅**　嚴皇城守衛。

（懷宗崇禎實録卷5　第7頁　5.9.0161）

80　**十二月己丑**　命司禮監右少監劉芳譽提督九門。

（懷宗崇禎實録卷5　第8頁　5.9.0161）

崇禎六年（1633）

81　**正月甲午朔**　大風霾。日生兩珥。

（懷宗崇禎實録卷6　第1頁　6.1.0163）

82　**二月戊子**　山海關、永平大雨水，壞城郭、田舍、人畜無算。

（懷宗崇禎實録卷6　第2頁　6.2.0165）

83　**七月辛卯朔**　大風拔木。

（懷宗崇禎實録卷6　第6頁　6.7.0176）

84　**八月庚午**　議城張家灣，從户科右給事中林正亨之言也。

（懷宗崇禎實録卷6　第7頁　6.8.0178）

85　**十一月甲午**　參將陳龍抵朝鮮王京，面諭國王，王隨輸米二千石助餉，特錫金綺。

（懷宗崇禎實録卷6　第9頁　6.11.0183）

86　**十一月乙未**　前順天府尹劉宗周應召至京，命俟林釬、孫慎行至同見。

（懷宗崇禎實録卷6　第9頁　6.11.0183）

崇禎七年（1634）

87　**正月丙申**　命司禮太監盧繼寧封朝鮮國王。

（懷宗崇禎實録卷7　第1頁　7.1.0188）

88　**二月甲申**　上祀先農，躬耕籍田。

（懷宗崇禎實録卷7　第3頁　7.4.0193）

89　三月辛丑　策貢士於建極殿，上特裁宸翰，問以恢彊、安邊、屯田、鹽法、漕運、馬政、恤民、足兵、正士習、破資格，其道安施？朕將親覽焉。賜劉理順以下三百人進士及身（按：身爲第之誤）、出身有差。

（懷宗崇禎實録卷 7　第 4 頁　7.5.0195）

90　四月壬申　西人陷保定州。

（懷宗崇禎實録卷 7　第 5 頁　7.6.0197）

91　六月戊辰　飛蝗蔽天。

（懷宗崇禎實録卷 7　第 7 頁　7.9.0203）

92　七月乙酉朔　加築京城。

（懷宗崇禎實録卷 7　第 8 頁　7.9.0204）

93　七月癸巳　京師戒嚴，清兵屯膳房堡沙嶺，往陽和。

（懷宗崇禎實録卷 7　第 9 頁　7.11.0207）

94　七月戊戌　清兵四略永寧，明日大捷。命保定巡撫丁魁楚移駐紫金関，山西巡撫戴恩君移雁門關，總督陳洪範移駐居庸関。

（懷宗崇禎實録卷 7　第 9 頁　7.11.0207）

95　八月辛巳　祖大壽以兵四千人西援，命駐防薊鎮、密雲。

（懷宗崇禎實録卷 7　第 13 頁　7.15.0215）

96　閏八月己丑　暹羅入貢。清兵出塞歸，計駐宣大逾五旬。

（懷宗崇禎實録卷 7　第 13 頁　7.15.0216）

97　九月庚申　王恭廠火藥灾，傷斃數千餘人。

（懷宗崇禎實録卷 7　第 14 頁　7.16.0218）

98　十二月癸未朔　以乾清宫管事太監馬雲程提督京營戎政。

（懷宗崇禎實録卷 7　第 20 頁　7.24.0234）

崇禎八年（1635）

99　正月己巳　許朝鮮參貨售半，後不許携，次年携參貨至，不索值不應命。留其貨於關外，自是貢臣不至。

（懷宗崇禎實録卷 8　第 2 頁　8.2.0242）

100　三月辛亥朔　大霾晦。

（懷宗崇禎實録卷 8　第 6 頁　8.7.0251）

101　七月辛亥　平谷、遵化蝗。

（懷宗崇禎實録卷 8　第 9 頁　8.11.0259）

102　十二月辛丑　清兵二十五騎自昌城渡江至朝鮮，脅其兵三千人。

（懷宗崇禎實録卷 8　第 12 頁　8.14.0266）

崇禎九年（1636）

103　二月辛丑　脩太廟。

（懷宗崇禎實録卷 9　第 3 頁　9.4.0273）

104　四月丙子　吏部覆中外官荐舉共二百人，上召對武英殿。

（懷宗崇禎實録卷 9　第 5 頁　9.6.0277）

105　六月己亥　清兵入喜峰口，巡關御史王肇坤死之。時昌平垂陷，肇坤悉散家人，策馬冒陣死，積尸北城下。時暑月，迄兵退始出之以殮。事聞，上猶遣勘，以北城誤奏北門，而上心知昌平無北門也。久之，贈太僕寺少卿。

（懷宗崇禎實録卷 9　第 8 頁　9.10.0285）

106　六月己亥　清兵攻居庸關、昌平北路，大同總兵王樸馳援。

（懷宗崇禎實録卷 9　第 8 頁　9.10.0285）

107　秋七月癸卯　國子監祭酒倪元璐乞免，許之。元璐見忌於同邑左庶子丁進，因嗾誠意伯劉孔昭訐之也。

（懷宗崇禎實録卷 9　第 8 頁　9.10.0285）

108　七月丁未　清兵深入。己酉，清兵間道自天壽山後至昌平，降丁二千人内應，城陷。總兵巢丕昌降。户部主事王桂、趙悦、提督太監王希忠等皆被殺。初，巡關太監及御史王肇坤開門納降丁，至是卒爲害。

命文武大臣分守都門。

（懷宗崇禎實録卷9　第8頁　9.10.0285）

109　七月庚戌　清兵薄西山，攻鞏華城，守將姜瑄却之。時謀南下，僞遺副總兵黑雲龍書約内應，以雲龍勇敢，欲計去之。上召諭雲龍，令誘清深入。雲龍出設伏西山北隅，清兵知之，引還良鄉。

（懷宗崇禎實録卷9　第8頁　9.10.0286）

110　七月壬子　昌平叛兵薄西直門，清兵屯清河，抄河南出。

（懷宗崇禎實録卷9　第9頁　9.10.0286）

111　七月丁巳　清兵攻寶坻，入之，殺知縣趙國鼎。

（懷宗崇禎實録卷9　第9頁　9.11.0287）

112　七月癸亥　清兵入定興，殺前光禄寺少卿鹿繼善。又入房山。

（懷宗崇禎實録卷9　第9頁　9.11.0288）

113　七月丙寅　上聞清兵焚昌平，攻鞏華，疑有歸志。諭兵部聯絡京軍。

（懷宗崇禎實録卷9　第9頁　9.11.0288）

114　八月丙子　王樸及清兵戰於涿州。己卯，清兵入文安，尋入永清，分攻㶟縣，遂安雄縣。

庚辰，以張元佐爲兵部右侍郎，鎮守昌平。時太監提督天壽山者皆卽日往。上語閣臣曰：内臣卽日行道，而侍郎三日未出，何怪朕用内臣耶！

（懷宗崇禎實録卷9　第10頁　9.12.0289）

115　八月乙酉　清兵攻香河，回涿州，陷順義。知縣上官藎自經。明日，遇邊兵蘆溝橋，趨東北，至懷柔、大安，入西和。

丙戌，清兵自香河趨河西務。

（懷宗崇禎實録卷 9　第 10 頁　9.12.0289）

116　九月癸卯　清兵攻朝鮮，登萊總兵官沈冬魁、登島總兵官陳洪範進師糶北岸。

（懷宗崇禎實録卷 9　第 11 頁　9.13.0291）

117　九月辛未　皇五子慈熉生，皇貴妃田氏出也。

（懷宗崇禎實録卷 9　第 11 頁　9.13.0292）

118　十一月丙午　叙京師城守功，提督京營成國公朱純臣廕錦衣衛指揮僉事，協理戎政兵部尚書陸完學進太子太保廕正千户，太監張國元、曹化淳提督京營，收用降丁。凡城外皆稱京營降丁，而所收降丁丁巳叛於昌平矣。

（懷宗崇禎實録卷 9　第 13 頁　9.16.0297）

崇禎十年（1637）

119　正月甲辰　以御馬太監李名臣提督京城巡捕，王之俊副之。

（懷宗崇禎實録卷 10　第 1 頁　10.1.0299）

120　三月辛亥　清兵破朝鮮，國王李倧走澤村山城，于是平壤王京次第皆下。李倧力詘降。尋又走紅華島。執其世子，更立李恂爲朝鮮國王。乃命總兵沈冬魁、陳洪範相機進援朝鮮。

（懷宗崇禎實録卷 10　第 1 頁　10.2.0301）

121　三月甲寅　賜進士劉同升等三百人及第、出身有差。

（懷宗崇禎實録卷 10　第 2 頁　10.2.0301）

122　四月壬申　蘇州（按：館本蘇作薊，是也）雷火，焚東山二千餘里。

（懷宗崇禎實録卷 10　第 2 頁　10.2.0302）

123 **八月庚申** 上登正陽門閲城，徧視雉堞樓櫓。總督成國公朱純臣、協理京營戎政陸完學以營兵屯宣武門外，上善之，召登西南城樓，賜之酒三爵，并以金巵酬之。辛酉，閲外城，以南城薄詔加築，命内官監太監丁紹吕、馬光忻總理分任。濬大濠于五里外，壞塚墓亡算，工未竟而止。甲子，修天津、通州城。

（懷宗崇禎實録卷 10 第 5 頁 10.6.0310）

崇禎十一年（1638）

124 **正月乙丑朔** 上以任丘、清苑、淶水、遷安、大城、定興、通州各官貪縱不法，命逮入。蓋内詗得也。因責撫按不先劾溺職，且言：近畿如此，遠地可知。命部申飭。

（懷宗崇禎實録卷 11 第 1 頁 11.1.0317）

125 **四月戊戌** 新厰灾，斃七百餘人。

（懷宗崇禎實録卷 11 第 5 頁 11.6.0328）

126 **五月戊寅** 遵化、喜峯口雪三尺。

（懷宗崇禎實録卷 11 第 7 頁 11.9.0333）

127 **六月癸巳** 安民厰灾，傷萬餘人，武庫幾空，發五千金賑卹。

（懷宗崇禎實録卷 11 第 7 頁 11.9.0333）

128 **六月己酉** 召吏部尚書商國祚等見于中極殿，諭以新維馮元飈巡撫陝西，元飈殊非巡撫才，餘各問兵食計。户部尚書程國祥言：京師賃房月租及天下會館租，歲可得五十萬。工部右侍郎蔡國用言：崇文、宣武街石除中道外可培修外城。識者喽（按：館本喽作咲）之。

（懷宗崇禎實録卷 11 第 8 頁 11.9.0333）

129 **八月丁酉** 安定門火藥局復灾。

（懷宗崇禎實録卷 11　第 10 頁　11.12.0340）

130　九月丁丑　清兵約西人大舉分入西協牆子嶺、中協青山口。牆子嶺險峻，因蟻附而上，三日夜始入，内地人俱困乏，竟無人襲擊之者。總兵吴國俊守牆子路，戰敗，走密雲。總督薊遼兵部右侍郎吴阿衡敗没于密雲。初監視太監鄧希詔誕日，阿衡及國俊俱趨賀，聞警倉猝而回，調禦失措，故及於難。清兵入牆子路，待青山之衆以越遷安，薄豐潤。遼東副總兵丁志祥、竇濬等來援，夜戰，清兵稍退，引而南下。

（懷宗崇禎實録卷 11　第 11 頁　11.13.0342）

131　冬十月庚寅朔　戒嚴京師。

（懷宗崇禎實録卷 11　第 11 頁　11.14.0343）

132　十月甲辰　高起潛部將劉伯禄兵敗於蘆溝橋。

（懷宗崇禎實録卷 11　第 13 頁　11.15.0346）

133　十月戊申　命諸大臣分守都門。

（懷宗崇禎實録卷 11　第 13 頁　11.15.0346）

134　十一月辛酉　京師閉門自守。

（懷宗崇禎實録卷 11　第 13 頁　11.16.0347）

135　十一月甲子　括廢銅鑄錢。

（懷宗崇禎實録卷 11　第 14 頁　11.17.0350）

136　十二月丁未　以御馬太監邊永清分守薊鎮西協。

（懷宗崇禎實録卷 11　第 16 頁　11.19.0353）

137　十二月丁未　清兵連入昌平、寶坻、平谷、薊、霸、景、趙、清河、良鄉。乙卯，入東昌。援師四集，俱觀望莫敢擊，中外切齒。丁巳，陷玉田，知縣楊初芳降，諸生桑開基死之。

（懷宗崇禎實録卷 11　第 16 頁　11.19.0354）

崇禎十二年（1639）

138 **三月戊寅** 皇子慈□薨，追封“悼王”，謚曰“懷”。

（懷宗崇禎實録卷12 第3頁 12.3.0360）

139 **四月丙辰** 是月，京城浚濠，廣五丈，深三丈。給事中夏尚絅上言：連年率皆籓籬失守，門庭無恙，若使塹水足拒，則通、德、滄、濟其爲廣川巨浸何限？而揚鞭飛渡，如入無人，控扼險要，在人不在險明矣。令擲此百萬于水濱，孰若移而用之于巖疆，防禦要害，使不敢躪入之爲得哉。

（懷宗崇禎實録卷12 第4頁 12.5.0364）

140 **五月戊午** 修奉先殿成。

（懷宗崇禎實録卷12 第4頁 12.5.0364）

141 **六月庚子** 火藥局灾。

（懷宗崇禎實録卷12 第5頁 12.6.0366）

142 **秋七月戊午** 以司禮太監張榮提督九門，司禮太監王裕民總督京營。

（懷宗崇禎實録卷12 第5頁 12.6.0366）

143 **秋七月戊午** 光禄寺卿李天經上西人湯若望《坤輿》、《格致》書三卷，命進覽。

（懷宗崇禎實録卷12 第5頁 12.6.0366）

144 **十月己亥** 以司禮監太監王德化提督東廠。叙陵殿功賚内外官有差。

（懷宗崇禎實録卷12 第6頁 12.8.0369）

145 **十一月辛巳** 上南郊，郊用上辛日。從中書舍人陳龍正之議也。龍正上郊祀攷辨言：周郊皆于辛日。遂命禮官定爲制。

（懷宗崇禎實録卷12 第7頁 12.8.0370）

146　**十二月乙未**　是年兩京、河南、山東、山西旱饑，遂命正一大教真人張應京禳旱。

（懷宗崇禎實録卷 12　第 7 頁　12.8.0370）

崇禎十三年（1640）

147　**閏正月癸未朔**　命巡城御史煮粥賑饑，發帑八千金賑真定。

（懷宗崇禎實録卷 13　第 1 頁　13.1.0371）

148　**閏正月甲午**　諭户部：以永清、保定等處粮芻給畿南饑民，抵秋以償。

（懷宗崇禎實録卷 13　第 1 頁　13.1.0372）

149　**二月丁丑**　令會試貢士先廷對，日校射。

（懷宗崇禎實録卷 13　第 1 頁　13.2.0373）

150　**三月壬午**　永安廠灾。

（懷宗崇禎實録卷 13　第 2 頁　13.2.0374）

151　**三月甲午**　賑京城貧民各二百錢。

（懷宗崇禎實録卷 13　第 2 頁　13.2.0374）

152　**三月戊戌**　賜貢士魏藻德以下三百人進士及第、出身有差。先是，召貢士三十餘人于文華殿，上問：内外交訌何以報仇雪耻？通州魏藻德進對曰：以臣所見不離明問，使大小諸臣皆知所耻，則才能自生，功業自建。娓娓數百言。更自叙戊寅守城功，上心識之，故遂首拔辛亥進士姚宗衡等四人授檢討，黄雲師等五人授給事中，馮垣登等五人授監察御史，顔渾等二人授吏部主事，張朝延等七人授兵部主事，皆召對稱旨，特授是官。前此未有也。進士張璘然亦與召對，面藍，上惡之，不用。璘然心甚不平。

（懷宗崇禎實録卷 13　第 2 頁　13.3.0375）

153　**三月戊戌**　分賑畿南三萬金。是日雨。

（懷宗崇禎實録卷 13　第 3 頁　13.3.0376）

154　**七月庚辰朔**　京省蝗，命順天尹發鈔六十錠收之并禳蝗。

（懷宗崇禎實録卷 13　第 5 頁　13.6.0382）

155　**七月癸未**　皇五子薨，謚曰“悼靈”。王初疾甚，忽言九蓮菩薩來云：上薄待戚屬不改，殤折殆盡。上聞之大懼。九蓮菩薩者，孝定皇后。李氏因夢奉祀之。后薨，像在宫中，跨鳳九首。至是内臣託皇子神其事，上實未嘗至疾所也。初籍武清侯李氏，至是命復爵，免籍其資。

（懷宗崇禎實録卷 13　第 5 頁　13.6.0382）

156　**七月己丑**　發二萬金賑順天、保定。

（懷宗崇禎實録卷 13　第 6 頁　13.7.0383）

157　**八月庚戌朔**　皇第七子生，皇貴妃田氏出。

（懷宗崇禎實録卷 13　第 7 頁　13.8.0385）

158　**十月壬戌**　出帑金萬兩、市舊綿衣二萬，給京師貧民。

（懷宗崇禎實録卷 13　第 8 頁　13.9.0388）

159　**冬十月丁卯**　工部請浚胡良河。從之。

（懷宗崇禎實録卷 13　第 8 頁　13.10.0389）

160　**十一月己卯**　追封悼靈王爲“玄機顯應真君”，……十二月，改封“通宣顯應悼靈王”，去“真君”號。

（懷宗崇禎實録卷 13　第 8 頁　13.10.0390）

崇禎十四年（1641）

161　**春正月己卯**　李自成破永寧，殺萬安王采𨧀。

（懷宗崇禎實録卷 14　第 1 頁　14.1.0395）

162　正月壬寅　黃霧四塞，日青無光。夜大雨。

（懷宗崇禎實録卷 14　第 1 頁　14.1.0396）

163　六月癸酉　兩京、山東、河南、浙江旱蝗、多饑盜。

（懷宗崇禎實録卷 14　第 5 頁　14.6.0406）

164　七月丁亥　召賜正一嗣教大真人張應京于會極門。時北京甚疫，死亡晝夜相繼，合城驚悼，故有是召。

（懷宗崇禎實録卷 14　第 6 頁　14.7.0407）

165　八月辛亥　夜，賜故大學士薛國觀死，誅中書舍人王陛彦，各籍其家。時漏下，已鼓，中旨賜自盡，叩寢出之，國觀猶徘徊不忍死，部寺官命卒扶就縊死。久之，得旨，始解就殮。國觀性踈傲，無遠識，上嘗以財匱問國觀，因密勸上搜括戚畹。且曰：縉紳則臣任之，戚畹非獨斷不可。于是借武清侯家四十萬金，李氏破家應命，戚寺争恨之。臨刑猶曰吴昌時殺我。國觀自賈之禍，終不覺也。追贓九千金，没其田六百頃，市其宅得八百金。妻子寄居城隅，其陰鷙遠遜烏程，狼籍亦不及宜興也。

（懷宗崇禎實録卷 14　第 6 頁　14.8.0409）

166　八月辛酉　上幸太學，以重修告成也。真人張應京請扈從臨雍。先期，司禮太監王德化奉命率羣臣習儀于太學。

（懷宗崇禎實録卷 14　第 7 頁　14.8.0410）

167　九月辛巳　改東廠提督京營者，亦稱總督。

（懷宗崇禎實録卷 14　第 8 頁　14.10.0413）

168　九月甲申　以楊繩武爲兵部右侍郎兼右僉都御史，總督關、薊、遼、津、通州等處。以洪承疇受圍，故代之。

（懷宗崇禎實録卷 14　第 8 頁　14.10.0413）

崇禎十五年（1642）

169　**正月辛卯**　罷提督京營内臣。

（懷宗崇禎實録卷 15　第 2 頁　15.2.0424）

170　**三月庚寅**　封皇子慈□爲永王。

（懷宗崇禎實録卷 15　第 3 頁　15.4.0428）

171　**七月乙亥**　皇貴妃田氏薨，輟朝三日。妃最爲上所寵，能書，有機警，居承乾宫。丁丑旱，上齋宿武英殿半月，俄欲還宫，妃遣人辭之。太監曹化淳進江南歌姬數人，甚得嬖。妃上疏切諫。及薨，上痛悼，䘏禮加等。

（懷宗崇禎實録卷 15　第 8 頁　15.10.0439）

172　**九月甲戌**　命備十五騎于西華門候急傳。

（懷宗崇禎實録卷 15　第 11 頁　15.13.0446）

173　**十一月戊辰**　清兵大舉入塞，分入牆子路界嶺、青山。癸酉，破遵安、三河。時分道大入，一趨通州，一自柳樹澗趨天津。甲戌，屯永平之台頭。乙亥，攻通州。京師戒嚴，勳臣分守九門，以太監王承恩提督城守。

（懷宗崇禎實録卷 15　第 13 頁　15.16.0451）

174　**十一月庚辰**　募運張家灣各關委積，以一石入京者給四斗，餘倍之，聽營軍家人代運。

清兵入薊州，分往真定、河間、香河。

（懷宗崇禎實録卷 15　第 13 頁　15.16.0452）

175　**閏十一月壬寅**　清兵攻河間，明日分向臨清，入壩州。兵備僉事趙輝死之。

（懷宗崇禎實録卷 15　第 14 頁　15.17.0453）

176　**閏十一月庚申亥刻**　拱極城刀伏有火光二寸許。

（懷宗崇禎實録卷 15　第 15 頁　15.18.0455）

崇禎十六年（1643）

177　二月戊辰　上祭太社太稷。先一日清齋，至期大風雨，五色炬盡滅，諸閹幕黃布、劈紙障之。拜訖而退，還宮，仍清齋。御史曹溶導駕。明日，欲奏灾異，閣臣沮之。

（懷宗崇禎實録卷 16　第 2 頁　16.2.0464）

178　二月戊子　京師大風霾。夜震西長安街石坊，天津城門自開。

（懷宗崇禎實録卷 16　第 2 頁　16.3.0465）

179　三月甲午朔　暹羅入貢。

（懷宗崇禎實録卷 16　第 2 頁　16.3.0465）

180　四月丙戌　清兵至琉璃河，命各督撫。

（懷宗崇禎實録卷 16　第 5 頁　16.6.0472）

181　五月庚子　馳賜周延儒金幣。辛丑，周延儒奏報：臣中夜冒警自順義抵密雲，趨各都撫，今俱出塞。上温旨勞之。時言官皆劾延儒假道縱兵出塞，上以訛傳不問。

（懷宗崇禎實録卷 16　第 7 頁　16.8.0475）

182　五月辛亥　以内官監太監王之俊提督京城廵捕，練兵。

（懷宗崇禎實録卷 16　第 7 頁　16.8.0476）

183　五月庚申　命閱京營刀甲、車矛于觀德殿，上力能挽强，凡弓刃俱取勁重。不便施用。

（懷宗崇禎實録卷 16　第 8 頁　16.9.0478）

184　六月丁丑　夜大雷雨，震奉先殿左鴟吻。流火鎔插劍銅環。命駙馬都尉冉興讓告太廟灾異。諭百官修省。

（懷宗崇禎實録卷 16　第 9 頁　16.11.0481）

185 **七月庚申** 出千金資太醫院療疫。自春二月迄今，京師疫，死亡日以萬計。又出二萬金，下巡城御史收殯。

（懷宗崇禎實録卷 16 第 11 頁 16.13.0485）

186 **九月丙午** 賜進士楊廷鑑等四百人及第、出身有差。

（懷宗崇禎實録卷 16 第 13 頁 16.15.0489）

187 **九月甲寅** 作新鈔。户部尚書倪元璐上言：内發鈔式，命臣詳議鈔法，度一歲有五十萬之入，籌國長計，孰便于斯。或以久廢乍復，人則駭之，不知此卽民間之會票也。宋時謂之錢引，終元之世不行，尚爾用之不匱，況復化裁通變稽古宜民乎？

（懷宗崇禎實録卷 16 第 13 頁 16.15.0490）

188 **十月壬申** 括民間廢銅鑄鐵（按：館本鐵作錢）。

（懷宗崇禎實録卷 16 第 15 頁 16.18 0496）

崇禎十七年（1644）

189 **正月庚寅朔** 大風霾。

（懷宗崇禎實録卷 17 第 1 頁 17.1.0513）

190 **正月乙卯** 命駙馬都尉萬煒告太廟，行遣將禮。勅吏部。右侍郎兼東閣大學士李建泰曰：咨爾建泰，代朕親征，以尚方劍從事，一切調度賞罰俱不中制。上臨軒授尚方劍，幸正陽門樓，宴餞之。

（懷宗崇禎實録卷 17 第 2 頁 17.1.0514）

191 **正月壬子** 葬皇貴妃田氏。

（懷宗崇禎實録卷 17 第 2 頁 17.2.0515）

192 **二月庚申朔** 上早朝，忽得僞封，啟之，其詞甚迫悖，末云：限三月望日至順天會同館繳還。一時相顧失色，朝罷，遂不復問。

（懷宗崇禎實録卷 17　第 3 頁　17.4.0519）

193　二月丁卯　大風霾，五色遞變，闇室照之赤如血。

（懷宗崇禎實録卷 17　第 4 頁　17.4.0520）

194　二月丁卯　停鈔法。前市浙直作鈔等料仍輸京師，因鑄當一、當五錢。

（懷宗崇禎實録卷 17　第 4 頁　17.5.0521）

195　二月辛巳　通州兵噪，傷巡撫楊鶚。鶚上章自劾乞罷。上以楊鶚實心任事，不得輒易，賜藥金三十兩。

（懷宗崇禎實録卷 17　第 6 頁　17.7.0525）

196　三月丙申　大風霾，晝晦，風腥不可觸。

（懷宗崇禎實録卷 17　第 11 頁　17.13.0537）

197　三月丙申　命唐通同司禮太監杜之秩守居庸關。

（懷宗崇禎實録卷 17　第 11 頁　17.13.0537）

198　三月戊戌　總督薊遼王永吉請嚴居庸關守禦，遂命司禮太監王承恩提督内外京城，王永吉節制各鎮，俱聽便宜行事。給吏、兵二部空札五百。

（懷宗崇禎實録卷 17　第 11 頁　17.13.0538）

199　三月庚子　召前太監曹化淳等守城。

（懷宗崇禎實録卷 17　第 12 頁　17.14.0539）

200　三月癸卯　風晦。

（懷宗崇禎實録卷 17　第 12 頁　17.14.0539）

201　三月癸卯　寇自柳溝抵居庸關。柳溝天塹可守，不設備，定西伯唐通、司禮太監杜之秩迎降，巡撫右僉都御史何謙遁，總兵官都督同知馬岱殺其妻子疾走山海關，投王永吉。永吉倉皇出關依吴三桂。甲辰，昌平陷。總兵官李守鑅不屈，手格殺數人，人不能執，諸賊圍之，守鑅拔刃自刎。賊焚十二陵，傳檄京師。兵部偵之，猶云：昌平兵譁，非寇也。命趨吴三桂入關，三桂率衆日行數十里，是日始入關。太監高起潛棄關，遁走西山。

（懷宗崇禎實録卷 17　第 12 頁　17.14.0539）

202　三月癸卯　召考選官滋陽知縣黃國琦等三十三人于中左門，問安人心、勦寇、生財足用計安出，以國琦言稱旨，卽授兵科給事中，餘以次對，未及半，俄昌平報陷。上聞，大驚。卽起入，請臣立候。移刻，命俱出。

開西門，納難民，内官坐城上主之。諸勳臣大臣不能詰。

（懷宗崇禎實録卷 17　第 12 頁　17.14.0540）

203　三月乙巳　上早朝，召對諸臣而泣，皆束手無策，相向不能對，或泣下。有言馮銓、楊維垣當用，有言劉澤清宜封東平伯，上皆不應。書御案十二字示司禮太監王之心，尋去之。巳刻，哨騎叩城下，曰：寇至。守城内臣使騎候之，曰：非寇也，不爲意。日且午，有五六十騎抵門，彎弓貫矢，大呼開城。守卒亟發砲，斃二十騎、難民數十人，門始閉。湏臾賊大至。方報過蘆溝橋，俄攻平則、彰儀等門，城外三大營兵皆潰，且引降。火車巨炮皆爲賊得。賊因舉砲攻城，轟聲震地。襄城伯李國楨馳馬闕下，求面陳，内侍叱止之。國楨曰：此何時也！君臣卽欲求相見不復多得矣！内侍叩之曰：守城兵不用命，雖鞭撻人起輒卧。上召入。因命内侍俱守城。譁曰：諸文武何爲？且言官罷内摻，我輩兵械俱無，奈何！或曰我輩月食五十萬，効死固當，乃請如乙巳歲俱乘城凡數千人，上括中外庫金二十萬犒軍。太常寺少卿吴麟徵步入朝，值魏藻德内出，告之故，藻德曰：上煩甚，且方息，不必入。手引而出。文臣分守，不得登城。左都御史李邦華至中陽門，欲登城，中官拒之。

内午，大雷電，雨雹。寇攻城炮聲不絶，流矢雨集，仰雨語守兵，曰，亟開門，否曰且屠矣。守者懼，以〔按：館本懼以作以懼〕砲外向震之，猶揮手示賊引退，砲乃發。賊驅民負木石填濠，急攻，發萬人敵大砲，傷數十人。守卒潰，賊架飛梯攻西直、平則、德化三門，太監杜勳射書城中約降。

封劉澤清東平伯。

李自成向彰義門設坐，晉王、代王左右席地坐，太監杜勳侍其下。遥呼城上曰：勿射，我杜勳也，有所言，可遣人縋下語爾。守者曰：請質，以縋公入。勳曰：我杜勳無所畏，何質爲？提督太監王承恩縋之上，同入見大内。盛稱賊勢，皇上當自爲計。守陵太監申芝秀自昌平降，亦縋上入見，述賊語，請上遜位。上怒斥之。諸内璫欲留勳，勳曰：有秦、晉爲質，當顧二王，不得留，復縋下。勳顧其黨王則堯、褚憲章輩曰：吾黨富貴自在，汝勿慮也。

兵部尚書張縉彦具奏：曹化淳、王化民諸監視昨夜引賊杜勳等縋城入語，人心洶洶，變在旦夕，如此危急，臣屢至城闉欲覘城上守禦，輒爲監視沮抑，乞立賜裁斷，以杜隱奸。上召對，同閣臣面諭，遂手書遣縉彦上城按視，示以上傳，始得登。求杜勳，云已下。又曰秦、晉二王在城下，欲通語。縉彦曰：二王既降賊，豈可上城。曹化淳、王化民拂衣去。因閲城上守卒寥寥，見城下穴牆聲急，太監王承恩砲擊之，連斃數人。化淳等飲酒自若。縉彦馳至，内閣約同奏上，至宫門，傳止之。是夕太監曹化淳開彰義門迎賊入，守城勳衛盡遁，御史光時亨迎降，外城已陷，而内城尚未知也。

丙午，上御書親征詔曰：朕以眇躬上承祖宗之丕業，下臨億兆於萬方，十有七年。于兹政不加修，禍亂日甚，抑賢臣在下位與？抑不肖者未遠與？至干天怒，積怨于民下，赤子化爲盜賊，陵寢震驚，親王屠僇，國家之恥莫大于是。朕今親率六師以往，國家重務悉委太子。告爾臣民：有能奮發忠勇或助糧草、器械、騾馬、舟車，俱詣軍前聽用，以殲醜逆，分茅胙土之賞，決不食言。遂召駙馬都尉鞏永圖（按：疑圖爲固之誤）謀以家丁護太子南行。對曰：臣等安敢私蓄家丁，即有之，何足當賊？已，召王承恩，整内員備親征。申刻，上亟召閣臣入，曰：卿等知外城破乎？曰不知也。上曰：事亟矣，今出何策？俱曰：皇上之福，自當無慮。如其不利，臣等率兵巷戰，誓不負國。是夜上不寐，夜分，太監王相堯領内兵千人，開宣武門迎賊。俄而内城亦陷。有奔告上者。上問：大營兵安在？李國楨何往？對曰：大營散矣！皇上宜急走。人遽去，呼之不至。止（按：館本止作上，是也）遂同王承恩幸南宮。登萬歲山，望烽火燭天，徘徊踰時，回乾清宮，朱書諭内閣：命成國公朱純臣提督内外諸軍事，夾輔東宮。内臣持至閣臣。因命進酒，召周后、袁妃同坐對飲，慷慨訣絶。嘆曰：所痛者，我合城百姓耳！以太子永王、定王分送外戚周氏。謂皇后曰：大事去矣！爾宜死！各泣下，宮人環泣。上揮去，令各爲計。皇后頓首謝，拊太子、二王慟良久，遣之出，乃縊。召公主至，年十五，嘆曰：爾何生我家！左手掩面，右揮刃，斷左臂，未殊，手慄而止。命貴妃自經，繫絶，久之，蘇。又刃所御妃嬪數人。昧爽，上微服出，自中南門雜内侍數十人，皆騎而持斧欲出東華門。内監守城，矢石相向，時成國公朱純臣守齊化門，趨其第，閽人辭焉。上太息去，趨安定門，門堅不可啟。天且曙，仍回南宮，散遣内員，携王承恩入内苑，登萬歲山之壽皇亭。俄而上崩。太監王承恩亦縊，從死焉。帝英斷天挺，承熹廟之後，反前弊，斥邪黨，勵精謀治，勤勤然有中興之志。而疆事日警，中原内虚，加以凶飢洊至，寇盗横出，拮据天下，十七年神器遽覆，遂死社稷。御衣前書曰：朕自登極十七年，内地三陷，逆賊直逼京師，雖朕薄德匪躬，上干天咎，然皆諸臣之誤朕也。朕死無面目見祖宗于地下，故自去冠冕，以髮覆面，任賊分裂，毋（按：館本毋作無）傷百姓。又書一行：百官俱赴東宮行在。顧駕崩内庭，中外臣工莫有知者。所頒朱書詔諭，尚在内閣。朱純臣亦未知也。

（懷宗崇禎實録卷17　第12頁　17.14.0540）

條目分類索引目録

條目分類索引

建　制

順天府

1849，1875，1920，1946，1951，1956，1960，1971，2011，2049，2059，2089，2095，2102，2125，2127，2140，2150，2183，2196，2198，2208，2225，2250，2261，2267，2284，2340，2373，2388，2427，2436，2438，2451，2476，2482，2487，2514，2524，2527，2558，2570，2573，2641。

天啟　32，70，100，110，120，127，156，163，167，187，235，242，246，256，257，260，263，264，267，321，343，346，364，368，374，392，393，395，412，438，445，498，503，506，512，520，524，525，592，621，622，634，672，716，732，775，784，789，801，816，854，855，902，907。

崇禎　3，86。

宛平、大興縣

洪武　122，232，263，280，419。

永樂　105，156，169，176，290，301，533，539，802，964。

洪熙　19。

宣德　11，56，80，154，355，508，551，730，744，823，1062。

正統　12，22，27，43，65，128，137，200，223，336，353，419，463，474，547，552，571，576，607，787，861，953，967，1010，1033，1054，1088。

景泰　91，268，443，487，496，529，533。

天順　20，35，41，54，78，104，116，232，258，295，338。

成化　161，190，275，328，379，384，422，442，447，479，534，696，729，830。

弘治　50，98，206，247，321，322，371，588，674。

正德　53，103，111，174，287，424，473，513，533，580，588，589，658，687。

嘉靖　160，167，201，220，291，472，489，549，582，633，696，1236，1421，1997，2004，2037，2068。

隆慶　174，197，295，390。

萬曆　134，221，319，381，432，635，770，880，990，1048，1403，1695，2219，2234，2242。

天啟　128，464，521，561，769，903。

京畿州縣

1400，1419，1421，1422，1454，1459，1464，1470，1496，1505，1522，1727，1769，1772，1781，1784，1802，1943，2039，2045。

城　　制

城池

洪武　　13，17，18，23，26，28，106，178，324，529，696，686，734，740。

永樂　　302，386，450，603，658，941，965，974，1005，1064，1226，1340，1390，1048。

洪熙　　142。

宣德　　33，59，60，255，337，347，443，550，555，583，602，610，659，679，962，971，1000，1047，1048，1054。

正統　　79，151，155，177，190，194，209，227，253，240，243，252，292，295，297，313，314，319，323，354，358，422，423，432，530，539，625，627，738，745，753，849，906，908，952，973，982，1024，1027，1215，1236。

景泰　　2，21，23，35，114，115，120，123，147，161，163，173，202，211，273，302，347，432，469。

天順　　46，51，85，160，221，243，264，274，289，329。

成化　　78，169，229，253，257，258，262，273，332，346，364，409，438，518，530，641，655，667，722，728。

弘治　　118，175，191，546，638，693，694，702，761，779，809，833。

正德　　56，395，487。

嘉靖　　41，85，98，101，157，169，179，240，271，295，308，410，525 768，816，828，849，986，988，1031，1192，1371，1385，1410，1418，1435，1464，1470，1500，1502，1503，1506，1507，1511，1524，1542，1610，1810，1954，1963，1975，1981，1984，1993，2073。

隆慶　　63，65，69，85，112，169，202，238，287，306，376。

萬曆　　61，517，528，645，784，886，964，968，1046，1049，1171，1177，1268，1271，1284，1343，1465，1472，1478，1866，1943，1962，1985，2014，2019，2055，2106，2143，2179，2182，2188，2212，

宫殿

廟壇

天啟　165，394，444，568，729，865。
崇禎　103。

陵墓

永樂　593，663，703，750，760，800，830，846，857，860，867，879，1042，1316，1419。
洪熙　12，17，29，30，31，46，64，73，77。
宣德　4，5，7，8，10，13，17，18，19，42，45，47，51，56，59，68，71，72，79，82，85，107，200，432，544，545，576，842。
正統　2，29，34，41，50，54，56，59，60，92，93，100，113，161，173，178，180，184，187，241，256，273，275，364，385，386，474，506，569，605，630，653，654，670，713，716，721，742，774，788，799，801，867，882，883，884，886，903，947，948，949，1012，1046，1072，1073，1120，1208，1210。
景泰　38，152，153，154，168，172，184，208，209，233，278，315，384，540，542，555，556，558，559，569，583。
天順　17，36，54，64，98，99，291，292，293，300，301，303，316，311。
成化　3，4，7，11，25，30，33，39，63，141，182，187，214，217，355，361，380，476，495，500，664，815，817，818，846，917，926。
弘治　2，3，7，10，11，12，18，26，34，35，39，49，52，58，74，77，193，241，294，317，422，530，541，558，591，714，765，777，797，798，803。
正德　2，6，7，10，16，23，26，37，42，57，82，84，86，90，115，141，456，614，648，651，662，663，677，731，760。
嘉靖　1，2，3，8，17，25，39，48，56，64，68，114，115，116，141，144，150，156，158，168，415，416，419，420，422，424，431，432，437，438，452，454，475，498，512，544，557，651，666，671，672，673，675，677，678，679，681，682，683，684，685，687，690，695，704，708，710，711，714，724，730，734，739，741，745，746，748，752，758，769，770，787，788，789，793，794，808，809，810，813，821，822，823，839，842，843，

宅第

街坊

溝渠

朝　廷

帝王

詔諭

天啟　38，309，387，402，460，479，537，556，598，651，872，892。

崇禎　16，43，55，56，78，117，138，155，157，170。

庫儲

永樂　111，338，601，640，712，972。

宣德　73，148，219，301，360，429，691，750，862。

正統　82，145，193，221，232，345，371，387，458，507，1031，1045。

景泰　519，529。

天順　157，222，271。

弘治　395，713。

正德　206。

嘉靖　24，118，425，593，698，747，1117，1245，1262。

萬曆　45，76，279，601，741，783，1201，1658，1684，1723，1732，1782，1936，1948，2006，2422，2520，2537，2609。

天啟　679，695，785。

賞賜

洪武　34，58，142，206，208，391，437，476，477，479，524，531，570，571，572，574，602，655，695，706。

永樂　77，103，150，156，169，263，377，576，591，688，872，946，1214。

洪熙　39。

宣德　15，39，69，76，79，209，260，494，513。

正統　13，302，478，615，878。

景泰　15，49，56，58，74，118，194。

天順　28，41，53，58，64，82，100，107，120，182，215。

成化　53，404。

弘治　80，182，213，214，224，240，267，315，355，356，362，407，463，478，483，583，332。

正德　90，222，477，600，711。

嘉靖　130，371，500，533，804，1099，1542。

隆慶　10，159。

採辦、供應

宦侍

軍　兵

軍衛

京營

1457，1475，1479，1491，1539，1546，1577，1599，1622，1667，1696，1774，1782，1799，1812，1822，1934，1935，1939，1946，1985，1989。

隆慶　44，78，86，101，108，125，159，207，208，211，216，223，235，240，244，256，259，260，265，274，278，279，286，289，315，319，360，364，365，375，381，383，392，403，411，413。

萬曆　8，28，30，46，71，73，78，87，95，119，131，156，157，164，181，185，188，210，222，236，238，265，275，285，289，290，297，311，321，324，336，340，391，398，401，403，419，421，427，429，447，466，474，476，492，500，531，532，576，594，649，652，659，677，737，739，752，767，771，787，795，799，867，910，912，931，932，936，938，952，1005，1012，1034，1038，1039，1041，1063，1066，1107，1143，1152，1158，1164，1166，1176，1179，1185，1192，1194，1197，1214，1217，1222，1230，1231，1238，1261，1296，1297，1304，1307，1308，1309，1310，1311，1312，1321，1348，1379，1434，1446，1462，1477，1493，1514，1531，1539，1550，1552，1567，1583，1637，1669，1677，1742，1771，1823，1870，1879，1909，1970，2042，2053，2083，2084，2159，2205，2210，2262，2314，2315，2334，2432，2433，2437，2448，2455，2465，2478，2515，2575，2580，2612，2620，2629，2630，2633，2634，2636，2645，2646，2658，2659，2717。

天啟　37，78，85，95，126，139，150，157，168，169，171，179，180，189，193，217，220，227，239，240，245，249，258，285，316，344，363，365，371，382，390，394，397，408，419，424，434，497，518，608，609，617，656，666，673，870，891，907。

崇禎　29，76，98，142，167，169。

戰守

洪武　2，3，4，5，6，7，8，9，10，11，12，13，14，16，20，22，25，26，29，31，32，33，34，35，36，41，42，53，57，106，123，155，168，173，176，182，187，189，210，212，245，251，255，260，276，279，355，372，373，412，419，444，446，449，466，

關隘

粮餉儲運

寺馬、草場

襲職、代職

巡捕、巡檢

民兵、募兵

經　濟

莊田

農桑、屯種

课税、抽分

錢法

隆慶　19，277，284，379。
萬曆　323，378，463，900，1027，1294，1601，2093，2599。
天啟　73，158，184，226，286，530，588，655，682，686，753。
崇禎　187，194。

坑礦、冶鑄

洪武　196，361，712。
永樂　287，545，568，586，1278。
宣德　58，104，128，843，1084。
正統　215，368，644。
景泰　18，249，493。
成化　160，888。
弘治　605，710，844。
正德　59，144，278，452。
嘉靖　136，160，701，728，774，782，950，1272，1644，1645，1648，1652，1663，1672，1896。
隆慶　34，218，222，370，399。
萬曆　97，116，153，184，301，333，352，455，516，561，627，661，802，826，832，957，1184，1451，1457，1458，1464，1469，1482，1494，1497，1560，1651，1876，1934，2269。
天啟　19，42，58，106，109，120，141，159，216，229，231，288，405，427，548，564，565，682，686，753，782。
崇禎　135，188。

燒造

永樂　506。
宣德　898。
正統　205。
景泰　420。
成化　331。
弘治　167。
嘉靖　1049。
隆慶　6。
萬曆　219，263，729，801，809，1445，1699，2332，2350。

木、石

柴、炭、煤

鹽引

茶、酒、度量衡

交　通

道路

河流

洪熙　28。

宣德　9，12，333，334，337，363，394，395，412，437，458，681，708，720，785，786，818，1010，1042，1055。

正統　43，64，172，229，231，237，239，241，250，276，328，331，428，444，446，457，459，460，461，463，505，519，522，535，542，546，563，686，768，829，846，848，858，946，968，977，1080，1094，1097，1111，1131。

景泰　76，165，292，512。

天順　118，290。

成化　70，139，221，269，271，305，334，351，403，410，454，480，494，514，557，633，714，771。

弘治　118，133，136，175，567，632，813。

正德　79，121，176。

嘉靖　41，386，389，406，407，408，409，458，464，495，546，556，565，569，570，602，786，847，1153，1156，1166，1225，1544，1590，1595，1824，1827，1903。

隆慶　55，169，220，342，396。

萬曆　7，60，104，151，326，480，805，876，901，935，1052，1091，1816，1880，2233，2523，2529。

天啟　83，152，268。

崇禎　159。

橋樑

洪武　20。

永樂　1052，1123，1161，1338，1369。

宣德　5，170，256，261，301，340，345，356，360，365，366，378，391，486，582，603，744，776，847，917，982，1052，1070。

正統　42，204，278，348，378，578，646，690，723，766，821，850，858，874，966，984，1023，1037，1098，1112。

景泰　548，566。

天順　77，127，317。

成化　32，103，111，324，802，875。

弘治　121，142，149，186，218，232，298，370，452。

海運

漕運

政事、官吏

職官

治績

編審、均徭

隆慶　197。
萬曆　231，540，541，546，774，1154，1413，1764。

撙節

宣德　353，403。
正統　21，23，31，1237。
景泰　94，308。
天順　39，298。
弘治　55。
正德　388。
嘉靖　746，1028，1561，1575。
天啟　789。

禁革

洪武　224，737。
洪熙　15，28。
宣德　449，451，837，887，947，982。
正統　21，148，433，647，669，953。
景泰　134，509。
天順　11。
成化　179，249，386，577。
弘治　298，433，601，699，808。
正德　96，144，227，390。
嘉靖　23，50，96，369，1561，1591，1708，1937，1975。
隆慶　14，242。
萬曆　1137，2002。
天啟　513，559。

按察

洪武　219，627，727。
永樂　342，354，594，598，681，682，979。
洪熙　60。
宣德　293，299，794。
正統　477，1213。
景泰　332，424。

天啟　412，680，693。

貪侵

洪武　592。
永樂　190，212，726。
宣德　176，311，335，449，573，628，1087。
正統　128，134，249，626，631，669，843，853。
景泰　16，267。
天順　97。
弘治　9，330，806。
正德　401，642。
嘉靖　18，639。
萬曆　645，1023，1403，1512，1801，1805，1921，1995，2076，2088，2257，2472。
天啟　195，383，768。

縻費

宣德　900。
正統　515。
景泰　452。
成化　615。
弘治　326，742，751。
嘉靖　330。
萬曆　209。

修省

正統　944，945。
景泰　365。
成化　499。
弘治　433。
正德　365，366。
嘉靖　134，1185，1445，1463。
萬曆　292，404，786，2380。
天啟　351，677，692。

詞訟

刑獄

罪囚

隆慶　39，84。

萬曆　158，301，1700，1856，2001，2020，2094，2585，2702。

天啟　380，404，508，671，835。

開納

永樂　122。

宣德　456，463，479。

正統　551，552。

正德　172，467。

萬曆　1051。

天啟　658。

陞貶

洪武　49，67，69，75，85，101，116，119，133，200，229，242，264，265，272，273，274，278，281，282，283，286，291，307，333，338，354，373，376，378，438，451，458，521，567，576，607，654，657，666，684。

永樂　54，59，62，67，76，84，94，96，104，105，110，115，129，132，142，147，149，155，179，183，185，186，195，206，218，220，227，261，290，301，302，316，373，391，511，546，579，587，588，594，597，601，627，636，637，654，674，675，696，729，777，797，825，854，901，979，1089，1116，1177，1193，1218，1235，1275，1331，1333。

洪熙　16，46，67。

宣德　88，232，287，302，304，323，339，343，438，566。

正統　69，104，123，132，225，318，335，340，618，642，762，860，931，1166。

景泰　65，88，368，434。

天順　4，14，20，228，308。

成化　144，392，407，422，485，547，733，862。

弘治　15，64，153，255，359，412，676，712，724，820。

正德　51，130，133，137，175，439，441，444，460，550，598，659。

嘉靖　19，35，37，62，81，82，164，188，192，203，204，224，

民　事

户籍

里甲

富户、厢户

遷徙

流民

盜賊、搶劫

嘉靖　38，757，1515。

萬曆　625，626，1705，1853，2214，2608。

天啟　545。

賑濟

洪武　300，428，577，578，579，588，597，622。

永樂　99，120，127，185，381，433，499，758，934，949，970，980，994，1000，1003，1038。

洪熙　71。

宣德　795，848，884，897，899，914，926。

正統　33，36，140，449，473，482，485，493，508。

景泰　85，286，337，345，388，395，499，541，576，594，595。

天順　7，12，16，23，35，91，116。

成化　177，261，263，265，290，299，317，318，322，327，328，393，397，421，450，479，556，608，669。

弘治　126，130，151，168，173，178，206，349，720，734。

正德　396，472，514，533，571，588，596，609，635，636，637。

嘉靖　331，333，470，552，565，579，759，779，795，971，1116，1188，1191，1290，1481，1519，1523，1535，1537，1632，1729，1781，1807，1809，1810，1811，1838，1839，1842，1942，1965，2014。

隆慶　56，237。

萬曆　215，221，626，727，919，1036，1064，1316，1319，1339，1631，1659，1667，1671，1675，1678，1736，1737，1740，1777，1857，1867，1929，2022，2029，2032，2119，2124，2148，2215，2218，2385，2386，2387，2390，2402，2406，2408，2411，2592，2676。

天啟　464，563，593，699，715，723，769，770，806。

崇禎　147，148，151，153，156，158。

養濟、死葬

永樂　830，1096。

宣德　101，187，1027。

景泰　176，390。

天順　81，295，314，338。
成化　19，120，177，190，275，291，317，379，402，611，729，830。
弘治　98，349。
正德　53。
嘉靖　76，264，323，472，549，854，1147。
萬曆　134，589，940，1417，1515，1937。
崇禎　185。

役　使

軍民工匠

永樂　520，527，535，760，800，830，846，878，916，970，1063，1088，1096，1121，1126，1146，1179，1183，1199，1200，1207，1212，1219，1240。
宣德　57，72，82，85，86，99，114，154，168，179，181，236，272，274，321，334，424，429，481，539，540，559，597，660，727，802，820，941，1084。
正統　24，34，60，100，233，235，382，491，555，560，580，589，599，661，733，845，909，927，938，1103。
景泰　181，294，317，404，423。
天順　62。
成化　11，90，273，320，365，403，471，497，633，656，660，810，816，844，911。
弘治　11，39，75，235，236，237，249，250，251，270，309，364，496，527，578，697，702，704。
正德　81，82，163，237，256，558，723，729。
嘉靖　194，200，212，297，891，896，933，1723。
隆慶　6。
萬曆　55，803，960，1043，1163，1210，1321，1486，2354。
天啟　510，511，531，536。

雜役

宣德　224，432。

正統　14，16，30，74，107，200，223，355，366，1114。
景泰　94，333。
天順　342。
成化　333，658。
弘治　299，445，471，472，496，528，531，667，687。
正德　718。
嘉靖　530，911。
隆慶　109，126。
萬曆　1949，1963，2649。

放免

永樂　969。
宣德　11，245，255，401，703。
正統　28，350。
天順　38，45，342。
成化　802。

海户

弘治　180，305。
嘉靖　79，447，693，911。

商　業

店鋪、塌房

宣德　408，456，801。
正統　195，255，437。
景泰　190，305，433，437，498。
成化　330，841。
弘治　744。
正德　599。
嘉靖　1254，1554，1726，1926，2068，2072。
萬曆　732，1132，1496，1604，1835，1957，2039，2078。
天啟　6，77，502。

舖户

正統　92。

民生、習俗

成化　122，510，546，712。
弘治　160。
正德　159，411，426。
嘉靖　84，126，155，199，252，532，644，649，1007，1042。
隆慶　143，146，188。
萬曆　37，1387。
天啟　477，813，814，818，819，826，831，834，839，840，842，847，848，849，850。

寺觀

洪武　215。
永樂　609，694，918，1090。
洪熙　15，22，29，32，36，38，50。
宣德　336，433，744，814，833，849，947。
正統　67，112，261，579，650，891，951，1010，1026，1028，1032，1047，1052，1053，1057，1069，1100，1167。
景泰　3，48，229，282，294，310，350，415，519，535，561，581。
天順　24，56，69，70，83，97，136，162，188，201，305。
成化　18，153，268，428，528，545，570，593，594，595，604，650，656，717，736，738，741，757，774，775，777，831，841，877，879，889，891，896，901，909，911。
弘治　14，46，104，120，209，300，366，497，525，539，557，586，622，674，679，715，729，743，745，767，779，794，849。
正德　47，151，152，159，165，246，299，306，312，423，424。523，565。
嘉靖　345，352，441，644，688，814，1023，1187，1220。
萬曆　106，197，202，1092，1318，1591，1922，2036，2038，2058，2060，2063，2348，2351，2457。
天啟　250，747，848。

僧道

洪武　73，105，209，374。
永樂　504，609，1242。
洪熙　12，15，22，29，32，36，38，50。

白蓮教

官風

民俗

學政、編纂

國子監

孔廟

科學

武學

儒學

曆象、災異

曆法

氣象

旱災

火災

地震

洪武　120，280。

永樂　175，896，1018，1251。

宣德　407，419，517，646。

正統　326，327，330，430，451，877，975。

景泰　218，445。

天順　249。

成化　184，525，561，711，713，801，847，854，856，868，869。

弘治　85，134，157，200，244，258，323，369，389，390，408，419，420，421，432，447，449，450，460，482，507，640，649，749。

正德　94，357，362，403，405，407，421，427，429，552，603，681，694，208，709，716。

嘉靖　133，208，237，384，588，605，707，1257，1260，1263，1445，1882，1892，1990。

隆慶　2，164，166，229，250，252，255，281，359，380。

萬曆　242，287，288，292，320，519，557，719，804，812，896，953，1077，1078，1144，1191，1200，1344，1398，1555，1575，1618，1681，1726，1811，1932，2045，2337，2407，2409，2463，2552，2564，2588，2600。

天啟　172，349，425，439，457，676，689，697，720。

崇禎　12。

蝗

洪武　186，191，221，233，252，257，263，383。

永樂　1056。

宣德　143，152，250，441，457，534，563。

正統　44，45，99，138，162，257，435，487，512，584，587，593，603，607，645，667，677，727，939，1089，1126。

景泰　43，77，552。

弘治　328，329，353。

正德　425。

嘉靖　222，247，457，1813。

萬曆　1972。

異聞

民族、人物、事件

民族

人物

靖難事蹟

土木之變

劉六劉七起義

正德　326，339，350，355，369，375，376，380，383，384，386，396，397，400。

庚戌之變

嘉靖　1332，1334，1336，1337，1338，1341，1342，1344，1345，1346，1347，1348，1349，1350，1351，1352，1353，1354，1355，1356，1357，1358，1359，1360，1361，1362，1363，1364，1365，1366，1391。

域外交往

高麗、朝鮮（洪武二十五年閏十二月高麗更名朝鮮）

洪武　45，56，61，62，65，66，71，74，79，81，84，88，92，97，99，100，113，130，135，143，147，149，152，154，155，159，161，164，165，166，167，181，194，206，217，243，247，280，289，294，304，319，337，345，379，408，417，422，425，431，433，434，441，442，447，452，453，455，462，465，467，471，478，485，486，488，489，499，511，516，520，525，532，543，544，554，557，559，575，580，583，585，587，589，594，601，603，605，609，610，612，614，623，628，629，634，635，637，639，649，650，653，656，660，661，665，667，675，679，682，683，690，692，698，701，719，721，724，731，732，738，745，747，759。

永樂　56，86，100，108，109，126，145，151，172，184，187，201，211，215，221，222，223，225，231，240，244，259，260，264，279，281，288，295，300，333，350，366，370，393，404，411，430，446，462，473，477，479，480，483，498，512，514，576，558，561，582，605　608，647，680，689，698，705，721，727，740，745，755，774，775，781，786，787，805，820，852，855，865，871，880，886，889，910，929，933，945，950，953，982，985，997，1001，1028，1035，1045，1050，1057，1060，1097，1102，1108，1109，1120，1125，1132，1142，1151，1160，1163，1181，1187，1197，1201，1210，1222，1230，1238，1243，1249，1255，

1277, 1287, 1289, 1295, 1296, 1302, 1320, 1323, 1351, 1354, 1356, 1363, 1365, 1368, 1370, 1380, 1389, 1391, 1392, 1397, 1402, 1409, 1410。

洪熙　1, 25, 26, 27, 35, 45, 47, 53, 54, 66。

宣德　6, 16, 31, 35, 52, 53, 54, 61, 75, 89, 91, 94, 97, 98, 106, 132, 135, 161, 173, 178, 190, 194, 203, 206, 208, 210, 211, 215, 216, 221, 244, 249, 252, 262, 267, 276, 280, 281, 282, 289, 292, 295, 297, 298, 300, 307, 313, 316, 324, 325, 328, 351, 358, 367, 375, 379, 380, 386, 392, 393, 398, 404, 408, 409, 410, 415, 416, 417, 418, 425, 426, 464, 465, 466, 481, 488, 489, 495, 496, 497, 501, 502, 504, 505, 506, 511, 515, 516, 520, 525, 530, 531, 533, 535, 538, 541, 543, 550, 553, 565, 578, 586, 590, 592, 516, 520, 524, 527, 631, 632, 636, 639, 651, 652, 654, 655, 657, 664, 665, 670, 674, 675, 676, 680, 693, 696, 698, 758, 761, 763, 766, 771, 772, 773, 781, 782, 783, 827, 834, 835, 850, 852, 854, 855, 857, 858, 863, 864, 873, 879, 881, 882, 885, 893, 896, 913, 920, 921, 924, 925, 935, 937, 938, 969, 977, 978, 979, 980, 981, 983, 986, 987, 990, 992, 993, 995, 996, 998, 999, 1002, 1003, 1005, 1009, 1012, 1016, 1017, 1019, 1021, 1053, 1074, 1077, 1078, 1079, 1085, 1087, 1088, 1090。

正統　3, 5, 9, 25, 38, 97, 102, 103, 127, 208, 211, 219, 299, 304, 307, 325, 360, 363, 383, 389, 393, 404, 417, 438, 470, 471, 480, 534, 536, 537, 544, 550, 553, 556, 558, 565, 566, 574, 575, 583, 594, 614, 622, 632, 633, 637, 651, 675, 676, 682, 685, 697, 698, 704, 709, 717, 718, 719, 732, 736, 749, 767, 782, 784, 793, 794, 797, 807, 809, 824, 832, 845, 862, 865, 871, 888, 928, 930, 935, 994, 995, 999, 1001, 1016, 1051, 1056, 1064, 1074, 1077, 1081, 1102, 1104, 1107, 1196, 1209, 1211, 1214, 1234, 1238, 1239。

景泰　7, 39, 42, 55, 66, 71, 72, 105, 107, 125, 128, 132, 136, 140, 142, 156, 159, 187, 234, 235, 246, 251, 265, 289, 298,

安南、交阯（永樂五年六月安南更名交阯）

占城

暹羅（時作暹羅斛）

萬曆　338，590，2525。

米昔兒（時作蜜思兒）

正統　608，609，610，617。

怯失迷兒

正統　617。

答失里憐真

正統　617。

卜國

正統　1091。

伽木隆

正統　416。

把丹沙

景泰　562。

也密也只

天順　109。

阿黑麻曲兒干

弘治　81。

鎮魯檀馬哈木阿民斡子伯

弘治　81。

日落國亦思刊答兒魯密帖里牙

弘治　81。

虎剌撒

弘治　290。

佛郎機

正德　634，741。

嘉靖　51，455，492，606，1229，2023。

天啟　124。

魯迷

嘉靖　362，1033，1258，1540，1762。

萬曆　338，590，2525。

澳夷